TORMENTA

JAMBÔ
APRESENTA

LEONEL CALDELA

O TERCEIRO DEUS

PORTO ALEGRE
2025

O Terceiro Deus

CRÉDITOS

EDIÇÃO: J. M. Trevisan

DIAGRAMAÇÃO: Vinicius F. Mendes

PROJETO GRÁFICO: Samir Machado de Machado

CAPA: Samuel Marcelino

ILUSTRAÇÕES DE ABERTURA: Henrique Dld

CARTOGRAFIA: Leonel Domingos

EDITORA-CHEFE: Karen Soarele

DIRETOR-GERAL: Guilherme Dei Svaldi

JAMBÔ

Rua Coronel Genuíno, 209
Porto Alegre, RS • CEP 90010-350
contato@jamboeditora.com.br • www.jamboeditora.com.br

3ª edição: abril de 2025 | ISBN: 978858365129-1
Dados Internacionais de Catalogação na Publicação

C146t Caldela, Leonel
O terceiro deus / Leonel Caldela; edição de J. M. Trevisan.
— Porto Alegre: Jambô, 2025.
800p. il.

1. Literatura brasileira — Ficção. I. Trevisan, J. M. II. Título.

CDU 82-312.9

BASEADO NO UNIVERSO CRIADO POR
Leonel Caldela, Marcelo Cassaro,
irmãos Dei Svaldi e J.M. Trevisan

Dedicado aos
autores de Tormenta.

O Reinado de Arton
1404
1 - Valkaria
2 - Roschfallen
3 - Ghallistryx
4 - Yukadar
5 - Tallban
6 - Fillene
7 - Ith
8 - Coridrian
9 - Malpetrim
Pousada da família Bibulus
TAPISTA
Catedral de Gelo
MONTANHAS UIVANTES
ZAKHAROV
HERSHEY
PETRYNIA
FORTUNA
LOMATUBAR
TOLLON
DEHEON
AHLEN
COLLEN
MAR NEGRO

MONTANHAS SANGUINÁRIAS
Monte do Dragão Adormecido
Para TAMU-RA
3
SCKHAR-SHANTALLAS
Covil de Delarax'os
Lago Allinthonarid
Ruínas de Hazzond e Wondaronn
TREBUCK
PONDSMÂNIA
4
NOVA GHONDRIANN
SAMBÚRDIA
5
PORTSMOUTH
6
UNIÃO PÚRPURA
7
HONGARI
2
Escola de Boas Maneiras e Etiqueta
GRANDE OCEANO
KHUBAR
Áreas de Tormenta
Escala em Quilômetros
0 250 500 750 1000
Para LAMNOR e o antigo reino de LENÓRIENN

FUNERAL E PARTO

"NÃO VALEU A PENA."

Antes, no inferno.

Ellisa Thorn despencava, braços e pernas livres, moles; uma espada cravada no peito e os dentes rilhados de inutilidade. Fora inútil, como haviam sido todos, morrera por nada, numa teimosia feita obstinação, por alguém que não valia a pena. E caía, a paisagem bizarra daquele inferno disparando acima em sua vista. Sentia o ar medonho, a escuridão vermelha, a queda estranha, diferente.

Não estava, na verdade, no inferno — antes estivesse. Estava no lar do albino, o lar da Tormenta, a Anticriação onde tudo era lefeu. Não sabia disso. Sabia que estaria morta dentro em pouco, e sabia que tinha a espada de seu amado enterrada no peito, espalhando um frio que lhe congelava o sangue e os seios. E sabia que não valera a pena.

Aquele era um inferno inesperado, desconcertante. Os sons, cheiros, sensações não podiam ser compreendidos por Ellisa, e nem por ninguém. Ela enxergava ângulos impossíveis, direções inexistentes, formas ilógicas, e sua mente esforçava-se para transformar tudo em algo que pudesse entender. Em mero horror. Uma espécie de deserto rochoso, uma vermelhidão árida, afiada. Mas *não*, não árida. Viva. O céu e o chão moviam-se de leve, em ondas de multidões. Cidades de tamanho horrendo, colmeias. Milhões de seres, bilhões

— todos um, todos tudo. Montanhas que não eram montanhas, à volta, um escarlate infinito, o céu e a terra compostos de infinitas coisas-criaturas, *lefeu*. Tudo era lefeu. Ellisa respirava lefeu, sentia lefeu na língua. A queda enviou-a de encontro a uma escarpa, sua coxa sangrou, e a dor era lefeu. Mais e mais perto do chão, sem conseguir medir o tempo, porque também isso fora destruído, conquistado, substituído. E a distância era infinita, porque não existia. Ellisa tentava compreender, e sua mente quebrava — ela pensava lefeu.

Choque.

Costas no chão — ossos partidos. Tentava sorver o ar alienígena, sentia as pontas farpadas remexendo-se dentro de si. Gorgolejou um gemido borbulhante. Sua pele estalava, dissipava-se em contato com a realidade cáustica. Por que não estava morta?

Sentiu uma presença, que eram milhares. As criaturas olhavam-na. Viam algo que não era lefeu, com um misto de curiosidade e nojo. Reagiam numa confusão que não era o conflito de muitos, mas a indecisão de um só. Tudo era lefeu, e todos eram tudo. Proferiram, entre si, infinitos sons dolorosos, que eram lefeu. Um deles abaixou-se para olhar a forma desconjuntada da mulher. Ellisa piscou a névoa dos olhos, e a forma da criatura tremeluziu, antes de ser aceita por sua visão como um inseto rubro e bípede. No seu interesse, o lefeu deixou cair uma gota ácida de saliva. O líquido, que era lefeu, tocou o rosto de Ellisa Thorn, e deixou uma cicatriz.

Por que não morria?

— Vallen teria uma bravata — murmurou.

Mas Vallen estava morto, e ela não o amava mais. Dormência na alma, assim como no corpo. E deu as boas-vindas à dormência que lhe tomava a pele, quando sentiu-se afundando, como em espuma. Um morno convidativo de cama, prometendo esquecimento.

Mas não era a morte.

O chão, que era lefeu, tinha se tornado esponjoso. Ellisa absorvida. As criaturas ao seu redor deram-lhe as costas, como uma só. E a espuma vermelha engolfou-a mais e mais, abraçando sua forma arruinada e deixando escorrer vermelhidão líquida pela boca, pelos olhos, pelas narinas e buracos de ferimentos. A dor diminuiu.

E cessou.

Foi expelida no mesmo lugar. O solo, agora rijo, cuspiu-a sem cerimônia. Ellisa sorveu um gole largo de ar, e sentiu-o menos ardido. Moveu um braço, depois outro, e não percebeu ossos soltos. Tocou o peito, lá estava a espada de Vallen. Metal enfiado na carne, mas ela não sangrava. Segurou firme o cabo, deu um puxão, arrancou a lâmina curta, que ainda despejava frio e neve. Deixou-a cair. Pôs-se de pé, notou as pernas sólidas, confiantes. Em volta, a paisagem mudara. Continuavam as montanhas, continuava o penhasco de onde caíra, e o ar vivo. Mas não as criaturas ou as cidades. Ellisa sentiu-se observada, invadida, mas não percebia os olhos. A ideia de que tudo era o mesmo, de que as criaturas eram como as pedras e os sons e as ferramentas, resvalou de leve sua consciência.

— Não interessa — disse a si mesma.

Olhou para cima (embora não houvesse cima ou baixo), para o topo do penhasco. Cuspiu nas mãos e começou a escalar.

Caiu vezes sem conta. Seu corpo, confuso pela ausência de tempo, esquecia e lembrava de fome, sono, sede. Esquecia e lembrava de envelhecer, de funcionar. A pele dos dedos foi corroída, e depois a carne, até que ela tocava as pontas dos ossos na face do desfiladeiro, e sempre escalava.

As memórias talvez fossem o pior. Galgando, sabia o que levara até ali. Vallen, Gregor, Ashlen, Nichaela, Artorius, Andilla, Masato. Rufus. Companheiros de grupo. Errantes como ela mesma, que caçavam o albino, sem saber o que ele era. Caçavam um criminoso, e depois um monstro, e depois um demônio. E depois? Haviam penetrado no mundo do albino na tentativa de salvar Rufus.

Rufus, que traíra o grupo. Rufus, que traíra Vallen. Rufus, que declarara seu amor.

A perseguição fora empurrada pelos deuses, segundo Nichaela. Perseguiram o albino — por dinheiro, e depois por justiça, e depois por honra, e depois por vingança. E depois? Nada fazia sentido, nada fizera. Vallen morrera sem propósito, sem heroísmo. Sacrificara sua felicidade, sua juventude, sua coragem, seu amor — apenas pela chance de não desistir. Tirara dele, e tirara dela. Ellisa perdera mais, talvez. Por quê?

Escalava.

Pensava em matar Rufus, se já não estivesse morto. Pensava absurdos, milagres capazes de trazer tudo de volta, planos quiméricos, para emprestar algum sentido ao que acontecera. E depois não pensava mais nada. Mão após mão, agarrando a pedra com o osso, pé após pé, corroendo a bota e a pele e a carne, sufocava nas lembranças. Fora tudo tão *bom*. Fora tudo tão *certo*. O raciocínio virava estilhaços. O passado virava um paraíso, até ela perder a noção do que era passado e do que era o agora, e apenas subir.

Arrastou o corpo esfolado para o topo do precipício. E pensou:

"Não valeu a pena".

Longe de casa, ainda.

Atravessou o portal, como sabia ter atravessado alguma vez antes. Deteve-se em meio a um passo, olhou o chão. Não havia cadáveres, não havia amigos. Viu-os vivos, viu-os mortos, lembranças que tinha e que não poderia ter. E viu seus objetos, espalhados com a displicência do desespero. Não havia o grupo, mas havia aquilo. No mundo do albino, seriam assim tão diferentes? Um escudo rachado. Um cálice amassado. Inferno, a espada longa, partida. Um arco quebrado.

Como ela.

Recolheu as coisas, cruzou o portal. Do outro lado, uma escadaria infinita, serpenteante, dobrando em direções que enlouqueciam. Ellisa caminhou os degraus por uma eternidade, num espaço sem tempo.

E, súbito, o tempo existia de novo. Aproximava-se de Arton, aproximava-se de casa. O tempo, primeiro, e depois as formas. Reconhecia aquilo, enxergava o que podia compreender. A escadaria mais e mais familiar, e então uma sensação indecifrável. Um casulo repentino, uma impressão de vigilância carinhosa. Estava, de novo, em um lugar que o poder dos deuses alcançava. Não era devota, mas sentira, sem perceber, um frio causado por ausência. Agora, estava perto de casa.

A dor só piorava. Chegou a voltar atrás — terrível demais conviver com o que perdera. Mas forçou-se a ir em frente, temerosa dos dois lados. Arton chegava mais perto, quase ao alcance da mão, e as memórias vinham mais reais, cada uma um espinho. Engasgou-se num soluço, estremeceu, tentando agarrar, com a alma, tudo que perdera. Não pertencia mais a Arton, e não pertencia ao mundo do albino. Chegou à forja.

Lá, todas as perdas haviam se concretizado. Uma sala apertada, paredes de pedra, fumaça e tosse. Foles, bigornas, instrumentos e fornalhas. Diabretes esquálidos, risonhos, frenéticos, do tamanho de crianças, agitando-se, estremecendo, desfazendo-se em risinhos afiados. Lá, Vallen trocara sua juventude, sua felicidade, sua coragem e seu amor por informações.

— Isso tudo era meu, Vallen — disse Ellisa, em voz alta. — Você me roubou.

Tudo aquilo fora transformado em objetos. Com um olhar, Ellisa procurou-os, e viu, encaixa-dos em ganchos nas paredes: felicidade, juventude, coragem, amor. Tão perto, mas inalcançáveis.

Os demônios fizeram um enxame ao seu redor. Um tomou a frente, mãos para trás, braços de graveto, estômago inchado, pés riscando o chão como uma criança. O corpo franzino convulsionando ao abafar o riso.

— Quer saber para onde seus amigos foram? — disse o diabrete.

"Sobreviventes!"

Mas:

— Não. Não me diga nada. — Respirou. Respirou. — Quero apenas fazer uma barganha.

Os demônios explodiram em risos de pura felicidade. Saltitavam, furavam as palmas das mãos com pregos, batiam as cabeças em bigornas, arrancavam tufos de seus próprios pelos.

— E qual seria a barganha? — disse o demônio, a boca oscilando de deboche.

O rosto marcado de Ellisa não tinha expressão. Mais do que frio, mais do que duro. *Cansado*.

— Minhas memórias. Todas as minhas lembranças, tudo. — Engoliu. — Fique com elas, faça um objeto, não interessa.

— Em troca?

— Apenas tire isso de mim.

— Feito!

Algo brilhante, como uma fumaça, emergiu-lhe da boca, dos olhos e dos ouvidos. Uma luz que cegava, e os demônios puseram-se a trabalhar com dedicação entusiasmada. Sopraram os foles, martelaram a substância.

Ellisa piscou — *não*, não era mais Ellisa. A mulher piscou como uma casca vazia, observando o mundo pela primeira vez. O mundo era uma forja, com demônios. O mundo era um purgatório, entre dois infernos. Os lábios entreabertos, ela absorvia a realidade nova.

Por fim, cessou o clangor dos martelos. No silêncio e calor da forja, havia um novo objeto. Uma armadura negra, feita de memórias.

A mulher olhava tudo, sem entender.

— Tome — disse o demônio. — É para você.

Os outros estouraram em gargalhadas, enfiando as cabeças em água fervente, arranhando as próprias bochechas e mordendo as unhas dos pés.

— Por quê? — disse a mulher vazia.

— É um presente. Tome, é para você.

Ela despiu as roupas esfarrapadas de arqueira. Pegou as peças da armadura negra, entendeu-a, vestiu-a. Não era mais vazia, olhada de fora. Não tinha mais o rosto embasbacado de quem descobre tudo. Sua face era um crânio negro.

— E mais um presente — disse o demônio.

O elmo voltou-se para ele. A mão esquálida estendeu um anel. Ela tirou a manopla, colocou-o em um dedo. Tapou-o de novo.

— Venha por aqui — era mais uma vez o diabrete. Conduziu-a pela mão, e levou-a à entrada do mundo.

O portal se fechou atrás, e o monumental acesso de risos dos demônios foi emudecido. Sua maior travessura, sua melhor barganha. O jogo não era ganhar, mas fazer com que alguém perdesse. E nunca antes alguém havia perdido tanto.

A armadura olhou ao redor — estava em uma caverna feita de gelo. De novo no mundo, de novo no inferno. Numa vaga superfície de espelho, viu seu próprio rosto.

— Crânio negro — disse.

Era uma casca, era uma folha em branco. Mas sentia memórias tangenciando. O metal da armadura tocava seu corpo: quem era Vallen? Quem era Gregor? Quem era o albino? As memórias escorregavam, mas sempre do lado de fora.

E, em seu dedo, resvalava a felicidade. A felicidade de Vallen. Mas sempre do lado de fora.

Os nomes confundiam-se no vazio por dentro. Os papéis, as identidades, as vidas. Os sentimentos. Homem? Mulher? Humano? Meio-elfo? Minotauro? Espadachim? Ladrão? Líder? Arqueira? Viu-se de novo no espelho:

— Crânio negro — disse. — Crânio Negro.

ORION

CAPÍTULO 1

DOIS PASSOS PARA TRÁS

NAQUELE MOMENTO, MAIS DO QUE TUDO, ORION QUERIA matar quem merecia morrer.

Seguiam os três companheiros, ou dois e um de fora, com cinzas até as canelas, vadeando num lodaçal calcinado, cinzento e negro, que feria as gargantas e gretava os pulmões. Estavam longe das rotas principais, não arriscando a falha de não serem súditos, caso topassem com uma patrulha. Embora houvesse estradas e cidades no reino, e embora houvesse terra fértil abundante, aquela região era apenas um enorme lago de cinzas, sopradas em nuvens e ondas por ventos escuros. Perto, dois pequenos vulcões mal-humorados. Aquilo podiam ser restos de qualquer coisa — florestas, cidades, pedras, gente. Todos reduzidos, desfeitos, limpos, tornados homogêneos por algum fogo absurdo. Os três erguiam os pés, temendo afundar de súbito em alguma profundeza oculta. Doíam pernas, doíam costas. Mas Orion sempre à frente, coberto de fuligem, sem desvio e sem descanso, sentindo-se cada vez mais perto de quem precisava matar.

— Chega — disse Darien, e corcoveou num acesso de tosse. — Isso é loucura, vocês são loucos. Há quantas horas não paramos?

Ingram estacou, voltou-se para trás. Tentou limpar a cinza dos bigodes, disparou uma expressão gelada.

— A dica foi sua, garoto.

— Nós não sabemos *quando* —

— Logo.

Darien acalmou o peito com a mão espalmada, tentou achar um pouco de ar puro.

— Eu não pedi para vir junto — ofegou.

— Eu poderia perguntar se você preferia sua vida como estava — disse Ingram, rosnando um sorriso. — Poderia até dizer que você deve isso a Orion. Mas a verdade é que, se for uma armadilha, pirralho, nós vamos arrastar você também para a boca do lobo.

— Eu já disse, *não é* —

— Uma vez traidor, sempre traidor.

Darien calou-se. Ingram Brassbones permaneceu um instante, sustentando seu rosto em dois olhos plenos de desconfiança. Era um anão, atarracado e forte como uma granada, e as cinzas chegavam-lhe quase à cintura. Bigodes louros e queixo escanhoado, capuz negro e rifle às costas. Pistolas no cinto, e um grande saco de viagem, onde levava sua preciosa pólvora, ferramenta de construir e destruir.

Os dois prestaram atenção, e Orion continuava, sem ter perdido um passo. Não havia discutido, nem mesmo ordenado um cale a boca. Seguia em frente, a barba espessa cobrindo a boca fechada, olhos finos contra o alfinetar das cinzas, numa obstinação transcendental. Ingram suspirou, tossiu, e seguiu marcha.

— Como eu poderia ter preparado uma armadilha *aqui*? — disse Darien, recuperando a distância.

— Tenho certeza de que você consegue arranjar a quem se vender em qualquer parte do Reinado.

Olhos ardendo de cinzas, e de desprezo.

Estavam em Sckharshantallas, o Reino do Dragão — o que, Ingram tinha de admitir, era tão longe de casa quanto qualquer um deles já estivera, em qualquer sentido. Um lugar regido a disciplina e fogo pelo dragão vermelho Sckhar, rei de sua raça, adorado como um deus e uma das mais poderosas criaturas de Arton. Em Sckharshantallas, havia satisfação, havia respeito e amor. Havia até mesmo felicidade, e até riqueza. O povo vivia numa confortável cela de ferro, algemado com grilhões de ouro, desde que não forçasse as correntes. O reino era um aquário, um vaso de planta, para seu regente — seu domínio, seu brinquedo, sua propriedade. Os habitantes sustentados e protegidos, enquanto fossem interessantes e ornamentais. A nação, membro do Reinado, era toda o grande covil do Dragão-Rei. Dono de tudo que enxergava, Sckhar impunha leis rígidas e mesmo arbitrárias, mas justas, a seu modo. Como um lorde pode fazer dentro de seu castelo, ou uma mãe dentro de sua casa.

— Aposto que isso tudo eram várias fazendas, até Sckhar ter se irritado com alguma coisa — disse Ingram, acertando o passo com Orion.

O outro não respondeu. Rosto à frente, sem olhar o amigo, sem parecer tê-lo ouvido. Seguindo, em marcha, para matar.

Coberto de cinzas, Orion Drake não era muito diferente do habitual. Um homem já cinzento, de longos cabelos grisalhos e barba de aço de espada, olhos de pedra e sobrancelhas retas. As costas, verticais e inflexíveis, sustentavam os ombros maciços, que sustentavam o peso do mundo. Cavaleiro por destino, vocação e nascimento, era senhor de terras, sob o estandarte do Corvo, membro da Ordem da Luz, general, herói de guerra e líder contra a Tormenta. Bastardo, desgraçado. Sem seu filho, raptado por seu pai criminoso, e sem sua mulher, que partira após isso. Todas as culpas de sua vida e de outras, formando-lhe uma bolota dura no peito. Mas sua postura de muralha não se alterava, sua voz não era ouvida. Tudo dentro, até corrigir erros próprios e alheios, até matar quem merecia morrer.

Mesmo Ingram, agora, ameaçava cansaço.

— O facínora tem razão em uma coisa, Orion — disse o anão. — Estamos caminhando desde o amanhecer. Daqui a pouco, não vamos mais conseguir enxergar nada nesse deserto queimado.

Rosto à frente; marcha.

— O que acha de descansarmos por hoje?

Marcha.

— Orion!

Parado, olhos no amigo, quase como se fosse inimigo.

— Crânio Negro está morto? — disse Orion Drake.

Ingram bufou, mordeu os lábios.

— Então continuamos.

Havia um castelão, um chefe dos estábulos, um capitão da guarda, um mestre de caçadas e um falcoeiro; até mesmo um responsável pelas cozinhas, um mestre da moeda para os tesouros e despesas, e um capelão para a tranquilidade espiritual. Mas não havia um bobo.

— O bobo desta corte sou eu — disse Orion.

O arauto disfarçou o comentário com um pigarro prolongado. Os senhores e senhoras na sala do trono fingiram não perceber, e Orion Drake manteve os olhos imersos na pedra nua das paredes. Como lorde, Orion parecia estar se esforçando em busca do séquito e domínio mais mortiços. Em seu castelo, a sala circular de onde regia era austera e miserável, cadeiras simples dispostas ao redor sobre o chão sem adornos. As paredes também francas, sem uma tapeçaria ou símbolo heráldico; nem mesmo o brasão do Corvo, da Ordem da Luz ou a balança e espada de Khalmyr quebravam a continuidade do cinza. O que se chamava de trono era pouco mais que outra cadeira, o lorde grandalhão esparramado como um leão preguiçoso, as tábuas rangendo.

— Mestre Rhyllo dos Bosques — anunciou o arauto. E, colocando-se de lado em um passo quase de dança, fez um gesto para o homem se aproximar. — Exponha seu caso ao lorde, mestre Rhyllo.

Veio o homem alto e inadequado, vestindo suas melhores roupas de fazendeiro sem roupas melhores. Um chapéu volumoso e fofo que retorcia nas mãos, o rosto mal escanhoado de quem nunca precisava se preocupar com isso. Ajoelhou-se numa mesura desajeitada (Orion desviou os olhos em pura vergonha) e inspirou uma quantidade enorme de ar, preparando-se. Abriu a boca, engasgou, tossiu, gaguejou vogais indiscerníveis, tornou-se cada vez mais escarlate. O arauto fez gestos encorajadores, mas o homem parecia prestes a morrer de embaraço e admiração.

Mais do que um lorde, Orion era um herói.

— Fale! — latiu o cavaleiro.

Rhyllo dos Bosques como que destravou frente ao comando.

— Minhas terras vêm sendo invadidas, meu lorde — disse o homem.

Orion empertigou-se.

— Goblinoides? Bandidos?

— Bem, não. — Engoliu. — São os filhos de Herlon Thulm, meu vizinho. A cerca demarca nossas fazendas, meu lorde, mas os meninos insistem em invadir.

Orion fechou os olhos. Rhyllo dos Bosques continuou sua história. Os garotos iam acompanhados de um cão. O animal cruzara com a cadela de propriedade de Rhyllo. A cadela prenha não tinha condições de guardar a fazenda. Marmotas astutas aproveitaram-se para comer a produção de verduras.

— Herlon Thulm se recusa a pagar, meu lorde. Ele tem sobrenome, e por isso acha que é melhor do que eu. A colheita está chegando, e minha produção foi devorada.

O pior, pensava Orion, era a seriedade daquilo. Não era uma queixa fútil. Aquele homem arriscava um inverno de fome, talvez a morte de um filho. Era um drama monumental, em um mundo minúsculo, e Orion não sabia como resolver. Deveria mandar um batalhão de cavaleiros para confrontar Herlon Thulm? Ou talvez as marmotas?

O castelão sussurrou-lhe que, nesses casos, era do costume o lorde não fazer nada.

— Chega — disse Orion. — Traga-me os restos de qualquer verdura que tenha sido devorada, Rhyllo dos Bosques, e vou pagar como se fosse o melhor vegetal sobre Arton.

O fazendeiro desfez-se em agradecimentos afogados, fez mesuras em demasia e partiu.

Ser lorde, Orion descobria, era muito como um trabalho. Em seu castelo, ele governava soberano, mas era um servo de seu escasso povo. Como soldado, cavaleiro e até general, Orion cumprira ordens, seguira comandos, por absurdos que fossem. Como lorde, o mesmo — a diferença era sua absoluta incompetência.

O arauto anunciou o dilema seguinte. Entrou na sala um jovem casal, rosado com entusiasmo e vergonha. Mantinham as mãos separadas com extrema dificuldade. Pediam permissão para casar.

A esses, em especial, Orion era inferior.

Permissão concedida, seguiu-se o dia. Cabras morriam de doença. Homens desejavam construir moinhos. Mercadores pediam licença para vender. Aduladores arranjavam desculpas para beijar-lhe os pés.

Orion conhecia senhores de terra que não enfrentavam os mesmos problemas. Não serviam às pessoas, e nem se esforçavam em decisões difíceis. Apenas caçavam, festejavam, descobriam ou criavam algum conflito para exercitar o braço da espada. Orion, infelizmente, fora amaldiçoado com algo que lhe obrigava a cumprir o trabalho, uma prisão da qual outros estavam livres — caráter.

Tardinha, acabavam as audiências. Ainda vários do lado de fora, conformados, voltariam no dia seguinte. Orion passou por eles de olhos baixos, sentindo-se traidor indolente. Em sua direção, apenas respeito.

Deixou-se cair num banco comprido, à frente de uma mesa na ala dos serviçais.

— O castelo é grande demais, Ingram. O castelo é grande demais.

Ingram Brassbones teria dado um chute no amigo, se não soubesse que a preocupação era genuína.

— Às vezes, fico cansado só pensando em visitar você, Orion. Pare com essa ladainha.

— Não está vendo? O castelo é grande demais. Esta é a ala dos servos.

— Você não deveria estar aqui.

— Esta é a ala dos servos! Eu tenho outras alas, *só para mim*.

Uma garota trouxe pão e cerveja para os dois, fingindo não ver nem ouvir nada.

— As coisas são assim, Orion.

— Apenas para mim, entende? Quartos, corredores, salas. Cada um maior que as casas dos camponeses. E eles *não se ressentem*, Ingram. *Por quê?*

— Você é o lorde. Você é um herói.

— Estou pensando em banir essa palavra. Essas alas todas, só para mim, mais ninguém.

— E é lá onde você deveria estar. Aqui é a ala dos servos.

— Porque eu mereceria tanto?

— Eles *não querem* você aqui, Orion — Ingram deu um sussurro pontiagudo. — Não vê? Seu lugar é lá. Enquanto você estiver aqui, eles não podem conversar livremente, nem rir entre si, e nem fazer o que não devem. Deixe essas pessoas em paz!

Orion pareceu ter sido flechado.

— Isso é loucura, Ingram.

— Pense o que quiser. Os camponeses, os servos, todos os outros, conhecem e aceitam seus papéis. Talvez sejam um bando de idiotas, por preferirem passar o dia adubando a terra a ir ao mundo buscar fortuna. Mas eles estão em seus lugares. Quem está deslocado é você.

Orion mastigou um naco de pão, lavou-o com cerveja, ergueu-se.

— Vou terminar a refeição no meu quarto — anunciou.

— Sim, meu lorde — disse alguém.

As botas do anão e do cavaleiro ecoavam nos corredores sem nada.

— Sua barba está deplorável, seu humano neurótico. Parece que um texugo velho sentou na sua cara.

Orion forçou um olhar divertido.

— Você não pode falar nada. Dentro em pouco, vai fazer orgulho aos anões de Doherimm.

Ingram passou a mão pelo rosto. Os fios lixaram sua pele.

— Somos dois velhos relaxados, Orion.

Andaram.

— Sem sinal de Nadia? — disse o cavaleiro, sentando-se em um banco, já dentro do quarto.

Ingram fez que não. Nadia, companheira de Ingram por alguns curtos meses fundamentais, era uma súcubo, uma enviada de Tenebra, a Deusa das Trevas. Com a missão de seduzir Ingram para um culto, acabara se apaixonando. Seu corpo fora destruído num acidente bizarro, e era impossível saber quando voltaria a Arton.

— Um dia, meu amigo — disse Orion.

— Ou nunca.

Conversaram sobre o mundo, sobre tudo que era insignificante. Fazia meses desde a última visita de Ingram, e nenhum dos dois conseguira um mapa dos absurdos da vida.

— Estou pensando em partir atrás de Vallen, de novo.

Silêncio. No último ano, fora uma jornada frequente. Orion caçara seu pai, o Cavaleiro Risonho, que raptara Vallen, seu filho. Primeiro com certeza, depois com obstinação, e depois com desculpas. O rastro não existia, e era difícil manter a fúria acesa.

— Se decidir fazer isso, vou com você, Orion. Como sempre.

— Obrigado.

— Alguma pista nova?

— Não.

Era apenas algo a fazer.

Talvez em outro tempo varassem a noite em conversa. Do jeito como era, as palavras duraram pouco, até que Ingram se fechasse em um quarto e Orion em outro, cada um acalentando as incertezas.

Manhã, Orion voltava ao castelo, após cavalgada e exercícios antes do sol. Os camponeses já se aglomeravam, e os pequenos nobres que orbitavam como borboletas gananciosas. Por toda parte, casais. Iam pedir bênçãos para filhos recém-nascidos, ou requisitar alguma permissão, ou anunciar lealdade familiar ao lorde. Empinados ou humildes, estavam juntos, e Orion sentia-se emparedado por seu próprio isolamento, vendo uma intimidade acachapante, logo fora do alcance. Apressou-se à sala do trono, comendo o desjejum enquanto andava. O arauto anunciou a primeira audiência.

Um homem apresentou restos de verduras devoradas. Não era, no entanto, Rhyllo dos Bosques. No dia anterior, a história da generosidade do lorde havia se espalhado nas fazendas. E os fazendeiros viram a chance de vender seus produtos sem arcar com custos de viagens, estradas perigosas ou trabalho. A quantidade de agricultores esperando do lado de fora sugeria uma invasão de marmotas. O castelão foi polido o bastante para não apontar que havia aconselhado contra a decisão.

Orion ficou um longo tempo sem falar nada.

— Escolha — disse Darien, jogando a moeda para cima.

Girou; o rosto de Tibar, o Deus Menor do Comércio, piscando à lua. Darien apanhou-a no meio da trajetória e pressionou-a entre a palma e as costas da mão.

— Escolha — repetiu.

— Não é o procedimento — disse Miltham. — Você tomou a frente na última chamada, agora é minha vez. Você fica na porta do estabelecimento, e vigia a área ao meu redor.

— "Estabelecimento"?

— E não esqueça isso — disse Miltham, empurrando para Darien o apito.

Ele olhou o objeto como se fosse algo vindo de outro mundo.

— Se houver qualquer risco, sopre e espere reforços.

— Eu sei.

— Se todos seguirem o procedimento, não haverá problemas.

— Eu sei.

— Não há lugar para heroísmo na milícia de Roschfallen.

— Acredite. *Eu sei*.

O outro pôs a mão no cabo da maça, e assumiu um ar de autoridade.

Diziam que os meses quentes eram os piores — as pessoas ficavam loucas e acabavam esmurrando, quebrando, roubando e matando tudo que encontravam. Diziam que as noites de lua cheia eram as piores — um folclore comum na milícia de qualquer grande cidade. Mas naqueles quatro meses como miliciano de Roschfallen, Darien chegara à conclusão de que as piores noites eram as de frio repentino e fora de época, como aquela. Todos estavam acostumados com o calor e, à mera sugestão de inverno, enfurnavam-se em casa ou nas tavernas. Qualquer lugar com quatro paredes, um teto e uma lareira ficava lotado, os homens redescobriam o gosto pela bebida forte e logo começavam as brigas. Outros não tinham coragem de sair de casa, e logo viam que a convivência prolongada com suas esposas e filhos terminava em panelas e pratos voadores, e trabalho para a milícia. Em quatro meses como miliciano, Darien assustava-se por saber tudo aquilo.

Era um conhecimento terrivelmente banal e insípido e, o pior, valioso. Por mais que tentasse resistir, uma espécie de bom senso teimava em escapar para sua cabeça, e ele começava a se acostumar com aquela vida.

— Em caso de dúvida, apite — disse Miltham.

— Quem sabe resolvemos essa sozinhos? Você e eu podemos dar conta de meia dúzia de bêbados.

Em resposta, Miltham assoprou o apito estridente, fulminando Darien com olhos severos e bochechas cheias. Virou-se e entrou na taverna.

Lá dentro, o de sempre. Um ou outro trabalhador bêbado fizera um comentário infeliz sobre uma nação que, por azar, era a terra natal da tia-avó de outro cliente. Os dois, irritados pelo clima, tinham passado rápido pelas formalidades e armado com eficiência o mal-entendido que levara à briga. Os demais fregueses agradeciam.

— Chega, senhores! Isso já basta! — gritou Miltham, com sua melhor voz de comando, abrindo a cotovelos o meio da confusão.

Darien postou-se à entrada, observando, como era o protocolo. Viu seu parceiro embrenhar-se na turba, dar ordens, segurar um grandalhão rosado, ser arremessado para longe. Com um suspiro tedioso, Darien olhou para fora (rua escura, gelada) e soprou o apito. Miliciano em perigo não letal, duplas nas proximidades acudam, distúrbio controlável, força mediana requerida.

Mais uma vez, Miltham avançava ao nó de corpos se esmurrando, e de novo repelido. Caiu sobre o balcão, derrubou uma enorme jarra de cerveja morna. Pediu desculpas ao taverneiro, que começou a contabilizar o prejuízo que alegaria ao capitão da milícia. O lábio de Miltham inchava e escorria, e Darien agarrou o cabo da maça, fez menção de correr ao auxílio.

— Fique aí, Darien! — gritou seu parceiro. — O apito. O apito!

Largou a arma, recostou-se no batente, apitou de novo.

Miltham, parceiro de Darien naqueles quatro meses de rondas, pés doloridos, desavenças domésticas e gatos presos em árvores, era o retrato de tudo que um jovem miliciano deveria ser. Orgulhoso de várias gerações que lhe precediam, seu sonho era chegar a capitão, como o avô. Nunca lhe ocorrera deixar Roschfallen, a capital de Bielefeld. Nunca lhe ocorrera tentar a cavalaria na Ordem da Luz, meter-se em uma masmorra atrás de tesouros, caçar um monstro ou fugir com uma nobrezinha pelo bosque. Nunca lhe ocorrera deixar de lustrar as botas ou esquecer o apito — segundo ele, a maior arma de um miliciano, muito melhor que a maça. Miltham não era exatamente um idiota; demonstrava inteligência, até mesmo criatividade. Por isso, Darien não compreendia como o parceiro podia *gostar* tanto daquilo.

— Em nome do Rei Igor Janz, parem todos! — vociferou Miltham.

Darien apitou: miliciano em confronto direto, desvantagem numérica, situação se agravando. Os dois fregueses que haviam começado tudo agora se uniam. Um segurava Miltham, o outro desferia sonoros tabefes em suas bochechas.

— Gostaria de estar lá no meio, não é, colega? — disse um homenzinho magro e súbito, surgido ao lado da porta.

Darien quase recitou alguma regra da milícia, mas deixou os ombros penderem, e fez que sim.

— Eu também.

— E por que não está?

O sujeito indicou seu próprio pé direito, horrivelmente torto, em uma forma arredondada que não caberia em bota alguma.

— E você, por que não está?

Darien indicou o apito.

O tédio foi interrompido por um banquete.

Luz rara, Orion sorria. Naquela tarde, chegara ao castelo Bernard Branalon, o Paquiderme Galante, conde de Muncy e camarada mais antigo do lorde.

— Mas que diabos, Orion! — exclamou Bernard, por trás de uma boca cheia de frango. — Não há um decote decente neste castelo. Você deveria prestar mais atenção à criadagem.

Sir Bernard piscou para uma serviçal jovem e cheia, que riu para ele em troca. Orion mostrou os dentes num humor de madeira. Ingram tinha um ar solene de planejador. Talvez uma presença bombástica arrastasse o amigo do fundo.

Bernard Branalon era um homem grande em todo aspecto. Alto, precedido por um estômago lendário, cada braço um aríete, e barba florestal. Amava cavalaria, crianças e mulheres. Se gargalhava alto e não cessava os gracejos, era por seu espírito inquebrável. Um ano antes, Bernard vira alguns de seus muitos filhos corrompidos pela Tormenta, infectados por simbiontes, envolvidos no massacre que quase derrubara a Ordem da Luz. Matara um deles com as próprias mãos. Suas piadas escorregavam à vulgaridade por falta de costume, um ano inteiro de luto. Nunca iria se servir das raparigas como um tirano, mas já não sabia encantá-las como antes.

— O que acha de caçarmos amanhã, Orion?

Um encolher de ombros; não importa.

— Temos que fazer algo! Vou organizar uma liça. Um pouco de briga generalizada limpa o espírito e eleva o ânimo.

— Vamos ter formalidades nos próximos dias, meu amigo — disse Orion. — Afinal, se um conde visita, os nobres vão enxamear.

Bernard exalou de desgosto.

— Ora, mande preparar uma festa ou qualquer coisa assim para eles. Ouvimos os infelizes reclamarem e bajularem por algumas horas, e depois vamos fazer outra coisa. O que me diz?

Nada.

Ingram deu-lhe um chute.

— Odeio você, seu humano irritante.

— Uma liça, Orion! Que tal?

Pausa na comida.

— Algo semelhante a um *torneio*?

Mesmo os outros se enredaram de constrangimento. No ano anterior, durante um torneio, boa parte da desgraça começara. O pai de Orion, o Cavaleiro Risonho, competira, e o próprio Orion trapaceara, para matá-lo na justa. Logo antes do torneio, ele tomara o jovem traidor Darien como escudeiro. Logo depois do torneio, Vanessa partira pela primeira vez.

— Certo — disse Ingram. — Vamos falar do que todos estamos pensando. Você quer sair em outra jornada, Orion? Quer caçar o Cavaleiro Risonho? Estou com você.

— E eu, claro — disse Bernard.

Orion passou um tempo esburacando a mesa com seu garfo.

— Não tenho nenhuma pista nova — disse, por fim.

— Ao diabo com isso — Bernard golpeou a mesa. — Vamos procurar um oráculo, então. Ou um espião, não importa. Vamos nos meter em alguma masmorra, lutar contra algum monstro.

— Não precisam fazer isso por mim.

— Chega de sentir pena de você mesmo! — gritou Bernard Branalon. — Você precisa fazer algo. Não pode ficar — procurou o que dizer, oscilando a mão que apontava o amigo — *assim*.

— Se ele quisesse seu filho morto, poderia tê-lo matado antes — disse Ingram.

— Do que tem medo? Vamos!

Olhos para baixo. Orion não tinha medo do destino.

— Você tem medo do caminho — disse Ingram.

No caminho, poderia encontrar Vanessa.

— Conheço você e Vanessa desde que eram dois espinhentos se escondendo atrás dos estábulos — disse Bernard Branalon. — O que pode ser melhor do que reencontrá-la no meio de uma busca? Lutar juntos, matar o Cavaleiro Risonho juntos? Recuperar Vallen juntos?

— Não vai acontecer assim — disse Orion. — Vanessa tem razão. A culpa foi minha.

Ingram tapou os olhos com as mãos.

— Pois vou lhe dizer algo, *sir* Orion Drake — a voz de Bernard saiu quieta, baixa. Ele se ergueu, empurrou a cadeira. — *Foi* culpa sua. Vanessa tem mesmo razão. Se você tivesse ficado com seu filho no Castelo da Luz, nada disso teria acontecido. O Alto Comandante ordenou-lhe que fosse general, e você disse apenas que era um bastardo, que não merecia. Não disse que não *podia*, que tinha obrigações com Vanessa e Vallen. E está fazendo o mesmo agora.

— Bernard, chega —

— Se tivesse ficado no Castelo da Luz, nada daquilo teria acontecido. Você teria defendido Vallen. Eu não estaria cuidando dele. Camille não estaria cuidando dele. Eu estaria vigiando meus próprios filhos. Deseja se culpar? Ótimo, a culpa é sua mesmo. Mas faça algo, em vez de ficar se lamentando.

— Bernard, chega —

— Seu covarde.

Soco.

O punho de Orion acertou os lábios de Bernard, enviando o Paquiderme Galante vários passos para trás.

— Tem razão. *Chega.*

Bernard soltou um urro, virou a enorme mesa de banquete e jogou-se sobre o outro. Rolaram no chão, sob gritinhos das serviçais e protestos de Ingram. Bernard montou com um joelho sobre o peito de Orion, deu-lhe um murro trovejante, que fez sua cabeça rebater no chão. Orion bateu de novo e de novo nas costelas do oponente, até que Bernard cedeu e ele conseguiu se livrar de seu peso.

Bernard Branalon ainda ajoelhado, Orion cambaleou de pé, e deu-lhe um chute no queixo barbado. Foi agarrado na cintura pelas mãos de titã, e jogado sobre uma cadeira que se destroçou. Orion levantou a cabeça embaralhada, para receber um cotovelo certeiro no nariz. Outro golpe já vinha, e ele enviou as pontas dos dedos, rijas como ferro, contra a garganta de Branalon. Tossindo e enxergando vermelho, o Paquiderme espremeu-o num abraço de urso. Orion sentiu o ar abandonando-o, as costelas rangendo, e pôs as mãos ao redor do pescoço do oponente, os polegares buscando o pomo de adão.

Um tiro.

Susto, ambos soltaram-se e desabaram para lados diferentes. Caíam minúsculos pedaços do teto, Ingram tinha uma pistola fumegante na mão.

— Os moleques vão parar, ou vou ter que fazer os dois dançarem?

Olharam-se, através de mil dores redondas.

Arrastavam o último beligerante ainda sem destino, bêbado demais para chegar em casa sozinho. Miltham tinha um olho roxo que crescia em velocidade e proporções alarmantes, e o nariz pela primeira vez quebrado. Respirava pela boca com um chiado horrível, e Darien imaginava a dor que estaria sentindo, mas o miliciano brilhava de contentamento. Nariz quebrado era um batismo na milícia, ninguém confiaria em um guarda de nariz retilíneo. E a resolução da briga através dos protocolos enchera Miltham de reafirmação cívica.

— Vamos deixar esse coitado em uma sarjeta por aí — disse Darien.

— Sabemos onde ele mora.

— Goblins me lambam, *nós* estamos patrulhando a região. Não vai acontecer nada com ele.

— O cavalheiro é cidadão de Roschfallen, Darien — disse Miltham, fanhoso. — Estamos aqui para servi-lo.

O cavalheiro acordou, os braços nos ombros dos dois milicianos. Olhou em volta com uma expressão intrigada e proferiu um imenso arroto, que logo virou um ligeiro jato de vômito. Deu um sorriso e dormiu.

Darien ficou sustentando o homem, enquanto Miltham batia à porta da casa indicada.

— Pelo menos fique você com ele. Você não consegue sentir o cheiro.

— Eu sou o miliciano responsável nessa chamada, Darien. Cuide do cidadão.

Uma matrona, alta e farta como um bebê gigante, veio atender a porta, com marcas de travesseiro e uma longa camisola que não cobria o suficiente.

— *Meu marido.*

— Boa noite, senhora. Seu esposo se envolveu numa altercação e, estando embriagado, achava-se incapaz de voltar ao lar sozinho.

— O que fizeram?

A mulher correu, balouçante, até Darien, e arrebatou-lhe o homem.

Enquanto Miltham continuava as explanações necessárias para pôr fim à chamada, a mulher viu os vermelhos e roxos no rosto do marido. Abriu uma bocarra úmida e começou uma chuva de golpes sobre Darien, cada mão uma tábua de carne.

— Senhora! — disse Miltham. — Estamos apenas trazendo seu marido para a segurança do lar.

— É isso que a milícia faz! — berrava a mulher. — Bate em pais de família trabalhadores, quando existem necromantes e sszzaazitas por toda parte, nos corredores do palácio!

— Senhora, não erguemos a mão contra seu esposo. Ele se envolveu em uma altercação na taverna, estando bastante embriagado.

— E agora carregam o traste bêbado e violento para mim? Eu devo lidar com isso, porque a milícia está ocupada demais recebendo subornos e fazendo pactos com demônios!

A cabeça de Darien zumbia com os impactos das manzorras. Ele levou o apito aos lábios.

— Não, Darien — disse Miltham. — Não é necessário chamar reforço, nesta situação.

Enquanto isso, o bêbado permanecia estirado e relaxado sobre os paralelepípedos. Abriu um olho, viu a situação de Darien, sorriu para ele:

— Ah, as mulheres.

E apagou.

— Não funciona assim — disse Ingram. — Vocês se espancaram; agora, voltem a ser amigos.

— Não sou criança, mestre anão — disse *sir* Bernard, preparando a bagagem. — Posso ter me exaltado, mas nada do que eu disse é mentira. Ensinei Orion Drake a beber. Acolhi-o em minha casa, quando ninguém lhe olhava na cara. E disse uma centena de vezes que ele deveria agir diferente. Se você quiser ficar com seu amigo, esbalde-se. Ele pode me procurar quando tiver mudado.

— *Sir* Branalon —

— Não me entenda mal. Amo Orion. Não como um irmão, ou mesmo como um filho. Não sei explicar, mas esse desgraçado me enche de orgulho. Ele poderia ser Alto Comandante da Ordem da Luz, e é um dos melhores homens que já nasceram em Arton. Mas é impossível ficar perto dele.

Ingram se calou.

— Se estiverem em perigo, serei o primeiro a protegê-lo na parede de escudos. Atiro-me em sua frente para qualquer número de flechas. Mas não me peça para conviver com ele.

Bernard despediu-se de Ingram, dos empregados, e partiu.

— Mais um foi embora.

Saindo do mar de cinzas, os três conseguiram avistar uma cidade, ao longe. Difícil saber, porque a visão enganava. O sono cobrava seu preço, dois dias e uma noite atrasado. Houvera uma espécie de cochilo enquanto andavam, um estado como de transe em que a mente se desligara do corpo. E por mais de uma vez houvera alucinações, recortes de sonhos. Mas:

— Estão vendo aquilo? — disse Ingram.

Era real. As espiras de uma cidade no horizonte, depois de uma planície vasta ladeada de montanhas. E, emergindo da cidade, mais do que a visão, uma inquietação, um incômodo crescente. A impressão de insignificância, um medo instintivo que não vinha de dentro: era projetado, tão real e palpável quanto vento ou calor.

— Estão vendo *aquilo?* — disse Darien.

Estavam.

Do meio das espiras, erguiam-se duas formas aladas e esguias de dragões.

CAPÍTULO 2

CONFIANÇA

A ARMADURA EMPILHADA NUM SACO ÀS COSTAS, A identidade oculta e nenhum símbolo da Ordem da Luz — assim começavam as aventuras e as desgraças. Orion, Ingram e Darien escondiam-se à plena vista em Ghallistryx, a capital de Sckharshantallas. Impossível não ser visto na cidade: as ruas eram amplas demais, cada uma larga o bastante para conter um exército. Não havia becos escuros, e nem labirintos de casebres. Toda a cidade era alta, ambiciosa, admirada de si mesma. Construída para um dragão.

Tudo reforçava a impressão de ser menor. As portas eram bocarras alongadas, abrindo-se com a lentidão solene de um bocejo de rei. As torres cutucavam o céu, em arquiteturas exibidas que se retorciam e formavam arabescos. O chão, em quase toda parte, era calçado de pedras lisas, impondo mais orgulho e menos lama. As pessoas andavam de cabeça erguida.

E mais ainda agora, porque era um festival.

— Bela porcaria de época — disse Darien.

Orion deu-lhe um soco curto e discreto nas costelas.

Guardas reluzentes marchavam num fluxo contínuo. Sem erro, eram homens altos e brutos, metidos em armaduras de aço avermelhado, decoradas com escamas e asas dracônicas. Elmos que deixavam ver a boca mas escondiam os olhos emprestavam-lhes um ar de não-gente, e suas botas faziam barulho cadenciado nos paralelepípedos. O povo respeitava, mas não bajulava. Destacados entre iguais, os guardas eram tão confiantes quanto os outros.

O comportamento inicial dos três forasteiros, tentando passar inócuos sob capuzes e mantos de pano rude, marcara-os de imediato. Em Ghallistryx, as pessoas não se escondiam; mesmo os mais humildes não eram humildes. Rostos morenos e olhos escuros fitavam-se de modo horizontal, numa superioridade coletiva. Os estrangeiros suavam em riachos, tostados pelo sol e o ar de forno que pairava no reino, mas os nativos não pareciam sofrer aquela indignidade.

— Aposto que comem carvão e peidam faíscas — disse Ingram.

E, além de tudo, havia o festival.

De início, entrando na cidade, os três não podiam discernir a inquietação. Logo, viram a primeira grande fila de pessoas ocultas e uma gigantesca armação de vime, na forma de um dragão. A coisa dançava e se contorcia, e era seguida por uma comitiva que cantava a plenos pulmões. Soldados marchavam ao lado, vivas patrióticos cortavam os sons de festa. Havia aglomerações de burburinho, algo semelhante a medo. Os três lembravam-se do gelo no estômago ao avistarem, mesmo de longe, os dragões. Aquele povo já não estaria acostumado?

— Há alguma coisa errada aqui — disse Ingram. — A festa, certo. Mas algo incomodando essa gente.

Orion comprimiu a boca por trás da barba.

— Os dragões — falou, por fim. — Não deveria haver *outros* dragões.

Sckharshantallas era o domínio de Sckhar. Qualquer dragão que adentrasse estaria desafiando, e seria morto.

Mas mesmo aquilo não esfriava as comemorações. O Festival do Dragão já chegava ao seu ápice. Depois de vários dias de música, paradas, teatro e banquetes, os principais eventos eclodiam. As maiores alegorias, os mais elaborados fogos. As encenações mais marcantes. Durante o Festival, por toda a cidade, representava-se eventos da história de Arton. A Grande Batalha, no continente sul. A destruição do Paladino. A jornada dos humanos até Valkaria. Com uma falta de ar súbita, Orion viu que uma trupe encenava a Queda de Norm.

— Vamos, meu velho. — Ingram puxou-o. — Você não precisa ficar para ver essa palhaçada.

Andando em meio a um grupo de dançarinos mascarados, chegaram a uma praça, onde se encenava a Revolta dos Três. Uma história ancestral assim como era desconhecida, que possuía uma centena de versões, a partir do pouco que se sabia. Valkaria, Tillian e o deus esquecido, chamado "o Terceiro", haviam cometido um crime. O Panteão, liderado por Khalmyr, decidira puni-los, e os três deuses haviam se rebelado, tentando assumir o controle de seus irmãos. Houve uma guerra, que os Três perderam. Valkaria, a Deusa da Humanidade, fora transformada em pedra, e muito mais tarde libertada por seus fiéis. Uma atriz humana de formas atiçadoras interpretava o papel, rodopiando numa dança que simulava a luta dos deuses. Tillian fora punido com a transformação em mortal. Ninguém sabia o que o deus havia regido, mas o ator que o interpretava era um meio-elfo alto de gestos efeminados, e a hipótese da trupe sugeria que fosse o Deus da Beleza. Já o Terceiro fora punido com o esquecimento. Ninguém sabia seu nome, ninguém lembrava de seu poder. Na peça, o Terceiro era alguém envolto em uma mortalha negra, que sussurrava em voz lúgubre. Ninguém sabia, também, qual fora o crime dos Três. A peça especulava um amor entre Tillian e Valkaria, ciúmes de Khalmyr e intriga por parte do Terceiro.

O que qualquer sacerdote do Deus da Justiça decretaria um absurdo.

O público vibrava com a encenação (fantasias e cenários coloridos, melhorados por magia sutil), mas Orion e os dois logo abandonaram a praça.

— Certo, qual é o plano? — disse Darien. — Ou vamos ficar vagando até cozinhar?

Ingram também dirigiu um olhar de pergunta ao cavaleiro.

— Crânio Negro vai ter de se mostrar, se o que você falou for verdade, Darien — disse Orion.

— Pelos sovacos de Lena, eu já disse, *foi o que eu ouvi*. Crânio Negro não veio até mim para me contar seus planos.

— Tem certeza?

Sem humor ou piedade.

— De qualquer forma, — Darien continuou — o que você pretende fazer? Salvar o pobre dragão indefeso?

— Não viemos aqui para salvar ninguém. Viemos matar Crânio Negro. Se a oportunidade surgir antes que ele faça qualquer coisa, ótimo. Caso contrário, paciência. Matá-lo é o mais importante.

Entre tantos ódios, entre vinganças melhores, Crânio Negro era o único sobre o qual havia uma pista. Um bom alvo para a obsessão.

— Se é assim, temos que esperar até que o dragão se mostre — disse Ingram.

— Talvez. De qualquer forma, vou sentir o fedor daquela armadura preta.

Ingram e Darien entreolharam-se. O anão desviou o rosto, pelo momento de cumplicidade involuntária.

A conversa era baixa, mas tornava-se impossível ser discreto. Os cantos mais escondidos eram bastante abertos, o sol martelava direto nas cabeças, as grandes áreas de passagem criavam salões ao ar livre, onde todos estavam expostos. Os cortejos de acrobatas, dragões alegóricos e magos de araque disfarçavam o assunto, e os três mantinham-se sob camuflagem da festa.

— Esse não é um bom plano, Orion — disse Ingram. — Na verdade, é um plano digno de um goblin. Se formos vistos perto do ataque, considerando que o ataque aconteça, vamos ser implicados. De qualquer forma, morremos.

Orion deitou-lhe um olhar estreito.

— Como eu disse, o importante é matar Crânio Negro, meu amigo. Não falei nada sobre sair vivo.

Gelo, em meio ao calor.

— Orion, que grande monte de bobagens —

— Vá embora. Você já me acompanhou até aqui, me salvou contra os gnolls na estrada. Volte para Bielefeld, ou qualquer outro lugar.

— Obrigado, *sir* Orion — disse Darien, já virando-se. — Foi um prazer, ótimo viajar na sua companhia, cuide-se e tenha uma boa morte.

Orion agarrou-o pela roupa.

— Eu estava falando com Ingram.

— Não vou a lugar nenhum, seu humano insuportável. Você sabe disso.

— Que seja. Mas você, Darien — dentes apertados. — Você fica comigo, para o que der e vier. O que acontecer comigo acontece com você. Reze para que eu tenha uma vida longa e feliz.

— Ora, faça aqui mesmo — disse Darien.

Miltham arregalou-lhe os olhos, e chegou a abrir a boca para um discurso que, depois da expressão indignada em seu rosto, era totalmente desnecessário.

— Certo, certo, esqueça o que —

— Você sugere urinar na rua, Darien? Você sugere urinar no chão de Roschfallen? Urinar na capital de Bielefeld? Urinar sobre o reino, sobre todas as nossas tradições?

Miltham estava mais orgulhoso do que nunca, depois do nariz quebrado. Seu rosto ainda não desinchara por completo, e ainda havia um travo fanho em sua voz.

— Quer que eu urine sobre a Ordem da Luz? Sobre a cavalaria, consagrada por Khalmyr? Quer que eu urine sobre os ensinamentos do Deus da Justiça? *Você quer que eu urine sobre Khalmyr, Darien?*

Ali estava uma bela imagem mental. Mas Darien ficou calado.

— A bexiga de um miliciano deve ser tão forte quanto seus braços. Certamente haverá alguma latrina disponível para nós, em alguma taverna.

A madrugada chiava em grilos, conversas longínquas, gatos e ventos vadios. Darien e Miltham andavam na patrulha usual, à procura de alguma emergência minúscula. Mais e mais, as noites de Roschfallen decidiam-se pelo frio, transformando o trabalho de passeio em marcha.

— E o coração de um miliciano, não deve ser forte? — disse Darien, antes de se controlar.

Miltham olhou-o de esguelha.

— Sim.

— Então, podemos dizer que a bexiga, os braços e o coração têm igual fortitude entre nós, milicianos. Uma grande junção de músculos, alma e a cerveja de duas horas atrás. Que papel teriam os intestinos, nessa máquina de justiça?

Nada. A seriedade de Miltham só era prejudicada pela sutil dança que fazia contra sua aflição líquida.

— Você sabe que não precisa estar na milícia, não é, Darien?

Uma honestidade difícil de retaliar.

— Se despreza tanto tudo isso, por que não vai embora?

Darien olhou as botas.

— Vamos encontrar uma latrina para você — acabou resmungando.

Não muito longe, uma taverna ainda salpicada de bêbados tardios cedeu a Miltham o buraco que fazia as vezes de latrina. Darien preferiu ficar do lado de fora, olhando os contornos escuros dos telhados, abraçando-se contra o frio insinuante.

Do outro lado da porta, escapavam os aromas familiares de um estabelecimento da pior espécie. Bebida, suor, traços de vômito antigo, fumaça, tudo se misturando num azedume que, para Darien, tinha cheiro de inocência. Antes, aquele seria o seu ambiente. Costas para a parede, mesa de madeira ordinária, zumbido de embriaguez nascente e amigos em volta. Era um fedor perfumado, com uma carga inesperada de nostalgia. Em outros tempos, aquelas caras vermelhas e feias seriam companheiros pela duração de um porre, parceiros de briga ou adversários na jogatina. Agora, eram cidadãos a serem protegidos. Ou simplórios, felizes em sua ignorância.

Se tivesse direito a um só desejo, Darien gostaria de voltar a pensar que o mundo se compunha de assaltos, risadas, fome, amizade e violência.

— Com sua licença, senhor miliciano? — repetiu a voz.

Darien foi arrancado de suas divagações, ao perceber que era ele o miliciano. Em um momento, olhou em volta, até que notou o anão, logo abaixo de sua vista.

Uma figura improvável. Com o ar de pedregulho que tinham todos os anões, parecia ainda mais pesado, sobrecarregado por cabelos, sobrancelhas, barba farta, mantos, cota de malha e sacolas. Quase todo um só pacote, tecido e metal embrulhando pelos, ostentando por toda parte a balança e espada de Khalmyr.

— Com licença? — repetiu o anão, com um sotaque indecifrável. — A taverna está aberta, eu imagino?

Darien viu que bloqueava a entrada, deu um passo rápido para o lado.

— Obrigado, senhor miliciano. Perdoe minha rudeza, mas estou viajando há muito tempo, e só quero uma cama onde descansar.

Darien começava uma resposta, quando, na ânsia de empurrar a porta, o anão deixou suas sacolas caírem. Eram várias, de panos grossos e resistentes, com a poeira entranhada que sugeria uma viagem longa. De uma delas, ao bater no chão, espirraram gemas de todas as cores.

— Machado de Khalmyr! Ajude-me aqui, sim?

Darien ajoelhou-se para catar as inúmeras pedras preciosas, com a boca pendente e abobalhada. Tentou fazer uma estimativa do valor daquilo tudo, mas os brilhos dançavam à sua frente, embaralhavam os números, e ele desistiu. Recolhido o tesouro, o anão ergueu-se e selecionou algumas.

— Obrigado, miliciano. Não é de falar muito? Louvável, em um humano. Que Khalmyr lhe dê recompensas justas.

— Claro. Recompensas. — Sacudiu a cabeça. — De nada?

— Realmente, parece a resposta certa. Preste-me um último auxílio, por gentileza.

Darien assentiu.

— Acha que isso — mostrou as joias que separara — é suficiente para pagar um quarto nessa estalagem?

As gemas reluziram, como dando piscadelas. Darien deu um tapa no próprio rosto, forçando-se a emergir da estupidez.

— Senhor — começou. — Mestre anão —

— "Padre" está bom, meu jovem. Desembuche.

— Padre, — examinou de novo o homem, suas roupas e seus tesouros, que ameaçavam escorrer por entre seus dedos — esta não é uma estalagem. É uma taverna.

— Estalagem, taverna, qual a diferença? Manias de humanos, que Khalmyr os proteja. Enfim, acha que com isto poderei pagar por um quarto?

— Eles não têm quartos aqui, padre. — Olhou em volta, como esperando o resto do circo chegar. — Por que não se dirige a um templo de Khalmyr?

— Ah, mas é bem por isso que venho, meu rapaz. Veja você, existem duas facções dentro de clero de Khalmyr. Uma afirma que o machado do deus é uma representação de seu poderio justo, enquanto a outra diz que o machado *é* seu poderio justo, tornado material. Houve um grande cisma — o anão já abria a porta, gemas na mão.

— Não! — Darien fechou-a, e bloqueou o caminho. — Entenda, se o senhor entrar aí, com esse, com essas, com tanto tesouro, vai ser roubado. Ou morto.

Silêncio, e o arquear de prodigiosas sobrancelhas.

— Sou um clérigo de Khalmyr.

— Isso não vai garantir sua segurança, padre. Deixe-me guiá-lo para uma estalagem. E guarde essas gemas, por favor.

As pedras continuavam a dançar na mente de Darien, transformando-se em mulheres seminuas, barris de vinho e principalmente longas, longas estradas.

— Ora — disse o anão, contrariado. — Meus pés estão pedindo clemência. Não sei se aguento andar à procura de uma estalagem, meu bom miliciano.

Grilos, grilos, um gato ao longe.

— Façamos o seguinte — por fim, o anão. — Eu lhe dou minhas sacolas, e você procura uma boa estalagem, sim? Algum lugar com uma cama macia, onde eu possa aproveitar o sono dos justos e descansar meus pés. — Sem cerimônia, o homem começou a depositar sobre Darien seus fardos. Um par de gemas ainda caiu de uma sacola, e foi logo recolhido e recolocado.

Uma bola de gelo — excitamento, descrença e oportunidade — assentou-se no fundo do estômago de Darien. Súbito, as estradas desenharam-se muito nítidas em sua imaginação, o peso e o barulho das pedras adicionando chance, confirmação e liberdade.

— Vou ficar esperando aqui mesmo, certo? Não creio que irão roubar e matar um clérigo apenas por seus mantos, mesmo em uma taverna como esta. — Mais uma vez, começou a abrir a porta. — Tentarei não cair no sono.

Coração cutucando a garganta, Darien ainda teve um fragmento de cautela:

— Como o senhor sabe que pode confiar em mim?

O anão olhou-o como se houvesse proferido o maior dos disparates.

— É um miliciano, não?

— O senhor deveria ter mais cuidado — disse Darien, sentindo agora uma satisfação de mentira bem contada.

— É claro. É claro. — Coçou a barba. — Dê-me seu apito e sua maça. Todos os milicianos usam-nos, não é mesmo? Assim, saberei que você vai voltar.

Concordaram. O anão entrou na taverna, levando os apetrechos designados pela milícia de Roschfallen. Darien dobrou uma esquina negra, acelerando o passo, controlando-se para não correr, sentindo as pequenas formas lapidadas de sua nova vida.

Sir Bernard Branalon, o conde de Muncy, já havia ido embora. Mas isso não impediu que os nobres invadissem o castelo de Orion, uma horda armada de enfeites.

— Já sei — disse Orion, a duas salas e um corredor do inimigo festivo. — Vou prender todos em uma torre, virar um cavaleiro negro e combater as forças do reino.

O sorriso era um esgar, a barba despontava em fios desparelhos, e as rugas pareciam ter-se multiplicado nos cantos dos olhos. O gracejo, dito em voz choca, foi mais uma gota na tigela, já quase cheia, dentro da mente de Ingram.

— Digamos que isso teve graça nas cinco primeiras vezes — disse o anão. — Chega. Pare de fazer piadas sobre traição.

Orion ganhou uma seriedade de criança insultada.

A chegada do conde, como todos haviam previsto, desencadeara uma festa. Mas sua partida não impedira que o evento ocorresse, por mais que o lorde houvesse tentado. Orion esforçara-se ao ápice para o cancelamento, mas baronesas e viscondes já na estrada não davam meia-volta por tão pouco. O castelão tomara conta do evento, mas Orion encarregara-se de estragá-lo. Houvera músicos contratados (e já pagos), mas o lorde expulsara todos. A comida seria a mesma dos serviçais, e a austeridade do castelo fora mantida até o último detalhe.

— Você sabe — disse Ingram — que existe uma diferença entre caráter e teimosia, não é mesmo?

Orion grunhiu de leve.

— E entre teimosia e birra?

Mais uma vez, o cavaleiro estacou. A alguns metros do salão, parecia uma jornada interminável.

— Isso tudo é ridículo, Ingram. Perda de tempo. Perda de ouro.

— E o que mais você faz com seu tempo?

Uma parede de silêncio.

— E que ouro está perdendo? Orion, você é um lorde, e não uma noiva virginal. Diz que não quer essa maldita festa, mas não pensa em outra coisa. Passe duas horas conversando com esses acéfalos e acabe com isso.

O outro fechou as mãos, inspirou forte e pôs-se a andar.

— Orion — sem acompanhá-lo.

Orion virou-se, olhou o amigo.

— Vou embora. Não aguento mais dar conselhos, não aguento mais ver tudo isso. Vou estar em Norm. Chame se precisar de alguma coisa. — Tudo em um só jorro, quase gaguejando.

Orion ficou em silêncio.

— Ah, quem estou tentando enganar? — disse Ingram. — Você não vai me chamar se precisar de algo. Muito bem, vou continuar vindo aqui, de tempos em tempos.

Orion abriu a boca, mas:

— E não *ouse* falar nada dramático agora. Entendeu?

Não falou nada, então.

Ainda segurando a bolota roxa que se formava em sua mandíbula, Darien voltou à taverna. Lareira apagada, escuro lá dentro. Na hora e pouco que demorara, todos os bêbados haviam sido enxotados. O taverneiro fora dormir o sono dos marginalmente justos, a porta estava trancada. E o clérigo, como era certo, sumira sem deixar rastro.

Procurou ainda, sem esperança e absolutamente sem resultados, por seu apito e sua maça. Teria belas explicações a dar ao capitão, dentro de — estimou o início de brilho do sol — meia hora. Um soco indisfarçável no queixo (fora as escoriações ocultas pela roupa) podia ser explicado. Afastar-se de Miltham por tanto tempo, sem um sinal, podia ser explicado, com a ajuda de todos os deuses protetores dos vagabundos, e um pouco de língua rápida. Tudo isso junto, mais a perda da maça e apito (e acompanhado pelos boatos que iriam se espalhar entre os bandidos de meia-tigela da cidade), constituía uma quantidade paquidérmica de excremento, na qual Darien estava começando a se afogar.

O único joalheiro que aceitara um cliente em plena madrugada fora um receptador. Darien fora recebido de armas em punho, por ser miliciano. Mesmo que fosse roubado, havia joias suficientes nas bolsas do anão para satisfazer a todos, e para desenhar os últimos retoques nas longas estradas para fora de Bielefeld.

Mas receptadores não gostavam de joias de vidro.

Eram falsificações tão grosseiras que mesmo Darien notava, à luz dos lampiões, não passarem de cacos coloridos. Enquanto levava uma surra, tentava raciocinar o meio pelo qual o anão trocara gemas verdadeiras (ou pelo menos boas gemas fajutas) por contas brilhosas e brinquedos de criança.

Resposta óbvia: fugir. Ele chegou a se aproximar dos portões da cidade, mas os vigias estavam atentos. Seria visto por colegas milicianos, haveria perguntas. Seus Tibares acabariam rápido na estrada. E depois? Mais fuga? Assaltos? Vida de bandoleiro?

Agora, na frente da taverna e logo à frente da manhã, sem gemas, sem apito e sem maça, Darien pensava em ser bandido de novo. Por alguma razão, já não era mais certo.

Ouviu um sibilo curto, e logo outro, vindo de um beco.

— *Miliciano*.

Virou-se e enxergou — *o anão*. Mas enganava-se; era um humano. Baixo, por certo, mas sem dúvida um humano. Barbudo, mas sem a ostentação capilar que o anão possuía. E, olhando melhor, as feições eram bem diferentes.

Chegou perto.

— Perdeu seus brinquedos? — disse o sujeito, mostrando o apito.

Darien fez menção de pegar, o homem saltitou para trás.

— Calma, garoto. Você não quer fazer uma besteira. Até onde eu sei, está desarmado — riso. — E eu posso chamar a milícia.

Darien fechou os olhos com um suspiro:

— Quanto você quer?

— Ora, o anão vendeu-me isso por cem moedas. Digamos... Dois mil Tibares?

Tosse de genuína surpresa.

— Você é louco. Não tenho esse dinheiro.

— O sol ainda não nasceu — sorriu o homem. — Os emprestadores ainda estão abertos. Tenho certeza de que você é capaz de encontrar um agiota amigável.

— Que tal quinhentos —

— Que tal nada? Que tal explicar tudo aos seus superiores?

Pausa.

E depois, sem mais palavras. Correndo contra o início da manhã, Darien achou um agiota. E fez uma dívida nauseante, mas voltou com dois mil Tibares. Ainda ensaiou fugir — muito dinheiro, o bastante para comprar longos meses de correria. A ideia de ser caçado por capangas (e, mais ainda, pela milícia ou pelos cavaleiros) agarrou sua garganta num enjoo nervoso.

— Foi um prazer fazer negócios com você — disse o homem barbudo, trocando o dinheiro pelos objetos.

Em silêncio, Darien nadava numa sensação de impotência. Sem revide. Teria mesmo que esconder o próprio golpe que sofrera. Não poderia recorrer à milícia, a ninguém. Teria de acobertar os dois vigaristas.

Ou um só?

— Até a próxima, Darien — já à distância.

Darien foi atrás. Sumira. Mas, num último relance, achou que ele caminhava como um anão.

Os convidados ainda não haviam se recolhido, e Orion já esquecera de tudo que se passara na festa. As horas anteriores eram-lhe um borrão indistinto. No salão mortiço, andara como um fantasma, enxergando tudo como que submerso, através de um vitral de indiferença. Tinha quase certeza de ter dito todas as gentilezas necessárias, e sabia não ter passado vergonha. Mas não lembrava um rosto, um ocorrido. Quando deu por si, estava deitado na cama estoica.

Fizera o necessário. E, por ser necessário, dormia. O que Bernard e Ingram haviam falado martelava-lhe dentro do crânio. Decidiu não se lamentar, apenas fazer o que devia.

Comer, decidir, ser gentil, andar, falar, dormir.

Emergiu num ambiente tênue, notou de esguelha que estava sonhando. Afastou a percepção, para não acordar, tentando flutuar mais na vagueza. Esquecia já, quando tudo ficou mais nítido. Ao redor, coisas que não importavam. Ele mesmo sumira, mero espectador do sonho. No centro, sólidas e meticulosas, três figuras.

— Precisam que eu lhes pegue a mão mesmo depois de catorze anos? — disse o jovem guerreiro louro. — Está certo, Nichaela. — Sorriu com afeição evidente. — Vamos fazer de conta que sobrou alguma coisa de mim.

A menina — *não, mulher* — escondia um corpo esguio em trajes rebuscados, exóticos, de Tamu-ra. Robes por cima de robes, em camadas, num arranjo complexo de escultura. Era bela como louça, tinha cabelos lisos, também arranjados em um padrão festivo e elaborado. Um olho arruinado por ferimento, e no outro um ar de calma, abafando dor. Uma meio-elfa, a julgar pelas orelhas.

— Se ele é só uma imagem, não deveria falar esse tipo de coisas — disse a meio-elfa. — Sempre teimoso — sorrindo.

Falara com o terceiro, atrás. Mas pareceu em seguida lembrar de sua condição. O homem não podia responder, e era incerto que ouvisse. Difícil notar-lhe qualquer coisa, enredado que estava de correntes sem fim. Olhos, boca, a maior parte do rosto enrolada em elos de metal oxidado, e largas bobinas nos braços, pernas, tronco, virilha. As correntes sumiam nas bordas desprezadas do sonho, e por baixo de tudo via-se um traje exótico, também tamuraniano. Duas espadas curvas embainhadas, à cintura, onde ele não podia tocar.

Depois de hesitar um instante, a meio-elfa continuou a falar com o homem acorrentado. Como quem conversa com um doente semimorto, sem saber ser ouvido.

— Ou talvez uma parte dele ainda exista, não é? — Silêncio tétrico. — Acho que eles realmente deram o nome à criança, Masato. Isso pode significar alguma coisa, no final de tudo.

O jovem louro deu uma risada gostosa, aparentando plena satisfação com seu lugar no mundo. Em sua expressão, uma confiança absoluta, em si, nos outros e em que tudo seria arranjado, vencido, derrubado ou construído. De repente, surpreendendo a meio-elfa, virou-se para Orion espectador, como se olhasse-o nos olhos:

— Eu não existo mais, entendeu? Bem pior do que morrer. Então, *alguém* vai ter que resolver essa porcaria toda, *sir* cavaleiro.

Acordou gelado.

Orion abriu os olhos, e tinha frio. De repente, precisava fazer mais alguma coisa.

Comer, decidir, ser gentil, andar, falar, dormir.

E lutar.

A marcha dos soldados tornava-se mais e mais entusiástica, à medida que avançavam as horas. Os pés atingiam o calçamento com força quase agressiva, numa ânsia patriótica que parecia clamar por um inimigo. As festividades estavam chegando ao ápice, pois havia grandes preparações para o maior homenageado — Sckhar.

O rei dragão receberia presentes: objetos encantados ou apenas únicos. Ouviria as odes dos bardos mais talentosos, veria as obras realizadas para exaltar sua imagem. O povo de Ghallistryx convergia para a frente do gigantesco palácio. Nenhum soberano poderia, por mais terror que impusesse, *forçar* dedicação como aquela. Havia uma quantidade interminável de amor e de orgulho nas obras, nos gestos, nos prédios da cidade. As pessoas desejavam exaltar o dragão.

— Isso não está certo — resmungou Ingram, mascarando a voz no burburinho de contentamento. — Aqueles dragões. Já faz tempo demais.

— O que importa é Crânio Negro — disse Orion, quase para si. E depois, ainda mais baixo: — Crânio Negro. — Uma repetição que encostava na doença.

Meio andavam, meio eram carregados pelo movimento da multidão. Uma cerca baixa fora colocada, para demarcar o espaço do rei e dos aduladores mais próximos. Havia soldados, mas os limites eram feitos mais de respeito do que de barreiras físicas. Enquanto se aproximavam, sentiam os frios de espinha, o medo invisível que anunciava a presença de um dragão.

A praça, quando avistada, mostrou-se quase vazia. O palácio, duzentos metros ao fundo, descortinava-se majestoso. Capitães e clérigos terminavam preparativos de algum tipo, artistas nervosos aguardavam a aparição do rei. Os brutos de armadura eram diferentes aqui: seus elmos tapavam o rosto inteiro, dando-lhes uma impressão hermética e muda. Havia postes altos de ferro negro, onde estavam, é claro, prisioneiros. Seis vítimas para logo, amarradas, encapuzadas de negro, imóveis. Seu lugar era a um canto, sendo olhadas por soldados, como um acompanhamento de banquete. Os preparativos de fogueiras, a seus pés — lenha que queimaria logo, na execução. Adultos e crianças, no formigueiro humano em volta, já carregavam pedras. As fogueiras seriam acesas, e os prisioneiros seriam apedrejados. Quem sobrevivesse receberia o Perdão do Fogo, mas isso nunca acontecia. Em roupas rudes de estopa, sem rosto e sem forma, os prisioneiros não eram de uma raça ou outra, nem homens e nem mulheres, por enquanto. E, dominando a área, algumas estruturas de metal negro, aros com metros e metros de altura. Dotados de trancas gigantescas, alinhavam-se em três filas, sendo manuseadas por homens de uniforme. Difícil saber sua função, mas por certo faziam parte.

— Ora, qual é o auge de qualquer festival organizado por um tirano? — disse Darien, sem olhar para os outros. — A execução, é claro.

Como em resposta, apertaram-se as gargantas. O instinto de medo, a vontade de fugir sem saber a direção cresceu de súbito em todos na praça. Um engasgo compartilhado às centenas, e muitos pés que ensaiaram movimento. Os cidadãos de Ghallistryx controlaram-se, mas a inquietação crescia, formigava-lhes as costas (sempre as costas) mais e mais, um prenúncio, até que os olhos notaram também. A fonte, as duas fontes daquele medo — fugindo num voo disparado, pelos céus da cidade.

— Bem, é um mistério a menos — disse Ingram.

Os dois dragões vistos antes cruzavam o azul forte do céu, respingando sangue nos telhados. Um deles perdia altitude, batendo asas de couro (agora furado) em desespero e, quando chegou muito perto, pôde-se ver terror em seus olhos de fera. O outro não estava tão ferido, mas descreveu um arco largo para voltar ao primeiro, espalhando um semicírculo de gotas vermelhas.

Ao redor, os caçadores.

Montados em pequenos lagartos escamosos e alados — semelhantes a dragões apenas nisso —, investiam com lanças cheias de rebarbas, manguais com correntes longuíssimas. Disparavam flechas, que pipocavam às dezenas no couro grosso dos dois dragões. Eram sete ao todo, e coordenavam-se sob as ordens de um, que fazia-lhes sinais em uma espécie de coreografia predeterminada.

Com três batidas colossais de suas asas, o dragão mais ferido espalhou poeira e gente ao chão, e ganhou o céu de novo. Seu esgar podia ser rosnado e podia ser choro. A cada batida, escalava o ar um pouco, parecendo ficar mais leve, a trajetória mais fácil. Todo empinado, já dardejava para o alto, logo acima da praça, quando os caçadores agiram.

Dois cruzaram, à sua frente e costas, nos velozes dragonetes. Arremessaram enormes redes, que se desdobraram em pleno ar, enredando a fera. O dragão debateu-se, mas uma de suas asas estava presa. Começou a despencar, em um instante estaria no chão. Dois outros caçadores encontraram-no antes disso, as lanças com hastes compridas perfurando-lhe couro e carne. Um som enojante de rasgo, e os caçadores largaram as hastes, que sacolejavam, presas no dragão.

O solo tremeu com a queda.

Flechas cravadas, ferimentos sem fim e duas lanças que dilaceravam mais a cada movimento. Preso por redes, o dragão estava indefeso. Os homens à espera na praça puseram-se ao trabalho: prenderam seu pescoço, ombros, peito, abdome e cauda nos aros de metal, fecharam as trancas. Uma dupla forçou-lhe uma focinheira, e logo a criatura não era mais que um troféu.

O povo explodiu em vivas. Do outro dragão, um urro. Já sem preocupação com sua própria segurança, o monstro investiu com fúria indignada — não contra os caçadores, mas contra o que podia matar às dúzias. O povo.

Para o espanto dos três forasteiros, os cidadãos recuaram rindo, dançando, em saltinhos. O dragão abriu a boca, e um brilho amarelo começou em sua garganta, prenunciando uma baforada letal. Mas, como se fosse combinado, um caçador surgiu num borrão, enfiando-lhe a haste da lança pescoço adentro. A fera tossiu eletricidade, atrapalhou-se com suas asas, e dois inimigos desceram para a matança. Giravam os imensos manguais, bolas de ferro repletas de espinhos, presas por correntes de vários metros. Armas lentas, mas dotadas de força descomunal, pelo longo arco que faziam. As duas bolas metálicas bateram contra o crânio do dragão, primeiro fazendo uma chuva vermelha, depois afundando osso. A criatura ainda voejou, incerta sobre morrer ou não, e foi logo presa em outra rede. Mole como um boneco, o dragão também foi fixado aos aros de metal, trancafiado e seguro.

A multidão gritou de felicidade.

— Dois prateados — murmurou Orion. — Khalmyr, são dois prateados.

Ingram segurou o braço do amigo, incerto do que pensar. Dragões prateados eram raros, mesmo entre dragões. Eram também dotados de pureza e honra instintivas. Criaturas de verdadeira bondade, como só poderia existir em feras mágicas. Por um lado, pensava o anão, seria tolice suicida interferir agora. Por outro, era bom ver Orion reagir.

Anão e cavaleiro trocaram olhos furtivos e um sinal mudo. Os acontecimentos borbulhavam em Ghallistryx, e Ingram escapou-se, para as ruas atrás, indo dar início às preparações.

A multidão voltou a se acomodar, após o susto. Acenou em efusão aos caçadores, que fizeram acrobacias sobre seus dragonetes. Um povo calejado.

Mesmo presos, os dois dragões exalavam intimidação. O primeiro a ser capturado tinha olhos de tristeza infinita, observando os humanos em sua horda, como se não entendesse a razão. O segundo parecia alheio, os golpes na cabeça haviam-no mergulhado em uma espécie de estupidez misericordiosa.

As portas do palácio se abriram.

A inquietação aumentou de súbito. Um medo ainda maior. Não apenas da morte, mas uma sensação de indiferença, insignificância. Algo enorme poderia atravessar aquelas portas. Mas o que surgiu foi um homem.

Um elfo, esguio, alto e belo. Cabelos vermelhos, cicatriz sobre um olho, porte ereto e tranquilo, uma superioridade monárquica. Um mortal. Assim era a forma que Sckhar, rei de Sckharshantallas, usava para se mostrar ao povo.

Sua presença era forte demais, perturbadora demais. Se antes o povo de Ghallistryx soubera se controlar, agora fraquejavam. Não fugiam — os mais fracos, ao contrário, tentavam ir de encontro, e eram detidos. Alguns desmaiavam, de emoção ou êxtase. Muitos ajoelhavam-se, chorando. Sckhar não era apenas um rei amado; era adorado. E não apenas rei, adorado como deus. O que os estrangeiros presenciavam era uma epifania religiosa, um momento sublime para aquela gente. E por mais que tentassem, não podiam — não *podiam* — olhá-lo nos olhos.

— Meu povo — disse o rei.

Silêncio total. Nem mesmo um soluço. A voz do dragão tornado homem espalhava-se clara por sobre as cabeças, como se estivesse bem ao lado de cada um.

Ergueu as mãos num gesto superior e paternal:

— Vamos abençoar nossa festa com sangue — Voltando-se aos dragões: — Temos dois intrusos.

— *Três* — disse alguém.

Era uma voz clara e melodiosa, vinda de um canto indiscernível, e quase herege, em meio à solenidade. O olho de Sckhar brilhou laranja, o ar tornou-se quente, mas surgiu a figura, que não vazava medo:

Um elfo. Alto e franco, cabelos castanhos revoltos, em espetos, rosto reto e suave. Olhos azuis sem fundo, capa púrpura, uma túnica de fina malha reluzente. Rasgos nas calças, botas negras esfoladas, buracos de antigas flechas por tudo. Do meio do populacho, abriu caminho, conseguindo não baixar o queixo, passos firmes e deliberados. Sua boca desenhava-se bem vermelha, e nela estremecia um sorriso de humor e raiva.

— Meu nome é Edauros — meneou a cabeça, como se cumprimentasse um aldeão. — E o terceiro sou eu.

CAPÍTULO 3

OS CAVALEIROS SOLITÁRIOS

QUEM É VOCÊ? — DISSE O ANÃO.

— Um miliciano com muito sono — disse Darien, abrindo um bocejo que estalou sua mandíbula.

O outro bufou, segurando o osso do nariz com os dedos. Esperara que o rapaz tivesse mais entusiasmo pela mentira, dado seu histórico.

— *Não*, por toda a justiça de Khalmyr. *Não*. Se você mesmo não acredita em quem é, como espera que o alvo acredite?

Darien forçou a boca fechada, represando um novo bocejo.

— Está certo, eu sei, a vítima —

— Alvo.

— O alvo tem que achar —

— *Acreditar*.

— O alvo precisa acreditar que sou o filho de um baronete em apuros. Merda, mas que diferença fazem as malditas palavras?

O anão assumiu seu tom professoral. Quando explicava, parecia ficar mais alto, e faiscava-lhe nos olhos uma satisfação que puxava autoridade. Era a hora gorda da manhã, já com sol alto e pessoas atarefadas. Estavam nas bordas do mercado, sendo atingidos por transeuntes e exclamações de mercadoria. Darien sempre achara que o crime urbano prosperava à noite, mas seu novo mentor ensinara-lhe diferente. Para aquele tipo de roubo, o melhor era uma situação de conforto, onde não se espera ser atacado, e com muitas distrações. E, incrível que soasse, com muitas testemunhas. Quanto mais pessoas vissem o ato, mais relatos conflitantes haveria, e menos certeza.

— As palavras fazem toda a diferença, milorde — o anão falou como se respondesse mesmo a um nobre menor. — Usando a terminologia correta, você se coloca num estado diferente. Não está mais brincando ou imaginando. É um profissional, que conhece o jargão do trabalho.

Deveria fazer sentido, e Darien aceitou.

— Não posso ser um baronete com tanto sono assim — resmungou.

As aulas com o anão tomavam-lhe boa parte do dia. À noite, continuava a vida de miliciano. Darien vagava como um morto, pés arrastando e olheiras roxas, quase o tempo todo. Seu professor insistira que levasse adiante a vida de homem da lei, enquanto fomentava o crime. De qualquer modo, não devolvera os dois mil Tibares que havia-lhe roubado durante o primeiro encontro dos dois. Darien precisava do soldo, ou seus joelhos teriam um encontro com as marretas de seu credor.

— Quem é você? — repetiu o anão.

Darien revirou os olhos.

— Ora, mas o clero aceita qualquer um hoje em dia — entoou, assumindo a postura de galo do baronete fictício. Virou-se com ar petulante para um espaço vazio: — Pensava que nossos homens santos soubessem como se dirigir àqueles de melhor estirpe.

— Perdão, meu lorde — disse o anão, curvando-se em reverência. Escondeu o sorriso de aprovação por trás da espessa barba. O garoto era um enrolador nato, embora dotado de uma preguiça enervante.

— Um pedido de perdão não é suficiente. — Guarda! — fez um gesto para algum oficial imaginário. — Leve este sacerdote insurrecto para ser chicoteado.

O anão se ergueu.

— Muito bem —

— Ainda *ousa* latir para mim? Ora, pequeno tufo de cabelos imundos —

— Exagero.

— Certo, exagero.

Não era uma atividade desprovida de prazer. Mais divertido que apitar pela noite, com certeza. E fingir ser outras pessoas acarretava fingir ter outros passados.

— Ali está o alvo — disse de repente o anão. — É a hora.

Darien sacudiu a cabeça, limpou-se dos trejeitos verdadeiros, tentou absorver seu personagem.

— Antes — disse. — Afinal, qual é o seu nome?

— Padre Thulbok Farandrimm, sacerdote de nosso protetor e juiz, Khalmyr.

— *De verdade.*

— Sou Thulbok Farandrimm — disse o anão, com simplicidade. — Sacerdote de Khalmyr.

— Você *não pode* ser um clérigo de Khalmyr. Parece mais clérigo de Hyninn.

Hyninn era o matreiro Deus dos Ladrões. Uma divindade não desconhecida de Darien, embora em geral se ocupasse de roubo mais sutil e esperto do que ele.

— Hyninn? — disse Thulbok. — Nunca ouvi falar.

— Você *nunca ouviu falar* de Hyninn?

— Vamos, baronete — empurrou o anão. — O alvo está à vista.

Sir Lagnus Orchard possuía, além de título e terras, diversas outras qualidades, que fizeram-lhe longevo dentro da Ordem da Luz. De fato, seria difícil apontar, entre todos os membros, alguém com mais talento para durar anos e anos dentro da cavalaria.

Tinha a capacidade quase sobrenatural de estar longe de qualquer situação de risco. O que, de acordo com qualquer julgamento racional (principalmente o seu próprio), era o primeiro passo para durar muito em qualquer lugar. *Sir* Lagnus não considerava que um cadáver fosse realmente um cavaleiro. Assim, visitara primos distantes em Fortuna, poucas semanas antes do massacre da Queda de Norm. Anos antes disso, caíra doente, vítima de uma febre delirante que nenhum clérigo podia curar, logo a tempo de ser afastado das fileiras que defenderiam Khalifor da Aliança Negra. Durante a guerra de independência de Portsmouth, Lagnus fora capturado, no primeiro dia de sua primeira incursão. Libertara-se assim que a guerra acabara, tendo escapado miraculosamente ileso de um campo de prisioneiros nunca mais encontrado, nas profundezas das terras do Velho Abutre. Nos torneios amigáveis entre a Ordem da Luz e a Ordem de Khalmyr, nunca conseguia participar da justa — toda sorte de infortúnios, desde ameaças até o falecimento de parentes estrangeiros, abatia-se sobre ele, antes que empunhasse uma lança.

Nunca, no entanto, faltara a um desfile.

E assim, *sir* Lagnus Orchard fora capaz de viver uma existência longa e prudente, e já grisalha, recolhendo os louros de sua posição, sem envolver-se no desagradável assunto das lâminas e gritarias. Amadurecera satisfeito, junto com sua esposa e o batalhão de filhas. No meio de tantas mulheres, os deuses haviam-no agraciado com um filho homem, que já ganhara suas esporas, e ostentava com orgulho o brasão da Ordem.

Sir Guthrin Orchard, filho de *sir* Lagnus, não compartilhava os talentos do pai. Insistia, por mais que fosse aconselhado, em envolver-se com todo tipo de balbúrdia que surgisse à sua frente. Amaldiçoara-se por estar longe, junto com Lagnus, quando Norm precisou. Tentava compensar isso de todas as formas, voluntariando-se com mais bravura que bom senso em toda missão que a cavalaria inventasse.

Sir Lagnus aguardava há anos que aquela fase terminasse. Guthrin precisava largar os modos juvenis, as coragens excessivas, e concentrar-se no que era importante. Bom casamento, produção, negócios. Diferente de outros nobres, *sir* Lagnus gostava de negócios. Gostava de ver as pilhas de dinheiro aumentarem, os números em pedaços de papel tornarem-se números maiores. Era um belo jogo. E uma oportunidade de negócio surgira-lhe há algumas semanas, desenhando pilhas maiores e números mais altos em sua imaginação.

Não estava acostumado àquelas atividades furtivas. Parecia-lhe o modo da malfeitoria, embora não fosse tão diferente dos disfarces e histórias que fabricava para manter a cabeça ligada ao corpo. Andava num passo de formiga nervosa, oculto por um chapéu molengo. Chamava mais atenção do que faria se erguesse a fronte. Não estava acostumado ao mercado, mas seu futuro sócio fizera questão de se encontrar lá. Um pequeno sacrifício, em troca de vitória no jogo.

Preocupando-se em passar despercebido, em mesclar-se com os plebeus e mercadores, em jogar da maneira certa, *sir* Lagnus ainda precisava se preocupar com seu filho. Guthrin, de novo, enfiara ideias horrivelmente tortas em sua cabeça loura. Com um deslocado orgulho ferido, o rapaz, junto com vários outros de sua geração, desejava empreender uma jornada até Trebuck (uma "busca", ele chamava, como numa história de heróis). Uma cruzada de tolos, formada pelos jovens que, em razão do destino, não haviam se envolvido na Queda de Norm. Queriam provar não serem covardes ou traidores — e, por isso, arriscariam suas vidas, juntando-se ao Exército do Reinado. O Alto Comandante não aprovava, mas os garotos eram turrões. O ouro para suas armas, cavalos e mantimentos viria da família Orchard, e eles partiriam em segredo.

Sir Lagnus nunca se desfaria de seu ouro para aquilo. Exceto, é claro, pelo fato de que Guthrin ameaçara revelar a inexistência dos parentes em Fortuna, assim como várias outras interpretações criativas da verdade por parte de *sir* Lagnus. Chantagem do próprio filho fora uma punhalada. Lagnus Orchard ainda não sabia como lidar com aquilo.

— *Sir* Lagnus? — sussurrou alguém.

Girou nos calcanhares, e lá estava o homem. Sua imagem, por inesperado que fosse, trouxe uma fisgada de lágrimas aos olhos do cavaleiro. Ali estava um jovem apropriado — tão diferente de seu filho! Altivo, sem arrogância. Bem vestido, mas ainda adequando-se ao povo do mercado. Entre uma tenda e outra, ele parecia um filho de burguês. Apenas um olhar detalhista revelava sua postura aristocrática.

— Meu lorde — disse Lagnus, com uma mesura apropriada a um nobre de estatura ligeiramente superior.

— Basta, basta — chiou o jovem nobre, olhando para os lados. — Não faça com que eu me arrependa, *sir*.

— De modo algum!

O rapaz entreabriu os lábios, inspirou, desistiu. Deixou cair a fronte, hesitou, por fim encarou o cavaleiro.

— *Sir* Lagnus, houve um problema.

Uma cobra fria e ligeira arrastou-se por seu tronco acima. Ele notava agora: o outro parecia abatido. Tinha olheiras fundas.

— Nosso negócio...? — disse Lagnus.

— Seriamente ameaçado — disse o rapaz. — Meu pai.

— Caiu nas mãos dos inimigos?

— Não sabemos — apertou os lábios. — Este é o pior, *sir*. Não sabemos. E não temos como descobrir.

— Sem ele — começou o cavaleiro.

— Tudo estará perdido. Precisamos de seu sinete. De sua assinatura. Certamente haverá clérigos para verificar que foi ele quem aprovou a transação. Talvez até mesmo magos.

O mundo do ouro era fascinante, mas mostrava-se labiríntico.

Lagnus sentia o mundo tremer. Depois de tão perto, era injusto que aquilo lhe fosse arrancado. Ele rezara a Khalmyr (gostava de pensar que firmara um acordo com o deus) para que qualquer coisa errada se mostrasse logo no início. Àquela altura, seria crueldade divina.

Sir Lagnus estava à beira de rasgar todos os papéis antigos, e substituí-los por novos, com números muito maiores. À beira de soterrar suas pilhas de Tibares com montanhas monetárias. Recebera uma carta, havia poucas semanas. O filho de um baronete pedia sua ajuda. O homem, senhor de terras na fronteira entre Bielefeld e Portsmouth, encontrava-se acossado por inimigos, que acusavam-lhe de magia negra e planejavam tomar suas posses. Inimigos poderosos — nomes altos dentro da Ordem da Luz. O baronete pedia ajuda a *sir* Lagnus, para escapar, com sua família e sua corte. Era, a despeito do título raso, um dos homens mais ricos do reino. Desejava transferir suas posses ao nome da família Orchard, utilizando os corredores serpenteantes dos bancos e agiotas, para que *sir* Lagnus comprasse todo o necessário para uma fuga e nova vida. Era perigoso agir em suas próprias terras, pois os inimigos estavam por toda parte, infiltrados. E, em troca do auxílio, *sir* Lagnus receberia um quarto da imensa fortuna do baronete.

O cavaleiro conduzira pesquisas, investigara do modo mais discreto possível. O nome do baronete Iedran surgia em vários registros, como um nobre menor. Decidiu arriscar. Afinal, o que havia a perder?

Houve, então, as complicações. Era preciso pagar mensageiros, para combinar os detalhes do negócio. O baronete não confiava em ninguém fora de seu próprio círculo, e por isso um de seus vassalos, um homem atarracado e barbudo, fora encarregado das missivas. Cada jornada de ida e volta tinha um alto custo, sempre bancado por *sir* Lagnus — com seus bens inalcançáveis, o baronete precisava de cada Tibar, apenas para sobreviver. Foi preciso um cortante suborno, apenas para que um banqueiro local concordasse em realizar a transação (a soma foi transportada pelo mensageiro, mais uma vez). Por fim, *sir* Lagnus Orchard custeara a intrincada viagem do filho do baronete, quem primeiro lhe contatara, até Roschfallen. Iriam tratar dos últimos detalhes, e finalmente assinar e abençoar os pergaminhos que garantiriam a riqueza dos Orchard e a liberdade dos Iedran.

Mas:

— Não sabemos onde ele está. Pode estar morto. — O rapaz estremeceu, com o rosto na mão.

— *Nunca* — sibilou o cavaleiro, tocando o ombro do jovem. — O baronete está vivo. Tem de haver um jeito.

— Não temos homens, *sir*. De qualquer forma, achamos que nossa própria guarda está comprometida. O desaparecimento de meu pai só pode ser explicado pela presença de um traidor. Não podemos confiar em ninguém.

— Homens de longe, então. De fora de suas terras.

O rapaz engoliu, arregalou os olhos.

— O senhor faria isso, *sir*? Lideraria cavaleiros até as terras de meu pai, para enfrentar os rufiões e encontrá-lo?

Sir Lagnus recuou um passo.

— Isso seria arriscado. Cavaleiros chamariam atenção. Poderíamos pôr a vida de seu pai em risco.

— Tem razão — o jovem chutou a terra.

Lagnus disfarçou um suspiro de alívio.

— Existe uma possibilidade, *sir*.

O rosto do cavaleiro se acendeu.

— Não — disse o rapaz. — Seria abusar de sua confiança.

— Diga, meu jovem lorde.

Relutou.

— Existe uma companhia mercenária, *sir* Lagnus. Especializados em resgate delicado, com discrição. Agem infiltrados, ou ocultos em florestas. Chamam-se *"Águias Noturnas"*.

— Águias Noturnas?

Águias Noturnas. Mas esqueça, *sir*. São muito, muito caros.

— Quão caros, meu lorde?

A resposta era: caros o bastante para secar os cofres de *sir* Lagnus, exceto por um ínfimo respingar de moedas. O peito do cavaleiro retumbava forte, mas a promessa de um quarto das riquezas do baronete dançava como uma amante em seu futuro.

Encontraram o capitão da companhia mercenária. Um anão, corpulento e afiado, de barba trançada, sentado muito ereto em uma mesa sombria, numa estalagem inócua.

— Martine Geodon — apresentou-se o anão.

— *Sir* Lagnus Orchard — cumprimentaram-se. — Da Ordem da Luz.

Respirou um pouco mais leve. Os deuses pareciam estar lhe incentivando, porque Martine Geodon até mesmo assemelhava-se um pouco ao mensageiro dos Iedran. Isso emprestava-lhe um ar instantaneamente mais confiável.

— Não há como persuadi-lo a baixar seu preço, mestre Geodon? — disse o filho do baronete.

— Lamento, garoto. Nós somos os melhores, e cobramos como os melhores.

O rapaz olhou *sir* Lagnus, meio pedindo um perdão, meio fazendo uma pergunta.

— Certo — disse o cavaleiro, depois de um instante. — Considere-se contratado, capitão Martine Geodon. Mas: — virou-se para o jovem, de repente endurecido, com o dedo em riste — um quarto não será suficiente, meu lorde. Quero um terço do ouro de seu pai.

O rapaz apertou os punhos.

— Que seja. Um terço então, *sir*. Só desejo sair deste pesadelo.

Foram os três (*sir* Lagnus à frente) ter com os tipos empolados e escamosos que guardavam o dinheiro dos ricos. Houve celeuma, mas *sir* Lagnus transformou seus papéis e números em moedas e joias, que o anão botou às costas com grande dificuldade.

— Cuidado, mestre Geodon — disse o cavaleiro. — Aí está minha vida.

— Errado — disse o anão. — Aqui está a vida do baronete.

Dentro em pouco, já organizava a partida de sua companhia. Deixados às sós, jovem e velho, nobre e cavaleiro, trocaram as últimas cordialidades:

— Muito obrigado, *sir*. Acertei ao confiar em você.

— Aprenda isso, meu jovem lorde. Nem todos os cavaleiros são tolos, e nem todos são canalhas. Alguns apenas querem ajudá-lo.

Despedindo-se, *sir* Lagnus surpreendeu uma pontada de piedade pelo garoto. Ainda ingênuo. Ele fora duro, exigindo um terço de tudo, mas devia pensar em si mesmo. Só restava esperar, para que os Águias Noturnas libertassem o baronete Iedran, e ele nadasse em ouro.

— "Águias Noturnas"? — disse Thulbok.

— Ora, foi um bom nome — sorriu Darien. — Um brinde?

— Um brinde.

Bateram canecos, aproveitando o final de luz do dia, antes que Darien voltasse a caçar o tipo de gente que ele mesmo era. Sentia uma satisfação que há muito não provava, de missão cumprida. Experimentara-a pela última vez como escudeiro de *sir* Orion Drake. Decidiu afogar aquela lembrança, e convencer-se de que não, não era nada parecido.

— Parabéns, Darien — disse o anão, limpando espuma da barba. — Hoje você completou seu primeiro grande golpe.

Era mais uma parte do jargão. Um golpe normal durava poucos minutos ou horas. Um grande golpe poderia se arrastar por semanas, meses ou mesmo anos.

— Portsmouth, por exemplo — disse Thulbok. — Um grande golpe. Um vigarista careca com título de conde, aplicando uma mentira a milhares de pessoas, há mais de uma década. Quisera eu ter tão pouca vergonha na cara.

Darien meditou um pouco, orbitando sua cerveja.

— Mas não é um pouco cruel? — disse, por fim.

— Ah. Chegamos ao ponto.

— Ponto?

— O que é cruel?

Darien afastou as mãos, como se mostrasse algo evidente no ar vazio acima da mesa.

— Roubar cavaleiros.

— Roubar cavaleiros?

— Roubar cavaleiros de *tudo que têm*. Nós tiramos tudo de *sir* Lagnus, não é mesmo? E ele é um cavaleiro.

— E você gosta de cavaleiros — sorriu Thulbok.

— Não! Mas ele tem filhas, e elas precisam de dotes, e ele tem servos, e... E coisas. E é cavaleiro.

— E você ama cavaleiros. Escreve seus nomes em pedacinhos de pergaminho perfumado, junto com corações, unicórnios e arco-íris.

— Eu não gosto de cavaleiros.

— Você quer se esfregar neles, não é? Até ficar com esse cheirinho de cavaleiro que você tanto adora. Você sonha com cavaleiros, coleciona os pelos de seus sovacos —

— *Eu não gosto de cavaleiros.*

— Certo. Então, não há problema.

Silêncio.

— Fale, e eu explico — disse Thulbok.

— Falar o quê?

— Que você gosta de cavaleiros.

— Eu odeio *você*.

— Mas gosta de cavaleiros.

— Não gosto!

— Então não explico.

Nada.

— Eu gosto de cavaleiros.

— Mais alto.

— Eu gosto de cavaleiros!

— Diga que gostaria de ser a sela de seus cavalos, para que sentassem seus traseiros nobres —

— Exagero.

— Certo — riu Thulbok. — Exagero.

Deu um gole.

— Diga-me, Darien, meu apaixonado pupilo: você acha que *eu* gosto de cavaleiros?

Darien encolheu os ombros.

— Quer me dizer que eu tenho que ser como você?

— Vou cobrar-lhe cem Tibares para cada pergunta que me responder com outra pergunta.

— Não, não acho que você goste de cavaleiros. Acho que você detesta os desgraçados.

Gole.

— Muito bem. Por quê?

— Por que você os detesta ou por que eu acho isso?

— Cem Tibares. Por que você acha isso?

— Você acabou de roubar uma quantidade gigantesca de ouro de um deles. Sem se preocupar com o futuro da família. E você se faz passar por um clérigo de Khalmyr, que é o padroeiro da Ordem da Luz.

— Eu *sou* um clérigo de Khalmyr.

— Não importa. Bem, parece que você passa boa parte do tempo pensando em maneiras de enriquecer às custas dos cavaleiros, e o resto do tempo executando esses planos.

Thulbok tossiu uma risada.

— Por acaso você já esteve perto de um reino distante chamado Trebuck, Darien? Já ouviu falar dessa terra tão encantada?

— Mau gosto — Darien fechou a cara.

— Certo, mau gosto. Enfim, ninguém sabe melhor que você a montanha de excremento que está empilhada sobre Trebuck. Acha que um grupo de jovens cavaleiros idealistas poderia fazer alguma diferença lá?

— Honestamente, não. Morreriam todos.

— É o que eu também acho. Pois *sir* Guthrin Orchard, filho de *sir* Lagnus, estava prestes a partir em uma jornada a Trebuck, junto com outros cavaleiros idealistas e avoados. Ele não sabe que um de seus companheiros nessa cruzada tão esperta pensa que ele é um traidor, e planejava matá-lo no caminho.

— Isso é verdade?

— Eu nunca minto.

— Você mente o tempo todo.

— *Sir* Guthrin Orchard iria morrer, assassinado por um de seus estimados colegas. Provavelmente, isso precipitaria a discórdia entre o grupo, e a morte de todos. Certamente isso transformaria *sir* Lagnus de um poltrão inofensivo em um homem cheio de dinheiro e rancor contra a Ordem.

— E o que mudou?

— *Sir* Lagnus financiaria a expedição. Agora, sem dinheiro, não há expedição. Problema resolvido.

Darien ficou mirando-o por um tempo.

— Existem outras maneiras de resolver isso.

— Com certeza. Mas essa é a minha maneira.

— O que vai acontecer agora?

— *Sir* Lagnus vai encontrar uma joia muito valiosa, herança de sua família. Isso vai garantir o futuro de suas filhas, servos e tudo o mais. Aliás, essa joia já está quase pronta. *Sir* Gutrhin vai descobrir por acaso que seu amiguinho o odeia. Não sei o que fará com isso mas, dado o seu temperamento, suspeito um duelo. E eu vou encomendar cópias de excelentes obras literárias que ainda não tive a oportunidade de ler. São feitas à mão, sabia? Por monges de Tanna-Toh. Custam fortunas.

Darien ficou piscando.

— Quer dizer que tudo isso foi para *ajudar* os cavaleiros?

— E eu mesmo.

— Você gosta de cavaleiros?

— Adoro — sorriu Thulbok. — Considero a Ordem da Luz uma das instituições mais honradas e, perdoe-me o chavão, genuinamente bondosas que existem sobre Arton. O Alto Comandante Alenn Toren Greenfeld é o melhor homem que já pisou a terra, e os cavaleiros defendem o povo de Bielefeld com um desprendimento acachapante. Existem os frutos podres, sim, mas a Ordem é um tronco sólido e, principalmente, *fundamental*.

— Mas...?

— Mas existem coisas que os cavaleiros não fazem. Existem profundezas às quais eles não descem. Existem melecas nas quais eles não sujam suas nobres mãos. E é assim que deve ser. Para a Ordem continuar forte, precisa haver tradição. Honra. Limites. Eu desço às profundezas, eu sujo as mãos.

— E o que eles acham disso?

— Suspeito que, se soubessem, desaprovariam.

Boca aberta.

— Eles —

— O nome do jogo é *ajudar os cavaleiros sem que eles saibam*, Darien. Preservar a Ordem. É isso que eu e meus amigos fazemos.

— E agora é o momento em que você me leva para conhecer seus amigos?

— Não. Agora é o momento em que você se levanta e vai trabalhar. Existem *ladrões* nesta cidade, sabia?

Darien terminou sua cerveja.

— Pela manhã, você vai conhecer meus amigos.

— Pela manhã, vou dormir.

— Limpe os ouvidos. Eu disse que pela manhã você vai conhecer meus amigos. Preciso montar um golpe para fazê-lo mudar de ideia? Você acha que sou incapaz de convencê-lo de algo, Darien?

Suspiro.

— Anime-se, rapaz — Thulbok também secou seu caneco. — Foi por isso que recrutamos você. Porque você baba por cavaleiros. Porque você se molha todo ao ver cavaleiros. Porque você gostaria de casar com todos os cavaleiros do mundo e viver como uma grande família alegre, e arranjar um jeito de parir cavaleirinhos, já montados e de armadura.

— Não negue, seu infeliz. Você é um clérigo de Hyninn.

Thulbok mostrou todos os dentes.

— Nunca ouvi falar.

Darien sentia uma areia grossa arrastar-se por trás de seus olhos. Roubara sono aqui e ali durante a noite, nos lugares mais insuspeitos. Uns minutos de vigília numa área deserta transformaram-se num cochilo em pé. Uma visita à latrina chegou a render sonhos. Miltham estranhara sua morosidade, e emendara um discurso sobre o sacrifício exigido dos milicianos, que trocavam o dia (domínio dos cidadãos de bem e da vida honesta) pela noite (província dos malfeitores). O miliciano, dizia Miltham, obrigava-se a viver entre a escória que combatia.

Darien desejou que a escória concordasse com Miltham, e que todos combinassem viver em um só turno, para que ele pudesse dormir de vez em quando.

Já era manhã de novo, e o sol tinha um brilho ofensivo que Darien só conhecia de alvoreceres de ressaca.

— Vá embora, seu filho da mãe. Quero dormir.

— Está falando comigo ou com Azgher? — disse Thulbok.

— Os dois. Você e sua turma estão se juntando para me matar.

— Bom saber que o Deus-Sol faz parte de minha turma. Bem, anime-se. Aqui estamos.

Roschfallen, a capital de Bielefeld, não era a cidade mais importante. No reino, despontava Norm, a sede da Ordem da Luz. E mesmo por isso, Roschfallen permitia-se uma existência mais leve, como próspero centro de burguesia, sob os braços do rei. Um exemplo de tal prosperidade era o mercado. Outro eram os bancos. Um terceiro era a portentosa casa de vinhos à frente da qual estavam.

— Vamos beber?

— Não aqui, acredite.

Entraram. Um salão largo, fechado, cheirando a madeira. Tábuas longas recobriam paredes, chão e teto. Luzes mágicas e alquímicas davam um ar de caverna aconchegante. Ânforas rebuscadas e barris de cor escura espalhavam-se em prateleiras e laterais, e flâmulas de casas nobres pendiam em orgulho discreto. Àquela hora da manhã, ninguém entrava.

Aproximou-se alguém que só poderia ser o dono. Um homem alto e repleto de bons tratos, com o esnobismo curto de quem está acostumado a servir aos muito ricos. Um monóculo encaixava-se em seu olho esquerdo, e uma xícara de chá fumegante dava-lhe um ar de aristocracia matinal.

— Posso ajudá-lo, padre? — disse o janota, com uma mesura para Thulbok e uma fungada de desprezo ligeiro para Darien.

— Procuro vinho verde — disse Thulbok.

— Você disse que não íamos beber — Darien foi ignorado.

— Recomendo a safra de cinco anos atrás — continuou o negociante de vinhos.

— Quero algo de antes da chegada da Tormenta. Não confio em uvas desde então.

— As uvas resistem à Tormenta.

— Mas a ressaca pode ser terrível.

Ambos abriram sorrisos.

— Bem-vindo, Thulbok. Imagino que este seja nosso novo mau elemento?

— O próprio. Não faça o infeliz recitar as senhas, Jannon. São bobagens, de qualquer jeito, e eu não ensinei.

Darien esfregou os olhos. Considerou as possibilidades de uma saída rápida, antes que a quantidade de loucos aumentasse e a vida se tornasse esquisita demais.

— Muito prazer, meu jovem — o homem agora portava-se com bem menos esnobismo, e estendeu a Darien um aperto de mão franco e firme. — Sou Felix Jannon.

Darien sentiu uma picada na palma, viu que uma gota de sangue brotava. Recolheu a mão num arranco. Felix Jannon examinava um anel dotado de um pequeno espinho, molhado de vermelho.

— Ora, vamos, Jannon — bufou Thulbok. — Já não bastam as senhas?

— *Doppelgangers*, meu amigo. Precisamos ter cuidado, eles estão por toda parte. Criaturas sem feições, que tomam o lugar de pessoas, assumem sua aparência. E você sabe muito bem que as senhas não são ideia minha.

Jannon andou até um barril, seguido por Thulbok. Girou uma peça oculta nas tiras de carvalho, e um som de pedra rangendo tomou conta do salão. A tampa do barril abriu-se como um alçapão, toda a estrutura se desdobrou, revelando uma escada que levava ao subsolo.

— Vocês são um culto sszzaazita — Darien ficou para trás. — Ou uma cabala de vampiros. Ou vão me prender em um porão e se aproveitar da minha beleza máscula.

Felix Jannon riu.

— Não tenha medo, jovem Darien. Thulbok mentiria para você?

— Sempre.

— Mas eu não. Entre. Vamos.

Incapaz de se decidir por um deus, Darien resolveu fazer uma prece rápida a todos que pudessem estar ouvindo. E desceu as escadas.

— No caso do ataque de um dragão, você não duraria *cinco minutos* — disse o estranho.

— Certo. Bom. Obrigado. — Darien tentou manter seu melhor sorriso, enquanto mirava o homem nos olhos e recuava lentamente.

— Não vai achar graça nisso quando vierem os ataques. A Tormenta! Os dragões! A Aliança Negra! Podemos ser atacados *a qualquer momento*, rapaz. E o importante nessa situação é *sobreviver*.

"Certo", pensou Darien. *"Este é o mais estranho"*. Mas a verdade é que não conseguia se decidir.

O homem armado e camuflado destacava-se, certamente. Alto e peludo, estourando de músculos, longos cabelos em trança e rosto besuntado com tinta preta. Roupas esverdeadas e marrons, como se acabasse de voltar de uma expedição ao mato.

— Crawford é nosso especialista em sobrevivência — disse Thulbok, com um tapinha amigável nas costas do gigante. — É capaz de encontrar o que comer em qualquer ambiente, mesmo depois de um ataque de demônios ou coisa assim. Você precisa ver sua casa. É uma fortaleza, com um porão reforçado que pode resistir à mais poderosa baforada de dragão.

Crawford cruzou os braços e inchou o peito de orgulho.

— Quando vierem os inimigos — disse. — Não "se", *quando*. Minha família vai sobreviver. Gostaria de ver algum morto-vivo ou mago nos arrancar de nossa casa, e resistir às nossas armas. Sabe usar armas, garoto?

Darien gaguejou que sim.

— Ótimo. Minhas filhas começaram o treinamento aos quatro anos.

— Eu comecei mais tarde.

— Um erro comum.

Darien voltou sua atenção para o resto do ambiente. O porão da casa de vinhos era amplo como a própria construção, e cheio de estranhezas. As paredes eram decoradas com uma variedade de cabeças empalhadas — algumas tão exóticas que lembravam qualquer coisa, exceto cabeças. Havia prateleiras estufadas de curiosidades, desde pequenos seres em vidros de formol até cofres trancados que se mexiam de tempos em tempos.

— Minha coleção — disse Felix Jannon, gesticulando ao redor. — Olhe à vontade, mas não toque em nada.

O homem era um colecionador do bizarro. Quanto mais estranha e letal uma criatura, mais ela despertava sua paixão. Ouvindo o tagarelar do grupo, Darien fora capaz de deduzir uma vida bem pouco condizente com sua aparência de adulador fidalgo. Jannon viajara aos três cantos de Arton, caçando e conhecendo tudo que podia.

Mas o olhar de Darien sempre repuxava para a imensa mesa que dominava o porão. Soterrada de pergaminhos, folhas, penas e quinquilharias, cercada de painéis verticais, cobertos de garranchos e números. Numa parede próxima, uma tela de vários metros ostentava um mapa do continente, um sem-fim de anotações, desenhos e fios esticados, ligando lugares, figuras e palavras.

— Não perturbe Ambrose — repetiu Thulbok. — Ele vai falar conosco quando estiver pronto.

Ambrose era o último dos loucos. Uma figura trêmula e descabelada, escrevendo em mil papéis, consultando livros e anotações num ritmo de quebrar o pescoço, murmurando para si mesmo. Vez por outra, erguia-se, pregava um pergaminho na grande tela, esticava um fio até outro elemento. Usava óculos tão grossos que era difícil enxergar-lhe os olhos. Seus cabelos louros eram sebosos e indisciplinados. Roupas pretas desgastadas, perdendo o escuro, na verdade típicas de um aristocrata, mas muito mais jovem.

— *Encontrei* — disse Ambrose, erguendo a cabeça.

— Aí vai — murmurou Thulbok.

Ambrose pareceu notar Darien pela primeira vez, pulou de susto e colou-se à parede, começando a amassar pergaminhos.

— Relaxe, Ambrose — disse Thulbok. — Este é Darien.

— *Não é* um doppelganger — disse Jannon.

O outro respirou.

— Ótimo. Ótimo. — Murmurou algo para si mesmo. — Vamos precisar de mais gente. Foi bom ter escolhido este.

— O que descobriu?

— Crânio Negro — disse Ambrose, ajeitando os óculos.

Darien dividia-se entre coração na boca e galhofa. Mas, em volta, todos estavam muito sérios.

— Crânio Negro. Tenho certeza. Ouçam-me.

Ambrose começou a desfiar uma ladainha, mostrando anotações, pontos marcados no mapa e os fios que ligavam tudo. Aquele era apenas um dos vários mistérios em que ele trabalhava, mas era o mais urgente. Segundo sua pesquisa, Oceano, o Deus dos Mares, planejava afundar uma ilha desabitada. Para isso, recrutara a ajuda de uma raça desconhecida de sereias do mundo seco. As sereias, secretamente em conluio com necromantes, desejavam colonizar a ilha, para que os colonos morressem e fossem erguidos como zumbis. A população escolhida (por motivos que exigiriam conhecimento avançado para serem compreendidos) eram os halflings. O que muitos não sabiam era que halflings tinham um parentesco distante com entidades conhecidas como Demônios do Caos. As fadas, em eterna guerra secreta contra os Demônios do Caos, infiltraram-se entre os Anciões Halflings (um grupo de pequeninos imortais que controlava em segredo a coroa de Deheon, o Reino Capital do Reinado). E a trama seguia, cada vez mais complexa, com os fios esticados indo e vindo entre notas, pontos importantes e desenhos.

— Isso é loucura — sussurrou Darien. — Esse homem é um lunático.

— Verdade — disse Thulbok, discretamente. — Mas é muito bom em pesquisa e dedução, e tem uma rede de contatos impressionante. Preste atenção; sempre existe algo que vale a pena. — De fato, Crawford tomava nota de algumas coisas, muito atento ao discurso.

— E por fim — ofegou Ambrose — chegamos aos Lordes da Tormenta. Todos sabem que o ataque a Trebuck, no ano passado, foi apenas um engodo.

— Ora, Ambrose, isso já é demais — disse Jannon. — Como seria —

— *Ouça*. É claro que tudo não passou de um engodo. Um plano, entendem? Dos próprios Lordes da Tormenta.

— Para nos enganar? — disse Jannon, ainda com a sobrancelha torta de desdém.

— Para enganar Crânio Negro.

Silêncio.

— Eles queriam arrancar a humanidade de Crânio Negro. Toda a moralidade, tudo que fazia dele uma pessoa, mesmo que um criminoso. Entendem? Queriam transformá-lo num peão perfeito.

— Para quê? — disse Thulbok.

— Ainda não sei. Não gosto de especular sobre o que não tenho certeza.

Os outros entreolharam-se.

— Mas o que eu *sei* — disse Ambrose — é que Crânio Negro está prestes a agir. Não sei o que ele pretende, nem quais são os planos dos Lordes. Mas sei que ele vai dar o primeiro passo. Conseguir o primeiro elemento.

Pausa.

— O sangue do maior de todos os dragões — sibilou Ambrose, como se inimigos pudessem ouvi-lo.

— O que isso significa? — disse Jannon, já muito sério.

— Impossível saber, por enquanto. De acordo com tudo que meus contatos conseguiram interceptar, com todos os sinais que se mostraram nas sociedades secretas, com as pistas escondidas nas pinturas ocultistas, com o que mais de um informante deu a vida para descobrir, é: "o sangue do maior de todos os dragões".

— O maior de todos os dragões é Sckhar — Thulbok coçou a barba.

— Crânio Negro vai matar Sckhar? — disse Jannon. — Isso é impossível.

— Com um bom plano, pode apenas extrair o sangue — disse Crawford. — Não sabemos de quanto ele precisa.

Todos menearam as cabeças, concordando.

— De qualquer forma, algo precisa ser feito — disse Thulbok.

Darien sentiu um arrepio leve, como se alguém estivesse prestes a ter uma ideia muito ruim, que fosse desabar sobre ele próprio.

— Foi para isso que Ambrose o escolheu, Darien — disse Thulbok.

— *Ambrose* me escolheu?

— O nome do jogo é ajudar os cavaleiros sem que eles saibam. E todos nós sabemos quem é o cavaleiro mais interessado em caçar Crânio Negro, quem não vai hesitar um instante em fazer isso, quem não vai se deixar amarrar pela burocracia da Ordem. Quem vai simplesmente fazer o trabalho, ao custo que for.

O nome pairava não dito, como uma praga.

— E apenas um de nós já foi escudeiro de *sir* Orion Drake, não é mesmo?

Gelo.

— *Sir* Orion me odeia — disse Darien.

— Então prepare-se para seu primeiro golpe realmente grande, meu pupilo. E sozinho. Porque você precisa convencer *sir* Orion de que fala a verdade.

Olhos nele.

— Darien, seu idiota — murmurou Darien.

CAPÍTULO 4

DUELO AO PÔR DO SOL

O ELFO FOI SEGURO POR TODOS OS LADOS, ENCOSTADO com pontas de espada até uma imobilidade bruta. Manoplas tiraram-lhe a capa, prenderam-lhe os braços. Ele erguia o queixo contra o desconforto de uma lança. E sorria como quem sabe o que está fazendo.

O sol começava a alongar as sombras do palácio e da multidão. O povo de Ghallistryx acompanhava com uma expectativa de jogo, enquanto o rei deixava sua própria imobilidade arder. O elfo abriu a boca, mas foi calado com um soco. Não era permitido dirigir-se a Sua Majestade, exceto sob ordem direta.

— Existem formas mais simples de suicídio — disse Sckhar, por fim.

Edauros começou a falar, e foi novamente golpeado.

— Você vai saber quando eu quiser uma resposta. — Sorriu. — Agora diga-me por que eu deveria manchar o calçamento com um sangue tão vulgar quanto o seu.

Nada.

— Bem amestrado. Pode responder.

Edauros, o elfo, apertou os lábios com intenção contida.

— Sou um intruso.

— Elfos não são intrusos em minha casa — disse o rei, com a voz mais suave. — Pelo contrário, sua tristeza pode ser decorativa.

— Quem está triste? — riu Edauros. — E você está enganado. Sou um dragão.

A multidão se remexeu. Dúzias de guardas a postos, toda a lei da capital a serviço de um desenrolar apropriado. Atrás, os dois dragões de prata sangravam devagar, sendo assistidos por serviçais, como cachorros doentes.

Sckhar foi até o estranho, segurou-lhe forte o rosto com a mão delgada. Marcas róseas na bochecha alva, mesmos olhos zombeteiros.

— Você — disse o rei, entre pausas. — É. Nada. — Largou-o. — Um mortal ordinário.

Virou-se:

— Matem-no longe daqui.

— Ordinário? — Edauros ergueu a voz. — Tem certeza, Majestade?

Arrastado para longe da área cerimonial, continuou:

— Por que então não estou tremendo como todo o gado ao redor? Por que consigo olhá-lo nos olhos? Perdão — riu. — *No olho*.

O ar tornou-se quente, os longos cabelos vermelhos do rei sopraram em uma brisa fantasmagórica.

— Posso não ser um dragão puro, Majestade — o elfo quase gritava, sendo levado. — Mas sei que não sou igual aos bípedes. Tenho sangue de dragão, e não sou patético como esses dois que se deixaram ser pegos. Sou mais dragão do que eles. Estou aqui para me comparar com o único que vale a pena, Majestade. *O maior de todos*.

Erguiam-se lâminas, já fora do perímetro da praça, para matá-lo. Ele ainda falava, e Sckhar ouvia, mas não fazia menção de poupar-lhe a pele.

— Bem, achei que isso daria certo — ainda sorriu Edauros.

Desceram as espadas —

— *Não* — disse o rei.

Os homens estacaram. Como se fossem o próprio corpo do dragão, os guardas cumpriam-lhe a vontade, sem a demora de um momento.

— Você tem coragem — murmurou Sckhar. — Considere-se honrado.

E a honraria foi um saco negro sobre a cabeça. Edauros foi arrastado de volta, despido na praça, vestido de pano rude e amarrado a um poste. Juntaram lenha para que queimasse, e o povo teria mais um a apedrejar. Em vez de trabalho de açougueiro, sua morte seria uma exibição.

Por baixo do capuz, assobiava.

Sckhar atravessava o vazio em pisadas lentas, de um lado a outro e voltando, fazendo um discurso sereno e deliberado, para a delícia do povo.

Tinha uma voz suave, musical, com um travo rouco bem no fundo. Falava de Sckharshantallas, da força dos habitantes, da resistência da terra.

— Dos meus — disse. — De vocês, do chão, do ar. De tudo que é meu.

As pessoas berravam, estremeciam de vontade de serem posse.

Os guardas, metidos em suas armaduras inteiriças, prestavam muita atenção aos bípedes amarrados. Um deles examinava-os de perto, checando cada nó, e parecia cheirá-los, um a um. Os tratadores apaziguavam os dragões de prata, falando doçuras de pouco sentido, como se fossem os mais parvos bichos de estimação. O ar estalava com iminência, Sckhar erguia a voz aos poucos. Orion rígido, incapaz de dobrar cotovelos ou pescoço. Darien não sabia ao que estar pronto, e Ingram sumira.

— Não bebemos o sangue dos fracos — disse Sckhar, já abrindo bem a boca, chegando ao ápice. — Esse nós cuspimos. — Alegria, berros. — Poucos são nossos inimigos, porque pisamos na maior parte. — Os punhos da multidão no ar. — Inimigos são poucos e dignos. Comemos sua carne, sugamos sua medula. Hoje, nossa cidade vai beber o sangue de inimigos. E não de vermes.

O nome do rei, repetido em cadência, alastrou-se na multidão.

— Hoje, nosso cemitério vai comer a carne de inimigos. E não de fracos. São os poderosos, os valentes, os orgulhosos. Dignos de nossa atenção.

Os guardas arrancaram os capuzes pretos dos prisioneiros amarrados. Havia homens e mulheres de imagens variadas. Alguns nitidamente locais, tão empinados e morenos quanto os algozes. Outros, forasteiros de jeito feroz — um meio-orc cheio de tatuagens, um humano louro e aristocrático. Em um extremo, estava Edauros — ria, cheio de dentes avermelhados. No outro, uma elfa delicada e séria, que esticou-se o quanto podia, detida pelas amarras, para olhá-lo. Cabelos castanhos, olhos azuis demais, guardava com Edauros uma semelhança abrupta.

— Não conheço os fracos — continuou Sckhar. — Em quantos insetos pisamos num só dia? Lembramos de seus rostos? Aprendemos seus nomes?

O nome do dragão continuava a retumbar, crescendo em intensidade.

— Por isso, olhem bem esses rostos. A eles, concedemos nosso tempo.

Sckhar. Sckhar. Sckhar.

— Há também os intrusos — o rei indicou os dragões. — Olhem-nos bem. São ótimo entretenimento, pois serão poucos os dragões que meu povo verá. Porque *não existem dragões em Sckharshantallas*.

Sckhar, Sckhar, Sckhar.

— Orion — sibilou Ingram, aparecendo do nada.

Veias saltando, olhos fixos, o cavaleiro mal respondeu.

— Orion, encontrei dois cadáveres escondidos na rua. Dois cadáveres de guardas. Está prestes a —

— *Existo eu!* E minha propriedade. *Tudo que está aqui é meu.*

Sckhar!

— Comam a carne! Bebam o sangue!

O povo tomou de pedras, os guardas acenderam tochas. Deram passos na direção dos sacrifícios. Um deles virou-se, fora do protocolo, e seu elmo voou, indo bater no calçamento, bem longe.

Os soldados, estátuas embrutecidas de metal, piscaram com o corpo todo, surpresos pela atitude inesperada. Um minúsculo incêndio, num canto, porque também o Dragão-Rei olhou com espanto. Enquanto o elmo voava, revelou-se o guarda rebelde. Era um homem de feições abertas, longos cabelos lisos que caíram livres, quando tirados do capacete. O rosto belo fora muito maltratado, mas guardava uma altivez de inspirar. Barba castanha bem aparada, e seu pescoço era dividido por um corte enorme, costurado por uma linha negra que lhe mantinha a cabeça.

Gregor Vahn arrancou um pedaço das costuras, salpicando de pequenas carnes o chão à volta. Meteu a mão no buraco, os dedos garganta abaixo, e começou a puxar algo. Do horrendo talho, emergiu uma espada vermelha, pulsante, feita de carapaça e veias, espinhos e tendões.

O espanto foi curto. Os guardas saltaram em esquadrão sobre ele, espadas para matar. Gregor conseguiu um sorriso, enquanto recuou desajeitado das lâminas, e gorgolejou algo ininteligível. Já outro golpe em conjunto, quando uma espada atravessou a têmpora de um dos soldados.

Porque outro deles arremessara. Coberto de armadura hermética, corria como um bailarino. Saltou sobre o cadáver que ainda não tocara o chão, apanhou a espada que caía, e cortou mais um. Abaixou-se de um golpe, girou e estocou a virilha de um terceiro.

— Ellisa! — gritou Gregor, pela boca e pelo talho.

Arremessou a arma grotesca que tinha retirado de si.

Num momento, formara-se guerra. Os soldados haviam reagido primeiro, mas toda Ghallistryx queria lutar. A praça foi tomada por uma fúria cheia de corpos, empurrões, suores. Os demais soldados tentavam passar pela turba, chegando aos dois.

Um urro paralisou todos, fez tremer a cidade e rachar o calçamento.

O rei tinha as mãos crispadas, os dentes juntos, e mudava. O ar tremeluzia à sua volta, tornando-se quente. A forma de elfo convulsionava, dando lugar a algo muito maior e muito, muito mais poderoso. O dragão se revelava.

Darien sentiu uma onda de vômito invadir-lhe a goela, olhando o início da metamorfose. Era puro pavor, uma inquietação muito próxima e urgente demais. Virou-se para fugir, sentiu algo lhe agarrando, tropeçou, caiu, foi pisado. O povo de Ghallistryx, apaixonado como era, não suportava a visão do rei. A maior parte corria — não fugindo, apenas movendo-se, tentando tirar do corpo a paixão e o terror que sentiam. Os velhos sentiram os corações pararem, com uma pontada de agonia deliciosa. Outros riam, entoavam hinos, choravam de pura devoção. Feriam-se, fechavam os olhos, sem querer nunca mais enxergar outra coisa. Desmaiavam, tinham ereções, esvaziavam os intestinos. Duas mulheres grávidas deram à luz.

E aquele era o início.

— Ellisa!

Arremessou a espada monstruosa, e Ellisa Thorn saltou, pegando-a no ar.

Era como uma lâmina de esgrima, delgada, comprida e pontiaguda. E era, sem questão, uma criatura viva. Um invasor da Tormenta, um *lefeu*. A espada terminava numa espécie de boca redonda e estreita, que piscava, como se prestes a receber alguma iguaria.

— Crânio Negro — murmurou Orion, quase estúpido. E mais alto: — *Crânio Negro.*

Sem enxergar o dragão, sem notar a turba em seu caminho, Orion correu, e saltou sobre seu inimigo.

— *Crânio Negro!*

Ellisa tinha a espada apontada para os prisioneiros, quando o cavaleiro surgiu, mãos nuas e peito desprotegido, abalroando-a de cima. Orion não tinha armas, não trajava armadura. Túnica e trapos, e as manzorras, e fúria.

Seu ombro maciço encontrou o peito blindado, enviando ambos ao calçamento. Orion agarrou a cabeça de Crânio Negro com ambas as mãos, e bateu-a contra a pedra lisa, de novo e de novo. O inimigo ergueu a mão esquerda, portando uma adaga, e enterrou-a no flanco do cavaleiro. Mão ao ferimento, Orion distraiu-se, e Crânio Negro jogou-o para trás, com um soco vertical no queixo. De um pulo, estava em pé.

— Não acredito que está aqui — disse a voz dentro da armadura. — Isso não lhe diz respeito. *Por que sempre faz isso? Por que está atrás de mim?*

Em resposta, um urro. Orion arrancou a adaga, e usou-a para atacar.

— Vá embora — disse Crânio Negro, a voz indistinta, por trás do elmo e do pandemônio. — Não preciso matá-lo. Pare de me perseguir.

— *Nunca*.

Esquivando-se aos saltos dos golpes de adaga, Ellisa não usava a espada lefeu para atacar. Mantinha-a atrás do corpo, como se a protegesse, desferia chutes para deixar o adversário longe.

Ingram nadava contra a multidão, tentando apenas ficar parado. Olhava embasbacado para um lado e outro, a turba que corria, o inimigo oculto na armadura de guarda, o segundo, desconhecido, que arrancara de si a arma. Sckhar crescia, chamejando nos cantos.

— Não faz sentido — murmurou para si. — Ele deveria atacar agora. O que está fazendo?

E havia os demais soldados de Ghallistryx: batalhões vestidos de metal. Ocupavam-se do aliado de Crânio Negro, mas vinham em ondas, em direção a Orion.

— Ao diabo — resmungou Ingram, para si mesmo. — Vamos cuidar das coisas simples.

E isso, para ele, significava atirar em alguém.

Mordendo o bigode, Ingram sacou suas pistolas, demorando para desenterrá-las das profundezas da roupa. Abaixou-se, correu contra os corpos frenéticos, achou um ponto mais alto. Esticou os dois braços, fez mira como pôde e deixou a pólvora explodir. Dois guardas despontaram pequenas fontes de sangue, através de buracos na couraça que lhes protegia as costas.

— Aqui, desgraçados! — gritou o anão. — Seu rei é uma iguana e seu reino lambe as botas do Reinado!

Por mais divertidos os insultos, foram as balas que atraíram a atenção. Orion viu-se livre dos soldados, quando a maior parte voltou-se para o novo atacante. Ingram saltou de onde estava, correu, tomando cuidado para sempre ser visto, rumo à área que tinha preparado.

— Vamos lá, seus idiotas. Venham atrás de mim, e torçam para que o seu povo não tenha resolvido passear naquela direção.

Já sentindo o fôlego arder na garganta, olhou para trás e viu os perseguidores: vinte ou trinta, facilmente, e ganhando terreno. Dobrou uma última esquina, enxergou os sinais que fizera para si mesmo. Estava em uma rua larga, como eram todas na cidade, onde um batalhão podia se espalhar com eficiência. No calçamento, havia marcas. Seguindo-as, pulou nos momentos certos, evitando as próprias armadilhas.

Porque, ocultos dos dois lados, encostados em paredes ou camuflados por entulho urbano, havia objetos — pequenas caixas de metal. Criações recentes de Ingram, que nunca haviam sido testadas. Na face de cada uma, ele havia escrito um lembrete para si mesmo:

Frente para o inimigo.

E havia fios fininhos, quase invisíveis, esticados entre cada duas. Os guardas tropeçaram nos fios, acionaram os gatilhos, e duas enormes explosões atingiram-lhes pelos dois lados. Uma chuva cruel de estilhaços e chamas, que rasgou as armaduras, estraçalhou carne e ossos. Alguns correram de volta, chamaram mais reforços — o esperado e desejado. Ingram seguiu correndo, atraindo os batalhões para suas bombas, fazendo-os em fiapos de carne com seus inventos.

— Aprovado — rosnou para si mesmo.

Orion sentiu uma mordida de aço novo nas costas.

— Vamos, amigo — disse Gregor. — Deixe de perturbar nosso trabalho.

Crânio Negro usou a distração para uma cambalhota rápida, indo parar longe de Orion. Gregor investiu de espada em punho, cortando o ar de cima para baixo, à esquerda e à direita do cavaleiro.

— Seu líder não conseguiu me matar — rosnou Orion. — E você também não vai.

— Não tenho mais líder. E também parei de matar.

Gregor cortou as costas da mão de Orion, fazendo com que largasse a adaga.

Crânio Negro estava livre.

Os prisioneiros tentavam se libertar, mas as amarras eram teimosas. O meio-orc urrava, forçando seus músculos contra as cordas, que já lhe escavavam a pele. O aristocrata berrava ordens e ofertas a quem lhe tirasse de lá. Edauros tinha os olhos fechados, murmurava alguma coisa intermitente. De quando em quando, praguejava, e retomava a ladainha.

— Você não vai conseguir, preso assim — disse a elfa, no outro extremo dos postes. — Por que teve que fazer deste jeito?

— Quando mais vamos ter a chance de falar com o rei em pessoa? — riu Edauros, ainda de olhos fechados.

— *Você* falou com ele. Você queria.

— Exato. Até agora, tudo como planejei, com um ou dois imprevistos.

A elfa abriu a boca, mas Crânio Negro enfiou-lhe a espada lefeu estômago adentro.

Orion viu aquilo de esguelha, arregalou os olhos. As informações que perseguira até então desmoronaram num quebra-cabeças desfeito ao seu redor. Crânio Negro enterrou fundo a ponta da arma, que começou a pulsar e se mexer com mais força. A espada *bebia*. Com a diminuta boca no interior do corpo da elfa, sugava seu sangue, que viajava em longos goles, lâmina abaixo, indo inchar bolsas blindadas que recobriam a mão do caçador.

A mulher revirou os olhos, sentindo algo mais que agonia, e Crânio Negro tremeu de antecipação quase concretizada. Sentia, mais uma vez, seu castelo de promessas tomar corpo sólido, desejou que a arma bebesse mais rápido.

— *Yadallina!* — foi o grito que rasgou o ar.

E carregado, além da voz, pelo estalo de um relâmpago. Edauros vomitou uma descarga elétrica branca contra o algoz da elfa. Crânio Negro foi jogado para trás, girou no chão e ficou de pé, balançando a cabeça. Saltou e de novo enfiou a espada na prisioneira. A arma abria e fechava a boca, ávida e sedenta.

Gregor abriu um talho raso e longo no peito de Orion. A mente do cavaleiro fugia da luta, ia para os atos bizarros de Crânio Negro. Ingram corria de volta, perdendo-se dos guardas em meio ao caos, já seguido por poucos e abalados. Darien estava em parte alguma. Todos sentiram o ar arder sobre os rostos, e cada fibra tremer solta. Uma voz vulcânica emergiu. Um pavor ainda maior segurava os esôfagos, desmontava os joelhos. Sckhar estava ali.

Todo, inteiro. Escamas vermelhas, calor de inferno. Três cicatrizes arruinavam um de seus olhos, suas presas poderiam destroçar uma torre. Sua presença ameaçava matar, de puro assombro.

— *Basta.*

Um jato cegante de fogo branco, tão quente que transformava o ar, espirrou de sua bocarra. Crânio Negro saltou para longe. As pedras, atingidas em cheio, transformaram-se em vapor. Em um largo círculo à volta, viraram líquido ralo. Por um golpe do inexplicável, a elfa chamada Yadallina estava ilesa.

O que era uma batalha tornou-se pânico. O dragão não era um inimigo — era uma fatalidade colossal, um ciclone ou maremoto. De repente, todos viam-se ridículos de lutar.

Menos Darien. Porque Darien não estava lutando.

— Todos só falam em matar — murmurou. — Que tal salvar alguém?

Dito isso, soltou o último pino, e os dois dragões prateados estavam livres.

Feridos à beira do escuro, ambos jogaram-se sobre Sckhar, com fúria de nada a perder. Eram criaturas imponentes, mesmo moribundas, e imensas. Mas eram bonecos, comparados ao rei. Sckhar tinha a altura de uma pequena montanha, cada dente maior que um homem. Cada escama tinha a dureza de uma parede, e as garras eram colunas de templo. Os dois dragões de prata expeliram suas baforadas mágicas sobre ele, sem mexer-lhe a pele. O olho único e gigantesco estreitou-se, enquanto a cicatriz cruzada pulsou do outro lado. Sckhar rugiu, demolindo um prédio vizinho, e mordeu. A cabeça de um prateado sumiu em sua boca, e ele puxou, deixando o pescoço livre, a esguichar rios.

— Aproveitem, seus lunáticos! — gritava Darien. — Fujam!

Correndo e abanando os braços, ele tentava atrair Orion e Ingram para qualquer lugar onde pudessem roubar uns momentos a mais de vida. Crânio Negro, refazendo-se do roçar da morte, olhou sua espada, as bolsas estourando de sangue. Tirou o elmo e lambeu um filete que escorria.

Orion viu, então, o rosto do inimigo. Os cabelos ondulados, castanhos, o rosto feroz e decidido, a cicatriz ácida que não estragava a beleza de lobo.

— Está pronto, Gregor — disse Ellisa. — Vamos embora.

Gregor Vahn atravessou o ombro de Orion com a espada, e deixou-a enterrada em sua carne. Empurrou-o e correu para a companheira. Ainda virou ao cavaleiro e disse:

— Sempre há uma segunda chance. Lembre-se. Sempre uma segunda chance!

— *Uma segunda chance para vocês arderem no inferno.*

O segundo prateado tombava, dezenas de metros de intestinos espirrando para fora de seu estômago retalhado. Banhado de sangue e escamas brilhantes, Sckhar voltava-se para os bípedes. Darien procurava sumir, agachado e rápido, desamarrando os prisioneiros, como se isso pudesse compensar por uma vida de pecados. O rei abriu a bocarra, e o branco do calor iluminou sua goela. Orion olhou em volta, notou um escudo descartado, de algum morto. Morreriam todos. Mas, incongruência suprema, Darien terminava de libertar a última prisioneira, a elfa ferida. Decidiu que, se ganhasse-lhes um momento, tudo bem. Pegou o escudo, arrancou a espada que lhe brotava do ombro, e postou-se, absurdo e minúsculo, contra a montanha flamejante que inspirava à sua frente.

— É assim, então? — rosnou. — Muito bem. A morte é só uma.

E ficou entre o dragão e os outros. Ergueu o escudo e correu para atacar.

Edauros pegou a mão de Yadallina.

— Você se meteu em um problema desta vez — disse o elfo, salgado de lágrimas. — Ainda bem que eu estava aqui.

— Vamos. — A voz fraca.

Mãos dadas, ergueram-se os dois no céu, como que levados por um vento imaginário. Yadallina sangrava e pingava no chão, mas olhava ao redor sem ceder. Ao mesmo tempo, ambos esticaram as mãos livres, e choveram morte sobre os guardas blindados. Rochas incendiárias surgiram e despencaram do céu, esmagando e imolando. Sckhar olhou-os, voltou a bocarra em sua direção, e o calor infernal começou a despejar-se.

Quando Orion enfiou uma espada ordinária por entre suas escamas.

— Pela Ordem da Luz! Khalmyr! Khalmyr!

O insulto puxou a atenção do rei de modo irresistível. Sckhar despejou o fogo sobre Orion, babando incandescência sobre si mesmo. O cavaleiro tentou saltar, mas era absurdo. Viu o mundo branco, sentiu o cheiro da barba queimando.

E inspirou ar fresco.

Silêncio, num lugar diferente, longe da cidade. Das centenas, restava um punhado. Ingram e Darien, dois elfos.

Ar morno, é verdade. Mas, depois de cheirar o rei, quase gélido. Orion estava meio caído sobre um chão de pedras, ainda à vista da capital e vulcões. Tinha as tiras do escudo na mão, porque o metal derretera de todo. Seu braço esquerdo não sentia nada — as áreas menos machucadas apenas derretidas, em vez de carbonizadas. Por todo o corpo, uma leve ardência — olhou-se e viu queimaduras. Apenas queimaduras. Cheiro de carne torrada, e era ele mesmo.

Ao redor, Ingram, Darien. O anão tinha a boca muito aberta, por baixo do bigode. O garoto bem quieto, como se tentasse compreender. E havia os dois elfos — os dois prisioneiros. O homem estava ajoelhado, muito ofegante. Aninhava no colo a mulher, branca demais, tracejada de veias roxas, sangrando de dois furos fundos, com uma mão estendida em um gesto congelado.

— Sua imbecil — disse Edauros. — Sua imbecil. — E beijou-lhe os cabelos, com ternura infinita.

— Por que — começou Orion.

— Edauros. Muito prazer. — Olhou para o cavaleiro, meio deu de ombros. — Foi ela. Porque você precisava.

Orion olhava-se, olhava os outros. Tinha a impressão de que deveria estar sentindo muita dor.

— Você está queimado — disse Edauros.

— É verdade.

— Orion, precisamos — falou Ingram, mas interrompido.

— Você...? — disse Orion, olhando a elfa.

— Yadallina — ela tentou se erguer, e Edauros impediu-a, com abraço e chiados carinhosos. — Por que você...?

— Porque vocês precisavam — disse o cavaleiro. Agora, começava a doer.

— Não estamos nada bem — disse Yadallina.

Orion testou a mão direita: funcionava. Sem tanta sorte para a esquerda.

— Esta é minha irmã — disse Edauros, beijando-lhe de novo os cabelos. — Onde quer que eu a leve, ela se mete em problemas.

CAPÍTULO 5

A VOZ DE QUEM JÁ MORREU

ORION NÃO CONSEGUIA PENSAR DIREITO, MAS PODIA caminhar.

— Continua o mesmo — murmurou Darien.

Caminhavam os quatro, e a elfa carregada, desde que haviam surgido fora de Ghallistryx. As sensações diziam que deveria ser noite, mas o céu teimara em não escurecer. Em vez disso, solidificara-se num lusco-fusco avermelhado, muito baixo e quente, empurrando-lhes as cabeças. Não se via a cidade no horizonte, mas a paisagem mudara pouco. Solo rochoso, colinas de pedra, marcações de estradas longes, sinais de queimado, e muito nada. Impossível saber onde estavam.

Mesmo ali, vigilância. Não pensavam estar sendo caçados, mas havia patrulhas circundando algum perímetro. Eles tentavam se esconder, quando podiam. A elfa, Yadallina, de quando em quando despertava, e por vezes conseguia um feitiço de invisibilidade. Mas, à medida que andavam, a presença da lei do dragão fazia-se maior. Não rumavam a nenhuma cidade, mas havia algo à frente.

Ingram apalpou-se em busca de um cantil. Escutou o ruído de quase seco e decidiu que outros precisavam mais. Yadallina sempre carregada pelo irmão, Edauros. Os dois metidos em sacos beges, roupa de condenados à morte. Ela muito pálida, ainda vazando umas gotas, por baixo de curativos às pressas. Ele brotando suor, o cabelo eriçado arrefecendo, empapando de exaustão.

E Orion, é claro.

O anão olhou em volta. De repente, muito atento ao absurdo onde estava. Parte de um grupo de cinco — dos quais, dois estranhos e um traidor. Caminhando a esmo, nem sol nem estrelas para indicar uma direção, sabendo apenas que deviam se afastar da cidade. Afastado de casa para sempre: Doherimm, a Montanha de Ferro, lhe fora negada por um crime antigo. Afastado de Nadia. Talvez, também, para sempre. Nada ali conduzia a uma solução. Não tinha um objetivo, não chegaria mais perto de Nadia por aquele caminho. O bigode pingando suor, Ingram sentiu tontura. Seguia Orion há quase dois anos, dedicado a pagar a dívida para com o amigo. Mas ficar em seus calcanhares trouxera pouco bem, e era difícil que viesse a trazer algum.

Porque Orion estava morto em pé.

As ondulações de calor emanando do chão de pedra sacolejaram as imagens, as direções oscilaram. Ingram fixou-se em Orion, pisou uma bota atrás da outra com cuidado, chegando mais perto. Havia um cheiro muito ruim.

O braço esquerdo de Orion Drake pendia. Grandes pedaços haviam desaparecido, deixando bordas negras. Boa parte do resto — músculo, carne e osso — escorrera, liquefeito. De sua mão, sobravam dois dedos. Um retorcido como papel prestes a queimar, o outro absurdamente intacto, solto, como o último sobrevivente otimista de uma batalha perdida. Os longos cabelos do cavaleiro haviam ido embora. Restavam fios enegrecidos, curtos. Tinha poucos resquícios de roupa, em grande parte grudada à pele, mesclando-se na ruína. Haviam eclodido bolhas gigantes por todo o corpo. Os olhos, por milagre ou por azar, haviam sido poupados. Por toda a lógica do mundo, Orion deveria estar morto. Ingram não podia fazer ideia da dor que ele passava, e talvez nem ele próprio fizesse.

Estendeu o cantil.

Orion levantou a mão saudável, recusando.

— Para a donzela — coaxou.

Ingram olhou ao redor, de novo, e o movimento destruiu seu equilíbrio. Cambaleou, mas não pôde evitar o raciocínio: entre todos, o mais confiável era Darien.

— Precisamos parar — disse ao garoto.

Darien deu-lhe um sorriso travado.

— Agora? — fungou. — Agora não precisamos mais. Devíamos ter parado há alguns dias. Seu amigo devia ter parado há alguns anos.

Ingram sentiu que ia cair, mas ouviu um impacto fofo: o elfo caíra primeiro. Edauros erguia-se, mostrando a face ralada na pedra, verificando a irmã. Yadallina erguia as pálpebras como chumbo, mostrando uma nesga de branco dos olhos. Sua túnica disforme começava a se manchar de vermelho; os curativos estavam abertos. O elfo tomou-lhe pelas costas, mas estremecia com o peso de ambos. Darien já estava junto, sustentando a cabeça, suspendendo o corpo, e Ingram lentamente, mantendo o mundo no lugar. Então, a sombra de Orion escureceu todos.

— Eu levo — disse o cavaleiro.

— Orion, não — começou Ingram, mas o outro não disse mais nada.

Ajoelhou-se. Usou o braço são para afastar Edauros e Darien, levantou a elfa, segurou-a contra o peito. De pé, suspirou e retomou marcha.

— Isso é loucura! — berrou Darien. — Você não consegue levá-la. Vão cair os dois.

Orion andava.

— Você está morto. Está morto, não entende?

— É claro. Há pelo menos um ano.

E caminhou.

Ingram usou seu rifle como cajado, sustentando o cansaço. Edauros manteve-se na sombra do cavaleiro, sempre no meio de um gesto para aliviar-lhe do fardo. Avistou uma patrulha ao longe, chamou a atenção de todos, eles fugiram como puderam. Yadallina tentou algum encantamento, mas sua voz arrefeceu antes de completá-lo. A vigilância tornava-se mais densa. Ingram imaginou quanto durariam.

Darien começou a rir.

E, gargalhando e segurando as têmporas, achou que ficara louco. Enfim, acertava o passo com o mundo, dava adeus às pretensões de razão. Porque, longe, via uma árvore.

Darien foi tomado pelo repuxão seco de um soluço sem lágrimas. Ingram engoliu a poeira que lhe fazia as vezes de saliva. Sentiram como se fossem libertos de uma prisão colada na pele, quando, ultrapassando o primeiro carvalho, tocaram o ar fresco. Aliviados, notavam uma centena de desconfortos esquecidos pelo costume. Caminhar era mais fácil, a pedra sob as solas não resistia tanto. E, logo à frente, mais árvores. O primeiro crepitar de uma folha sendo esmagada trouxe sorriso. E as árvores tornaram-se mais frequentes, mais juntas, até que eles enxergavam dezenas, e viam-se de encontro a um bosque.

Anoitecia de verdade.

Orion Drake seguiu adiantado, com Yadallina suspensa no único braço. Os outros tinham que desviar de vegetação, arbustos. Passaram por uma clareira, o chão coberto de grama tênue. Um círculo de pedras marcando-lhe o centro. Finalmente, um som de bicho.

— Isso sempre acontece — disse Edauros.

Ele sorria largo, balançando a cabeça como quem examina a travessura de uma criança.

— Sempre acontece. Nós sempre escapamos. Sempre acontece alguma coisa. — Estalou os dedos. — Eu nunca morro.

Ingram e Darien trocaram um olhar, que o anão amaldiçoou.

Sentiram vento, e um cheiro maravilhoso demais.

Água.

Orion continuava sua marcha, mas Darien soltou um grito curto e desconexo, e correu à frente. Logo Edauros também, olhando para trás, para a irmã. Um golpe de brisa súbito e imenso tirou dos dois um novo grito, ao mesmo tempo em que enxergavam. Lá estava um lago.

— Obrigado, Hyninn! — Darien botou as mãos em concha em volta da boca, e berrou para cima. — Obrigado, Khalmyr. Obrigado a todos os filhos da puta celestiais que estiverem ouvindo aí em cima. — E mais forte: — Já estava na hora!

— Obrigado, Yadallina e Edauros — murmurou Edauros.

Darien agachou-se, meteu as mãos na superfície do lago. Logo na margem, não sentia o lodo — era bastante fundo. No meio, o ar bruxuleava, algo parecia se mover, sempre fora da vista. Tentando flagrar o que quer que fosse, Darien via sempre o nada, o ar sombreado acima do lago, entre o bosque.

— Para o inferno — disse para o lago, erguendo-lhe o dedo do meio. — Fique com suas maluquices, seu acidente geográfico de merda. Só quero um gole d'água.

Bebeu até sua garganta arder, espirrou-se, deixou a pele cozida absorver a umidade.

Edauros voltava com uma tigela. Ingram abaixava-se para encher um cantil. Orion chegou à margem.

Com o único braço, depositou Yadallina, como uma criança, na relva. Olhou a superfície calma do lago, mal franzida de brisa, o perímetro quase circular. Sentou-se a poucos metros da elfa. Fez sinal para Ingram.

— Agora vou desmaiar — disse.

E desmaiou.

Horas adentro, haviam bebido a gosto. Ingram despejara a água pelos lábios esturricados do cavaleiro. Orion balbuciava delírios, estirado. Edauros sentava-se com as pernas cruzadas, a cabeça da irmã no colo, atento a cada detalhe de sua inconsciência.

Yadallina abriu os olhos.

— Até que enfim, sua preguiçosa — sorriu o elfo. — Pensa que não tenho mais o que fazer?

Ela acariciou-lhe de leve a face, tirou sua franja dos olhos.

— Como você está? — disse Yadallina.

— Quem se importa? Como *você* está?

Tocou os curativos.

— Melhor, acho.

— Como sempre?

— Como sempre.

Ele cheirou-lhe o cabelo.

— Era o que eu estava falando — disse Edauros. — Tinha certeza. Nós nunca morremos. Não é? Nunca morremos. Sempre aparece uma saída.

— Gostaria de ter certeza de que isso é só uma piada de mau gosto.

Yadallina tentou se levantar. Edauros segurou-a pelo ombro, mas ela se desvencilhou e ficou sentada, testando a dor dos movimentos.

— E o humano? — disse a elfa.

Ingram olhou para trás.

— Nada bem. — Mordeu o bigode. — Não sei como ele vai sair desta, para falar a verdade.

— Seu nome é Orion, não é? — disse Yadallina. Ficou de pé com tremura, Edauros prestes a ampará-la o tempo todo. — Ele se apresentou. Orion.

— *Sir* Orion Drake. Cavaleiro da Ordem da Luz — disse Ingram.

Ela sorriu.

— Claro. Um cavaleiro. Salvou minha vida.

— Salva todo mundo. É só um de seus péssimos hábitos.

Orion argumentou algo em suas alucinações.

— Era isso que você estava esperando, Edauros? — disse Yadallina, voz mais forte e seca. — Sermos salvos por um cavaleiro? Do tipo que mata dragões?

O elfo juntou as sobrancelhas, mas não disse nada.

Yadallina foi até Orion, examinando sua ruína.

— Se este homem morrer, vai ser por nós — disse. — Para nos defender — corrigiu-se: — para *me* defender do seu querido Dragão-Rei, e de quem quer que estivesse enfiando aquela arma em mim.

— Crânio Negro — ofereceu Ingram.

— Olhe só, mais um inimigo famoso, Edauros. Está feliz? Conhecendo os poderosos de Arton?

— Estamos atrás da nossa herança — disse Edauros. — De nós mesmos.

— E nossa herança, por acaso, é poder. E agora *sir* Orion Drake, da Ordem da Luz, está morrendo por causa dessa busca. Você está se saindo bem como dragão, Edauros.

Silêncio.

— Alguém — começou Ingram — quer me explicar que *merda* está acontecendo aqui?

Edauros cerrava os punhos. Yadallina foi até o elfo, afagou-lhe as costas.

— Estamos em Sckharshantallas em busca de respostas, mestre anão — disse Edauros.

— Você não faz ideia de como detesto ser chamado assim. Meu nome é Ingram.

— Estamos buscando respostas, Ingram.

— Você está buscando poder, e eu também estou — interrompeu Yadallina.

— Respostas e poder. A verdade — Edauros encontrou os olhos de Ingram — é que somos dragões.

— *Não* somos dragões.

— Possuímos sangue dracônico. É um poder que está na família há séculos.

Darien, que estivera entretido com a água, aproximou-se:

— Eu tinha razão!

— Edauros achava que Sckhar podia saber as respostas — disse Yadallina. — Conhecer nossos ancestrais.

— *Ser* nosso ancestral.

— E o que vocês pensavam fazer, amarrados naquela praça? — disse Ingram.

Edauros deu um sorriso torto.

— Sobreviver à fogueira. Impressionar o rei. Chamar sua atenção.

— Rapaz, me desculpe, mas esse é o pior plano que já ouvi. *Sobreviver* à fogueira?

— Já viu um dragão morrer queimado?

Ingram descartou o outro com um gesto.

— Não podem nos tirar daqui? — falou Darien. — Com magia? Como antes?

Os elfos se entreolharam.

— Sim — disse Yadallina.

— Não — disse Edauros.

— Já estou acordada. É claro que podemos.

— *Você está muito fraca.*

— E *sir* Orion está morrendo. Ele ganha.

— Você não deveria nem mesmo estar de pé —

— Certo, vamos ser cautelosos. Não queremos ficar cansados, não é mesmo? Deixe o cavaleiro morrer por nossa causa.

Darien pisou forte no chão. Levantou a bota e mostrou os restos cremosos de uma grande aranha peluda.

— Decidam se — falou. — *Agora.*

Outras aranhas, cada uma pouco maior que um palmo. E outras ainda, numerando-se agora às centenas. O chão tornava-se negro e móvel. Elas emergiam do lago.

Darien sapateou por cima das criaturinhas, esmagando diversas, até que escorregou em seus restos mortais, indo aterrissar sobre seus corpos peludos. As aranhas em um instante cobriram-no, dezenas de cócegas minúsculas, de patas ligeiras, oito em oito. Um pânico instintivo se espalhou por braços e pernas, fez-lhe esbofetear-se todo, chutando às cegas. Depois de um Dragão-Rei e uma jornada interminável no deserto de rocha, assustava-se com aranhas.

Sibilo de cobra.

Ingram começou a socar pólvora no rifle, os elfos assumiram uma posição atenta — costas contra costas, mãos entrelaçadas, examinando. Yadallina ergueu a mão, o bosque e o lago inundaram-se de luz transparente. O mundo se mostrou, lotado de aranhas no chão, cobras gordas enroscadas nas árvores, abutres encarapitados, olhando tudo com suas corcundas interessadas.

E, enquanto cobras e abutres deixavam-se ficar ali, as aranhas convergiam para Orion.

— Fora, pequenas vadias! — gritou Ingram, chutando uma onda de coisinhas negras.

Mas elas continuavam a emergir do lago, já em vagalhões incontáveis, preteando o chão e também os troncos de árvore, e também Darien, que se debatia. Andavam sobre as botas, ignoravam os protestos. Cobriram Orion. Logo, surgia um casulo feito de finíssimas e infinitas linhas esbranquiçadas, ao redor do cavaleiro.

— Façam alguma coisa! — gritou Ingram, já descartando o rifle e remexendo na pólvora. Tomando de um saco e um pavio, jogou uma espécie de granada improvisada, que incendiou as aranhas aos milhares. Elas corriam e secavam, mas as outras continuavam o trabalho diligente de tecer em volta do cavaleiro.

Edauros e Yadallina recitavam alguma coisa, em palavreado estrangeiro e musical. Começaram a expelir, da boca e dos olhos, um vapor azulado de cheiro ácido. Algumas aranhas fugiam dos fiapos de neblina, que pareciam persegui-las como caçadores. A maioria, no entanto, ficava.

— Isso deveria afastá-las — disse a elfa. — Estão resistindo.

— É magia — completou Edauros.

Horrorizado, Ingram viu que Orion já sumira por baixo das teias. Seu corpo, embrulhado como uma múmia, era agora arrastado, um milhão de patas leves e corpos rotundos transportando-o, rumo ao lago. O anão agarrou-se ao amontoado que, sob o casulo, eram os pés do amigo. A substância era pegajosa e enredada. Firmou as botas no chão, mas a força das aranhas provava-se maior, como se um cabo invisível puxasse Orion ao lago, em sua mortalha. Também o anão cobriu-se dos seres agitados, que andavam por toda a sua forma atarracada, zombando com seu toque de mil patas.

Darien gritou.

Estava de pé, com aranhas no cabelo, no rosto, dentro da camisa. Estapeando-se, correu para o lago, atirou-se.

Deu com o rosto na superfície líquida e firme. O ar acima do lago desistiu dos truques: mostrou o que escondia. As aranhas arrastaram Orion, andando por sobre a água, rumo à Casa Oculta.

Havia um mundo sutil sobre o lago.

A água que ondulava de leve fazia-se líquida ou firme, como fosse mais conveniente. Sustentava como um colchão. Darien sentava-se, tentando compreender, afundando um ou dois centímetros. As aranhas carregavam Orion em seu casulo, rumo a uma cabana feita de madeiras desiguais, espalhada no meio de um jardim de mato crescido, arbustos encarquilhados e um cemitério aconchegante. Os dedos finos do capim selvagem mexiam-se com a passagem de enormes cobras. A casa vomitava aranhas pelas janelinhas desprotegidas, pelas frestas entre as tábuas, por debaixo do piso. Mas, missão cumprida, as aranhas do outro lado já começavam a voltar, atravessando a água sem se abalar com o líquido, e escondendo-se de novo nos cantos da cabana.

Ingram cutucou a água com um galho, encontrou a resistência de uma membrana elástica. Pisando no chão ondulante, Darien foi atrás das aranhas que levavam o cavaleiro. Duas cobras, grossas como sua coxa, acompanhavam-no, deslizando, enroscando-se próximas a seus pés. Pareciam ter um sorriso sabe-tudo em suas bocas inexpressivas, e olhos de inteligência matreira.

— *Sem medo* — disse uma das cobras.

— Até agora eu estava — resmungou Darien.

A porta da casa de madeira se abriu. Era de uma cor vermelha descascada, que devia ter sido muito berrante um dia. O marrom que se deixava entrever por baixo da pintura já tinha virado cinza, em muitas partes. Era pesada e pomposa, deslocada numa construção como aquela. As primeiras aranhas sumiam no escuro atrás da porta. Darien agora pisava no mato, que crescia de uma camada de terra sobre a película. Imaginou como poderia existir o cemitério que repousava satisfeito do lado esquerdo da cabana.

Ingram avançou atabalhoado, atrás. Edauros e Yadallina logo após.

— *Sem medo* — repetiu a cobra.

Orion, oculto na teia, foi tragado pela porta aberta.

Ingram gritou o nome do amigo, agarrou o rifle e começou a correr. Darien segurou-lhe o braço.

— Talvez estejamos seguros — disse Edauros.

— Aqui é o lago — disse Yadallina.

— Só pode ser. Eu achei que não existisse.

— Podemos sobreviver, afinal.

— Eu tinha certeza.

— *O que vocês dois estão falando?* — berrou Ingram.

— *Allinthonarid* — disse a cobra.

E, no mesmo instante, abriu sua bocarra de devorar bois. Darien assustou-se para trás, Ingram botou o dedo no gatilho. A cobra abriu-se mais e mais, estalando e deslocando a mandíbula, e algo começou a se mexer dentro de seu corpo. Um tom de pele visível, logo na garganta, e então eram dedos, e então era um pulso. A mão muito branca emergiu da goela do animal, agarrou-lhe uma presa, puxou como quem faz força para nascer. Outro braço espremeu-se ao lado, e as duas mãos seguraram o couro grosso da boca da criatura, e puxaram. A boca e a cabeça distenderam-se cada vez mais, revelando cabelos, testa, olhos amarelos, nariz e um sorriso cheio de dentes. Mais força, e passaram ombros, seios, e então fácil, costelas, abdome, deslizando, quadris, coxas, canelas, pés. A mulher desenrolou-se, espreguiçando, estendendo os braços para cima. Muito branca, até demais. Uma substância como giz cobria-lhe o corpo. Os cabelos eram tranças sujas e grossas, descoloridas. Os dentes eram enormes, as sobrancelhas como duas taturanas amareladas. Completamente nua, exceto por guizos e chocalhos nos pulsos, tornozelos e garganta. Adornos de osso atravessando-lhe o lábio, nariz, orelhas, mamilos. Pelos em todos os lugares errados. O corpo era esguio, jovem e lascivo, mas repugnante. A seus pés, a cobra era só uma pele.

Orion sumira casa adentro. De vontade própria, a porta se fechou. As últimas aranhas foram tragadas pelas frestas. Sobre o lago, agora só havia a mulher, os quatro, as cobras e as lápides, em meio ao mato solto.

— Bem-vindos ao Lago Allinthonarid — disse a mulher, em voz estridente. Movia-se e falava como uma cortesã, atiçando, seduzindo, lânguida. Darien observou que, apesar de tudo, tinha um nariz atrevido e provocante, e um queixo subentendido que, livre dos pelos, seria encantador.

— Já que estou na sua casa — disse Ingram, por baixo do bigode — vou tentar mais uma vez. E então, é chumbo. O que está acontecendo?

— Você é uma druida, não é? — disse Yadallina, caminhando até a mulher e fazendo-lhe uma mesura élfica. — Não faço a menor ideia de como tratá-la, ou como cumprimentá-la. Mas acho que você faz algo muito bom.

— Druida, sim — cantarolou a mulher. — Beije a mão da Mãe — e estendeu a mão para a elfa. Yadallina obedeceu.

— Druida — resmungou Ingram. — Por que não disse logo? — Guardou o rifle e se aproximou, ainda incerto.

— Beije a mão da Mãe.

Todos beijaram.

— Pesquisamos sobre você — disse Yadallina. — Bem, sobre o seu lago. Dizem que Sckhar não consegue destruir este lugar. O fogo não queima, a água não evapora, as árvores renascem.

— E quem bebe da água é curado — disse Edauros.

A mulher abriu um sorriso enorme e maligno, mostrando as gengivas carnudas.

— Aqui é a casa de Allihanna — disse. — Aqui o dragão não toca. E quem é inimigo do dragão — controlou um risinho enervante — é amigo da Mãe.

Uma gargalhada eclodiu, vinda do nada.

— E do Pai — disse a outra cobra.

O homem nasceu também, distendendo a boca do animal que habitava. Era uma versão de músculos da mulher, com a mesma pele branca, as mesmas tranças sujas, o mesmo sorriso enorme. Onde ela era sedutora, ele era galhofeiro. Olhos sempre muito arregalados, e lambia os lábios o tempo todo. Não estava nu; usava uma casaca preta de nobre, deixando o peito, as pernas e a virilha à mostra. Também retirou de dentro da cobra uma cartola, que desamassou e vestiu com grande cuidado, e um cetro, que empunhava com pompa, assim que acabava de emergir. O giz não lhe cobria o corpo todo — desenhava um padrão de esqueleto em sua pele. O rosto era coberto por um desenho de caveira, o crânio de um cavalo ou semelhante. O resto reproduzia a forma de ossos mais ou menos humanoides.

— Beije a mão do Pai — disse, estendendo o braço.

Foram todos levados para dentro da cabana. A ilusão que a ocultara antes revelava-se de todo agora: não era uma cabana, mas uma mansão.

O interior irregular, cheio de idas e vindas, subidas e descidas, sótãos e porões, era feito da mesma madeira escura que se mostrava lá fora. Móveis, quadros, prateleiras, quinquilharias, insetos e lampiões enchiam cada canto, num mosaico de curiosidades. Os dois druidas, identificados Pai e Mãe, levaram Ingram, Darien, Yadallina e Edauros até uma sala forrada de tapetes rasgados, decorada com dezenas de cabeças de bichos empalhadas e repleta de poltronas confortáveis, desbotadas e vazando enchimento.

— Animais empalhados não combinam com druidas — disse Darien.

— Ah, mas são os cadáveres de nossos amigos — disse o Pai, beijando a face estática de um texugo. — O dragão matou, nós deixamos aqui para lembrar.

— O resto deles está no cemitério — disse a Mãe. — Onde alimentam nossos outros amigos.

Darien preferiu ficar quieto.

Os dois anfitriões trouxeram-lhes comida. Uma pasta de cor indecisa, em tigelas, repleta de pedacinhos de grama e grãos duros. Tinha um gosto nauseabundo de primeira infância. Para beber, um líquido grosso, semitransparente, com bolhas e uma espuma ligeira no topo.

— Certo, eu tenho que agradecer — disse Ingram. — Obrigado. E pedir desculpas. Desculpe. Mas quero saber onde está meu amigo.

— Sir Orion Drake está na medicina — disse a Mãe.

— Bolas de Khalmyr, essa palavra traz memórias.

— Sir Orion Drake vai ser curado — disse o Pai. — De tudo.

— As histórias são verdadeiras, então? — disse Yadallina. — Que o lago cura as pessoas? Que quem chega até aqui está protegido do poder de Sckhar?

— Somos curandeiros — concordou a Mãe. — O lago é nosso. E não importa o que Sckhar destruir; Allihanna vai parir mais e mais.

— Eu conhecia um druida — disse Ingram. — Não era nada parecido com vocês.

O Pai arrumou as lapelas de sua casaca.

— Há quem se encontre nas florestas. Druidas que cultuam Allihanna dos lobos, Allihanna dos ursos, Allihanna dos cervos e dos coelhos. Há quem se encontre nas planícies, Allihanna dos cavalos, Allihanna dos leões. Existe Allihanna dos céus, dos pássaros. Existe Allihanna fornicando com o Oceano, Allihanna dos peixes. Nós cultuamos Allihanna invencível.

— Allihanna das aranhas — emendou a Mãe. — Allihanna dos vermes. Allihanna das moscas, Allihanna das baratas. Sckhar mata, Allihanna dos vermes se alimenta. Ragnar mata, Allihanna das moscas deposita ovos, multiplica-se, tem filhos, nasce. Allihanna dos abutres, Allihanna das hienas. Mate o que quiser, nossa Allihanna engorda.

Em volta da refeição pastosa, os druidas contaram sua história.

O culto a Allihanna, a Deusa da Natureza, era antigo em Sckharshantallas, antes de ser Sckharshantallas. Naquele tempo, Arton era dominado pela adoração aos animais, às forças não civilizadas. Os bárbaros ajoelhavam-se a Allihanna e a seu irmão selvagem, Megalokk, o Deus dos Monstros. Quando chegou a civilização, tudo foi estragado.

Os deuses cultos, urbanos, deuses de aglomerados de gente, de montes de leis e de coisas de pedra fincaram um pé firme no continente. Allihanna não se ressentia, pois a vida e a morte faziam borda com seu domínio — Ragnar, o Deus da Morte, e Lena, a Deusa da Vida, eram irmãos muito próximos. Mas as criaturas inteligentes nunca ficavam satisfeitas. Sempre haveria quem quisesse espalhar mais morte, quem quisesse as coisas mais a seu jeito. Sckhar era um exemplo.

O Dragão-Rei, o mais poderoso entre os seus, não se contentava com a servidão a Megalokk, o Deus dos Monstros. Seu deus deveria ser nenhum outro senão ele mesmo. O culto a Sckhar aumentara quando ele tomara para si um pedaço de mundo. Em Sckharshantallas, era a religião do estado, a religião da casa do rei.

Sckhar desejava ele mesmo em tudo que visse. Transformou o reino, queimou o que via, usou de mágica para moldar a terra em suas pedras agudas e estéreis. Fez o ar mais quente, trouxe lava do interior do mundo. Derrubou o que havia, construiu cidades. Nada resistia à mudança imposta por Sckhar.

Exceto um lago.

Allihanna retraiu-se naquele reino, mais do que se retraía em toda parte. Seus druidas morreram aos borbotões, suas árvores foram incendiadas a um nada farelento. Seu poder se escondeu naquela casamata, como uma fortaleza. O Lago Allinthonarid, centro de poder de Allihanna e local sagrado dos druidas, tornou-se o foco da resistência. Resistiu às baforadas, à magia, aos machados e botas muito mundanos. Até que Sckhar pareceu desistir.

Era uma mancha minúscula, um perdigoto de vida em seu reino seco. Abrigados pelo lago, enfurnaram-se dois druidas. Mas, de certa forma, Sckhar vencera. Porque os druidas haviam mudado, para sobreviver. Allihanna das águias fora vencida, restava ali Allihanna das larvas. O poder do Pai e da Mãe eram imensos, sobrepujados apenas por sua fertilidade. Eles seguravam o lago, resguardavam a magia da Deusa que mantinha a Casa Oculta. E eles mantinham a vida.

— Está vindo de novo — disse a Mãe, erguendo-se de um pulo da poltrona.

Ficou de pé com as pernas muito abertas, e o Pai deu um grito de alegria, começando a dançar. A mulher grunhiu alto, crispou as mãos, e começou a dar à luz. Emergiu um enxame de moscas, um mundo de aranhas e vermes. O Pai ria e uivava. Por fim, um jorro de sementes foi expelido da Mãe, que caiu na poltrona, exausta e sorridente.

Edauros achou graça. Yadallina muito séria e interessada. Ingram paralisado. Darien encarapitado na cadeira, sem coragem de tocar o chão.

— Fiquem o tempo que quiserem — disse a Mãe, ofegante, suando e escorrendo o giz da pele. — Olhamos vocês por muito tempo, pelos olhos dos comedores de carniça. São inimigos de Sckhar, e por isso são bem-vindos.

— Orion vai se curar? — disse Ingram.

— De tudo.

— Então, por favor, não me conte mais nada. Eu não quero saber.

Foram conduzidos a três dos inúmeros quartos na Casa Oculta, e instruídos a dormir à vontade. Edauros e Yadallina insistiram em dividir um quarto. Darien tentou adormecer, sentindo cheiro de velho e guardado, cobrindo-se de colchas multicoloridas. Não conseguia fechar os olhos. Logo, os sons de uma cópula frenética entre os dois druidas ecoaram pela casa, e ele desistiu.

Levantou-se e foi explorar.

Orion lembrou-se da dor: ela ia e voltava, consumida pelo delírio, percebida de novo em relâmpagos de lucidez. Afogado na inconsciência, sentia um alívio monstruoso, vinham até sonhos bons, mas uma inquietação no fundo, algo a ser lembrado, logo fora do alcance. E então, acordava: estava num lugar escuro, sozinho, imobilizado. Luminescências nos cantos dos olhos, e o corpo todo ardendo. Claro, era isso, era esse o incômodo. Apagava, e esquecia.

Num subterrâneo da Casa Oculta, um porão escavado em terra batida, sustentado por vigas entalhadas como totens, Orion suava febre. Seu corpo estava coberto de vermes, criaturas brancas, gorduchas, que deslizavam lentas, aos milhares, e devoravam sua carne queimada. Ficavam longe, porém, do braço arruinado.

Os tecidos derretidos, as pústulas desapareciam embaixo das minúsculas bocas, e a dor de Orion alimentava aqueles pequenos filhos de Allihanna.

— Não vai adiantar, você sabe — disse Vanessa.

Orion abriu os olhos, viu a esposa de pé, ao lado. Usava seu vestido de guerra, tecido grosso, placas de metal. O cabelo ruivo fora cortado rente à nuca. Usava um tapa-olho, escondendo a mutilação de um ano e meio atrás. O símbolo de Keenn, o Deus da Guerra, nas manoplas. A maça de guerra segura nos punhos. Rugas novas, linda, linda.

— Não vou voltar — disse Vanessa. — Não importa o ato heroico que você realize. Mesmo se matar Crânio Negro, mesmo se salvar o mundo. Não faz diferença.

— Vou achar Vallen — disse Orion. Sua voz estava forte, clara. Sabia que isso era errado, mas não conseguia discernir o porquê.

— Não, não vai. E isso também é irrelevante.

— Você foi embora porque —

— Fui embora porque precisava. Um de nós precisava. O que aconteceu com Vallen foi só um ponto de quebra.

— Vou trazer você de volta.

— Não, Orion. Não depende de ações. Não depende de façanhas. Acabou, porque eu quis.

— Entenda, Vanessa. Estou falando o que vai acontecer. Vou trazer você de volta.

Abriu os olhos.

Podia mexer a cabeça, agora. Viu as multidões de larvas, contabilizou as sensações, estavam também por seu rosto. Os brilhos tênues que percebera antes se mostravam, vindos de toda volta. Eram outros milhares de larvas, mas essas diferentes. Misturavam-se numa coisa indistinta, emitiam a luminosidade, deixavam entrever, através de seus corpos translúcidos.

— Muita coisa podre em você — disse uma voz estridente de mulher.

A Mãe estava ao lado dele. Orion não podia saber quem era, mas sabia que ele mesmo estava acordado — o mundo do delírio era muito mais nítido, e ele via aquela figura por meio do véu confuso de dor.

— Tudo que é podre vai ser devorado. É o modo de Allihanna, sir Orion Drake.

Os vermes comiam-lhe a carne morta.

Os vermes translúcidos chegaram até ele, em seu arrastar lento. Subiram por sua pele, e começaram a penetrar-lhe os poros. Orion sentia calafrios indefiníveis.

— Os fantasmas de mil vermes — disse a Mãe. — Tudo que é podre vai ser devorado.

Piscou e, no lugar da mulher, estava Trebane. O centauro, o druida, antigo companheiro. Profetizado como rei dos centauros, que largara a profecia para ajudá-lo em sua busca.

— Que fedor, Orion. Preciso de uma bebida.

O cavaleiro sorriu.

— Você está vivo? — disse, com voz límpida.

— O que você acha? — grunhiu um riso. — Bem morto. Fui enterrado numa vala comum em Valkaria. Em *Valkaria*. Duvido que você esperasse por essa.

— Desculpe, meu amigo.

— Enfie suas desculpas no seu rabo grisalho. Sempre fiz o que queria. Está para nascer o homem que vai me forçar a algo.

— Zara?

— Lembrou da garota, então? Porcaria, talvez você tenha aprendido algo. Zara sobreviveu, Orion. Zara vai ficar bem.

— Que bom.

— Que ótimo, maravilhoso. Não está vendo minha cara de felicidade? — Pateou o chão, ensaiou um coice contra o nada. — Preciso de uma bebida. Tem ideia de como é difícil ficar bêbado quando se está morto?

— Acho que há algo errado comigo.

— Tudo, para começar. Mas, no momento, o que há de errado é que você está delirando.

— Verdade. Acho que lembro. Onde...?

— Fique tranquilo. Está em boas mãos. São druidas de Allihanna. Druidas de Allihanna sempre têm que salvar o seu couro velho, não é? — Riu. — São o tipo mais nojento de druida que eu conheço, mas fique tranquilo.

— Acho que estou sendo devorado por vermes.

— Eu também estou, e você não me ouve reclamar.

Desperto.

— Vai doer só um pouquinho — disse a Mãe. Orion tentou responder, mas sua voz estava trancada.

Um verme imenso, grosso como um tronco de homem e comprido como um boi, arrastava-se em sua direção. Tinha uma boca circular, que piscava e babava antecipação, repleta de dentes em inúmeras fileiras. O corpo segmentado tinha uma vaga cor de pele de bebê, e era coberto de muco asséptico. Como um imperador, transitava em meio aos vermes menores, que se encolhiam ante a sua passagem.

— Não acredito que os deuses tenham abandonado tudo — disse a meio-elfa.

— Você, de novo — disse Orion.

— Isso deve ter algum sentido. Apenas não sabemos qual é. — Ela vestia os mantos exóticos e elaborados, tinha o olho arruinado e o cabelo de festa. Rosto muito sério, quase de menina. — Afinal, você deu o nome.

— Nome?

— Vallen.

— Vallen Drake.

— Vallen Allond.

— Quem —

— Se souber muito dele, talvez ache que não serve como herói. Mas acredite, ele foi nosso líder.

— Quem é você?

Olhos abertos.

Tentou de novo a inconsciência, porque a dor foi demasiada.

— *Não olhe, não olhe, não olhe* — disse a Mãe.

Mas seu rosto foi puxado por uma curiosidade apocalíptica, e ele viu o verme gigante já com toda sua mão esquerda na boca. Os muitos dentes afiados trabalhavam como uma máquina, destroçando-lhe o braço morto.

— Não lembro o seu nome. Mas falhei com você.

O homem à frente era franzino, maltratado e ágil. Cabelo cortado rente, mas crescendo de novo, com vontade. Muitas cicatrizes, mas já nenhum hematoma. O pé de metal não parecia pesar-lhe um grama, só lhe dava um equilíbrio mais preciso e inesperado.

— Esqueça — disse Ashlen Ironsmith. — Eu escapei. É o que eu faço.

— Khalmyr, nem faço ideia de quem você é.

— Não importa — disse Ashlen. — Você está com a ideia certa. Vá atrás de Ellisa, acabe com ela. Você é cavaleiro, não? Faça o que os cavaleiros fazem.

— Ellisa?

— Crânio Negro — disse Ashlen. — Faça o que os cavaleiros fazem. Eu faço o que os ladrões fazem.

— O nome de Crânio Negro é Ellisa.

Engasgava de dor. Já sentira coisas terríveis; talvez a queimadura fosse até pior. Mas, naqueles momentos de sobriedade, os sentidos traíam-lhe, tomando uma agudeza sádica. O estômago se revoltava de dor. Ele estava congelado de olhos abertos, no meio de um movimento seco, como se fosse vomitar, enxergando o verme, com seu braço na boca até o cotovelo. Forçou o pescoço a girar, tirando-se daquilo, e viu o tronco e as pernas. Os vermes fantasmagóricos emergiam de sua pele, rolando balofos e satisfeitos, sem conseguir comer mais. Novos fantasmas de larvas entravam para o banquete.

— Você precisa de uma dieta — disse Orion.

— E você precisa nascer de novo — disse Bernard Branalon.

Riram.

— Acha mesmo que sou covarde? — disse Orion.

— Acho.

Pausa.

— Mas também acho que não existe nada que você não possa superar.

— Tenho muita coisa a resolver, não é?

— Aconselho levantar sua carcaça e começar o trabalho, rapazinho. Você já está com um pé na cova. Se não se apressar, seu pai vai morrer de velhice, seu filho vai crescer como um daqueles abomináveis aventureiros amorais vestidos de preto, a Tormenta vai engolir o mundo e os peitos de Vanessa vão cair.

— Khalmyr proíba — sorrindo.

— Ou Keenn, nesse caso — e deu uma risada trovejante, segurando o estômago.

Orion abriu os olhos. O verme estava a poucos centímetros, mastigando seu ombro. Podia sentir o hálito podre e ácido da criatura. Seus parentes menores pareciam acabar a refeição, enquanto que os vermes espectrais rastejavam para longe. E, ao redor, mais fantasmas.

Animais de todo tamanho — esquilos, lebres, falcões, lobos, ursos. Olhavam-no como um tribunal, como donos da casa. Atrás, os fantasmas de centenas de árvores. Duas delas inteligentes, ambulantes, falastronas. As criaturas mortas de Allihanna pareciam aprovar o que acontecia.

Darien vomitou.

— O que é *isso*? — disse, limpando a boca.

Orion forçou as cordas vocais, mas só emitiu um gemido aéreo.

O chão coberto de vermes era nojento, mas pior era o cheiro. Darien não enxergava os animais fantasmagóricos, mas via as larvas translúcidas. E o grotesco verme gigante, terminando de devorar o braço arruinado do cavaleiro.

— Seja o que for, é o que você merece.

Orion moveu os lábios.

— Odeio você, sabia? Velho desgraçado. *Odeio você* — foi até Orion, deu-lhe um chute nas costelas. Diversos vermes saltaram. — Acha que eu sou traidor? Acha que estou preparando uma armadilha?

Nada.

— Preferia estar em qualquer outro lugar, seu filho da puta. Acha que eu *gosto* de ficar na sua companhia, sendo insultado e apanhando? Acha que eu *gosto* de receber ordens e ser vigiado? Eu era um chefe bandoleiro!

Ninguém nunca me deu ordens. Eu aceito isso de *você*, seu desgraçado, — chute — e você vem me chamar de traidor?

O verme roía o osso.

— Eu nunca *quis* sair da União Púrpura. Foi um *cavaleiro* que nos tirou de lá! Sim, Vincent estava infectado por um simbionte. Sim, Vincent iria matar todos nós de qualquer jeito, ou então morreríamos nas suas malditas lâminas de cavaleiros. *À merda* com isso. Ainda seria melhor que viver assim.

Chute.

— E eu podia ter ficado em Roschfallen, sabia? Ou podia ter *mentido* para aquele anão. Podia ter *fugido*. Mas fui até a *merda* do seu maldito castelo, fiquei ouvindo sua choradeira de pederasta rejeitado, e convenci-o a ir caçar Crânio Negro. *Isso* é traição? — Chute. — *Isso* é ser mentiroso, ser fraco? Você é igual a todos os outros.

Darien ofegava, punhos cerrados.

— Igual a todos os outros! *Odeio* você. Quero que você *morra*. É por isso que continuo aqui!

E chute.

— São as palavras de um traidor, não é? Você me conhece tão bem, *sir* Orion.

O verme monstruoso afastava-se, deixando para trás um ferimento coberto de uma membrana de muco. Estalava os dentes, contorcia-se de prazer.

Darien notou-o de novo. Vomitou rápido e correu para fora.

Orion conseguiu emitir um gemido.

— Tudo que é podre — disse a Mãe. — Devorado

Difícil medir o tempo, na Casa Oculta.

O sol entrava desconfiado. O jardim bloqueava boa parte. Os druidas de raro em raro surgiam, falando alguma coisa enigmática. Enfim, tinham dormido uma vida, comido a pasta de sabor ruim até os estômagos distenderem, e quase se acostumado com o lugar, quando Orion emergiu dos porões.

O cabelo agora curto, queimado. Cicatrizes largas por todo o tronco, e algumas áreas fundas, faltando carnes. Mas forte, os músculos rijos, sustentando de novo a massa. E sem o braço esquerdo, fechado num cotoco rente ao ombro.

— Está na hora de ir — disse Orion Drake.

Vanessa acordou de repente, sentindo o cheiro de mofo.

Levou a mão à cabeça (ainda desacostumada, estranhando o cabelo curto), sacudiu o sono confuso da mente.

— Dormir em masmorras — murmurou para si mesma. — É isso que eu ganho.

Já era quase normal. Sem um dia de descanso desde que partira, Vanessa perdera a conta de quantas vezes dormira em terreno hostil. Florestas, cavernas, tumbas, fortes abandonados, beiras de estrada, cidades em reinos inimigos. Por outro lado, apenas quatro noites (em um ano e meses pingados) passadas em tavernas. E nenhuma em casa.

A magia e as cunhas que usara para manter a porta fechada resistiam, mas as criaturas do outro lado esmurravam com insistência. Deviam estar nervosas, pelos cadáveres de seus semelhantes que Vanessa jogara no corredor, antes de se fechar para descansar.

— Vão dormir, desgraçados — disse para a porta. — A luta é amanhã.

Deitou-se sobre a mochila, forçando os olhos a fechar. Precisava de descanso; *naquela* masmorra, talvez, estivesse uma pista. Os caminhos que levavam ao Cavaleiro Risonho e a Vallen Drake eram tortuosos.

— É isso que ganho por dormir em masmorras — disse. — Há quanto tempo não sonhava com ele?

O rosto barbudo parecia queimado no teatro de sua mente, trazendo uma centena de mágoas.

CAPÍTULO 6

O PRIMEIRO DESPERTAR

CABELO COMPRIDO. CORPO FIRME, MAGRO E LÍQUIDO. HÁ muito sem hematomas, tudo por dentro já se havia remendado, os ossos e as carnes complexas. Cortes costurados, linhas retiradas. Sobraram cicatrizes, que também embranqueceram e quase sumiram. Só o pé, ainda que Ellisa oferecesse, continuava faltando. O aleijão e a prótese de ferro eram um distintivo de honra para Ashlen Ironsmith.

Mais deslocado do que nunca; cada vez mais fora de seu ambiente, sua casa, que eram as cidades. Ashlen sentia-se bem quando pisava em calçamento e evitava as sarjetas, sentia o ar mais puro quando estava mais enfumaçado, ouvia melhor no meio do barulho da multidão.

Escalando a montanha, estava longe de tudo isso.

O último ano e pouco levara-o cada vez mais fundo no desconforto. Fugindo da prisão do exército de Crânio Negro, arrastando Rufus Domat pelas periferias de Arton miserável, roubando e mentindo por sopa rala, rastreando Gregor e sua trilha de sumiços, até uma enorme floresta. Encontrara o antigo companheiro no meio do reino de Lomatubar, enterrado em pinheiros sem fim, numa casa atulhada de clérigos raptados. Ellisa seguira oculta.

E, depois disso, só pior.

Ashlen não fora mais torturado. Quando Ellisa quebrara-lhe o corpo, ele encontrara força. Quando quebrara-lhe o espírito, reunira vontade. Mas, quando mostrara que podia encontrá-lo em qualquer canto do mundo vasto, apresentara um problema insolúvel. Ashlen sabia, por lógica e provas, que não tinha como fugir. Sem medo ou amarras. Estava há um ano pensando.

Gregor resvalou numa pedra solta, Ashlen adiantou-se num salto agachado, pegando-lhe o antebraço. Usando de um equilíbrio esquisito, baseado no pé falso, firmou ambos no paredão quase vertical. Gregor sorriu.

Depois da floresta em Lomatubar, só ermos. Escondido, com Gregor e Rufus, nos buracos mais selvagens do mundo. Dois meses em cavernas. Um estirão longo no deserto. E agora escalando os picos áridos, mal um som ao longe, nas Montanhas Sanguinárias.

— Podia ter me deixado cair — disse Gregor.

Ashlen ficou em silêncio, recuperando a respiração.

— Não quis, não é mesmo? — o guerreiro sorriu. — Será que está começando a entender?

— Você era meu amigo. Só isso.

— Era?

Pausa trêmula, severa.

— Você conhece meus crimes, Ashlen. — O sorriso e a voz clara de Gregor tornavam difícil juntar rancor.

Os longos cabelos castanhos e lisos teimavam em escapar da amarra, atrapalhando o rosto. O cavanhaque bem aparado dava-lhe um ar distinto e jovial. O corte grotesco à volta do pescoço inteiro, costurado com fileiras sobre fileiras de linha preta grossa, distorcia a voz, mas era quase ignorado, tamanha a naturalidade nos modos do paladino. Do antigo paladino.

— Conhece meus crimes e sabe que quero morrer — continuou Gregor. — Por que me segura, então?

— Você não vai morrer se cair daqui.

— Não, claro. Mas algumas dezenas de ossos quebrados são o mínimo que mereço, não é? Depois de todos aqueles assassinatos. Os clérigos. E as pessoas que tive de matar para chegar aos clérigos! Sem falar nas comunidades que ficaram sem sacerdotes. Quanto sofrimento, Ashlen! Por que me segura?

Uma rajada de vento balançou os dois. O paredão estendia-se infinito, acima. A altura pregava truques nos olhos, fazendo a pedra reta se curvar, estonteando a vista. Abaixo, outro sem-fim. As escarpas estavam a alguns metros, prometendo cortes em troca de qualquer descuido. O céu, azul e lavado, engolfava a imensa cordilheira, contando a história da pequenez dos homens. Ashlen e Gregor equipavam-se dos mais simplórios aparatos de escalada — cordas, correias, espetos, martelos. Era, na verdade, uma escalada para morrer. Mas um deles não podia morrer, e o outro não pretendia.

— Isto não é lugar para filosofia — disse Ashlen.

— Vou lhe dizer por quê — sorriso. — Porque todos merecem uma segunda chance.

— Talvez *você* mereça.

— Foi o que você me disse, não é? Em Lomatubar, há mais de um ano. Eu estava pronto para desistir. Só queria desistir. Quem me ajudou foi você —

— *Só eu, Gregor.*

— e Ellisa.

O vento empurrou-os de leve, lembrando sua temeridade.

— Ellisa não existe mais — disse Ashlen, voltando a escalar. Firmou o pé metálico numa reentrância, usando-o como ponto de apoio. Fincou um espeto grosso mais acima, puxou o corpo com um braço. Girando numa pirueta, apoiou o pé falso em gancho, pendendo livre, de cabeça para baixo, pelo espeto recém colocado. Amarrou-se por segurança, fez os nós necessários, usou as cordas para içar-se acima, e recomeçou.

— Ellisa pode voltar a existir.

— Crânio Negro — rosnou Ashlen. — Não Ellisa; Crânio Negro.

— Se eu mereço uma segunda chance, por que não ela?

— Ela chacinou minha família, Gregor.

— O que pode trazer sua família de volta é um batalhão de homens santos. Não uma morte a mais.

— Matou Artorius. Infectou a União Púrpura com a Tormenta. Ela traiu *o mundo inteiro*.

— E por isso merece morrer?

— Claro!

— Duas coisas erradas não fazem uma certa.

Gregor escalava bem mais lento, cuidadoso. Sua capa vermelha esvoaçava na altura. Vestia apenas o linho grosso e o couro para se proteger da pedra áspera, e as peles e lãs para o frio dos picos. As Sanguinárias eram nevadas no topo, e a altura cobrava seu preço em qualquer lugar do mundo.

— Mesmo assim, você quer morrer — disse Ashlen, com voz quieta.

— Minha vontade é irrelevante. Morro todos os dias.

— Mas quer morrer para sempre.

— Morrer é estúpido, Ashlen. Não há morte.

Silêncio.

— Mas, para mim, — continuou Gregor — *só há morte*. Chega. Quero enfrentar o escuro final, de uma vez por todas. Ragnar pode fazer seu pior. E, se Thyatis ainda tiver algum amor por mim, estarei a seus pés.

Ragnar era o Deus da Morte, uma divindade multifacetada que se apresentava com tantos nomes, rostos e personalidades quantos eram os medos e esperanças dos artonianos em relação a seu domínio. Naquele tempo, mostrava-se como um deus bruto e rude, o Deus da Morte dos Goblinoides, pois fora o seu culto que empurrara o exército da Aliança Negra numa vitória sangrenta, há quase duas décadas. Thyatis, o Deus da Ressurreição, ria de tudo isso.

— Por isso você obedece a Crânio Negro — disse Ashlen.

— Ellisa.

— *Crânio Negro!* Por isso luta por ele, mata por ele?

— Por *ela*. E você sabe que não mato desde Lomatubar. Ellisa pode achar que dá as ordens, mas quero mostrar a ela a verdade. Que todos temos direito a uma segunda chance.

— E os lefeu? Também têm direito a uma segunda chance?

— Claro.

Ashlen escorregou por surpresa. Um nó ainda pela metade começou a correr, desfazendo-se, quando o braço forte de Gregor segurou-o pela roupa. O guerreiro puxou-o, com cuidado pelo equilíbrio, até que Ashlen fez-se estável de novo.

— Os lefeu — começou.

— São diferentes. Devem ser destruídos por isso?

— São horrendos, Gregor! *Você* viu o mundo deles. Você sabe como são. *São eles ou nós.*

— Há alguns séculos, alguém falaria isso dos bárbaros.

— Não é a mesma coisa.

— Mesmo hoje, todos falam isso dos goblinoides. E por isso, existe a Favela dos Goblins, em Valkaria, onde se pode humilhar criaturas pensantes sem remorso. E existe Yuden, que você não chegou a ver. Um yudeniano poderia falar a mesma coisa dos minotauros, Ashlen. E você acusa Ellisa de irredimível por ter matado Artorius?

Ashlen não conseguia achar resposta.

— Todos merecem uma segunda chance. E *não existe* caminho sem volta.

— E quando a segunda chance é desperdiçada?

— Essa é a beleza, Ashlen — sorriso aberto, genuinamente feliz. — Existe segunda chance até para isso.

Alcançaram um ponto plano, os ombros e coxas já pedindo alívio. Andaluzia estava sentada na estreita marquise de pedra, abraçando os próprios joelhos, metida em seus farrapos, balançando-se para frente e para trás. A Bruxa sem Rosto, como era chamada, tinha vagos traços élficos no corpo e nos caroços de pele lisa que lhe cobriam o que deveria ser a face. Balbuciava coisas ininteligíveis, mexendo as feições indistintas, sem boca por onde soltar o som.

Gregor e Ashlen sentaram-se também, ofegando, no espaço exíguo. Não havia como não estarem muito próximos, e Gregor postou-se sem nojo, encostado na sujeira e deformidade da bruxa. À toda volta, uma paisagem avassaladora. As Sanguinárias estendiam-se pelo horizonte, picos afiados esburacando o céu luminoso. A cordilheira era pródiga em selvageria, lar de monstros sem conta, a maior concentração de presas, garras e ferocidade em Arton. Ao longe, uma revoada de grifos indomados fez evoluções no céu, com o orgulho de dono que apenas leões e águias podem ter. Num pico, uma criatura sinuosa e azul rugiu, proclamando-se suprema, babando relâmpagos.

Andaluzia oscilava mais forte, derrubando pedrinhas para o chão longínquo. Começou uma ladainha, crescendo a voz malformada:

— *As visitas vêm morar, e nos tiram de casa. Os avós agora estão junto. Fizeram família nova. Os pais dos avós falaram, e ninguém ouviu, mas obedece. Duas casas já foram, os avós querem tudo.*

Gregor pousou o braço ao redor dos ombros da bruxa, que deu um pequeno ganido, encolhendo-se. Segurou-a com uma mão de conforto, força apenas suficiente.

— Por que os avós querem tudo?

Andaluzia virou a cabeça em sua direção, como se pudesse olhá-lo através da pele opaca.

— *Uma vez toquei o sino, e eles vieram errado. Não adianta ajudar depois de tudo, os cálices quebraram. Não tem mais casa. As visitas vêm, e vão embora, mas ficaram as visitas erradas.*

— Você entende o que ela fala? — disse Ashlen, secando a testa de suor.

— Não. Não importa. Por que visitas erradas, Andaluzia?

— *Visitas no final são sempre erradas. A família foi embora, ficaram os avós que não são avós, são pais dos pais que não são pais. A mãe tentou, não conseguiu, fechou-se no quarto com chave. Os pais errados não são pais. As visitas são visitas, e nunca são família.*

Começou a convulsionar, como se chorasse. Sem olhos, ficava mais e mais nervosa, agarrando o rosto, querendo esfolar a pele e achar algo embaixo.

— Visitas nunca são família. Pode acreditar, eu sei disso.

A bruxa tremia, os soluços ficando mais tênues e frequentes, até sumirem.

— Os avós roubaram a sua casa, Andaluzia.

— *Os pais não podiam fazer nada. Os avós chegaram na casa tomada. Mas nunca sentaram na sala.*

— Os avós traíram você?

— *Sim.*

Ashlen arregalou os olhos. A ladainha cessara, por um instante.

— E sua mãe?

— *A mãe não é os pais. Os pais não são nada; só pensei. Os avós podiam, mas não quiseram. E a mãe tem irmãos, que são pais, que são pais dos pais dos avós. Os pais dos pais dos pais, até. A casa tomada.*

Esfacelou-se de novo em incoerências.

— As pessoas só precisam de alguém que lhes escute — disse Gregor.

A montanha tremeu. Caíram pedregulhos de cima, um bando de pequenos lagartos alados assustou-se de uma caverna e voou para longe. Estrondo, estrondo, estrondo — passos. Uma coisa vermelha saltou, passando por eles. Andaluzia se encolheu, com um guincho agudo e comprido. Os dois seguraram a pedra lisa, por instinto, mas era Rufus.

Rufus, o corpo inchado e inchando, mole e balouçante dentro do lefeu. Uma coisa de mais de três metros, em forma de armadura, braços e pernas com vontade própria, que levava o mago dentro das costelas. Nenhum deles seria capaz de arrastar Rufus montanha acima. O invasor cumpria a tarefa com dedicação de ferramenta.

Os saltos levaram um tempo para silenciar, à distância. Os corações concordaram em voltar a um ritmo de passo.

— Acha que só é preciso escutar Crânio Negro? — disse Ashlen. — Que, depois de uma boa conversa, tudo vai ficar bem?

Gregor deu uma risada.

— Quando vocês deram atenção a palavras, Ashlen? Imagine se eu tentasse enfiar bom senso e a voz de Thyatis em seus ouvidos, ou fazê-los mudar de ideia com diálogo — balançou a cabeça, como se a ideia fosse a um só tempo divertida e absurda. — Muda-se a mente das pessoas através de atos. E é isso que vou fazer com Ellisa.

Ashlen ficou observando-o, sobrancelhas juntas.

— Posso ter ficado louco, Ashlen, mas tive uma segunda chance. E nunca, *nunca* fui burro — pôs a mão no braço do outro. — Não pretendo morrer gritando textos sagrados para Ellisa, e nem ser esfaqueado enquanto tento lhe dar um beijo. Eu *vou* redimi-la. Espere para ver.

E deu outra risada gostosa.

— Ó rapaz de pouca fé — disse, desarrumando o cabelo do amigo.

No topo.

O que haviam alcançado era um pico orgulhoso, quase pontiagudo, tão alto que tornava difícil respirar. O frio agarrava aquele ponto, congelando a pedra, abafando toda a vida, exceto a mais teimosa. Ashlen e Gregor, depois de dias verticais, contemplavam, em pé, o imenso do horizonte. Mesmo as outras montanhas viravam crianças perto daquela. Enxergava-se até o limite, passando por cima dos outros picos. Era como desnudar Arton, conquistar por esforço o direito de enxergar o mundo sem barreiras e paredes, sem pessoas e coisas.

Exceto o Monte do Dragão Adormecido.

Se estavam num ponto culminante da cordilheira, isso nada era, perto da maior de todas as montanhas. Erguendo-se bem ao lado, quase encostando, depois de um vale estreito, o Monte do Dragão Adormecido era muito maior, duas vezes e mais sua altura. Qualquer ambição da natureza envergonhava-se em comparação. Após dias de escalada, eles podiam sentir-se orgulhosos, mas nunca absolutos — ali estava uma montanha que não poderia ser vencida.

Ellisa tinha uma serenidade respeitosa. Vestida na armadura negra completa — placas por cima de placas, movendo-se uma sobre a outra, completando os espaços, ao seu mínimo respirar. Apenas olhava o Monte. O elmo em forma de crânio estava sob um braço, e seus cabelos voavam livres, o rosto corado pelo vento frio.

— É o momento — disse.

Ashlen tivera minutos para capturar o fôlego e a vista. Ao chegar, já encontrara Crânio Negro, Rufus em sua armadura lefeu e Andaluzia, abraçada num pedregulho gélido. O lefeu oco abriu as costelas, deixando Rufus cair em uma pilha de carne mole no chão, gemendo. Em seguida, ficou imóvel.

— O que você vai fazer? — disse Gregor, caminhando devagar até ela.

O cume da montanha era bastante irregular, mas permitia passos curtos. O vento ameaçava constantemente, mas as pernas haviam se acostumado com o esforço de equilíbrio constante.

— Esta é a primeira parte.

— Primeira parte de quê, Ellisa?

— Não cabe a nós saber o todo.

Ele dirigiu-lhe um olhar matreiro.

— Obediência cega? *Fé?* Isso não tem a sua cara — disse Gregor, colocando-se bem perto. — Você sabe.

— Sei — disse Ellisa, numa seriedade mais leve. — Não cabe a você saber o todo.

Ele não respondeu.

— Não imagino que compreenda ainda, Gregor. Não tem a clareza que eu consegui. É um entendimento que custa caro.

— Mas vou conseguir?

— Se os Lordes quiserem.

Os Lordes da Tormenta eram supremos entre os lefeu. Entidades de poder avassalador, inteligência aberrante e monstruosa. Só um deus poderia se comparar a um Lorde. A eles Ellisa servia. Tentara traí-los, um ano atrás, mas os eventos de então haviam servido para mostrar a futilidade de qualquer desafio.

— Por enquanto, aproveite, Gregor. Você vai enxergar o futuro. Não faz parte dos dogmas de Thyatis?

O Deus da Ressurreição e da Profecia concedia visão atemporal a alguns de seus seguidores.

— Não — respondeu Gregor.

— Não importa. Apenas olhe.

Ellisa aproximou-se da beira do precipício. Seus pés, metidos nas grevas negras da armadura, não hesitavam um momento, frente à queda imensurável, à instabilidade da última rocha, aos puxões do vento. No limite entre a montanha e o vazio, respirou fundo o ar gelado.

Rufus começou a tossir, engasgou-se, foi tomado por um acesso nervoso.

— Dê um jeito no receptáculo — disse Ellisa, com voz de ordem. Sem emoção, direta como uma flecha.

Ashlen deu dois saltos até o mago, amparou-o. Rufus era uma criatura nauseabunda, mal humana, de mantas de pele estufada, crostas de sujeira e membros frágeis, quase atrofiados. Não vestia coisa alguma, e os detalhes de sua anatomia estavam cada vez mais perdidos. De tempos em tempos, esvaziava o que trazia dentro de si, expelindo simbiontes, pequenos lefeu insetoides que buscavam hospedeiros artonianos. Então, aliviado, durava algumas semanas como quase-gente.

Uma coisa comprida e segmentada arrastava-se para fora de sua garganta. Ele tentava arranhar o próprio pescoço, mas os braços não dobravam tanto, os dedos eram fracos demais e as unhas já haviam caído. Conseguia esfregar fracamente seu pomo de adão, ignorado pela criatura. Enfim, o simbionte livrou-se da boca de Rufus, arrastando trinta centímetros por sua goela, pisando sua língua com dezenas de patinhas ligeiras, roçando antenas no céu de sua boca. Ele não tinha mais nenhum dente, o que ajudava. Livre da criatura, Rufus pôde respirar, e sorveu o ar como se fosse um privilégio. Ashlen tentava não demonstrar o nojo.

— Amordace-o — disse Ellisa.

Ashlen começou a dizer algo.

— *Este é um momento solene.* Rufus não vai estragá-lo.

Murmurando desculpas, Ashlen obedeceu. Ela estava tão próxima da beira; era possível empurrá-la. Gregor encontrou seus olhos, como se pudesse ler sua intenção, e balançou de leve a cabeça.

Ellisa pareceu satisfeita, aproveitou um pouco mais o silêncio.

— Está muito próximo — disse.

— O quê? — disse Gregor.

— Casa.

Pausa.

— E todos nós temos um destino — continuou a mulher. — Eu tenho uma missão e uma recompensa. Você, Gregor, tem um papel a cumprir. E todos nós teremos uma casa.

— Lembra-se do que Vallen falava? Não temos casa. Temos o grupo.

Ela lançou-lhe um olhar ilegível.

Ellisa não pertencia mais a Arton; não pertencia à Tormenta. Vivendo mal-encaixada, buscava um lugar intermediário entre os dois mundos, um lar. Os Lordes haviam prometido, há tempos. Chegava perto.

— Meus mestres disseram o que precisa ser feito. Não sei se sabem de tudo, mas sabem muito. Sabiam da elfa. Sabiam deste lugar.

— O que é aqui?

— Um lugar de poder.

— Poder lefeu?

— Poder.

Silêncio.

— E agora — disse Ellisa — um lugar sagrado.

Puxou a espada-lefeu, a arma inchada de bolsões contendo o sangue de Yadallina. Olhou-a por um tempo, cobriu a cabeça com o elmo. E assim, com a máscara macabra de Crânio Negro, estendeu o braço, a ponta da espada na direção do Monte do Dragão Adormecido.

— Ofereço o sangue do maior dos dragões — disse, a voz mascarada pelo elmo. — Ofereço a morte do que é artoniano. Ofereço um funeral, para que venha um parto.

Fez um movimento rápido, num semicírculo, com a espada-lefeu. Como a coisa viva que era, a arma abriu a boca, os bolsões cheios de sangue. O líquido, muito vermelho e brilhante, voou em respingos e jorros curtos, sobre o vale muito abaixo. O vento carregou as gotas e o cheiro ferroso para todos os lados, espalhando o sangue de Yadallina. Logo, a espada estava seca, e o sangue havia sumido na distância.

Estáticos.

Quando, então, um rugido.

E outro e outro, num coral que logo não pôde mais ser contado. Dezenas, centenas de gargantas monstruosas urravam, de todas as partes das Sanguinárias. As menores montanhas tremeram. Os ouvidos vibraram por dentro, até que Ashlen e Gregor tivessem que tapá-los com as mãos. Guinchos e sibilos indecifráveis juntavam-se numa sinfonia selvagem. As primeiras criaturas surgiram no vale.

Era uma manada de touros sobrenaturais, feitos de ferro, investindo em carreira enlouquecida para o Monte. Mal eram visíveis, do cume da montanha. Os guinchos de pássaros colossais fizeram-se mais próximos, e um grupo de águias que poderiam carregar mamutes nas garras sobrevoou, mergulhando rumo ao Monte do Dragão Adormecido. Os grifos vieram de outro lado, circundando um pico próximo. No solo, corriam feras disformes, pouco mais que bocas e braços cercados de couro cinzento, abalando o chão com suas enormes passadas. Trolls, humanoides agigantados de dentes afiados e apetite voraz. Gigantes verdadeiros, humanoides que carregavam suas espadas e clavas do tamanho de carvalhos, marchando rumo à imensa montanha. As Sanguinárias tinham mais monstros que qualquer outro lugar em Arton, e agora exibiam essa diversidade feroz numa reunião de criaturas, que corriam, voavam ou arrastavam-se, atraídas sem saber pelo quê.

Ashlen já vira algo como aquilo. Mais de um ano antes, na União Púrpura. Os monstros iriam morrer. Mas o que iria matá-los?

A resposta veio com um gelo no estômago.

Ashlen encolheu-se de puro medo, pavor maior que a vergonha de demonstrá-lo. Trincou os dentes de nervoso, queria olhar mas não podia. A inquietação que vinha da presença dos dragões.

Rugidos maiores, mais magníficos. Rugidos que levavam palavras, que significavam. A primeira revoada trouxe mais frio; eram os dragões brancos. De outro canto, vieram seis negros, com seu couro exalando óleo, suas formas lisas, seus olhos amarelos e enormes, os chifres movendo-se como orelhas de gato. Um cheiro tóxico, azedo, trouxe os verdes. Cristas de couro, escamas pronunciadas e cor profunda. Bafejavam veneno, olhavam tudo com interesse. De cima, além do que o céu alcançava, vieram os azuis. Corpos entroncados, ossos brutos de fera de guerra. Chifres grossos, escamas como escudos, porte altivo de nobres. Estalavam entre si pequenos relâmpagos, das pontas das asas. Cheiro de maresia, umidade deslocada, anunciou os dragões marinhos. Grandes, robustos e compridos, suas asas boas para o céu e as águas. Sinuosos como tubarões. Por último, um bafo de vulcão, ar fervente que quebrava o frio da montanha. Os maiores, os vermelhos. Monstruosos entre os dragões, todos presas e garras, pontiagudos e afiados. Sua capacidade letal não cabia dentro de si, os dentes vazavam para cima e para baixo, as garras negras nunca recolhidas. As formações ósseas em suas cabeças, pescoços e caudas eram serrilhadas, cortantes.

Os seis grupos de dragões circundaram-se por um tempo, trocando saudações e ameaças em sua língua nobre e animalesca. Alguns exibiam astúcia e riqueza: um verde tinha uma grande gema brilhante incrustada no couro do peito, faiscando de magia. Dois negros tinham padrões decorativos de cicatrizes no couro. Um azul levava armas, esporões imensos de aço presos às asas e às patas. Três vermelhos exibiam correntes e metais de beleza ameaçadora.

Então, o massacre.

O vale inundou de sangue. E toda a volta do Monte do Dragão Adormecido, toda a área oculta, entre montanhas. Os monstros das Sanguinárias foram retalhados por garras dracônicas, estraçalhados por seus dentes. Os dragões, em conjunto letal como ensaiado, despejaram suas baforadas.

Fogo, gelo, vapor, veneno, ácido e relâmpago fulminaram as centenas abaixo, numa orgia de superioridade.

E, sabia Ashlen, aquilo não era tudo.

Ao redor do Monte, marcas de assassinato. As pedras congeladas, derretidas. Parcos restos de cadáveres, toda promessa de perigo transformada em pedaços invisíveis. Os dragões pousaram por toda a volta, sentando-se no fruto de sua matança.

E não houve luta. Não houve mais massacre.

O lento terremoto das vozes dracônicas surgiu em todas as gargantas. Garras, caudas e asas faziam gestos arcanos, tecendo feitiços, ao mesmo tempo. Formulando os rosnados, os dragões diziam palavras mágicas, e então a energia explodiu sobre eles. As forças dos elementos, conjuradas pelos dragões sobre si mesmos — imolavam-se, derretiam-se em ácido, ferviam, sufocavam em veneno, congelavam, torravam de eletricidade. Exibiam todo seu poder, e botavam fim às próprias vidas, às vidas uns dos outros, como nenhum outro ser poderia.

Crânio Negro estremecia de realização. Ashlen suava. Dragões, as mais orgulhosas dentre as criaturas, com existências valiosas de séculos, soberanos entre o que era monstruoso e o que era civilizado. Morreram em momentos. Alguns estrebuchavam, chutando patas que se apegavam a uma brisa de vida. Outros arranhavam o ar, cada batida dos corações titânicos empurrando um comprido esguicho escarlate.

Até que cessaram.

— Ofereço um funeral — disse Ellisa.

O Monte do Dragão Adormecido não era apenas a maior montanha sobre a terra. Olhado à distância, tinha a forma enrodilhada de um dragão, maior do que tudo. O sangue do maior dos dragões, que fora tirado de uma elfa, molhara o vale e a montanha. Os maiores monstros haviam morrido sem chance. E agora, aos pés da montanha em sua imagem, os dragões tinham dado suas vidas. Suas mortes.

O Monte estremeceu.

Ashlen soltou um ganido longo, sem notar. Imitando um vulcão, o Monte do Dragão Adormecido chacoalhava, querendo escarrar ou parir algo, largando rochas imensas como se fossem cascalho, rachando o vale abaixo. O cadáver de um dragão verde caiu numa fenda. Um terremoto, agora; era difícil ficar em pé. Ashlen e Gregor tiveram de se abaixar, segurando-se ao chão. Rufus rolou livre, indo dar de encontro a uma rocha pontuda. Andaluzia socava a própria cabeça, caindo e levantando em meio ao tremor. Ellisa, metida na armadura negra intransponível, continuava ereta, o equilíbrio dançando com os abalos, na beira do penhasco, olhando o desenrolar.

— O futuro! — disse. — Olhem!

O chão saltou. Uma fatia da montanha onde estavam desprendeu-se. Um som de explosão, a terra rasgando-se toda.

E um rugido, misturado a um guincho.

Sangue e ácido choveram sobre as montanhas. Asas rubras bateram pela primeira vez, impulsionando ao ar um corpanzil maior que dez dragões, ganhando altura ao lado do Monte do Dragão Adormecido, e logo superando-o. O tronco formado por outros troncos, patas, cabeças mortas. O pescoço uma junção enredada de outros pescoços serpentinos e caudas. Patas feitas de patas, garras incontáveis. Cauda afiada e pontiaguda, cheia de espinhos e lâminas. A cabeçorra monstruosa, coberta de olhos e chifres, uma boca grande para morder o destino. Centenas de dentes. E carapaça rubra cobrindo tudo, fios de matéria vermelha ácida unindo os cadáveres dos dragões em uma abominação. Partes insetoides, antenas, pelos grossos. A criatura tremeluzia, sua imagem ajustando-se à realidade daquele mundo. Porque era dragão, e era lefeu.

— A primeira parte! — disse Ellisa.

Expeliu uma baforada rubra, porque podia. De sua garganta, não apenas ácido, não apenas a coisa corrosiva e corrupta que formava os invasores. Cuspiu o vermelho, e o vermelho instalou-se no vale, pois cuspia Tormenta.

Era, afinal, o Dragão da Tormenta.

CAPÍTULO 7

HISTÓRIA DE DUAS CIDADES

O ÚLTIMO CONSELHO QUE OUVIRAM DOS DRUIDAS FOI:

— Existe muita coisa morta em Sckharshantallas. Alimentem-se disso, antes que isso se alimente de vocês.

E viajaram.

O reino era todo um cadáver. A cada passo, as pedras nuas e a areia calcinada contavam histórias de morte. Sckharshantallas fora vivo um dia; Sckhar mudara isso. Mas, de volta a um terreno onde havia dia e noite, sol erguendo-se ameaçador de manhã, castigando à tarde e desistindo, cheio de promessas de vingança, à noite, podiam caminhar reto. O Lago Allinthonarid fora um bom prenúncio; ficava bem ao sul, perto do limite com Trebuck. A magia dos elfos (na maior parte de Yadallina, julgando pelo que dizia seu irmão) transportara-os muitos e muitos quilômetros. Estavam longe da capital, e o bafo de dragão não parecia umedecer suas costas.

No primeiro dia, logo fora do bosque, Orion fez deles um grupo:

— Edauros, Yadallina — pontuando os nomes com um encontrar de olhos. — Vocês salvaram nossas vidas. Certa vez, houve duas pessoas que me ensinaram sobre dívidas e gratidão. Estou em dívida com vocês, sempre, e só posso oferecer minha gratidão.

Os outros mexiam os pés. Algo extremamente formal, para um bando tão maltrapilho. Orion sem um braço, e ainda sem nada a cobrir-lhe o tronco. Os elfos com andrajos de prisioneiros.

— Sempre serão bem-vindos sob o estandarte do Corvo, em Bielefeld — continuou Orion. — Tenho trabalho a fazer agora, mas contem com minha espada para a busca por suas origens, se ainda for necessária.

Yadallina mirava a terra, puro embaraço. Edauros deu dois passos, um tapa amigável e sonoro no ombro são do cavaleiro.

— Não pense que não vamos cobrar isso — riu. — Esqueça, *sir*. Vamos sair deste monte de pedras secas e achar um lugar para ficarmos bêbados.

— Trebuck não fica longe — disse Orion. — Não é uma terra que me agrade, mas vai nos receber.

— Não é uma terra que o agrade porque ele é uma porcaria de herói por lá — disse Ingram. — Vá saber por quê.

Yadallina ergueu os olhos de repente, logo baixou-os.

— Podemos estar em Trebuck para o desjejum, *sir* — disse Edauros. — Um pouco de magia, e um dia inteiro de embriaguez para aproveitar.

— É a melhor ideia que ouvi essa semana — disse Darien.

— Obrigado, mas não.

— Ele quer dizer "sim" — tentou Darien, mais uma vez.

— Devo caminhar — continuou Orion. — Eu, Ingram e Darien. Boteime em uma jornada; o caminho é tão importante quanto o destino. Não podemos tomar atalhos.

— Achei que você quisesse matar o caçador de recompensas o mais rápido possível — disse Edauros.

— Quero. Preciso. Mas cavaleiros errantes andam em cavalos por um motivo. Não tenho um cavalo, mas tenho meus pés e o chão. O destino, no fim, é moldado pelo caminho. Meu caminho vai ser o de um cavaleiro.

— Fale o que você está pensando, Orion — disse Ingram.

Ainda hesitou. Mas:

— Meu caminho vai ser o de um herói.

Orion emergira mudado do porão da Casa Oculta. Não mais obcecado em matar, descuidado em morrer. Tomara a jornada de caçar Crânio Negro, resolver ao menos um dos assuntos que pendiam. Para isso, precisava reunir informações, armas, recursos. Viver.

Silêncio. Yadallina concentrava-se em não olhar para ninguém. Edauros desarrumou o próprio cabelo, respirando e remexendo ideias. Roubou um vislumbre furtivo da irmã.

— Parece que vamos caminhar, então — disse o elfo.

— Você e sua irmã não estão presos. Viajem por magia; falem meu nome e serão bem recebidos no Exército do Reinado.

— Não. Parece que vamos caminhar.

— Por quê?

— Acreditaria se eu dissesse que é porque cavaleiros e dragões estão sempre juntos?

— Não.

— Tenho certeza de que consigo pensar em cento e cinquenta outras desculpas antes de chegarmos, *sir*. Vamos, pé na estrada.

Os dois elfos foram os primeiros na marcha.

Darien foi até o cavaleiro, com pisadas insolentes.

— Porque *eu* não posso ir embora por magia? Como assim *eu* estou numa jornada e tenho que esfolar os pés?

Orion virou-se, com uma severidade diferente.

— Você é parte deste grupo, não é? É um companheiro, não é?

Darien estacou, a mandíbula solta.

— Pois então caminhe.

Seguiam para leste enviesado, não reto ao sul. Procuravam evitar as maiores rotas, o que era guarnecido. Em um dia, o corpo grisalho de Orion tornou-se tostado de Azgher. A pele sobre a mutilação já se mesclava ao resto do tronco, formando uma nova normalidade. O difícil era o equilíbrio: Orion tinha uma impressão ridícula de si mesmo; caía o tempo todo. Fazia menção de gestos e ações com o braço que não tinha mais. Quando paravam, não descansava. Treinava com algum galho fazendo as vezes de espada, tentando reaprender a lutar. E caía. Treinava correr, agora assimétrico. E caía. Tarefas de rotina eram desafio, ele aprendia a fazer fogo ou calçar as botas. Sabia haver milagres que podiam devolver-lhe o braço; esperava encontrar um sem demora.

Noite, fizeram uma fogueira, comida de estrada e turnos de vigia, como se fossem aventureiros.

Orion e Ingram:

— Lembra? — disse o anão.

Orion fez que sim, devagar.

— Você teve vida de aventureiro, antes, não é? Cavalaria errante?

— Acredite ou não, também já fui jovem, meu amigo — disse Orion.

— Para mim, foram só aqueles meses. Eu, você e Trebane.

— Para mim não foi tão diferente. Cavalaria errante, mas com coleira. Sempre havia a Ordem. Foram só aqueles meses.

— Nunca mais vai ser a mesma coisa — disse Ingram, movendo o bigode. — Eu, você e Trebane. E, quando chegávamos, a terra tremia.

— Nunca fomos nós três por muito tempo, não é?

— Uma pilha de cadáveres no forte Arantar discorda.

Silêncio nevoento.

— É sempre assim? — disse Ingram.

— O quê?

— Vida de aventureiro.

— Já disse, sempre tive uma cerca em volta.

— Quero dizer, vida de lutar, viajar. Explorar. Sem guilda, ou fazenda, ou o que quer que os humanos tenham.

— Ah.

— É sempre assim?

— Sempre.

— Sempre nos deixa perdidos?

— Sempre.

— É sempre bom?

Pausa.

— Sempre.

Ingram mexeu no fogo. E de novo.

— Já que somos heróis numa jornada, — disse, endireitando o corpo, estalando-se ao levantar — vou fazer a coisa heroica e dormir nas pedras, depois de defecar nas pedras e limpar-me Khalmyr sabe com o quê. Boa noite, *sir* cavaleiro.

— Boa noite, mestre anão. Sonhe com machados, catacumbas e mulheres barbudas.

— Vá para o inferno.

Sorriu de costas.

Orion ficou ainda mais uma hora. Depois, ergueu-se com dificuldade, andou uns passos e sacudiu Darien.

— Acorde. Está na hora do seu turno de guarda.

— Meu turno? — disse o rapaz, tateando os restos de sonhos.

— Quero dormir. Você vigia o acampamento.

Sir Orion deitou-se como podia, enquanto o outro se espreguiçava. Dentro em pouco, adormecido.

Darien sentou-se perto da fogueira. Olhou para trás, todos dormiam. E ele vigiava.

Trilhar o caminho de Orion significava pés sangrando. Não haviam conseguido ânimo de fazer as perguntas que queriam, no meio da jornada. Calculavam estar quase em Trebuck, pelo sudeste, quando viram uma coisa ao anoitecer.

— Cidade — disse Orion. — Ficamos longe.

Estariam desviados do caminho previsto, então. Não deveria existir cidade naquela rota, depois de evitarem Thenarallann, que era a última naquele canto. O sol caía, a presença no horizonte ficava mais nítida.

— Acho que é pior que uma cidade — disse Yadallina, desenferrujando a língua. — Ruínas.

— Estudou isso? — disse Edauros.

— Hazonnd e Wondaronn — confirmou Yadallina. — Vamos nos afastar.

— Dizem que às vezes as ruínas são amigáveis.

— E outras vezes, cheias de mortos-vivos. Não precisamos arriscar.

Os outros não entendiam.

— Estudamos esta porcaria de lugar antes de vir para cá — disse Edauros. — Ela estudou, principalmente.

Hazonnd e Wondaronn, disse Yadallina, eram ruínas de aldeias vitimadas por Sckhar. O reino estava repleto daquelas cicatrizes, manchas da fúria do regente. Ao contrário de outras cidades, Hazonnd e Wondaronn nunca haviam sido reconstruídas. Dizia-se que os prédios queimados, as ruas tornadas vidro e o pó de gente continuavam como no primeiro dia. Procuradas por aventureiros, como toda ruína, por promessas de ouro. Mas Hazonnd e Wondaronn nunca surgiam de dia. E, à noite, poderiam ser vilarejos amistosos e ocupados, ou bolsões de mortos inquietos. Muitos haviam sido tragados pelo engodo da cidade viva, mais tarde caindo vítimas dos habitantes. Ou pior, sendo levados ao amanhecer.

Porque durante o dia, contavam as histórias, Hazonnd e Wondaronn escondiam-se no Reino de Tenebra, a Deusa das Trevas.

— Tenebra? — disse Ingram.

Yadallina fez um muxoxo que significava sim.

— Vamos até esse lugar, então.

Os elfos fizeram um silêncio uníssono.

— O que me diz, Orion? Vai negar que passemos a noite nas ruínas?

— Se quer matar algo, — disse Edauros — existem outros alvos.

— O *Reino de Tenebra*, rapaz. Tenho meus motivos. Então, Orion? Uma noite, em troca de quase dois anos. E então vamos embora.

Orion coçou a barba.

— Acha mesmo que pode encontrá-la?

— Talvez. Quem sabe? Não são muitas as chances de entrar no Reino de um deus.

— Se entrar, — disse Yadallina — nada indica que vá sair.

— Por que quer ir àquele inferno? — disse Edauros.

— Ele tem seus motivos — disse Orion. Estreitou os olhos. — Vamos passar uma noite nas ruínas. Aqueles que não quiserem, encontrem-nos em Trebuck. Quanto aos outros, tratem de não morrer.

— Nós vamos — disse Yadallina, antes de tudo.

Todos foram. Darien não fez nenhum comentário.

No anoitecer seguinte, chegaram a Hazonnd. Wondaronn era uma gêmea quase xifópaga. Próxima e íntima como apenas vizinhos antigos podem ser, dividia a população, os mexericos, as famílias e os casamentos.

Orion, Ingram, Darien, Edauros e Yadallina passaram por restos de fazendas destruídas, e pisaram em Hazonnd como se atravessassem uma película. Um brilho sutil envolvia tudo. Nenhum sinal de morte. Mesmo o chão destoava do que Sckhar havia feito no reino; grama à vontade, terra preta e úmida. O que eles presenciavam era o fantasma de uma cidade.

Aquela vida espectral não se estendia para os arrabaldes, fazendo de Hazonnd e Wondaronn aglomerados incongruentes. As cidades começavam abruptas, depois da desolação em volta. Os fantasmas de prédios estavam a vinte centímetros de chão calcinado, como se fosse normal. Os fantasmas de grama cresciam no fantasma da terra, sem se importar que não havia lógica em sua existência. Os fantasmas das tavernas, oficinas, celeiros, moinhos existiam sem que houvesse fazendas para justificá-los. Os fantasmas de centenas de aldeões andavam em fantasmas de ruelas, realizavam os fantasmas de seus trabalhos. Fantasmas de crianças divertiam-se em fantasmas de brinquedos, fantasmas de jovens dividiam o fantasma do amor.

Tudo como numa aldeia próspera. Talvez um pouco limpa demais. A bosta espectral dos fantasmas de cavalos tinha um cheiro mais adocicado, como que temperado por nostalgia. O cansaço no rosto dos trabalhadores era de dever necessário, e não de desespero. Como alguém que lembra uma época perdida que, por perdida, torna-se idílica.

Yadallina engolia tudo aquilo, com olhos enormes.

— Nunca vi... Nunca vi... — repetia.

Os cinco afundavam-se no fantasma da cidade, e recebiam apenas os mais ligeiros olhares de estranhamento. Viajantes maltrapilhos, armados e esfolados, seriam motivo de correria em qualquer cidade. Os habitantes de Hazonnd não eram caricaturas ou simples imagens móveis. Apenas pareciam não saber como reagir. Por um momento, tinham a surpresa que seria natural, mas logo esqueciam. Alguns, desconcertados, chegavam a abanar a cabeça para os recém-chegados.

Um carro de bois passou quase descontrolado por eles, deixando marcas na rua-fantasma, o condutor agitando um chicote.

A cidade continuava, além do previsto. Havia o fantasma de um templo, onde cultuavam-se fantasmas de deuses. Mas também havia um templo apenas a Khalmyr, onde o fantasma da justiça se decidia e realizava. O fantasma de uma prisão, onde se pagavam pelos fantasmas de crimes. Mais estranho: um templo a Tanna-Toh, que também era uma escola.

— "Vilarejo"? — disse Darien. — Isto é quase Roschfallen.

Hazonnd tinha ruas calçadas de paralelepípedos. Prédios de dois e três andares, construídos em semicírculo, onde famílias viviam espremidas, numa promiscuidade contente. O fantasma de uma matrona jogou o fantasma da sujeira noturna quase aos pés dos forasteiros. Os respingos tinham o cheiro nojento, beirando o bom, dos próprios excrementos. Hazonnd despontava em dois aquedutos. A sede de uma guilda de alfaiates, um curtume.

Hazonnd e Wondaronn deveriam ser vilarejos, mas o que se mostrava era um burgo crescido, reunindo dinheiro e existências. E muitas, muitas pessoas a mais do que poderiam ter vivido lá, antes do ataque do dragão.

— Isto é... — Yadallina deixou a frase derivar, em busca de uma palavra que expressasse seu fascínio. — Já li sobre coisas assim, mas nada confirmado. Gostaria de escrever, de desenhar isto.

— Vá em frente — disse Edauros.

— Papel? Tinta? Carvão?

— Não temos, é verdade. Mas podemos comprar. Ou, pelo menos, comprar seus fantasmas.

Yadallina olhou para o irmão, e para si mesma. De repente, ambos estavam vestidos em fios de ouro e prata, longas capas de folhas secas trançadas pendendo-lhes das costas. Cada um dos anéis nos dedos de Yadallina poderia valer um terço da cidade.

A respiração dos cinco foi pega na garganta. Ingram notou algo estranho, tocou seu rosto, sentiu barba longa e farta. De sua cintura, pendiam pistolas reluzentes, cheias de aparatos desconhecidos. Coisas que ele poderia ter criado, com anos de trabalho e uma equipe competente. Em seu pescoço, pendurado um medalhão, com um símbolo de honraria que significava líder de guilda. Darien viu-se em trapos diferentes. Armas na bota e nas costas. E, ao lado, o rosto sério, de uma beleza irritante, os cabelos louros tratados com cuidado idiota — Vincent.

— Eu li sobre isso —Yadallina respondeu o que os outros ainda não haviam conseguido perguntar. — Não estamos vendo apenas os fantasmas dos habitantes de Hazonnd e Wondaronn. Sckhar destruiu *a aldeia*. Estamos vendo o fantasma da aldeia.

— Isto não é aldeia — disse Darien, olhar duro à frente.

— É *possibilidade* — disse Yadallina. — Os vilarejos foram destruídos inteiros. E *nunca* foram reconstruídos. Sckhar não matou apenas pessoas, não queimou apenas casas. Matou tudo que *poderia ter sido*, matou o futuro de Hazonnd e Wondaronn. O que estamos vendo é o fantasma do futuro. Do que nunca vai ser. Preciso desenhar isto.

No templo de Tanna-Toh, o fantasma de uma clériga ficou feliz em trocar fantasmas de papel, pena e tinta por uma folha da capa élfica. Do fantasma da capa élfica.

— Está acontecendo conosco, também — disse Yadallina. — Estamos vendo, ao nosso redor, o fantasma das possibilidades. O que poderíamos ter sido, se algo fosse diferente.

Uma mulher rechonchuda passou correndo, rumo a um dos cortiços. Abriu a porta de um arranco, e lá dentro havia outra mulher, deitada, grunhindo, grávida a não mais poder. A parteira organizou seus apetrechos, para ajudar no fantasma de um nascimento.

Edauros jogou no chão a capa de folhas.

— Para o inferno com *esta* possibilidade — disse, pisoteando a capa. — Isso nunca ia acontecer, de qualquer jeito. — Despiu também a túnica e as calças de fios preciosos, as botas de madeira macia, chutou tudo pela rua. Cuspiu no amontoado.

Cada um conversava com seus fantasmas. Ingram estudava as pistolas, parava por longos momentos, quando tocava a barba. Darien tapava os olhos, ignorando a figura séria e amigável de Vincent. Yadallina examinava-se com um sorriso resignado, enquanto tentava capturar as imagens de Hazonnd em linhas sobre folhas de papel grosso.

Orion vestia apenas uma capa esfarrapada. Seus cabelos estavam queimados. Não tinha um braço. Espada à cintura. Igual em cada detalhe.

CAPÍTULO 8

O JARDIM DAS DELÍCIAS

HAVIA VERMELHO NO JARDIM.

O reino crepuscular de Glórienn, a Deusa dos Elfos, ameaçava anoitecer. O massacre da raça, em Arton, jogara a deusa num turbilhão. Se antes fizera sol, a tristeza de Glórienn formara o lusco fusco. Mas nem isso mais era-lhe permitido.

Nem vinte anos desde a queda de Lenórienn, nas mãos da Aliança Negra. Mas, assim como crianças sentem o tempo muito mais longo, também os mortais. Décadas, para os deuses, eram menos que um respiro. Glórienn nunca se conformara com a perda. Nunca tivera tempo de fazer luto, chorar e construir algo. Tinha, no Panteão, irmãos e inimigos — mas descobriu que, no final, um deus estava sempre sozinho.

O sol pálido baixou mais um pouco. Os habitantes do Reino de Glórienn tremeram de novo. Ninguém sabia o que fazer, se a noite caísse.

Glórienn caminhou por sua grama. O jardim era eterno, infinito, pleno de fartura. Em Arton, Glórienn fora derrotada mas, em seu lar, era suprema. Qualquer divindade maior era onipotente em seu próprio Reino. Mas as flores murchavam. Havia retalhos de terra onde não nascia o verde. Uma árvore, alta até tocar as estrelas, estava morta, oca por dentro, quebradiça. Glórienn continuou, pés descalços se arrastando, como sempre, e passou pelas ruínas de uma ponte. Uma metrópole élfica abandonada. Um paraíso rejeitado. Glórienn rilhou os dentes. Sozinha, cada vez mais.

Era onipotente, ali. Se murchavam flores, morriam árvores, caíam pontes, era por sua culpa. Em seu Reino, podia ser o que desejasse. Se existia como um trapo, vagando nua e suja, com longos cabelos cheios de nós, era porque queria. Glórienn perdera seus filhos para a brutalidade dos mortais, e para o desígnio avassalador de Ragnar, o Deus da Morte. Desde então, enxergava-se vítima.

No Reino de Glórienn, houvera exuberância, delicadeza. As cidades élficas, construídas fora das limitações do mundo mortal, erguiam-se dentro de árvores titânicas, flutuando no céu, feitas de cristal e madeira tão leves que sustentavam-se por mínimos pontos de apoio. Torres delgadas, teatrais, que produziam música doce ao toque do vento. Palácios que cresciam da própria vida vegetal, sem que fosse necessária agressão. Obras de arte monumentais, esculturas do tamanho de países, que levavam séculos para serem construídas e milênios para serem apreciadas. Redes de rios e aquedutos que, vistos das espiras, formavam desenhos grandes como continentes. Todo tipo de prazeres delicados e pacientes, ao gosto de Glórienn e seus filhos. Todo o Reino era magistral, mas sutil. Podia ser degustado apenas com calma, e o tempo nunca acabava.

Exceto que um dia acabou. Tudo isso era passado.

A deusa vagava naquele estado há pelo menos dez anos. O que seria nada, mas fora suficiente para seus devotos. Tropeçou e ralou as mãos. Depois de onze dias, ergueu-se, sentindo o fedor acre de folhas podres. Limpou-se sem vontade, enxergou uma lebre morta. Proibira as moscas, tudo que lembrasse a decadência. Mas não conseguia proibir a morte.

Foi até a lebre. Perturbou o cadáver, mas não podia devolver-lhe a vida. Sacudiu a coisinha, mais e mais forte, até que berrou, e jogou-a longe.

Ninguém ouviu. Glórienn estava sozinha.

O sol baixou mais um pouco.

Há algum tempo, Glórienn banira seus súditos. Antes do massacre, tivera grande prazer em conviver com as abençoadas almas élficas que atingiam aquele paraíso. Eram eternidades de poesia e perfumes — e a pura felicidade no rosto de seus filhos, ao receber a dádiva do convívio. Isso antes. Querendo chafurdar na miséria, Glórienn mandara todos embora, para outras cidades, para os arrabaldes do jardim. E agora via que muitos tinham ido para ainda mais longe.

Ela chegava perto do vermelho, de novo.

— Você está nua — trovejou alguém.

Glórienn não sentira a presença. Por isso, encolheu-se e chorou. Suas lágrimas viraram corvos, que voaram até as nuvens, dizendo zombarias em suas vozes roucas.

Uma capa tapou seus ombros.

— Não quero — disse a Deusa dos Elfos.

Desvencilhou-se, e a capa derramou no chão.

Tauron, o Deus da Força, recolheu o objeto. Glórienn continuava encolhida, meio escondendo-se.

— Não precisa ser assim — disse o deus.

— Posso mudar tudo. Assim que eu quiser.

O sol caiu mais um pouco.

Tauron, o Touro em Chamas, apresentava-se em sua forma mais majestosa. Um corpanzil imenso, humanoide, repleto de músculos que brigavam entre si por espaço. Cabeça de touro, com imensos chifres orgulhosos, envolta em fogo brilhante. Era um deus de conquistas, um deus de vitória. De escravidão.

— Por que está aqui? — disse Glórienn.

— Um ano se passou — a voz de dentro das chamas fez tremer os galhos. — Vim aqui para lembrá-la.

— *Eu lembro. E não quero.*

— Lembre-se — Tauron seguiu inabalado. — Os fortes devem proteger os fracos.

A deusa encarou-o por um minuto, mas teve de baixar os olhos.

— Mostre-me seu reino, Glórienn.

— Não.

— Você está nua. Tudo aqui está nu. Você não sentiu minha chegada. Prefere que eu veja tudo sozinho?

— Faria isso? Invadiria meu domínio?

— Sou o Deus da Força.

Glórienn hesitou. Durante um dia eles ficaram frente a frente. Por fim, ela usou o canto de alguns pássaros que ainda se atreviam a estar ali, e teceu um manto disforme. Vestiu-o e conduziu Tauron.

A metrópole estava abandonada. Ninguém cuidava das floreiras. Glórienn mostrou a paisagem sem dizer nada. Chegaram a uma outra cidade, muito longe.

Quase ninguém. As ruas suspensas, em meio aos galhos das árvores, estavam rachadas — o cristal multicolorido que as compunha definhava. A maior parte das casas e palácios estava vazia, com portas entreabertas de descuido. Glórienn não tinha certeza, mas achava que as árvores estavam mais baixas, e as ruas suspensas muito mais próximas do chão. Os elfos prostravam-se ante a passagem dos deuses. Antes, teriam dançado e presenteado a deusa. Agora, temiam provocar ira — ou o pior, e mais comum: tristeza.

Outra cidade. Deserta por completo. As marcas da felicidade élfica iam sumindo. O rosto em um retrato tornava-se menos nítido, com feições mais caricatas e comuns. As harpas de cinco mil cordas tornavam-se instrumentos ordinários e desafinados. Os poemas haviam perdido a rima. Glórienn chegou a ver uma escultura de cristal que havia se tornado carvão.

Outra cidade e outra, e poucas centenas de seus filhos. Tauron calado, julgando em sua cabeça inescrutável. Por fim, avistaram uma aldeia no chão. Fora construída a partir de árvores cortadas. Glórienn fez movimentos de vômito seco, ao enxergar a blasfêmia. Uma menina teve coragem de lhe dar um presente — era um boneco de madeira, entalhado com uma faca.

A deusa gritou. A menina cresceu e tornou-se uma velha, num momento, e saiu choramingando.

— Está satisfeito? — esganiçou Glórienn.

— Estou triste, Senhora dos Elfos. Nada disso é necessário.

Glórienn berrou de novo, arrancou o manto que fizera para si.

— Se eu aceitar sua proposta, estará tudo resolvido? Imagina mesmo que vou acreditar?

As chamas lamberam o céu.

— Seu Reino não ficará pior. Seus súditos, seus filhos não ficarão piores. E você ficará muito melhor.

Ela mostrou os dentes num rosnado deslocado.

— Como escrava.

— Acha que há vergonha na escravidão? — disse Tauron.

— Sou a Senhora dos Elfos. Mãe dos mais perfeitos mortais sobre Arton.

— E onde estão seus filhos?

Ela segurou tufos de cabelos sujos.

— Onde estão seus súditos? Por que seu Reino está tão vazio?

— Eles querem *outros paraísos*.

Glórienn soluçava. Os cabelos emaranhados descolavam-se, deixando escalpo avermelhado. A confissão seguiu como um jorro:

— Meu Reino não é mais o paraíso dos elfos. Já houve alguns que, ao chegar aqui, pensaram estar no inferno.

Tauron ficou calado.

— *E se eles pararem de acreditar em mim, Tauron? O que existe depois da morte de um deus?*

— Você já pensou na alternativa?

Glórienn engasgou. O choro arrefeceu num instante.

— Não sou o único intruso em seu Reino. Você já pensou em fazer outro tipo de pacto?

— *Não, não, não* —

— Mostre-me o vermelho, Glórienn.

— *não, não* —

— *Mostre-me o vermelho, Glórienn!* — ordenou Tauron.

E ela mostrou.

Porque havia vermelho no jardim.

Glórienn não tivera tempo de luto. Glórienn não tinha mais permissão de sutileza. Glórienn não podia mais arquitetar contra o Deus da Morte.

Porque, em seu Reino, havia uma área de Tormenta.

— Eles chegaram até aqui, Tauron — murmurou ela, olhando a devassidão rubra. — Não estão mais restritos a Arton. Invadiram meu Reino.

— Você fez algum pacto?

— Não. Eu juro.

Tauron pousou uma manzorra sobre seu ombro. A deusa não rejeitou.

— Foi nossa culpa, Glórienn. Agora, vamos pagar.

— Sei que a culpa foi minha.

De todos.

— Muito mais minha. Mas — ela ergueu os olhos com uma expressão patética — por que sempre eu preciso sofrer mais?

Tauron estalou suas chamas.

— Deixamos que eles viessem — disse o Deus da Força. — Eu quis proteger você, mas foi um erro. Na época, você era forte. Não protegi os fracos, e a Tormenta chegou.

Silêncio.

— É estranho — a voz do Touro em Chamas ribombou.

Ela beliscava uma pálpebra.

— Você descobriu a tempestade. Havia demônios, meros pequenos demônios, que possuíam mitos sobre os lefeu. Nós permitimos que eles viessem. Mas ninguém sabe como surgiram. Qual sua origem. Existe uma peça faltando.

Agora a deusa olhava-o, tentando não enxergar a mancha profana, onde os lefeu sibilavam.

— Quem criou a tempestade?

CAPÍTULO 9

OS CADÁVERES QUE ANDAM

SEM NOTAR, PASSARAM DE HAZONND A WONDARONN, E continuava o fantasma de prosperidade. Se havia diferença, Wondaronn era ainda mais rica e agitada. Em nenhuma das duas via-se um traço da arquitetura de Sckharshantallas. Sem estátuas ao dragão, sem ruas monumentais. Apenas duas cidades que engordavam.

Edauros beijou a irmã no rosto e se despediu, dizendo que iria tratar de coisas. Yadallina concentrou-se em anotações e desenhos. Parecia-lhe tudo uma grande oportunidade de descoberta, e não desperdiçava. Orion por vezes prestava atenção ao estudo da elfa, intrigava-se com sua disposição para o aprendizado do bizarro. Frente ao fantasma de uma cidade, Yadallina fazia desenhos. Ingram adquirira um cacoete de cofiar a barba. Darien viu que estava livre do fantasma de sua vida que não fora.

Anoiteceu rápido. Existindo apenas durante a noite, as cidades comprimiam seu cotidiano em poucas horas. Os quatro encontraram uma estalagem larga e exibida, chamada *"O Rei na Estrebaria"* — a placa mostrava um homem coroado, escondido atrás de dois cavalos. Todo o jeito de uma história folclórica que nunca fora contada. O fantasma de uma história.

Sentaram-se na sala comunal, ouvindo fantasmas de conversas. Comeram fantasmas, beberam hidromel nunca fermentado.

— Posso perguntar algo, *sir*? — disse Yadallina.

Os outros não se lembravam de ter-lhe ouvido a voz sem que o irmão estivesse presente. Talvez por isso, Orion não soube como reagir, e disse apenas sim.

— Por que não tem fantasmas?

Ingram abaixou os olhos, como se quisesse sumir.

— Acho que você pode me dizer — respondeu o cavaleiro. — Não sei coisa alguma sobre este lugar.

— *Nada* poderia ter sido diferente, *sir*?

Ele sentiu um anzol no fundo da goela. Podia ser um alívio, ou um peso ainda maior.

— Todos têm fantasmas, aqui — continuou a elfa. — Por mais que meu irmão odeie, até mesmo ele. Até mesmo eu — mostrou as próprias roupas de elfa nobre.

— Quais são *seus* fantasmas? — disse Darien, sem uma gota de constrangimento. Ingram deu-lhe um chute debaixo da mesa.

— Poderíamos ter sido nobres, eu e ele — disse Yadallina.

— Ah — fez Darien. — Desculpe.

Orion adiantou-se em pedir perdão, mesmo tendo feito nada. A elfa gaguejou, abriu um de seus pergaminhos.

— Mas, se fosse nobre, não estaria aqui, estudando uma cidade fantasma — disse ela. — Não teria — interrompeu-se.

— Não teria salvo nossas vidas — disse Orion.

— Não quis dizer —

— Mas é verdade. Devemos tudo à sua magia, Yadallina. Obrigado.

Ela abriu outros pergaminhos, sem ordem aparente. Deixou um cair no chão.

— Por outro lado, você não tem fantasmas, *sir*. Não havia a *menor* possibilidade de que não salvasse minha vida — engasgou — nossas vidas — não sabia como completar.

Yadallina reuniu seus esboços e escritos, despediu-se de todos e se fechou num quarto, sem falar mais nada. Ingram ergueu uma sobrancelha e logo recolheu-se ao seu, remoer memórias. Darien ficou um tempo, depois também foi isolar-se. Orion saiu pela porta da frente. Caminhou uns passos, sentou-se no chão, por pouco não caindo, com a espada nos joelhos.

Já escuro há bastante tempo, quando chegou Edauros.

O elfo cobria-se de roupas diferentes. Tinha catado do lixo, ou negociado com algum aldeão por vestimentas antigas. Botas de soldado, gastas e farelentas por anos de uso. Calças pretas desbotadas, veteranas de funerais de várias gerações de alguma família burguesa. A mesma túnica de pano rude, de prisioneiro, que vestia antes. Uma casaca negra, remendada e esfolada, com ar decadente. Carregava na mão um longo pano preto.

— Não me olhe desse jeito — disse o elfo.

— Estou calado — disse Orion.

Edauros sacudiu o tecido negro que tinha nas mãos. Caíram dois vermes surpresos, e uma boa quantidade de terra.

— Era uma mortalha — explicou.

Orion não disse nada.

Edauros enrolou a mortalha à volta do pescoço, rasgando um pedaço e fazendo uma capa. Prendeu-a com um prego oxidado. Procurou algo na frente da estalagem, achou: a comprida tina d'água onde os cavalos bebiam. Abaixou-se, encharcou o cabelo, sacou uma navalha do bolso da casaca.

— Onde conseguiu tudo isso? — disse Orion.

— Aqui, ali. Coisas que as pessoas jogaram fora. Ganhei as botas num jogo de dados.

— Acho que foi passado para trás.

Edauros deu uma risada curta.

Pegou um tufo de cabelos, e a navalha na outra mão. Com um golpe de dentro para fora, cortou o chumaço. De novo e de novo, fazendo uma careta quando os fios arrancados repuxavam. Uma pequena colina de cabelos castanho-claros formava-se ao seu redor.

— E a navalha?

— Fiz um truque de mágica para um ferreiro. Ele me deu em troca.

— Tive um amigo médico, que me disse que você pode pegar doenças cortando-se com uma lâmina suja.

Edauros respondeu com um grunhido ininteligível.

Seus cabelos estavam reduzidos a tufos curtos e irregulares. Apalpou a cabeça, encharcou-a de novo com a água dos cavalos. Começou a passar a navalha rente ao couro cabeludo, tirando o que restava. Dois filetes de sangue surgiram um momento depois.

— Por que está se embonecando assim?

Edauros deu uma risada.

— Sabia que você ia fazer algum comentário.

— Controlei-me até agora.

Olharam-se, e Orion sorria.

— Quando voltar para casa — disse Edauros — vai voltar a usar armadura? O brasão da Ordem da Luz? Seu estandarte?

— Claro — Orion deu de ombros.

— Por quê?

— Porque é o símbolo da Ordem. Porque meu estandarte significa algo para as pessoas, por mais que eu deteste usá-lo.

— E se estiver sozinho, nos ermos? Vai usar o brasão?

Orion ergueu as sobrancelhas, concordou lentamente.

— Acho que entendi — falou.

— Nós, mortais, somos criaturas idiotas, *sir*.

— Os deuses são melhores?

— Os deuses são piores. Mas nós somos idiotas, não há como negar. A maneira como nos vestimos, como parecemos, molda nossas vidas. Nossa mente. Não lhe parece idiotice?

Orion não respondeu nada.

— Você me viu trajado naquelas roupas de palhaço élfico. Os elfos já são todos fantasmas, apenas não sabem disso ainda. Iriam se sentir em casa aqui. Não quero vestir roupas de palhaços mortos. Também não quero ser prisioneiro daquele dragão. Sou igual a ele, não vou me fantasiar de lacaio.

— Mas está usando a túnica de prisioneiro.

— Ah, não consegui outra. Quem se importa tanto com roupas, de qualquer maneira?

Começaram a rir, e logo desataram numa gargalhada necessária.

— E, com o que veste agora, — disse Orion, apontando — o que você é?

Em resposta, Edauros ergueu o dedo médio, e mostrou-o para o céu, em toda a volta.

— Sou um dragão preso em corpo de elfo, com vontade de queimar esse mundo de merda.

— Em vez disso, respire fundo.

Sentados no escuro.

— Vocês são mesmo irmãos? — disse Orion.

Edauros concordou com um muxoxo.

— São parecidos.

— Somos gêmeos — disse Edauros. — Você não imagina como isso é raro, entre os elfos. Quando nascemos, disseram todo tipo de bobagens.

— Bobagens?

— Profecias, você sabe. O de sempre. Que éramos especiais.

— E acabaram sendo mesmo. Sua magia. O que fala sobre dragões.

Edauros deu um sorriso torto.

— É, acho que você tem razão — disse. — Diabos, até os elfos acertam, de vez em quando.

Algo se remexeu num gramado próximo. O chão a alguns metros pareceu se espreguiçar, rangendo os paralelepípedos.

— O que — começou Edauros. Mas deteve-se, enxergando que a rua se transformara. Em vez do calçamento de burgo rico, chão batido.

— Wondaronn está mudando de ideia — disse Orion.

Uma casa próxima esfarelou-se, sobrando uma ruína. Um casal que passeava alegre de embriaguez, no limite da vista, sumiu. O ar ganhava um cheiro seco, antigo. O silêncio da noite ficou mais intenso, os pequenos barulhos cessaram, tornando-se perceptíveis. Todos os fantasmas começavam a desaparecer.

O chão se remexeu, a um metro. Edauros ficou de pé, fazendo um rosnado silencioso.

— Vá para dentro, proteja sua irmã.

— Proteger Yadallina? Da última vez, ela salvou todos nós, *sir*.

O ambiente ganhou um fio abafado. O fantasma do clima começava a se dissipar. O chão corcoveou, à direita.

E a primeira mão cadavérica eclodiu da terra.

Por toda Wondaronn, os mortos foram cuspidos. Covas rasas que não eram covas, mas a ação do descaso. Trôpegos, os mortos exibiam suas carnes podres em tiras, as bolhas de gás fedorento que emergiam de seus estômagos, as órbitas vazias por onde espiavam minhocas. Alguns pouco mais que esqueletos, apontando ossos quebrados. Outros cheios e nauseabundos, pingando sucos espessos no chão. Os mortos de Wondaronn e Hazonnd sentiam apenas uma coisa: vida. E cambaleavam rumo aos vivos, querendo compartilhar.

— Não deveria ser assim — disse Orion, segurando a espada na única mão, assumindo po-sição de combate. — Não deveria haver restos tão frescos. Essas pessoas foram carbonizadas.

— São fantasmas, também — disse Edauros. — Não vê, *sir*? Sckhar tirou-lhes até a chance de assombrar os vivos. Eles estão vivendo *tudo* que lhes foi roubado.

Um dos cadáveres pulou sobre Orion, a boca num esgar sem lábios e as mãos crispadas em garras, com agilidade súbita. O cavaleiro deu um meio giro, de instinto, como se ainda tivesse um braço para o escudo. Praguejou em silêncio, enquanto os dentes do cadáver erravam-lhe por um fio. A criatura se agachou num instante, gorgolejando, quando Orion golpeou de cima para baixo, a espada como um martelo.

Logo, três outros mortos atacaram. O fedor era nauseante, e eles pareciam tirar grande prazer de seu nojo. Um par de mãos procurou a garganta de Orion, unhas enegrecidas tentando esganar e rasgar. Um cadáver abraçou-se em sua perna, preparando uma mordida. Orion abaixou a cabeça, protegendo o pescoço, enquanto estocava com a espada para baixo, procurando o atacante. O morto-vivo começava a cravar-lhe os dentes na coxa, quando a ponta da espada dividiu o rosto podre. Orion chutou forte, espalhando o cadáver, e fez um arco largo com a ponta da espada. O outro cadáver hesitou, e o cavaleiro saltou para frente, girando a espada e decapitando-o. Vários outros vinham, às dezenas, de todos os lados. Os prédios desapareciam, toda a vida fantasma sumindo. Ficavam apenas os maiores — um templo, a sede da guarda, a taverna *"O Rei na Estrebaria"*.

Orion entendeu que estavam defendendo a taverna. Ingram, Darien e Yadallina estavam lá dentro. Talvez houvesse vida fantasma, também.

— Precisa de sua irmã? — disse, roubando um olhar para o elfo.

Edauros saltava e esquivava-se, arreganhando os dentes num riso nervoso para os cadáveres.

— Sou um dragão, *sir* Orion.

— Vi você fazer sua magia em conjunto com ela.

— Ah, sim. Para atravessar distâncias. Para afastar aranhas. Para todo uso versátil e inteligente da magia, preciso de Yadallina. Eu mesmo só sei fazer uma coisa. — Deu um sorriso maligno. — Magia de combate.

Um brilho azul leitoso surgiu numa fumaça, na mão direita de Edauros. Compactou-se em uma forma, e ele segurava um facão reluzente. Sua mão esquerda bruxuleou e fez-se nítida: era uma garra, grande demais para seu braço, coberta de escamas e unhas negras. Os olhos do elfo chamejavam. Ele saltou, subindo três metros, girando no ar.

O facão encontrou a nuca de um cadáver. Edauros girou o pulso, ainda a meio metro do chão, e dilacerou o pescoço da criatura, derrubando-lhe a cabeça na terra. A garra de réptil dardejava para um lado e outro, abrindo e fechando, como se fosse independente. As botas mal tocaram no solo, um rosto descarnado foi agarrado pelas grandes unhas negras, Edauros fechou o punho, destroçando a cabeça. Cinco ou seis cadáveres quebraram a lentidão trôpega, indo correr em sua direção, deixando uma trilha de pedaços.

Ele abriu muito a boca, despejou uma língua de fogo com metros e metros de comprimento, varrendo os mortos para um lado e para outro.

Os dois ficaram costas contra costas. Orion golpeava em estirões retos, fortes, protegia um lado com um perímetro de lâmina afiada. Edauros atacava com as duas mãos, usando a garra como um instrumento bruto, e o facão para corte limpo. Arremessava bolas de ácido, conjuradas do ar, sobre os mortos. As criaturas uivavam, e continuavam a se aproximar, ligeiras ou lentas, mas inexoráveis.

Faziam um trabalho de açougueiro. Cobertos de sangue podre, chapinhando na lama de fluidos.

— Aguente um momento — disse Edauros.

Abaixou-se um instante, fechando a garra e os olhos. Murmurou coisas indistintas, e jogou o braço à frente, como se liberasse alguma coisa poderosa e invisível. Nada por um momento. Logo depois, o ar explodiu, a três metros. Partes de corpos voaram, e logo outra explosão. A noite se encheu de estrondos e fogo, e choveram pedaços de carne. Depois da fumaça, os mortos recuavam, lentos, para o limite da vista.

— Magia de combate — ofegou Edauros, satisfeito.

Orion testou a porta da estalagem; trancada. Botou seu peso sobre a madeira, num encontrão, mas não moveu-a um detalhe. As janelas também todas fechadas. Não havia mais frestas, como se o prédio fosse um mundo sólido, e à parte.

— Foram levados para o Reino de Tenebra! — disse Edauros.

— Talvez. Ou talvez, quando isto acabar, a estalagem esteja de volta.

Olhando os mortos que se afastavam, decidiram respirar, lâminas em punho.

— Certo — disse Orion, ainda domando a respiração. — Você fala em dragões. Explique-se.

Edauros abriu a boca, mas Orion cortou-o de novo:

— Não se engane. Se você realmente quiser queimar o mundo, nossos caminhos *vão* se cruzar, de uma forma menos amigável. O que quer dizer, com suas histórias?

Edauros olhou-o com sobrancelhas enviesadas, por um tempo.

— Nada como um combate para levantar os espíritos, não é? — acabou dizendo. — Muito bem, *sir*. Lembra do que eu disse sobre profecias e bobagens? Na verdade, sou um garoto elfo mimado, que fica esbravejando contra as tradições. Porque devotei minha vida a uma delas. Não a uma profecia; a uma lenda. Uma história.

Orion tinha um olho no elfo, outro nos mortos-vivos.

— Há uma história na minha família — disse Edauros. — Você nunca ouviu histórias sobre seus antepassados, de tempos remotos?

— Você não faz ideia.

— Bem, imagine quão remotos são os tempos, para um povo que vive séculos. Quantas histórias existem.

A algumas dezenas de metros, os mortos estavam parados, observando-os sem olhos.

— Há uma lenda na minha família — continuou Edauros. — Diz que somos descendentes de dragões.

— Quase todas as famílias nobres dizem ter um antepassado mágico ou divino.

— Isso. E nós éramos nobres. Até aí, só mais uma bobagem élfica. — Pausa. — Mas eu e Yadallina nascemos com a feitiçaria.

Os mortos começavam um lento cambalear de volta.

— *Nascemos* com a feitiçaria, entende? Incendiamos nosso berço, antes que soubéssemos falar. Nunca estudamos. Quer dizer, ela estudou. Pratica o tempo todo.

— E você?

— Consigo me concentrar apenas no que gosto — sorriso.

Os mortos correram, ganhando entusiasmo, e saltaram sobre eles. Orion girou a espada, cada vez mais acostumado à força de um braço só, e partiu ao meio um dos cadáveres, espirrando tripas. Puxou a arma para trás e estocou alto, espetando o rosto de outro atacante. Num movimento para cima, desvencilhou a lâmina, dividindo o crânio do morto-vivo, e usou o cabo da espada para golpear a testa de um terceiro.

Edauros ficou parado um momento, fez um grunhido, e explodiu num borrão de velocidade. Golpeava com o facão, mais rápido do que o olho podia acompanhar, disparava bolotas de energia esverdeada a um lado e a outro, fulminado os mortos. Num salto acrobático e sobrenatural, ficou atrás de um grupo de cadáveres, e fez um gesto complexo com os dedos. Um instante mais tarde, as coisas estavam imóveis, congeladas no espaço. Edauros soprou um jato de chamas pelas narinas, incendiando um outro bando. Ainda com a velocidade arcana, correu pelas criaturas paralisadas, degolando-as num golpe contínuo com o facão.

Não se via terra à frente da estalagem. O chão era um tapete de cadáveres. Tudo imóvel.

— Trancada, ainda — disse Orion.

Porque os mortos voltavam.

Longe, a terra cuspia. Hazonnd também vinha se juntar à devassidão.

— Ninguém gostou disso — disse Edauros.

— O quê?

— Queimamos nosso berço. Lembra-se do que contei? Os elfos não ficaram muito satisfeitos com isso.

— Vocês foram párias?

— Oh, não — riu o feiticeiro. — Você vê, os elfos acham que, quando alguém comete um crime, deve ser aconselhado.

— Bebês que não sabem falar não são criminosos.

— Bebês que provocam um incêndio devem ser afogados antes que causem mais problemas, se você quer a minha opinião. Mas, bem, os elfos fizeram conosco o que sempre fazem. Falaram.

Os mortos cambaleavam, crescendo à vista, como se sentissem o cheiro dos dois.

— Fomos criados ouvindo, *sir* Orion. Ouvindo sobre a vida e a harmonia, e sobre como tínhamos um dom especial, que deveria ser usado para o bem de todos. Lembra-se do que eu disse? Sou mesmo um garoto elfo mimado. Não tenha dúvida disso.

— Isso foi antes...?

— Antes da queda de Lenórienn, sim. O elefante no meio da sala, não é? Ninguém tem coragem de falar sobre a queda de Lenórienn com um elfo, mas é tudo que querem saber.

Lenórienn, o reino dos elfos, existira no continente a sul. A civilização élfica fora destruída quando a Aliança Negra, um exército de monstros e goblinoides, havia esmagado-os. Os elfos não tinham mais pátria, e poucos tinham orgulho.

Os mortos estavam sobre eles, em hordas. Jogavam-se sobre a espada e o facão e as chamas, como se cumprissem uma obrigação. Mordiam com fome extrema, tentavam arranhar, como se pudessem agarrar sua existência perdida. Orion chutava os queixos dos que vinham se arrastando, quebrava seus pescoços e deixava-os moles, para serem pisoteados pelos outros. Partia os joelhos dos que andavam, derrubando-os, terminando a morte com uma estocada para baixo. Decepava braços estendidos, que quase alcançavam seu pescoço.

Edauros fez um gesto largo, e uma muralha de fogo separou-os da horda. Os mortos atravessavam-na, num desapego estúpido, torrando suas carnes, incendiando os gases que seus corpos expeliam. O facão decapitou um mais próximo, mas a cabeça continuou mordendo, solta. Orion piscou, e o elfo estava em outro lugar, como se tivesse ultrapassado o próprio tempo. Um cilindro de energia amarelada, um largo relâmpago nervoso e uma flecha esverdeada, feita de ácido, atingiram os mortos ao mesmo tempo. E, enquanto isso, o facão retalhava.

A onda de cadáveres cessara. O segundo vagalhão se aproximava.

— Sabe por que Lenórienn caiu? — disse Edauros.

— Imagino a razão. Mas não sei como falar, sem ofender um elfo.

— Não vou me ofender.

— Lenórienn caiu porque os elfos foram arrogantes — disse Orion, com simplicidade.

— Errado — disse Edauros. — Lembra-se do que eu disse sobre gêmeos?

— Que são raros, entre os elfos.

— Exato.

— Lenórienn caiu porque gêmeos são raros?

— Lenórienn caiu porque *filhos* são raros. Lenórienn caiu, *sir* Orion Drake, porque elfos não fazem sexo. Sempre preferiram ficar enfurnados em bibliotecas, estudando magia. Ou então apreciando a beleza das árvores. Ou compondo músicas. Enquanto isso, os goblinoides se multiplicavam como ratos. Por mais que matássemos, *sempre* havia outros. Mas não havia outros elfos.

Orion ficou quieto.

— Lenórienn caiu porque elfos não sabem foder. Lenórienn caiu porque elfos não sabem matar. Lenórienn caiu porque os elfos, ao se depararem com a fonte de um incêndio, preferem *conversar* com ela, em vez de *acabar* com ela.

— Eles estão vindo — disse Orion.

— E o pior, elfos *adoram* a si mesmos. São completamente fascinados por suas obras, sua arte, suas cidades. Então, quando a Aliança Negra finalmente venceu, encontrou o reino intacto, para ser ocupado ou queimado.

— *Cuidado* — disse Orion, cortando a cabeça de um morto-vivo.

— Por que *nós* não queimamos Lenórienn? — gritou Edauros. — *Por que não destruímos toda a merda do reino? Por que deixamos tudo para eles?*

Edauros saltou de novo, cinco metros acima. Girou o corpo no ar, a gravidade cedendo. Fechou os punhos, que fumegaram uma névoa azul. Abriu os braços e as mãos, num gesto enorme, e uma chuva de lâminas esburacou os mortos. Ainda no ar, endireitando a postura para cair de pé, juntou as palmas das mãos, esticou os braços, disparou uma grande bola de fogo. E caindo, numa repetição de máquina, de novo e de novo, fazendo voar as esferas como cusparadas, enviando restos de podridão em brasa para todos os lados.

Tocou o chão com leveza de pluma, repetiu o gesto arcano de velocidade. Estava a dez ou quinze metros de Orion, e tinha os mortos enxameando à sua volta. Uma batida do coração, e o cavaleiro começara a dar um passo para mais perto, quando Edauros repetiu pela segunda vez outro movimento. Sentiu-se descolando do mundo, olhou em volta e enxergou a realidade estática. O tempo dobrava-se ao redor do seu corpo, cessando de existir para dar lugar a sua magia de combate. Edauros tomou do facão e investiu contra os mortos.

Orion pisou o chão, disse uma palavra de alerta, e o elfo estava parado, rodeado de pedaços de corpos. Seu facão pingava nojeiras, seu rosto estava imundo, e ele estava sozinho. Destruíra cada morto-vivo. Lambeu a coisa asquerosa da lâmina, agora cega.

— Entende, *sir* Orion? Não quero ser alguém que não consegue trepar nem para salvar sua raça. Não quero ser alguém que, numa guerra, preocupa-se em salvar partituras. Não quero ser devoto de uma deusa derrotada.

— Glórienn?

— Foda-se Glórienn. Não quero ser elfo. Se existe alguma chance de ser qualquer coisa diferente, vou me agarrar. Prefiro ser dragão.

A porta da estalagem abriu de súbito. Ingram, Darien e Yadallina despejaram-se em correria. Lá dentro, o estalajadeiro e os fregueses estavam vagos, translúcidos. A maioria chorava, escondendo o rosto nos dedos, entreolhando o lado de fora.

— Orion, que diabo aconteceu? — disse Ingram. Ostentava mais uma vez o bigode, e as armas de sempre.

— Os fantasmas dos mortos — murmurou o cavaleiro.

A estalagem tremeluzia. Hazonnd e Wondaronn davam adeus. Yadallina abraçou-se no irmão, começou a falar rapidamente na língua élfica, numa fúria de repreensão. Apontava-lhe o dedo, beijava-o, balançava a cabeça em decepção descrente.

"*Todos os garotos com raiva têm uma história só*", pensou Orion.

O sol vivo começava a despontar, ofuscando o fantasma das estrelas.

— Vamos embora — disse Darien.

Ingram correu para o lado contrário, para um lado qualquer.

— Nadia!

O sol vazou pelo horizonte, derramando-se num vagalhão de luz, às costas do anão. À sua frente, um sol negro.

Luz ao contrário, uma escuridão em forma redonda, que tinha seus raios, que chupava as imagens. Os fantasmas tremeluziam, vagos como orvalho, e eram tragados pelo sol negro. Do outro lado, Ingram viu um mundo. Coisas aladas, formas pálidas. Lobos e gatos escuros. Um palácio espectral, sinuoso, com minaretes mais altos que o céu. Escuro contra o escuro, estrelas ao contrário, e um ar gélido. E seres bípedes, suspensos no ar por asas pontiagudas.

E súcubos.

Eram mulheres altas e serpentinas, todas seios e quadris, sempre escondendo algo e mostrando algo. Suas asas eram couro e espinho, mas faziam sonhar de carícias.

— Nadia! — gritou de novo Ingram.

Ela não estava lá. Ou talvez estivesse; Ingram pensou se poderia reconhecê-la sem seu disfarce ilusório. As servas de Tenebra dançavam, provocavam, como se soubessem de algo. Seus movimentos eram o bastante para fazer um homem ter vontade de se jogar no abismo.

Ingram correu para a escuridão.

— *Vamos!*— gritou Orion, puxando-o pela roupa.

A bola de trevas engoliu Hazonnd e Wondaronn. Os cinco correram, e um vendaval empurrou-lhes para longe, mediante um gesto de Yadallina.

As cidades tinham sumido. Nem mesmo uma ruína, nem mesmo uma pedra.

Batendo o pó de si mesmos, recompunham-se. Edauros ainda vestia os trapos negros.

— Os elfos já carregam tantos fantasmas — ofereceu Yadallina, como explicação. — O que são mais alguns?

— Pense isso, se quiser — Edauros abraçou a irmã. — Eu acho que, se eles jogaram fora, as roupas são minhas. Simples assim.

Disseram o que era necessário. Retomaram a viagem.

Ingram franzia o cenho, para o chão.

CAPÍTULO 10

O CLUBE DE CAVALHEIROS

HAVIA UMA TAVERNA ONDE NINGUÉM TINHA NOME.

Em Valkaria, a capital do Reinado, a Cidade sob a Deusa, o caldeirão de pedra e magia, civilização e exotismo em Arton, havia pouco que não existisse.

Também a taverna não tinha nome. Espremia-se em uma das centenas de ruelas que cresciam descontroladas pela Capital, entulhando prédios sobre prédios, vidas sobre vidas, em volta de chão de terra cada vez mais estreito. A taverna era vizinha de uma oficina de ferreiro, de um sapateiro bonachão que treinava suas filhas no ofício, de dois carpinteiros rivais, competindo pelas multidões de pouco ouro. Havia mesmo outras tavernas, a não muitos metros. Ninguém entrava por acaso na taverna sem nome. Uma placa enigmática em sua entrada mostrava um cão sorridente, e o conhecimento comum dizia que ali funcionava uma pequena mas ativa guilda de taxidermistas. Os empalhadores de bichos não eram procurados, naquela região de muito trabalho e gostos simplórios. Também não atraíam visitantes curiosos. Assim, a taverna era deixada em paz.

Quem entrasse pela porta da frente (verde descascado, dobradiça rangendo e cheiro de alquimia) veria um balcão ancestral, cercado por prateleiras abarrotadas de animais pequenos, em poses estáticas. Às vezes, um velho meio surdo postava-se atrás do balcão. Na maior parte do tempo, a salinha era deixada ao léu. Ninguém nunca roubara um esquilo ou coelho.

Quem fosse cliente saberia como passar pelo balcão, atravessaria outras portas, desceria uma escada e chegaria ao salão comunal. Lá, não teria nome, não perguntaria nome. Na taverna, também não havia lâminas.

Armas, magia, milagres — tudo deixado de lado. Para as pessoas certas, era o lugar mais seguro de Arton.

Ellisa usava um vestido bucólico de trabalhadora da cidade, os cachos castanhos amarrados atrás, e uma capa de modéstia, um capuz que lhe ocultava a cicatriz. Entrou na taverna absorvendo tudo com um vislumbre rápido. Foi alvo do escrutínio de todos. Mas ninguém perguntou seu nome.

Um balcão comprido, de madeira antiga muito polida, dominava a parede oposta. Abria-se atrás para três portas: as alas triviais de cozinha e trabalho e duas entradas, para quem não desejasse a porta da frente. Um homem de rosto quadrado e cabelo aparado, feições comuns em todo aspecto, ocupava-se de servir canecos ou garantir higiene. Moças de rostos plebeus, olhos sempre no chão, carregavam bandejas de um lado para o outro. Havia bastante luz, mas muito amarela. O cheiro de fumaça tinha-se entranhado nas vigas de madeira e nas paredes; não fincava as narinas, apenas lembrava os anos.

Ellisa imaginou se ele já estaria lá.

Chegou ao balcão, disse vinho, recebeu a bebida sem uma palavra. Empurrou uma moeda, escolheu uma mesa.

Nunca cheia e nunca vazia, a taverna era meticulosa em evitar problemas. Não se falava alto demais, e não se sussurrava. Não se ficava bêbado, e não se ficava abstêmio. Não se fazia perguntas, não se ignorava ninguém. Não se enxergava nada, a não ser que se fosse convidado. Um rígido código de conduta era imposto a todos os clientes. A primeira regra da taverna era segurança, mas logo vinham conforto e liberdade. Os frequentadores apreciavam um lugar onde pudessem sentar de costas para a porta.

Um burburinho. Ellisa raciocinou que devia ser uma noite de leilão. A taverna oferecia espaço para negócios, desde que a discrição fosse respeitada. Mal havia-lhe corrido a ideia, uma das portas de trás do balcão se abriu, revelando um homem preso em tiras de ferro e cadeados.

Era levado em uma estrutura metálica com rodas, imobilizado, por dois brutamontes depilados. Estava nu, a pele muito branca, imaculada apesar da brutalidade, o membro encolhido de terror. Sua cabeça estava oculta num capuz de couro marrom. Suas asas enormes estavam presas por tiras de couro e fivelas, numa posição dolorosa mas exibida, onde as majestosas penas alvas causassem boa impressão.

O prisioneiro foi levado até o meio da sala comunal, ante comentários variados de surpresa e curiosidade. Era fácil ver os reais interessados, pois murmuravam com seus criados ou companheiros, mantendo os olhos no homem. Logo em seguida, um belo rapaz de porte rijo e cabelos negros surgiu e postou-se ao lado, sorrindo e cumprimentando os fregueses. Trajava avental limpo e roupas honestas de burguês próspero, e tinha a boa educação dos acostumados.

— Cavalheiros — disse, interrompendo os barulhos com suavidade.

Fez um gesto, e um dos brutamontes retirou o capuz do prisioneiro. Revelou um rosto magnífico, olhos de céu, cabelos louros que caíam em ondulações perfeitas. A boca, por trás de uma mordaça de ferro, fora calada, mas a expressão era de tristeza incrédula.

— Um anjo — disse o jovem de cabelos negros. — Servo de Marah, a Deusa da Paz. — Novo murmúrio, que ele esperou arrefecer. — Não preciso sugerir os usos que cada um dos senhores encontrará para o espécime. O lance inicial é o que lhes foi informado. Sintam-se à vontade, e que comece o leilão.

De imediato, um homem numa mesa central, metido em uma capa negra enorme e uma cartola de altura exagerada, ergueu um dedo esquelético, aumentando o valor. De um canto, uma serva de olhos vazios ergueu sua mão como uma boneca, e a figura trajada em mantos rotos ao seu lado confirmou com um menear de sua cabeça descarnada. Uma pequena floresta de cogumelos nascia-lhe sobre o crânio, e um próspero fungo peludo e esverdeado dominava os ossos de sua mandíbula. Uma voz trepidante à esquerda jogou o preço ao céu, quando um humanoide de pele carmesim, olhos amarelos e chifres longos, finos e retorcidos ergueu sua garra recurvada. Uma serpente humanoide, com braços e pernas sob uma cabeça de cobra, sussurrou algo para um sujeito atarracado com pouco mais de um metro de altura, longo nariz adunco e pele cinzenta. Um jovem belíssimo, cada parte do corpo e do rosto exemplarmente bem talhada, fez um lance em nome de sua senhora, uma mulher bonita que se recostava semi consciente no meio da névoa de seu narguilé. O jovem, olhado mais de perto, mostrava centenas de cicatrizes discretas — cada parte do rosto e do corpo costurada, num quebra-cabeças de beleza vinda de várias fontes.

A educada guerra continuou por vários minutos, mas a criatura vermelha não permitia que nenhum lance superasse o seu. No fim, a quantia de ouro era inimaginável, e os outros desistiram.

— Vendido — disse o leiloeiro.

O anjo arregalou olhos de puro horror, e seu novo dono bateu os cascos no piso da taverna. Palmas. Com um cumprimento geral aos fregueses, o comprador pediu uma nova rodada de bebidas para todos.

Enquanto os detalhes da transação eram alinhavados, a conversa ganhou novo fôlego. Um homem enorme, transbordando gordura para todos os lados, tagarelava entusiasmado, sua boquinha espremida entre duas bochechas rotundas. Bateu palmas de novo, as mãos minúsculas incongruentes no fim dos antebraços inchados. Ralhou, e suas acompanhantes também bateram palmas. Eram quatro meninas, cinco ou seis anos se tanto, com pálpebras costuradas e roupas de boneca. Uma velha encurvada, pele verde e trapos negros tapando-lhe a corcunda, foi cumprimentar em pessoa o vencedor do leilão. Sorriu-lhe, mostrando dentes afiados de ferro negro, e seu prodigioso nariz balançava enquanto ela se mexia.

Ellisa suspirou.

— Entediada? — disse uma das garotas da taverna.

E então não era mais garota, e sim um homem.

— Isso é proibido aqui — disse Ellisa.

— Até aqui temos leis — disse o Camaleão. — E nem mesmo aqui isso me importa.

Era um meio-elfo.

Para os humanos, quase impossível diferenciar elfos puros dos mestiços que tinham sangue de homem. Ellisa Thorn aprendera, com os anos de convivência com Nichaela, a notar a mistura de obviedade e delicadeza, de força e suavidade. Elfos eram criaturas irretocáveis, cada traço sutil no lugar certo. Meio-elfos eram como humanos mais bem-feitos; podia-se imaginar mudanças. E suas orelhas eram mais curtas.

— Existe só uma lei absoluta, Moldvay — disse Ellisa, sem um traço de humor. — Não me deixe irritada.

O meio-elfo ensaiou um sorriso, mas desistiu e sentou.

— Está aqui? — disse Ellisa.

— Não sente?

Parando um momento, ela achou que podia mesmo sentir um desconforto. Uma dor de cabeça insinuando-se, pronta para atacar a um movimento mais brusco. Uma contrariedade esquecida, que ainda deixava um nó na goela.

— Está sentindo, não é? É ela.

— Mostre.

— É perigoso.

— Estamos no único lugar seguro, Moldvay. *Mostre.*

Alguns dos fregueses disparavam olhares furtivos para os dois. O anjo prisioneiro tentava virar a cabeça, estremecendo ao máximo que as barras metálicas permitiam. Seu novo dono aguçava o nariz, como se procurasse algum fedor pressentido. O esqueleto coberto de fungos encolheu-se nas profundezas de seu manto.

— Eles não podem olhar — disse Ellisa. — Podem testar a sorte, mas basta que eu erga a mão e chame o taverneiro. Você sabe.

— Mesmo assim —

— Estamos na taverna. Mostre a arma. Agora.

O outro parou um momento. Então, ergueu um baú comprido e pesado, pouco mais alto do que ele próprio, e depositou-o na mesa.

Ellisa abriu as trancas.

O largo chapéu estava sobre uma perna, e Lucas Moldvay pegou-o por instinto, quando a tampa foi aberta. Instinto de se esconder.

Ellisa sentiu-se engasgar quando um centímetro de fresta surgiu.

Lucas Moldvay, o Camaleão. Impossível saber-lhe a aparência correta — mesmo a que ele exibia naquele momento podia ser falsa. Com magia e o chapéu encantado, Lucas podia assumir qualquer imagem, ser qualquer um. A alcunha de Camaleão viera dele próprio. O maior ladrão, o maior assassino do mundo. Meio-elfo, filho da violência de um elfo sobre uma humana. Assassino de tudo, e acima, assassino de elfos. Pusera fim a incontáveis vidas seculares. Matara uma das mais notórias arquimagas élficas, e saíra impune. Incriminara inocentes, muitas vezes — ninguém conhecia o rosto a ser punido. Mas agora, mais do que isso, cometera o maior dos roubos.

Uma fresta maior, e já se via o metal. A sensação de culpa era insuportável. O taverneiro ia e vinha indeciso, querendo e não fazer algo. Mesmo contra as regras, era impossível para os fregueses evitar uma espiada, uma reação. As meninas cegas do homem balofo começaram a chorar em uníssono, lembrando o certo e o errado. Ele começou a fazer carinhos em suas cabeças, jogar-lhes doces que tirava aos montes dos bolsos.

O Camaleão permitiu-se um riso. No início, era mesmo terrível. Mas ele já se habituara, e agora saboreava o alívio próximo.

Ellisa fechou o baú.

— Satisfeita?

Não conseguiu responder.

— Talvez queira fazer um teste? Comprovar se é mesmo a verdadeira?

— Estou satisfeita.

O baú trouxera-lhe uma certa paz, mas não havia como evitar os efeitos da coisa. Mais do que madeira e ferro, o baú fora obtido a custo e cortes. Décadas atrás, fora usado por um homem para transportar os restos esquartejados de sua esposa, que ele mesmo assassinara. Navio, carruagem, cruzou a fronteira. Depois de uma semana, a mulher começou a feder demais, e seu esposo foi descoberto. A caixa tinha-se impregnado de algo intangível — que só podia ser chamado de maldade. Mais do que isso, insensibilidade. Carregando a vítima por sete dias, como uma bagagem comum, o baú tornara-se uma barreira de indiferença e cinismo. Era um escudo remediável às sensações que a arma causava.

— Um aviso — disse Lucas Moldvay.

— Chega de alfinetes.

— Não, falo sério — curvou-se mais para perto. Nada em seu rosto sugeria sarcasmo, mas Ellisa imaginou se ele lembrava como era a sinceridade. — O pior é a culpa.

— O quê?

— A culpa. Estou avisando. O pior é a culpa. Você vai começar a discernir *exatamente* o certo do errado. Vai ser cada vez mais difícil criar justificativas. A culpa vem com isso.

— Sentimentos de artonianos — disse Ellisa, com um grunhido de desprezo.

— Pense o que quiser. E prepare-se para os pesadelos.

Ela pediu que explicasse.

— Os pesadelos não deixam você em paz, enquanto estiver perto disso. Todas as noites, sem falha.

— Se é assim, como você —

— Não durmo há quatro anos, Crânio Negro — disse o Camaleão. Uma camada de ilusão desfez-se em seu rosto, e Ellisa viu olheiras acumuladas, traços fundos, muito negros, dos olhos até os lados da boca. Davam-lhe uma expressão de doença.

— Eu sonho lefeu.

— Pense o que quiser. Não quero saber de suas depravações. Mas você ainda é, em parte, artoniana. Está avisada.

Ellisa dispensou o comentário com um gole de vinho.

— O pagamento — disse Moldvay.

— Ah — sorriu Ellisa. — Sim.

— *O pagamento*, Crânio Negro. Você sabe o que prometeu —

— Aqui — disse ela, estendendo uma pequena bolota de carne rubra e matéria vermelha rígida. A esfera pulsava de leve, como um coração preguiçoso, e um mapa de veias estreitas dançava ao compasso da batida.

— O que é isso?

— Lefeu.

— Você prometeu —

— Está aí. Pegue o artefato, Moldvay. Olhe para ele.

Incerto entre a mulher e a coisa, o Camaleão hesitou, enfim tomou o globo nos dedos. A bola parecia crescer ao toque, embora ele não conseguisse discernir nenhuma mudança. Dentro em pouco, já ocupava boa parte da mesa, mas cabia-lhe nas mãos. A distorção embaralhou seus olhos, e foi então que surgiu a imagem.

Na carne da esfera lefeu, Lucas Moldvay viu um jardim.

— Isso é —

— É o que parece.

O Camaleão ficou em silêncio. Como uma criança surpresa de alegria, não conseguia formular a voz.

— Eu lhe prometi a felicidade, Lucas Moldvay. Olhe o que está acontecendo aos elfos, e seja feliz. Junte-se à Tormenta, e poderá participar.

Ele olhou-a, muito sério.

— Você cumpriu sua parte.

Ellisa terminava seu vinho. O Camaleão já sumira.

— Com licença? — disse o demônio que vencera o leilão.

Ellisa indagou-lhe com as sobrancelhas.

— O objeto. É ela, não é?

Confirmou com a cabeça.

— Parabéns, senhorita. Seja quem for.

Ellisa largou o caneco vazio e deu de ombros.

— Você ainda é artoniano — falou. — Serve a alguma divindade ou outra. Lá fora, ainda é meu inimigo.

Os fregueses tentavam olhar sem obviedade.

— Mesmo assim — disse o demônio. — Um feito como este. Parabéns.

— O responsável foi o homem que estava comigo.

— Roubá-la é impressionante, claro. Mas o que me comove é *comprá-la*, senhorita. Tratá-la como uma mercadoria. Deixar claro que basta *pagar* para tê-la.

Ellisa fez um gesto com a cabeça, aceitando o cumprimento.

— Parabéns.

Uma regra da taverna foi quebrada: mesmo sem convite, os fregueses bateram palmas. O taverneiro não achou necessário intervir.

CAPÍTULO 11

UMA SOMBRA SOBRE OS REIS

TROPAS LIMPAS PERFILADAS, EM SENTIDO PARA O GENERAL.

O Exército do Reinado ocupava um retalho vasto e plano de Trebuck. A areia onde os milhares acampavam havia bebido sangues diversos, em lutas justas e canibais. Os soldados estrangeiros haviam matado entre si, sido corrompidos pela Tormenta, visto um general traidor, outro afastado, e um terceiro herói. Haviam morrido em enxames, pelas garras e ferrões lefeu. Haviam sido salvos pelas tropas de Yuden, o Exército com uma Nação. E nada, nunca mais, fora o mesmo.

Orion nunca vira soldados tão bem escanhoados. Se antes o Exército do Reinado, acampado na soleira do inferno, fora uma coleção de desesperados, sempre olhando uma área de Tormenta, agora podiam bem ser estátuas. Todas perfiladas com armas postas e peitos estufados, frente ao antigo general.

Yuden fazia-se presente.

Saindo de Sckharshantallas e entrando em Trebuck, poderiam estar trocando de mundo. O clima moldado pelo dragão cedera, a grama tinha permissão de crescer. As montanhas eram menos agressivas, os arbustos podiam existir medíocres, sem medo. Pipocavam cidades, aldeias, fazendas. Os cinco maltrapilhos haviam andado conseguindo sobreviver, apenas. Orion recusava-se a falar seu nome, gozar de seus privilégios. E assim, o herói de Trebuck, o Cavaleiro da Nuvem Negra que liderara Arton sob o estandarte do Corvo, trabalhara como auxiliar de ferreiro, incompetente por um braço só. Rachando lenha e alimentando cavalos, com o dobro de esforço. Como estivador num porto de rio, para pagar teto e comida para o grupo.

— Ele sempre faz isso — disse Ingram.

Edauros olhara o estoicismo obstinado daquele homem com interesse. Sentava-se horas ao lado do cavaleiro grandalhão e grisalho, enquanto este cortava pequenos troncos de lenha com um machado. Perguntava tudo, falava suas impressões. Dentro em pouco, gostava da companhia, e procurava-a por motivo algum. Na terceira aldeia, carregou sacos de cereais junto com Orion, em troca de uma noite num celeiro. Falava em Yadallina, de seus estudos, de sua aptidão feiticeira, com um orgulho genuíno de irmão. A elfa atinha-se às praticidades, pouco conversando com os outros.

Mas tudo aquilo se esfacelara, tão logo as primeiras sentinelas do Exército do Reinado tinham anunciado sua chegada.

Trebuck, o Reino da Tormenta, era como o parente distante, vítima de uma tragédia, que a família lamenta e ao mesmo tempo inveja. O primeiro lugar dentro do Reinado a ser atingido pela tempestade rubra, abrigava dentro de si uma área de Tormenta, uma mancha permanente de chuva vermelha, morte e corrupção. A rainha, Shivara Sharpblade, reunira o Exército do Reinado, fazendo guarda contra o território infernal. Há mais de um ano, o exército de Crânio Negro diminuíra esses números em uma orgia de massacre, e regentes haviam feito acordos afiados.

Mas não se via uma sombra de tudo isso. Muito à frente no perímetro, agora existiam altas torres de vigília, construídas de madeira, abrigando pequenos grupos de olheiros atentos. Ao primeiro avistamento, Orion e os outros foram abordados e questionados. À confirmação da identidade do cavaleiro, trombetas soaram, em padrões significativos.

Orion caminhou entre batalhões bem aprumados, trajados em suas armaduras, sob os estandartes de seus comandantes. Filas intermináveis de homens blindados, olhando ligeiramente acima. Cidadelas de tendas em ângulos retos, num primor de disciplina orgulhosa. Pontuando o acampamento em saudação, bandeiras com os brasões de Keenn, o Deus da Guerra, e Khalmyr, o Deus da Justiça. Um, o patrono de Yuden, muito reverenciado entre soldados. O outro, padroeiro da Ordem da Luz, e honrado como deferência ao antigo general que visitava.

Um homem baixote e musculoso, seu rosto franco sustentado por um imenso queixo quadrado, aproximou-se, seguido de uma escolta a cavalo, trajada em glória militar. Seu passo era uma marcha fácil, acostumada, sobre sandálias com solas de metal, amarradas até as canelas. Sua armadura reluzia em ouro, cobrindo peito, estômago, ombros e antebraços com talas horizontais. Um saiote blindado protegia-lhe a virilha e as coxas, e um elmo aberto adornado com crista escarlate deixava ver-lhe os olhos luminosos. Por baixo da armadura, usava uniforme vermelho, e uma longa capa vinho, cor de Keenn, marca de honraria. Não se podia ter dúvidas de que era um general.

— *Sir* Orion Drake — disse o homem, mesclando respeito e suspiro. — Ao senhor, nunca paz, e sempre vitória. — Um cumprimento arcaico, originado dos exércitos e dos cultos ao Deus da Guerra.

Fez uma saudação marcial rija, batendo o punho no peito e deixando-o fechado, sobre o coração. Iniciando o cumprimento, colocava-se como inferior a Orion. O cavaleiro devolveu a continência, meio enfadado.

— Sua presença aqui é um augúrio dos deuses guerreiros, meu lorde — disse o general.

— De alguma forma, duvido disso. Também não sou mais general. Ao que parece, é você.

O outro sorriu.

— General Turbius Oksen, meu lorde. Permita-me dizer que é uma honra tê-lo aqui.

— Bem, general. Estou vestido em farrapos, perdi um braço bastante importante, e não vejo uma latrina há semanas. Peço alguns luxos para mim e meus amigos.

Com um olhar, Turbius despachou dois ordenanças. Em seguida, voltou a sorrir para Orion.

— Meu lorde, com seu perdão, o augúrio é inegável. O senhor junta-se a nossa rainha, Shivara Yudennach. A nosso rei, Mitkov Yudennach. E a Sua Majestade, o Rei-Imperador Thormy.

Pausa.

— Merda — murmurou Ingram.

A presença de um imperador era algo complexo.

Por toda sua disciplina, os soldados do Exército do Reinado estavam habituados a curvar-se a guerreiros. Oficiais, mesmo tendo ascendido por sangue azul, vinham de origens parecidas. O general sabia o que era vida de caserna — e, o mais importante, os homens sabiam disso. Um entendimento tácito que não enfraquecia a hierarquia instalava-se com a convivência militar.

A rainha era diferente. Mas, mesmo assim, era guerreira. Shivara Sharpblade (agora Shivara Yudennach) não crescera nas fileiras de soldados. Pertencia a uma tradição mais antiga, de nobres que administravam e lutavam, que possuíam armas encantadas, passadas de herança ao longo de gerações. Mas, quando reunira, por sua própria vontade e brilho, o Exército do Reinado, aprendera os meandros de uma força grande. Habituara-se a comer com os homens, em volta da fogueira. Fizera conselheiros e guarda-costas embranquecerem os cabelos, por seus modos informais. Treinara. Mas encontrara, por fim, um lugar como soldada, e não só como heroína.

Mitkov Yudennach, mesmo com temperamento metálico, era um monarca de caserna. Outras nações tinham exércitos; Yuden era o Exército com uma Nação. O príncipe (agora rei) não tinha permissão de ser fraco, ou ignorante dos procedimentos marciais. Mitkov gostava da batalha vista de longe, das estratégias, dos homens pequenos na luneta e na bola de cristal, como peças em um tabuleiro. Mas era capaz de manter a formação na parede de escudos. Sabia usar a espada para estocar nos lugares certos, fazer cortes longos em virilhas, silenciar um oponente no chão. Sabia fingir o que Shivara tinha dentro de si — irmandade.

O imperador era diferente.

Thormy suspirou.

— Chame Dresden — disse.

A presença de um imperador era algo complexo, porque envolvia infinitos aspectos diferentes, multidões de detalhes, e pouca gente sabia quais eram. Primeiro, providenciar uma tenda adequada. A vida no acampamento era em tendas. Os homens dormiam em tendas, achando-as palácios, porque não era o relento. Os oficiais tinham tendas. A sala de guerra era uma tenda, com os confortos e necessidades de se planejar contra a Tormenta. O casal real tinha uma tenda, e a rainha e o rei tinham cada um uma só para si. Estandartes de Trebuck e Yuden pendiam de altos mastros, marcando aquelas tendas como habitações reais. E havia tendas tão grandes quanto mansões. Mas como seria a tenda de um imperador?

A superioridade do Rei-Imperador Thormy tinha de ser marcada em tudo. Assim, o contingente yudeniano, que compunha naquela época a maior parte do Exército do Reinado, pusera em prática sua especialidade. Yuden não possuía apenas os maiores guerreiros; possuía principalmente os melhores soldados. Seus engenheiros militares e construtores de cerco ergueram uma casa para o imperador. Madeira, troncos aparentes, mas larga e sólida, e mais impressionante que qualquer coisa no acampamento. Em poucos dias, estava pronta. E eles estavam prontos para sua demolição, caso o monarca trouxesse suas próprias habitações, através dos magos da corte. Quando um imperador visitava, os detalhes pipocavam na praticidade do mundo palpável e na etiqueta das intenções e gestos.

Mas Thormy aceitara a casa.

Em seguida, os estandartes. O brasão do Reinado, composto dos brasões de todos os reinos e do brasão da família real de Deheon, postava-se enorme, em frente à habitação. Deveria também haver os estandartes separados de cada reino, marcando a união do Reinado. O brasão de Deheon, o Reino Capital, um pouco mais alto que os outros, porque era o centro. E os brasões de Yuden e Trebuck em ainda outra altura, numa espécie de dança de hierarquias.

O que fazer quando um imperador caminhava nas ruas de areia da cidade de tendas? Cumprimentos militares eram conhecidos, mas o Rei-Imperador deveria receber cortesias diferentes. Também nisso uma hierarquia. Todo um protocolo sobre olhar ou não na direção do imperador, e diretamente em seus olhos. Quando Thormy falava com alguém, o terror se instalava — o hálito descuidado iria ofender Sua Majestade? Uma ordem do general precisava ser aprovada por todas aquelas instâncias superiores? Quando o imperador rezava junto aos homens, qual era sua posição? O serviço deveria ser mais elaborado? O sacerdote de Keenn que normalmente tomava conta dos assuntos espirituais temia provocar a ira do soberano, conhecido como devoto de Valkaria.

Tudo isso, e ainda a guarda pessoal de Thormy, liderada por heróis do Reinado, a horda de serviçais, conselheiros, escribas, magos, matemáticos, biógrafos, ferreiros, tratadores de cavalos, alfaiates e cozinheiros que ele trazia consigo. Tudo possuía um modo de ser. E, entre a pequena multidão que acompanhava o Rei-Imperador, havia Dresden.

— Como vai, Thormy? — disse o homem, entrando sem bater no aposento real.

Dresden era baixo e magro, dotado de olhos azuis mortiços e cabelo louro desmaiado. Ostentava um bigode fraco, que deixava ver claramente o lábio atrás, e quase sempre um sorriso descompromissado. Vestia-se com o que lhe desse na veneta, desde o traje apropriado a um servo tão próximo de Sua Majestade até os confortáveis andrajos de uma vida de fazenda.

— Bem — disse Thormy, dando de ombros.

— Bem mesmo? Esse vinho é só para você?

— Um momento. — Thormy serviu um caneco para cada um, de uma ânfora na mesa.

Dresden arrastou uma cadeira e sentou-se escarrapachado, bebeu uma golada com delícia e soltou um arroto, moderado por um desculpe.

— Você já teve fungo nos pés? — disse o homenzinho, inesperadamente.

— Fungo?

— É, você sabe. Fungo nos pés. Já teve?

— Acho que sim.

— Claro que já teve; quem não teve? Você sabe que precisa lavar bem os pés. Caso contrário, o fedor vai espantar a rainha da cama.

— E você, Dresden? Como vai?

Em resposta, encolheu-se, fazendo um barulho de indiferença.

— Para falar a verdade — disse Dresden — estou entediado. Não tenho a mínima vontade de conversar com você hoje. É sempre a mesma coisa.

— Algo que eu possa remediar?

— Não, não. Não se incomode; você é assim mesmo. O que se há de fazer?

— Realmente.

Silêncio. Dresden secou a ânfora; perguntou se o Rei-Imperador iria beber o que estava em seu caneco. Antes de ouvir a resposta, tomou-o para si e bebeu todo o conteúdo.

— Por que você só tem uma filha? — disse Dresden, coçando um ouvido.

O Rei-Imperador falou um pouco, dizendo nada.

— Se eu tivesse uma mulher como a rainha Rhavana — Dresden espreguiçou-se — certamente teria uma legião de crias.

— Você tem família?

Dresden ficou sem responder um tempo.

— Não quero falar sobre isso agora. Nem sobre nada. — Levantou-se. — Até mais ver, Thormy. Tome cuidado com as comidas fortes. Você sabe como fica seu intestino.

E, com um meneio de cabeça, virou-se e desapareceu pela porta.

O Rei-Imperador fechou os olhos e sorriu.

Batidas na porta. Que entrassem.

— Mestre Dresden já — pausa — cumpriu seu serviço, Majestade? — disse um serviçal, curvado quase até seu nariz tocar o chão de madeira.

— Sim — disse Thormy.

Empertigou-se.

O Rei-Imperador era um homem cuja idade parecia ter apenas acrescentado, nunca diminuído. Porte de guerreiro, embora não fosse exímio. Pele de quem já viveu na estrada, olhos de quem já evitou ser enganado. Nariz meio torto, de um soco antigo, queixo pronunciado e valente. Seus longos cabelos castanhos eram fonte de vaidade secreta, pois, há até bem pouco tempo, não mostravam um único fio grisalho. A brancura começava agora a se instalar, aos poucos, mas Thormy permanecia com um ar de maturidade, não velhice. O longo bigode que se derramava pelos lados da boca refletia os cabelos. Thormy exalava realeza. Talvez por isso, além do peso de séculos de tradição, sua corte ficasse horrorizada com a presença de Dresden.

O serviçal tinha uma única função: lembrar Thormy de que era mortal.

Num mundo de aduladores, rivais, decisões gigantescas e poder monumental, Thormy sentia-se, cada vez mais, necessitando alguém que lhe desse de ombros. Dresden era a única pessoa, talvez em todo o Reinado, que podia sair impune de qualquer crime contra a coroa. De desrespeito e troça até traição, subversão ou mesmo um ataque. A obrigação de Dresden era lembrar ao Rei-Imperador Thormy, senhor de mais de vinte reinos, que ele pisava a terra, como todos.

— Os — pausa — convidados estão esperando, Majestade.

— Diga que entrem.

O arauto anunciou-os, jogando Thormy de volta ao mundo elevado:

— Suas Majestades, Rei Mitkov Yudennach e Rainha Shivara Yudennach, soberanos de Yuden e Trebuck.

Rei e rainha curvaram-se fundo, dobrando sobre um joelho. Mitkov vestia sua armadura cerimonial, com a couraça que delineava os músculos em seu peito. Curvou a cabeça calva ao Rei-Imperador, mantendo os olhos baixos. Shivara, rainha de batalha, bela como a imaginação, também exibia sua glória guerreira. Sua mesura era graciosa, e ela repousava a mão esquerda no punho da espada — marca de que oferecia a arma ao imperador. As capas de ambos derramavam-se ao chão, misturando-se, e eles se mantiveram em deferência, sem uma palavra, até que Thormy falou:

— Ergam-se.

Mitkov e Shivara obedeceram; beijaram a mão do Rei-Imperador e a barra do brasão do Reinado, sustentado por um mastro curto. O arauto disse:

— Sua Majestade Imperial, o Rei-Imperador Thormy, primeiro de seu nome, senhor de Deheon, protetor do Reinado, primeiro entre os reis, a espada de Valkaria, acolhe Vossas Majestades em sua presença.

Mitkov e Shivara fizeram uma nova mesura, desta vez curta.

— Sentem-se — disse o imperador.

Servos apareceram, puxando cadeiras para os monarcas.

Mitkov e Shivara ainda não haviam pronunciado uma palavra. Um homem e uma mulher entraram na sala — jovens e luminosos, vestidos em mantos bordados com ouro e prata, trazendo o símbolo de coração e pena de Marah, a Deusa da Paz. Rezaram em voz baixa, durante meio minuto, abençoando o local com tranquilidade e contra a violência. Ao saírem, foram substituídos por uma figura de cabelos brancos escasseando e longo nariz adunco, metido em um manto elaborado. Carregava um enorme livro, e andou pela sala, lendo passagens em uma língua indecifrável e fazendo gestos, que resultavam em pequenos brilhos ou ruídos. O mago também protegia o aposento contra o mal e, após feito o trabalho, retirou-se com mesuras profundas.

O arauto tomou de novo a palavra:

— Nossos deuses e nossa magia protegem esta reunião. Sua Majestade Imperial, o Rei-Imperador Thormy, saúda o casal soberano de Yuden e Trebuck.

— É um prazer tê-los aqui — disse Thormy.

Com isso, ambos os convidados puderam abrir suas bocas. Primeiro, houve uma nova troca de cumprimentos e amabilidades. Em seguida, o Rei-Imperador disse:

— Falem livremente.

E a conversa começou.

— O que você quer dizer — falou Thormy — é que devemos realmente ficar preocupados?

Mitkov Yudennach manteve seus olhos lupinos no Rei-Imperador por um instante.

— Sua Majestade deve ficar preocupado.

A sutileza não foi perdida em Thormy.

— Acreditamos que seja mesmo uma ameaça nova, Majestade — disse Shivara. Depois de um ano de casamento, já completava os pensamentos do marido. Thormy não sabia o quanto disso era máscara.

— Já houve relatos de dragões da Tormenta.

— Coisas diferentes — disse Shivara. — Ninguém sabe, até hoje, se aquelas criaturas são reais. E não estamos falando de monstruosidades encontradas no fundo de uma área de Tormenta. Ele foi visto voando sobre as Sanguinárias.

— Ao mesmo tempo, ninguém conhece todos os monstros das Sanguinárias.

— Seja novo ou estivesse adormecido, é um problema esperando para explodir, Majestade. É tão difícil crer que haja uma nova força da Tormenta?

Thormy ficou em silêncio.

— Um dragão da Tormenta — disse, por fim — não é algo que possamos resolver com exércitos. Merece ser investigado. Mas por nossos heróis.

— Fala do Protetorado do Reino, Majestade? — disse Shivara.

O Protetorado era uma brigada de combatentes, magos e outros especialistas de elite, em número ínfimo, a serviço do Reinado. Numa palavra, heróis.

— O Protetorado do Reino existe para isso, Shivara.

— Peço perdão, Majestade — a rainha franziu o cenho — mas o Protetorado não foi capaz de nos proteger há um ano, contra Crânio Negro.

— Aquilo era um exército.

— Se Crânio Negro tivesse sido capturado, milhares de vidas teriam sido poupadas. A União Púrpura não estaria em frangalhos.

Thormy roubou um vislumbre de Mitkov. Yuden oferecera auxílio militar à União Púrpura, após a mortandade gigantesca de seus chefes e guerreiros. Era um ajuntamento de tribos, chamada de reino apenas por política. Algumas tribos haviam aceitado a mão amiga de Yuden, e com isso aceitado também a sola de sua bota.

— A Companhia Rubra não existe mais — disse o imperador. — E não podemos contar com mercenários independentes. O Protetorado é nossa melhor opção.

— Com todo respeito, Majestade, peço para falar livremente.

— Sempre, Shivara.

— Vossa Majestade está tranquilo porque as Sanguinárias não estão na porta de Deheon. O Dragão da Tormenta não ameaça diretamente seu reino.

— Ora, meu amor — disse Mitkov. — Não seja injusta. Sua Majestade Imperial sabe tudo sobre ter um inimigo invencível em suas fronteiras, que pode atacar a qualquer momento.

— Que inimigo, Mitkov? — disse Thormy, pontiagudo.

— A Aliança Negra, é claro. Afinal, todo o Reinado está sob a proteção de Vossa Majestade.

Thormy manteve-se pétreo.

Ser imperador era um malabarismo.

O Reinado, a coalizão de reinos independentes liderada por Deheon, tinha uma estabilidade frágil, na melhor das hipóteses. Thormy pensava nisso enquanto acompanhava Mitkov e Shivara, todos cercados por uma comitiva de guardas, magos, religiosos e aduladores, sob Azgher mesquinho, pelo acampamento. Ser imperador tinha-lhe ensinado muito — em primeiro lugar, que as pessoas são piores do que se espera. Mas outro aprendizado útil fora pensar em vários assuntos ao mesmo tempo. Assim, ele discutia a sombra do Dragão da Tormenta, que se dizia existir nas Sanguinárias, enquanto pensava que o próprio Mitkov era seu inimigo. E Shivara?

— Nosso erro, muitas vezes — disse Mitkov — é pensar que estamos em uma saga de heroísmo.

O Rei-Imperador continuou olhando-o.

— Pergunte a um fazendeiro ou a um soldado, Majestade, e ele lhe dirá que a vida não tem nada em comum com uma história de bardo. Pelo menos, nunca ouvi um bardo cantando sobre esterco de manhã, ou infecção de um ferimento.

O grupo seguia, e Thormy viu que estava sendo levado para uma tenda de tecido escuro, sem uma característica notável. Dois homens conversavam relaxados na frente do pavilhão.

— No entanto — prosseguiu Mitkov — Vossa Majestade, minha rainha e eu vivemos em outro mundo. Assim como vivem os cavaleiros, magos da Academia Arcana, exploradores de ruínas. É tentador pensar que somos reis de terras de fantasia, Majestade, quando temos à nossa disposição magia, tesouros e maravilhas. É tentador pensar que um herói virá resolver nossos problemas. A verdade é que devemos pensar como tratadores de porcos.

Thormy ergueu-lhe uma sobrancelha.

— Devemos perceber que o mundo é implacável. Por isso, o Protetorado do Reino é tão pouco efetivo. — Era a beira de um insulto. — Não precisamos de heróis; precisamos de soldados. Não precisamos destruir o mal. Precisamos matar nossos inimigos.

Então, um estouro de movimento.

A guarda pessoal de Thormy estava de lâminas nuas, e três guerreiros fizeram-se visíveis, emergindo de uma magia ilusória, para proteger o rei. Os magos já tinham eletricidade e fogo brilhando nas mãos, e um perímetro fora traçado ao redor de Sua Majestade, mas inútil. Os dois homens que conversavam à frente da tenda haviam corrido, e em um instante estavam sobre o Rei-Imperador. Um fulgor branco ofuscou todos por um momento, e dois magos vestidos em camuflagem cor de areia emergiram de buracos rasos no chão. Um recruta que carregava barris de latrina e um cavalariço revelaram-se guerreiros, fizeram espadas surgirem de algum lugar e investiram, correndo em ziguezague.

Thormy sentiu as camadas de proteção mágica desfazendo-se ao seu redor, as garantias que lhe defendiam contra aço e fogo e ira de um deus rival. Os homens escondidos e disfarçados estavam perto dele num instante — dois rendendo magos que protegiam Thormy, outros saltando para um ataque. Os guardas imperiais puseram-se à frente, lâminas contra lâminas, flechas disparadas contra os magos hostis.

E então, estáticos.

Anulando uns aos outros, os dois lados em impasse. Os olhos dos inimigos sobre o Rei-Imperador.

— Esta é a solução dos problemas do Reinado, Majestade — disse Mitkov.

Aço, suor.

E todos os adversários curvaram-se, depondo as armas. A guarda do Rei-Imperador tomou o controle, de novo. Mas fora uma rendição deliberada.

— Esta é a Primeira Companhia, Majestade. Soldados, não heróis. Treinados para matar, não para empreender jornadas. Perdoe-me o modo brusco, mas desejava demonstrar o poderio de nossa elite. À sua disposição, é claro.

Dentre os homens, os mais sujos. Ninguém esperaria que fossem soldados de Yuden. Barbas malfeitas, cabelos desgrenhados, estômagos de preguiça.

Mitkov há muito cobiçava o trono do Reinado. Depois do casamento arruinado com a princesa Rhana, herdeira de Deheon, seus meandros tinham se tornado mais agressivos. Não declarara guerra, não atentara contra a vida de Thormy, porque isso iria fazê-lo um usurpador, um tirano. A união com Shivara fizera-lhe amado em muitos reinos, e a ajuda que prestava aos fracos criara dívidas. Agora possuía uma força como aquela. Não heróis — assassinos.

Teria sido aquilo uma demonstração, ou um ataque? A guarda do Rei-Imperador protegera-o de verdade?

Poderia tê-lo protegido, se fosse uma ameaça real?

— Erga-se, *sir* Orion — disse o Rei-Imperador.

Há três dias eles esperavam a audiência. Somente Orion e Ingram haviam sido admitidos — melindres seriam feridos se gente sem título de nobreza e nem reputação gritante falasse com o soberano.

Thormy tinha tempestade no rosto.

— Crânio Negro, Majestade — disse o cavaleiro. — Sabemos que vem colocando em prática algo novo.

Pedindo perdão ao rei, Orion absteve-se de contar sobre os incidentes em Sckharshantallas. Afinal, haviam libertado prisioneiros de uma nação soberana e aliada, e matado dúzias de seus soldados. O que o Rei-Imperador não soubesse não criaria um calo diplomático.

— Mas eis aquilo de que ele precisava — continuou. — O sangue do maior dos dragões. O que quer que isso signifique.

As nuvens se fecharam sobre os olhos do rei.

— Significa guerra.

CAPÍTULO 12

AS LUZES DE UMA CIÊNCIA PERVERTIDA

ELA ERA ESTRANGEIRA.

Havia lugares piores, é claro. E aquele não era ruim, na verdade. Para quem não tinha lugar, era um lugar como qualquer outro, casa que nunca fora casa, teto familiar sob o qual não se relaxa. Ágata não era tamuraniana. Pouco importaria se fosse, porque Tamu-ra não existia mais, e os sobreviventes estavam aos poucos perdendo o que eram.

Aqui está, senhor — disse num tom de voz decorado, mantendo as pupilas para baixo. Pousou o copo raso, cheio de bebida cheirosa que soltava vapor, sem um ruído. O homem deu-lhe um sorriso de formalidade, ela foi servir outras mesas.

Claro que existiam lugares piores. Menina de nem vinte anos, sem família e sem amarras. Estava, afinal, em Valkaria — e não podiam ser contadas, na Cidade Imperial, quantas como ela tinham acabado prostitutas ou raparigas de tavernas muito mais bruscas, cheias de mãos por baixo da saia. Tamu-ra não existia mais, mas existia aquele bolsão, cada vez menor e mais contaminado, da cultura da ilha destruída. Antes uma civilização de queixo erguido e austeridade autóctone, Tamu-ra morrera no primeiro ataque da Tormenta. Os primeiros relâmpagos haviam quebrado e queimado seus palácios artesanais, as primeiras gotas de chuva rubra haviam derretido seus jardins de séculos, os primeiros demônios insetoides haviam retalhado seus pintores, calígrafos e guerreiros. No primeiro ataque da Tormenta, Ágata perdera a mãe, e um pai prometido.

— Aqui está, senhor — copo, sorriso.

Pai mesmo não tivera. Sua mãe fora clériga de Lena, a Deusa da Vida. Segundo o dogma, deveria parir antes de se ordenar no sacerdócio. A fecundação poderia vir da Deusa, ou poderia vir de um amigo, mas nunca resultava em família. Até uma idade nevoenta, Ágata fora criada entre as clérigas. Disso pouco lembrava, porque seus grandes assuntos eram morder os brinquedos e dominar a língua e os pés. Sua mãe estava em Tamu-ra, e ela fora levada. Assistir ao casamento da antiga clériga da Vida com o antigo Executor Imperial. Então, a tempestade.

— Aqui está, senhor.

Contaram histórias sobre o amor estoico de Nichaela e Masato Kodai. Os noivos se casaram ainda, no meio do massacre. Lutaram com as espadas curvas, enquanto Tamu-ra morria e fugia. Salvara-se um punhado, centenas e centenas que não eram uma gota da cultura complexa. Entre eles, estava Ágata.

Agora, Nitamu-ra. A Pequena Tamu-ra, um bairro na Cidade Imperial de Valkaria, um remendo de exotismo entre outros vários. Visitado por curiosos, defendido por velhos, já que os jovens, mais e mais, encantavam-se com a mistura. Pouco importava a ela. Uma humana de traços sem surpresa, bonita como uma plebeia, apenas um fio de sangue élfico transparecendo no rosto. Haviam oferecido que seguisse o clero de Lena. Haviam aberto as portas do palácio, o próprio Imperador de Tamu-ra caída desejando dar-lhe um rumo. Tão logo pudera, Ágata dissera não.

— Aqui está, senhor.

O clero não interessava. O dogma de Lena parecia fútil. Sua primeira lembrança era vermelha. Em sua mente, acordara em meio aos pingos ácidos, nascera na Tormenta. O abraço de uma cultura que não era a sua, por meio de um pai que nunca chegara a ter, cheirava-lhe a caridade. Sabia que, para Masato Kodai, ela fora pouco mais que uma ideia, um bicho gracioso, mas não pessoa.

Não era necessário muito para servir mesas em uma taverna. Tinha um quarto nos fundos, tinha cobre para comer e vestir, tinha um dia após outro dia.

E tinha, é claro, os visitantes.

— Aqui está, senhor.

A taverna seguia o costume típico da ilha devastada. Os bêbados eram mais saudosos do que brutos, a barulheira era mais de conversa do que bravatas. Não havia cantos escuros onde apalpar uma garota carregando uma bandeja, e nem poças de vômito. Havia lugares bem piores.

Ela circulava entre as mesas, sem precisar dos olhos. Os caminhos há muito decorados pelos pés. Uma mulher de maquiagem extrema tocava um instrumento de cordas, agachada num canto. O burburinho na língua quadrada de Tamu-ra mantinha-se num zumbido constante e esquecido. As outras atendentes cruzavam seu caminho, como em uma dança, trocando um olhar de conversa ou seguindo ocupadas. Um velho gesticulava uma batalha antiga, a porta se abria com um chiado, a bebida aquecida exalava seu cheiro picante —

e

nada

Nada.

Ágata perdeu o fôlego quando a taverna parou. Silêncio de marreta, gestos no meio, um lenço derrubado congelado no ar. Olhou em volta, já enxergando o início do brilho pelas frestas, rilhou os dentes, querendo não gritar, mas gritou. Largou a bandeja, que permaneceu estática no vazio, correu a um lado e outro, no meio dos convivas paralisados. A fumaça da bebida presa no meio de um movimento, um mosquito pendendo imóvel.

Gritou de novo.

E chegaram os visitantes.

De trás das mesas e dos biombos, da porta entreaberta, caindo do teto — *lefeu*. As criaturas insetoides, corpos bípedes, altos e esquálidos, cobertos de carapaça vermelha, cheia de espinhos e lâminas. Quelíceras no lugar de bocas, olhos enormes e multifacetados, antenas serrilhadas movendo-se com interesse. Suas garras pegaram-lhe os braços e pernas, ela foi suspensa e estendida, numa agonia familiar. Berrava, as lágrimas saindo em bolotas dos cantos dos olhos. Tentáculos finos, cobertos de pelos afiados, acariciavam seu estômago. Dedos que terminavam em anzóis roçavam dentro de seus ouvidos. Trombas curtas de couraça de inseto tocavam seus pés. Os demônios carregaram-na.

A cena já era conhecida, mas continuava absurda. Os fregueses congelados, no meio de uma risada ou espirro. O mundo à volta de olhos abertos, mas parado. E, quando passavam pela porta da frente, desembocavam num território à parte.

Ágata desejou, por um momento tolo, que daquela vez não fosse tão ruim. Que houvesse alguma explicação. Mas era sempre igual.

Estava dentro de um cubo de ferro negro, grandes manchas oxidadas por toda parte. Não havia direções, cima e baixo, os demônios caminhavam por todas as paredes, como se fosse chão, e ela girava, incapaz de se mexer, braços e pernas muito abertos. Primeiro, as roupas. Nua exceto pelas costuras, viu o braço comprido, que nascia de uma parede e acabava em sete mãos com dezenas de dedos, pescar instrumentos variados. O braço era coberto de placas rubras, mas tinha carne cremosa por baixo, e pingava uma substância gordurenta. Um caldeirão feito de matéria vermelha rija, sustentado por quatro patas de gafanhoto, caminhou até próximo dela, no teto. Em seu interior, borbulhava uma sopa de pus e dentes, ameaçando respingar em seu rosto. Uma massa de carne distorcida, como um ouriço feito com os cadáveres de centenas de bebês, abriu e fechou suas mãozinhas gorduchas, cumprimentando-a. De todas as paredes, do chão e de cima, pingava sangue ácido, em sua direção, como se ela fosse o centro daquele universo de pesadelo.

Dois demônios curvaram-se sobre ela, em pé sobre paredes opostas. Receberam bisturis vermelhos, serrilhados e pulsantes, do braço que nascia de outra parede. Molharam os bisturis no pus. Um deles fez um corte longo no peito de Ágata, abrindo a pele elástica. O sangue escorreu livre, e foi recolhido por cálices feitos de unhas, que brotavam aos lados. Outro lefeu alargou o corte, tirando os seios do caminho. Um assistente pregou as duas abas de pele a suas costelas, usando longos pregos negros e um martelo que gemia a cada batida. Ágata fechou os olhos, mas anzóis presos a correntes fininhas agarraram suas pálpebras, forçando-as a abrir. Moscas rubras do tamanho de um palmo pousaram em sua testa, e usaram suas patas para empurrar-lhe as pupilas em direção à cirurgia.

Um dos lefeu tomou de uma serra circular, que girava por vontade própria, gerando uma chuva de matéria vermelha líquida. Dividiu-lhe o esterno sobre uma linha de vários cortes antigos, e revelou o interior. Dentro de Ágata, batiam três corações pequenos, bombeando três líquidos diferentes. O lefeu tomou de um órgão pesado e esponjoso, que estava guardado no interior do ouriço feito de bebês, examinou-o, e inseriu-o no tórax da garota, abrindo espaço entre os outros órgãos. A nova adição jogou tentáculos por dentro do corpo, conectando-se ao resto do organismo e começando a trabalhar sem demora. A cabeça de Ágata encheu-se de compreensões novas, pois aquele era um segundo cérebro.

Continuando a explorar, os lefeu desenrolaram-lhe os intestinos, inseriram-nos em uma grande máquina cheia de agulhas vermelhas e negras, onde um padrão foi bordado. Os intestinos de Ágata eram recobertos de finas linhas de matéria vermelha. De um corte longitudinal, seu crânio foi dividido e aberto. Duas longas agulhas entraram em seu primeiro cérebro, estremecendo sozinhas durante o processo. Os olhos foram retirados com cuidado, por dedos fofos que brotavam da boca de um lefeu, e então as criaturas abriram-nos com seus bisturis. Lentes foram trocadas por lentes novas, e líquidos drenados, substituídos por algo leitoso, que saía dos olhos de inseto de um deles, através de um longo tubo peludo.

E ela foi remontada, costurada, vestida, limpa e levada de volta à taverna.

O salão estático, botaram-lhe na mesma posição, as mãos segurando a bandeja que pendia no ar, saíram chiando e estalando.

E o mundo retornou.

Nem um instante havia-se passado. Ágata tremia, controlava o choro e o berro. Fregueses e atendentes olhavam-na, mas aquilo não era desconhecido. Raras eram as semanas que passavam sem que Ágata chorasse por motivo nenhum, ou deixasse cair as bebidas.

Limpar as mesas, cadeiras em cima, arrumar a cozinha, comida, quarto. Os tamuranianos tomavam banho, o que não era de forma alguma comum na cidade, e Ágata muitas vezes mantinha o hábito. Na madrugada funda, uma hora depois das portas fechadas, ainda tremia ao lembrar da visita.

A primeira fora ainda no palácio, quando o Imperador tentava mantê-la como protegida. Nem toda a magia de Nitamu-ra afastava os visitantes, e o primeiro horror, ainda quando criança, tinha-lhe ensinado a temer de boca fechada. Contara o rapto e os procedimentos a quem pudera, mas não havia marcas. A guarda do palácio era inflexível, havia magos e sacerdotes de Lin-Wu garantindo que não houvesse intrusos. Exceto que não garantiam nada. Disseram-lhe que fora pesadelo. No outro dia, duas clérigas quiseram conversar, e explicaram que as memórias da destruição de Tamu-ra estavam-lhe voltando à noite. Não adiantava falar. O máximo que fizeram foi designar dois guerreiros da confiança do Imperador para a porta de seu quarto. Os visitantes ignoravam o tempo, passavam por eles, e tiravam-na da cama, igual. Ágata nunca mais falou a ninguém, e todos ficaram felizes porque os pesadelos haviam parado.

Mas agora, no quarto dos fundos, ainda segurando os braços.

Ficou sentada na cama baixa, esforçando-se contra o sono. Tinha aprendido, ao longo dos anos, a dormir menos e menos. Em criança, achara que, acordada, evitaria as visitas. Depois, apenas esperava o patrão e sua família adormecerem, para poder trabalhar sem medo.

Piscou por alguns minutos, acordou-se no sobressalto da lembrança de que tinha de ficar desperta. Ouvia ainda vozes do outro lado da casa, nos quartos dos patrões e de seus filhos. Os olhos fecharam de novo, a cabeça pendeu, e o movimento trouxe-lhe consciente. Silêncio, sempre o prenúncio do sono dos outros. Terceira vez, e mergulhou rápido e fundo no descanso. Os olhos formaram as imagens que vira o dia inteiro, que via todos os dias, as bandejas indo e vindo, copos sem fim, torrentes de bebida forte saindo das jarras quentes — e os lefeu. No dia de uma visita, os demônios surgiam de novo durante o sono. Ágata quase podia achar graça — as primeiras visitas foram tidas como sonhos, e depois aconteciam no sonho e no mundo. Reviveu as experiências de antes, ganindo ouvida por ninguém, misturava com cirurgias antigas, de quando haviam-lhe substituído os ossos das pernas, de quando haviam-lhe tirado o útero e os ovários para abrir espaço, de quando haviam remodelado seus pulmões e inserido órgãos novos, de funções indecifráveis. Encostavam-lhe o bisturi no olho — *acordou*.

Ronco.

O patrão marcava o próprio sono com um ronco profundo e contínuo, que sua esposa já não ouvia mais, e que dava a Ágata a certeza de segurança. Sentia-se refeita, embora não houvesse fechado os olhos por mais de meia hora. Imaginou se as mudanças que sofrera ao longo dos anos tinham a ver.

Sacudiu a cabeça; tinha trabalho. Os dias de visita eram difíceis, mas ela sabia que não podia se dar ao luxo do ócio. Na taverna, tinha folga, às vezes. No projeto, só quando se permitia. Nunca.

Retirou uma placa de madeira do piso de seu quarto. A casa dos patrões, que englobava a taverna, uma pequena horta e as duas alas de moradia, era como um próspero feudo familiar. O quarto de Ágata era pequeno mas irrepreensivelmente limpo; morno no inverno, fresco no verão. Paredes que permitiam privacidade e o piso de madeira eram dotes de rainha, perto do que ela teria num lugar pior. Os patrões eram bons. Se abusava da confiança deles, era por necessidade, e porque era ainda menina.

Debaixo da placa quadrada, desmontou a estrutura de madeira, entrou pelo buraco restante, desdobrando a escada de mão. Refez tudo acima, deixando o quarto com aparência intacta. Tateou a parede, encontrou o lampião, girou uma chave, o óleo se acendeu, liberando um tênue cheiro de peixe. Ágata notou uma diferença. A luz era estranha, o escuro era menos. Apagou o lampião. Seus novos olhos enxergavam no breu. Desceu a escada, observando tudo com clareza total. Atravessou o corredor curto, chegou à segunda escadaria, numa espiral longa para baixo, minutos até o fundo, e estava no jardim.

O trabalho era difícil, mas ver os próprios feitos trazia um orgulho que criava vontade. Ágata andou sobre a grama, que ela mesma criara. Eram folhas borrachentas, ásperas, com textura de verrugas, mas eram lindas. Foi até as árvores do pomar, tocou-as, e elas se retorceram, como se cumprimentassem. Seus troncos e galhos, vermelhos e negros, eram tubos enredados, e a sensação de madeira ainda não era perfeita. Ágata examinou os lugares mais crassos, montou na cabeça uma ordem de reparos futuros. Foi até as floreiras, que eram seu capricho, e tocou as rosas, os girassóis e as orquídeas. Envergonhava-se, pois as flores estavam quase perfeitas, e não serviam para nada. Mas eram bonitas, e ela as fazia em seu próprio tempo.

Pôs-se a trabalhar nos animais.

Criara para si uma oficina, com uma enorme mesa em semicírculo, onde ficavam suas ferramentas e obras inacabadas. Fora a primeira estrutura, depois de ter feito os túneis, as escadas e o próprio salão do jardim. À sua frente, estava uma grande carpa, ainda pela metade. A cabeça estava quase pronta, havia um largo pedaço de pele coberta de escamas, e as nadadeiras só precisavam ser encaixadas. Mas o interior era ainda rudimentar, os órgãos pouco mais que fios vermelhos embolados. Ágata enfiou as mãos no corpo da criatura e usou os dedos para trançar e tecer os fios, dando forma ao que faltava. Primeiro, montinhos das linhas flexíveis, depois como sacos tricotados, e por fim estruturas únicas, lisas, iguais à realidade. Por longas horas, Ágata trabalhou na carpa, até estar de seu agrado. Não conseguia ver uma imperfeição nos pedaços, por isso terminou do jeito que gostava: reuniu cada parte, dispôs todas lado a lado, e então montou o animal. Por último, a cabeça, e então a pele enrolando tudo, e no fim as nadadeiras. Os dois olhos brilhavam para ela, e encaixou-os com um capricho final, como frutas secas em um doce. Ágata inspirou. A carpa começou a se debater.

Sorrindo, levou-a até o lago, onde o animal nadou junto com seis outros peixes, criações anteriores. Era bom trabalhar.

Não sabia se a dor e o medo valiam a pena, tendo aquela recompensa. Sentia os órgãos novos funcionando quando criava, e por isso sabia que era um dom dos visitantes. Eles deviam saber o que ela fazia com suas capacidades. Deveriam ter um uso futuro, também. Decidiu pensar em outra coisa.

Há muito desejava um pássaro, um animal que cantasse e fizesse companhia. Mas seria inútil; as flores já eram futilidade suficiente, e eram simples e rápidas. Dedicou-se a um projeto demorado, simplório e braçal:

um boi repleto de mantas de gordura. Ágata tecia os ossos e os montes de carne, os estômagos e os chifres, com paciência de artesã. Demorava, e não estaria pronto naquela noite. Um órgão lefeu disse-lhe o tempo que passara, e ela soube que precisava se mexer.

Voltou ao pomar. As árvores ainda eram rudimentares, mas os frutos eram perfeitos. Dos galhos distorcidos e duros, nasciam maçãs, laranjas brilhantes, cachos de uvas, peras, todas nos mesmos galhos, lado a lado. Nascia também pão, bolachas resistentes, doces. E nasciam espadas, túnicas, sapatos, bandagens, panelas, livros. Era seu jardim da abundância, suas criações, sua ciência secreta.

Ágata colheu os frutos do pomar, colocou-os em uma sacola grande, que ela mesma tecera, de pele rubra grossa. Atravessou o jardim, deu um último olhar a seus peixes e flores, hesitou, voltou. Tirou um minuto para criar um brinquedo, um soldado de madeira com detalhes apenas suficientes para incendiar uma imaginação infantil. E colheu meia dúzia de margaridas, porque agradariam mais. Saiu pelo túnel, e correu a jornada quilométrica que apenas os ossos e músculos aberrantes de suas pernas permitiam que suportasse.

— Vão ser postos em bom uso — disse o homem. Ela fazia questão de lembrar-se de que ele *era* um homem, ainda que de outra raça.

Sempre havia bom uso. Ágata percebia que a miséria trazia tanto o instinto animalesco quanto uma união feroz. Tratadas como bichos, aquelas pessoas tornavam-se bichos, com a mesma selvageria e espírito de matilha. Abaixou-se e abraçou-o, sem se importar com o fedor.

Era um contraste monstruoso. Nitamu-ra tinha tradições meio mortas, polidez milenar e cheiro de sabão. A Favela dos Goblins tinha casebres atopetados, vida fervilhando, sempre dando à luz, gritando o tempo todo, no meio do refugo dos humanos e de infecções. Os goblins podiam viver em Valkaria, assim como em boa parte do Reinado. Não eram considerados monstros (o que concedia a aventureiros a permissão de assassiná-los, em outros reinos), mas como erros dos deuses. A Favela dos Goblins era ignorada pela boa gente de Valkaria, exceto quando precisavam de um trabalho que ninguém mais aceitava fazer. E os goblins eram parte da capital, limpando merda, arrebanhando porcos, carregando lixo, arriscando a vida. Baixos, esqueléticos, de longas orelhas moles, pele verde ou cinzenta, olhos amarelos e dentes manchados, eram vistos pelos humanos como uma necessidade infeliz. Comiam o que sobrava, bebiam água marrom, defecavam onde dormiam, morriam e nasciam às centenas. Para Valkaria, um goblin era igual a outro, desde que cumprisse as mesmas funções insalubres. Mas não para Ágata.

— Quis trazer mais — disse ela, no dialeto atabalhoado dos goblins. — Vou produzir mais, prometo.

Feggdrall, que era uma espécie de líder numa fatia da comunidade, puxou catarro e cuspiu, sem a menor intenção de faltar com a polidez.

— Eu só agradeço, Ágata. Vamos comer mais uns dias.

— Vou conseguir carne. Prometo!

Mulheres goblins, os seios murchos balançando soltos, e crianças goblins, os estômagos inchados deformando os corpinhos magros, enxamearam à sua volta. Choravam lágrimas amarelas, agradeciam, queriam tocá-la, beijá-la. E Ágata falou com todos, beijou cada um, sujando a boca em sua imundície. Alguns goblins adultos também se aproximaram, e aproveitaram a comoção para apalpar-lhe as nádegas e a vagina. Ágata fingiu não notar, distribuiu a comida, as armas, as roupas. O brinquedo, com a promessa de que seria compartilhado. E as flores para as mulheres.

— Desculpe, Ágata — disse Feggdrall. — Mas onde você consegue isso?

— Já pedi para não perguntar.

O goblin deu de ombros.

— Não importa. Quer saber? Nunca comi nada tão gostoso.

— Voltarei semana que vem.

Valia a pena.

Intruso. Vulto no jardim.

— Quem —

— Você é parecida com sua mãe — disse Crânio Negro.

Ágata ficou imóvel, enquanto o estranho de armadura apertava as frutas do pomar, manuseava as adagas e martelos e potes ainda amadurecendo nos galhos.

— Vai vir comigo — disse Crânio Negro.

— Não me interessa como você conheceu minha mãe. Não sou cega; sei quem você é.

— Então sabe que eu e você trabalhamos para os mesmos mestres.

Pausa.

— Você mora em Valkaria — continuou a voz de trás do elmo. — Mesmo em Nitamu-ra, não é uma aldeã ignorante. Sabe que eu sirvo à Tormenta. Sabe que liderei um exército de simbiontes, há um ano. E sabe que as visitas que recebe são dos lefeu.

— Não trabalho para eles.

— Muito bem, que seja. Você é realmente parecida com sua mãe.

— Vá embora.

— Fez algo novo. Gosto do seu jardim. Vamos, venha comigo.

— *Não* —

— Não tem escolha. Mesmo assim, se continuar relutando, vou até a Favela dos Goblins. Apenas porque não tenho paciência para reclamações. Quando chegar lá, vou começar a matar. E vou parar quando achar que devo, não importa o que você faça, não importa se, um instante depois, concordar em vir comigo.

Não havia ameaça na voz. Apenas um fato simples, como explicado a uma criança lenta.

Crânio Negro virou-se, rumo à escada em espiral que levaria a Nitamu-ra. Começou a andar.

E Ágata foi atrás.

CAPÍTULO 13

A FACE DA GUERRA

NO EXÉRCITO DO REINADO, A BEBIDA ESTAVA RESTRITA AO aposento real. Portanto, Edauros usou de magia para conjurar os elementos essenciais de um alambique e, em pouco tempo, produzir aguardente de péssima qualidade.

— Achei que você só soubesse magia de combate — disse Orion.

— Pedi para Yadallina.

— Então a magia foi dela.

— Não deu certo? Convenci minha irmã a conjurar algo para me auxiliar em minhas atividades ilícitas. Eu chamo isso de magia.

Sorriu para o céu.

— Saúde — disse Orion.

— Saúde — disse Edauros.

Apenas os dois, de novo, como tornara-se hábito. A noite do acampamento era agitada como em todo exército diligente, mas calma comparada ao dia, tomado de gritos de masculinidade exacerbada e treinamento incessante. Eles apoiavam-se contra uma enorme pilha de feno, e olhavam o céu de Tenebra. Ao longe, soldados eram acordados de surpresa por seus sargentos, para alguns quilômetros de corrida. Outro pelotão treinava combate em baixa visibilidade, mas cavaleiro e elfo eram deixados em paz.

— Está horrível — disse Orion. Passou o odre, limpou a boca nas costas da mão. Em peque-nos movimentos como aquele, sentia ainda mais falta do braço esquerdo. — Para mim, chega.

— Deixa bêbado — disse Edauros. — E além disso, tenho certeza de que pode ser usado para tirar a ferrugem da armadura.

— Você é um desgraçado insolente.

— É o que você ganha ao juntar um elfo e um dragão.

Riram fraco.

— Ingram? — disse Edauros.

— Enfurnado na tenda. Trabalhando, como sempre.

— Quão anão da parte dele.

Nada.

— Ou então — disse Edauros — só não gosta de mim.

— Não creio.

— Tudo bem, não precisa gostar. Ele é leal, e não vai me dar um tiro pelas costas no meio da batalha. Isso é o que interessa.

— Estamos todos perdidos, mas Ingram está ainda mais. — Coçou a barba. — Nunca fiz isso.

— O quê?

— Vagar. Acho que estou indo para Bielefeld, mas apenas porque é o lugar óbvio.

— Bem, eu estou indo atrás de você.

— Devíamos ir para as Montanhas Sanguinárias. Investigar o tal Dragão da Tormenta.

— E não vamos por quê?

— Porque duvido que o plano de Crânio Negro acabe aí.

Silêncio. Bebida. Orion recusou outro gole.

— Há um ano, — disse Orion — quase um ano e meio, na verdade, foi o que eu fiz. Fui atrás de Crânio Negro. Estamos vendo o resultado. — Quis fazer um gesto largo com o braço que não tinha mais.

O Exército do Reinado fora massacrado em sua vitória torta contra as tropas de Crânio Negro. Yuden agora compunha a maior parte das fileiras — e o modo de ser de Yuden compunha tudo. A disciplina tornara-os mais efetivos, mas os soldados eram também doutrinados. Raros eram os não humanos.

— Então, o que quer fazer nesse seu caminho de herói? — disse Edauros.

— Entendê-lo. Entendê-la.

— "Entendê-la"?

— Crânio Negro é mulher. Seu nome é Ellisa.

Edauros curvou-se, olhando para o outro.

— Como sabe disso?

Orion desvencilhou-se com incoerências.

— De qualquer modo — disse. — Entender Crânio Negro. Descobrir o plano, e impedi-lo. Chega de correr atrás; isso nunca funciona.

— Como vamos fazer isso?

— "Vamos"?

— Como vamos fazer isso?

— Temos de reunir informações. Darien sabia, de alguma forma, onde Crânio Negro estaria. Sabemos que existe o tal dragão. Talvez Darien consiga outras pistas. Precisamos estudar, juntar as peças.

Odre seco; Edauros apanhou outro.

— Por que Darien não está aqui? — disse o elfo.

Orion deu de ombros.

— Darien é jovem. — Aceitou mais um gole. — Por que Yadallina não está aqui?

— Yadallina é mulher. Yadallina é Yadallina. Leva a vida muito a sério. Deve estar praticando sua magia, lendo alguma coisa.

Uma patrulha marchou a uma flechada de distância. Algumas corujas fizeram-se ouvir. As estrelas se moveram um nada.

— Estou com você, *sir*. Você sabe.

— Por quê? — disse Orion.

Gole.

— Vocês nos ajudaram. Diabos, o garoto nos libertou em Sckharshantallas. E, se alguma cadela de armadura está por aí usando o sangue de minha irmã para fazer dragões profanos, vai se ver comigo.

Gole.

— Mas não só isso — disse Orion.

Silêncio.

— Não, não só isso. Talvez eu consiga descobrir alguma coisa sobre mim mesmo, sobre nossa herança. Foi o sangue de Yadallina, afinal.

— E ela é "o maior dos dragões"?

— Nunca a achei tão feia, mas quem sabe? — Sorriso bobo. — Talvez estejamos entendendo isso errado. O *sangue* do maior dos dragões.

— Descendência.

— De Sckhar. Talvez haja em nós algo bem importante, *sir* Orion. Oculto. E Crânio Negro sabia disso.

Pausa.

— Mas existe ainda outra razão — disse o cavaleiro.

— Você é inconveniente, *sir*.

— Como ele é? — disse Yadallina.

Ingram largou a ferramenta que usava para confeccionar suas balas. Limpou as mãos num trapo, puxou um banco mais para perto da elfa. Era uma visita inesperada. De toda forma, ela parecia encarar a vida com olhos acadêmicos, e poderia estar perguntando sobre Orion Drake tanto quanto sobre um animal exótico.

— Orion é velho — disse Ingram.

Ela sorriu.

— Esperava um pouco mais.

— O que quer saber, menina?

— Ele é um herói de nossa época, não? Estamos acampados bem no meio de um dos resultados de seu heroísmo. Fará parte dos livros de História.

O anão bufou.

— Orion é obstinado por dever. Orion odeia a si mesmo. Orion tem um pai que — interrompeu-se.

— Continue.

— Isso é pessoal.

Ela se conformou.

— Por que pergunta para mim? — disse Ingram.

— Você é um anão. Posso entender anões, mesmo que não compartilhe de seu modo de vida. Humanos me parecem estranhos demais.

— Estranhos?

— Você não acha? Vidas tão curtas, e espírito tão volátil.

— Não faço ideia.

Silêncio.

— *Sir* Orion anda passando muito tempo com meu irmão. Você não gosta disso.

Ingram ergueu as mãos espalmadas.

— Não tenho nada contra seu irmão.

— Eu entendo. Edauros é um pouco intenso, às vezes. Edauros apaixona-se com facilidade.

O outro ficou olhando-a, bigode torto.

— Está encantado — disse Yadallina. — Fala em *sir* Orion o tempo todo, quando não está junto dele.

— Pois diga para seu irmão esquecer Orion — Ingram lançou-lhe um olhar significativo.

— Por quê?

— Às vezes acho que a busca de Orion terminará somente com sua morte. Talvez com a morte de outros.

— Pensei que fosse seu amigo.

— Mais que amigo, garota. Mas, com Orion, é bom saber onde você está pisando.

Ela ajeitou o cabelo atrás de uma das longas orelhas. Seus olhos faiscavam de interesse.

— Por que ele odeia Crânio Negro?

— Eu poderia dizer que Orion tem muitas contas a acertar com o desgraçado — disse Ingram. — Crânio Negro provocou a morte de inúmeros amigos. Mas isso tem pouca relevância. Orion começou a caçar Crânio Negro porque ele é um criminoso. Tomou para si o dever de fazer justiça.

— Por quê?

— Porque ele é Orion.

Os olhos de Yadallina brilharam ainda mais.

— Afinal, você é um herói — disse o rei Mitkov.

Apesar de si mesmo, Orion baixou os olhos. Trajava uma túnica simples, calças e botas — todos habituais dos soldados. A manga esquerda fora arrancada, e o buraco fora costurado.

Estava na tenda reservada às mais altas decisões, um lugar de mapas, confabulações e títulos de honra. Shivara e seu marido encaravam-no fundo, com indiscrições diferentes. O general Turbius Oksen pendia ante a resposta, fascinado em admiração. Um sujeito alto e malfeito, de protuberante nariz de tubérculo e cabelo fugitivo, sentava-se mais afastado. Era o líder do batalhão especialmente treinado de Yuden, batizado de Primeira Companhia.

O grupo fizera uma entrada bombástica, ao simular um atentado ao Rei-Imperador. Sua existência fora um segredo, antes daquilo. Agora, o acampamento zumbia com boatos sobre os soldados de elite. E Mitkov Yudennach dava boas-vindas a Orion Drake. Convidava-o para ver a Primeira Companhia em ação, na área de Tormenta.

— Não seria a primeira vez que age fora do convencional, *sir* — disse Shivara Yudennach. — Você depôs meu general, lembra-se? Assumiu o comando do Exército à força. E garantiu a vitória.

Sem resposta. Mitkov cruzava os braços esculpidos na frente do tronco. Orion sentia o olhar do rei como pressões gêmeas.

— Não vejo o que posso acrescentar, Majestade — disse, afinal. — E tenho minha missão.

— Experiência real de combate em uma área de Tormenta — disse Mitkov. — Meus homens já estiveram lá, mas nenhum lutou contra alguém como Crânio Negro, dentro da Tormenta.

— Mesmo assim —

— E você estará lá para *aprender*, lorde Orion. Verá o que a Primeira Companhia pode fazer.

Orion olhou rápido para Shivara.

— Vossa Majestade deseja que eu relate isso em Bielefeld? — falou com cuidado.

O convite parecia recheado de motivos escusos. Mitkov Yudennach, infame como tirano em boa parte do Reinado, há tempos salivando pela posição de Thormy, fazia-se querido, desde seu casamento com Shivara. Fazia-se necessário, com auxílio ao Exército e a nações alquebradas. Qualquer coisa que Orion testemunhasse ou relatasse teria relevância política.

— Faça o que quiser. Mas, de uma forma ou de outra, a Primeira Companhia é nossa melhor chance contra o tal Dragão da Tormenta. Contra Crânio Negro.

Orion sentiu uma tontura, um calafrio de enjoo. Como se alguém estivesse tentando lhe roubar algo.

— Deter Crânio Negro não é um problema apenas seu, *sir* Orion — continuou o rei. — E nem de Bielefeld, ou da Ordem da Luz. Pelo contrário, Yuden foi negligente há um ano. Reconheço meu erro. Deveria tê-lo auxiliado muito antes.

Orion mantinha-se severo.

— Seria injusto pedir que você tomasse mais essa busca para si — Mitkov recomeçou. — Veja a Primeira Companhia em ação, contribua com sua experiência. E conheça os homens que irão aliviar seu fardo. Do que eles são capazes.

— Majestade, eu —

— Pelo que entendo — rosto fúnebre — há uma questão familiar que também exige sua atenção, *sir*. Não é verdade?

Sem conseguir controlar-se, Orion disparou um olhar para Shivara. A rainha evitou.

— Peço-lhe perdão, Majestade, mas este é um assunto particular.

— É claro, *sir*. Apenas gostaria de oferecer meu auxílio também nisso. Como uma maneira de compensar-lhe por minha falta de ação no passado. Os magos e videntes de Yuden procurando o Cavaleiro Risonho. Espiões vasculhando os reinos. Homens de elite prontos para encontrá-lo em qualquer lugar, e trazê-lo à justiça. Encontrar seu filho.

Orion sentia-se desligar do próprio corpo. A tenda dançava ao seu redor.

— Nunca ousaria impor meus problemas a Vossa Majestade.

— Vallen Drake também é filho de Vanessa. E considero Vanessa uma amiga pessoal.

Todas as pupilas em Orion, exceto as de Shivara.

— Seria muito mais eficiente do que um homem sozinho percorrendo Arton, seguindo boatos. Pense nisso, *sir*.

Orion pensou.

A custo, conseguiu dividir seus pensamentos com a rainha, às sós, muitas horas mais tarde:

— Majestade, peço para falar livremente — disse Orion, curvando-se. Ambos caminha-vam pelas estrebarias, afagando o nariz de cavalos cansados, sentindo-lhes o cheiro ruim de bosta e bom de coragem.

— Finja que está roubando o controle de meu exército, Orion — sorriu Shivara. — Fale como quiser.

O cavaleiro permaneceu sério.

— O que vou falar não é só ofensivo, Majestade. É um crime.

Shivara suspirou.

— Ações criminosas estão se tornando comuns neste exército. Quando você pensaria que um atentado contra o Rei-Imperador ficaria impune?

Silêncio.

— Enfim — disse a rainha.

— Vossa Majestade tem certeza de que posso falar?

— Orion, diga o que —

— Tem certeza de que estamos sozinhos?

Olharam ao redor. Os cavalos pareciam inteligentes apenas na medida certa. Nenhum som fora de lugar, que sugerisse um intruso invisível. Mas a magia era misteriosa, e cheia de meandros.

Shivara Yudennach puxou um medalhão de dentro da bota. Era uma coisa feia, um quadrado de bronze com um osso de galinha amarrado. Quebrou o osso e pendurou o objeto no pescoço.

— Algo que um de meus magos criou. Protege contra a vidência — disse a rainha.

— Obrigado — disse Orion.

— É claro — olhar derrotado — que não há como saber quais de meus magos recebem ouro de meu marido.

Orion pareceu levar um tapa, mas Shivara apressou que falasse. O encantamento duraria pouco.

— Tenho medo de seu marido, Majestade.

— Faz bem.

— Não imaginava... — Orion procurou os termos, consciente da limitação de tempo. — Ele está conseguindo, não é? Está dominando o Reinado.

Shivara mordeu os lábios vermelhos.

— O que Yuden não conseguiu pela força — continuou Orion — está conseguindo pela esperteza. O Exército do Reinado é moldado em Yuden. Zakharov sempre foi aliado, mas, desde a área de Tormenta, abriga mais e mais tropas yudenianas. A União Púrpura está se reerguendo com ouro e armas yudenianos. E agora, Mitkov deseja deslumbrar o mundo com o modo de Yuden.

— E Trebuck, é claro — disse Shivara.

Orion não falou.

— Vanessa teve uma grande participação nisso, Orion. Se Mitkov não fosse meu marido, não teria tanta influência. E nem tanto ouro.

— Vanessa —

— Vanessa fez o que achou que deveria fazer. Eu fiz o que achei que deveria fazer. Talvez estivéssemos todos mortos, sem a intervenção de sua esposa.

Orion quis corrigir quase tudo naquela frase.

— Não podemos lamentar o que já fizemos — disse a rainha. — Meu marido está espalhan-do Yuden pelo Reinado, sim. Aprender com os inimigos é uma de suas grandes qualidades.

— Aprender?

— Mitkov aprendeu muito bem com os lefeu. Está espalhando sementes de seu modo de pensar, oferecendo vantagens em troca. Está nos colonizando.

Confirmação de temores era algo inquietante.

— Muitos pensam nele como um bruto — disse Shivara. — E é verdade. Mas Mitkov também é paciente. Tem planos em toda parte. Tem a Primeira Companhia, aqui. E tem os Filhos do Leopardo, em Yuden. E agora em Trebuck.

Orion não entendia.

— São os embriões da Primeira Companhia. A milícia secreta de Mitkov, procurando traidores e descontentes nos dois reinos. É uma maneira nova de pensar. Exército profissional. Batalhões especializados para cada função. Treinamento específico. Enquanto Sua Majestade Imperial tem seus heróis guardiões, meu marido tem pelo menos duas ordens de matadores sutis. — Pausa. — Difícil negar que seja um bom plano.

— Então, não posso aceitar o convite, Majestade. Estaria traindo o Rei-Imperador.

— Por ver a Primeira Companhia em ação?

— Não temo vê-los. Temo gostar do que verei.

— É tarde, Orion. É tarde demais. Talvez seja impossível evitar o estratagema de Mitkov, mas podemos evitar o plano de Crânio Negro. Vamos aproveitar o que Yuden tem a nos oferecer.

Orion abriu os olhos.

— Tendo a escolha entre Yuden e a Tormenta, *sir*, o que você escolheria? — Shivara pegou o amuleto, viu o osso começando a queimar, espontaneamente. — Nosso tempo está acabando.

E estava.

O pragmatismo era uma coisa terrível. Principalmente porque, em geral, provava-se correto.

— Chegue mais perto, *sir* — disse o soldado, fazendo um sinal amigável para Orion.

A Primeira Companhia estava reunida, na beira da vermelhidão fedorenta, na hora mais escura antes do amanhecer. Eram doze homens, entre guerreiros, batedores e magos. Havia um sacerdote — como não poderia deixar de ser, devoto de Keenn. Orion, no início, pensara ver ali a camaradagem e miscelânea de um grupo de aventureiros, como havia aos montes, nas histórias e no mundo. Logo percebeu que não eram nada do gênero. Soldados, até os ossos.

Alguns especialistas em magia, outros mais experientes na furtividade selvagem — mas todos guerreiros. Tinham um jargão próprio, usado como uma espécie de código, para trocar instruções precisas com poucas palavras. Obedeciam ao líder — não líder, *comandante* — sem hesitar. Não havia espaço para bravatas, gritos de guerra, devoções, excentricidades, maneirismos. Eram soldados, eram um pequeno exército, eram uma minúscula nação.

Orion chegou mais perto.

— Nosso objetivo aqui é simples, Primeira — disse o comandante. Seu nome era Odgar, ele falava em voz tranquila e firme. — Vamos fazer um prisioneiro. Não é diferente de capturar um artoniano. Segunda hierarquia, como Sua Majestade instruiu. Todos sabem seu trabalho.

Orion já não compreendia parte do que fora dito.

— Quem está com medo? — disse o comandante Odgar. Todos ergueram as mãos. — *Medo!* — gritou, abaixando a cabeça.

Todos os doze uniram-se numa espécie de abraço bruto. Orion pôde ver que tremiam muito, grunhiam, soltavam gemidos longos. Alguns soluçavam.

— *Sem medo!* — gritou o comandante. Todos se empertigaram, separando-se, limpando os rostos. Pareciam ter expulsado demônios.

A Primeira Companhia trajava uniformes. Elmos que protegiam o topo da cabeça, sobre um camal de cota de malha. O peito e os braços com uma junção bastante móvel de escamas e malha de aço, coxotes, perneiras e grevas de placas de metal. No todo, uma combinação esdrúxula e nem um pouco estética. Mas estavam bem protegidos, e tinham grande facilidade de movimento. Mais do que isso: mãos, pescoço e estômago tinham proteções rubras, irregulares — feitas de carapaça lefeu. A própria visão das armaduras era o bastante para amedrontar, a impressão alienígena dos demônios permeando mesmo seus pedaços inertes. Levavam diversas armas, presas às costas, à cintura. Bolsas de equipamento diverso amarradas às pernas. Um peso extraordinário, mas que não parecia puxá-los para baixo.

Orion trajava uma armadura de placas, presente do Exército. Pouco adequada a um cavaleiro, mas melhor do que túnica ou trapos. Um armeiro tinha fechado o ombro esquerdo. Em sua cintura, uma espada longa, e mais nada. Fora-lhe oferecida uma armadura como a da Primeira, mas um resquício de orgulho impedira-lhe de aceitar. Fechou o elmo.

— Primeira, avançar — disse o comandante.

Avançaram.

Orion voltou abatido e imundo. Jogou os restos da espada e da armadura fora, pouco importando se eram presentes. Emergindo da área de Tormenta, noite incipiente. Os homens da Primeira Companhia juntaram-se em mais um ritual privado, e o cavaleiro preferiu não ficar para assistir.

Em vez disso, procurou Edauros.

Havia uma vibração no acampamento, cochichos quando a disciplina permitia. Orion sentiu-se aliviado ao entrar no escuro da tenda do elfo.

— Bebida? — disse Edauros.

— Não.

Edauros bebeu.

Orion ficou calado.

— Vai me contar? — disse o elfo.

Orion não respondeu.

Dividida em três grupos, a Primeira Companhia atravessou o terreno cada vez mais acidentado. Um dos quartetos contornou uma colina feita de anzóis, andando sempre agachados, com mãos no punho das espadas, e bestas de prontidão. Ouviu-se um guincho: um pequeno bando de vespas do tamanho de pardais zumbiu perto do destacamento. Os homens colaram-se à colina de anzóis, tapando o peito com as manoplas e o rosto com as máscaras. As vespas rubras planaram por um tempo, perto deles, e pareceram perder o interesse. Eles continuaram prosseguindo lentos, deliberados, cumprindo as instruções do batedor à frente, que passava informações detalhadas com sinais. Chegaram a um córrego que brotava do chão, logo alargando-se para um riacho e então uma torrente considerável. Correram abaixados, ladeando o pequeno rio. Suas águas não eram águas, mas um fluido rosado e nauseabundo. O batedor jogou-se no rio, e foi imitado pelos outros. As armaduras chiaram, mas os homens não se moveram um centímetro. Na correnteza, como se fossem peixes, nadavam fetos humanos, arrastando cordões umbilicais cheios de farpas. Os soldados tinham o líquido repulsivo até o peito, mas não demonstravam nojo ou hesitação. Deixavam os cardumes macabros roçarem-lhes. Mesclavam-se com o ambiente. Abaixaram-se de novo, mantendo apenas o nariz e os olhos fora do líquido, e avançaram. Eram transparentes, nunca se abalando por nada. Mesmo para Orion, começaram a parecer parte do ambiente lefeu.

— Quanto vale uma alma? — disse Orion.

— No meu caso, nada, imagino.

O cavaleiro suspirou.

— Eles possuem boas técnicas? — disse o elfo.

— Boas — Orion falou em voz pequena. — Não sobreviveriam na parte mais funda da área de Tormenta, ou contra os lefeu mais poderosos. Têm uma boa arma, mas, diabos, isso não é nada especial.

— Então...?

— São soldados. *Nenhum* soldado sobrevive numa área de Tormenta, e nem enfrenta lefeu poderosos. Eles são apenas muito, muito bons.

Nada.

— Qual é o problema em ser bom? — disse Edauros. — Não venha me dizer que está com medo de ficar obsoleto.

Orion dirigiu-lhe um riso relinchado.

— Você deveria me ver no comando de um exército. Não sou adepto de bobagens de cavaleiros iludidos. Acredito na carga de cavalaria e na parede de escudos, no treinamento e na disciplina.

— Então...?

— Acho que existe um grau de disciplina que só se consegue dando algo em troca. Nada é de graça. Eles são muito, muito bons. Porque são *apenas* isso.

Edauros não respondeu.

— Porque deixaram de ser pessoas, acho. Não precisaram de nenhum discurso. Não precisaram de incentivo. Não chegaram a *cogitar* não cumprir uma ordem. Não *conseguiriam*, se quisessem. Deixavam de sentir medo ou nojo, apenas querendo. Faziam tudo perfeitamente coordenados. Conseguiram se infiltrar entre os lefeu, o que deveria ser impossível.

— Acha que estão corrompidos?

— Tenho certeza de que não estão. Os lefeu não enxergam-nos como alvos de corrupção. Não parece existir *nada* dentro deles.

Pausa.

Logo, chegaram a uma depressão, onde andaram agachados. Bandos de minúsculas criaturinhas lefeu andavam nas proximidades, e a Primeira Companhia deixou que andassem sobre seus corpos, até que parecessem se acostumar. Orion ficou para trás; sabia que muitos, senão todos, poderiam ser simbiontes. Odgar arriscava comprometer seus homens. Mas os simbiontes não enxergavam os soldados como hospedeiros. O que Orion via era um entorpecimento total, algo que enganava os invasores porque destruía o que havia para ser ocultado.

— Não digo que esteja errado; eu apenas nunca pensei em uma disciplina como essa. Algo que *apague* o que você é, para substituir por...

Tempo.

— ...pelo soldado.

— Isso é ruim?

Orion não respondeu.

Por melhor companheira que fosse, a pólvora não falava.

Ingram sentia-se pegando fogo, contendo-se para não dizer o que pensava ao amigo, e querendo, simplesmente, conviver. Achou que estava enfim enlouquecendo, por influência das malditas multidões de humanos desequilibrados.

Tinha certeza de que Orion estava, naquele momento, com a cabeça cheia de demônios bailarinos. A mente grisalha do cavaleiro era terreno fértil para todo tipo de bobagens, e alguns dias entre os yudenianos, seguido da invasão de uma área de Tormenta em companhia daquelas pestes, eram exatamente o que podia enfiar um absurdo monumental em seu cérebro. Ingram não sabia direito qual tenda pertencia a qual dos elfos (não que houvesse muita diferença entre elfos e elfas, em sua concepção). Mas, em seu humor atual, pouco importava. Entrasse na errada, pediria desculpas e iria até a certa, que Ragnar carregasse qualquer melindre.

Irrompeu numa das tendas, já vociferando:

— Orion, não me diga que —

Parou.

Tenda errada. Pertencia a Yadallina, mas ela não estava ali.

Sobre a mesa, pergaminhos, livros encapados em couro: eram diários. Não dela; Ingram logo viu. Diários de guerra, relatos da batalha contra a Tormenta, naquele mesmo lugar, há mais de um ano. Num deles, e em outro, o brasão do corvo, reproduzido com destaque. Yadallina estudava o general, lia sobre o herói.

Sir Orion Drake.

Os lefeu saltaram.

Um caiu próximo a Orion, espadanando em uma poça de chuva ácida. Golpeou com a garra, mas o cavaleiro estava pronto, e girou o tronco, usando o espaço onde houvera seu braço esquerdo para fazer o demônio errar. Em seguida, girou ao contrário, e o aço da espada encontrou a cabeça da criatura. Uma quelícera se quebrou, um olho estourou, e a espada adquiriu uma mossa funda. Orion puxou o braço, estocou na altura do abdome, mas o demônio saltou, acima de sua cabeça, indo cair com as garras e espinhos dos pés sobre seus ombros. A armadura se arranhou, uma fenda foi aberta, e logo Orion sentiu um pingo de ácido escarlate. Ergueu a espada num arranco, encontrou o braço do lefeu na altura da axila. Um líquido vermelho escorreu, a espada feriu-se de novo. O demônio se jogou à frente, Orion chutou, mas seu pé foi agarrado, e ele caiu de costas no ácido. Chiado das placas, o lefeu com o rosto muito perto, quelíceras estalando. As duas pontas penetraram o aço do elmo, numa espécie de mordida, errando a carne por um centímetro. Orion puxou a cabeça, e o lefeu também, e o visor de seu elmo foi arrancado e cuspido. Gotas ácidas no nariz, resvalando nos olhos. Orion golpeou com a espada, como se fosse um furador de gelo, na cabeça da criatura. A ponta entrou fundo pelo olho destruído, Orion puxou-a de volta, a lâmina prendeu na carapaça dura, e quebrou. Com um pedaço de metal na cara, o lefeu golpeava a esmo. Orion enfiou o que restava da espada no chão, afundou os dedos no buraco do olho. Sentia o ácido na mão. Arrancou a lâmina presa, já quase dissolvida, jogou-a fora, enfiou a mão de novo. Sentiu o interior gelatinoso da cabeça do lefeu, procurou lá dentro, apertou. Tinha esmagado várias coisas ocultas, quando à criatura parou de se mexer.

Enquanto isso, a Primeira Companhia matava em silêncio, derrubando as criaturas como bonecos.

— No que está pensando? — disse Edauros.

Orion piscou, emergiu das lembranças frescas.

— Você tem ainda outro assunto a resolver, não é? — disse o elfo.

Silêncio.

— Não precisa me contar, se não quiser. Mas vocês falam disso o tempo todo.

— Meu filho — disse Orion.

— Ah.

Contou a história do Cavaleiro Risonho, e de Vallen Drake. Contou o ano infrutífero, e a proposta do rei Mitkov.

Gole.

— Você pensa em aceitar? — disse Edauros.

— Seria admitir.

— Admitir?

— Que o modo de Yuden é melhor. Seria ser colonizado.

Edauros desdenhou com um olhar para cima.

— Todos ficariam sabendo, em Bielefeld — disse Orion.

— E isso é ruim?

— Existem idiotas em Bielefeld que acham que sou algum tipo de exemplo a ser seguido.

— Muitos idiotas?

— Uma multidão de idiotas. Se eu aceitasse algo assim, estaria dizendo a todos os idiotas que confio meu filho mais a Yuden do que à Ordem da Luz.

— Ah.

Pausa.

— E isso é ruim?

Orion não disse nada.

— *Sir*, vou perguntar algo, não se ofenda.

— Um pouco tarde demais para isso.

Edauros riu.

— Mesmo assim. Tem certeza, Orion — Edauros olhou-o muito sério — de que o modo de Yuden não é o melhor?

Curvou-se.

Mitkov mandou que levantasse. Shivara olhava-o sem dar pista.

— E então, *sir*? Qual sua impressão da Primeira Companhia?

Suspiro.

— Gostaria de aprender mais — disse Orion.

CAPÍTULO 14

A UNIVERSIDADE INVISÍVEL

O MAPA TALVEZ FOSSE O MAIS AMBICIOSO. OS CARTÓGRAfos competiam com os enciclopedistas, na tentativa de compilar a informação mais extensa. Pensou-se que a batalha estivesse ganha quando os primeiros milhões de páginas da enciclopédia foram escritos — os cartógrafos incluíram a obra em seu mapa, é claro. Assim, o mapa continha a enciclopédia. Os enciclopedistas perceberam que era um trabalho digno de nota, e deveria constar em seu tomo. Assim, escreveram a respeito do mapa. A descrição não foi suficiente, e foram necessárias ilustrações. Que também não foram suficientes, e então o mapa foi todo reproduzido na enciclopédia. A enciclopédia continha o mapa, que continha a enciclopédia, que continha o mapa, até o infinito.

Ambos haviam começado pequenos. Um, a tentativa de mapear o Reino de Tanna-Toh, a Deusa do Conhecimento. Nunca havia detalhes suficientes, e os cartógrafos decidiram aumentá-lo, mais e mais. Chegaram à conclusão de que o único mapa válido conteria todo o Reino. E assim, construíam o mapa do Reino com o tamanho do Reino, idêntico em cada detalhe — um mundo cartográfico. Mas não era suficiente. O Reino era uma pequena parte do todo. Os cartógrafos precisavam marcar fronteiras, distâncias. Assim, trabalharam nas proximidades, nas lonjuras, e puseram-se no mapa total: a reprodução idêntica de todos os mundos, todas as dimensões. Toda a Criação.

Os enciclopedistas tinham apenas um desejo: compilar o conhecimento de todos os tempos, em todos os universos. Trabalhoso, mas ali estavam todas as vidas de todas as criaturas que já haviam existido em Arton, e nos Reinos dos Deuses, e além. Tudo que disseram, tudo que fizeram. Descrições exatas de cada partícula de poeira na Criação. Uma precisão tamanha que, lendo-se um tópico, era-se a coisa descrita. Os leitores viviam cada germe ou divindade. Existiam como montanhas ou dores. Foi necessário inventar algumas palavras, depois algumas linguagens, depois alguns alfabetos, e depois algumas ideias. O que havia não representava com exatidão as vozes dos animais, monstros, demônios, elementais, deuses. Os enciclopedistas então escreveram também sobre suas criações. E sobre sua enciclopédia.

Mas havia uma lacuna na enciclopédia. No lugar de milhares de milhares de milhares de páginas:

Durante a Revolta dos Três, Valkaria, Tillian e o Terceiro desafiaram o Panteão. Valkaria foi transformada em pedra, e seria libertada por seus seguidores. Tillian tornou-se um mortal. O Terceiro foi esquecido.

Os enciclopedistas olhavam aquelas linhas vagas, e conheciam a agonia. Ninguém sabia sobre a Revolta dos Três. Mais do que isso: o conhecimento não existia. Não fora esquecido, não podia ser recuperado. Apenas não *era*. Os enciclopedistas haviam suplicado a Tanna-Toh. A deusa intercedera, e seus servos foram recebidos por Khalmyr, o Deus da Justiça. Supunha-se que ele fosse o autor da punição. Mas nem Khalmyr sabia. A natureza da Revolta dos Três, o crime que haviam cometido, a verdade sobre Tillian e a identidade do Terceiro.

Tudo perdido. Para todos, para sempre — apagado no tempo, no passado e no futuro.

Longe de sentirem-se vitoriosos, os cartógrafos compartilharam do horror. Seu projeto seria mais completo, sim. A enciclopédia nunca poderia estar plena. Mas era uma vitória pífia, um golpe de infortúnio. Além disso, eles logo viram que o mapa também estava incompleto.

Pois, se houvera um Terceiro, onde estava? Se fora destruído, onde estavam seus restos? E como mapear o local onde isso havia acontecido, se a informação era desconhecida? O mapa também estava incompleto.

— Não vim falar sobre isso — trovejou o Deus da Força.

— Ou talvez tenha vindo — sorriu Tanna-Toh.

O Reino de Tanna-Toh não costumava receber visitantes como ele. Era uma dimensão de perguntas e conjecturas, um infinito de palavras, testes, experimentos, detalhes. Tauron era uma criatura de dogmas. Impunha que os fortes deviam proteger os fracos, que a submissão era o modo do universo. Um deus convicto, concreto. Confrontada com aquilo, Tanna-Toh perguntaria:

— E como sabemos quem é forte e quem é fraco?

Muito mais que respostas, a Deusa do Conhecimento era feita de perguntas. A ciência e a cultura, presentes de Tanna-Toh para o mundo, baseavam-se em desafio. Duvidar do que se sabia, questionar o que se pensava. As respostas só podiam ser obtidas sem freios para as perguntas. E mesmo as respostas obtidas tinham de ser postas em xeque. Um grande grupo de habitantes de seu Reino trabalhava na hipótese de que Tanna-Toh era apenas um mito. A deusa aplaudia.

Tauron bufou, espalhando chamas. Os bibliotecários olharam-no de esguelha, com a petulância dos estudiosos interrompidos.

— Vamos caminhar lá fora, Deus da Força.

O Reino não conhecia o selvagem. Era todo uma cidade, com avenidas largas cruzando-se aos milhões, prédios estendendo-se até desaparecer, acima e abaixo; passarelas, praças, museus, teatros. Sempre se via o céu, muito ao longe. Mas nunca chegava-se ao último andar. A cidade era infinita para cima. Ninguém jamais vira o chão, pois tudo era construído. Como um oceano de manufatura, o Reino tinha escadas, transportes, elevadores para todos os lados, e os habitantes podiam circular livres, sem preocupação com piso sólido. Os dois deuses andavam por uma avenida calçada de tábuas de mandamentos, cada uma trazendo os preceitos de uma religião abortada. Dos dois lados, estátuas perfeitas de figuras importantes e banais da história da Criação. Flores de papel em floreiras nos parapeitos, exalando perfume que transmitia equações.

— Estou aqui para descobrir a origem do inimigo — disse Tauron.

— Inimigo?

— A Tormenta.

— É claro — Tanna-Toh abaixou-se para acariciar um rato que carregava em seus ossos a cura para oito doenças. — A origem da Tormenta é Glórienn. Ela convenceu a todos.

Tauron olhou-a por trás das chamas.

— Isso é o que sabemos. Mas não é tudo.

— Muito bem! — a deusa bateu palmas. — Questionar o que se sabe. É o primeiro passo.

— O primeiro passo é inútil, se não houver o passo final.

— E se o primeiro passo for o passo final?

Tauron não respondeu.

Seguiram andando. Em uma praça, três fontes esculpidas como a vida de uma dúzia de reis jorravam água turva. Em cada gota, escrito um compêndio de animais exóticos. Passaram por um teatro grande como um país, onde atores encenavam, detalhe a detalhe, pela eternidade, a vida de atores que encenavam, detalhe a detalhe, pela eternidade, a vida de atores que encenavam o mesmo. Atravessaram museus onde alguns habitantes do Reino escolhiam transformar-se em personagens históricos, encenando suas vidas, para que estudantes pudessem ter acesso ao conhecimento sem intermediários. Visitaram um conservatório onde os alunos pesquisavam novos sons, e o hospital onde pesquisadores tentavam desenvolver um ouvido que permitisse aos mortais escutá-los. Viram laboratórios onde alquimistas tentavam transformar vidro em saudade.

— Nada disso fornece respostas.

— Pensei que já tivéssemos passado dessa parte — disse Tanna-Toh.

— Nada disso fornece perguntas.

— Estamos chegando.

Através das ruas sem fim, Tauron foi banhado em pólen inteligente. Suas narinas absorveram os minúsculos fragmentos, e sua mente foi impregnada de equações. Um cardume de ideias passou ao largo, cabriolando para eles. Algumas pediram licença para usar a mente de Tauron para se reproduzir. O deus não permitiu. Uma árvore translúcida oferecia seus frutos azuis. Tanna-Toh colheu um, e ofereceu-o a Tauron. Com uma mordida, o deus sentiu-se invadido pela gramática de uma língua futura, pela história de um condado obscuro em Arton, pela receita para se dividir as partículas fundamentais da existência, por um tratado de filosofia a respeito da natureza da alma. Era uma bomba de conhecimento, Tanna-Toh explicou. Algumas informações eram enterradas e plantadas, dando origem àquelas árvores. Seus frutos eram a evolução do conhecimento plantado, concentrando muitas erudições.

Chegaram, enfim, a um prédio vazio. Bem maior que qualquer cidade artoniana, ecoando a desolação do que não tem uso. Tanna-Toh abriu as portas duplas, levou o Deus da Força por salões e corredores brancos, vastos, nus.

— O que é isto?

— Um museu.

Tauron dirigiu-lhe um olhar de pouca paciência.

— O museu da Revolta dos Três. Representa o que sabemos sobre o episódio.

Quase nada.

Havia uma reprodução em tamanho real da estátua de Valkaria, que fora a própria deusa, antes de ser libertada. Havia uma compilação das arengas de Tillian — ou do mortal que dizia ser Tillian, um mendigo na capital do Reinado. Havia salas e salas aguardando alguma coisa, alguma resposta, ou mesmo alguma pergunta, sobre o Terceiro.

— A Revolta dos Três não me interessa. Quero saber sobre a origem da Tormenta.

Tanna-Toh deu um risinho de sapiência. Usava sua forma mais quebradiça, uma velha professora envolta em mantos e rugas. Sendo deusa, em seu Reino podia tudo. Mas era impressionante o quanto aquela aparência impunha uma autoridade escolar, uma superioridade acadêmica.

— Ainda quer escravizar Glórienn? — disse a deusa.

— Está fazendo algum tipo de jogo?

— Quero saber. Apenas isso. Pretende escravizar Glórienn?

Tauron hesitou.

— Ofereci a ela minha proteção.

— Que significa ser escrava.

— Que significa aceitar seu lugar natural. Submissão e segurança.

— Fale com clareza. Ou você acha que existe vergonha na escravidão?

Tanna-Toh sorria.

— Que significa escravidão — admitiu Tauron.

— Certo.

— Vai alertá-la contra mim?

— Talvez você tenha razão. Talvez isso seja o melhor para ela. Saberemos testando.

Silêncio.

— A origem da Tormenta — disse Tauron, como um terremoto.

— A Revolta dos Três — disse Tanna-Toh.

— Responda-me ou mande-me embora. Mas pare de me insultar.

— Vou responder. Afinal, os fortes devem proteger os fracos, não é?

Tauron começou a falar, mas:

— Conhece o princípio da navalha, Deus da Força?

Nada.

— Não.

— "Pluralidade não deve ser postulada sem necessidade". É fascinante. Ensina a descartar hipóteses desnecessárias. Ensina que, em geral, quando existem várias soluções possíveis para um problema, ou várias respostas possíveis para uma pergunta, devemos procurar a mais simples. A mais simples costuma ser a correta.

Continuava sorrindo.

— A simplicidade é maravilhosa. Se eu lhe contar uma história improvável, o que você pensará? Tentará achar uma maneira convoluta para meu relato fazer sentido? Ou julgará que estou mentindo?

Tauron apenas ouvia.

— Pense comigo. Temos um inimigo aberrante, alienígena. Desconhecido de nós mesmos, estranho demais para ser compreendido. No entanto, existia uma passagem, uma ínfima passagem, que levava de Arton até um pequeno inferno, e então ao mundo do inimigo. Existiam lendas, entre os pequenos demônios, sobre nosso inimigo. Nós mesmos conseguimos manipular os mortais e o destino, para trazer o inimigo a nós.

— Está dizendo —

— *Estou dizendo,* portanto ainda não acabei.

Continuou:

— Ao mesmo tempo, temos uma tragédia em nosso passado. Um crime desconhecido, completamente apagado da memória de todos. Algo que realmente *deixou de existir*. Algo grave o bastante para punir um deus com a mortalidade, se acreditarmos na hipótese mais provável. Para punir outra deusa com uma prisão. E um terceiro com o esquecimento total.

Tanna-Toh ajeitou os mantos.

— Agora, pense comigo, Tauron. Temos esses dois elementos desconhecidos. Parece-lhe mais provável que a Revolta dos Três tenha sido algum crime agora irrelevante? E que depois, por acaso, nosso inimigo, com todas as suas peculiaridades, tenha surgido sem provocação? Ou acha mais provável que esses dois eventos tenham relação entre si?

A deusa olhava-o com um sorriso quase maligno. O prazer que um pesquisador sentia na conclusão era o mesmo que um esgrimista experimentava ao perfurar o adversário.

— Qual é a resposta mais simples?

CAPÍTULO 15

GUERRA PARTICULAR

— CERTO — RESMUNGOU DARIEN. — DESCOBRIR O plano de Crânio Negro. Para quem fica na retaguarda, falar é fácil.

Darien via-se adquirindo o hábito de resmungar. Imaginava que era o efeito de *sir* Orion Drake e Ingram Brassbones, contaminando-o com ranhetice. Darien temia começar a se queixar de reumatismo, da barulheira dos jovens e das roupas indecentes das raparigas de hoje, se não pudesse conversar com alguém menos arraigadamente, orgulhosamente *velho*. Para o diabo — devia ser tarde demais, hora de investir em uma bengala.

O acampamento era um simulacro aceitável de cidade. O suficiente para haver um pouco de diversão, um pouco de oportunidade e, talvez, uma chance de cumprir a missão que *sir* Orion havia lhe confiado. Enquanto o cavaleiro enfurnava-se por dias a fio com o tal rei de Yuden (sujeito com cabelos de menos e recalques demais), Darien pensava em como entrar em contato com Thulbok, em Roschfallen. Caso não pensasse em nada, era melhor montar em um cavalo e começar a longa viagem.

Ou fugir.

Por que, com todos os demônios, pensava cada vez menos em fugir? Darien examinou-se numa poça de água estática, procurando cabelos brancos, que seriam o primeiro sinal de sua transformação em um velho com lealdade demais e braços de menos. Imaginava que seu cérebro agora tinha uma espessa barba grisalha.

Pensou enxergar um grupo de vultos, atrás de uma barraca. Investigou, e nada. Devia estar também com a doença dos cavaleiros, que desejavam nada mais que combate e a chance de morrer com honra (talvez por vontade de dar fim a suas vidas tediosas e adeus a suas esposas banhudas?).

— Saindo do turno? — disse para uma sentinela que acabara de fazer cumprimentos a um superior, e retirava-se para as fogueiras.

O homem fez um muxoxo de sim.

— Aceita um jogo de dados?

O soldado olhou-o como se fosse um orc.

— Um soldado não joga — rosnou.

— Já estive em um exército. Soldados jogam o tempo todo.

— Você já esteve em um ajuntamento de amadores com espadas. Já esteve em um exército yudeniano?

— Desculpe, não está mais aqui quem falou — Darien rolava os olhos para cima.

— Perguntei se já esteve em um exército yudeniano, *civil*.

— Não — suspiro torto.

— Então nunca esteve em um exército.

O homem girou sobre os calcanhares, fez questão de esbarrar em seu ombro, e marchou para longe.

Yudenianos eram, talvez, ainda piores que cavaleiros da Luz. Pareciam ter alabardas enfiadas no traseiro. Chutando pedrinhas, Darien seguiu caminhando em busca de alguma ideia. A noite no Exército do Reinado surpreendia por tediosa. Um exército sem jogo? Sem bebida? Sem prostitutas? Aquela gente estava brincando?

Para quem nunca desejara nada mais que bons saques e vítimas fáceis, boas risadas e bons porres ao lado de um amigo (*"Esqueça isso, tire o desgraçado da cabeça"*), Darien passava boa parte de seu tempo entre soldados. Escudeiro de *sir* Orion, e depois no moedor de carne da linha de frente contra Crânio Negro; na milícia de Roschfallen, e agora. Soldados, cavaleiros e outros tipinhos possuíam o dom de esmerdalhar a vida. Darien imaginou se Orion, depois de tanta conversa com o rei Mitkov, emergiria como uma mistura indigesta de cavaleiro da Luz e yudeniano.

— Provavelmente — murmurou. — Só para me incomodar.

Achou uma fogueira animada, agachou-se com seu melhor sorriso entre os soldados. Pior ainda: eram todos veteranos, trocando memórias de invasões e pequenas guerras que a história nunca registrara. Fecharam os rostos, acariciando os punhos das armas. Darien abriu as mãos em atitude inofensiva, levantou-se e saiu.

Sir Orion era benquisto entre os soldados — provara-se um bom líder e guerreiro, e o interesse do rei garantira-lhe boa vontade instantânea. Mesmo assim, os companheiros do ex-general eram vistos como algo que as tropas de Yuden tinham raspado da bota. Darien tinha de concordar que os elfos eram mesmo irritantes. Edauros era uma margarida, cheio de melodramas e pequenas raivas. Yadallina era apenas *esquisita*, o tipo de mulher que não se deixava embebedar, não abria as pernas nem por um decreto real e passava o tempo lendo e escrevendo besteiras. A personalidade de Ingram resumia-se a ter bigode. Talvez por isso, fosse o mais tolerado entre os yudenianos, mesmo não sendo humano e usando armas ditas covardes e ilegais. O próprio Darien era, na visão dos yudenianos, o mais civil entre os cinco. Um crime imperdoável.

— Procurando um jogo, rapaz?

Darien virou-se e olhou de esguelha. Uma infância de correria e chutes na União Púrpura ensinara-lhe a não confiar em convites inesperados.

— Não, se o jogo for "tiro ao civil".

O homem deu uma risada. Era, como todos, um sujeito de feições despretensiosas, cabelo rente e cicatrizes. O tipo de homem que, mesmo tendo raspado o rosto pela manhã, como mandava a disciplina, naquele momento tinha uma sombra espessa nas bochechas e no queixo. Sua ideia de diversão deveria ser marcha forçada, e provavelmente tinha bolas de três quilos.

— Isso foi semana passada. Estamos precisando de mais um para o jogo.

— O que há de errado com seus milhares de gêmeos idênticos? — disse Darien, fazendo um gesto à volta.

— Yudenianos de cidade não jogam. Sou yudeniano criado no salão dos guerreiros, bebendo leite de loba. Quer jogar?

— Dados?

— Jogo de homem. Como é seu nome?

— Darien.

— Vejo que seus pais queriam uma menina. Sou Theganwulf.

Darien foi arrastado para uma fogueira discreta. Um grandalhão montava guarda sentado, vigiando uma tenda próxima. Dentro da tenda, uma mesa de madeira ordinária, tochas, fumaça grossa, e o jogo.

— Como se chama?

— "Escalopes".

Cinco soldados ao redor da mesa riram para ele, exibindo dentes que iam do amarelo ao negro, passando por todos os tons de marrom. Um deles tinha a mão espalmada sobre o tampo de madeira, e uma adaga na outra.

Inspirou fundo, e começou a estocar a adaga entre os dedos, cada vez mais rápido. A lâmina sumiu em velocidade, o som tornou-se uma bicada contínua, e uma ampulheta era examinada com interesse.

— Que delicado — disse Darien.

— *Merda!* — grunhiu o soldado.

Seu dedo médio pendia frouxo, e uma larga poça de sangue tomava conta da mesa, vazando pelas rachaduras. Dois cachorros interessados meteram os narizes, lambendo o sangue empoçado e o que pingava no chão. Sem demora, um dos jogadores tomou a mão ferida, segurou firme o dedo cortado e murmurou algo. Quando revelou-o de novo, estava intacto.

— Por que precisam de mais um? — disse Darien.

— Nosso soldo está acabando — o primeiro homem falou com simplicidade. — Se não há aposta, o jogo perde a graça.

Darien lançou-lhe um olhar ferino.

— Sente-se, civil — convidou um dos jogadores, empurrando uma cadeira bamba com o pé.

— Jogue conosco — disse outro.

— Vamos, não precisa ter medo — disse Theganwulf. — Se perder um dedo, ainda tem outros nove, dez nas patas, e um mindinho entre as pernas. Usa-o para alguma coisa?

A tenda rugiu de gargalhadas.

— Ora — disse Darien. — *Alguém* precisa manter a paz entre as mulheres de Yuden, quando seus maridos estão marchando para a guerra.

Uma temeridade, mas os soldados gostaram. Empurraram-no para a cadeira, explicaram-lhe as regras simples. Fincar a adaga cada vez mais rápido entre os dedos. Tempo medido pela ampulheta. Aquele que ficasse mais tempo ileso ganhava a rodada.

— E como vocês decidem se alguém não está fincando a adaga muito devagar, para não se machucar?

— Se achamos que alguém está trapaceando, — disse Theganwulf, como se falasse uma obviedade — então brigamos.

— Claro. Eu devia saber.

— O jogo também se chama "Wyrt de soldado", "pega-arqueiro" ou "Yuden-Yuden-Deheon".

Darien não entendeu.

— Yuden — explicou Theganwulf, fincando a adaga lentamente na mesa. — Yuden — de novo na mesa. — Deheon — encostando a ponta no dedo.

Jogaram.

Darien tinha miseráveis moedas, sobra da jornada por Trebuck. Algumas conquistadas honestamente, até. Metade foi na primeira rodada, e ele segurava um dedo aberto, enxergando o osso. Sua mão foi agarrada, e uma prece foi dita, e a dor cessou.

— Clérigo de Keenn, imagino — disse Darien.

— Keenn me permite usar esses milagres de pederastas, por boas causas.

— Jogar Escalopes é uma boa causa?

— Até algumas clérigas de Marah virem visitar o Exército, é a maior diversão que temos.

Darien perdeu de novo. Sobravam-lhe três moedas tristonhas. Notou que o maior vencedor era também o homem que fazia menos estardalhaço. Enquanto os outros competiam aos berros, prestavam muita atenção à adaga e proferiam bravatas, aquele soldado em particular jogava com olhos distraídos, nunca chamava atenção para si, e tinha a maior pilha de dinheiro. Seus colegas pareciam não perceber, vendo uns aos outros como as maiores ameaças. Curioso: a ampulheta pertencia justamente ao quieto vencedor.

— Este é um bom jogo — disse Darien. — Jogam sempre em Yuden?

Theganwulf terminou uma gargalhada, apontando a mão sangrenta de um companheiro.

— Não no meu salão. Aprendi aqui!

— Minha aldeia também não conhece o jogo.

Logo, ninguém sabia de onde surgira o Wyrt de soldado. Todos tinham conhecido-o ali mesmo no Exército. O grande vencedor disse que era hora de trocar a sentinela. Começaram a discutir quem seria o novo guarda do lado de fora, e a origem do jogo foi esquecida.

Darien deu um sorriso particular.

A discussão prolongou-se por um tempo, com vozes altas e um tabefe ocasional. Quando ameaçava arrefecer, um comentário, vindo sempre do mesmo homem, trazia nova polêmica. Por fim, a nova sentinela decidida, ninguém mais lembrava o que falavam antes.

— Estou pobre e cheio de cicatrizes — anunciou Darien. — Perdi o cobre, e só ganhei aço em troca! Chega para mim.

Protestos.

— Fique, civil com nome de menina! — disse Theganwulf. — Você ainda tem dedos de sobra, e Horandred pode fazer muitos milagres.

— Dedos de sobra, nenhum Tibar.

— Aposte as botas — sugeriu outro.

— As roupas!

— O rabo!

Gargalhadas.

— Muito engraçado, mas não pretendo marchar de pés descalços, nem exibir meu corpo másculo, muito menos virar yudeniano. — Uivos bem-humorados. — A não ser — hesitou. — Não, esqueçam.

— Fale, Danielle, ou seja qual for seu nome!

— Posso apostar minha espada.

Um murmúrio, como se um assado de cheiro bom ou uma donzela de ancas largas tivessem adentrado a barraca.

— Ponha na mesa e dê-lhe um beijo de adeus.

— Apostar minha arma contra o cobre de vocês? Perder tudo numa jogada só?

— Compro de você — disse enfim o sujeito quieto e cada vez mais rico.

"Peguei".

Foram para um canto da tenda, longe dos olhares dos outros. Darien apresentou a lâmina e a bainha. Como esperava, o yudeniano começou a contar cobres e pratas, fazendo uma grande mixórdia de tudo.

Darien deu-lhe a espada.

— Pago um Tibar de ouro.

— Um?

— Estou fazendo um favor, não é? Você pode ganhá-la de volta, no jogo.

Deu a Darien dez moedas de prata. Chegou à conclusão rápida de que a prata não adiantaria no jogo, tomou cinco moedas de prata, devolvendo cinquenta de cobre. Enquanto Darien começava a contar, achou mais moedas de cobre, tomou as cinco restantes de prata, deu um punhado cobres.

— Espere — disse. — Eu lhe dei dez de prata, mais cem de cobre.

— Ainda não contei —

— A espada vale uma de ouro, ou dez de prata. Eu lhe dei a prata, você me devolve cinquenta de cobre, porque eu também preciso, para o jogo — contou cinquenta, em velocidade alarmante. Jogou um punhado de prata. — Como já lhe dei, então você me deve as cinquenta de cobre anteriores, que pagou com a prata. Mas, como precisa do cobre, eu lhe dou mais cinquenta — punhado incontável — e pego cinco de prata. Agora, então, devo-lhe cem de cobre, que estão aí, e você me deve dez de prata — contou, obtendo nove — falta uma, ou dez de cobre — tomou as moedas.

No final, Darien tinha muito menos que cem moedas de cobre. O yudeniano carregava sua espada. Theganwulf e os outros berravam pela continuação do jogo.

— Vamos, vamos. Não há tempo a perder, os outros estão impacientes.

— *Você não consegue resistir* — sibilou Darien, agarrando o braço do yudeniano.

O soldado golpista arregalou-lhe os olhos.

— Vamos contar de novo —

— Se fosse só um vigarista — Darien sussurrou, fingindo ainda estar envolvido na transação — não perderia tempo roubando uma porcaria de meia moeda de ouro. Mas são as obrigações do clero, não é?

— Você está enganado. O clérigo de Keenn é Horandred.

— Não Keenn, seu salafrário. Hyninn.

— Hyninn? Nunca —

— Eu sei, eu sei, você nunca ouviu falar. Se não for um clérigo, é um devoto. Não interessa. Estou há dias tentando encontrar um de vocês aqui neste exército. E agora você vai dar um jeito de passar uma mensagem para um outro clérigo.

— De Hyninn?

— De Khalmyr.

— Por que acha que sei como me comunicar com um clérigo de Khalmyr?

— Vocês têm muito em comum. Por exemplo, a total ignorância sobre um dos deuses do Panteão.

— Como sei que *você* não é algum tipo de devoto de Khalmyr, tentando me atrair para uma armadilha?

— Khalmyr? — Darien deu um sorriso lupino. — Nunca ouvi falar.

Ela entrara na tenda distraída em si mesma, e encontrara o anão sentado, aguardando.

— Você sabe — disse Ingram —, esse caminho só pode trazer infelicidade para todos.

— Não sei do que está falando — disse Yadallina.

Ele teve esperança de que não soubesse mesmo.

Yadallina de início parecera eremita, ainda que no meio de um grupo. Limitava-se ao irmão, e mantinha o rosto baixo. Aos poucos, dignara-se a falar o que era prático, e logo iniciara uma tentativa de convivência com os outros.

No entanto, refugiara-se em pergaminhos, desde a última vez que Ingram a vira. A custo ele penetrara aquela fortaleza fria. A elfa não movia um músculo do rosto, mantendo a boca pequena numa linha reta inflexível, os olhos meio cobertos por pálpebra, denotando tédio e inconveniência. Os cabelos castanho-claros eram reunidos para trás, dando-lhe uma certa aparência de bibliotecária. Seus modos sugeriam que o vestido que usava, presente da rainha Shivara, revelava mais do que ela gostaria. Também parecia incomodar — tecido de nobreza humana era quase uma lixa perto das vestimentas élficas.

— Não é meu papel dizer essas coisas — continuou Ingram, incólume. — Mas esqueça. Esqueça-o.

O anão chegou a sentir um arrepio, vindo dos olhos da garota.

— Não posso dizer-lhe como viver sua vida — Ingram começava a se sentir uma avó. — Afinal, nem sei como viver a minha. Mas, se quer um conselho —

— Não quero.

— Pegue seu irmão e vá embora. Vá caçar essa herança dracônica. Esqueça Orion.

— Não seja absurdo, senhor Ingram.

Ele sentiu as veias do pescoço dilatando-se, pulsando. Os dedos começavam a coçar, querendo apertar um gatilho.

— Orion tem uma esposa e um filho. Khalmyr e Tenebra sabem onde estão ambos, mas tem.

— E por que está me dizendo isso?

— Você estava *lendo sobre sua vida*, Yadallina. — O nome era incômodo na língua. — Perguntando sobre seus fantasmas.

— Isso deveria significar algo?

— Ficar apaixonada por Orion é a última coisa que você quer. Confie em mim.

Frio.

— Desculpe-me, mas parece que o senhor e seus amigos humanos veem o mundo de forma muito simples. Ódio. Amor. Amizade. Tristeza. Talvez seja algo cultural; talvez seja nossa raça. Parece que o senhor não compreende algumas sutilezas.

— Menina, desça desse pedestal. Essa fascinação por um homem significa uma coisa só, entre elfos, anões ou sereias de duas cabeças.

Ela deu um sorriso de cima para baixo.

— O quê? — grunhiu Ingram.

— Acho que Edauros tinha razão.

— Ah, pelas bolas de Khalmyr.

— O senhor não gosta dele. Será que está disposto a perpetuar a *rixa entre anões e elfos?* Que provinciano.

Ingram bufou.

— Yadallina — sílaba por sílaba —, não posso dizer que gosto de elfos. Não entendo sua cultura. Mas, honestamente, acho que vocês já passaram por desgraças suficientes.

— Poupe-me.

— Você não acharia que sou um anão provinciano se me conhecesse.

— Por quê? O senhor até mesmo *tolera* feiticeiros e estudiosos? Que esclarecido!

— Baixe suas armas, antes que eu erga as minhas.

Pausa.

— Não sou racista, menina. Meu problema com seu irmão é outro.

— Acha que somos más influências sobre *sir* Orion?

— Acho que ele será uma má influência sobre você.

Nada.

— Estou lhe pedindo. *Não* siga-o porque você o acha fascinante. *Não* pense que a vida dele é trágica. *Não* ache que você tem uma dívida para com ele. Vá embora, com seu irmão.

Frio.

— Isso é tudo?

Ingram bufou.

— É.

Então, até breve, senhor Ingram.

Ele se levantou, balançou a cabeça em decepção, e saiu. Se não era possível afastar os dois elfos, melhor tirar Orion dali. Não interessava o destino, que fossem para Bielefeld. Ingram não conseguia decidir se Edauros ou Mitkov teriam um impacto mais destrutivo sobre o amigo. Mas tinha certeza de que o mundo de Orion seria uma pedra de catapulta sobre Yadallina. Chutou a terra, disse uma praga. Pensou enxergar alguns vultos atrás de uma barraca, mas enganava-se. Já estava imaginando coisas.

Na tenda, a elfa começou a raciocinar — talvez, como não fazia há semanas.

— Bielefeld — disse Orion.

— Todo esse tempo, apenas para decidir ir até Bielefeld? — Ingram ergueu os olhos de seu trabalho, moldando cápsulas para as balas. Lampiões por toda parte, a lona da tenda bruxuleava inteira.

— Bielefeld, com um objetivo.

O anão achou que podia sentir o fedor Yudennach naquelas palavras. Orion tinha engolido tudo que Mitkov dissera, e agora estava arrotando Yuden.

— Objetivo?

— Treinamento.

Ingram ficou olhando-o.

— Só isso?

— Treinamento, como deveria ser.

— Você não quer dizer —

— Orgulho não serve para nada, meu amigo. — Orion tinha sua expressão de fortaleza sob cerco. — Treinamento, como em Yuden.

O anão jogou uma cápsula pronta no chão, deu um chute em sua mesa de trabalho.

— Vamos fazer uma festa. Você finalmente proferiu a rainha de todas as bobagens.

— Estou fazendo como você, Ingram!

— Não arraste meus bigodes para essa bufonaria.

— Vi que o modo do meu povo fazer as coisas é ineficaz. E quero mudá-lo. Parece familiar?

— Eu não imitei os malditos yudenianos.

— Não. Apenas seguiu os conselhos de mulheres-demônio a serviço da Deusa das Trevas.

Silêncio.

— Você pode —

— *Não diga* que eu posso ir embora quando quiser, seu humano coprocéfalo.

— Então venha comigo. Vamos fazer as coisas como sempre deveriam ter sido feitas.

Orion estava sério, até o último fio grisalho.

— E seu filho? — disse Ingram.

Sem resposta.

— Não — Ingram empurrou-se para trás. — Não. Diga que não.

— Ele vai ser achado, finalmente.

— Você *aceitou?*

— Que espécie de pai eu seria se recusasse a ajuda de um rei para encontrar Vallen?

O anão balançava a cabeça.

— Você disse que ia seguir o caminho do herói. Lembra? Por isso esfolamos os pés de Sckharshantallas até aqui.

— E foi uma idiotice, pela qual devo pedir desculpas. É idiota não usar um recurso à nossa disposição. A era dos heróis acabou, Ingram.

— E começou a era de Yuden?

— A era da vitória.

O lampião pareceu brilhar mais fraco.

— Está esperando mais alguém? — disse Ingram. — Darien? Edauros?

— Não. Por que pergunta?

— Achei que havia alguém do lado de fora.

— *Você* quer ir embora? — disse Edauros.

Yadallina apenas assentiu.

— Então caminhamos por semanas atrás do homem, apenas para, sem motivo algum, você decidir que quer ir embora? Mulheres são mesmo volúveis.

— Não estou rindo. — Mas estava corada.

Edauros deu de ombros. A tenda de sua irmã cheirava forte a tinta. Ela já preenchera um maço periclitante de papéis, com seus estudos em letra miúda e aquosa. Agora atacava os pergaminhos, cujos conteúdos anteriores eram raspados por servos de Shivara Yudennach, e entregues à elfa como gentileza.

— Por quê? — disse Edauros.

— Esta não é nossa busca. Você quer achar nossos ancestrais, e eu prometi ir junto.

— E fez questão de esfregar isso na minha cara quando queria ir atrás do seu bem-amado.

— Eu *disse* que amava o cavaleiro?

— Tenho faro para essas coisas. Mulheres ficam bobas quando estão apaixonadas, sabia? Exalam uma aura cor-de-rosa. Ficam embruxadas.

— Aponte-me os tratados que leu sobre embruxamento.

Edauros riu.

— Mas, a sério — disse ele. — Não.

— Não?

— Não. Gostei do cavaleiro. Vou ajudá-lo.

— Edauros —

— Você sempre disse que deveríamos fazer algo produtivo com a feitiçaria. Bem, eu não pretendo ir salvar aquele antro que se chamava Lenórienn. Então qual uso seria mais produtivo que caçar um vilão perigoso?

— Ouça o que você está dizendo. Não estamos em uma história de aventuras.

— Fale por você. Sempre quis ser herói.

— E vai se agarrar a Orion para ser herói?

— Chama-o pelo primeiro nome, agora? Vejo que a chama da paixão ainda não se apagou em seu peito suspirante, minha irmã.

— *Edauros* —

— Vamos matar Crânio Negro. Vai ser divertido.

— Vamos atrás de nossa herança. Não é o que você queria?

— Dragões vivem muito. Não tenho planos de morrer. Vamos ter tempo.

— Edauros, estou falando sério. Por favor, não quero mais ficar perto de *sir* Orion Drake. Esqueça Crânio Negro.

— Ele tentou matar você.

— Não importa.

— Mas temos algo a ver com isso tudo! Essa é a prova!

— Edauros, estou pedindo. Por favor, vamos embora.

Silêncio.

— Yadallina, humanos morrem o tempo todo. Não há tempo para se arrepender, se você der as costas ao homem agora. Ele estará morto.

— Não vou me arrepender.

Silêncio.

— Por que a mudança? — disse Edauros.

Ela respondeu qualquer coisa, para não falar a verdade.

Yadallina vivera à volta do irmão, da feitiçaria, da obsessão de Edauros. Por isso, havia muito que não conhecesse. Tinha a maldição da inteligência: notava a própria ingenuidade. E viu, quando o anão chamado Ingram Brassbones lhe jogou na cara, o absurdo de seus sentimentos. Não conhecia Orion Drake. Não sabia de sua vida. Fora jogada numa situação de morte, e salva por um estranho; pelo estranho se apaixonara. Era absurdo. *Sir* Orion não era herói o tempo todo. *Sir* Orion tinha família, passado, que não lhe diziam respeito. Yadallina sentia agora uma vergonha funda, via-se como criança. Não acreditava ter passado semanas imersa numa tolice.

O sorriso do elfo derreteu-se, devagar.

— É isso mesmo? — disse ele.

— É.

Deu de ombros.

— Certo. Então, deixamos para trás *sir* Orion Drake, Crânio Negro, a Tormenta e tudo o mais.

— Promete?

— Claro que sim, sua mentecapta. Alguma vez já neguei algo que você tenha pedido?

Abraçaram-se.

Lá fora, uma pequena corrida, passos furtivos. Edauros espiou, teve a impressão da sombra de pés no espaço entre a lona e o chão. Mas logo sumiram, e ele esqueceu.

Sob as estrelas.

— Vão mesmo embora? — disse Orion.

— Desculpe — disse Edauros.

No meio do acampamento, em um círculo torto. Ingram escondeu o sorriso, sentindo, enfim, *algo* que não degringolava. Darien maldizia-se pelo orgulho de ter cumprido a missão que lhe fora passada. Yadallina tinha o rosto inescrutável e sereno, como um lago numa pintura.

— Foi uma honra — disse o cavaleiro.

Abraçaram-se forte.

— Vão para Bielefeld? — disse Edauros.

Orion assentiu.

— Eu e Ingram, para Norm. Darien seguirá para Roschfallen.

— E vão descobrir sobre Crânio Negro?

— Darien vai descobrir. Nós dois vamos arranjar um jeito de matá-lo.

— Pois dê um chute a mais no desgraçado, por mim.

Yadallina cumprimentou com um meneio de cabeça cada um dos três. Conseguiu manter contato com os olhos de Orion por algum tempo, e quase não ficou ruborizada.

Havia um ar melancólico. Os elfos tinham passado pouco tempo, mas a distância atravessada juntos criara um laço. Orion, como uma torre no centro, ditava sem querer a sensação da despedida. Porque, ao seu redor, sem que soubesse, havia bastante alívio, e indiferença.

— Iremos nos ver de novo? — disse o cavaleiro, tomando a mão de Yadallina e beijando o ar logo acima. Apesar de si mesma, ela estremeceu.

— Quem sabe? — disse Edauros. — Tente manter seus membros restantes intactos, até lá, ou terei de lhe dar aguardente com uma colher.

Riso. Os dois, genuíno. Os outros, forçado.

— Posso perguntar para onde vão? — disse Orion.

— Vamos — Yadallina começou, mas foi interrompida:

— Ah, é um lugar de que talvez você tenha ouvido falar — disse Edauros. — As Montanhas Sanguinárias. O Monte do Dragão Adormecido. Vamos descobrir sobre o Dragão da Tormenta, e o plano de Crânio Negro. E talvez alguma coisa sobre nós mesmos.

Yadallina engasgou, sentiu os olhos inundando. O estômago de Ingram despencou. Orion acendeu o rosto de pedra em um sorriso largo.

— É isso mesmo, *sir* cavaleiro. Não vai se livrar de nós com tanta facilidade.

— O que foi? — disse Edauros.

— Não acredito. Não acredito que mentiu para mim — disse Yadallina. — Isso vai ser um hábito, agora?

— *Não* menti para você.

— Vamos ao Monte do Dragão Adormecido? Investigar sobre o Dragão da Tormenta e Crânio Negro? E continuar ajudando *sir* Orion?

— Estamos afastados, não estamos? Vamos procurar nossa herança, não vamos? Qual é o problema?

— Edauros, você prometeu.

— Tinha prometido para ele também, antes.

— Não acredito que fez isso comigo.

— Deixe de ser tão melindrosa. Além do mais, ele é um bom par para você. Não me incomodaria ter um cunhado na Ordem da Luz.

Ela quis soltar sua mão, mas Edauros não deixou. O vento gelado era gostoso no rosto, nas frestas das roupas, no couro cabeludo à mostra. Agarrou mais forte a mão da irmã, fez evoluções no ar. A centenas de metros do chão, voando rumo às Sanguinárias, Edauros sentia-se capaz de cumprir todas as promessas do mundo.

— Sujeito e tanto — disse Orion.

— Fica cada vez mais fácil aceitar sua oferta e ir embora — disse Ingram.

— Edauros me lembra Trebane.

O anão olhou-o, talvez pela primeira vez, com raiva genuína.

Darien sentiu a eletricidade no ar, e arranjou uma desculpa. Era manhã, estavam a poucos quilômetros do acampamento, a estrada ainda era jovem, os cavalos e os pés de Ingram ainda estavam descansados, e ainda havia um caminho longo, cheio de reinos e aldeias, até que chegassem a Bielefeld. A floresta em ambos os lados era convidativa, cheia de caça, e não sinistra. Mas o rapaz insistiu que era melhor seguir à frente, como batedor, por segurança. Mal ouviu os protestos dos dois, pôs a montaria a galope, afastou-se daquela briga de comadres.

— Qual o problema, Ingram?

— Vai mesmo comparar o elfo ao homem que morreu por você?

— Não entendo —

— *Espere.*

Quietos.

— Viu aquilo? — disse Ingram.

— O quê?

— Vultos. Na orla da floresta, tenho certeza —

Fisgada no pescoço, tudo escureceu num instante. Orion girou o cavalo, pôs a mão na espada, sentiu a picada na nuca. O chão e o céu dançaram, ele conseguiu pensar que podia quebrar o pescoço, caindo daquela maneira. Mas não sentiu o impacto. O mundo ficou preto, e ele não viu mais nada.

CAPÍTULO 16

A QUEDA DA CASA DO MAGO

— POR QUÊ? — DISSE CRÂNIO NEGRO. — PORQUE EU *odeio* Sambúrdia.

Possivelmente Tallban fosse mesmo o final da civilização. No grande reino esverdeado de Sambúrdia, era a cidade mais extrema. Sambúrdia era o Celeiro de Arton, um lugar vasto, cheio de fertilidade, florestas incontidas, colheitas transbordantes. Cheio da riqueza que isso tudo trazia. Mas Tallban estava na sombra do leste, no sopé das Montanhas Sanguinárias. Sambúrdia era só prosperidade, mas Tallban aprendera a viver com ameaça. O maior ninho de monstruosidades em Arton às vezes espirrava sua selvageria pela fronteira, os vizinhos eram bárbaros e humanoides brutais. Por tudo isso, Tallban via o resto de Sambúrdia com os mesmos olhos que um avô veterano de guerra pousa sobre o neto virgem. Para Tallban, Sambúrdia era doce, inocente, iludido. E abençoadamente ignorante.

Mas agora Tallban corria. Chegava o Dragão.

As muralhas eram altas. Havia torres de vigia, mais do que em outras partes do reino. Os homens eram mais atentos, mais armados. As fazendas, a barriga gorda de Sambúrdia, existiam menos, menos ricas, menos exageradas. O terreno ia-se tornando mais e mais pedregoso, quase de forma sutil, enganando o povo, até que percebia-se estar na beira das montanhas. As pessoas tinham mais susto, e tentavam disfarçar, pois queriam que a gente rica de Sambúrdia viesse conhecer a única maravilha de Tallban.

As fazendas estavam vazias. O gado e os cavalos, mortos ou loucos. Famílias em disparada, para dentro das muralhas, como se pudessem viver. Um enxame de gente, pisoteando as estradas com sulcos fundos de carroça, mulheres agarrando quantos filhos podiam, infelizes tropeçando, sendo atropelados. As gargantas roucas de tanto grito, e sempre alguém para continuar.

A sombra longa e larga escureceu a multidão. Pescoço sinuoso, cauda serpenteante, asas maiores que a vida, estendendo-se de cada lado.

As trombetas soaram nas torres. Os portões da cidade estavam abertos, com soldados de prontidão, berrando para os refugiados entrarem. Desejavam nada mais que fechá-los, como se adiantasse algo. Cada lâmina, cada porrete e machado em Tallban encontrava um par de mãos, que subiam às ameias ou entrincheiravam-se em casa, com famílias apavoradas.

Os tetos de sapé tremeram, as cabras berraram, os cães espumaram e atacaram seus donos. O Dragão rugiu.

— Abra, por Khalmyr! — berrou o homem. — Piedade, temos três crianças.

Ombros de trabalho, queixo de pouca fala, cicatrizes de defender a fazenda. Halford era um fazendeiro, fazendeiro de Tallban — machado para rachar lenha e cabeças de goblins. Mas casara-se. Mas prosperara. Mas engravidara a esposa de novo e de novo, e agora eles carregavam três filhos cobertos de lágrimas e ranho, afônicos de berrar ou gelados de choque. Ele esmurrava a porta da sexta casa, a sexta que lhe mostrara uma tranca. Só queria meter a mulher e os pequenos debaixo de um teto, e ir ajudar no que pudesse.

— Pelo amor de Lena. Deixe minha família entrar.

— Vá embora — disse a voz de dentro. — Não temos mais espaço.

Halford não conseguia ouvir mais nada do outro lado. Não conseguia ouvir muita coisa, porque a cidade inteira urrava, e as torres rachavam, e o muro ruía, e o chão tremia. Mais um urro da fera, e sentiu o fundo dos ouvidos coçar, o interior de seu crânio vibrando pelo barulho horrível. Arriscou uma olhadela para sua família, atrás, e Lorelei estava branca e estática, no colo da mãe. Os olhinhos vidrados, um fio elástico de baba fugindo do lábio inferior. Ele não ouvia mais nada do outro lado da porta, apenas uma voz sozinha, e a casa tinha tantas janelas!

— Abra! Tenho três crianças!

— Tenho crianças, também. Vá embora.

E já era a sexta casa. Halford foi arremessado pela ventania, viu um teto de sapé se desgrudar e voar solto. O Dragão batia as asas. Nylla ergueu-se, tentando acalmar as crianças. Lorelei ainda não proferia um som. A casa tinha telhas, não sapé. E já era a sexta.

— Abra! — gritou Halford.

— *Vá embora.*

Então ele sacou o machado. Nylla deu um berro estridente, tentou segurar seu braço, com a única mão livre. O mais novo começou a espernear, agarrando os cabelos em seus dedinhos curtos. Halford deu um safanão para trás, Nylla se desequilibrou, ele ergueu o machado, e pôs a porta abaixo.

— *Três!* — golpe. — *Crianças!* — golpe.

O único morador estava disposto a defender sua propriedade, e houve sangue.

Os arqueiros estavam em formação nas ameias.

— Firmes! — gritou o capitão. — Firmes! É apenas um bicho!

A bocarra abriu-se para eles, com mais de uma centena de presas. O Dragão da Tormenta era difícil de compreender, uma aberração deformada, uma construção grotesca, feita de dragões e de lefeu. Tallban era mais empedernida que o resto de Sambúrdia, mais calejada que a maior parte de Arton. As Sanguinárias eram covis de dragões, e boa parte da população tinha alguém na família que já avistara uma das criaturas. Sabia-se, senão por experiência, ao menos por relato — o medo que acompanhava um dragão, a sensação de esmagamento, a morte refletida em cada escama. Mas nada preparava para o Dragão da Tormenta.

Os arqueiros mantinham as cordas puxadas, as hastes prontas, as pontas de metal apontadas para o inimigo que se aproximava. Mas os arcos tremiam sem controle. O capitão dizia o que deveria dizer, mas seus olhos eram puro terror. As manchas de urina começaram a aparecer na virilha das calças. O Dragão da Tormenta exalava a majestade e intimidação dos dragões, deixava nos homens a confirmação de sua mortalidade, de sua fraqueza. Mas também exalava lefeu, exalava Tormenta. A majestade não era de uma criatura, do maior dos monstros, do predador supremo. Era a majestade de um universo sobre o outro, de uma Criação sobre todas as outras possibilidades. Os artonianos sentiam a aura do Dragão da Tormenta e notavam que Arton era mortal, Arton era fraco. Todo o povo, todos os reis, todos os monstros, todos os heróis. Todos os deuses.

Um dos arqueiros sacou uma adaga, abriu o próprio bucho. Outros dois jogaram-se das ameias, indo quebrar pescoços e espinhas sobre a multidão que rugia para dentro da cidade, lá embaixo. Ainda outro sentiu-se estranho, tocou o próprio rosto. Tocou espinhos, quelíceras. Fora corrompido pela Tormenta, por pura convicção.

— *Morra Khalmyr* — sussurrava outro arqueiro. — *Morra Wynna. Morra Allihanna. Morra Keenn. Morra Nimb.*

O capitão tentou fazer algo, para não morrer sem tentar:

— Agora! Atirem!

As flechas voaram para todos os lados; algumas, na direção do Dragão. O tronco multicolorido, feito das escamas, carnes e músculos de inúmeros dragões mortos, recebeu as hastes inofensivas sem notar. A cabeçorra, cheia de espinhos, chifres, rebarbas e olhos, mantinha-se apontada para os muros, crescendo mais e mais, chegando perto. As asas membranosas, recobertas de escamas irregulares, planavam, fatiando o ar, e batiam, causando pequenos furacões. E as garras, as lâminas, a carapaça — tudo que era a matéria vermelha lefeu — reluziam com brilho nojento frente ao sol em pânico.

O Dragão abriu a boca.

E cuspiu.

A baforada terrível, rubra, feita de estilhaços e vapor e líquido e gavinhas gelatinosas. Feita de horror e transformação, de poder e estranheza. O Dragão cuspia Tormenta. Metade do muro frontal desapareceu, deixando menos que pó. Os arqueiros foram obliterados, sem chance de um grito. A vermelhidão continuou atingindo Tallban, cortando ruas, desfazendo casas, tavernas, oficinas, estábulos, bordéis, celeiros. O que era artoniano sumia, instalava-se uma crosta irregular de matéria vermelha, fazendo escarpas ou poças ou pequenos riachos. Uma coisa cáustica, que consumia ao redor, espalhando corrupção. E, em instantes, começava a brotar.

Onde antes houvera uma carpintaria, agora erguiam-se braços esquálidos, nascendo do chão, com longos dedos moles, que terminavam em olhos. Onde houvera um chiqueiro, uma imensa vagina cheia de dentes pontiagudos, tentando mastigar o povo que corria.

Os abastados tentavam suas proteções. Os mais ricos tinham magos. Mas, se fossem ricos de nota, não morariam em Tallban. Assim, havia dois ou três magos, e nenhum pôde fazer nada. Numa ruela afastada, um velho alto, coberto de gordura, mantos e joias, ajoelhava-se, em prantos, agarrando as roupas de um jovem arcano de óculos imensos. Implorava que tirasse-o de lá, mas o mago não podia. O velho morreu suplicando, e o jovem morreu constrangido.

O Dragão da Tormenta mergulhou sobre a cidade, rugindo o som do desespero. Com uma mordida, destruiu uma torre de pedra. Os homens lá dentro tiveram a chance de sentir dor — um mastigado, outro caindo livre, em meio aos destroços, olhando a chuva de pedras e seus próprios intestinos. O Dragão pousou sobre uma estalagem, suas paredes ruíram, os donos e fregueses foram esmagados. As multidões tomavam as ruas, correndo para todo lado, como se a humanidade houvesse multiplicado. O Dragão colheu uma dúzia com uma bocada, varreu meia centena com as farpas da cauda. Tallban era mais que um matadouro: tornava-se um moedor de carne, e logo a população resvalava em sangue e excremento.

Tallban tinha um prefeito.

Sambúrdia era uma pérola de civilização, pois não dependia de linhagens de sangue azul, tradições pétreas ou sobrenomes. Tallban tinha um prefeito, e ele corria para a única maravilha da cidade — o museu. Deveria haver algo, qualquer coisa, alguma ajuda no museu. Deveria haver alguma esperança, em algum lugar. Afinal, a morte é algo que só acontece com os outros.

Cercado de um número cada vez menor de guardas, o prefeito erguia a barra de seu manto, amaldiçoava a sobrecasaca, e balançava suas banhas na corrida até o Museu de Vectorius. Absurdamente, segurava seu chapeuzinho circular e chato. Tallban era a cidade natal de Vectorius, o lorde de Vectora. Um dos maiores arquimagos de Arton (o maior, no julgamento de Tallban), construtor da Cidade Voadora de Vectora. Deveria haver alguma magia nos objetos mundanos que Vectorius deixara para trás.

Alguma coisa.

Era bom ser o lorde. Mesmo como lorde, havia tempo para se dedicar ao xadrez.

Vectorius fechou os olhos e suspirou, sorvendo a quietude. O tempo não era problema, e ele não sabia como poderia haver quem reclamasse. Havia tempo para o descanso, para a diversão. Para circular pelas ruas de sua esplendorosa cidade voadora, incógnito, sentindo o zumbido da vida e do comércio. Agora, sozinho em seu escritório, ele podia sentir a altitude e a velocidade de Vectora, o campo mágico ao redor, ver a paisagem muito abaixo. A vibração da montanha invertida, dos prédios construídos em sua superfície e dos túneis escavados em seu interior, fluía para seus dedos, através de seu estômago, espinha acima. Um prazer simples, mas recompensador.

Sentia-se reluzente: dormira quase duas horas na noite anterior, e descansara por completo. Negociações com reis de outras dimensões costumavam ser estimulantes, e os encontros daquela manhã não haviam sido exceção. Dividindo-se em sete corpos, Vectorius conduzira as conversas, contando piadas de demônios para a rainha das sílfides e perguntando pela saúde do filho do califa dos gênios. A biblioteca que adquirira na semana anterior finalmente fora lida — enquanto almoçava, Vectorius apreciara seus quinhentos e doze volumes, embora alguns dos diários de viagens fossem terrivelmente prosaicos. Corrigira um lapso no campo mágico intrínseco da área norte no início da tarde, enquanto fazia as projeções de negócios para as próximas décadas, e transmitia-as à mente de um escriba. Criara uma nova fórmula alquímica para extinguir chamas mágicas, enquanto infiltrava-se em uma guilda de escravagistas, no submundo da cidade. Após dizimar os criminosos, desenhara a planta de alguns prédios novos, e refizera as projeções de negócios, levando em conta diversos futuros possíveis. Escrevera o discurso para o Rei-Imperador e projetara um novo sistema de defesa mística para a cidade. Estava no meio da elaboração de uma teoria econômica que poderia quadruplicar seus lucros, quando notou que era hora de descansar.

E assim, descansava. No meio do segundo minuto, já sentia tédio. Mas forçava-se a seis minutos de preguiça. Um homem, afinal, não era uma máquina.

Enquanto descansava, jogava xadrez.

Vectorius cofiou a barbicha pontuda, alisou seus longos cabelos grisalhos, mantidos com vaidade. Seus olhos afiados estudavam o tabuleiro. Do outro lado, ninguém — ou quem dera. Aquele jogo estendia-se há anos, e nenhum dos competidores tinha vantagem clara. Vectorius sabia que era o maior arquimago de Arton. Mas seu oponente, Talude, tinha aspirações risíveis ao título.

O jogo era uma boa distração. Segundo as regras, não usavam nenhum tipo de comunicação, mágica ou mundana. Competindo por tanto tempo, ambos conheciam um ao outro melhor do que irmãos, melhor do que amantes. Bem melhor do que a si mesmos. Vectorius olhou o lado oposto do tabuleiro, percebeu o movimento que Talude faria, se estivesse ali.

"Maldição", pensou. *"O velho tem lá suas espertezas"*.

Movimentou a peça do oponente. Não era necessária comunicação. Vectorius tinha certeza dos movimentos do outro arquimago. E Talude, enfiado em sua patética Academia Arcana, estaria naquele momento frente a seu próprio tabuleiro, sabendo com exatidão o que Vectorius faria.

Movimentou sua peça.

— Vamos ver o que faz agora, lacaio — riu-se Vectorius.

Batidas na porta do escritório.

— Entre.

Um mensageiro, roxo de constrangimento, entregou um papelote enrolado.

— Como isto chegou?

— Bem — disse o servo, como se pedisse desculpas. — Estava à nossa espera na última cidade, senhor. Com ordens para que fosse entregue... Agora.

— Exatamente agora?

— Há um quarto de minuto, meu lorde.

Vectorius dispensou o mensageiro. Abriu o papel. Vinha de Talude, com data de quatro meses atrás. Dizia:

Xeque.

— Maldição.

Xeque. As regras afirmavam com clareza, nenhuma comunicação mundana ou mágica. Mas o velho tinha de deixar uma mensagem, para comemorar sua minúscula vitória temporária.

Vectorius moveu seu rei, tirando-o da armadilha. Mal tinha largado a peça, recolheu-a de súbito. Percebeu que, com aquele movimento, cairia numa arapuca ainda pior. Fez outra jogada.

Batidas.

— Entre!

— Perdão, senhor.

O mesmo mensageiro, agora parecendo à beira da morte. Trazia outro papelote enrolado.

— Uma mensagem para ser entregue agora? — latiu Vectorius.

— Exatamente dois minutos depois da mensagem anterior, meu lorde. — Hesitou, olhando uma clepsidra no escritório. — Agora.

Vectorius dispensou o mensageiro, abriu o papel:

Você sabe muito bem que a jogada está feita. Pare de trapacear.

Vectorius amassou a mensagem, tentando não sorrir. E recolocou seu rei na arapuca. Velho maldito.

Súbito, levou a mão à cabeça. Um de seus alertas pelo Reinado fora disparado. Erguendo-se, Vectorius foi até um espelho vertical, emoldurado em ouro e joias, cada uma um botão móvel ou alavanca. Operando a máquina arcana e recitando palavras mágicas, realizou o encanto de vidência.

E enxergou Tallban.

Enviou seu pensamento até uma das esfinges que assessoravam seus afazeres diários:

"Cancele meus compromissos".

Vectorius olhou o Dragão. E não sorriu.

Abaixo, Tallban queimava. O Dragão da Tormenta cuspia inferno, e não fogo. As labaredas de dois andares eram obra da população — o desespero fizera-os queimar os horrores que viam. O campo à volta dos muros era uma sopa vermelha. Os pedaços da vida e dos prédios espalhavam-se por todas as ruas de Tallban, junto com a voz dos condenados.

Vectorius parou, ereto no ar, acima da cidade arruinada. Disse:

— Não.

E, com um gesto, Tallban parou de arder.

O Dragão da Tormenta rugiu, estremecendo as Sanguinárias, a alguns quilômetros. Com dois movimentos titânicos de suas asas, a fera ganhou altura, torceu o corpanzil em uma trajetória sinuosa, adernando e virando-se para encarar o mago. Os ossos dos cadáveres de dragões projetavam-se através do couro escamoso, a matéria vermelha formava costuras e junções entre os pedaços desencontrados. As garras produziam um zumbido agudo, enquanto cortavam o ar em velocidade de flecha.

Vectorius gesticulou, a boca fechada em linha severa, os olhos estáticos no alvo. Súbito, o Dragão foi engolfado por uma tempestade prismática. Nuvens e redemoinhos de todas as cores engoliram o Dragão, despejando fogo, ácido, eletricidade, gelo, todas as forças da natureza e da magia, de uma só vez. O mago continuava numa série de gestos de velocidade impossível, as mãos rápidas, desfazendo-se em borrões de movimento. Um punho gigantesco, feito de pura energia e da vontade do mago, brotou dos céus. Agarrou o corpo da fera, como se fosse um brinquedo, apertou-o em seus dedos colossais. Os gestos continuavam, sem cessar, sem hesitação e sem uma palavra. Chuvas de rochedos flamejantes, uma após a outra após a outra, atingiram o Dragão da Tormenta, hordas de criaturas mágicas surgiram em ataque, um guincho tão potente que seu mero som poderia matar um gigante. Tudo isso, em momentos, e o Dragão contorcia-se no céu. Vectorius inabalável.

A fera urrou.

Com uma batida de suas poderosas asas, o Dragão da Tormenta matou uma centena das criaturas conjuradas pelo mago. Voou para cima, destruindo uma torre pela força do vento empurrado. A tempestade, o punho e o resto do poderio arcano eram deixados para trás. Vectorius fazia gestos com velocidade cada vez maior, jogando céus e terra sobre o Dragão, mas o que ele fez foi mergulhar. Bocarra aberta, garras para o ataque, e em um momento estava sobre o mago.

Vectorius desapareceu num instante, evitando a investida. Surgiu a duzentos metros, fazendo o chão abaixo se abrir, em uma fenda de um quilômetro que vomitava magma. O Dragão foi trancafiado numa esfera de poder mágico, arremessado para baixo pela vontade do arquimago. Sumiu fenda abaixo, e a terra se fechou à sua volta, encerrando-o numa tumba feita de Arton. Vectorius continuava os encantamentos, assegurando a prisão, quando a terra explodiu.

Uma cratera que poderia abrigar um castelo abriu-se, quando o Dragão da Tormenta emergiu da prisão. A esfera indestrutível fora destruída, quilômetros de rocha haviam sido esfacelados. O Dragão rugiu, e vomitou a Tormenta sobre Vectorius.

O jato vermelho de ácido, corrupção e horror encontrou uma proteção invisível, um campo de força arcana que circundava o mago. Um momento, e o escudo tornou-se rubro, e distorceu-se em imagens depravadas, e desapareceu. Outro e outro, as proteções infinitas de Vectorius quebrando-se no espaço de uma batida do coração, e ele viu-se indefeso. Desapareceu mais uma vez, indo reaparecer cem metros acima, sem cessar os encantamentos.

O Dragão estava à sua espera.

De alguma forma, a fera calculara onde ele estaria, e seus dentes malignos fecharam-se de imediato. Vectorius teve tempo de meio vislumbre, e sentiu uma presa horrenda, grande como dez lanças, fatiando-lhe as costas. A casaca rasgou-se, faiscando ao perder as proteções arcanas. Por baixo, vinha outro dente, que encontrou uma coxa, desfiando de baixo para cima, e a mordida trouxe os dois juntos, junto com a carne do arquimago.

Vectorius via seu sangue cair muito abaixo, girou solto no ar, recuperando o controle do voo. O Dragão atacou com suas garras de navalha, mas ele tornou-se imaterial, como um fantasma, e evitou o golpe. Uma magia antiga, de prontidão, acendeu-se de vontade própria, restaurando-lhe o corpo e a saúde. Aproveitando o instante de segurança intangível, Vectorius fez um gesto arcano; a fera soprou de novo.

A baforada atingiu-o, mesmo na forma espectral.

Vectorius conseguiu que uma rajada de furacão tirasse-o do caminho, mas a corrupção rubra tocou-lhe o pé. Ele sentiu as gavinhas vermelhas subindo por sua perna, os ossos impregnando-se com a essência alienígena do dragão lefeu. A transformação subia rápido, viajando por seus ossos, sua carne. Quando a primeira ideia blasfema tocou-lhe a mente, Vectorius soube o que deveria fazer. Conjurou uma lâmina de fogo e, sem hesitar, amputou a própria perna, na altura da virilha. Soltou um grunhido baixo, viu a coisa despencar, absurda, sacolejando seus novos tentáculos rubros.

— *Isto é inconveniente* — disse.

E, a essas palavras, sua carne e seus ossos recomeçaram a crescer, num descontrole de vida dolorida; nervos, pele, tendões formando uma nova perna em um instante.

A criatura investiu de novo. A bocarra fechou-se com um estrondo de vulcão, um instante depois que Vectorius desapareceu. Surgiu de novo a dois metros da fera, usou sua vontade para retorcer a realidade, de novo e de novo e de novo, desejando que o monstro fosse vulnerável a seus ataques. Mas a existência lefeu era mais forte, e intransigente. O Dragão ignorava os encantos que poderiam obliterar uma montanha. Virou-se num repelão, e uma mordida titânica perfurou o ombro do arquimago, estraçalhando ossos e arrancando um grande pedaço. O braço esquerdo de Vectorius pendeu inútil, enquanto ele fazia o ferimento se curar com seu desejo. Escapou de um novo ataque voando mais e mais alto, até que sentiu que o ar lhe faltava. Decidiu não ser afetado por isso, e a magia cumpriu sua vontade, obediente. Então, juntou as mãos num brilho arcano azul, disparou para baixo, e projetou uma gigantesca lança de luz contra o inimigo.

A arma de energia perfurou o peito do monstro, fazendo com que urrasse. Sua ponta brilhante surgiu do outro lado, empalando o Dragão da Tormenta. Em seguida, veio outra.

Vectorius usava as armas da mais suprema magia, e por fim o Dragão estava ferido. Uma nova baforada, enquanto a fera estava presa nos encantos, e o arquimago de novo sumiu para a segurança.

O Dragão virou-se. As lanças de luz desvaneceram-se, deixando buracos fumegantes. As gavinhas lefeu começavam já a costurar a carne desfeita.

E o Dragão começou a lutar.

Vectorius não conseguiu ver seu ataque, pois a rapidez do monstro era superior à da magia. Notou o perigo quando sentiu o rasgo das garras em seu peito, projetou-se para trás, apenas para encontrar a outra pata, que varreu-lhe as costas. Vendo tiras de sua pele dançando por toda parte, o arquimago pôde reunir raciocínio bastante para evitar a mordida. Conjurou uma nova esfera indestrutível — desta vez, dentro da boca do Dragão. As mandíbulas trancaram na parede do objeto, por tempo suficiente para que ele pudesse se transportar para longe.

De novo, a magia deixada pronta para quando necessário disparou, sem que o mago precisasse agir. O sangue foi sugado de volta, a saúde foi restaurada ao corpo de Vectorius. A esfera se esfacelou ante a mordida do Dragão.

De novo, mais rápido que o olhar mágico. O Dragão da Tormenta atacou num turbilhão. Sua cauda golpeou à frente, os espinhos perfurando o estômago do arquimago, projetando um veneno lefeu que fazia todos os nervos queimarem. Vectorius sentia dor em lugares de si que conhecia apenas em teoria. Fez um encanto com mãos trêmulas, sumiu e reapareceu, e usou sua vontade para ordenar que todos os pontos do corpo atingidos pela toxina fossem substituídos. Uma massa de carne e partes humanas choveu, e a agonia acabou num momento.

— Às suas ordens, meu lorde.

Vectorius conheceu o terror.

Vectora não tinha só ele. Era um centro arcano, um centro de vidas e comércio. Vectorius tinha um conselho, tinha homens e mulheres de imenso poderio mágico, que auxiliavam-no, estavam ao seu dispor. Sua lealdade era infinita. Por isso, estavam todos ali.

— *Não!* — gritou o arquimago.

O Dragão rugiu, e o vermelho chamejou em sua garganta. Nenhum dos conselheiros sobreviveria, e o inferno projetava-se na forma da baforada, em direção a todos eles. Conjuravam, os tolos. Confiavam em suas proteções, seus encantamentos. Achavam que aquilo que podia fazer a realidade se dobrar era suficiente para tocar o Dragão da Tormenta.

— *Vão embora* — disse Vectorius.

Todos desapareceram, todos resistindo, nenhum capaz de fazer frente ao poder do lorde. A baforada encontrou o ar, e corrompeu-o.

Os conselheiros viram-se no chão, nas ruas devastadas de Tallban. Viram quando uma redoma translúcida passou a existir, englobando a cidade. Vectorius prendia-os. No mesmo instante, tentaram quebrar a barreira, mas era complexa demais. Ouviram em suas mentes:

"Ajudem o povo. Não interfiram na luta".

Os conselheiros foram hipnotizados, dominados como bebês.

Vectorius crispou as mãos, e gesticulou de novo.

O lorde chegou carregado a Vectora.

Nenhum dos conselheiros tinha uma gota de poder mágico. Estavam exaustos, pálidos, desgrenhados. Mãos trêmulas, pernas bambas. Tallban fora salva, dentro do que era possível. Houve sobreviventes.

E, porque não tinham um resquício de magia, subiram à cidade voadora levados por grifos. O lorde estendido, sangrando, seu corpo mais magro, sugado de toda a força. Seus ferimentos haviam sido tratados com bandagens feitas de mantos rasgados.

Os grifos pousaram em Vectora, e os conselheiros berraram para que a multidão desse espaço. Às centenas, os curiosos aglomeravam-se, impedindo a passagem de quem levava Vectorius. Os guardas foram chamados, e empurraram as pessoas para longe. O lorde chegou ao palácio entrando pela porta, em uma maca bastante mundana.

Vectora estava parada, estática no ar.

O Dragão da Tormenta rugiu em triunfo, e voou para a montanha. Sabia que, em breve, teria outro alvo.

CAPÍTULO 17

BALA E BIGORNA

NO ESCURO, FORMOU-SE A CLÉRIGA. ORION PERCEBEU que agora sabia que ela era uma clériga. Depois, esqueceu a estranheza, permaneceu com o fato. Orelhas mestiças de meio-elfa, rosto de porcelana estragado pela cicatriz no olho. Roupas exóticas, cabelo esculpido. E, logo, o samurai.

— Isto é só uma lembrança — disse a meio-elfa, sem conter um meneio de decepção.

O homem estava livre. Em vez de correntes, tinha sua longa espada recurvada. O rosto pleno e visível, nuns olhos atentos e ferozes, a boca meio torta, com um esgar típico de Tamu-ra. A meio-elfa mudou, devagar. Em vez de traje polido, mantos religiosos, verdes e dourados. Sem a cicatriz, os cabelos cinzentos pendendo lisos, ao lado do rosto.

— Alguma ideia de onde estamos? — disse o rapaz louro, de rosto duro, olhos contagiantes.

— Chama-se "o meio do nada", ó valoroso líder — disse um homem de armadura de batalha, mostrando os dentes num sorriso largo, emoldurado por um cavanhaque meticuloso. Bastante maltratado, é verdade: resquícios de ferimentos, os longos cabelos como se mastigados. Mas não dobrava as costas.

Orion reconheceu-o: estivera com Crânio Negro. Era inimigo.

— O albino costuma passar bem melhor do que nós — disse o líder. — Da próxima vez, *ele* fica perdido no mato, e *nós* relaxamos um pouco em Ahlen.

A clériga não achou graça. Agora o mundo ao redor formava-se também. Era uma tarde de sol mortiço, em meio a árvores, capim, arbustos. Nada muito animador.

— Guarde a espada — disse o líder para o samurai. — A não ser que ela precise provar sangue, ou algo do gênero. Nesse caso, Gregor é o voluntário.

— Por quê? — disse o homem de armadura. — Achei que você estivesse menstruado. Sangue não lhe falta.

Riram.

— Um paladino de Thyatis não deveria falar essas coisas — disse o jovem líder.

— Um paladino de Thyatis não deve mentir — riu Gregor.

"O aliado de Crânio Negro é um paladino de Thyatis."

Alguém chegou perto, tomou a mão do líder. Uma jovem de beleza afiada, cabelos castanhos em cachos, couro e pano grosso cobrindo e revelando. Arco às costas, aljava à cintura. Mais jovem, mas não havia engano:

Crânio Negro.

O rapaz deu-lhe um beijo entusiasmado, apertou-lhe rápido contra o corpo.

— E então?

— Gregor tem razão. É o meio do nada — disse a arqueira.

— E chega a algum lugar?

— Acho que sei a direção das trilhas mais utilizadas. — Pausa. — É para lá que queremos ir?

— Acho que nunca quebrei nenhuma lei importante em Tyrondir — sorriu. — Não deve haver muita gente lá que deseje a minha morte.

A arqueira dirigiu-lhe um lembrete em forma de olhos castanhos. Ele ergueu as sobrancelhas, como se entendesse, e deu de ombros para Gregor.

— Se alguém vier atrás do seu traseiro magro, eu protejo você — disse Gregor.

— Se fizer isso, vou ser obrigado a cumprir a tradição das donzelas em apuros, e presenteá-lo com minha pureza — disse o jovem louro.

Riram.

Havia os três e a clériga e o samurai. E um mago atarracado e balofo, que ria sem ímpeto, como temendo ser alvo da próxima pilhéria. Um minotauro de postura maciça, postando-se atrás da clériga. E um homem alto e desengonçado, de longos cabelos negros e roupas da mesma cor, levando, como arma, um alaúde. Também um garoto que passava o tempo tirando a cabeleira revolta dos olhos, muito inquieto e debochado. Orion reconheceu-o como Ashlen, o estranho que lhe pedira auxílio há quase dois anos.

— Vamos para Cosamhir, Vallen — disse Gregor. — Você estava se queixando da dura vida de aventureiro, não é? Pois vamos para uma cidade, onde terá uma cama quentinha para seu sono de beleza.

— Ele vai precisar de uma hibernação — disse Ashlen.

— Homens são feios, fortes e formais — Vallen deu um empurrão maroto no peito coberto de placas.

— Então falta muito pouco para você ser homem.

— Desculpe, mas você nunca vai ser formal, Vallen — disse a arqueira.

— Até você! É um motim!

— Ficamos decepcionados com sua barba — Gregor controlava-se para não desmoronar em riso. — Nunca seguiremos um homem que não consegue cultivar uma barba decente.

— Você está com inveja.

— Vallen, você tem o rosto de uma elfa púbere — disse Ashlen.

— Um motim deve ser punido com a *morte*! — Vallen jogou-se sobre Gregor.

Ambos ficaram rolando no chão, engalfinhando-se e rindo, sob olhares constrangidos ou gaiatos. Ashlen tentou montar uma rápida banca de apostas.

— Estas são as piores — disse a clériga. — Às vezes, gostaria de nunca ter lembranças boas.

— *Vallen*.

Orion acordou num sobressalto.

Ingram sentava-se ao lado.

— Sonhando com seu filho?

Hesitou.

— Sim.

Orion capturou os arredores, uma caixa de pedra sem janelas. Ao que parecia, sem porta. Confortável para duas pessoas por uma noite, um inferno se precisassem passar dois dias. O teto muito baixo não permitia-lhe ficar de pé. A superfície marrom e uniforme era iluminada por globos de luz alquímica amarelada, dispostos nos cantos entre as paredes e o teto. Orion estava deitado numa cama quente e dura, coberta de colchas ásperas. Suas pernas sobravam para fora, os joelhos dobrando e os pés quase encostando no piso. Percebeu que, na posição incômoda, ficara dormente das canelas para baixo, e mexeu-se para recuperar a sensação. Ingram também tinha sua cama, na parede oposta, mas sentava-se no chão.

— Onde — começou Orion.

— Onde você acha? Bem-vindo ao meu lar, *sir* Orion Drake.

Havia uma porta. Óbvia para Ingram, invisível para Orion. Uma das paredes mostrou uma fenda, e então uma fissura, e revelou-se em dobradiças, tranca e maçaneta, tudo num engenho discreto e eficaz, pedra sólida com leveza de madeira.

Entraram os guardas santos.

Ingram gemeu um grunhido. Dois tipos luminosos, perfeitos em cada placa de armadura, rebite e fio de barba. Carregando machados de lâminas exageradas, elmos reluzentes e o ar de quem sabe ser o mais justo, correto e humilde servo de Khalmyr.

— *Sir* Orion Drake — cumprimentou um deles. Fez uma mesura com sensação de pedregulho, mas respeito à toda prova.

Orion saudou-o, massageando os tornozelos.

— Ingram Brassbones — cumprimento pingando asco. A mesma mesura, o mesmo tom de voz. O desprezo era implícito, negável. Ingram pensou na refinada arte da humilhação entre anões.

— Vão nos dizer por que nos arrastaram até aqui? Ou apenas queriam exibir essas barbas sujas de sopa?

Os dois guerreiros blindados trocaram um olhar rápido.

— Os senhores estão em Doherimm —

— Sei muito bem onde estamos, seu excremento enlatado. Agora devolva minhas armas e mostre a porta de saída.

— Gostaríamos de saber o que significa tudo isto — interveio Orion.

— Certa vez, tive que me aliviar numa lata. O resultado era bem parecido com você. Diga-me, conhece seu pai?

— Ingram.

— Olhe para eles, Orion. Não lhe parecem o tipo de anões que não conhece seus ancestrais?

— Os senhores estão desacordados há alguns dias — disse o anão, impassível. — O regente Thogar Hammerhead Primeiro pede desculpas pela forma —

— Alguns *dias*? — rugiu Ingram.

— pela forma como tiveram de ser trazidos até aqui.

Os três anões ficaram trocando insolências mudas. Orion quebrou a muralha:

— Mestre anão, tenho certeza de que tudo pode ser explicado. Mas, por ora, gostaria de estar de novo em liberdade. De minhas armas, e das armas de meu amigo. De falar com a pessoa responsável por isso.

— Ou pelo menos — disse Ingram — de saber se estamos em território hostil.

— Ingram.

— E, se estivermos, de saber qual filho da puta temos de matar. São tantos aqui em Doherimm, é difícil escolher!

— *Ingram.*

Os dois guerreiros examinavam Ingram como se fosse um bicho morto, esquecido até feder — e que fosse de sua responsabilidade jogá-lo no lixo.

— Por favor — disse um deles, forçando-se a soterrar o veneno. — Acompanhem-nos.

Orion ergueu-se, ficando tão ereto quanto podia sob o teto baixo. Os dois paladinos respiraram um pouco melhor, e já abriam a porta, quando Ingram disse:

— Não.

A saleta murchou, num cansaço generalizado.

— Se estamos onde eu acho que estamos, — cofiando o bigode — então nada feito.

— Estamos em Doherimm — disse Orion.

— É claro, seu humano surdo e cego. Basta sentir o peso de toda a rocha acima, dos lados. Qualquer um percebe que estamos no subterrâneo. — Não que ele fosse admitir, era uma sensação maravilhosa, como um abraço. — Mas estamos em Doher, não é? Em um lugar muito especial.

Doher era a capital. E o silêncio dos guardas provou que Ingram estava certo.

— Acomodações reservadas a quem está em observação. Lá fora, há uma multidão reunida para nos ver sair. Meus dias de atração circense acabaram, seus ninhos de piolhos. Posso ter servido de diversão quando fui julgado na Guilda dos Armeiros. Mas agora chega. Se querem que eu saia daqui, algum dos graúdos vem me buscar em pessoa.

Orion balançou um instante, e então sentou-se de novo. Não era um estranho à teimosia, e suas costas estavam doendo por recurvadas.

— Quem você deseja? — rosnou um dos anões.

Ingram projetou o queixo e o lábio inferior.

— O mestre da Guilda dos Armeiros seria uma boa pedida. O líder da Igreja de Khalmyr por aqui. O rei.

Os anões estremeciam dentro das armaduras, os punhos fechados ao redor das hastes dos machados, como se quisessem esmagá-las.

— Sua — pausa, a mandíbula recusava-se a abrir — Sua Majestade *não virá ter com um* —

— Talvez um general? — ofereceu o outro paladino. — Um sacerdote de alto escalão? Um oficial de guilda?

— Não — Ingram sorriu, cruzou as mãos atrás da cabeça e recostou-se na parede. — Acho que quero o rei, mesmo. Isso. Que o rei venha me buscar. E rápido.

— *Como ousa* —

— Sejamos razoáveis. Também aceito o velho Heavystep. — Handhur Heavystep era o líder da igreja de Khalmyr em Doherimm. — O que me diz?

Não responderam. Trocaram uma confabulação silenciosa, assentiram um para o outro, e saíram. A porta desapareceu na parede.

O sorriso virou uma carranca por baixo do bigode.

— Isso era mesmo necessário? — disse Orion.

Ingram bufou.

— Era. Eu não —

— Se diz que era, está dito. Não precisa se explicar.

— Cale a boca, seu humano porcaria. Não vou servir de bufão para esses montes de pelos. Você não faz ideia de como sinto falta dessas paredes. Mas, se eles nos trouxeram até aqui, tiveram uma boa razão. Não preciso baixar a cabeça.

— Quer que eles baixem?

— Se baixarem muito a cabeça, vão tropeçar nas próprias barbas. Quero que me tratem como o que sou. Um dos melhores armeiros dos últimos tempos. Nada mais, nada menos.

— E o rei fala com todos os bons armeiros?

Ingram deu um sorriso melífluo.

— Vamos fazê-los sofrer um pouco.

Fechando os olhos, Ingram Brassbones podia sentir a pedra. O cheiro de Doherimm era especial — uma combinação única de veios minerais, umidade e cômodo fechado. Cheirava a lugar certo. Os sons eram uma sinfonia constante, inigualável. Se o mundo aberto tinha o barulho do vento, a chuva e todas as gritarias ambientais, a Montanha de Ferro conversava com sua própria voz, sua própria vida, com quem soubesse ouvir. Ingram encostou o ouvido na parede, e o som retumbava dos níveis mais distantes. Apenas humanos, com sua ignorância ferrenha, e elfos, com sua incapacidade de enxergar o óbvio, podiam achar que o subterrâneo era silencioso. O som viajava melhor e mais longe na pedra, e cada batida, cada passo, cada movimento da vida anã era transmitido. Era estar próximo. E havia uma sensação indefinível, um sentido que os outros não possuíam, ou não sabiam interpretar. Como se o tato se expandisse, Ingram era capaz de perceber as toneladas de rocha, os quilômetros de profundidade. Odiou-se um pouco por isso, mas viu que era bom. Descartou o ódio, e decidiu aproveitar a Montanha de Ferro, enquanto durasse.

A porta se abriu.

— Senhor Ingram Brassbones?

Abriu os olhos.

— Khalmyr de ponta-cabeça — disse Ingram, o queixo pendendo.

Era o rei.

Como Ingram previra, o caminho era ladeado de curiosos. Doherimm era um mundo debaixo da terra, com salões, cidades, estradas, lagos, rios, florestas, todos existindo em análogos ao mundo aberto. Orion não podia evitar o deslumbramento de estrangeiro, vendo o teto de pedra, muito acima, como se fosse o céu. As construções demonstrando planejamento minucioso, em vários andares, com ruas largas e espaços para conforto. Fungos variados nasciam aqui e ali. Estalactites e estalagmites gigantescas abrigavam lugares de importância. E, por uma via principal, eles agora caminhavam.

O rei à frente, cercado de seus guardas de honra, todos portando a balança e espada de Khalmyr. Depois, o humano e o renegado, com sua própria guarda, não tão honrada. Milhares de rostos se aglomeravam para assistir, apontando para Ingram como se fosse um bezerro de duas cabeças. Todos os homens usavam barba cheia. As mulheres eram compactas e abundantes, quase todas com uma beleza prática. As crianças equilibravam-se sem jeito sobre suas perninhas ainda mais atarracadas. Uma sensação geral de estar seguro, de grossas paredes ao redor. Os anões vestiam leveza contrária a eles mesmos, e as únicas armas e armaduras à vista pertenciam aos guardas.

Ao redor, na cidade, o Muro Histórico. Pedra entalhada com a história anã, contava milhares de relatos, em sua perfeição esculpida. Cada fio de barba de cada herói, cada escama de cada monstro.

No centro de tudo, visível como uma montanha, o palácio. Era um cilindro irregular, monumental, formado pela junção de uma estalagmite e uma estalactite, atravessando Doher do chão ao teto de céu. Mas não era o seu destino.

O Templo Primeiro de Khalmyr era outra maravilha escavada em pedra. Antigo como a própria capital, soberano entre os inúmeros templos ao Deus da Justiça na Montanha de Ferro. Brotava da pedra viva como um guerreiro erguendo o escudo, projetando-se em paredes esculpidas com a imagem de Khalmyr como visto pelos anões, e a balança e espada. Curioso, o machado era também um símbolo, e dividia as atenções.

As portas foram abertas. Dentro do templo, dezenas de sacerdotes, guardas santos, acólitos, escribas, prostrados em reverência.

— Iremos tratar de um assunto religioso — disse o rei.

Montando as horas desde que acordara, Orion percebia que os anões falavam o valkar, a língua difundida no Reinado. No entanto, sabia que possuíam língua própria. A etiqueta anã era algo intrincado: podiam raptá-lo e prendê-lo, mas nunca falariam em uma língua desconhecida na sua presença.

Estavam no que deveria ser uma sala principal dentro do templo. Orion sentia-se inadequado, grande demais. Começava-lhe a doer a cabeça, pelo conflito de referências. Não podia olhar pela janela e ver que a grama continuava do mesmo tamanho, ou que as nuvens ainda estavam à mesma distância. Os cheiros de Doherimm começavam a atacar-lhe o nariz, e ele sentia como se uma fina camada de pó de tijolo tivesse recoberto sua pele, seus cabelos, sua garganta. Sentia sede o tempo todo, mas não sabia se era efeito da poeira onipresente ou resíduo da toxina de que fora vítima.

Haviam arranjado uma cadeira própria ao seu porte, e alguns servos terminavam de limpar dela uma camada espessa de poeira. A mesa, no entanto, estava muito abaixo. Coberta de iguarias anãs, cheirava a sabores francos e diretos. Uma imensa variedade de cogumelos e fungos, pães escuros, carnes de bichos subterrâneos. E uma quantidade prodigiosa de cerveja. Os canecos não eram menores; na verdade, um pouco maiores do que no mundo humano. O líquido espumoso não parava de fluir.

Ao redor da mesa, uma reunião acachapante de líderes anões. O rei, Thogar Hammerhead Primeiro. Handhur Heavystep, líder da Igreja de Khalmyr. Os generais Uhr Darkhelmet e Hollyth Stonefoot. Ghestoff Pohlbuck, o mestre da Guilda dos Armeiros. Gente tão acostumada à autoridade que era difícil não ser reverente.

Mas Ingram se esforçava.

— Por que estamos aqui? — disse.

Um caneco bateu forte na mesa.

— Você fala com seu rei — disse Pohlbuck.

— Fui expulso. Não é meu rei.

O ar parecia prestes a virar rocha.

— Antes de conversarmos — disse Thogar Hammerhead. — Vamos comer e beber.

Orion começou um obrigado, mas:

— Não — disse Ingram. — Se tocar na comida de vocês, vou aceitar sua hospitalidade. Até que me digam o que querem, sou prisioneiro. Depois, veremos.

Os generais insistiram que era o dever de Ingram, mesmo como renegado. Ele repetiu o que já dissera. Os argumentos pareciam os mesmos, de novo e de novo, em uma celebração da teimosia. Orion imaginou quanto tempo poderia levar uma negociação anã, e se era esse o motivo de sua longevidade.

Eu aceito — disse o cavaleiro. — Majestade, Santidade, mestres, obrigado. — Fez um cumprimento.

Mordeu um pedaço de pão escuro, lavou-o com cerveja. A espuma era cremosa, deslizando pela boca e cobrindo-a como veludo. O líquido grosso, forte, era pungente, amargo e satisfatório. Depois de engolida, a cerveja revelava um novo gosto, mais sutil, que era apreciado de boca vazia. Orion não evitou uma exalação de prazer.

— Muito nos honra, *sir* cavaleiro — disse Handhur Heavystep, em sua voz rouca e larga.

— Mas eu não honro nada — disse Ingram. — Vamos, falem. — Apoiou o queixo sobre a mão, notou que os fios cresciam em descontrole. Devia ter pedido uma navalha, para escanhoar-se bem antes de falar com os sacripantas barbudos.

Indecisão. O sacerdote controlava engulhos, prestes a condenar o rebelde ao fogo de Ragnar.

— Viemos pedir sua ajuda — disse o rei.

Orion e Ingram ficaram quietos.

— A maneira anã de pedir ajuda — disse Ingram.

— Aceite minha hospitalidade — continuou — ou suporte as consequências de ser prisioneiro. Um prisioneiro que se dirija a mim desta forma receberá a punição adequada.

— Muito bem, Majestade. — Ingram empurrou seu prato e caneco para longe, ostensivamente. — Peço que tragam meu cantil. Restava um pouco de vinho dos humanos.

— Não é necessário — tentou o mestre da Guilda dos Armeiros.

— Tenho sede, e não vou beber sua cerveja, meu senhor. Por favor, meu cantil.

Foi trazido.

Ingram então revelou-se o perfeito súdito. Fez todas as reverências, não deixou de lado um honorífico. Mais do que isso, foi o perfeito prisioneiro. Não havia dúvidas de que rejeitava as boas-vindas.

— Peço, Majestade — Ingram continuou, após uma golada de vinho medíocre — que revele o porquê de nossa viagem até aqui.

Embora fosse uma zombaria, não era, estritamente, um desrespeito.

— Não podemos revelar o caminho para Doherimm a forasteiros — disse um dos generais. — Por isso, trouxemo-lhes desacordados.

Embora fosse um alfinete, não era, estritamente, um insulto.

— Não podemos confiar a mensagem a ninguém, nem mesmo o mais santo dos guerreiros de Khalmyr — completou o outro general. — E não podíamos nos apresentar em aberto, no mundo dos humanos.

— Por quê? — disse Orion, mas quem respondeu foi Ingram:

— Por orgulho.

Silêncio.

— Estou certo, Majestade? O orgulho anão impede que um pedido de ajuda seja visto pelo mundo aberto? Um pedido de ajuda a um humano e a um criminoso?

O rei encontrou os olhos de Ingram:

— Sim. A verdade é que temos vergonha de você.

Um nó na boca do estômago, que subiu o peito e chegou à garganta.

— Por favor, continue — disse Orion. Apesar da tensão, não conseguia parar de beber a cerveja. Os anões bebiam muito mais.

— Vocês viajavam com um terceiro, um humano jovem. — disse o mestre da Guilda. — Ele não nos interessava, e deveria ficar de fora. A discrição era importante.

Orion havia esquecido Darien. Ficou gelado, imaginou se estava vivo. Imaginou se estava honesto.

— O que Ingram Brassbones fala é verdade — disse o rei. — Nosso povo tem orgulho. Isso, entre outras coisas, separa-nos do mundo aberto. Isso, entre outras coisas, provocou a expulsão de Ingram Brassbones, que não teve orgulho da tradição e procurou maneiras pouco anãs de fazer seu trabalho. Pedimos sua ajuda, Ingram, *sir* cavaleiro.

Pausa cheia de barba.

— Em algo que também nos causa grande vergonha. Algo que não podemos revelar ao Reinado, e que nós mesmos não podemos resolver.

Os anões eram eficientes em evitar qualquer informação ao falar. E era muito típico de seu espírito organizar um rapto para não admitir um erro. Por teimosia, o rei e o pontífice falavam com um humano e um criminoso.

— Acompanhem-nos.

Percorreram o templo, em comitiva. Atravessaram suas sutilezas, saíram por uma passagem oculta aos anões — sobrenatural para Orion. Andaram por túneis labirínticos, nos quais o humano de pronto perdeu orientação. Por fim, emergiram num salão natural, lúgubre, ao redor de um pequeno lago. Mais algumas passagens, e estavam em uma gruta.

Guarnecida por nove anões que, por um instante, Orion achou serem estátuas. Imóveis, nem mesmo demonstravam respirar. Cobertos das mais exóticas armaduras, feitas de pedra: um olhar atento revelava serem mais resistentes que o melhor dos aços. Os guardas não cumprimentaram nenhuma das autoridades. Nada distraía sua vigília. Eles protegiam a gruta, iluminada por uma pedra reluzente no alto. Em seu centro, um altar de rocha maciça.

Exceto por isso, vazia.

Ingram estava pálido.

— O que estamos vendo? — disse Orion, com cuidado.

— Nada, *sir* cavaleiro — Handhur Heavystep tomou a frente, cuspindo as palavras como se admitisse um crime. — Deveria existir algo invisível lá dentro, um monstro guardião sagrado. Mas não há *nada* a ser visto.

Pausa.

— Sobre o altar, repousava Rhumnam.

Mil agulhas espetaram as costas de Orion, escalando sua nuca.

— Rhumnam, a Espada Sagrada. Rhumnam, a espada de Khalmyr. Foi-nos confiada há incontáveis gerações, para que a guardássemos. E deixamos que fosse roubada.

Handhur Heavystep erguia o queixo peludo, admitindo como um arrependido. Os demais não tinham expressão alguma, como se discutissem algo banal — era a pior amargura anã, uma introversão extrema, um inferno totalmente solitário. Ingram alisava os bigodes de novo e de novo, em compulsão.

— A espada de Khalmyr foi roubada? — disse Orion.

O sacerdote assentiu devagar.

— Permitimos. Não há justificativa, não há perdão. Há muito já me conformei com a punição eterna que devo sofrer, quando Khalmyr fizer seu julgamento. Mas, antes de minha morte, desejo reparar o que fiz. Não pudemos — interrompeu-se e ficou estático. Era como desabar em soluços.

O rei tomou para si:

— Não fomos capazes de encontrar o criminoso. Pensamos tê-lo punido, mas era um engodo. Há anos procuramos Rhumnam, sem sucesso.

— Majestade, perdoe-me, mas já tenho uma missão — disse Orion.

— Nossa missão é a mesma, *sir* Orion. Há pouco tempo, soubemos — não pôde continuar. — Soubemos — estremeceu de ódio.

— Soubemos que Rhumnam foi *vendida* — rugiu o clérigo de Khalmyr. — O mais sagrado artefato da Criação foi vendido.

Orion sentiu-se tonto. Não lembrava de ter ouvido uma blasfêmia maior. Ao mesmo tempo, uma compreensão foi brotando no fundo de sua cabeça.

— E o comprador...?

— Crânio Negro.

Crânio Negro.

Orion achava que começava a entender os anões. Julgava compreender as raízes de seus modos, de sua vida, das bombásticas e melodramáticas óperas que produziam, contrastando com seu jeito de sentir tristeza.

Não era tanto um pedido de ajuda quanto um ato de contrição. Os anões pediam que ele fizesse o que faria de qualquer jeito: caçar Crânio Negro, levá-lo à justiça. Em troca, ofereciam uma pista a mais — a espada Rhumnam, que por certo fazia parte do estratagema. Pediam que ele, um cavaleiro da Luz, devolvesse a espada sagrada, quando tudo estivesse acabado. Não era um pedido necessário. No entanto, um sentido profundo de honra lhes fazia admitir o erro, proclamarem-se culpados.

— Se forem capazes de fazer isso por nós, — disse Handhur Heavystep — iremos recompensá-los. — Todo o significado, a admiração de confiar aquilo aos dois estava implícita. Não dita.

Ingram cofiou o bigode.

— Não estão pedindo ajuda, Santidade — disse Orion. — Estão oferecendo uma informação. Nenhuma recompensa é necessária.

Houve recusa, insistência, penitência, formalidades.

— Ingram Brassbones — disse o líder da Guilda dos Armeiros. — Você também será recompensado.

Olhos de rifle.

— Faça o que nós, seus irmãos, fomos incapazes de fazer — inspirou — e será mais uma vez bem-vindo na Montanha de Ferro. Volte ao lar, deixe sua barba crescer longa. Retorne à Guilda.

A voz de Ingram ameaçava falsear:

— Vendo tudo isto, tenho vontade de raspar também o bigode, os cabelos e os pelos pubianos. — Riu do choque dos senhores anões.

— Estamos acolhendo —

Como diria um amigo meu, acolham meu pênis nas coxas de suas mães. Vou recuperar Rhumnam, mas não quero seu buraco no chão.

Silêncio.

Ingram degustou por um tempo a absoluta decepção dos anões, oculta em sua impassibilidade. Era bom desapontar quem era indigno de respeito.

— Não quero sua recompensa fedorenta — disse. — Não quero caridade nenhuma de vocês, seu bando de hipócritas que perdem espadas divinas.

Deixou um fio de expectativa tecer-se no ar.

— Se trouxermos Rhumnam de volta — engatilhando, preparando-se para disparar: — quero que você, mestre Pohlbuck, raspe seu queixo. Deixe de usar barba por um ano.

Os generais gritaram impropérios. O mestre da Guilda apalpava sua barba, como se pudesse sumir a qualquer instante. O rei olhava em outra direção.

— O que me diz?

— Um queixo escanhoado é indecente — vociferou Handhur Heavystep.

— Queixo, lábio. Serviço completo, rosto liso como o traseiro de uma fada. Faça isso, e estamos quites.

— Passei minha vida toda cultivando — começou o líder da Guilda.

— Passou a vida toda sendo um bufão. Tive um amigo médico, que me disse que nostalgia é uma doença. Pare de viver no passado. Khalmyr e Tenebra sabem quantas epidemias já foram transmitidas pelas pulgas em todas as barbas de Doherimm.

— O senhor é uma criança, Ingram Brassbones — disse um general. — Uma criança. Por isso, não tem barba.

— E então?

— A humilhação de sua raça é uma recompensa? — disse Pohlbuck.

— É uma aposta, mestre Pohlbuck.

Silêncio.

— Feito, Ingram Brassbones — disse o armeiro.

Ingram controlava-se para não engasgar. Difícil chutar longe algo muito querido.

Eles foram levados ao mundo aberto vendados, e de novo inconscientes. Ingram não viu, e nem veria, o caminho para Doherimm.

CAPÍTULO 18

NOITES NO DESERTO

HAVIA UM MOMENTO DE TRIUNFO QUANDO AZGHER, hoje como fora ontem, vencia Tenebra. Erguia-se num orgulho justificado, rasgando o escuro e, já com os primeiros raios, trazendo calor. Nesse momento, Azgher era piedoso.

Mas, no Deserto da Perdição, a infância durava pouco. O Deus-Sol permitia-se dar conforto, sem exigir nada, enquanto rompia o domínio da Deusa das Trevas. Logo, Azgher fazia-se severo. Noite gelada, dia escaldante. Azgher iluminava, mostrava o caminho, vigiava, guarnecia. Mas não tolerava a fraqueza. Seu povo, correndo de oásis a oásis sobre as patas dos camelos, sob os véus que escondiam os rostos, tinha de ser forte. E assim, Azgher era um senhor bom mas duro. Apenas olhava, enquanto os batedores do povo do deserto encontravam as estrangeiras.

Ellisa descobrira o prazer daquele início de manhã, nenhum extremo de temperatura atacando o corpo. Respirou o ar confortável, recolocou o elmo. Fechada na armadura negra, postou-se à frente das outras duas e da carroça. Os batedores das tribos Sar-Allan vinham a cavalo — luxo permitido quando havia ração e água próximas, e os animais podiam sobreviver. Ágata e Andaluzia, a uma ordem, sumiram no vagão apertado. O lagarto que puxava o veículo olhava tudo sem interesse, projetando e recolhendo a língua.

— Azgher olhe suas virtudes e vícios — cumprimentou o primeiro batedor, fazendo o cavalo parar a alguns metros.

O segundo logo ao lado, e os dois tinham cimitarras nas mãos. Seus rostos estavam cobertos pelo véu branco, marca de um verdadeiro devoto. Ao redor, apenas areia, enormes pedras de ângulos retos, a vibração exótica do deserto.

— Que Aquele que Tudo Vê observe sua virilidade e bravura, honrado senhor — cumprimentou Ellisa, a voz zumbindo dentro do capacete. Falava na língua Sar-Allan, e aquilo pareceu chacoalhar os dois cavaleiros.

— Você ostenta o rosto da morte, viajante — disse o segundo batedor. — Vem até nossa casa, trajando a morte.

— Escondo meu rosto porque Azgher vê tudo. Seria presunção mostrar o que o Deus-Sol já conhece. Seria blasfêmia oferecer a visão total a meros mortais. Somos transparentes apenas a Azgher, que todas as terras curvem-se a seu esplendor.

— E o que tem em sua carroça?

Era possível ouvir um sorriso, mesmo com o rosto oculto no véu. Os três escondendo as expressões, a conversa adquiria um ar de jogo. Crânio Negro fez seu movimento.

— Trago ouro — disse Ellisa.

Os outros remexeram-se nas selas. Para os devotos de Azgher nas tribos Sar-Allan, todo ouro pertencia ao Deus-Sol. Não acumulavam uma pepita, peregrinando com regularidade até um templo no coração do Deserto, para entregar o metal ao deus.

— A quem pertence o ouro?

— Todo ouro pertence a Azgher, é claro — disse Ellisa. — Aquele que nos protege da escuridão de Tenebra, aquele que nos vigia nas jornadas, seja seu nome louvado acima de todos.

O outro batedor se adiantou:

— Está fazendo a peregrinação?

O Deserto da Perdição pertencia às tribos Sar-Allan, segundo elas próprias. Um viajante no deserto era um intruso, tão criminoso quanto alguém que invadisse um castelo. Assim, os nômades achavam-se no direito de roubar à vontade quem estivesse sobre as areias. Mas alguém em peregrinação não podia ser roubado.

— Busco o grande templo de Azgher, possa seu olho flamejante vigiar todas as minhas ações. Mas meu caminho desapareceu sob meus pés.

A primeira mentira direta. Ellisa estava no exato ponto onde desejava estar.

— Por quê? — disse o batedor.

Era um teste.

— É o destino — disse Ellisa. — O que ocorre é o destino, e nada ocorre se não for o destino. E não temos destino, exceto o destino que recebemos.

Todas as respostas certas. Os batedores trocaram um olhar.

— Guarda apenas ouro na carroça?

— Mulheres, também.

Isso pareceu animá-los.

— Vamos ver suas mulheres.

— Quando seus rostos estiverem ocultos, como nos ensina o Vigilante.

Os dois nômades confabularam em voz baixa. Era difícil considerar intruso alguém que carregava ouro para Azgher, entregava-se ao destino e seguia os costumes. Roubá-lo seria atacar um devoto, alguém direito. E Azgher estava observando.

As tribos nômades viam o deserto como seu, seu domínio, sua propriedade, seu lar. Se alguém estava em seu lar, e não era um intruso, era um hóspede. A hospitalidade era questão de vida ou morte nas tribos.

— Permitam-me perguntar — disse Crânio Negro. — Senhores, que tenham sempre muitos filhos e que suas cabras sejam gordas, o que buscam?

— Um oásis — disse um dos homens, antes que o outro pudesse interceder.

— O destino é o que nos acontece. Pois acabamos de achar um oásis.

Sinais de loucura ou tolice podiam tornar o viajante alguém passível de saque. Os cavaleiros indagaram.

— Ágata — chamou Crânio Negro. — Traga seu oásis.

Ágata saiu da carroça, com passos miúdos e rosto coberto. Ajoelhou-se na areia e começou a tecer, criando água, pedras, palmeiras.

A caravana se aproximava. Os camelos estavam rechonchudos, as corcovas firmes, sinal de boa forragem e água há pouco tempo. Sobre suas costas, empilhavam-se os pertences da tribo. As mulheres de mais alta posição montavam sobre os animais, balançando com suavidade acostumada ao passo sacolejante. Os guardas iam sobre cavalos. Os senhores da tribo eram carregados por liteiras, e o resto caminhava. Os rebanhos — cabras, ovelhas — eram conduzidos logo atrás. Dezenas de pessoas, dezenas de vidas completas, eram transportadas.

O príncipe era jovem e impetuoso e, por isso, tinha ido à frente, seguido de seus melhores guerreiros e assassinos.

— E você diz que ele é um devoto, Hassud?

O homem fez uma pequena mesura, sobre o cavalo a galope. O príncipe montava um camelo, ajoelhando-se, perfeitamente encaixado, no tapete sobre as corcovas. A corrida do animal produzia uma trepidação monstruosa, mas o príncipe mantinha o equilíbrio de quem nascera nas areias.

— Ele se comporta como um devoto, meu senhor — disse Hassud.

— E possui uma mulher que cria água!

— Ela fez o milagre à vista de meus olhos, e do olho de Azgher, que sua pálpebra nunca recaia sobre o mundo.

— Água, Hassud! Isso pode ser o que precisamos para derrubar meu irmão.

— Que Azgher veja todas as ignomínias que faz, que sua semente seja débil, que suas mulheres sejam irritadiças e que seus camelos sejam estéreis.

— E qual é o nome do tal estrangeiro?

— Este servo falhou, meu senhor. Não perguntei o nome, tão fascinado estava. Não há desculpas. Coloco-me à sua mercê, e não ouso pedir clemência.

— Esqueça, Hassud.

— Sua misericórdia não conhece limites, meu senhor.

A pequena comitiva do príncipe chegava a galope, sobre patas largas de camelo e cascos de cavalo, e enxergavam o novo oásis. Ágata retocava a última pedra, tecendo a sensação áspera, a dureza sólida. Andaluzia continuava dentro da carroça, onde seus murmúrios não eram ouvidos. O lagarto aguardava, alheio e preguiçoso. O camelo e o batedor que haviam permanecido assistiam à obra, com assombro.

Ellisa tirara o elmo. Sentava-se frente à água, de costas para a comitiva. Seu cabelo solto, leve e cacheado, voou com uma brisa piedosa. O castanho rebrilhou à luz de Azgher. Quando ela ouviu os recém-chegados, olhou para trás, de relance, permitindo um vislumbre de uma parte de seu rosto. Bela como o deserto. Então, cobriu-se com o elmo.

O príncipe segurou as rédeas de seu camelo. A criatura, forçada a parar, balançou a cabeça em descontentamento. A comitiva juntou-se ao redor do líder. O príncipe tinha esquecido a necessidade de ar.

— Não é um homem — disse. — Não é um homem, seus amantes de ovelhas. É a mulher mais linda que Azgher já enxergou.

Ellisa ergueu-se. Até o momento, infalível.

Na sombra da tenda, bebiam café. O príncipe havia moído e torrado os grãos, e preparado a bebida de acordo com uma cerimônia meticulosa. Como monarca, não seria desonrado se permitisse que um escravo de confiança realizasse o trabalho. Mas desfiava-se em cortesias para Ellisa.

O príncipe chamava-se Tuarin, embora seu nome completo fosse um encadeamento interminável de sobrenomes, antepassados e honrarias na língua Sar-Allan, e um desafio para a memória de qualquer estrangeiro. Estavam ele e Ellisa, sozinhos na tenda — o que significava que havia apenas quatro guardas, dois assassinos, um escriba, um biógrafo, dois escravos domésticos e três músicos. Todos experientes em fazer-se discretos, todos ignorados como mobília.

Tuarin não ocultava o rosto. Era um fiel de Azgher, mas não um guerreiro santo ou sacerdote. Como príncipe da tribo nômade, não se dedicava à vida ascética, mas ao governo, ao combate e à disputa contra o irmão, que amaldiçoava sempre que possível. Ellisa não mais trajava a armadura — tão escondida quanto, vestia-se em mantos e véus. Deixava aparecer os olhos, quase sempre baixos. Um relance de pele, de vez em quando, fingindo descuido.

— Devo mais uma vez perguntar seu nome, brisa de meu deserto.

— Meu senhor, que seus inimigos tenham a visão de Azgher para fugir ante seu poder, devo mais uma vez recusar. Meu nome e meu rosto pertencem ao homem que se tornar meu marido.

Os olhos do príncipe brilharam.

O Deserto da Perdição tinha areia, que se alojava em cada dobra de roupa, cada centímetro de pele, cada orifício. Tinha sol, que torrava os corpos. Tinha tempestades, que abriam portais para outros mundos, e que eram o grande objetivo daquele jogo. E tinha histórias.

As tribos viviam e morriam por suas tradições, seu folclore. Segundo o folclore, segundo as histórias, uma mulher que se revelasse pouco valia. A beleza era sempre maior na mente do observador. Havia inúmeros relatos de heróis e reis que se apaixonavam por um vislumbre do rosto de uma donzela, ou por uma descrição. Desejavam ver o que estava oculto — sentiam-se como o Deus-Sol, observando o que ninguém mais via, rompendo barreiras.

— Conte-me sobre sua escrava — disse o príncipe. — A mulher que cria água.

— Não é minha escrava, meu senhor. Serve a mim durante nossa jornada.

— E qual seu objetivo?

— Em primeiro lugar, levar nosso ouro ao templo de Azgher. Em segundo, algo que só pode ser encontrado no Deserto da Perdição.

— Minha gazela do deserto, posso encontrar qualquer coisa sobre as areias. Sou senhor de minha tribo, e minha tribo é suprema sobre as demais. Diga o que deseja, e será seu.

— Sua bondade rivaliza seu poderio, meu senhor. Imagino que aquilo que desejo se encontra em uma cidade.

O príncipe tossiu um pequeno gole de café.

— O que pode haver na cidade, honrada donzela, aquele antro de estômagos moles e membros flácidos, que não há nas areias livres? Por que deseja ir à cidade, onde todos sussurram e emitem flatos, se seus desejos podem se realizar no Deserto?

— A resposta não é simples, senhor do vento e da areia, que seus olhos vejam o que só Azgher conhece. Para responder, precisarei de muito tempo.

— O tempo é meu servo. Entrego-o a você.

— Sua generosidade faz-me imaginar o tamanho de sua hombridade. Para responder ao que o senhor pergunta, devo contar uma história.

O príncipe começava a ser enfeitiçado, adquirindo um leve olhar bovino de complacência.

— Que sua história dure um ano e um dia, para que eu possa ouvir sua voz sem cessar.

— Esta é a história do que aconteceu, do que está acontecendo e do que acontecerá. E ela começa assim:

Talvez fosse melhor se entregar, e assustava pensar assim. Ashlen passara mais de uma década longe da vida de aventureiro, desejando só voltar. Quando voltara, estivera fugindo. Crânio Negro (*"Ellisa"*) chacinara sua família, caçara-o e torturara-o. Mas, ao finalmente se entregar, ele retornara às aventuras.

Escalava minarete abaixo, deslizando como uma lágrima, sem som, agarrado à parede interna. A arquitetura não era tão impressionante como a que havia em Valkaria, e nem poderia ser, na única cidade encravada no meio do Deserto da Perdição. Mas o que os prédios careciam em magia compensavam em exatidão matemática. Os engenheiros e arquitetos daquele povo fariam frente aos anões, porque as paredes que Ashlen desafiava eram como blocos únicos.

Parando a dez metros do chão, apurou os ouvidos, forçou os olhos. Nada traía uma presença. Atravessou o último trecho em silêncio de sombra, e estava dentro do palácio.

Invadir palácios era bom. Fazia brotar um gosto de utilidade, de risco apropriado. O prêmio era um tesouro, e não mera sobrevivência, ou uns instantes sem dor. O inimigo, se viesse, seria um estranho, e não um algoz já íntimo. Era o que fazia um ladrão aventureiro.

Mordeu a bochecha. Ellisa conseguira despejar tudo que quisera em seu cérebro. Gregor, falando em redenção e perdoando atrocidades, tornara tudo mais confuso. Por isso, Ashlen cumpria as ordens de Ellisa. E detestava-se: era bom.

Descera em uma saleta intermediária, entre corredores. Deslizou pelas passagens, o pé verdadeiro silencioso, o pé metálico fazendo os barulhos certos, camuflando seus movimentos. Noite fechada, o palácio ressonava.

Passos.

Três guardas atravessaram o corredor. Ashlen mesclou-se a uma sombra. Chegaram mais perto, e ele fez ressoar um barulho que enviou os três olhares para onde desejava. Escorregou ao lado dos três, num ponto cego para o guarda mais à esquerda. Eles continuaram, e Ashlen esgueirou-se às suas costas. Manteve o ritmo em alinhamento perfeito com o caminhar do trio, a poucos centímetros, oculto de sua visão periférica. Mascarou seu movimento nos movimentos deles, cruzou o corredor em segurança. Desapareceu atrás de uma coluna, deslizou na direção da ala que devia invadir.

A sala do tesouro era guardada por dois homens com troncos largos, transformando-se em imensas caudas de serpente a partir da cintura, seus rostos ocultos em véus. Adornavam-se com joias e símbolos sagrados de Azgher, o Deus-Sol. Armas prontas — um deles possuía quatro braços, e portava duas cimitarras e uma lança comprida.

Ashlen aguardou uma hora, a dois metros dos vigias, controlando a respiração e o movimento de seus órgãos. Quando sua forma, escondida no breu, já fazia parte da paisagem, criou um eco. Bem treinados, os vigias voltaram-se cada um para um lado, varrendo o aposento com os olhos. Durante um momento, formou-se um ponto cego entre os dois, e Ashlen deslizou, no meio dos guardas, até passar por eles, encostando-se rente à porta da sala do tesouro.

Se relaxasse o corpo, tocaria as omoplatas de um. Devagar, sem um ruído, apanhou as gazuas de dentro da manga. Pôs-se a trabalhar nas fechaduras, de costas, sem ver o que fazia. Três horas até que a última tranca se abrisse, sem barulho. Pouco a pouco, Ashlen abriu as portas duplas. Escorregou para dentro, desapercebido, e fechou-as. Do outro lado, os vigias estavam alheios. Continuavam guardando a sala, agora com um ocupante a mais.

O tesouro do sultão fez com que engasgasse. Ashlen nunca fora ganancioso — uma vida de riqueza tornara-o insensível ao dinheiro, como se fosse algo natural. Não era o valor que impressionava, mas a beleza. O sultão da Cidade no Deserto era um devoto de Azgher, embora não fosse um homem santo. Como tal, dava o exemplo aos súditos, e não acumulava ouro. Em vez de moedas ordinárias, seu tesouro compunha-se de joias, tapeçarias, objetos de arte, livros, armas, roupas. Enquanto outros homens acumulavam dinheiro, o sultão colecionava *preciosidades*.

Haveria mais defesas, mais guardas. Ashlen observou o tesouro com cuidado, identificando os objetos que eram vivos, inteligentes. Um escudo de bronze, gravado com uma dúzia de olhos. Um colar de diamantes, que reluzia de forma sutil. Atravessou a sala do tesouro, escondido dos guardiões secretos, até chegar onde queria.

Um cristal.

Grande como seu dedo médio, grosso como o pulso de uma garota. Num pedestal baixo, destacava-se do resto, mas não parecia tão valioso. Lapidado com esmero, mas fosco. O segredo, Ashlen sabia, estava na verdade. Não era um cristal.

Levou-o à boca. Engoliu de uma vez só, sentindo o gosto avassalador de sal.

O sultão inclinou-se, olhando mais de perto. Ashlen manteve-se curvado, o nariz tocando o chão, os braços estendidos à frente. Ninguém na corte parecia muito certo sobre como agir.

— Repita — disse o sultão.

— Como quiser, meu senhor, que suas esposas estejam sempre grávidas — disse Ashlen. — Sou um ladrão.

Tanto ele quanto o monarca falavam o valkar, a língua do Reinado. Para um habitante do deserto, o sultão tinha pouquíssimo sotaque.

— E sabe qual é o castigo reservado aos ladrões?

— Sim, senhor da cidade e das areias.

— E por que se apresenta a mim?

— Sou um ladrão, ó servo favorito de Azgher. Mas nunca seria um mau hóspede.

Murmúrios.

— Dentre todos os tesouros que compõem a maravilha de seu palácio e a inveja das tribos nômades, não se encontra um pequeno cristal fosco, senhor do Deserto?

O sultão confirmou.

— Este ladrão havia tomado seu cristal. No entanto, em pânico pelo poder terrível do sultão, engoli o produto de meu roubo, querendo nada mais que fugir. E o cristal, senhor de tudo que Azgher vê —

— Era feito de sal — completou o sultão. — Um brinquedo, uma curiosidade.

— Comi seu sal, meu senhor. Sou seu hóspede. Assim, não fujo. Coloco-me à sua mercê.

O sultão levou a mão à papada sob o queixo.

— O que levou-o a escolher o cristal, dentre todos os tesouros que há em meu palácio, pequeno ladrão?

— Não sei explicar, meu senhor.

Pausa.

— O destino — murmurou o sultão. — Foi o destino que fez com que comesse meu sal. O destino fez com que fosse meu hóspede. E Azgher não verá este servo ser um mau anfitrião.

Ashlen recebeu permissão de se levantar. Em algumas horas, estava bebendo leite de gazela e comendo a carne de uma ovelha que havia sido assada inteira, para honrá-lo. O sultão oferecia-lhe os olhos do animal, considerados uma grande iguaria.

Era o segundo dia, e por isso o penúltimo. Ashlen recebera banquetes, devoção dos escravos, música constante das liristas. Mas três dias era o apropriado a um hóspede. Mais do que isso, estaria forçando a hospitalidade de seu anfitrião, seria esperado que oferecesse um presente ou trabalhasse. Havia muitos trabalhos que Ashlen podia fazer ao sultão, e as insinuações eram constantes. Um ladrão que pudesse entrar na sala de tesouro do palácio tinha suas utilidades, e poderia roubar coisas importantes, no deserto.

— O que um homem de riqueza comparável apenas a seu conhecimento poderia querer, meu senhor? — disse Ashlen. — O que não pode ser comprado com seu dinheiro, conquistado por suas armas ou enfeitiçado por seu carisma?

O rosto do sultão se fechou.

— A verdade é que tenho um inimigo.

— Que seus testículos murchem como as corcovas de um camelo há um mês sem água, que sua urina torne-se areia e que seus filhos sejam aleijados — interrompeu um dos inúmeros servos que acompanhavam o monarca e o ladrão.

O sultão chamava-se Fazûd, embora seu nome inteiro fosse uma litania de ascendência e títulos, que apenas um habitante do deserto seria capaz de memorizar.

Andavam pela cidade. Ruelas apertadas, tudo feito de pedra, mais ou menos da mesma cor amarelecida. A Cidade no Deserto era única, até onde o povo Sar-Allan sabia. As tribos nômades vagavam por toda a areia, mas só existia uma metrópole. Cercada por muros altos, com torres de vigia que protegiam contra as incursões das tribos, a cidade espalhava-se em terreno abundante. Os prédios eram largos, quase sempre cercados por pátios. Tetos planos forneciam o local mais fresco durante as noites anômalas de calor, nos meses mais furiosos. Famílias sentavam-se à frente das casas, observando o movimento da rua e conversando com os passantes. Torres de ventilação erguiam-se de alguns prédios, capturando a rara brisa e espalhando-a para dentro. Os lares mais luxuosos tinham jardins — o palácio do sultão possuía um gramado e pomar vívidos, mantidos pela magia dos clérigos de Azgher.

Chegaram ao bazar, sempre precedidos de comitiva e multidões se curvando. O nome do sultão era honrado numa cacofonia de devoções. Mas ali, no ponto mais frenético da cidade, tais honrarias seriam misturadas com barganha incessante.

— Por que visitamos o mercado, meu senhor? — disse Ashlen.

— *Bazar*. O bazar é o local de fazer negócios. E tenho um negócio a propor a você, ladrão que o destino escolheu.

Ashlen mal enxergava o formigueiro de gente, tendas, pequenas lojas de madeira, tapetes estendidos exibindo mercadorias. A comitiva do sultão Fazûd, formada por guardas, sábios, poetas, músicos, perfumistas, dançarinas, clérigos, provadores de comida, bloqueava quase toda a visão, e envolvia tudo num protocolo interminável. A conversa ao redor, na língua Sar-Allan, tornava aquilo ainda menos compreensível, já que apenas o sultão e um par de servos eram capazes ou dispostos a falar o valkar.

O sultão parou frente a um mercador que oferecia frutas sobre um tapete ornamentado. Depois de receber as honrarias devidas, pegou uma fruta, apertou-a, cheirou-a, desdenhou. Começou então um duelo de ofertas, uma coreografia de regateio, e por fim o monarca efetuou a compra. Deu uma mordida, que derramou sumo por seu queixo, e virou-se para Ashlen.

— O destino colocou-o em meu palácio — disse Fazûd. — O destino fez com que escolhesse, entre todos os tesouros muito mais impressionantes e valiosos, um cristal, e que o cristal fosse sal. O destino fez com que nos conhecêssemos. Não podemos ignorar ou contrariar o destino.

— Não há destino, exceto o destino que recebemos — recitou Ashlen.

— Não há, de fato. Por isso, aceito o que o destino me trouxe, e proponho-lhe um negócio.

Ashlen trocou o peso do corpo para o pé falso.

— Não imagino o que este servo possa oferecer a quem comanda a joia mais bela de todo o deserto, meu senhor.

— Pode oferecer o que os fiéis de Azgher não podem fazer.

O nomadismo do povo Sar-Allan trazia sua carga de peculiaridades. E mesmo o povo da Cidade no Deserto mantinha seus modos antigos.

Roubar outro clã, outra tribo, não era um crime sério. Esperava-se que cada tribo sofresse saques, fosse um pouco pilhada, perdesse cabras e camelos. Nesses ataques, procurava-se não matar. Uma espécie de violência amigável, que todos tomavam como parte da vida. Mas havia um local que ninguém roubava: o grande templo de Azgher.

— Existe no templo algo que desejo, ladrão que encantou o destino. Há muitos anos, cheguei a um impasse com meu traiçoeiro irmão.

— Que os camelos cuspam em seu nome — disse um servo.

— Herdamos um grande tesouro, quando meu pai, que Azgher observe suas conquistas no mundo do além, veio a falecer. Era um tesouro que não podia ser dividido, um tesouro muito perigoso e poderoso. Ele roubou-o de mim, e eu roubei-o dele, e foi assim por muito tempo. Enfim, concordamos em deixar o tesouro em um local neutro. O templo de Azgher foi escolhido, e abriga minha herança há anos.

Ashlen manteve o olhar fixo no sultão.

— E onde está o chacal estéril que mancha o nome de sua família, meu senhor?

— Deixou a cidade, e voltou aos modos nômades, como o bárbaro que é. Hoje, comanda uma tribo, atormentando meu povo pelas areias. Chama-se de príncipe.

— Príncipe Tuarin, o Traidor — ofereceu um servo.

— E este tesouro...? — disse Ashlen, estendendo a linha e anzol para que o sultão mordesse.

— Um filho de Azgher não pode roubar o templo, meu querido infiel. Mas um ladrão estrangeiro, que não segue os preceitos do Vigilante, poderia.

Rostos conspiratórios.

— O que é o tesouro, meu senhor?

— Uma lâmpada a óleo.

A abertura.

— Peço com humildade que conceda-me tempo para pensar, senhor dos raios de Azgher.

— Conheça o bazar, meu amigo. Enquanto isso, pense no favor que poderá fazer, ao tirar uma pérola das patas de um comedor de porcos.

Ashlen não precisava pensar, mas precisava conhecer o mercado.

Era uma cidade por si só, com suas próprias leis, hierarquias, divisões. O idioma exótico era uma barreira para quem trabalhava com a língua, mas a perspectiva de um estrangeiro ingênuo fazia surgir muitos que falavam o valkar. E, de qualquer forma, Ashlen sabia que, no Deserto ou no Reinado, havia algo que sempre existiria em um mercado:

Ladrões.

Em poucas horas, descobriu um devoto de Hyninn.

Ele mesmo nunca fora religioso. Sua esperteza vinha de espírito ladino, e não obrigação divina. Mas sabia, como sabiam quase todos os ladrões, identificar um sacerdote ou devoto. E sabia que os fiéis do Deus da Trapaça faziam favores, uniam-se no que pensavam ser grandes truques e artimanhas às costas do mundo. Verdade ou não, agiam como se houvesse honra entre ladrões, e Ashlen precisava que fizessem um serviço.

— Transmita uma mensagem — disse ele ao homem, que fingia estar regateando o preço de algumas pratarias. — É preciso que isto chegue ao Reinado. Através de clérigos de Hyninn, de magia, não interessa. Faça um favor a um ladrão.

A mensagem foi transmitida. Ashlen falou sobre Crânio Negro e seus desígnios no Deserto da Perdição.

Porque Ellisa não o havia conquistado de todo.

— Devo recusar, ó favorito do destino.

Um espanto audível na comitiva.

— Um acordo como este traria muitos benefícios a alguém estranho às areias — disse o sultão Fazûd, sem esconder o descontentamento.

— Recuso porque não ouso insultar sua generosidade com uma troca. Sou um hóspede, meu senhor, e meu terceiro dia está chegando. Ofereço-lhe um presente, mais valioso que o tesouro que busca.

Os olhos do sultão brilharam.

— E que presente seria esse, ladrão que brotou da areia?

— Para que entenda, preciso contar uma história.

— O lugar das histórias é o jardim.

No jardim do palácio, Ashlen contou-a.

— Esta é a história do que aconteceu, do que está acontecendo e do que acontecerá. E ela começa assim:

Gregor quis proteger os olhos, mas estava acorrentado. Azgher refletia furioso em Azgher: o olho magnífico, fulgurando no céu, fazia brilhar o imenso sol de ouro, montado acima do templo.

— Ande, prisioneiro — disse o homem, cutucando-o com o cabo de uma lança.

Os guerreiros do deserto extraíam algum prazer de falar no idioma valkar — em especial quando discutiam entre si os infernos reservados a Gregor. Fazia pouco mais de doze horas desde que fora capturado, e seus modos já haviam enervado os nômades.

Porque Gregor sorria.

— Estou andando, meu amigo — falou, movendo a cabeça tanto quanto a coleira de ferro deixava, para olhar o algoz. — Seu templo é belíssimo.

— Infiéis não conseguem entender Aquele que Tudo Vê — disse outro guerreiro.

— Eu costumava usar um escudo gravado com o rosto de Azgher. Era magnífico. Salvou minha vida mais de uma vez.

— Ande, prisioneiro!

— Seu templo é belíssimo.

Era.

Em meio às dunas, projetava-se o grande templo de Azgher. Uma pirâmide titânica, construída em andares sucessivos, cada pedra imensa que a compunha entalhada com trechos da história das tribos Sar-Allan, em sua escrita dançarina. Uma infinidade de padrões abstratos completava a decoração externa da pirâmide. E, no topo, o sol de ouro.

Os devotos de Azgher eram proibidos de acumular ouro. Segundo os dogmas do deus, qualquer quantidade do metal deveria ser levada ao grande templo, e entregue aos sacerdotes. Lá, numa cerimônia mística, o ouro era incorporado ao gigantesco sol, que aumentava a cada ano. A obra equilibrava-se pela magia do deus, no topo da pirâmide, parecendo disposta a substituir o original nos céus.

— Quem construiu a pirâmide? — disse Gregor, com genuíno interesse.

— Cale-se, infiel.

— Admiro seu deus. Morre a cada noite, renasce de manhã. Sua visão se estende pelo mundo. É parecido com meu próprio patrono.

O guerreiro não disse nada, esforçando-se para não olhar o rosto amigável do prisioneiro.

— Qual é o seu nome?

— Ande.

— O meu é Gregor.

Estivera sozinho, andando pelo deserto com tranquilidade de aço, quando o bando nômade o achara. Eram cerca de vinte guerreiros Sar-Allan, todos com os rostos cobertos pelos véus, todos devotos de Azgher. Conduziam camelos adicionais, carregados de ouro a ser levado ao templo. Agora os camelos bebiam no oásis próximo, atendidos por alguns homens. A maioria dos guerreiros carregava o ouro, sumindo nas portas do templo. O líder achara arriscado deixar Gregor fora de suas vistas, e por isso ele era levado junto.

Recebidos por um casal de jovens, cobertos dos pés à cabeça pelos tecidos e véus espessos. Notava-se que era um homem e uma mulher apenas por uma diferença de gestos, já que não falavam. Os guerreiros descreviam mesuras elaboradas, e Gregor fazia seu melhor para imitá-los, acorrentado como estava.

O interior do prédio era labiríntico. Através de algum sistema complexo de engenharia, uma brisa constante mantinha-se pelos corredores, refrescando o ambiente. Vez por outra, cruzavam com algum acólito, silencioso e oculto em suas vestes. Quando chegaram ao salão principal, depararam-se com uma montanha de ouro.

Gregor tinha um largo sorriso de admiração, o rosto de um homem que vê maravilhas no mundo, e alegra-se por sua existência. Nunca havia estado na presença de tanto ouro — moedas, braceletes, barras, pepitas numa quantidade avassaladora, empilhados em desordem magnífica, vigiados por alguns guardas austeros e outros dois sacerdotes. Esses traziam vestes mais elaboradas, que sugeriam alto posto.

Os guerreiros prostraram-se frente aos sacerdotes. Narizes tocando o chão, mãos estendidas à frente. O líder fez menção de prestar a reverência, mas estava armado e vigiando o prisioneiro.

— Não vou fugir — disse Gregor. — Preste seus respeitos.

O homem avaliou-o por um momento. Largou a lança e prostrou-se.

Frases solenes foram trocadas na língua Sar-Allan. Gregor mantinha a cabeça baixa, olhos tranquilos. Quando, enfim, todos se ergueram:

— Por favor, também gostaria de reverenciar os sacerdotes.

— Não vou soltá-lo, infiel.

— Não vou fugir. Tem minha palavra. Por favor, também gostaria de prestar respeito.

O líder, de novo, ficou desconcertado. Depois de uma curta deliberação consigo mesmo, tirou-lhe as correntes.

— Obrigado.

Gregor prostrou-se, em imitação aos Sar-Allan. Ergueu-se quando ouviu algo que lhe pareceu uma permissão.

— Azgher é uma divindade magnífica — disse, para todos. — Tenho muita sorte por ver seu templo. É uma honra.

— Você vai ser enviado para morrer — disse-lhe um guerreiro, em voz baixa, quase constrangido.

— Vou morrer ainda hoje, meu amigo.

— Não —

— De qualquer forma, é melhor conhecer o maior número possível de maravilhas antes de deixar este mundo, não é?

O guerreiro estava confuso.

— Como se chama?

— Issad.

— Sou Gregor. Muito prazer.

O líder disparou um olhar furioso, por trás dos véus.

A noite caía, e o deserto gelava. Os nômades não perdiam um minuto de viagem; depois de sair do templo, haviam montado sobre os camelos, recomeçando a jornada. Gregor caminhava, agrilhoado nos pulsos e conduzido por uma corrente que se ligava à coleira de ferro no pescoço.

— Onde vou morrer? — disse.

Issad arranjava maneiras de colocar-se perto dele, e os dois roubavam um pouco de conversa, quando os outros não prestavam atenção. Mas a corrente ia segura pelo líder, que, Gregor descobrira a custo, chamava-se Ahfahd.

— Cale-se, prisioneiro — disse Ahfahd.

— Estão me levando para sua tribo?

— O destino leva para onde o destino quiser.

— Você não é o destino, meu amigo.

— O destino colocou-o em nossas mãos.

— O destino colocou um devoto de Thyatis, alguém que já usou um artefato de Azgher, em suas mãos. — Gregor sorriu. — Continue me tratando como um prisioneiro infiel, se quiser. Azgher está olhando.

Nada.

Uns metros à frente, Issad falou:

— Arena.

— Issad! — repreendeu Ahfahd.

— Perdão, senhor. Mas o prisioneiro tem razão. Não existe destino exceto o destino que recebemos, e recebemos este prisioneiro.

O líder lutou com uma réplica, mas Gregor interveio:

— Vou lutar na arena?

Issad confirmou.

— Não sabia que os nômades tinham arenas.

— Vamos vendê-lo na Cidade no Deserto. Lá existe uma arena.

— Por que disse que vou morrer, antes?

— Todos morrem na arena, Gregor.

— O prisioneiro não merece nome! — chiou Ahfahd.

— De alguma forma, não acho que essa regra em particular se aplique a mim — disse o prisioneiro, ainda sorrindo.

Tenebra conquistara sua vitória, que duraria até a manhã. Todo o calor parecia ter sido sugado da areia, e os nômades enrolavam-se em seus cobertores, chegavam-se aos camelos, em busca de temperatura, não importava o cheiro que tivesse.

— Afastem-se — disse Gregor.

Seu sorriso tinha mais esforço. Rilhava os dentes de leve, curvava-se.

Ahfahd, ao contrário, chegou mais perto. Pôs a mão no cabo da cimitarra.

— Sente-se, infiel. Fique quieto.

— Por favor. Você não vai gostar do que vai acontecer.

Três outros guerreiros chegaram junto aos dois, num instante. Ahfahd sacou sua lâmina.

— Sem ameaças, prisioneiro. Obedeça —

— Por favor — gemeu Gregor. — Eu —

E começou a morrer.

Os nômades deram um salto atrás, mas um deles foi pego. Gregor emitiu um urro, um som gutural de garganta e trovão, que saía da boca e da abertura no pescoço. Uma língua de fogo, com metros de comprimento, projetou-se junto à voz. Os olhos de Gregor emitiram lágrimas flamejantes, suas narinas espirraram chamas. E, no fundo do grito, ouvia-se o chamado agudo de um pássaro — o que parecia uma ave de rapina, mas muito grande e terrível.

Gregor gritou mais alto, debatendo-se nas correntes, e caiu na areia. Fogo saltou de cada poro, imolando outro guerreiro. O piado da Fênix fez-se mais audível, e os tímpanos de um terceiro nômade se romperam. As roupas de Gregor tinham-se evaporado, e agora as correntes derretiam. O chamado de rapina guinchou forte, e uma explosão — mais um guerreiro morto. A areia ao redor transformava-se em vidro. Ainda se via a forma enegrecida, convulsionando por trás das chamas.

Uma coluna de labaredas. E então, nada.

Onde estivera Gregor, um punhado de cinzas. Alguns ossos ainda restavam, quase carbonizados. Pequenas poças solidificadas de metal marcavam o que fora as correntes, mas só isso.

Os nômades em frenesi, tratando dos feridos. Issad disse uma prece a Azgher, e chegou perto para olhar os restos do prisioneiro.

Fagulha.

O nômade piscou, achou que a visão lhe pregava truques. Mais uma faísca, e imaginou que ainda havia uma brasa viva, entre as cinzas ou nos ossos.

E não viu mais nada, porque as chamas lhe engolfaram.

A nova explosão trouxe o piado como uma navalha, e o urro aos poucos transformando-se em voz. O que restava — metal, vidro, carvão — tornou-se vapor.

E, quando a chama sumiu, lá estava Gregor.

Nu, suado, esparramado. Cabelos e cavanhaque como estavam antes. Cabeça separada do corpo. Ainda débil da lembrança de agonia. Estendeu a mão, fraco, para um dos homens que observavam em horror. Precisava de agulha e linha, para costurar-se de novo.

O Gladiador Imortal sorriu e levantou. A multidão gritou de prazer.

Do outro lado da arena, o imenso humanoide erguia os braços, em júbilo. Seu machado estava cravado no peito do adversário, dividindo o esterno e rasgando até o estômago. Ele estava de costas, saudando o público, sem ver que as comemorações destinavam-se ao outro. Uma de suas cabeças notou primeiro, deu um grunhido de dúvida, e então ele se virou de todo.

Gregor já de pé, esforçando-se para arrancar o machado.

— Não se preocupe. Você não é meu inimigo. Não vou matá-lo. Morrer é estúpido, de qualquer forma.

A vitória era esperada, mas isso não a tornava menos saborosa. Os nômades não haviam mentido; Gregor fora levado à arena para morrer. O fato de se erguer em instantes, a cada vez, adicionava milagre e espetáculo às lutas, e por isso ele se tornara, em uma semana, o favorito. Cambaleando pelos subterrâneos do prédio, amparado pelos capatazes da arena, encontrou Ahfahd com sua companheira habitual, sua comitiva habitual, os novos confortos que as riquezas haviam lhe rendido.

Mas triste.

— Outra vitória do seu escravo, meu amigo — disse Gregor, deixando que duas servas tratassem-lhe os ferimentos. — Por que essa sombra em seu rosto?

Ahfahd deu um suspiro que continha todos os ventos do deserto.

— Minha vida de conforto na Cidade será curta, meu honrado escravo — disse, desolado. — Aqui tenho riquezas, aqui tenho leite e tâmaras. Aqui tenho minha amada Jessira. Mas nas areias está minha obrigação.

— Não é senhor de seu destino, Ahfahd?

— O destino que me foi dado é servir ao príncipe Tuarin.

As servas existiam daquele jeito transparente, sem demonstrar nada, enquanto faziam seu serviço. Os guerreiros, que acompanhavam seu líder na prosperidade urbana, não podiam esconder a decepção, mesmo com os rostos ocultos. Jessira, a escultural concubina de Ahfahd, tocou-lhe o ombro. A vida juntos era boa, mas era uma ilusão.

Gregor sorriu.

— E o príncipe Tuarin é um senhor cruel?

— É o melhor dos senhores, que todos os seus filhos tenham esposas férteis. Mas é um nômade, e eu também sou. Não posso ficar na Cidade no Deserto, ou o príncipe irá me considerar um traidor.

— Não há como mudar de vida?

— Não para uma vida na cidade. O príncipe despreza a Cidade, e principalmente o sultão Fazûd. Se eu decidir ficar aqui, nunca mais poderei voltar ao deserto, ou minha pele não valerá nada — apertou os lábios. — Vou vendê-lo, meu querido escravo. E partir.

— Não há destino exceto o destino que nos é dado. Deixe que eu lhe presenteie o destino, meu amigo.

Ahfahd curvou-se para perto.

— Do que fala?

— Existe como você ficar na cidade, com Jessira, com suas riquezas e confortos. Desde que esteja disposto a voltar ao templo de Azgher.

Ahfahd inclinou a cabeça, desconfiado.

— Você precisará cometer um crime. No templo.

— Nunca!

— Um crime que será perdoado, pelo príncipe e pelo sultão. E, no final, você será o mais honrado dos guerreiros nômades, terá mais camelos e cabras do que poderá contar, e Jessira irá lhe trazer muitos filhos.

Os guerreiros abriam os olhos, trancavam o fôlego. Ahfahd abria e fechava as mãos, tentando não ter esperança. O escravo fora milagroso uma vez. Poderia sê-lo de novo?

— Como sabe tudo isso? — disse Ahfahd.

— É o destino que estou lhe dando.

Silêncio. Jessira segurava forte a manga da roupa do líder nômade. Poderia o escravo ser milagroso de novo? A resposta era sim — se fosse o destino.

— E qual é esse destino? — disse Ahfahd.

— Para responder isso, preciso contar-lhe uma história.

Recebeu permissão.

— Esta é a história do que aconteceu, do que está acontecendo e do que acontecerá. E ela começa assim:

Havia um momento de triunfo quando Azgher, hoje como fora ontem, vencia Tenebra. Erguia-se num orgulho justificado, rasgando o escuro e, já com os primeiros raios, trazendo calor. Nesse momento, Azgher era piedoso.

CAPÍTULO 19

GALOPE NO ESCURO

SAÍRAM DEVAGAR DO MUNDO TORTO, CHEGANDO A UM mais conhecido. Orion sentia-se emergindo aos poucos de um oceano: Sckharshantallas, Trebuck virado em Yuden, Doherimm — e agora, casa.

Bielefeld tinha um ar de como as coisas deveriam ser. Os bosques eram verdes como nas histórias. As estradas tinham sulcos fundos de carroças repetidas, as aldeias eram repletas de gente familiar. A terra era repartida entre barões, condes, duques. E, embora conhecesse a guerra mascarada que havia em Bielefeld, interesses e dinheiro disputados entre aristocratas sujos, era um alívio. Ao menos uma fachada de braços abertos. Bielefeld tinha castelos. Bielefeld tinha cavaleiros.

Orion e Ingram terminaram a jornada sobre patas de cavalo e pés de anão. Dormiram sob os tetos de senhores admirados do herói de um ano atrás, perderam-se numa miríade de estandartes coloridos. Bielefeld, por todo o fingimento, tinha motivo de amor. Orion pensou se deveria ressentir-se tanto de seu reino quanto Ingram ressentia-se da Montanha de Ferro. Mas não podia, e não queria.

Bielefeld, é claro, não decepcionara, com sua quota de desgraçados. Desgraçados conhe-cidos, bem verdade, mas mesmo assim. Os abutres jogaram-se sobre *sir* Orion, em cada castelo, salivando por seu afastamento de *lady* Vanessa. Queriam saber se a esposa ainda vivia. Ofereciam ombros amigos, e ouvidos que escutassem as dificuldades. Ofereciam a intervenção de clérigos de Khalmyr, que poderiam terminar o casamento em ruínas, mantendo sua santidade.

Enquanto isso, despejavam legiões de filhas.

Orion foi assaltado por uma barragem incessante de jovens casadoiras, as mais novas com idade de netas. Ficava incerto entre dar um murro em seus nobres pais ou entreter suas pretendentes com bonecas de pano e fantoches de sombras. Outras (que podiam ser apenas suas filhas) atacavam-no com os encantos das jovens recém-desabrochadas, na idade em que todos os corpos são firmes. Enquanto algumas pareciam se divertir com o jogo, outras estavam tão constrangidas que era claro terem sido enviadas como em missão suicida, para seduzir o herói. Num certo castelo, Orion foi franco, disse à moça que contaria a seu pai o quão encantadora ela era, e que ela mesma também mentisse, dizendo ter jogado atrações. Ficaram conversando por duas horas, ela discorrendo sobre sua paixão por bordados (em especial retratando cães). Em outro, Orion fingiu não ver a cena do verdadeiro pretendente sendo expulso, para que a jovem pudesse ser oferecida. Talvez o pior fossem as mulheres de idade mais próxima à sua. Pais sem dinheiro, filhas sem encanto. Os rostos sem favores da natureza já gastos por anos de rejeição. Orion teve pena, mas não pretendia largar Vanessa pela chance de salvar da solteirice donzelas passadas. Imaginou casar Darien com alguma delas, e riu.

O braço foi outro martírio. Ele não tinha a menor intenção de viver para sempre sem um membro, com os milagres de Lena ao alcance de um homem justo. Mas, quando iniciou-se a competição sobre qual homem santo restauraria o corpo do Cavaleiro da Nuvem Negra, Orion sentiu enjoo. Um dos senhores já havia mandado fazer uma placa de bronze, que afirmava ser aquele o local onde *sir* Orion Drake fora agraciado por Khalmyr com o retorno de seu braço esquerdo. Recusou todos.

No final, era bom voltar aos tormentos conhecidos. A adulação causava-lhe urticária, mas era muito mais leve que Yuden ou Sckharshantallas.

Então, chegaram a Norm.

A cidade que abrigava a Ordem da Luz deixava claro: nada, nunca mais, seria o mesmo. Bielefeld tinha castelos, cavaleiros, estandartes. Era familiar, como um sofá moldado ao corpo de um dono antigo. Mas era um verniz de séculos de nariz empinado que mantinha essa impressão.

Bielefeld estava pobre.

Orion fora acolhido, mas as refeições eram magras. Passara por cavaleiros da Luz, na estrada, mas as armaduras estavam velhas, os cavalos tinham menos brio. Durante a campanha contra Crânio Negro, Bielefeld secara os cofres, pagando por um ritual gigantesco realizado por Wynlla, o Reino da Magia. Fora necessário para a vitória, mas o reino sentia. Raros eram os nobres que não haviam sido forçados a contribuir. Os impostos haviam aumentado, os camponeses entregavam uma parte muito maior de seu trabalho. E em nenhum lugar via-se aquilo como em Norm.

Norm caíra. O Castelo da Luz caíra, tomado por cavaleiros corrompidos pelos simbiontes da Tormenta. Norm queimara. E não havia dinheiro para refazer tudo. Orion e Ingram adentraram os portões, vendo destroços. Por toda parte, casas ainda em ruínas, mostrando os restos calcinados. Estalagens de portas fechadas, trancadas com tábuas de madeira. Não havia gente, não havia ouro, não havia negócio. Boa parte do abandono devia-se à morte. Norm trabalhava obstinada na reconstrução, mas dava-se prioridade ao que fazia falta. Por que reconstruir uma casa cujos habitantes morreram todos? Também a desesperança atacara Norm, por mais que a Ordem e os inúmeros templos se esforçassem em contrário. Sobreviventes escolhiam não ficar à sombra da desgraça. Aqueles que podiam empilhavam seus pertences e iam para Roschfallen, ou a algum feudo amigável. Coisas esquecidas na batalha faziam-se muito presentes. Havia cavaleiros a pé. Muitos cavalos haviam morrido na queda de Norm. Muitos outros foram infectados. Em um ano, os garanhões não haviam gerado montarias suficientes, e não havia como comprar todas as necessárias. Os cavaleiros de botas no chão evitavam o olhar, como se fossem eles os criminosos.

E havia, Orion percebeu com uma careta de asco, um cobertor fedorento de conservadorismo. Bielefeld era um reino de tradições, um reino de antiguidade. Muito ele lutara para descartar algumas das mais idiotas, mas tudo parecia estar voltando. Norm abrigara religiosidade fervorosa, mas também colorida. Não havia mais um templo de Marah, a Deusa da Paz. As pessoas estavam muito vigilantes de seus vizinhos, atentas a qualquer diferença, como se os simbiontes pudessem despontar de novo a qualquer momento. A maioria dos lares tinha, pregado à porta, um brasão de Khalmyr, como uma prova de retidão moral. Outras portas eram pintadas com frases obscenas, ou simplesmente com a palavra "simbionte". Muito se olhava de esguelha em Norm.

O Castelo da Luz estava rachado.

A Ordem fora expulsa de suas própria muralhas, durante a queda. Os traidores haviam quebrado e queimado. As torres magníficas, no formato de espadas, ainda resistiam, mas mostravam cicatrizes. A estátua de Khalmyr, no centro da fortaleza, fora reerguida, posta no pedestal. Mas a maior maravilha — o brilho que o Castelo exalava de suas pedras, à noite — fora maculada. A estátua não era mais luminosa. Qualquer engenho que os anões tivessem feito ao construir a sede da Ordem da Luz fora estragado pela profanação.

E, nos portões principais, só havia dois guardas.

— *Sir* Orion — cumprimentou um deles, embasbacado. Alternava os olhos entre o rosto do cavaleiro e a mutilação, esquecendo de abrir os portões.

— *Sir* Orion — disse o outro, fazendo uma mesura. Rosto duro, lábios torcidos para baixo. Uma leve impressão de nojo. — Seja bem-vindo, meu lorde.

Talvez não bem-vindo. Mas tolerado.

— Você perdeu um braço — disse Alenn Toren Greenfeld.

— Não perdi — disse Orion. — Sei exatamente onde está.

O Alto Comandante da Ordem da Luz puxou Orion em um abraço poderoso. Grunhiu seu carinho, olhou um momento no rosto do cavaleiro, antes de fazer uma mesura a Ingram. Alenn Toren era um homem de ferocidade e nobreza. Ex-chefe guerreiro de uma tribo na União Púrpura, ascendera à cavalaria e à liderança por uma combinação de coragem suprema, proeza inigualável e honra sem par. Sua pele de um escuro profundo contrastava com a armadura dourada. O tapa-olho e as tranças selvagens lembravam o antigo bárbaro, embora os modos fossem do mais perfeito fidalgo. Alenn Toren era o mais admirado dos cavaleiros, e também o mais temido. Em ambos os casos, com boas razões.

— Parece que está menos louco, Orion.

— Obrigado, *sir*. Gosto de pensar que estou.

— A Ordem da Luz estende as boas-vindas, mestre Ingram Brassbones. Peço apenas que não dispare nenhum tiro em Norm.

Ingram sorriu.

Alenn Toren sentou-se em sua cadeira majestosa, no centro de uma formação de pequenos tronos, onde dispunham-se os mais altos cavaleiros. A sala, por ordem do Alto Comandante, ainda carregava as marcas da invasão. Manchas largas de sangue, pedras quebradas, onde golpes errantes haviam atingido. Se cavaleiros haviam derramado sangue de cavaleiros, dizia Alenn Toren, água e sabão não deveriam esconder isso.

Orion e Ingram estavam de pé, como apropriado para sua posição.

— Teremos um milagre que lhe devolva o braço, lorde Orion — disse o Alto Comandante.

— Eu agradeço, meu senhor.

— Então, está se apresentando para receber instruções?

Orion hesitou.

Irmãos em armas, e irmãos. Orion e Alenn Toren deixaram-se aproveitar horas de reencontro. Orion evitou as perguntas, Alenn Toren evitou as novidades. Por um tempo, foram só amigos afastados. O Alto Comandante soube não citar Bernard Branalon. As perguntas sobre Vallen Drake e Vanessa foram desprovidas de julgamento.

Mas Orion soube que deveriam voltar ao mundo áspero.

— Existe alguma missão em planejamento? — disse.

Alenn Toren ficou sisudo num instante. Deixou-se deslizar alguns centímetros na cadeira. Sua voz saiu rouca e esticada:

— O Círculo deseja isso, *sir*. Muitos cavaleiros apoiam. Uma grande, grande missão.

— Missão...?

— Retaliação, Orion. Uma incursão punitiva à União Púrpura.

Orion engasgou.

— À *União Púrpura*?

— Você entende.

— Não contra a Tormenta?

— Existe quem diga que há provas de infestação simbionte na União Púrpura. Mas a verdade é que eles querem aproveitar o momento, para varrer os bárbaros do continente.

— A União Púrpura está sob a proteção de Yuden.

— O que torna isso um suicídio, além de genocídio. Por outro lado, é o que muitos deles querem. Uma boa guerra, para recuperar a moral da Ordem da Luz.

— Querem inventar uma guerra, como se a Tormenta e a Aliança Negra não bastassem?

Alenn Toren rosnou uma risada.

— O Alto Comandante não é um lefeu. O Alto Comandante não é um goblinoide. Para poderem me acusar de conluio com o inimigo e me tirar desta cadeira, eles precisam lutar contra a União Púrpura. Você também está nos planos deles, *sir*.

Orion jogou a cabeça para trás.

— Marido de uma clériga de Keenn, que tem relações com Yuden. Se os aristocratas conseguirem uma boa briga com Yuden, poderão banir o culto a Keenn de Bielefeld.

— Não senti tanta hostilidade no caminho para cá.

— Eles querem forçá-lo a renegar Vanessa, e casar com alguma adolescente com sobrenome. Se possível, querem trazê-lo para o lado deles. Você é um herói.

— E o senhor?

— Eles odeiam meu passado, e meu tom de pele. — Alenn Toren respirava como um leão. — Querem *limpar* Bielefeld.

Orion tonteou. O mundo não parava, enquanto ele tinha seus planos.

— Meu lorde — disse. — Talvez tudo isso seja irrelevante. Tenho informações que os nobres não poderão ignorar. Tenho um propósito que talvez não deixe espaço para essa cruzada de loucos.

Alenn Toren curvou-se para ele.

— Fale.

— Preciso de alguns dias.

— E o que *isso* tem a ver com Crânio Negro? — disse Darien.

— Oh — fez Thulbok. — Rigorosamente nada.

Darien ficou olhando-o.

— Quando pretende descobrir o que precisamos?

— Já descobri, há tempo. Tenho todas as informações para você entregar em cartinhas perfumadas a *sir* Orion Drake, e esperar que ele lhe dê um osso em troca.

— Exagero.

— Certo, exagero. Mas não se preocupe, meu caro lacaio. Já sei tudo de que precisamos. Quando o seu cavaleiro chegar, você vai estar pronto.

— Fale agora, então — Darien espalmou as mãos no ar, como se mostrasse algo evidente.

— Não.

— Por que o joguinho?

— Porque, se você soubesse de tudo agora, iria correndo encontrar-se com *sir* Orion, contando o que sabe, pedindo para ser seu escudeiro e segurar sua lança.

— Você tem mesmo certeza de que ele e o anão estão vivos?

— Eu mentiria para você, meu jovem?

— Com certeza. Muitas vezes, e sem motivo algum.

— Verdade. Mas confie em mim: *sir* Orion está bem, está a caminho. E, quando chegar, você vai contar tudo a ele, e será um capacho feliz.

Darien sentia uma dor de cabeça começando. Primeiro, quando os dois haviam desaparecido na estrada, achara que teria uma síncope. Sacou uma espada, preparou-se para se defender, mas só havia uns pássaros alheios a tudo. Vasculhou a orla da floresta, sem resultado. Era como se Orion e Ingram tivessem sumido por um buraco no chão.

Chegara a pensar em voltar ao Exército do Reinado, e começou a jornada. Mas logo concluiu que, dado seu histórico, sua palavra valeria pouco. Talvez achassem que ele era um traidor. Deu de ombros e voltou a Roschfallen, sozinho, olhando por cima do ombro. Encontrou Thulbok tranquilo como um abade, todo risinhos. O anão tinha recebido a mensagem de Darien, através do tal devoto de Hyninn e de uma rede complexa. E, segundo o que dizia agora, já descobrira o necessário.

— Por que estou aqui, então? — disse Darien.

Thulbok olhou-o como se fosse um idiota completo.

— Enquanto você estiver aqui, tem de obedecer a mim. Posso ordenar que faça os maiores absurdos, e você não pode discutir. É muito divertido.

— Quer um número de malabarismo, então, ou um espetáculo de marionetes?

— Apenas que você seja meu escravo. Por que eu deveria fazer todo o trabalho sozinho?

Darien bufou. Estava acostumado (até onde era possível) a quem dizia a verdade o tempo todo. Os cavaleiros eram quase sempre assim, ou então mentiam sobre as coisas erradas. Também sentia-se bastante confortável com quem *mentia* o tempo todo. Em sua concepção, era a melhor forma de agir. Evitava-se incômodos, e você sempre sabia que o que estivesse ouvindo era baboseira. Irritava-se, contudo, com o jeito de Thulbok. Ele tinha um modo todo especial de combinar a verdade com um volume abismal de empulhação. Quando falava a verdade, em geral era tarde demais.

— Isto é mesmo necessário? — disse Darien, entregando-se.

— São suas ordens, escravo. Então, é necessário.

— Não vejo como isso pode ajudar os cavaleiros.

— Ajuda. Mas não se preocupe. Você não precisa ver. É a beleza da escravidão. Eu vejo, você faz. Além disso, faz parte de sua educação.

Darien entortou a boca.

— Você está na grande escola de cafajestes do mestre Thulbok, rapaz. E nunca vai ganhar seu diploma se não aprender a seduzir.

— Seduzi sua mãe sem problemas.

— Minha mãe era uma santa. Hoje em dia está no Reino de Khalmyr, repousando a quatorze almas de distância de sua sagrada orelha esquerda. Aprenda a seduzir.

— Já *sei* seduzir.

— "Seduzir" não significa "pagar uma pobre prostituta infeliz que ao ver seu rosto se arrepende e sai do quarto gritando". E, se já sabe, mostre-me.

— Estou vestido como um palhaço.

— Palhaços fazem muito sucesso entre as mulheres. Acredite em mim, já trabalhei em um circo.

— Verdade?

— Claro que não. Agora vá, pare de falar bobagens.

Empurrou Darien. Se alguém o visse, pensaria que estava indo rumo ao cadafalso.

Mesmo em tempos de pobreza, continuava certa pompa. Os camponeses podiam passar sem comer, mas os nobres não podiam viver sem seus bailes. Darien vestia uma casaca magenta, decorada com fios de ouro. Sapatos com fivelas prateadas, calções fofos e calças justas que, em sua concepção, marcavam-no como uma meretriz de dois cobres. Mas não havia falta de imbecis vestidos do mesmo jeito. A juventude de Roschfallen estava ansiosa para se vestir como bufões — Darien foi cumprimentado na porta do palacete e misturou-se à multidão sem problemas.

Os nobres podiam fingir o quanto quisessem, mas a escassez de ouro fazia-se sentir. O vinho era servido em quantidades menos liberais. Os servos fingiam ignorar os convivas que pediam novos cálices. A iluminação compunha-se de castiçais, lampiões e candelabros: nada de luz alquímica ou mágica, nenhuma criatura encantada para trazer colorido à festa. Os músicos eram humanos, os instrumentos eram apenas bons. Nenhum lirista élfico, nenhuma poetisa feérica. As donzelas usavam vestidos que já haviam mostrado em bailes anteriores.

Falando em donzelas — o alvo.

Darien usou o truque mais baixo que Thulbok lhe ensinara. Esbarrou na garota, desculpou-se, deu um sorriso, olhando em seus olhos. Enquanto segurava de leve seus ombros, deu apenas alguns passos ligeiros, girando-a. Em um momento, soltou-a, mas era como se tivessem dançado.

— De novo, mil perdões — disse Darien. — *Lady*...?

— Abigail — disse a moça, cenho franzido. — E o senhor, quem seria?

— Sou — interrompeu-se. — Ei! — abanando para um nada ao longe. — Há quanto tempo!

Saiu, indo cumprimentar um amigo inexistente, deixando Abigail falando sozinha.

A razão do baile não importava. A verdadeira razão, de qualquer modo, era preencher os desejos da opulência magra de Roschfallen. No salão, deslizavam punhados de desocupados jovens, observados por desocupados mais velhos. Darien mesclou-se com esse grupo e aquele, dizendo obviedades, sendo mais um. Estava lá apenas por Abigail — e, por isso, não falava com ela.

Pelo resto da noite, observou-a. Não tirava os olhos dele, embora, é claro, não fosse retomar o contato. Donzelas como *lady* Abigail estavam de tal modo acostumadas à atenção de todos que, sendo descartadas, não podiam evitar uma certa curiosidade, ou mesmo fascinação. Não era linda, mas estava longe da feiura. Seus cabelos louros, de um crespo miúdo, não se prestavam aos trejeitos a que ela os tentava forçar. Mas seus olhos eram bem separados, o que lhe dava um charme estranho. Além disso, suas clavículas pronunciadas eram muito interessantes. Darien também notou, de pronto, o rival. *Lady* Abigail estava prometida a um rapaz ideal — rico. Estirpe nobre, e o ouro de que o pai da moça precisava.

Horas de festa (os sapatos agredindo-lhe os pés, fazendo pouco de seus calos honestos e esfolando partes macias), e Darien retomou o ataque. Abigail distraía-se em um grupo de rapazes e donzelas, com o pretendente ao lado. Ele chegou ao grupo com dois cálices de vinho.

— *Lady* Abigail — cumprimentou, dirigindo também um olhar ao grupo. — Uma oferenda de paz — sorrindo e oferecendo o cálice.

A garota fez um rosto de final esperado. Estendeu a mão, em tédio ostensivo, para aceitar o cálice, quando:

— A pedra em seu colar não vem do Reino-Arquipélago? — disse Darien, voltando-se para uma das amigas da moça.

Ela deu meio passo para trás, fez que sim. Darien puxou de volta o cálice, fazendo Abigail fechar a mão sobre o ar, e ofereceu-o à nova garota.

— Achei que era — ele disse, enquanto a moça dava um gole na bebida. — Já esteve em Khubar?

— Nunca.

— Pois devia. É muito bonito. E é quase uma colônia de nosso reino, não é?

Risinhos de Bielefeld.

— Encantado, meu nome é Oslaf Raudef.

— Margareth. Muito prazer.

Com o canto dos olhos, Darien podia ver que Abigail estava apalermada com o tratamento. Um a um, ele foi tragando os outros para a conversa, deixando a moça de fora. Como previsto, ela tentou chamar sua atenção. Estava fisgada.

O pretendente tentava puxá-la para longe. Chamava-a para dançar, e ela girava pelo salão com os olhos em Darien. Abigail fazia um comentário, e Darien fingia desinteresse. Até que se voltou para o rapaz:

— Ela é sempre assim?

O pretendente de *lady* Abigail não soube o que responder.

— Assim, você sabe. Exigente. Precisa ser paparicada.

— Senhor, como pode —

— Mulheres, hein? Mas ela merece. Meus parabéns, você é um homem de muita sorte.

— Eu — pausa. — Obrigado?

— Sim, parece a resposta certa. Pretendem casar logo?

Abigail ficou vermelha.

— São minhas intenções, com a permissão do lorde meu futuro sogro.

— Felicidades para vocês. Também quero casar. Ouvi dizer que o rei vai diminuir os impostos sobre as terras de novos casais.

Isso interessou ao outro.

— Você sabe, para incentivar as pessoas a casar e ter filhos. Novos cavaleiros.

Logo, o pretendente estava fisgado, e os dois debatiam animados a respeito de ouro e ovelhas.

— Abigail — disse Darien. — Busque um pouco de vinho para nós, sim?

A garota deixou o queixo pender.

— Qual o problema? Estamos conversando. Seja gentil, e busque-nos dois cálices.

— Ora, senhor Raudef —

— Por favor, minha querida — disse o pretendente.

Abigail fulminou-o, saiu batendo os pés em busca de vinho.

— Desculpe, — falou Darien, chegando mais perto, em tom conspiratório — mas queria contar sobre um bordel que descobri mês passado... Precisa aproveitar a vida de solteiro, não?

Quando Abigail voltou, os dois riam como velhos amigos.

— E então? — disse Darien, enxugando os olhos. — Ela é sempre assim?

— Como?

— Carente? Mimada?

— Sempre! O senhor nem imagina.

Dois cálices quebraram no chão.

— Minha querida, eu não quis —

— É *isso* o que pensa de mim?

Dentro em pouco, o pretendente saía do baile. Abigail sentava-se, sozinha e emburrada, acariciando seu despeito.

Ataque:

— Vinho? — disse Darien, oferecendo.

— O senhor tem muita coragem.

— E a senhora é muito mimada. Vinho?

Abigail olhou-o.

E aceitou.

— Desculpe, *sir* — disse a clériga.

Orion tinha as sobrancelhas franzidas, e os lábios imitando. A sacerdotisa não era a primeira a lhe dizer aquilo. Mas, por mais santo que fosse o capelão que havia rezado em seu favor antes, Khalmyr era um deus de batalha e justiça. Lena era a Deusa da Vida. Suas clérigas existiam para curar. Esperara que o resultado fosse diferente.

— O que está acontecendo? — disse Orion. — Por que os deuses me negam essa súplica? Algum tipo de punição?

A sacerdotisa deu de ombros. Era um pouco mais nova que Orion, mas carregava a autoridade que tinham os curandeiros. E a obstinação que mantivera-a em Norm, quando tantos deuses não eram mais bem-vindos.

— Não é isso, *sir*. Duvido que Lena tenha-lhe algum rancor.

Ele andava sonhando com uma clériga de Lena. Talvez tivesse relação?

— Minha esposa era — corrigiu-se: — minha esposa é uma sacerdotisa de Keenn. Talvez eu não seja digno da bênção?

A clériga balançou por um momento, mas foi firme:

— Não, *sir*. Não se trata de má vontade dos deuses. Apenas...

— Sim?

— É como se o senhor já estivesse completo. Entende? Não posso orar a Lena para que cresça-lhe um terceiro pé, ou um novo par de olhos. Não existe resíduo, por assim dizer. É como se o senhor fosse assim, *sir* Orion.

— Perdi o braço devido a um ferimento.

— Sim, eu sei. Desculpe. Só posso lhe dizer uma coisa — mexeu em seu símbolo sagrado, como uma criança prestes a fazer uma confissão. — O que quer que tenha devorado uma parte de seu corpo devorou também uma parte de sua alma. Este é o senhor, *sir* Orion.

Em menos de três horas, tinham escapulido para um quarto. Abigail mostrou-se bastante talentosa, e Darien soube que teria de mentir a Thulbok, se quisesse afirmar que fora o líder na situação. Mas não esqueceu o objetivo: cuidou para que fossem flagrados, ainda suados e sem metade das roupas. Flagrados por ninguém menos que o futuro sogro de Abigail.

Encontrou Thulbok num pequeno bosque próximo. Ainda ofegava por ter saído às pressas.

— Certo — Darien controlou o fôlego. — Acabei de arruinar o casamento de uma donzela de Roschfallen.

— Donzela?

— Digamos, de uma jovem. Uma jovem entusiasmada. Acabei de arruinar seu casamento. Não me sinto particularmente virtuoso.

— Quão nobre, vindo de um bandoleiro de estrada.

— Chefe bandoleiro.

— Está preocupado em arruinar casamentos, agora? Pensei que houvesse tido um tórrido enlace com minha mãe, provocado o colapso de minha família, e fosse meu pai verdadeiro.

Sobrancelha erguida.

— Por quê?

— Ora, escravo meu — sorriu Thulbok. — Porque você não iria querer que *lady* Abigail casasse com um sszzaazita, não é?

Darien tropeçou parado. Sszzaas, o Deus da Traição, era tido como morto. Mas ele ouvira provas, ao longo dos anos, de que seus cultistas ainda operavam, escondidos. Pouca coisa era pior que um sszzaazita.

— Por que então não expor o desgraçado? Contar a verdade e deixar que ele fosse enforcado?

— Quão liberais somos com a forca, agora que não estamos no cadafalso!

— Thulbok — sério.

— Porque *apenas o rapaz* é sszzaazita, meu pouco iluminado escravo. Seu pai não é. Sua família não é. Se ele fosse revelado, uma família inteira de pessoas honestas cairia em desgraça. Agora, com a crise mais imediata contornada, vamos trabalhar sobre ele. Talvez seja capturado. Talvez sofra um acidente infeliz.

— Vocês vão assassiná-lo?

— Nunca. Khalmyr proíbe.

Ficaram olhando-se. Darien perscrutava o rosto barbudo do anão, e recebia o mesmo olhar, exagerado, em retorno.

— Mas Abigail está arruinada. Todos ficarão sabendo.

— Ah, todos já sabiam. Os jovens, pelo menos. Abigail é a melhor amiga das donzelas de Roschfallen, ensina truques que suas amas não poderiam, e os rapazes também não reclamam. Que importância tem? Quem não sabia era seu futuro sogro. Justamente porque o rapaz fez questão de esconder. Satisfeito?

Darien fez um muxoxo.

— Você está me educando para ser um clérigo de Hyninn?

— Você nunca seria um clérigo, rapaz. Seja desse deus com quem parece estar obcecado, seja de meu amado e justo Khalmyr.

— O que é essa educação, então?

— Ajudar os cavaleiros, ora. Você tem perguntas surpreendentes.

— Quer saber? Você parece um servo de —

— *Sir* Orion chega a Norm dentro de algumas horas.

Darien cambaleou para trás, como se levasse um empurrão.

— Jura?

— Eu mentiria para você?

— *As informações* então, seu trambiqueiro com mania de grandeza!

— Oh, a impaciência da juventude! Khalmyr, dê-me forças.

— *Onde você esteve?* — gritou Darien.

Orion olhou-o como se fosse uma criatura de outro mundo. Darien pulava e balançava os braços, atrás das alabardas cruzadas das sentinelas do portão, à frente do Castelo da Luz. Sua larga boca sorria, muito aberta, e seu rosto brilhava de felicidade genuína. Orion e Ingram trocaram um olhar.

— Por isso é que não se traz vira-latas para dentro de casa, Orion — disse o anão.

O rapaz ainda tinha as sacolas de viagem penduradas nos ombros e na sela de seu pobre cavalo, que espumava suor. Darien estava coberto de poeira, e tinha a estrada desenhada sobre si, sem equívoco.

— Vamos a uma taverna — disse Darien. — Seus amigos não me deixam entrar.

Orion estacou um momento.

— Não — disse. — Deixem o rapaz entrar. Está comigo.

Ingram lançou-lhe um exame demorado, enquanto alisava os bigodes.

Os três atravessaram os corredores do Castelo da Luz. Darien mal conseguia se conter, parecia prestes a sair correndo ou dar uma cambalhota. Fazia perguntas, interrompia com novas.

— Eu descobri, *sir*, descobri mesmo.

Orion olhava aquilo, incrédulo. O jovem facínora demonstrava estar mesmo feliz por vê-lo inteiro. E satisfeito por ter obtido resultados. Orion achou que Darien controlara-se para não lhe dar um abraço. O que seria mesmo demasiado.

Passaram por corredores ainda meio sujos de sangue, entre as pedras. Orion lembrou-se de que, não fosse o rapaz ter ficado em silêncio, o massacre poderia ter sido evitado. Afeição não era suficiente.

Sentaram-se em cadeiras tristonhas, próprias a serviçais, no quarto que Orion ocupava.

— Fale — disse o cavaleiro.

— Onde vocês estiveram?

Ingram revirou os olhos.

— Doherimm — disse Orion.

— Como?

— Crânio Negro — disse Orion, entre dentes.

Darien assentiu, respirou fundo.

— Meus amigos descobriram tudo, *sir*.

— Que amigos, afinal? — interrompeu Ingram.

— Aceitem ou não aceitem. Não posso dizer — Darien ficou sério. — Continuo?

— Continue — disse Orion.

— Crânio Negro está no Deserto da Perdição.

O Deserto da Perdição ficava ao norte e oeste, já fora do Reinado. Era o lar de tribos misteriosas, adoradores de Azgher. Seus guerreiros ocultavam o rosto, e sua cultura tinha segredos e tesouros que os reinos não imaginavam. Magia toda própria, ciências diferentes. Dizia-se que as tribos do Deserto da Perdição possuíam matemática e astronomia além da própria igreja de Tanna-Toh. E, acima de tudo, dizia-se que, no Deserto da Perdição, abriam-se portais para outros mundos, outros planos, outras dimensões.

— Crânio Negro vai atacar as tribos? — disse Orion.

— Ouvi dizer que existe uma área de Tormenta no Deserto da Perdição — ofereceu Ingram.

— Nada disso, nada disso. Crânio Negro aliou-se com algumas tribos.

Ingram chutou o pé da cama.

— De novo? Vai reunir um exército e atacar o Reinado?

— Não, não. Ouçam. Ele está usando os sábios. Eles estão calculando. Procurando um portal para outro mundo.

— Qual mundo? — disse Orion.

— Não sei. Mas Crânio Negro está atrás de um portal, e não de um exército. Não há simbiontes — Darien evitou os rostos ao usar a palavra — ou corrupção, nada disso. Eles estão fazendo cálculos, só. Para achar um portal. Ou prever a abertura de um, não sei.

Orion empertigou-se na cadeira. Darien sentava-se invertido, apoiado para frente no encosto. Gesticulou com o queixo para o cavaleiro.

— O quê?

— Khalmyr — disse Orion. — *É claro.* É evidente. Sei qual é o plano de Crânio Negro.

Os mais altos cavaleiros reunidos. O Alto Comandante, a Trindade, os Comandantes, o Círculo. Orion sozinho, em posição formal, em meio a eles. Raciocinou que ali, entre todos, havia uma montanha de ouro. E uma migalha de caráter.

Não importava, porque o Alto Comandante era Alenn Toren Greenfeld. Um homem de honra, de caráter e de combate. De vitória.

— Apague o pedido de *sir* Orion Drake dos registros — disse Alenn Toren.

Todos os olhos.

— Meu lorde, — disse Orion — com o respeito que lhe devo, não vejo —

— Não quero que sua honra seja manchada pelo absurdo que acaba de dizer, *sir*. Vamos, escriba! O que está esperando?

O homenzinho no fundo da sala apressou-se em raspar o pergaminho, apagando os minutos anteriores.

— Qual é a resposta, meu lorde?

— Foi possuído por um demônio, Orion? A resposta é não.

— Posso perguntar por quê, meu lorde?

— Chame o mais reles dos escudeiros, e ele vai lhe explicar.

— Então, peço que o mais reles escudeiro venha ao conselho, *sir*. Porque não consigo entender.

Os dois homens ficaram em um embate de fúrias. Os demais cavaleiros presentes dividiam-se entre indignação, pura vergonha e imaginar as vantagens de uma ruptura entre o herói e o Alto Comandante.

— Um batalhão com treinamento especial, Orion?

— Homens destreinados morrem. Não podemos perder mais cavaleiros.

— Treinamento obtido de *Yuden*? Seguindo os preceitos de *Yuden*? — a voz do Alto Comandante ia alteando, até virar um rugido. — Seguindo as malditas convicções de *Yuden*, Orion?

— Um reino com o qual podemos vir a guerrear — disse um dos Comandantes.

Sujeito esperto, pensou Orion. Aproveitara para falar a ideia em voz alta, e Alenn Toren não podia retrucar no momento.

— Aproveitar o conhecimento de outros reinos é vital se quisermos vencer, meu lorde. Nunca soube que o Alto Comandante era adepto do pensamento de que devemos fazer algo apenas porque é a tradição.

Alenn Toren deu um soco no braço da própria cadeira. O metal se amassou.

— Um batalhão — mastigando as palavras como uma refeição nojenta — criado especialmente para fazer aquilo que os cavaleiros não podem? Para desrespeitar os preceitos da cavalaria? Para o assassinato?

— O que são cavaleiros, senão assassinos?

— O que nos separa de matadores é a honra.

— De que nos serve a honra, quando estivermos sob a Tormenta?

Alenn Toren ergueu-se. Todos os cavaleiros imitaram-no, seguindo o protocolo, mas ele rugiu que ficassem sentados.

— De que nos serve a vitória — disse o Alto Comandante — se entregarmos a alma?

— Não acho que tenhamos alternativa, meu lorde. E não estou pedindo que o Alto Comandante ou meus superiores no Círculo deixem de ser o que são. Apenas eu mesmo, e alguns voluntários.

— Você está esquecendo o que é a cavalaria, Orion. O que é a Ordem da Luz. Não apenas batalha.

— Neste momento, talvez seja.

— O que Philipp Donovan diria?

Silêncio.

Alenn Toren caminhou até Orion. Ficou a centímetros do outro cavaleiro, baixando a cabeça para estar à sua altura. Falou em um murmúrio.

— Diga-me, Orion. Como amigo. Qual é a missão? Qual é o plano de Crânio Negro?

— Não posso responder, meu lorde. Se revelar a verdade, e meu pedido for recusado, vocês tomarão as rédeas, à maneira dos cavaleiros. E tudo estará perdido.

— Fale, como amigo.

— Aceite, como amigo.

Olharam-se, marrom contra cinza.

— E o boato que ouvi, Orion?

Nada.

— Diga que é mentira.

— É verdade, meu lorde. E não me envergonho. Envergonho-me apenas de não ter feito isso antes.

— Como pôde — o desgosto sufocou a voz do Alto Comandante. — Como pôde entregar a segurança de seu filho nas mãos de Yuden? Você é um exemplo aos cavaleiros. Teremos deserções por causa disso. — Estremeceu de raiva. — Diabos, como pôde fazer isso ao pequeno? Quer que Vallen cresça sabendo que foi Yuden que o salvou, e que seu pai desistiu?

— Quero que ele cresça.

— Talvez Khalmyr garantisse a segurança dele, se você não desistisse.

— Ou talvez Khalmyr não fizesse nada, e o garoto morresse de disenteria.

Medindo-se.

— *Isso* é o que você mencionou antes, Orion? Que poderia unir os cavaleiros, ao menos por enquanto?

Sem resposta.

— Sua solução acabaria com conflitos internos, é verdade. Dentro em pouco, não teríamos mais a Ordem.

— Eu discordo, meu lorde.

— E eu sou o Alto Comandante. Portanto, minha opinião vale mais.

— Permita-me, *sir* Greenfeld.

— Não.

Pausa.

— Conte o plano de Crânio Negro — disse Alenn Toren.

— Não.

Silêncio.

O Alto Comandante balançou a cabeça, virou-se de costas e voltou a sua cadeira.

— Esta sessão está encerrada. Está dispensado, *sir* Orion Drake.

— Apenas mais um pedido, meu lorde.

Alenn Toren curvou-se para frente.

— Peço que tudo que falei seja devidamente registrado. Aconteça o que acontecer, sou responsável por minhas ações. E quero que o futuro saiba o que *sir* Orion Drake propôs, e que a Ordem da Luz negou.

Orion e Ingram. Passos ecoando no corredor.

— Então?

— Então, — Orion suspirou — continuamos.

Passos. Passos.

— Como?

— Ao meu jeito.

"Ao jeito de Yuden", pensou o anão.

— Pense no que vai fazer, Orion. Você chegou a uma conclusão. Mas não sabemos com certeza.

— Sabemos. Pense, Ingram. — Orion estacou, abaixou-se para agarrar o ombro do amigo. A intensidade em seus olhos era a de um jovem, ou a de um desesperado. — Crânio Negro tem uma arma, uma das armas mais poderosas deste mundo e dos outros.

— Acha que Crânio Negro é capaz de empunhar a espada de Khalmyr?

— Um de seus asseclas é um guerreiro sagrado. Um paladino de Thyatis.

Ingram não sabia como Orion descobrira aquilo, ou se não era um delírio. Mas não conseguiu objetar, porque o cavaleiro falava cada vez mais rápido.

— Tem uma fera de guerra, mais poderosa que qualquer outra. Que pode ser também uma montaria. E está buscando um portal para outro mundo. Tudo isso sabemos. Não é óbvio, Ingram? Diga-me! Não é óbvio?

O anão começou a responder, mas ignorado:

— Crânio Negro não é um general. Desde sempre, Crânio Negro é um caçador de recompensas. Talvez o que houve antes tenha sido um plano falho, talvez tenha sido algum tipo de preparação. Não importa. Crânio Negro está pronto, e vai atrás de uma recompensa. Vai eliminar um alvo.

Apertava o braço do anão a ponto de machucá-lo. Ofegou, e baixou a voz:

— Crânio Negro vai assassinar um deus.

CAPÍTULO 20

SONHOS DE DRAGÃO

SANGUE VELHO EM TODA PARTE. NEM OS CARNICEIROS chegavam perto.

— Está sentindo? — disse Edauros. — Eu estou. A montanha está nos chamando, Yadallina. É o poder do nosso sangue. Está sentindo?

Yadallina tinha os braços cruzados à frente do corpo. Flutuava a dez centímetros do chão de pedra, sentindo o vento encanado pelos paredões. O vale estava imerso em sombra, repleto do frio próprio de um lugar nunca tocado pelo sol. Isso, e o fedor dos restos de monstros.

— Se eu disser que não sinto absolutamente nada, irá fazer alguma diferença? — disse a elfa.

Edauros olhou-a e riu largo.

— Foi aqui que a criatura nasceu, Yadallina. Este é um lugar de poder, estou sentindo o chamado. Diga-me se eu estiver louco.

— Você está louco, Edauros.

Em resposta, ele riu.

A jornada pelas Montanhas Sanguinárias estendia-se por semanas. Edauros e Yadallina haviam rastreado a trilha de criaturas mortas, avalanches e terror, percorrendo o caminho do Dragão da Tormenta. Refazendo os movimentos da criatura, em sentido contrário, chegavam ao Monte do Dragão Adormecido. A imensa montanha, na forma exata de um dragão enrodilhado, fora talvez o que quebrara, mais do que tudo, a resistência de Yadallina.

— Deixe de ser teimosa — disse Edauros. — Posso não conhecer muita coisa, mas conheço minha irmã. Você está sentindo.

Rosto fechado. Os traços delicados e os lábios cheios faziam um contraste atraente com a severidade.

— Estivemos vasculhando o passado desde que chegamos às Sanguinárias, Edauros.

— *Você* esteve.

— O que somente prova o que estou dizendo. Venho usando a feitiçaria para enxergar o que o Dragão da Tormenta fez. Agora, no centro de tudo, no início de tudo, vi a maior atrocidade. Perdoe-me se fiquei um pouco abalada. Não é nada surpreendente.

— Não é nada surpreendente porque você viu a *nossa* família sendo chacinada.

As Sanguinárias haviam atacado com sua ferocidade plena. Os elfos seguiam uma rotina de acampamento, magia para verificar os arredores, e então voo ou transporte mágico. Nas poucas horas que permaneciam em cada lugar, eram alvo de todas as presas e garras que a cordilheira tinha a oferecer. Os monstros das Sanguinárias estavam nervosos e amedrontados, abalados pela presença recente do Dragão da Tormenta. Investiam por razão nenhuma, jogando suas vidas fora em selvageria. No todo, semanas tensas.

E quando, enfim, chegaram à vista da enorme montanha, foi demasiado. Yadallina sentiu um punho apertando-lhe o peito, por dentro, uma aflição emergindo, e chorou.

— Você *chorou.*

— Vejo que voltamos cerca de um século no passado. Você vai puxar meu cabelo e brincar na lama, também?

— Estamos chegando mais perto de nossa herança, Yadallina. Isso é *maravilhoso!*

Entusiasmou-se, e segurou a elfa pelos ombros, dando-lhe um violento beijo na bochecha.

— Você chorou porque está sentindo o chamado dos dragões. Chorou porque está vendo o que foi feito com a raça. Com a *nossa* raça.

— Ou talvez porque vi uma das maravilhas de Arton.

— Por que é tão difícil para você acreditar?

— Por que, para você, é tão fácil?

Ficaram se olhando, à sombra das montanhas.

— Crânio Negro acredita — disse Edauros.

— Não pretendo que Crânio Negro seja meu modelo de comportamento de agora em diante.

Aquele era um local solitário. Apenas os seres mais estúpidos se aventuravam no palco da chacina, e mesmo os insetos pareciam cautelosos. A pedra, o chão ainda guardavam marcas do nascimento, e o ar tinha um cheiro ácido, além da doçura fétida da decomposição. O vento produzido pelo túnel dos paredões fazia pouco além de espalhar o odor pelo vale. Edauros agachava-se, forçando os olhos para verificar os retalhos de carne e couro. Yadallina franzia o nariz e cobria meio rosto com a mão, tentando evitar o cheiro. Afastou-se uns passos. Balançando a cabeça, fez um gesto arcano, e foi envolvida por uma bolha de ar puro, com um vago perfume de folhas.

— O que espera achar aí? — disse a elfa.

— Quando encontrar, vou saber.

— São restos de cadáveres, Edauros.

— Acha que os dragões fizeram isso de vontade própria? Ou estavam dominados?

— São restos de cadáveres. Esqueça.

Edauros ergueu-se, foi até ela de novo.

— Você cheira bem.

— Gostaria de poder retribuir o elogio.

— Precisamos ver o que aconteceu aqui, minha irmã.

Yadallina suspirou. O cheiro de Edauros, que limpava as mãos nas calças, penetrava sua bolha de ar limpo.

— Claro que precisamos.

Ela fechou os olhos. Recitou palavras em murmúrio, combinou-as com posições das mãos. Franziu o cenho, à medida que o encantamento avançava, descreveu padrões cada vez mais complexos com os dedos. Edauros olhava aquilo, sorrindo, meio tentando imitar os gestos, sem seriedade. Com uma última sílaba e movimento, Yadallina abriu os olhos, e o vale foi engolido por uma luz multicor.

De cada poro da elfa, jorrou uma espécie de brilho líquido, sem peso, fluindo e moldando-se em imagens, como se ajustando a garrafas rebuscadas. O líquido adquiria cores sólidas, deixava de espiralar para se assentar em formas estáveis. Seu brilho arrefeceu, retratando a realidade.

Edauros tinha os olhos muito abertos, e a boca escancarada, num riso frouxo de incredulidade.

— Está ótimo, sua exibida, não precisa —

Não conseguiu mais ver a irmã. A luz líquida engolfava tudo, expandiu-se além do vale, engoliu as montanhas ao redor. O fluido jorrava selvagem, então decidia-se por uma aparência. O Monte do Dragão Adormecido e a montanha ao lado eram retratados pela luz mágica, mas um pouco diferentes. Era o passado, resgatado e revelado em cada detalhe. O líquido invadiu as narinas e ouvidos de Edauros, e o cheiro pútrido desapareceu, substituído pelo odor de antes. Os sons que acompanhavam aquela imagem varreram o silêncio do vale. Em instantes, o mundo à volta se transformara. Edauros estava, até onde podia sentir, completo no passado. Ria de satisfação.

— Como aprendeu tudo isso?

Yadallina não estava à vista. As imagens e sensações pertenciam somente à outra época.

— Isto é ótimo, irmã. Ótimo. Vamos descobrir tanto!

No topo da montanha, Crânio Negro. Edauros impulsionou-se contra o chão, voou até o cume. Assistia ao ritual, mas não era visto. Podia tocar cada pedra, mas não era notado. Chegou perto de Crânio Negro, sentiu o frio de seu elmo, e a cena continuava a se desenrolar. Era como a mais perfeita pintura, a reprodução exata de uma cena, mas não era real.

Edauros viu com atenção os acontecimentos. Os monstros, os dragões. Os cadáveres formando o Dragão da Tormenta.

Então, acabou.

— Isto é ótimo, Yadallina! — repetiu. — Podemos —

O mundo fluiu desordenado. Edauros foi jogado de um lado a outro, como se estivesse imerso num mar agitado. A luz líquida desfazia-se, voltava a ser jorros e redemoinhos. Ele se sentiu afogando. Nariz, olhos e ouvidos assaltados pelo líquido selvagem. O brilho aumentou, as cores tornaram-se mais absurdas. Ele chamou o nome da irmã, mas sua boca foi invadida pelo fluido, por sabores do passado, nascendo e se transformando.

A luz tornou-se sombra. O vale tornou-se floresta. Era noite, sussurros e esconderijos, e Edauros pôde ver *sir* Orion Drake.

Refazendo-se da mudança, tentou se orientar, flutuando no vazio, notou alguns homens, trajados em armaduras, emergindo de trás das árvores, recebendo ordens do cavaleiro. Começou a dizer algo, mas os arredores brilharam de novo.

O céu noturno, a floresta e o chão coberto de folhas desfizeram-se em uma torrente furiosa, como um rio de enchente, e Edauros foi atingido. Arrastado, todos os sentidos soterrados por variações, quando deu por si estava de novo em uma floresta.

Mas engasgou: fogo.

Aquilo era Lenórienn, no passado. O Reino dos Elfos enquanto travava sua derradeira luta, o exército de monstros correndo pela cidade, as imensas árvores tombando. Chamas e relâmpagos despencando do céu, ao poder dos clérigos goblinoides. Sangue élfico fazendo um pântano, elfas estupradas sobre pilhas de cadáveres. A chacina e o gozo dos monstros. Um clarão cegante, e a Deusa vindo lutar por seu povo, arco e lâminas em punho.

E sendo derrotada.

— Yadallina, chega —

E tudo jorrou, mais uma vez. Cheiros e imagens misturaram-se, em um redemoinho gigantesco. Edauros foi tragado, levado para baixo, sentindo o toque de folhas, madeira, metal, fogo, pele, dentes, pelo, excremento. As cores mais e mais berrantes, até doerem nos olhos, e as pálpebras não eram defesa. Uma centena de sabores, e sons de uma vida inteira, mesclados, rodando, rodando.

E então, de novo, estático.

O ar tinha um cheiro inédito. Havia uma eletricidade quase palpável no ambiente, uma ocasional picada de agulha, todo o corpo formigando. As imagens assentaram-se em uma cordilheira, uma floresta, uma planície — um continente, muito abaixo. Nuvens ao redor. Vento de furacão. E o som decidiu-se por rugido.

Milhares de rugidos, numa sinfonia de ferocidade. Edauros, mal conseguindo se mover, olhou atrás, e o céu estava negro.

Uma revoada de dragões — milhares e milhares de dragões. Zuniram por ele, suas asas tapando o sol. De todas as cores, imensos como nunca. O elfo tentou seguir o enorme bando — *não era um bando, mas um exército*.

Do outro lado, parado no ar, um único homem. Armadura luzindo mais que o sol, olhos fechados, cabelos soprando em um padrão ordenado. Em suas mãos, uma espada. Um único homem. Um único deus.

Os dragões investiram contra a divindade. A espada matava dezenas de cada vez, as feras grandes como castelos retalhadas, tombando em instantes. Fogo, gelo, relâmpago, vapor, ácido e veneno saíam das bocarras, banhavam o deus, sem efeito. Os rugidos aumentaram. Então, um rugido maior, atrás. Um urro que quebrou o céu. Edauros flutuava, agarrando os ouvidos, fechando os olhos e a boca o máximo que podia, encolhido numa bola de agonia. Mas o rugido furava qualquer proteção, e ele foi assaltado pelo som, pela imagem, pela *ideia*: um dragão. O Dragão.

Ousou abrir os olhos, mas não havia nada.

O Dragão não existia.

O mundo se desfez num maremoto de sensações.

No vale, Edauros tateou a pedra, antes de abrir os olhos. Parecia bem real.

Estendido no chão. Sentia-se como se devesse estar exausto, mas o corpo não reconhecia. Uma lânguida dor de cabeça era o único resto do feitiço de Yadallina.

A elfa estirada, metros distante. Edauros foi até ela, surpreso porque não cambaleava. Coberta de suor, respirando em soluços pelos lábios entreabertos.

— O que você fez? — disse Edauros, limpando o rosto da irmã com um lenço.

Yadallina ergueu as pálpebras. Não era tão difícil quanto esperara. Na verdade, sentia-se vigorosa.

— Talvez você tenha mesmo razão — disse a elfa.

Sorriu.

— Eu falei isso? Devo estar doente.

Os olhos dela ficaram brancos. Flutuou às cegas para uma direção. Edauros disse:

— Onde você está indo?

Mas os olhos dela estavam brancos.

Yadallina emergira do feitiço num estado de exaustão interna, mas durara pouco. Logo, estava hermética, a boca pendendo sem resposta, as pupilas viradas para trás. Flutuava, os pés pendendo a centímetros do solo, e seguia com determinação para alguma parte. Edauros tentava acompanhar.

A magia quase deixava o corpo do elfo, quando enfim ela desabou, sobre uma rocha enviesada, indo rolar até uma depressão escura. Noite. Edauros chegou esbaforido.

— O que está acontecendo?

Yadallina piscou, como se despertasse.

— Vamos embora.

Ele pousou. Verificou, mas ela não estava ferida. Só alguns esfolados.

— Vamos embora, Edauros. Existe alguma coisa aqui.

Ele tomou fôlego, mas, mesmo no breu, seus olhos de elfo captaram o rosto da irmã. Uma expressão que fincou em seu peito.

— Vamos embora, Yadallina. Não se preocupe.

Tomou-lhe a mão. Logo percebeu que não podia ajudá-la a escalar a pedra.

— De manhã, certo?

— Edauros, vamos embora.

— O maior feitiço que eu conseguiria fazer agora não forçaria um canário a peidar, irmã. Temos que dormir.

Ela apertou os lábios, mas ele estava certo.

Fogueira.

— O que está acontecendo? — disse Edauros.

Ela fixava as chamas, até os olhos arderem.

— Aproveite, porque não vou dizer de novo — Yadallina exalou um suspiro. — Parece que você tinha mesmo razão.

Quieto.

— Foi um chamado. Algo assim. Com um pouco de pesquisa, acho que poderíamos ter certeza. Mas foi um chamado.

— Um dragão?

Ela hesitou, considerando. Depois, fez que sim com a cabeça.

— Alguma coisa primordial. Preciso estudar. Deve haver literatura sobre o assunto.

— Você ouviu a voz de um dragão?

Negou.

— Lembro apenas da vontade — afastou a palavra com um gesto. — Da *necessidade* de seguir em uma direção.

— Para onde?

— Não faço ideia.

Yadallina encolheu-se um pouco mais perto do fogo. Não estava acostumada a não saber.

— O que foi que nós vimos? No vale?

Ela continuava observando a fogueira.

— Também não sei. Mas não fui eu.

Edauros fez que continuasse.

— Deveria ter sido o feitiço de sempre. Enxergar o passado, ouvir algumas coisas. Eu não esperava que fôssemos envolvidos daquela maneira. Não esperava — deixou a frase pender. — Não esperava ver outras coisas.

— Eram dragões.

De novo, Yadallina fez que sim.

— Dragões grandes como — disse Edauros. Perdeu-se no raciocínio, procurando uma comparação. — Merda, grandes como —

— Deuses?

— Como deuses.

Silêncio. Calafrio.

— Khalmyr, não é mesmo? — retomou o elfo. — Khalmyr, com sua espada, lutando contra dragões. Quando isso aconteceu?

Nada.

— Por que vimos isso? Existe *algo* aqui, Yadallina!

Ele sorria de novo, seus olhos refletiam o mundo. Yadallina virou o rosto em sua direção.

— Sim. Existe algo aqui — disse ela. — Por isso, de manhã, vamos embora.

Edauros titubeou.

— Claro. De manhã, vamos embora.

— Vamos *embora*, Edauros. Estudar isso, e então, talvez, voltar.

— Eu já disse. Você está nos dias de Tenebra, não?

— Edauros, fui *arrastada* por algo que não conhecemos. Perdi o controle do meu corpo, da minha magia. Da minha mente. Quando amanhecer, vamos embora.

— Embora.

— Estudar, e *talvez* voltar mais tarde.

— Mais tarde. Certo.

— *Talvez.*

— Talvez.

Só o barulho do fogo.

— Quer procurar *sir* Orion? — disse Edauros.

Ela enterrou a cabeça entre os braços.

— Pelo Dragão, como eu gostaria que você parasse de falar.

Ele estava paralisado, no meio de um riso.

— O que você disse?

Yadallina emergiu dos próprios braços:

— Gostaria que você parasse de falar. *Mesmo.*

— "Pelo Dragão"?

— Cale a boca, Edauros.

— Você disse "pelo Dragão".

— Cale a boca, Edauros.

— *Eu ouvi* —

— Vá dormir — um gesto e um clarão.

E Edauros dormiu.

A manhã demorou, Azgher oculto pelas montanhas. A fogueira era brasas, estavam gelados. Mas despertos.

Yadallina soprou nos dedos, abriu e fechou as mãos, aquecendo-se. Ajoelhou-se na pedra, começou o feitiço.

— Bom dia — disse Edauros.

— Será um bom dia quando eu tiver nos tirado daqui.

Ele pigarreou.

— Temos que conversar —

— *Não* temos que conversar. Vamos embora daqui. Como *já* conversamos.

— Você disse, Yadallina! Você disse "pelo Dragão". Espera que eu ignore isso? Alguma coisa está falando com você.

— Você já foi um mentiroso melhor. Com esse tipo de conversa, não conseguiria levar uma humana para um monte de feno.

— Você disse —

— Eu disse "por Glórienn"! Isto é demais, Edauros, até para você.

— Eu sei o que ouvi.

— Ainda pior. Está ouvindo o que quer.

— Yadallina, podemos descobrir —

O corpo da elfa se retesou. Suas costas arquearam-se para trás, o pescoço ficou marcado de veias salientes. Seus lábios se abriram, e uma ladainha emergiu, sem que a boca se mexesse. Língua ininteligível.

Os olhos ficaram brancos.

Como se puxada por uma corda invisível, ela se ergueu, até flutuar a meio metro do chão. Súbito, disparou para cima.

Edauros gritou o nome da irmã, fez um gesto, e voou atrás.

Perseguiu-a o dia todo. Noite fechada, segurou-a quando o corpo despencou, amolecido. Abrigaram-se contra um paredão.

— Vamos embora amanhã — disse Edauros. — Eu prometo.

Yadallina empurrou-o.

— Não.

Como se fosse um tapa.

— Não?

— Acho que você realmente acredita no que está falando agora. Mas, quando chegar a manhã, vai arranjar uma centena de justificativas. E vai conseguir convencer a si mesmo, e eu vou acabar concordando. Ou então vai ganhar tempo até que eu seja possuída de novo.

Edauros ficou em silêncio.

— As coisas sempre são do seu jeito. Então, que seja. Vamos até o fim. Vamos fechar os olhos e pular no abismo. Eu pulo primeiro, é claro.

— Eu nunca —

— *Pare* de falar. Já concordei.

Ela se levantou, sacudiu a poeira do manto. Olhou para um ponto indeterminado no horizonte de montanhas. Fez uma série de gestos arcanos, entoou algumas palavras, e um cardume de bolotas de luz amarela surgiu de sua boca, indo se espalhar em todas as direções. Voaram longe. Uma delas bateu em uma rocha próxima, e estourou como uma bolha. A voz de Yadallina brotou de dentro:

— *Irei até você de vontade própria. Pare de dominar meu corpo. Mostre-me o caminho.*

Uma hora depois, os comentários de Edauros não eram mais recebidos com flechas. Aos poucos, circundando, ele conseguiu falar sobre o vale. Sobre o que tinham visto, e o Dragão da Tormenta.

— Acha que algo disso vai ser útil? — disse Edauros. — Para *sir* Orion, quero dizer.

Yadallina deu de ombros.

— Quer procurá-lo, depois? Relatar o que descobrimos?

Ela fechou e abriu os olhos, deixou as costas se dobrarem, cansada.

— Por quê, Edauros? Por que insiste?

— Você está impossível. O que fiz agora?

— Imagino que haja algum decreto real que o obrigue a me lembrar de Orion.

— Yadallina — ele sorriu, tocou o rosto dela. — Só quero que você seja feliz.

Singeleza absoluta.

— Ele é casado, você sabe — disse Yadallina.

— Foi você quem passou noites e noites a fio, conversando com Orion?

— Edauros —

— Sua esposa era uma clériga de Keenn. Abandonou-o há mais de um ano. Parece mesmo uma história de amor escrita por Marah.

Sem resposta.

— Eles têm um filho — disse Yadallina.

Edauros considerou.

— Verdade. São pais tão maravilhosos que seu filho foi raptado por algum tipo de servo de Nimb, e ninguém consegue achá-lo. Uma família tão unida que *sir* Orion acha que o reino de Yuden tem mais chances que ele mesmo na busca.

— Achei que vocês fossem amigos.

— Estou aqui nas malditas Sanguinárias por ele, não estou? É claro que somos amigos.

— Então —

— Então eu acho que minha irmã, que está embruxada como uma menininha, é uma companhia mais agradável do que uma megera serva de Keenn, que abandonou-o na primeira dificuldade. Sou mesmo um criminoso. Condene-me à forca.

Yadallina ficou respirando, sentindo o ar mais raso e rápido, o sangue mais entusiasmado.

— Ele é meu amigo, e você é minha irmã. Posso estar sendo intrometido, mas quero a felicidade de ambos.

Chegou perto dela, abraçou-a.

— Eu amo você, sabia? — disse Edauros.

— Eu amo você. Um pouco.

De manhã, Yadallina permaneceu consciente. Ficaram os dois, vigilantes, esperando que algo acontecesse. Mas nada.

Yadallina teve um sobressalto bom. Um repelão, e sorria.

— *Sim* — disse a elfa. — Sim, eu vou. Nós vamos.

Edauros engoliu.

— É um dragão, Edauros.

— Falou com você?

— Tenho quase certeza. Você tinha razão.

— Eu sempre tenho razão.

Como castigo, ela transformou sua voz no zurrar de um asno, até o início da tarde.

Em três dias, estavam na boca da caverna. Era uma abertura estreita, horizontal, suficiente para que uma criança se arrastasse. Podiam sentir uma brisa fraca, sugerindo que aquilo fosse um túnel com mais de uma entrada. Yadallina disse uma palavra arcana, e tocou as bordas da rocha. Moldou a pedra, alargando o espaço, até que fosse suficiente para atravessarem.

— É um dragão? — disse Edauros.

— Acho que sim. Ele mesmo não disse. Quando foi a última vez que você disse ser um elfo, ao se apresentar?

— Sou um dragão. Apresentei-me assim para Sckhar, lembra?

— Você é um péssimo dragão, Edauros.

Ele deu uma risada pelo nariz, produzindo um ronco quase suíno.

— Vejam só quem está de bom humor. A visitinha de Tenebra já passou, minha irmã?

— A sua já vai chegar, não se preocupe. Demora mais para algumas meninas.

Ele riu com gosto. Entusiasmou-se para dentro da caverna, dando um enorme passo com suas pernas compridas. Yadallina segurou-lhe a capa.

— Precisamos nos preparar antes.

— Ora — disse Edauros. — Qual é a pior coisa que pode nos acontecer?

Era um labirinto de túneis, uma colmeia subterrânea que esburacava a rocha por quilômetros a fio. Yadallina realizava encanto sobre encanto, enfeitiçando pedregulhos e pequenos animais, para que indicassem o caminho certo. Em vez de tornar-se mais clara, a voz calou-se. Ela guiava o irmão por sua própria dedução e capacidade.

Perderam a conta das horas. Sentiram sono, deduziram que era noite. Fizeram um esdrúxulo acampamento, num ponto qualquer de um túnel.

— Eu confiava mais em você quando estava sendo guiada por alguma força invisível.

— Você deveria ser servo de Nimb, Edauros. Agora sabemos para onde estamos indo. Estou descobrindo o caminho com testes, tentativa e erro, magia.

— Ainda preferia a força invisível.

— Se quiser, pode fingir que não entende nada disso e orar ao Deus Oculto da Caverna. Então, quando eu usar magia para encontrar o caminho, pode acreditar que eu mesma sou alguma entidade onipotente.

— Acho que preferia quando você estava nos dias de Tenebra.

A verdade é que Yadallina ganhava fôlego à medida que conseguia explicar o que estava acontecendo. Exploração, descobertas, feitiçaria — esse era o seu domínio.

O domínio de Edauros surgiu quando, no segundo dia nos túneis, eles foram atacados por estranhas monstruosidades albinas. Os seres de olhos atrofiados e seis patas investiram com de presas pontiagudas, e o elfo chacinou cerca de uma dúzia, até que os outros fugiram. Os ataques continuaram nos dias seguintes. Os túneis ficavam mais perigosos, quanto mais profundos.

No quarto dia, a boca do estômago lhes disse que chegavam.

Uma bola de gelo, um arrepio que se estendia para cima, amolecia braços e pernas. As pupilas se contraíam, as gargantas engoliam de novo e de novo. Edauros, sem notar, arreganhava os dentes, fechava os punhos. O medo que acompanhava a presença dos dragões.

E mais do que isso, os cabelos dos dois se eriçavam. Um toque numa parede, e um espeto elétrico. O ar estava carregado de energia, e um cheiro característico de tempestades.

— É um azul — disse Yadallina, em voz baixa.

Edauros como uma criança. Emparedado entre a excitação ansiosa, como se fosse ganhar um presente, e o pavor instintivo. Cheio de vontade e temor.

Seguiram o último trecho, e um salão imenso abriu-se ante eles.

Era mesmo um dragão. Enorme e feio como a vida. Mas, de certo modo, uma decepção.

Edauros foi invadido pela majestade da criatura, embora seus olhos dissessem para não ficar impressionado. A fera esparramava-se pelo chão do covil, repleto de tesouros. Suas escamas eram opacas, esbranquiçadas, o azul fugindo em vários pontos. E havia pedaços de couro visível, atrás, onde as escamas tinham caído. As asas eram encolhidas e atrofiadas. As garras eram rombudas, e alguns dedos não as tinham. Cicatrizes cobriam todo o corpo da besta, lembranças de batalhas antigas. Um olho era leitoso, mas o outro era atento. E quando a bocarra se abriu, muitos dentes estavam faltando. Mesmo assim, exalava intimidação, superioridade. Era um dragão, e os havia chamado. Edauros tinha uma sensação de pequenez, pânico grosso como um cobertor.

— Está sentindo? — sussurrou o elfo.

— Claro — disse Yadallina.

Mas não estava.

CAPÍTULO 21

A ESCOLA DE CORVOS

NOITE. BRISA GÉLIDA. CAMPO. FOGUEIRAS.

— Este é o ponto sem retorno — disse Orion.

Mal enxergava os vinte e tantos homens, perfilados à sua frente numa tensão incestuosa. Tentava não mostrar o próprio tremor, de nervoso e de frio. A sensação do crime.

— Virem-se agora, e recuperam suas vidas. Depois desta noite, ninguém desiste. Todos vão até o fim. Ou saem mortos.

Ninguém falou. Ele sabia que os cavaleiros não iriam desistir. Sentia-se prestando uma última cortesia à própria alma, antes de correr ao abismo. Atrás, Ingram assistia, do fundo de seu capuz. Odgar e seus homens fazendo uma parede com Orion, esburacando os cavaleiros com olhos de promessa fria. A autoridade do Cavaleiro da Nuvem Negra erguia-se acima de todos.

As feições bruxuleavam à chama multiplicada das fogueiras. Todos conhecidos, todos escolhidos. Apenas um espontâneo.

Orion chegou perto, a ponto de sentir a respiração.

— O que está fazendo aqui?

— *Sir*, quero fazer parte — disse Darien, olhar fixo no negrume à frente.

— Não é o seu lugar.

Nada.

— Você não é cavaleiro.

— Expulse-me, então.

— Não expulso ninguém — disse Orion, quase sem mover os lábios. — Vá embora. Você não é cavaleiro, não é soldado. Nem mesmo é guerreiro. Vá embora, porque, depois, só sairá morto.

— Não vou morrer aqui, *sir*.

Fechou o único punho:

— Muito bem.

Orion voltou, caminhando deliberadamente. Juntou-se a Odgar e a Primeira Companhia de Yuden. Virou-se aos homens. Odgar deu um passo à frente, sua voz partiu a noite:

— Deixem para trás o que foram. Esqueçam o que são. A partir de agora, vocês são meus. — Ergueu a mão, num gesto marcial. — *Brasões!*

Eram cavaleiros; todos exceto Darien. Em sua maioria, nobres, como o eram quase todos os cavaleiros da Luz. Nas sacolas de viagem, cada um levava uma flâmula, um estandarte dobrado, uma túnica ou outro paramento, que mostrava seu brasão de família. Os poucos sem títulos tinham estandartes com o brasão da Ordem da Luz, ou mesmo de Bielefeld. Um carregava a balança e espada de Khalmyr, bordada numa bandeira comprida. Darien destoava: levava um par de grossas algemas de metal.

— Seus brasões não valem mais nada — disse Odgar. — Joguem essas porcarias no chão.

Alguns verificaram Orion — impassível. Obedeceram. As marcas das casas nobres, honradas durante séculos, encontraram a terra pisoteada. Bielefeld, a Ordem da Luz, Khalmyr. Os grilhões de Darien. Ficaram à frente dos homens, parecendo meio absurdos.

— Esqueçam — disse Odgar. — Desprezem. Pisem nisso.

Titubearam um instante. Então, pisotearam seus brasões.

— Deixem tudo para trás. Abandonem suas lealdades.

E, a uma última ordem, os homens hesitaram. Olharam para Orion. Seu rosto estava oculto na sombra, e ele apenas assentiu.

Um primeiro respirou, e pôs-se a cumprir. Desamarrou as calças, e urinou sobre o brasão de seus antepassados. Os outros seguiram.

— A partir de agora, vocês não são ninguém — disse Odgar. — Até estarem prontos, não são gente. Não têm nome. Vocês são as ferramentas de *sir* Orion. Senhores, bem-vindos ao purgatório.

Darien estava nu e vendado, sem enxergar além do breu das pálpebras. Sentia os tendões doerem de frio, encarquilhando-se, encolhendo os músculos. Suas mãos estavam amarradas à frente do corpo, os pulsos unidos e os dedos já começando a formigar. Som do vento.

— *Ande!* — rugiu a voz.

Era alguém da Primeira Companhia, um dos soldados. Darien andou, sentindo picadas minúsculas nas solas dos pés, e pedras com arestas irregulares. Mantinha os braços estendidos à frente, tentando sentir o caminho.

— *Mais rápido.*

Acelerou o passo. O ar tornava-se mais raso nos pulmões, à medida que a incerteza aumentava.

— *Mais rápido.*

Outra voz. Outro soldado. Forçou os pés à velocidade, relutando consigo mesmo, fazendo um ritmo de temor e alívio a cada passo e cada chão nas solas.

— *Mais rápido, poltrão!*

Darien correu. As pedras espetavam-lhe forte os pés descalços, ele gemia contínuo, sem notar. Os braços agitavam-se, à frente, numa tentativa de pressentir; o nariz escorria, ele sentia-se tentado a arrancar a venda, e arrepiava-se com as consequências.

— *Pule!*

Darien pulou. Quando achou que encontraria o chão, o vazio surpreendeu-o. O terror de um instante, a queda desconhecida, e imaginou a morte, se estaria sendo punido — a terra encontrou-o, no corpo todo. Rolou, sentiu-se esfolando e cortando, e a voz rugindo, atrás, para que se erguesse, e corresse. Darien correu, e o chão mudou, tornou-se pastoso, e um cheiro de excremento invadiu seus pulmões, provocando um espasmo de vômito.

— *Corra! Corra!*

Seguiu correndo, agora já num quase-grito emendado, e deu de encontro a uma mão em sua garganta. Tossiu com o golpe, enquanto dedos fortes apertavam, tentou lutar, mas foi seguro de outro lado. Ouviu o rugido de Orion, mas havia outros. Um chute atrás das pernas, que forçou-o a se ajoelhar no chão mole.

— Caiu na armadilha, Darien — sibilou Orion.

Uma onda de agulhas espalhou-se a partir de seu estômago.

— Por que você acha que deixei que viesse? — disse o cavaleiro. Darien podia cheirar seu hálito, agora. — Você é um espião, não é? É um maldito traidor.

— *Não* — começou Darien, mas sua boca foi tapada por mãos enormes.

— Uma vez traidor, sempre traidor. Acha mesmo que vou deixar você infectar meu batalhão com sua alma imunda, cascavel? Vai poder contar tudo a Crânio Negro, quando os dois se encontrarem, no inferno.

"Não sou espião", Darien tentou, mas impedido.

— Vou lhe dar a honra de morrer por minha espada.

O frio da lâmina encontrou o pescoço de Darien. A dor fina de um corte minúsculo. Ele berrava por trás das manzorras.

— O quê? — disse Orion.

Darien sentiu um jorro morno de chance invadir-lhe. Gemeu como podia. Sua boca foi solta, deixando fios de saliva.

— *Não sou traidor.*

— Não acredito. Assassino imprestável.

— *Não sou traidor.*

— Prove. Obedeça.

Darien assentiu frenético, a venda tornando-se úmida e salgada.

— Coma a merda que está no chão. É o que você merece.

Um novo engasgo de nojo, mas ele se abaixou, como um cachorro, e mordeu a consistência pastosa. O cheiro de excremento ficou mais forte nas narinas. Controlou o asco, e engoliu, o corpo gritando contra aquilo. Mais duas bocadas, e foi puxado pelos cabelos, a cabeça para trás, expondo de novo a garganta.

— Você não tem mesmo dignidade. Se quer servir, vou marcá-lo. Será sempre meu.

De repente, um calor. Chegou mais perto, e Darien agora podia ouvir um crepitar vago. Gargalhadas de toda parte. Algo chegando-lhe ao rosto. E queimou. A bochecha ardendo, e um chiado de carne frita, e o cheiro misturando-se à bosta.

Orion ria alto.

— Você é meu! Vai chorar para seu mestre, agora?

— *Não!*

— Vamos lhe dar um presente, então. Você vai ser um bom soldado. Ou vai se entregar de vez à Tormenta.

Gargalhadas.

Esperneou, mas foi seguro. Forçaram-lhe as mandíbulas abertas, e ele sentiu os cantos da boca rasgando. As lágrimas escorriam por trás da venda. Algo roçou-lhe a língua. Eram patinhas, fazendo cócegas, espetando. Uma mão forçava a coisa em sua boca, ele tentava refugar. Antenas encostando o palato.

Gargalhadas.

— Como você acha que vamos combater a Tormenta, seu idiota? Todos serão infectados. Dê as boas-vindas ao simbionte, Darien!

Uma picada no fundo da garganta. Dedos grossos venceram a resistência da língua, a coisa deslizava goela abaixo, ele foi obrigado a engolir. As vozes urraram de júbilo. Soltaram-lhe, e Darien desabou, soluçando, em cima da pasta no chão. A bochecha ardia.

Silêncio.

— Acabou.

Puxaram-lhe pelos ombros. Cortaram as cordas dos pulsos, tiraram-lhe a venda. Ele piscou com a luz das fogueiras, acostumou-se de novo à noite. Um homem imenso, alto e gordo como um moinho, jogou-lhe um embrulho com suas roupas. A Primeira Companhia em volta, como um tribunal.

O chão estava coberto com a ração dos soldados. Mais ao longe, duas tigelas grandes, cheias de estrume de vaca, que Orion havia aproximado de seu nariz. Um barril com gelo, onde haviam mergulhado o ferro que encostaram-lhe no rosto, e dois braseiros, que tinham usado para queimar um pedaço de carne que ainda expelia cheiro forte. Odgar limpava a agulha que havia espetado em sua garganta. Uma pequena multidão de centopeias empilhava-se dentro de um elmo ao contrário.

— *Sir*, eu —

— Falei com você, poltrão? — latiu Orion. — Vá se juntar a seus companheiros.

Os outros estavam perfilados, mais atrás, imundos de lama e sangue. Darien obedeceu.

Puderam dormir quando amanheceu. Desabaram todos sob o céu frio, uns sobre os outros no orvalho gelado da grama. Nem duas horas depois, de pé a base de chutes.

Sentido.

— Vocês são inúteis — disse Odgar, andando de um lado a outro, à frente dos alunos. — Tenho idade para ser pai de qualquer um, e não me veem chorando porque dormi pouco.

— A Ordem da Luz está em ruínas por sua causa, seus ratos — disse Orion.

Sentido.

— Não têm disciplina — continuou Odgar. — Não têm compostura. Não têm respeito. A partir de agora, só irão falar quando seus superiores se dirigirem a vocês. Entendido?

Gritaram afirmação.

— Vocês entraram aqui como cavaleiros patéticos — Orion tomou a frente. — Indignos da Ordem. Nobres ridículos, escondidos atrás das saias de suas mães. Mas sairão daqui como matadores. Ou então cadáveres.

Chegou perto de um cavaleiro robusto, de ombros largos e rosto inchado.

— Para quê está sendo treinado, verme?

— Matar Crânio Negro, *sir*.

— Por quê?

— Porque Crânio Negro planeja algo, *sir*.

— O quê, verme?

— Não sei.

— E quer saber?

— Não, *sir*.

— O que você quer, verme?

— *Sir*, matar, *sir*!

Orion assentiu, e aproximou-se de outro. Um cavaleiro magro e cheio de tendões, com um longo pescoço que se expandia e encolhia a cada respiração.

— A Ordem da Luz aprova isto, verme?

— Não, *sir*.

— Por quê?

O homem não soube dizer.

— Você é a escória de Arton. Não conhece as regras, nem mesmo para quebrá-las. É capaz de citar o artigo dezessete da Norma dos Cavaleiros?

A Norma era um documento extenso e paquidérmico, que regulava, ou deveria, cada aspecto da vida dos membros da Ordem. Pertencia, na verdade, à cavalaria irmã, a Ordem de Khalmyr. Mas a Ordem da Luz adotara o mesmo costume, com poucas alterações. Não havia obrigação de conhecer a fundo a Norma, e o aluno era incapaz de lembrar do tal artigo.

— *Todos* vocês deverão recitar a Norma amanhã à noite. Darei duas cópias dos livros à turma. Não me desapontem.

A leitura foi feita durante os exercícios do dia, conduzidos por Odgar e seus soldados. Uma cavalgada que começou de manhã, em pelo, terminando com a lua alta no céu. As coxas dos alunos estavam em carne viva. Tiveram a escolha de mergulhar numa bacia com água salobra, ou dormir.

Aqueles que escolheram a água enfrentaram a dor. Berraram, ou quebraram galhos com os dentes. Um desmaiou. Os que preferiram dormir acordaram com os ferimentos cobertos de pus, incapazes de se mexer.

— Estou muito ferido — disse um dos cavaleiros, para Odgar. Sol começando a despontar, o homem suava em meio ao ar gelado.

— Sou sua mãe, poltrão?

— Não, senhor.

— Sou um clérigo?

— Não, senhor.

— Então isso não é problema meu. Continue o treinamento com sua infecção. Há uma cova com seu nome, se não puder continuar.

De noite, recitaram a Norma. Cada aluno postou-se à frente dos demais, declamando as palavras. Os erros resultavam em mais horas de marcha forçada, para todos.

Terceira noite, a Primeira Companhia conduzia os alunos por mais um pequeno inferno. Ao longe, Orion sozinho. Chegou-lhe Bernard Branalon.

Olharam-se. Ficaram em silêncio.

— Desculpe — disse Orion.

— Por ser teimoso como um trobo velho, ou por ser afetado como uma donzela anêmica?

Quase sorriso.

— Por ser burro como um orc.

Bernard suspirou.

— Está desculpado.

Pausa.

— E você, não vai pedir desculpas? — disse Orion.

— Eu? Não! Só falei a verdade.

Trocaram dois socos amigáveis.

— Vou embora pela manhã, Orion.

O outro meneou a cabeça, em interrogação.

— Concordei em ajudá-lo porque sabia que você não iria desistir. Mas eles são yudenianos. Tudo isto é um absurdo. E um crime.

— Crânio Negro pretende —

— *Não me conte* o plano de Crânio Negro. Não quero ter de mentir quando Alenn Toren perguntar.

— Acha que a Ordem vai descobrir?

— É claro que vai. Você sabe.

Silêncio.

— Nada disso faz sentido — disse Bernard. — Como um bando de cavaleiros, não importa como você os treine, vai fazer frente a um monstro que derrotou Vectorius?

— Não vai, claro — disse Orion. — Nada do que podemos fazer vai tocar o Dragão da Tormenta. Mas podemos eliminar um ou dois alvos. E impedir que o plano se cumpra.

— Está realmente treinando assassinos?

— Estou treinando aquilo de que Arton precisa.

"Vanessa concordaria", pensou Bernard.

Terceira hora de corrida. Os homens vestiam armadura completa, carregavam escudo, espada e equipamento de campanha. Um deles ficava para trás, desfazendo-se em suor.

— Qual o seu problema? — disse Orion.

Tentou responder, mas o fôlego recusou-se.

— Qual é o seu nome, cavaleiro?

— *Sir* — ofegou. — Kritschgau, *sir*.

— Errado! Você não tem nome.

Ele parecia à beira de um desmaio.

— Seu nome agora é Manco. Não consegue nem mesmo acompanhar seus colegas, Manco?

— *Sir* — incapaz.

— Não vamos esperar por você, Manco. E, se chegar por último, seus colegas terão meia ração esta noite. Quer isso?

— Não, *sir*.

— Então sugiro que deixe a preguiça de lado, Manco.

A iniciação fora um nascer. Cada aluno havia passado pela marcha cega, pelo horror desconhecido, assim como Darien. Com a experiência, haviam saído do mundo exterior, entrando no universo de Orion, Odgar e a Primeira Companhia.

O começo do treinamento era um moedor de carne. Pouco ou nada se ensinava: exigiam dos cavaleiros, até que o excruciante se tornasse banal, e o desafiador se tornasse fácil. O que, nos primeiros dias, era impossível, tornava-se rotineiro, à medida que os homens não tinham opção. Todos ficavam de pé por um misto de obstinação, falta de escolha e companheirismo. Ao passarem pelo inferno juntos, os cavaleiros tornavam-se irmãos.

Com os exercícios cada vez mais extremos, Odgar também erodia qualquer resquício de desobediência. No início, os homens obedeciam por orgulho. Depois, por medo. Enfim, o objetivo: por exaustão e condicionamento, nem lembravam da opção de desobedecer. A Primeira Companhia era o pior dos carcereiros. Seu modo parecia mesmo arbitrário ou injusto. Mas ninguém pensava em contrariar os instrutores. A ideia havia desaparecido, as cabeças estavam repletas de exercícios e ordens.

Quando os corpos já tinham tantas dores que todas se anulavam, Orion mergulhou-os no conhecimento. Recitavam a Norma, todos os dias, como antes. Estudavam tática, batalhas grandiosas do passado. Mas, principalmente, o incomum. Odgar instruía-lhes sobre conceitos yudenianos. A guerra oculta. As missões cirúrgicas, realizadas por pequenos batalhões. Deixavam de lado as noções de grandes exércitos, da gloriosa carga de cavalaria, dos estandartes e gritos de guerra, para entrar num mundo de matanças em silêncio, de gargantas cortadas, de bandos noturnos assassinando indivíduos importantes. Curioso, estudavam também bandos de aventureiros — embriões das táticas yudenianas. Exigia-se dos cérebros assim como dos corpos, não cessavam as perguntas, e os alunos tornavam-se astutos.

Mas ainda cavaleiros: depois de dez dias, forçados a trajar armadura até ordem em contrário.

— Permissão para falar, *sir*.

Os homens perfilados, em sentido, dentro das armaduras cobertas de lama. Orion mirou o aluno como se estivesse disposto a matá-lo.

— Achei que isso estivesse claro — disse Orion. — Vocês não falam, a menos que eu me dirija a vocês. Acha-se especial?

— Não, *sir*.

— Seus companheiros correrão uma hora a mais hoje, por causa de sua insolência. Gosta disso?

— Não, *sir*.

— Mais alguma coisa?

— *Sir*. Sim, *sir*.

Odgar assumiu a situação, ordenou que o homem falasse.

— Se não tirarmos as armaduras, podemos ficar doentes, senhor. Teremos fungos e infecções.

— Está preocupado com fungos, poltrão? — Odgar deu uma risada. — *Sir* Orion, ele está preocupado com fungos!

Orion gritou-lhe na cara:

— Vocês estão *proibidos* de ter fungos! Não tolerarei cavaleiros imundos. Usarão as armaduras todos os dias, dormirão com elas. E irão manter-se limpos! Crânio Negro não irá esperar por uma hora, até que você vista sua armadura de batalha. E nem eu. Entendido?

— Sim, *sir*.

— Qual é o seu nome?

— Não tenho nome, *sir*.

— Seu nome agora é Mefítico. O que tem a me dizer?

— *Sir*, obrigado, *sir*!

Dormiam com as armaduras, viviam com as armaduras. Mantinham uma preocupação obsessiva com higiene, temerosos das consequências. De iniciativa própria, desenvolveram turnos de vigia, um punhado guarnecendo um colega que limpava-se e checava suas placas e malha de aço. As corridas com equipamento completo tornaram-se usuais. Orion, Ingram e os yudenianos lideraram o grupo numa marcha longa, até um rio. Houve, então, a primeira travessia.

Os cavaleiros olhavam a correnteza forte, a água escura. Temiam a palavra que iria mandá-los, encerrados em placas, para a profundeza. Orion imaginou se não iriam, afinal, desobedecer.

— Primeiro esquadrão — anunciou Odgar. — *Pulem!*

Pularam.

Afundaram. Eram cinco na primeira leva, descobrindo o peso da armadura completa na natação. Dois agarraram-se a um galho carregado pela correnteza, conseguiram firmar-se à margem oposta. Estenderam as mãos para os outros. Um submergiu, deixando bolhas, e Orion teve uma fisgada de arrependimento. Mas a cabeça encharcada surgiu de novo, e os cavaleiros fizeram uma corrente para puxá-lo, vomitando água.

Na segunda turma, estava Darien. Saltaram, usaram o que tinham visto dos primeiros, e chegaram ao outro lado. A terceira turma jogou-se com mais entusiasmo, e um dos cavaleiros mostrou aptidão, impulsionando-se sem dificuldade pelo rio. Chegou à margem rindo.

— Acha graça de algo? — rugiu Orion.

— Não, *sir*!

— Acha que não é escória, apenas porque sabe nadar?

— Não, *sir*!

— É a aptidão mais ridícula que já vi. Vai lhe facilitar a vida apenas quando estiver fugindo. Qual é o seu nome, verme?

— Não tenho nome, *sir*.

— Seu nome agora é Náiade.

Na quarta turma, a primeira morte.

Orion conheceu o horror. Sentiu então, sem equívoco, a realidade do que fazia. Não podia haver desistência, porque um só delator significava a ruína de todos. Não podia haver piedade, porque estragaria o propósito. Ele pensara, em noites insones, sobre o que Odgar havia lhe dito. Alunos *iriam* morrer. Mas o afogamento atingiu-lhe como um soco.

Na margem, todos pingando. Bestificados, contemplando o rio.

— Um de vocês morreu — disse Orion, sacudindo a água do único braço. — Os outros não têm tanta sorte. Afogamento é o paraíso, comparado ao que Crânio Negro fará com vocês. Todos que quiserem uma saída fácil estão convidados a se jogar na água. Os que não forem covardes começarão a correr.

Houve outras mortes. Nas escaladas de armadura, um aluno despencou, retorcendo o pescoço. As travessias não tragaram mais ninguém, até a primeira durante a noite. O segundo afogamento, terceira morte ao todo, encontrou os alunos amortecidos.

As armaduras tornaram-se parte dos corpos. Escalando, nadando, marchando pela floresta. Os instrutores forçavam-nos a um silêncio de sombra, mesmo sob as placas. No início, eram barulhentos como todo cavaleiro, anunciando sua chegada com o estardalhaço das placas de metal. Com o tempo, dominavam a armadura, domavam-na como uma fera, e obrigavam-na à quietude. Em algumas semanas, cruzavam a floresta invisíveis, sem alertar um esquilo.

Na orla, esperando a chegada dos alunos, Orion e Ingram.

— Quanto falta? — disse Orion.

— Para você enlouquecer? Nada. Estamos apenas esperando Nimb chegar, para lhe entregar sua medalha.

Sério.

— Quanto falta?

— Estão todas prontas — bufou o anão. — Tem certeza disso, Orion?

— Eles precisam matar, meu amigo. Quero que tenham as melhores ferramentas.

O primeiro emergiu das árvores. Aos gritos de Odgar, correu a um descampado. Os outros se seguiram.

Bonecos de palha, como aqueles usados na prática do arco e flecha. E, a alguns metros de cada alvo, um mosquete. Os homens olhavam as armas como se fossem serpentes.

— Armas de fogo — começou Orion. — Ilegais em todo o Reinado. Perigosas como demônios. Podem matá-los com a mesma facilidade com que matam seus inimigos. Respeitem as armas. Aprendam a usá-las. Ingram Brassbones irá ensiná-los, e vocês irão usar a pólvora para matar de longe, com rapidez.

Ingram respirou fundo, e começou as explicações.

Depois de um tempo, conheciam o básico. Eram capazes de atirar com precisão, para então descartar o mosquete e correr em silêncio, para a matança de perto. Tornaram-se íntimos da pólvora assim como das lâminas e das placas. Sabiam manter as armas de fogo funcionando, preservar a pólvora seca, mesmo que seu real funcionamento fosse-lhes misterioso como a mais arcana magia.

A Primeira Companhia lhes doutrinara aos poucos com um jargão, uma palavra de cada vez. Eles trocavam informações e ordens com uma sílaba ou um gesto, comunicando com a exatidão de um discurso. O jargão também conferia-lhes uma aura de seita, de irmandade. Mesmo sem contato com o resto do mundo há mais de um mês, sabiam que civis, ou mesmo outros cavaleiros, não poderiam entendê-los. Um código, uma gíria — algo que tornava-os especiais.

— Como é possível transmitir informações rapidamente, no meio de terreno inimigo? — disse Odgar, no prelúdio de um novo conhecimento.

— Magia, senhor — tentou um aluno, batizado "Caolho".

— Magia não é confiável. Magia não é infinita. Magia é uma boa ferramenta, assim como espadas e mosquetes. Não deixamos de matar quando não temos espadas ou mosquetes. Não ficamos perdidos quando não temos magia. Seus gestos e suas palavras serão precisos como se escutassem os pensamentos de seus companheiros.

Faziam exercícios em condições reais.

Nos ermos de Bielefeld, assim como em quase toda parte, havia monstros. Humanoides, coisas bárbaras e selvagens, ainda que em número reduzido. Os alunos caçaram-nos, seguindo o treinamento.

O bando de homens-hienas comia uma ração de carne crua, curvados, rosnando uns para os outros, ao redor de uma fogueira fedorenta. Usavam machados e lanças, postavam guardas salivantes ao redor. Estavam em uma clareira, atentos à floresta ao redor. Não viam, mas cada árvore escondia um cavaleiro.

Darien, batizado de "Ferrão", gesticulou:

"Quinze hostis. Armas de segundo patamar. Proteção de primeiro patamar. Quatro sentinelas. Aconselho ataque em duas etapas. Aguardando".

Outro aluno, batizado "Alicórnio", liderava o ataque. Fez um gesto:

"Entendido e confirmado. Ataque autorizado".

A informação espalhou-se em um instante.

As quatro sentinelas caíram, as cabeças explodidas por tiros de mosquete. Os homens-hienas ergueram-se de um salto, girando e rosnando, mas foi um momento até que os cavaleiros emergissem em corrida. Tinham espadas nas mãos, em silêncio mortal. Zuniram pelos humanoides, cortando gargantas e virilhas. Um dos selvagens virou-se e correu, mas encontrou um cavaleiro de prontidão. O fio da espada atravessou-lhe o pescoço, sua cabeça rolou.

Os alunos convergiram à clareira, vasculharam a área em meio minuto, confirmaram a segurança. Não deixaram nenhum sobrevivente, porque, aos poucos, deixavam de ser cavaleiros da Luz. Eram, cada vez mais, Cavaleiros do Corvo. Já viviam por seu lema, um novo lema, ditado e repetido por Orion:

"Das trevas, trago a luz".

— Área limpa, comandante — disse Ferrão.

— *Luz* — confirmou Alicórnio.

E sumiram.

Eram rápidos, eram quietos. Matavam sem pensar. A população de monstros de Bielefeld era chacinada, numa série de crimes perfeitos, enquanto os Cavaleiros do Corvo praticavam. Odgar incutia-lhes a doutrina: a luta não era gloriosa. A luta não dava prazer. A luta não amedrontava. A luta não era nada especial. Era um trabalho. Menos que um trabalho; uma rotina. Andar, urinar, dormir, comer, matar. A quinta morte entre os alunos atingiu-os como uma banalidade. O único luto foi um relatório no final do dia.

Eles obedeciam sem pensar, mas não eram máquinas. Soldados sem mente seriam inúteis. Ao contrário; obedeciam, mas criavam suas próprias condições de cumprimento da missão. Aprendiam a usar o terreno, a circunstância. Tiravam do conhecimento teórico, e adaptavam à realidade.

Mas algo faltava.

Ainda eram humanos.

Orion sabia que o momento iria chegar. Isso não diminuiu seu asco. Os alunos tiraram palhas, e um infeliz, sorteado com a menor, não pestanejou a cumprir a ordem. Colocou-se sentado, apoiado numa árvore, onde seus colegas amarraram-no.

— É hora de largarem os peitos de suas mães — disse Odgar. — Vamos começar o treinamento de adultos.

Orion também tivera de aprender. Afinal, nunca precisara torturar. Os yudenianos mostravam-se ávidos como tutores. E Orion infligia aquilo nos alunos: Khalmyr sabia o que eles precisariam fazer para descobrir informações. Havia artonianos corrompidos, além de lefeu. Os Cavaleiros do Corvo aprendiam a refinada arte da agonia. Eram eles mesmos vítimas; tudo que aprendiam, suportavam.

A tortura não dava força. Erodia corpo e mente, e os alunos perdiam um pouco do que já haviam conquistado. Mas era necessário, e era só o começo.

O período de dor e aulas foi seguido de dias de exercício intenso, restaurando a confiança e o vigor. Depois, as simulações começaram.

Ainda eram humanos; precisavam não ser. Os alunos cavaram um buraco fundo. A cova foi enchida com sangue de animais e uma profusão alarmante de insetos. Ossadas humanas, roubadas de cemitérios campestres. Tiraram palhas.

Darien ficou com a menor, e ofereceu os pulsos. Foi amarrado pelos soldados, deixado imóvel, dos tornozelos ao pescoço. Chutaram-no dentro do poço, deixando uma corda para puxá-lo de volta. Quando começava a se afogar no caldo de sangue, bichos e ossos, era retirado. Tossindo, submetido à tortura. De novo, e o processo se repetia. Depois do terceiro mergulho, os yudenianos abriram sua boca, e Orion despejou um líquido grosso, leitoso, por sua garganta. De um instante, Darien sentiu-se leve, o cérebro diminuindo, a cabeça voando acima. Foi jogado no poço, e conheceu as alucinações.

O líquido era um narcótico poderoso. Darien urrava, debatia-se, enxergava horrores sem conta. A dor, o afogamento, o asco, era multiplicado pela droga. Quando foi libertado, desmaiou. Acordou com olhos mortiços.

Orion viu sua expressão: achou que funcionara. Impossível saber ao certo, mas aquela era a melhor imitação de corrupção lefeu que Arton pudera criar. A Primeira Companhia de Yuden passara por aquilo, e agora também os Cavaleiros do Corvo. Nenhum simbionte iria reconhecê-los como hospedeiros. Estavam além da corrupção.

Quase o fim.

— Muito bom — disse Orion.

Rostos vazios, à frente. Mosquetes às costas, espadas nas cinturas. Armaduras bem oleadas, sem um rangido.

— Talvez estejam prontos para largar as espadas de madeira. Talvez estejam prontos para tirar as fraldas. O que me dizem?

Todos:

— *Luz!*

Odgar tomou a frente. Chegou perto de Santo, que estava no extremo direito do grupo.

— Está com fome, poltrão?

— Não, senhor.

— Você e seus companheiros não comem há dois dias. Não está com fome?

— Não.

Orion chegou perto:

— O que você sente?

— Vontade de matar, *sir*!

Orion quase sorriu.

— Mesmo assim, precisam comer. É assim no combate. Viver ou morrer. Se não comem, morrem. E Crânio Negro não vai estar lhes esperando com um banquete.

Odgar assumiu:

— Formoso, que hostis temos na redondeza?

— Senhor — adiantou-se um aluno. — Três gigantes, senhor. Armamento de terceiro patamar e proteção de segundo patamar.

— Pois bem, poltrões. Aí está seu banquete.

Dois meses, e prontos.

Haviam caçado humanoides. Haviam morrido afogados. Haviam deixado a parte macia de alma para trás, substituído com matança. Haviam torturado e sido vítimas; comido carne crua de seres que imploraram piedade. Haviam escapado das patrulhas da Ordem da Luz, que buscava os cavaleiros desaparecidos.

A Primeira Companhia olhava-os como iguais.

— Não há mais nenhum poltrão aqui — disse Odgar.

Orion estava à frente, examinando os rostos duros.

— Todos aqui têm nome — disse Orion. — O treinamento acabou, *homens*. O treinamento acabou, *cavaleiros*. Agora são Cavaleiros do Corvo. Das trevas, trazem a luz. Agora, vamos matar.

Silêncio. Orion pensou: *"Preparados?"*. Mas isso não era o jargão.

— Luz?

— *Luz!* — disseram todos.

CAPÍTULO 22

O CONTINENTE E O ARQUIPÉLAGO

O QUE FAZIAM ERA FUGIR.

O Dragão da Tormenta assolara Tallban, em Sambúrdia, e o arquimago Vectorius fora derrotado. De lá, descera para o sul, deixando uma trilha de horror. Não se sabia o que poderia vencer o Dragão da Tormenta. Por isso, fugiam.

Quando a criatura voou sobre Portsmouth, o regente Ferren Asloth teve orgulho, no início. Bastou um massacre para que ordenasse evacuação. As cidades do reino incharam, à medida que as vilas eram abandonadas. Passava-se fome, porque as fazendas estavam desertas. E mesmo assim pouco adiantava — num reino sem magia, nem mesmo o terror viajava rápido.

A sombra das asas pairava sobre o Reinado. Nobres em toda parte, mais cientes dos ataques que seus súditos, faziam reuniões. Entravam em carruagens, embarcavam em navios, pagavam magos, e rumavam para oeste. E assim, durante aqueles meses, houve uma crise para ocupar as cabeças. Esqueceu-se as tragédias menos urgentes. Esqueceu-se os Lordes e Crânio Negro, e uma centena de outros horrores. As cobras dentro de casa, a bota de Yuden pisando sobre o mundo. Podia-se pensar em triunfo mais tarde: era hora de sobreviver.

Tentavam achar como, no Palácio Imperial. Todos tinham olheiras, pois não havia tempo para dormir. As reuniões emendavam-se umas nas outras, os poderes do Reinado entravam e saíam, e nenhum clérigo era capaz de amenizar a dor de cabeça do Rei-Imperador Thormy.

— A verdade — disse o soberano, desabando em uma cadeira — é que podemos ser idiotas, ou carrascos.

A sala ficou quieta.

Era um aposento circular, paredes de mármore levemente vermelho. Larga, suficiente para as deliberações do destino do mundo. Sem janelas, mas transbordando magia, com vislumbres da Cidade Imperial, lá fora, dançando nas paredes. Uma mesa circular acomodava os convidados — em seu centro, uma projeção ilusória de um mapa do Reinado e além. Também não havia portas: entrava-se e saía-se pela magia, e em nenhum lugar Sua Majestade estava mais seguro.

Isso não trazia nenhum conforto.

— Tem razão, Majestade — disse Vectorius, secando a água salgada do rosto com um minúsculo encanto.

Talude balançou a cabeça de pronto.

— Fechar os olhos não leva a nada, senhores — continuou Vectorius. — Estamos, no momento, sendo idiotas. Preocupados em evacuar aldeias, defender pedaços de terra. O monstro é uma distração, cavalheiros. Deveríamos estar atentos ao seu real objetivo.

Protestos imediatos. Arkam Braço Metálico, guerreiro de confiança do Rei-Imperador, líder do Protetorado do Reino, fez um gesto largo, esbravejou em voz alta. Reynard, discípulo do mestre Talude e veterano explorador da Tormenta, ergueu uma sobrancelha — para ele, um arroubo de emoção. Talude começou a falar em voz serena, e todos se calaram.

O Mestre Máximo da Magia, fundador da Academia Arcana e escolhido de Wynna, era uma figura pacata e firme, dotado de longas barbas grisalhas, trajado em mantos adornados. Personificava a tradição mágica de sua escola.

— É mesmo o mais inteligente a se fazer, Vectorius — disse Talude, um pouco ofegante. — Está claro que o Dragão da Tormenta apenas nos confunde. Se ignorarmos seus ataques e nos concentrarmos no que está por trás, teremos mais sucesso.

Vectorius prendeu a respiração, esperando o final.

— Apenas explique isso às famílias de todas as vítimas — disse Talude. — Devemos nos preocupar com todos, e não com alguns.

— Melhor ainda — continuou o Mestre, inabalável. — Vá até os Reinos dos deuses, e explique sua estratégia às próprias vítimas. Oh, desculpe. — Talude fez um gesto de afetação exagerada. — Não sabemos se, depois do Dragão, resta *alma*, não é?

Parecia que os dois longevos rivais estavam prestes a entrar em outro embate. O Rei-Imperador silenciou-os.

— De qualquer forma, não adianta — disse Vectorius. — Portsmouth sofreu perdas graves.

— Portsmouth proibiu minha entrada — disse Talude. — O Conde —

— *O que importa* se ele proibiu? Você tem poder para ignorar qualquer coisa, velho.

— Exato. Vamos ignorar a vontade desses estúpidos mundanos. Sabemos o que é melhor para eles, não é mesmo? Vamos impor nosso próprio regime. Talvez construir uma *cidade* onde todos devam obedecer a nossas leis.

— Senhores! — o Rei-Imperador esmurrou a mesa.

Quando o Dragão sobrevoara Portsmouth, Talude fora instantâneo em oferecer ajuda. Ao que parecia, o orgulho do Conde Ferren Asloth falara mais alto — a presença do arquimago no reino seria considerada uma invasão. Também os cavaleiros da Luz haviam sido proibidos de ajudar na fuga em massa. As inimizades do Conde eram-lhe preciosas.

— Se me permitem — disse Reynard.

Embora fosse o menos poderoso arcano presente, Reynard era detentor de segredos muito além de quase qualquer mago em Arton. Dono de uma impassibilidade inquebrável, nunca deixava nervosismo ou emoção agitar a placidez de seu rosto negro e afilado, de traços fortes. Mesmo naquele momento. Fora o líder de um grupo de heróis, havia poucos anos. Seus companheiros, no entanto, haviam perecido ante um Lorde da Tormenta, e agora Reynard era um estudioso.

— Parece-me impossível ignorar, por assim dizer, o incêndio em nosso quintal — prosseguiu Reynard. — Seja ou não um engodo, o Dragão da Tormenta é um problema. O que não significa que todos os nossos esforços devam ser dirigidos a ele.

— E por onde começar? — disse Arkam.

A mão metálica de sua prótese mágica fechou-se em punho, com um rangido tênue. Sentia-se, naquele ambiente, um pouco desajeitado, grande demais, bruto. Era, afinal, um soldado.

— A origem da fera, nas Sanguinárias — disse Reynard. — Por certo haverá pistas.

— É a mesma escolha — disse o Rei-Imperador — Um arquimago nesse rastro terá de ignorar outros lugares.

— O Protetorado do Reino — insistiu Reynard.

— Somos aventureiros — disse Arkam. — Contamos com magos, mas não com a magia que todos vocês possuem.

— Além disso — Thormy fechou os olhos — enviando o Protetorado para as Sanguinárias, corremos o risco de um encontro com a Primeira Companhia.

Vectorius cofiou sua barba pontuda.

— Acha mesmo que o bando de Mitkov atacaria o Protetorado? — disse.

— Na primeira chance — Thormy apoiou a testa no punho fechado. — Mesmo se não seguirmos o protocolo, e enviarmos o Protetorado sem avisar os demais reinos, isso pode acontecer.

— A Primeira Companhia pode sofrer um acidente — disse Vectorius.

Talude mirou-o como se fosse um ser de outro mundo.

— Moralidade ao tratar com Yuden — Vectorius deu uma risada seca. — Boa maneira de atar nossas mãos.

— Usar os métodos de Yuden — disse Talude. — Boa maneira de sermos dominados.

— *Ironia*, velho? Sua deusa lhe ensinou isso?

— Se quisermos informação, — Talude prosseguiu como se nada houvesse acontecido — contamos com outros meios. Majestade, tomei a liberdade de convidar um especialista no assunto da necromancia. — Sorriu sem uma gota de malícia. — Vladislav, por favor.

O mar fervia ao redor das ilhas.

Khubar, o Reino-Arquipélago, era reduto de um povo tido como bárbaro, de cultura arraigada e população autóctone, intocada desde a chegada da civilização ao continente. O povo de Khubar tatuava um lado do corpo, em uma ostentação orgulhosa de adornos azuis. Construía suas casas com bambu, vivia das canoas e das lanças. Tinha cidades e cultura, magos e aço, sem depender dos modos estrangeiros. Cultuava o Oceano, defendia seus costumes, sua sofisticação inusitada, da infiltração dos outros reinos.

No passado, Bielefeld tentara dominar o arquipélago. Outras nações fizeram tentativas mais sutis. Humanoides submarinos, dotados de ambição e presas, acharam ver lá uma colônia de vítimas prontas para o abate. Nada nunca ferira o arquipélago a sério.

Mas o mar fervia, e o povo corria.

Os guerreiros concentravam-se na ilha principal, peitos nus exibindo as tatuagens, prontos para jogar as lanças e a vida contra o inimigo. As águas revoltas estavam repletas de barcos de todo tipo. As casas palafitas abandonadas, os lagartos de montaria sibilando nervosos, sentindo que algo ia acontecer.

As imensas asas criaram o furacão.

Ondas de vários metros ergueram-se ante o vento que anunciava a chegada do monstro. O mar e as nuvens chacoalhavam, como se sentissem também o horror que escorria de cada ilhéu. Fugitivos desmaiavam. Os guerreiros berravam, batiam as cabeças nos cabos das lanças, faziam tudo para não fraquejar.

Porque o Dragão da Tormenta chegava.

Um rugido, e as ondas duplicaram. Uma dúzia de casas foi varrida, o mar respondeu à existência da coisa. O corpanzil formado de cadáveres de dragões surgiu de dentro das nuvens negras, atraindo relâmpagos. Os guerreiros aguardavam. Um, e outro e outro, morreu de puro horror. O Dragão aproximou-se, e as lanças choveram. Centenas, deixando o céu negro, e resvalaram inofensivas. Um novo urro, e a boca mostrou suas centenas de dentes, recortados de muitas bocas, e vomitou Tormenta sobre Khubar.

Os guerreiros morreram sem deixar sangue, ou tornaram-se monstruosidades corrompidas. Flechas eram rebatidas pelo couro espesso, e qualquer coisa que pudesse ser arremessada. Os fugitivos mudavam de ideia, voltavam correndo, ao perceber que nada iria salvá-los.

No centro da ilha, um grupo sentava-se em círculo, orando e implorando, com um cântico de gemidos, na língua estranha de Khubar. Eram anciões, mais de trinta, homens e mulheres com os corpos à mostra, as antigas tatuagens ainda com o azul vivo. Rilhavam os dentes, ignoravam o pavor. Suplicavam por ajuda, por proteção daquele que, desde sempre, fora seu defensor.

A civilização investira contra Khubar, mas falhara. A selvageria atacara Khubar, mas fora repelida. E agora a Tormenta chegava a Khubar, mas — os anciões tinham certeza — seria também derrotada.

Porque o arquipélago estava sob a proteção de Benthos, o Rei dos Dragões Marinhos.

O novo convidado reservou a cada um a mesura certa. Metido em robes negros e azulados, com rosto duro e reto, cabelos curtos e negros com cada fio em seu lugar, Vladislav Tpish competia com Reynard pelo posto de mais metódico na sala. Não comentou sobre o estado de nenhum dos três colegas arcanos. Dificilmente magos de tamanho poder tinham o luxo de dedicar-se a um assunto de cada vez.

— Tudo leva a crer que seja uma variação da necromancia — disse.

Arkam não conseguia disfarçar um desconforto. O Rei-Imperador fazia seu melhor para ser diplomático. Vectorius escutava como se ouvisse o discurso de um garoto de cinco anos.

— A necromancia é tão somente, como creio que todos sabem, mas irei repetir para ilustrar a situação, a magia concernente aos mortos.

— O professor Vladislav é um dos pilares da Academia — disse Talude, com orgulho.

— Faz-me lisonjas, Mestre — disse Vladislav, sem alterar a voz. — Nada existe de profano na necromancia, desde que praticada com responsabilidade. A percepção de que só existe a vida e a morte, sem nenhum estado intermediário, é um conceito ultrapassado.

— Professor — disse Thormy. — Em frente.

Com um minúsculo pigarro:

— Os relatos sobre o Dragão da Tormenta que tive oportunidade de ouvir sugerem mesmo algum tipo de necromancia. Imagino que o senhor Reynard, nosso especialista sobre os lefeu, já tenha informado que a composição da criatura não é típica do inimigo. Pelo contrário, parece haver algo nitidamente artoniano em sua formação.

Vladislav continuou.

Segundo suas conjecturas, o Dragão da Tormenta não era apenas uma junção de cadáveres corrompidos pelos lefeu. Sua anatomia, os poderes que demonstrara, o próprio local onde surgira falavam de magia artoniana. Mais que isso, magia divina (pois, assim como existia a necromancia arcana, existia o mesmo estudo pelo viés religioso). A magia que o criara, sim, dava sinais de estar corrompida — o que, segundo o necromante, fazia toda a diferença. A origem da criatura, e assim suas fraquezas e capacidades, pertenciam, em grande parte, a Arton.

— Não se parece com os dragões mortos-vivos que já surgiram em nosso mundo — disse Thormy.

— De fato. O que nos leva a duas hipóteses. A primeira diz que os Lordes da Tormenta criaram algo novo, mas pertencente a Arton. A segunda é que a formação da criatura seja algo *antigo*.

— Então os lefeu sabem mais sobre nosso passado do que nós mesmos — disse Arkam. — Ótimo.

— Não me parece ótimo — disse Vladislav. — Na verdade, parece-me terrível.

Ficaram se olhando durante um tempo, sem compreensão.

Thormy pediu a opinião de Reynard.

— Os lefeu não sabem tanto sobre nós, Majestade. Por isso estudam-nos.

— Então?

— Existe uma teoria, embora seja apenas isso, por enquanto. De que Arton e a Tormenta tenham uma origem em comum. Talvez os lefeu tenham descoberto algo de seu próprio passado, que também seja o nosso.

Os outros absorveram a ideia.

— Nunca tinha ouvido falar nisso — disse Thormy.

— É só um pensamento, Majestade. Temos de esgotar as hipóteses. Mas, se for verdadeiro, o Dragão da Tormenta pode ser o elo de ligação entre Arton e o inimigo.

— Isso não nos ajuda a resolver o problema imediato — disse Vectorius.

Thormy alisou os bigodes, pensativo. Disse:

— Convoquei alguém que talvez possa nos ajudar.

Talude alargou o portal. Transportava os fugitivos, com suas canoas e uma boa parte do oceano, até um lugar tranquilo. Vectorius concentrava-se para garantir segurança e clima bom na costa que era o destino dos refugiados.

— É capaz de manter o portal aberto? — disse Talude. — Preciso retornar ao palácio.

— Sou capaz de qualquer truque que você possa realizar, velho — disse Vectorius. — Diga ao Rei-Imperador que estarei lá dentro de minutos.

A alguns quilômetros, um redemoinho sugou as águas. O Dragão da Tormenta, sentindo o rival, rugiu de novo. O horror chegou até os dois arquimagos.

Então, o oceano se abriu, e Benthos emergiu das águas.

Seu couro, num misto de verde e azul, refletia o mar escuro. O corpanzil estendia-se, criando sua própria tempestade, jorrando água salgada a centenas de metros. Benthos era um predador das profundezas, seus olhos muito separados tinham uma ferocidade de quem nunca parava de caçar. Suas asas, que podiam tanto nadar quanto carregá-lo no céu, eram longas e afiladas. Suas patas tinham nadadeiras imensas, e suas garras eram compridas e pontiagudas, feitas para eviscerar em instantes.

Urrou em desafio.

As duas presenças emanavam pânico. Os ilhéus corriam, encolhiam-se ou nadavam entre as ondas. Mas era o pavor que se tem de um deus, e não de um inimigo. Benthos escolhera aquele mar como seu território. Aquele povo, como seus súditos. O Dragão da Tormenta invadia seu covil, e o Rei dos Dragões Marinhos revidava à altura.

No céu, os dois monstros circundaram-se, rugindo superioridades.

Um certo ressentimento.

Alenn Toren conhecia os meandros da responsabilidade. Não significava que estivesse mais disposto a ser um alcaguete. Não seria necessário, se o Rei-Imperador não tivesse pedido. Um pedido do Rei-Imperador era pouco diferente de um decreto.

— Majestade — disse Alenn Toren, curvando-se. Dirigiu cumprimentos aos outros, tratando todos como nobres.

— *Sir*, obrigado por ter vindo — disse Thormy.

— Deixe as formalidades para os magos, homem — disse Arkam. — Há três guerreiros aqui, e podemos começar a fazer algum trabalho real.

Ele e Sua Majestade acharam alguma graça. O Alto Comandante dos cavaleiros da Luz manteve-se férreo. Houve uma pequena dança de polidez, cumprimentos, tergiversações. Foi o cavaleiro que investiu ao âmago:

— Peço que façam logo as perguntas, lordes. Recebo um punhal nas costas a cada hora que fico longe de Bielefeld.

Os magos reagiram quase da mesma forma, com surpresa recatada. Juntaram as pontas dos dedos, em ponderação. Era como se fossem todos irmãos briguentos.

— Orion — disse o Rei-Imperador.

— Claro — disse Alenn Toren. — Orion.

Como sempre.

— *Sir* Orion Drake passou muito tempo conversando com o rei Mitkov Yudennach, Alto Comandante — disse Thormy.

O outro assentiu.

— Tem ideia do teor da conversa, *sir*?

Negou. Uma teimosia heroica, bastante típica de cavaleiros.

— Temos razão para acreditar que Orion sabe algo importante sobre o Dragão da Tormenta.

— Não sei de coisa alguma, Majestade.

— *Sir* Orion sabe?

— Não — limite do respeito.

— Afirma isso com certeza, Alto Comandante?

Olhar demorado.

— Sim.

Talvez fosse lealdade estúpida, mas era lealdade. Porque:

— Correm boatos, *sir* Alenn Toren — disse Vectorius. — De que o cavaleiro teria desaparecido. De que ninguém na Ordem da Luz saberia de seu paradeiro.

— Não sabia que se interessava pela intriga palaciana de Bielefeld, meu lorde.

Vectorius mal deu-lhe tempo de acabar:

— Se o tal *sir* Orion está desaparecido, e sabe de algo importante, precisa ser encontrado.

Assentiu.

— E se está se escondendo, e deixando de relatar informações à coroa do Reinado, isso pode ser classificado como traição.

— "Se" — disse Alenn Toren.

— Se.

Silêncio.

— Orion desertou, Alto Comandante? — disse o Rei-Imperador.

— De forma alguma, Majestade.

Thormy franzia o cenho. Arkam tentava dizer, em silêncio: *"Por quê?"*.

— Se o cavaleiro desertou, podemos encontrá-lo facilmente, com magia — disse Vectorius.

— *Sir* Orion Drake não desertou.

— Poderíamos, então, chamá-lo até aqui?

— Não é necessário, meu lorde — sílabas vagarosas e deliberadas. — *Sir* Orion não sabe de coisa alguma. Minha palavra vale como a dele.

— *Sir* cavaleiro — começou Arkam.

— *Minha palavra,* meus lordes. Majestade.

Podia-se ouvir cada respiração.

— Tenho certeza de que existem encantos de todo tipo, para garantir que falo a verdade — disse Alenn Toren. — E estou na presença dos maiores magos de todo o mundo.

— A coroa do Reinado não vai interrogar o Alto Comandante da Ordem da Luz — disse Thormy, esfregando as têmporas.

— Imaginei que não, Majestade.

— Acho que é hora de se retirar, *sir*.

— Concordo, Majestade.

Alenn Toren havia feito os cumprimentos, e virado as costas, sendo rodeado por servos. Arkam foi até ele, segurou seu ombro, falou em sussurro.

— Somos guerreiros, *sir*, você e eu. Nosso rei também é um guerreiro. Entendo a lealdade, mas estamos lidando —

— Quando foi sua sagração, meu lorde?

Arkam titubeou.

— Quando recebeu o título de cavaleiro?

— *Sir*, — cansado — não sou —

— Exato. Não é. Então, não entende.

— *Sir* —

— Com sua licença, meu lorde.

— Também não sou um lorde.

— *Eu sou*. Deixe-me passar.

Deixou.

Fechados de novo. Thormy começava a ficar farto da sala de guerra.

— Majestade, peço para falar livremente — disse Vectorius.

O Rei-Imperador consentiu com um gesto exausto.

— Vossa Majestade leva os sentimentos desse homem e sua Ordem a sério demais. Podemos localizar o tal cavaleiro, descobrir o que precisamos em sua mente.

— Você não tem esse direito, Vectorius — disse Talude.

— Explique isso às famílias das vítimas —

— *Senhores* — disse Thormy.

Calados.

— Sei que é muito mais sutil do que isso, lorde Vectorius. É um político hábil. Sabe que a situação é complexa.

— Majestade, questiono a importância de uma única ordem de cavaleiros frente aos grandes assuntos.

— A última coisa de que precisamos agora é ofender um reino, Vectorius. Ofenda a Ordem da Luz, e você ofende Bielefeld. Mitkov está esperando, pronto para dar o bote.

— Dar cabo do rei Mitkov *não* é a solução — adiantou-se Talude.

Silêncio.

Um instante, e um servo anunciou-se, pedindo todas as licenças devidas.

— Um pedido de audiência, Majestade — disse o homem.

Havia centenas, todos os dias. A burocracia ao redor do império sabia não dar ouvidos às futilidades.

— Vem em nome de Suas Majestades, Mitkov Yudennach e Shivara Yudennach.

Era Turbius Oksen, o general do Exército do Reinado.

Benthos investiu primeiro, os dentes em direção à garganta do inimigo. Seu bote cruzou a distância como se estivesse nadando. Mordeu o ar, quando o Dragão da Tormenta retirou o pescoço horrendo do caminho do ataque. Usou as garras traseiras, ao mesmo tempo; conseguiu um corte de raspão, e um dos esporões fincou-se na carne profana do invasor.

Benthos urrou de novo, derrubando algumas construções, centenas de metros abaixo. Sua fúria foi respondida com trovões, e a chuva começou a despencar sobre o arquipélago. Dois relâmpagos atingiram o Dragão da Tormenta, a natureza respondendo ao comando do Dragão-Rei. Benthos expeliu sua baforada contra a cabeça do inimigo — água fervente e vapor, o suficiente para descarnar o mais resistente dos monstros.

O Rei ainda tinha sua bocarra aberta, vomitando sobre o oponente, quando o Dragão da Tormenta atacou. Mordeu a mandíbula de Benthos, perfurando o couro e a carne, moendo os dentes. Benthos arranhou-lhe com seus esporões, mas o monstro apenas aumentou a força. Batendo duas vezes suas asas titânicas, subiu, carregando o Dragão-Rei. Com um repelão violento, girou o outro no ar, rasgando o couro do lado de sua cabeça, espalhando escamas para todos os lados. Soltou Benthos, que girou descontrolado, rumo às águas. Então, o Dragão da Tormenta cuspiu sua baforada.

Benthos foi capaz de estabilizar o corpo, para readquirir controle e voar para a segurança. O mar foi atingido pela baforada de Tormenta, e tornou-se uma substância gordurosa, vermelha e negra.

O Dragão-Rei atacou de novo, e o oponente desviou-se. Circundou Benthos com um giro rápido, abocanhou o ar, fazendo com que o outro hesitasse, e atacou por trás, com a longa cauda cheia de espinhos. As costas do dragão marinho foram perfuradas, as pontas venceram as escamas, rasparam ossos.

O Dragão da Tormenta voou para longe, mais uma vez, e Benthos perseguiu-o, batendo as asas num frenesi, espalhando sangue junto com a chuva sobre as ilhas. Então, o invasor de súbito mergulhou, girou o corpo quando quase encostava nas ondas, e impeliu-se para cima. Encontrou o inimigo em pleno voo, rasgando-lhe o couro mais macio do estômago, com as garras dianteiras e os dentes deformados.

Arkam estava cheio. Pediu a permissão do Rei-Imperador para receber o general antes que entrasse na sala. Sem esperar a resposta, foi encontrá-lo do lado de fora.

Turbius Oksen apresentava-se em toda a sua glória guerreira. A couraça dourada, em talas horizontais, o saiote blindado, as sandálias trançadas até abaixo do joelho, segurando placas. Carregava o elmo com crista alta debaixo de um braço, e sua espada estava amarrada de forma cerimonial, símbolo de que vinha oferecê-la, e não usá-la. Começou a saudar Arkam, mas foi interrompido.

O guerreiro segurou-lhe a cota de malha, por baixo da couraça. Chegou bem perto, e falou em rosnado.

— Sua Majestade *não* precisa de mais problemas, general.

— Saudações, mestre Arkam.

— Escute-me. O Rei-Imperador não precisa de problemas, e não vou tolerar quaisquer ameaças.

— Eu nunca —

— Ou insinuações. Compreende? Se veio aqui como lacaio de Mitkov, vá embora, antes que eu perca a paciência.

Turbius ficou em posição rígida, apenas olhando firme.

— Venho aqui em nome de meu rei e minha rainha.

— Sem ameaças, entendeu? Sem alusões.

— Como quiser, mestre Arkam.

O guerreiro soltou-o.

— Você vê perigo onde não existe — disse o general, arrumando as vestes ostensivamente. — E deixa de ver o perigo real.

O braço metálico rangia pela força com que apertava o punho.

Turbius Oksen adentrou a sala de guerra, como alguém acostumado à presença de autoridades. As saudações militares eram-lhe fáceis, e o respeito, genuíno e simples.

Depois, atirou-se numa cadeira.

— A pergunta que todos estão se fazendo agora, meus senhores, lorde Vectorius, Majestade — disse o general — é sobre minha aliança. Estou aqui como homem do rei Mitkov, ou da rainha Shivara? Se não estão se perguntando isso, deveriam.

— Shivara — disse Vectorius.

Turbius Oksen acenou-lhe, com respeito.

— Eu também faria isso, se pudesse. Entraria na mente de qualquer um que não pertencesse ao meu círculo pessoal.

Talude fez visível sua desaprovação.

— Vim aqui para falar com homens, sem exceção, mais sofisticados e inteligentes que eu mesmo — continuou Oksen. — Por isso, não pretendo mentir. Sou yudeniano, meus senhores. Sou leal ao meu rei.

— Então, por que está prestes a traí-lo? — disse Vectorius.

— A mente do general não é sua sala de visitas — disse Talude.

— Não se incomode por minha causa, mestre Talude. Lorde Vectorius é senhor de sua própria terra. É um nobre. Não posso, realmente, exigir nenhum comportamento de sua parte. Mas gostaria de um pouco de vinho, se fosse possível.

Era. O general bebeu e prosseguiu:

— Não estou traindo meu rei. Na verdade, recebi dele a missão de vir até aqui e dizer exatamente o que direi agora. — Pigarreou. — "Sua Majestade Imperial não está em segurança. A Tormenta está se tornando mais insidiosa. Solicito que o Rei-Imperador aceite a Primeira Companhia como sua guarda pessoal".

Houve um inspirar coletivo. Thormy estalou todos os dedos do punho esquerdo.

A mensagem foi dada, Majestade — disse o general. — Ninguém pode me acusar de trair Yuden. Também não me acusarão de trair minha rainha. — Curvou-se na direção do monarca. — O rei Mitkov planeja cercá-lo de yudenianos, meu imperador. A Primeira Companhia é apenas o começo. Pretende forçar a presença de seus homens na corte de Deheon, através de política, e de sussurros nos ouvidos dos nobres daqui e de todo o Reinado.

— Mitkov planeja me matar? — disse Thormy.

— Não até onde a rainha sabe, Majestade. Meu rei planeja apenas estar presente à toda volta. Planeja cercar Vossa Majestade de pessoas que questionem cada movimento, que sussurrem ideias interessantes a Yuden. Até que Vossa Majestade não possa confiar em ninguém na corte de Deheon.

Silêncio. O Rei-Imperador tamborilava as pontas dos dedos na mesa.

— Suas razões, general — disse Thormy.

Turbius Oksen empertigou-se.

— Meu imperador, sou apenas um militar. Sei combater, traçar estratégias, comandar homens e seguir ordens. Existe uma coisa fundamental que se aprende em uma vida militar — suspirou. — *Lealdade*. Amo meu rei. Amo meu reino. Se, algum dia, alguém quiser minha opinião, direi que Yuden deveria comandar o Reinado.

Talude sorria. Parecia estar percebendo algo realmente bom.

— Mas, enquanto esse dia não chegar, devo minha lealdade ao Reinado, como general de seu Exército. Devo lealdade à rainha Shivara Yudennach. Por isso, meu imperador, acabo de cumprir todas as ordens que recebi. Peço que considere as ameaças e insinuações feitas — olhou de esguelha para Arkam — e as informações relatadas.

Turbius Oksen levantou-se, botou-se em sentido, aguardando ser dispensado.

— Dê um recado a Shivara, general — disse Thormy, deixando um lento sorriso se esgueirar por sob os bigodes.

O homem assentiu.

— Diga-lhe que um imperador pode ser muitas coisas, mas não pode ser um tolo. Diga-lhe que um aventureiro pode ser muitas coisas, mas não pode ser um fraco. E lembre-a de que já fui aventureiro, e sou imperador.

— Como quiser Majestade.

— General.

— Majestade?

— Tudo está sob controle.

Thormy já sorria por completo, como uma raposa especialmente hábil.

Reynard fustigou o Dragão da Tormenta com colunas de chamas, enquanto Talude enviava rochedos contra o corpo da criatura. Vectorius surgiu no ar, em seguida, ainda terminando uma frase para o Rei-Imperador.

Os três magos dispersaram-se quando Benthos vomitou sua baforada fervente contra eles. Rugiu seu orgulho, proibindo que os bípedes interferissem no que era a *sua* batalha.

— O Dragão da Tormenta vai matá-lo — disse Reynard.

— Preocupe-se em ajudar os fugitivos, meu caro aprendiz — disse Talude.

O outro manteve os olhos impassíveis, mas torceu de leve o canto direito da boca.

— É uma morte desprovida de sentido — disse Reynard.

— Sempre é.

O Dragão da Tormenta usou a distração, e atacou mais uma vez. Sua baforada de horror atingiu Benthos no pescoço, espalhando gavinhas de corrupção acima e abaixo. O Rei gritou, e engalfinhou-se com seu inimigo, em pleno ar, formando uma roda ligeira de asas, garras e sangue.

Desabaram no mar, espalhando ondas de dezenas de metros.

Benthos estava onde queria. Seu corpo era adaptado ao ambiente, ele reconhecia e utilizava cada corrente submarina. O sangue dos dois dragões tingiu a água à volta. O Dragão da Tormenta não era capaz de manobrar com tanta desenvoltura. Benthos continuou preso no abraço afiado por um tempo, depois desvencilhou-se e pôs-se a rodear o inimigo.

O Dragão da Tormenta fez impulso para emergir, mas a magia de Benthos forçou o próprio mar a empurrá-lo para baixo. A criatura girou desordenada, o Rei disparou sua baforada contra ele. Mais que apenas o jato que era na superfície, a arma de Benthos, em seu ambiente, aumentava, tornando-se uma área escaldante. O Dragão da Tormenta nadou, mas não conseguia sair de seu efeito. Então, Benthos usou seu segundo grande trunfo.

Obedecendo ao comando do Rei dos Dragões Marinhos, o mar tornou-se tóxico. Um misto de podridão, veneno e ácido engolfou o Dragão da Tormenta, e sua carne profana borbulhou. Benthos atacou-o, sua velocidade duplicada dentro d'água — o mar, como bom súdito, não ousou feri-lo. Atacado por todos os lados, o Dragão da Tormenta defendia-se.

E soprava.

Benthos percebeu tarde demais. Engalfinhado na luta, o Dragão da Tormenta expelia sua baforada, girando, para todos os lados. O mar tornava-se corrupto. A água deixou de ser líquida, deixou de obedecer ao Rei.

Logo, a situação se reverteu. Benthos não controlava mais o ambiente — o inimigo era lorde daquele lugar. O mar atacou Benthos, um súdito traidor, um súdito corrompido. O Dragão-Rei não conseguia nadar, não podia notar as direções. O líquido profano ao redor feria, e o Dragão da Tormenta investia com todo o seu poderio selvagem.

As asas-barbatanas impulsionaram, frenéticas, mas a área de mar corrupto não cessava. Benthos não sabia se tudo ao redor fora mesmo dominado, ou se estava nadando em um círculo. De repente, sentiu a parte de trás do pescoço perfurada, a mordida funda, penetrando seu couro, sua carne. Arrastado para uma direção — já não sabia qual — e *ar*.

O Dragão da Tormenta carregava-o, seguro pelo cangote, para fora d'água, exibindo-o para todos os ilhéus, para todo o mundo. Urrou, o rugido abafado pela presa que carregava. Benthos tentava lutar, mas sangrava de uma centena de pontos, seus ossos eram visíveis em duas patas, e seu estômago mostrava os intestinos. O Dragão da Tormenta fez um arco largo, vagaroso, carregando o Rei, e então jogou-o no mar.

Rugiu como vitorioso.

Benthos nadou para longe, abandonando o arquipélago.

CAPÍTULO 23

CÉU AFIADO

TALVEZ POR TER SOBREVIVIDO A UM MASSACRE, OU talvez por ter sido um catalisador de problemas desde que nascera, Edauros tinha ideias fortes sobre o mundo. Talvez porque raramente estivesse errado, ou talvez porque nunca visse as consequências de seus atos, essas ideias vinham rápido. Edauros não sentira tanto medo na presença de Sckhar, que podia matar apenas existindo. Um nó no peito muito maior agora, frente ao dragão azul decrépito. Ele formulou uma teoria sobre isso, no fundo da cabeça, em questão de momentos. Mais ligeiro ainda, convenceu-se de que era verdade. Daquele ponto em diante, nada nem ninguém seria capaz de provar que estava errado. Edauros sentia-se muito satisfeito consigo mesmo.

— Apresento-me aqui — disse. — Um dragão, frente a outro dragão.

O ancião azul repousava o único olho vivo sobre o elfo, num ar reptiliano inescrutável.

— Estamos em seu domínio, e você é mais antigo — continuou Edauros. Hesitou um momento, achou algo divertido, e então: — Na verdade, não sei. Temos o sangue do maior dos dragões. Talvez eu seja mais antigo que você. Talvez *você* deva se curvar a mim, não é? Belo tesouro. Gostei daquele torque dourado.

A ideia que Edauros criara sobre sua reação era simples — mesmo porque, a despeito de sua inteligência veloz, ele seria incapaz de qualquer coisa mais complexa no curto tempo que dedicara ao problema. Edauros convencera-se de que era um descendente de Sckhar. Ou ainda (uma hipótese mais tentadora) que ambos pertenciam à mesma família, sem um grau definido de hierarquia ou precedência. Explicava, assim, sua falta de medo na presença do Dragão-Rei. Não tinha parentesco com o azul, e por isso seus instintos de mortal ainda prevaleciam. Da mesma forma, segundo o raciocínio, Edauros via-se como mais importante que o ancião. Combatia seu pavor com bravatas.

Tão convicto estava, nem lhe ocorria a própria temeridade.

— Viemos aqui atrás de respostas — disse Edauros, com um passo à frente.

O dragão continuava a mirá-lo. Sem um rosto humanoide, era difícil perceber-lhe as emoções. Um palpite educado, naquele momento, seria um misto de espanto e humor. Com apenas um toque de irritação.

— Então responda. Agora. O que sabe sobre nossa linhagem? O que sabe sobre o Dragão da Tormenta? Por que possuiu minha irmã?

Silêncio, exceto pela respiração laboriosa da fera. Um arco de relâmpago surgiu e desapareceu, entre suas escamas e uma parede.

— *Responda*, velho.

— Edauros — disse Yadallina.

— Agora não. Responda agora, exijo —

— Chega, Edauros. Não quero morrer.

O elfo continuou falando, mas sua garganta não produzia nada. Esbravejou em silêncio para Yadallina, que examinou-o com impaciência exausta, até que parasse. Então, Edauros fez um gesto, como se convidasse a irmã a tomar a frente.

— Estamos aqui com humildade, entrando em seu domínio sem pretensão de ficar — disse a elfa, com uma mesura elaborada. — Viemos para falar quando nos for permitido, ouvir quando nos for ordenado, e permanecer enquanto for de sua vontade.

O dragão emitiu um rosnado áspero. Abriu a bocarra, e sua voz saiu dura, enferrujada:

— Você usa protocolos antigos, pequena bípede. Onde aprendeu isso?

— Eu li — disse Yadallina.

O dragão produziu um muxoxo longo e pensativo. Yadallina esperou para ter certeza de que ele não iria mais falar, e então continuou:

— Viemos aqui apenas porque fomos convidados. Nunca ousaríamos recusar um convite, pois esta é a maior honra. Nunca ousaríamos desobedecer um chamado, pois é nosso dever.

Um novo rugido. Dessa vez, entrecortado, e o peito amarelo do velho dragão arquejou. Era um riso.

— Ah, mas não foram convidados, pequenos elfos — disse a fera. — Não foi minha magia que possuiu você, e não fui eu quem os chamou até aqui. Entram em meu domínio de vontade própria.

Yadallina sentiu a garganta secar. Olhou de relance para Edauros, mais atrás, e pensou em como sair dali.

— Nunca tivemos a intenção de invadir — tentou a elfa.

O dragão não respondeu. Existiam predadores que brincavam com a comida.

— Por que vieram, então? — disse a fera.

— Não sei — disse Yadallina, com simplicidade.

Ele moveu o corpanzil um pouco.

— Gosta de tomos antigos, pequena elfa?

Pensou um instante.

— Sim.

— Eu também.

O dragão gostava de tomos antigos, e falava o idioma dos elfos. A língua dos dragões era como a dos elfos, mas com pedras e lâminas. Ele mostrava um livro para Yadallina. Era uma coisa enorme, alto como três homens, encapado em aço e com páginas feitas de algum couro grosso. Cada letra era do tamanho da cabeça da elfa, no alfabeto afiado dos dragões. Sem a destreza manual de um humanoide, o ancião virava as páginas com magia pequena. Yadallina achava tudo muito divertido.

— Gostaria de saber o seu nome — disse ela.

O dragão olhou-a um tempo. Se quisesse, poderia engoli-la inteira, mas de alguma forma não havia ameaça.

— Por que não pergunta?

— Não sei perguntar o nome de um dragão.

Pareceu uma boa resposta.

— Meu nome é muito cansativo — disse o dragão.

— Mesmo assim, se não se incomodar, gostaria de saber.

O tipo de educação dirigida a um tio velho. Difícil perceber a criatura como o que era.

— Delarax'os — disse o dragão.

Yadallina repetiu, como se brincasse com a palavra. Em troca, apresentou-se, e também o irmão.

— A sua forma de respeito enervaria outros de minha raça. Quase todos.

— Eu deveria ser mais subserviente?

— Mais amedrontada.

Ela levou os dedos aos lábios, por um instante.

— Desculpe. Tentarei ter mais medo.

— Não adianta muito, não acha? De qualquer forma, ser terrível é muito cansativo.

— Foi terrível por muito tempo?

— Muito. — O olho ativo perdeu-se em alguma reminiscência. — Nunca é suficiente. A maioria de nós nunca será tão terrível quanto os Dragões-Reis, de qualquer forma. É um pouco fútil.

— Achei que um dragão seria mais sádico.

— Maligno — corrigiu Delarax'os. — Os azuis carregam maldade na alma, tenha certeza. Assim como os brancos, negros, verdes, marinhos e, principalmente, os vermelhos. Não entendemos, realmente, como um bípede pode fazer tantas escolhas. Nossa moralidade está entalhada, desde o ovo.

Ela ficou escutando.

— Da mesma forma, os metálicos são bondosos. Imagino que isso pareça absurdo a você, mas assim é. Somos malignos, e eles são bons. Parte de ser dragão.

— Mas agora...?

— Agora, estou cansado. As escamas ficam gastas, e também a moralidade. Quando se é velho, algumas coisas deixam de importar.

Ela concordou com a cabeça.

— Talvez seja hora de permitir que seu irmão fale de novo.

Yadallina olhou Edauros, que estava sentado em uma pedra, mexendo com alguns tesouros. Fazia seu melhor para manter a dignidade.

— Por favor, Edauros — disse Yadallina. — Estamos aqui para aprender, e não para morrer. Não teste até onde a natureza de nosso anfitrião está amenizada.

Com um gesto, o elfo recuperou a voz.

— Obrigado — ele disse, esfregando o pomo de adão.

— Venha — Yadallina estendeu o braço e segurou-lhe a mão, e os dois eram metades juntas, de novo.

O dragão virou uma página.

— Gostaríamos de saber — disse Yadallina. — O que está acontecendo?

O Dragão da Tormenta fora uma erupção nas vidas rígidas dos dragões. Eram criaturas de ferocidade, caçada e combate. Eram feras, eram as maiores dentre as bestas, reis dos monstros. Mas eram estáticos. Quase estagnados.

Os dragões encarnavam o extremo de muitos conceitos artonianos. Predadores, sim, e nobres. Assim como famílias de tradição antiga, os dragões nasciam com destino escrito, inimizades prontas, maneiras de pensar decididas de antemão. Saindo do ovo, já conheciam ódios, já sabiam quem matar. Sabiam suas alianças, conheciam os traiçoeiros. Um dragão carregava, na cor das escamas e na forma dos chifres, seu modo de pensar e sua história — eram estandartes de si mesmos.

Quando ouviram o chamado irresistível, houve o caos. Disciplinados azuis, ardilosos verdes, bestiais marinhos, animalescos brancos, cruéis negros, orgulhosos vermelhos — nenhum pôde ignorar. Alguns, como Delarax'os, prenderam-se em cavernas, protegendo-se da própria urgência em responder. Outros foram capazes de enfrentar a vontade, voar para o lado contrário. Cada raça teve o seu modo: Delarax'os conhecia a maneira dos azuis, que encontraram fortaleza na união, e voaram ao limite da altura, emprestando força uns aos outros. Mas muitos seguiram como cães treinados. Foram até o Monte do Dragão Adormecido, mataram as criaturas das Sanguinárias, e tiraram suas próprias vidas. O Dragão da Tormenta era uma realidade inegável aos clãs dracônicos.

— Um inimigo? — disse Edauros.

O ancião moveu os ombros, mexendo as asas atrofiadas.

— Um inimigo. Um algoz. — Pausa. — Um deus.

Yadallina pediu que continuasse.

— Não existe um deus dos dragões, pequena Yadallina.

— Megalokk — ela retrucou de pronto, como uma aluna ansiosa.

— Megalokk, de fato — ponderou o dragão. — Mas Megalokk é um idiota.

Edauros sentiu uma simpatia aflorar, combatendo o nervosismo que persistia na presença de Delarax'os.

— Megalokk é o Deus dos Monstros — insistiu Yadallina.

— O deus dos grifos, das hidras, dos trolls. Deus até dos lagartos gigantes em ilhas perdidas. Acha-me parecido com todos esses, pequena?

Ela admitiu que não.

— Allihanna é Deusa dos Animais, mas não rege os elfos, ou os humanos. Não entendo como um deus de coisas estúpidas poderia reger os dragões.

— Então o Dragão da Tormenta será um deus?

— Já existe quem o cultue. Isso amedronta, mas é um disparate. Meus irmãos desesperados logo irão perceber que a criatura não é um deus, mas um devoto. Um cultista da Tormenta.

Edauros e Yadallina ficaram quietos.

— E então, passarão a cultuar também os Lordes da Tormenta. E irão se tornar, eles mesmos, dragões da Tormenta.

— Isso me parece uma merda — disse Edauros.

Delarax'os retorceu o pescoço.

— De fato.

Os dragões eram criaturas orgulhosas demais para a religião. Serviam a diversos deuses, mas sem o fervor que os seres menores encontravam com tanta facilidade. Megalokk, a escolha óbvia, era satisfatório apenas para os menos exigentes. Dragões brancos encontravam nele uma saída fácil para as perguntas essenciais. Os mais violentos vermelhos regozijavam-se na selvageria do Deus dos Monstros, mas não sem certa condescendência. Em última análise, rastejavam com as feras sem mente, ao cultuá-lo.

Verdes eram incapazes, em geral, de alinhar-se com qualquer divindade. Para os negros, restava Sszzaas — Deus da Traição, bem ao seu gosto. Mas não eram seus filhos, nem seus favoritos, e o próprio caráter que impulsionava o culto tornava-o pouco devoto, uma religião de conveniência. Os azuis encontravam alento no militarismo de Keenn e até mesmo em Tauron. Os marinhos cultuavam o Oceano, senhor de seu ambiente. Eram, talvez, os mais satisfeitos com a própria espiritualidade.

Mas nenhum desses deuses clamava para si a glória de ter criado os dragões.

— Pensei que fossem filhos de Megalokk — disse Yadallina. — Desculpe.

— É o que diz a história — rosnou Delarax'os. — Mas é uma resposta que não suporta escrutínio.

Na aurora dos tempos, houve a Era de Megalokk. Monstros dominavam Arton, então, e répteis gigantescos vagavam pelo mundo. Allihanna venceu o irmão, e o domínio dos colossos acabou.

— Por que os dragões não foram soberanos durante a Era de Megalokk? — disse Delarax'os. — Por que não existem ruínas de grandes cidades dracônicas? Por que a história de minha raça não registra nossa glória?

Yadallina estava mesmerizada pelas palavras lentas e trovejantes do dragão.

— Não há resposta para as perguntas essenciais, entre nós. Quem nos criou? Por quê? Quando e como?

Tomou fôlego, e prosseguiu:

— Qual é nossa missão em Arton? Os humanos foram criados para superar os deuses. Os elfos, para viver a perfeição dos ideais de sua deusa. Para que foram criados os dragões? Onde está nosso propósito?

Os irmãos tinham a sensação incômoda de flagrar a inquietação de um soberano.

— Existem sábios entre os dragões — disse o ancião. — Estudiosos. Principalmente entre os velhos, que ficam fartos do modo de vida de cada clã, e acabam conversando entre si. Alguns acham que somos uma grande pilhéria. Que fomos criados para morrer.

— Todos nós — começou Yadallina, mas interrompida.

— Acham que fomos criados para a *derrota*. Que a missão dos dragões seria espalhar terror, e cair ante as lâminas dos bípedes. Acham que somos criaturas de abate, gado para o heroísmo dos inferiores.

Yadallina e Edauros trocaram um olhar. Como se consolava um dragão?

— Não acredito que eu tenha nascido para dar confiança a um povo macio e frágil, pequena. Acho que *deve* haver algo além disso. — Suspiro. — Entendo aqueles, entre meus irmãos, que cultuam a Tormenta.

— Você trouxe Yadallina até aqui para falar isso? — disse Edauros.

O dragão repousou um tempo sobre as imensas patas de escamas falhas.

— Não fui eu que a trouxe até aqui. Sua irmã veio sozinha.

— O que foi aquilo? — disse a elfa.

— Algo que *você* fez, bípede. — O dragão parecia sorrir. — Por isso, permiti que viesse.

Ela começou outro aparte, mas um tremor na montanha interrompeu. Edauros sentiu o suor brotar de repente e, sem controlar o corpo, deu um passo instintivo para trás.

— Vocês dizem ser dragões. Você, bípede Yadallina, demonstrou algum poder. Talvez haja uma verdade maior no fundo de tudo isso.

Edauros disse o nome da irmã, alertando em voz baixa. A montanha tremeu de novo. O coração do elfo era um tambor nas têmporas. Ele arranhava as palmas das mãos.

— Por isso — continuou Delarax'os — os azuis irão ouvi-los.

— Desejamos apenas saber sobre o Dragão da Tormenta, ancião — disse Yadallina. — E talvez algo sobre nós mesmos.

— Os desejos de um bípede não têm muita importância, Yadallina. — Tremor na montanha. Edauros chacoalhava a olhos vistos. — Os azuis irão ouvi-los, porque é o que *nós* desejamos.

— Não temos nada a dizer.

— Reze para que isso não seja verdade.

— Não sou bípede — gaguejou Edauros, forçando a voz por dentes rilhados. — Sou um dragão.

— Então vá conhecer seus semelhantes.

Disseram mais alguma coisa, mas:

— *Vá.*

E não houve como não ir.

O pânico forçava-se sobre Edauros, como um teto que baixasse cada vez mais. Novos tremores, e o terror aumentava. Sem controle, ele se agachou nas pilhas de tesouro, agarrando o próprio crânio.

Yadallina, apreensiva apenas pelo bom senso, não entendia.

— Temos que ir, Edauros — abaixando e tocando-lhe a cabeça.

— *Por que você não sente?* — as palavras mal compreensíveis, de tremura.

— Não sei. Não sei, mas precisamos ir. Não podemos desobedecer.

— *Não consigo...*

Emendou num grunhido agudo, vindo do fundo da garganta.

— É a sua chance. Podemos conhecer nossa herança.

Difícil, ela sabia. Mesmo pelos voos de hipótese do irmão, seu sangue pertenceria aos vermelhos.

— Edauros, você não hesitou frente a Sckhar. Vamos.

Ele grunhia. O horror aumentava.

— Você não temeu porque eu dependia de você. Agora dependo de novo. *Vamos, Edauros.*

Ele tentou formular algo, mas os dentes recusavam-se a se desgrudar.

— *Eles não o intimidam, Edauros.* — Yadallina tomou a cabeça do irmão e mirou-o nos olhos. — O Dragão pertence a você.

E o pânico arrefeceu.

Edauros apoiou-se numa parede, e conseguiu ficar de pé. Ofegava, mas o coração aos poucos voltou ao normal. Sua mandíbula doía, pela força que fizera.

— O que você disse?

— Que eles não o intimidam. Vamos.

— O Dragão —

— *Vamos*, Edauros.

Delarax'os moveu as patas e a cauda, numa série de gestos significativos. Rosnou algumas palavras em sua língua, e a rocha da montanha abriu-se sobre ele. Um túnel surgiu, perfurando a pedra até o topo, deixando entrar a luz distante do sol tímido. Azgher era um estranho àquele recinto.

Yadallina pegou a mão de Edauros, e os dois voaram.

Montanha acima, vendo o ponto de luz aumentar. O frio aumentava junto, e logo o primeiro floco de neve.

— Como fez aquilo? — disse Edauros.

— Sou sua irmã mais velha. Fiz você me ouvir, só isso.

— Somos gêmeos.

— Bem, eu nasci primeiro.

Chegando perto.

— Está sentindo? — disse Yadallina.

— Não.

— Nem eu.

E emergiram, na entrada do novo túnel, no cume da montanha, cercados por dragões azuis. A paisagem era gloriosa — sol forte, esforçado, acompanhado de neve imaculada. O topo da montanha começava a ficar branco, e um azul pálido recobria todo o horizonte. Os dragões estavam pousados sobre as garras traseiras, algumas asas abertas, outras recolhidas. Todos equilibravam-se em pontos minúsculos.

A abertura se fechou abaixo dos dois. Por instinto, pousaram entre as feras.

Eram onze ao todo, fazendo um círculo ao redor. Suas escamas refletiam Azgher, faziam vergonha ao céu. Todas as tonalidades do azul, formando um mosaico profundo, que fascinava. Eram todos dotados de chifres e formações ósseas afiadas, características. Os estômagos e a parte inferior dos pescoços eram amarelados, destacando a beleza do azul. Todos tinham uma graça de equilíbrio, como bailarinos. Também um ar marcial, como soldados. A melhor comparação, Yadallina pensou, eram cavaleiros.

Os dois elfos prostraram-se em respeitos. Edauros imitou de perto o protocolo que vira Yadallina tecer antes.

— Qual dos dois é a mulher? — disse um dragão. Usava, ostensivamente, a língua élfica.

— As mulheres bípedes têm sacos no peito — respondeu outro.

— Para que servem?

— Estão cheios de leite, para a ninhada.

— Revoltante!

Um terceiro:

— Então, são como vacas.

— Vacas têm um gole a mais de leite. E acho que esta não está prenhe.

— Sorte — ponderou o novo interlocutor. — Bípedes estão sempre prenhes.

Yadallina e Edauros continuavam curvados. Sabiam o que os dragões faziam com eles: parte jogo, parte estratégia. Falando de um inferior como um objeto, a ideia era criar um sentimento inicial de subordinação. Bastante militar e, pensou Yadallina, bem ao gosto dos azuis.

Um dos dragões, de leve maior que os outros, fez um sinal com a cabeça. Um a um, levantaram voo, e puseram-se a circundar o topo da montanha numa trajetória estreita.

— Quem são vocês? — disse um deles.

— Edauros.

— Yadallina.

Outro emendou:

— Não têm títulos? Casas élficas às quais pertencem?

— Morreram — disse Yadallina.

— Esperamos descobrir a que pertencemos agora — disse Edauros. — Algum clã de dragões.

As feras fizeram um círculo completo em silêncio.

— Acha que é um dragão azul, bípede?

— Não — Edauros não perdeu um momento. — Vermelho.

— Se fôssemos descendentes de dragões azuis — disse Yadallina — seríamos elfos-do-céu.

Existia uma raça de elfos alados, entre os mais raros mortais de Arton, que dizia-se descender do Rei dos dragões azuis.

— Além disso — era Edauros — vermelhos são mais poderosos.

Yadallina ergueu as sobrancelhas. Mas os dragões continuaram planando em volta. O orgulho podia agradar aos azuis, quando na medida correta.

Outro dragão falou, mantendo o olhar nos elfos, enquanto rodava:

— Por que ajudaríamos goblins —

— Elfos — corrigiu um de seus irmãos.

— Goblins, elfos. Todos iguais. — Continuou: — Por que ajudaríamos bípedes, sejam quais forem, a encontrar suas origens no esterco primordial?

— Todos os bípedes vêm do esterco? — disse um dragão.

— Todos.

Edauros deu um passo à frente:

— Porque podemos ajudá-los a descobrir o *seu* esterco primordial. Mesmo que eu seja um maldito elfo e tenha vindo do excremento de Glórienn, tenho uma resposta. De onde *vocês* vieram, senhores?

Silêncio. Era a resposta certa, ou uma sentença de morte.

Três dragões pousaram.

— Você quase não fala, fêmea.

Yadallina respirou.

— Não tenho muito a dizer.

— Não precisa então de sua língua.

A elfa franziu o cenho, engoliu.

— Manifestei um poder no Monte do Dragão Adormecido. Encontrei o covil de Delarax'os.

— Ótimas qualidades, num bípede. Além disso, deve ser saborosa. Parece jovem, sua carne deve ser tenra.

— Carne de criança é melhor — disse um outro dragão. — Devorei algumas crianças élficas há alguns anos. Deliciosas.

— Da próxima vez — disse Edauros, rindo — convide-me para o banquete.

Os dragões ficaram examinando-o. Trocaram algumas palavras em seu idioma. Um quarto pousou.

— Quero saber com quem estou falando — disse Edauros.

— Um bípede não exige nada de um dragão.

— Se quiser me escravizar, preciso de um nome para exaltar aos céus. Se quiser me matar, acabe logo. Estou ficando entediado.

O maior do grupo, que parecia o líder, pousou.

— Meu nome é Virrikiriel — disse a fera. Era um rosnado diferente, um tom quase musical. Os elfos raciocinaram um instante e reconheceram: feminino.

— Minha senhora — Edauros fez uma mesura.

Fizeram com que Yadallina contasse sua história. Havia pouco a dizer, mas foi o que a elfa disse. Não tinha lembrança dos dias que flutuara, às cegas, para o covil de Delarax'os. Tentou omitir as visões involuntárias próximas ao Monte do Dragão Adormecido, mas os dragões tinham um modo de olhar que cutucava algo muito interior. Yadallina desviou o rosto, titubeou em volta do assunto, mas terminou falando a verdade.

— Enxergou o ritual que criou o Dragão da Tormenta — disse Virrikiriel. — Porque era o que buscava. Por que enxergou o cavaleiro?

— Porque o amo, senhora.

As criaturas agitaram os pescoços, numa resposta que tanto poderia ser ridículo quanto exasperação.

— E porque viu os dragões?

— Não sei, minha senhora.

Virrikiriel ficou em silêncio. Disse algo em sua própria língua para dois de seus comandados, que circulavam no ar, em giros preguiçosos. Houve uma rápida troca de rosnados, e ela voltou a atenção aos dois bípedes.

— Acha que isso pode ser o passado oculto dos dragões, senhora? — disse Yadallina.

Aquilo pareceu tomar a fera de surpresa.

— Bípedes são macios e frágeis — disse Edauros. — Mas também impacientes. Sugiro deixar de lado as meias palavras. Vocês estão aqui porque têm um problema. Seus irmãos loucos estão cultuando a Tormenta. Nós estamos aqui também porque queremos saber mais sobre o Dragão da Tormenta. Sobre como matá-lo.

Mais um pousou, escutando o elfo.

— E todos nós estamos atrás de nossas origens. Queremos, no final, a mesma coisa. Ainda que vocês sejam apenas azuis.

Ele sorria largo. De novo, o limite entre orgulho e insulto era tênue.

— Ele tem mesmo a personalidade de um vermelho — disse um dragão. Virrikiriel mandou que se calasse.

— Deseja nos servir, elfo? — disse a matriarca.

— Nunca. Quero uma aliança.

Yadallina repassou na memória tudo que sabia sobre dragões azuis. Estudara bastante, mas conhecia pouco além de minúcias sem relevância.

Dragões azuis eram, por instinto, os mais disciplinados. Dotados de uma lealdade ferrenha uns aos outros, e a quem quer que conquistasse seu respeito — quase ninguém. Buscavam, mesmo que não admitissem, organizações ou causas às quais dedicar essa devoção. Não havendo, protegiam-se mutuamente. Mas, Yadallina via agora, a junção de um inimigo forte e uma pergunta importante criara um ambiente propício para uma espécie de cruzada.

Além disso, os azuis, assim como todos os dragões, tinham suas moradias típicas, seus ambientes de escolha. Os negros tinham os pântanos, os brancos tinham as geleiras — os azuis tinham o céu. Quanto mais poderosos ficavam, menos tocavam solo, ou mesmo montanhas. Os maiores, dizia-se, viviam em voo constante, sem nunca repousar.

E isso, ela descobria agora, era algo importante para eles.

O vento castigava os rostos dos elfos. Falar era impossível; quaisquer palavras seriam distorcidas e carregadas pela torrente contínua de ar. Yadallina e Edauros pendiam soltos, das garras de dragões, sacolejando de um lado a outro pela violência das evoluções aéreas. Subiam cada vez mais. Difícil encher os pulmões. Até mesmo as montanhas pareciam brinquedos, muito abaixo.

Edauros berrava qualquer coisa.

— *Voar* — disse Virrikiriel, rugindo em suas mentes. — A magia permite voar. Truques permitem voar. São artifícios que concedem o dom a quem não merece.

Não havia, na verdade, como responder.

— Se querem aliança, devem abrir mão dos truques. Se querem voar com os azuis, devem abraçar nosso modo. Desprezem a trapaça da feitiçaria.

Concordassem ou não, fazia pouca diferença.

— Não usem sua magia. Voem com seus próprios corpos, ou aceitem o que são.

Yadallina começou a enxergar a morte cada vez mais perto.

— Se usarem a magia, morrerão de qualquer forma. Este é o teste dos azuis, e não há retorno.

As garras foram abertas; os dois despencaram.

Impossível pensar. Yadallina não conseguia estabilizar o corpo em queda livre, como estava acostumada a fazer em voo mágico. Girava em torno de si mesma, sem controle, enxergando o chão e o céu numa sucessão desordenada. Logo o estômago se revoltou, e ela soltou um vômito rápido, que se perdeu no espaço. O vento de baixo para cima castigava-a como uma saraivada de flechas. Sentia toda a pele gelada, e esfolando. Os cabelos sendo puxados, como se por mãos invisíveis. Muito acima, muito acima, mas caindo. Os picos chegavam perto.

Conseguiu um vislumbre de Edauros, e ele sorria. Era capaz de manobrar um pouco melhor do que ela, mas caía de maneira tão inexorável quanto. E sorria.

Coriza e saliva eram puxadas rosto acima. Os olhos ficaram secos, e a ardência se tornou insuportável, e ela os fechou. Mesmo levar as mãos à face era difícil, o ar fazia resistência, como uma queda de braço.

Perdeu um sapato.

Yadallina pensou que ia morrer, realmente morreria a morte mais estúpida, caindo nas Sanguinárias, sem razão alguma. Àquela velocidade, nem haveria cadáver. Os azuis haviam dito que voasse por si mesma, sem magia. Procurou dentro de si algo que cumprisse aquele papel — talvez Edauros estivesse certo, talvez houvesse um dragão esperando para aflorar, talvez fossem descendentes de azuis, e não de Sckhar — e sentiu a queda amainando, o corpo ficou mais estável.

Não, com horror, era a feitiçaria.

Desfez o encantamento, que brotara sem ritual, tão instintivo quanto um gole d'água. Se voasse, seria caçada, mastigada, digerida e defecada, também não haveria cadáver. As montanhas corriam para encontrá-la. A garganta doía; ela gritou sem sentir, e sem ouvir. O vento gelado arranhava a boca por dentro, ela estava sedenta, o mundo girava demais. Tonta, enxergou luzes na visão periférica, o caos ficou desfocado. Estava desmaiando.

Era bom dormir. Dormindo, não sentiria nada.

O pensamento provocou um susto, e as montanhas estavam perto. Podia ver os detalhes, as escarpas, a neve, um buraco, e outro. Uma árvore nua e solitária, o padrão que as rochas desenhavam, um tom diferente no branco frio, estava a metros, já sentia o impacto. Cerrou olhos e dentes, agora ouvia o próprio grito —

E *dor*.

As garras seguraram com força. Uma perfurava a pele do seu estômago, de leve. O dragão carregava-a para a segurança, como uma águia com um rato nas patas.

Levado por outra das feras, Edauros gargalhava.

— Temos uma aliança, então — disse Virrikiriel, em suas mentes. — Seremos suas asas.

"E nós, o que seremos?", pensou Yadallina.

A resposta lhe veio instantânea: sua alma.

A vida se encaixava.

A busca louca de Edauros, as histórias desde criança, e o berço que incendiaram, quando bebês. O encontro com Sckhar, a viagem às Sanguinárias, o poder bizarro que lhe havia dominado. A inquietação dos dragões. Tudo por um motivo. Tudo porque, agora, voariam até *sir* Orion Drake.

Para caçar uma abominação.

CAPÍTULO 24

A MULHER QUE TECIA O DESTINO

O CAFÉ ESTAVA FRIO. O PRÍNCIPE ESTAVA DESCONTENTE. Dividido ao meio pelo encanto da mulher oculta, que havia capturado sua cobiça com um vislumbre no Deserto, e o amargo do nome de seu inimigo nos lábios atrás do véu.

— Sua história fala de um ladrão e um amante de suínos, ó beleza que só Azgher conhece. Você macula sua voz com o nome do sultão.

— Que os eunucos riam sempre de seu membro patético — arrematou um servo.

— Agora não, Rashid. Por que traz o nome de meu irmão para minha tenda? Por que conta uma história sem heróis?

— Há um herói na história, príncipe dos viajantes — disse Ellisa, mantendo a voz no mesmo tom fixo e melífluo.

— É o ladrão? O ladrão irá enganar meu inimigo?

— O herói é o príncipe Tuarin, o favorito de Azgher.

O príncipe se calou, vasculhando a fatia de rosto que o véu deixava entrever.

— Saiba, filha do ar do crepúsculo, que o lugar das adulações é a asquerosa cidade. Meus ouvidos são surdos a palavras de trapaça.

Ellisa fixava os olhos do príncipe, apontava-lhe os cílios.

— Falo apenas do destino. Se o senhor destas areias me quer, deve ser capaz de me sustentar.

— Posso sustentar qualquer número de esposas! — bradou o príncipe.

— Meu preço não é dinheiro, meu senhor. Nem camelos ou mesmo espadas. Eu disse que vim ao Deserto com um propósito. Meu preço são as ferramentas para cumpri-lo.

— E o que meu irmão e sua cidade infecta têm a ver com isso?

— Preciso de matemáticos — disse Ellisa, como quem ordena uma execução. Na quietude a seguir, ouvia-se a areia em movimento. — Preciso de sábios. Astrônomos. Preciso de conhecimento. Tem a matemática à sua disposição, entre seus guerreiros, meu senhor?

Os olhos do príncipe encontraram o tapete, abaixo, sem que ele pudesse evitar.

A matemática era uma especialidade curiosa do povo Sar-Allan. A crença de que havia um padrão no mundo — de que, pela visão de Azgher no céu, tudo fazia sentido — levara-os a procurar essa ordem na ciência. Assim, os números faziam parte da cultura do Deserto da Perdição, junto com as histórias e a luta constante. Mas os sábios não eram nômades. Seus laboratórios e bibliotecas não viajavam nas costas de camelos. Seus ábacos não faziam parte do equipamento de sobrevivência.

— Os sábios moram na Cidade no Deserto — disse o príncipe Tuarin.

Ellisa não falou nada.

— Quer que eu rasteje, flor das areias? Seu desejo é ver-me humilhado frente ao sultão?

— Meu desejo é o conhecimento que prediga as tempestades do Deserto, senhor dos homens e dos camelos. Portas para outros mundos abrem-se nas dunas. Quero uma porta para um mundo, e somente a matemática do povo Sar-Allan pode encontrá-la.

— Você pede que eu troque meu orgulho por seu amor.

— Peço que vença, apenas isso.

— Meus guerreiros não irão atacar a cidade, não importa a extensão de sua beleza.

— O príncipe e o sultão odeiam-se por causa de uma lâmpada, não é?

Silêncio.

— Por causa do poder da lâmpada. Por causa do gênio que habita seu interior. Por causa dos três desejos.

O ar tornou-se mais seco. A atmosfera parecia à beira de quebrar.

— Mas diga-me, portador da visão do horizonte — Ellisa curvou-se. — De que valem três desejos, se existe, em sua comitiva, uma mulher capaz de criar água? Capaz de *desejos infinitos*?

O príncipe sentiu seu estômago retrair-se. Era a sensação estática de quase-triunfo, como quando abria um baú que podia conter um tesouro.

— É sua serva, filha do destino — disse o príncipe.

— Seria sua, se eu também fosse.

Cobiça de dois tipos.

— E seu preço...?

— O conhecimento. Apenas isso.

Raro ver tantas lanças na Cidade. Os guardas do sultão formavam um meio círculo atento, poucos metros atrás, vigiando para todos os lados. O povo dividia-se entre o pavor, trancafiados em casa, e a curiosidade, abarrotados nas ruelas em volta. Apenas servos da mais alta confiança atendiam ao monarca, e apenas os mais ardilosos guarda-costas e assassinos misturavam-se à multidão e à comitiva.

O príncipe, por sua vez, fazia questão de sua própria lança. Vestia os trajes de nômade, a areia ainda farta nas dobras da roupa, orgulhoso da rispidez do deserto. Seus guerreiros protegiam-no com a mesma ferocidade, embora sem uma fração da pompa. Os dois irmãos se encaravam, cercados por seus súditos, nos portões da Cidade no Deserto — o único ponto intermediário entre seus domínios.

Ellisa postava-se, decorativa, ao lado do príncipe. Ashlen um passo atrás do sultão, como um vizir conspiratório.

— Vejo que trouxe uma nova prostituta — disse o sultão, inchando a barriga num sinal de vaidade. — Talvez seja o único ventre que não rejeite sua semente pútrida.

— Vejo que continua preferindo porcas — disse o príncipe, lutando para que o humor abafasse a ira. — E imagino que já tenha muitas ninhadas de filhos.

Os músculos dos guerreiros tremiam, esperando uma palavra que resultaria em matança.

— Veio até aqui para me insultar, ó vergonha de Azgher? — cuspiu o sultão Fazûd. — Veio para exibir sua meretriz?

— Diga mais uma palavra sobre minha esposa, desgraça de minha família, e nem mesmo Azgher conseguirá enxergar as ruínas de sua cidade.

O sultão começou uma réplica, mas Ashlen aproximou-se, e sussurrou-lhe no ouvido. Fazûd fez uma careta, acenou a cabeça uma vez e recompôs-se.

— Meu amigo infiel contou-me uma história, Tuarin — disse o sultão. — Uma história sobre seus homens em minha cidade, em minha arena, planejando uma blasfêmia.

O príncipe deu meio passo para trás. Apagou a surpresa do rosto.

— Minha esposa contou-me uma história, Fazûd. Sobre um ladrão em seu palácio, e sobre como você desejava que ele roubasse a lâmpada que nosso pai nos deu.

— O tesouro que *você* roubou.

— O tesouro que *você* profanou!

O grito quase fez com que os guerreiros investissem. Ellisa tocou o braço do príncipe, com intimidade conjugal. Tuarin encheu os pulmões com ar fervente, e relaxou os músculos.

— Não sei de nenhuma blasfêmia, Fazûd — disse o príncipe, mordendo as palavras. — Meus guerreiros são servos do destino. O povo nômade é livre, e não pretendo controlar seus movimentos.

Ashlen falou algo no ouvido do sultão.

— Qualquer história que sua esposa tenha contado não importa, Tuarin — disse Fazûd. — A lâmpada foi roubada. O templo de Azgher foi violado, e o tesouro de nosso pai foi tomado.

Murmúrios, espalhando-se como ondulações em uma poça.

— A lâmpada não importa, Fazûd. Tenho comigo uma mulher com o poder de mil gênios. Alguém que pode criar água. Alguém que pode realizar qualquer desejo, e todos.

A cidade começou de novo a fervilhar. Mesmo os assustadiços, dentro de suas casas, sentiam uma agitação de formigueiro, e saíam às ruas.

— Você — começou o sultão, mas perdeu-se. Olhou para os lados, confuso, temeroso da vergonha de estar errado. Ashlen não tinha respostas. — Você vai *dividir* esse poder comigo, Tuarin dos nômades?

— Dividirei com você, Fazûd. — Pausa. — Se dividir comigo a matemática de sua cidade. Seus sábios.

Os irmãos olhavam-se. Ambos desconcertados: parecia algo razoável.

Nada mais perigoso que o poder. Exceto a escolha.

Era a força e a prisão de um gênio. Seres de magia quase pura, filhos de Wynna, a Deusa da Magia, realizavam desejos. Assombroso, na onipotência de sua simplicidade — desejos. O mestre de um gênio poderia pedir o que quisesse, e seria atendido. Apenas a exuberância de Wynna seria capaz de conceder tal bênção ao mundo. Mas, onde existia vida, existia o caos. E o toque de Nimb, o Deus do Caos, fazia-se presente.

Os gênios selvagens estavam entre as criaturas mais temidas, por aqueles que sabiam temê-las. O poder de realizar qualquer desejo, sem limites, poderia causar o fim de Arton. Havia casos, na história ancestral da magia, de gênios sem controle, exercendo seus caprichos sobre a existência, até que deuses ou os mais poderosos mortais conseguissem detê-los. Por isso, havia regras.

Os gênios, em geral, estavam presos a objetos. Lâmpadas, anéis — artefatos típicos do povo Sar-Allan, que mais os conhecia. Liberto, um gênio concedia três desejos. Apenas um tolo guardava todos os três para si: o terceiro desejo deveria ser sempre que a criatura voltasse à prisão, ou a seu mundo de origem. Havia outros meios de entrar em contato com as criaturas, e havia entre eles indivíduos sem maldade ou loucura. Mas o risco de um único gênio selvagem no mundo obrigava à cautela.

Por isso, dois irmãos tornaram-se inimigos.

Quando seu pai morreu, Tuarin e Fazûd receberam a lâmpada como herança. Podiam usar seus desejos para a glória do povo Sar-Allan, para combater seus inimigos — se houvesse confiança. Um desejo para cada irmão, e um terceiro para que o gênio voltasse à lâmpada; era perfeito. Mas nenhum dos dois confiava que o outro proferisse o terceiro desejo, temendo sua ambição. Houve luta, houve roubos, e decidiu-se que a lâmpada ficaria no templo de Azgher, longe de ambos.

— É muito poder, para algo tão pequeno — disse Gregor, girando a lâmpada nas mãos e examinando suas imperfeições.

Os guerreiros de Ahfahd ainda não haviam se recuperado do crime. Cenho franzido constante, como se prestes a vomitar. De noite, ouvia-se um ou outro choro, havia sempre alguém com insônia. Mas estava feito. Ahfahd lembrava-os de que não adiantava sofrer pelo que Azgher já vira. O crime fora cometido, o templo fora profanado. O destino iria se encarregar do resto.

— Seu destino é generoso, Ahfahd — disse Gregor. — Não se preocupe.

O guerreiro não respondeu nada.

Início da manhã, Azgher despontando, já estavam a um grito da Cidade no Deserto. Gregor escondeu a lâmpada em seus mantos, firmou-se no camelo. Era o final de sua parte no jogo, e tudo devia convergir com perfeição.

— A lâmpada é para sua amiga, meu honrado escravo? — disse Ahfahd, tentando romper a tensão. Os homens pareciam à beira de se entregar às sentinelas, tão logo chegassem.

— Não queira saber do destino antes que ele se apresente — sorriu Gregor.

Ahfahd cutucou-o com os olhos.

— Por que contou-nos a história de Ellisa e nosso príncipe Tuarin? Qual é o final? Ela será mesmo esposa de nosso senhor?

Gregor continuou sorrindo.

— Que Azgher veja o que você faz, Gregor Vahn! — disse Ahfahd. O camelo se incomodou. — Quem será o dono da lâmpada?

— O destino está quase chegando. — Pausa. — Mas que seja. A lâmpada pertence ao príncipe e ao sultão. Como deve ser.

Ahfahd segurou-se nas rédeas.

— Não existe destino, exceto o destino que receberemos deles.

Manhã alta, Tuarin e Fazûd tateavam, um em volta do outro, com palavras. Acostumados à inimizade mútua, era-lhes difícil, agora, manter o hábito. Faltavam brasas para incendiar as cóleras.

De repente, o sultão percebeu que sua conversa era muito pública. Os medos e recalques de ambos haviam impedido a privacidade do palácio ou das tendas, e agora o povo observava, atento.

— Com Azgher por testemunha — disse, enfim, o sultão — aceito.

As vozes da cidade cresceram.

— Você é bem-vindo a usar o poder de minha serva, meu irmão.

— E você é bem-vindo a usar a sabedoria de minha cidade. Meu irmão.

As comitivas de cada um descreveram uma série de saudações e cortesias, reconhecendo a honra e posição dos dois monarcas. Ambos coravam por trás do tostado da pele. Nunca haviam aprendido o protocolo de uma trégua como aquela.

Aproximaram-se, cercados de atenção por todos os lados. Cada um começou uma mesura, en-saiou um cumprimento. Quase uma mão estendida, e então Tuarin agarrou o sultão num abraço.

— Que suas cabras sempre estejam cheias de leite, e que suas esposas sempre estejam cheias de filhos — disse Fazûd.

— Que seus camelos sempre estejam cheios de água, e que seus inimigos sempre estejam cheio de flechas — disse Tuarin.

Olharam-se, como se nunca houvessem se visto.

— Meu irmão — disse o príncipe. — Resta um problema.

— A lâmpada — disse o sultão.

— A lâmpada é vossa, senhores de tudo que Azgher enxerga — disse Gregor Vahn.

A cidade virou na direção do recém-chegado. Gregor, prostrado na rua, reverenciava os dois monarcas, os braços estendidos à frente. A voz saía poderosa, embora distorcida pelo pescoço costurado. A guarda dos dois irmãos se abriu, e cercou-o. Alguém logo identificou o Gladiador Imortal.

— Sultão da cidade, príncipe das dunas — disse Gregor, após receber permissão para se erguer. — Sou o escravo que não morre, o gladiador que pertence a Ahfahd, seu servo. E a lâmpada está comigo.

Uma floresta de lanças apontadas. Ahfahd e seus guerreiros foram logo encontrados, poucos metros atrás de Gregor. Soldados arrastaram-nos à vista dos governantes, sob silêncio estoico ou pedidos de clemência. Tuarin e Fazûd observavam atônitos. Em menos de uma hora, o destino se desenrolava, as rixas arrefeciam, os profanadores se apresentavam. Clérigos e magos apressavam-se para garantir que tudo aquilo não fosse uma trapaça elaborada. Não havia destino, exceto o destino que era dado.

— Meu marido, senhor das dunas — interveio Ellisa, curvando-se fundo ao príncipe. — Confesso agora meu papel de serva do destino.

O príncipe deixou pender a boca, mas foi incapaz de falar.

— O escravo Gregor Vahn é meu companheiro. A profanação do templo de Azgher foi parte do jogo que o destino elaborou.

Os guardas sacaram as cimitarras para Ellisa.

— Meu senhor, sultão da maior maravilha do Deserto — disse Ashlen, prostrando-se em respeito. — Existe uma razão para nossa ousadia. Nós três, estrangeiros nas areias, fomos apenas joguetes para que seu destino se cumprisse.

— A lâmpada partiu em dois o povo Sar-Allan, senhores do deserto — disse Gregor. — Neste momento, sob Azgher, o sultão e o príncipe estão unidos. Possuem infinitos desejos, e toda a água de que seus camelos necessitam. O roubo da lâmpada foi um estratagema deste escravo, e de meus companheiros. Porque a lâmpada não pode, mais uma vez, dividir o Deserto da Perdição.

Nem a brisa ousava soprar.

— Existe uma solução, meu marido — disse Ellisa, ignorando as lâminas nuas ao seu redor. — Deixe de lado a lâmpada maldita, que interfere com o destino. Permita que sua esposa profira os três desejos.

Tuarin balançava os pés, espirrando água. O largo aqueduto cruzava o jardim, e ia além, desaparecendo entre as casas feitas de pedra e metal. Ele fechou os olhos e inspirou, enchendo as narinas com o ar perfumado. Imaginou se o aroma era produto das frutas, ou se a serva de sua esposa havia construído também aquilo.

Levantou-se e foi ao pomar. Era difícil escolher um só fruto, e ele ainda não conhecia o sabor de muitos. As árvores estavam pesadas, as copas coloridas pela abundância. Por toda a volta, as flores desabrochavam com vaidade, e sempre algo nascia. A cidade germinava.

Fazûd aproximou-se, atrás. Pingava de um banho no lago interno.

— Este é o paraíso, meu irmão?

Tuarin virou-se, deu de ombros.

— Isto é o que ganhamos em nossa barganha.

Silêncio.

— Há mais de três meses conhecemos a fartura, Tuarin. Não entendo sua melancolia.

— Somos um povo forte, meu irmão.

— Forte como o deserto.

— Por causa do deserto.

O sultão apertou os lábios.

— Acha que ficaremos fracos? — disse o príncipe. — Hoje, os Sar-Allan podem viver como camelos, lutar como vespas. Como será amanhã? Como será nosso povo, com tantas regalias?

O sultão abriu um sorriso largo.

— Você se preocupa demais, meu irmão. A dádiva que o destino nos trouxe não foi a fartura. Foi o infinito.

Tuarin inclinou a cabeça, mas logo abriu o rosto.

— Quando for a hora — disse Fazûd — voltaremos ao deserto ríspido. Não seremos mais nômades ou citadinos, seremos tudo. Nossos filhos serão mais fortes do que nós. Ganhamos tudo o que quisermos.

— É o destino.

— O destino que recebemos.

Sentiram a Cidade vibrar sob seus pés. Uma nova jornada iria começar.

Ágata criara milagres. Os primeiros haviam sido o aqueduto e o lago, mas agora empalideciam. A serva tecia vida, árvores, animais, terra, utensílios. Logo, construía prédios, realizava as mais extravagantes arquiteturas sonhadas pelos engenheiros Sar-Allan. A Cidade no Deserto crescera, transformara-se. Ágata criara vento fresco, para amainar o calor. Criara nuvens obedientes, para que houvesse o clima desejado. Mas mesmo isso fora o início.

O povo do Deserto da Perdição cultuava Azgher, e odiava Tenebra. Portanto, Ágata criou um sol.

Não havia mais a temida noite. Quando Azgher se escondia, a Cidade no Deserto era iluminada por seu sol particular, visto apenas do céu que Ágata construíra. E não havia mais divisão no povo, porque a cidade era nômade. Com seu sol, seu céu, seus lagos e aquedutos, a Cidade no Deserto viajava pelas areias, para onde os monarcas desejassem, sumindo numa duna para reaparecer em outra.

Todas as mulheres engravidavam. Todos comiam e bebiam o que quisessem. Os nômades eram honrados por viver na cidade, viajando, e os citadinos sentiam-se seguros numa vida de jornadas. Ahfahd vivia junto a sua amada Jessira.

— Acha que devemos aceitar? — disse Tuarin.

O sultão demorou-se com uns olhos sagazes.

— Está perguntando se *eu* aceito, meu irmão. Se confio em você.

O príncipe fez que sim.

— Sua esposa pediu os três desejos. Qualquer um pensaria que ela está a seu serviço, e que os desejos serão seus.

— Devemos aceitar?

— Não acredito que você vá me trair, Tuarin. Se desejasse, poderia tê-lo feito com o poder de Ágata.

— Não darei uma resposta a minha amada sem o seu consentimento, irmão.

O sultão girou, absorvendo de novo a maravilha do jardim. Havia ali flores que ele ainda não havia cheirado.

— A lâmpada só nos trouxe infelicidade. Não quero um inimigo dentro de minha família, e não acho que você queira.

— Uma traição com a lâmpada pode ser bem pior do que isso.

— Mas não acho que você vá me trair.

Tuarin segurou o braço do irmão, mastigando um sorriso difícil.

— Deixe que sua esposa use a lâmpada, Tuarin. Nunca mais quero saber daquele artefato odioso.

Os matemáticos estavam próximos do resultado. Ellisa podia sentir a parte final do plano nascendo. Elaborado, extenso, trabalhoso. Com ameaças, nunca teria conseguido os cálculos precisos, não poderia confiar no que encontrasse do outro lado. Fora obrigada a uma época de sutilezas, e não matança, mas chegava ao fim. Quando os cálculos se completassem, ela iria desenterrar Rufus e a espada. Então, atravessar o portal e atacar.

Suas mãos tremiam.

Andou mais uma vez pelo salão, garantindo que estava vazio. Ágata construíra dois palácios idênticos, para que nenhum dos irmãos fosse injustiçado. O palácio do sultão tinha um harém, abarrotado das mais belas concubinas — algumas já existentes, outras criadas por Ágata. Mas o harém do príncipe estava vazio. O encanto de Ellisa sobre ele excluíra todas as outras esposas e amantes. E, no harém, ela preparava algo para si mesma.

Tudo era para os Lordes. Arton era patético, a vida era fútil. Só existia a Tormenta, e por isso sua existência pertencia aos Lordes. Sobrava apenas um retalho, um grão de cobiça própria. Queria algo para si.

Terminou sua ronda; o harém estava mesmo deserto. Ajoelhou-se sobre uma pilha de almofadas. Tomou a lâmpada e olhou-a.

Esfregou.

De início, nada.

Então, um cheiro forte de incenso, que a fez tossir, e se transformou em vapor. O vapor adquiriu brilho, tornou-se uma fumaça densa, e cada vez mais perfumada. Saía com mais e mais força, cuspida num jato constante, e faiscava nas bordas do metal da lâmpada. Ellisa estava coberta de fumaça esbranquiçada, impenetrável, e tossia sem controle. As faíscas aumentaram, tornaram-se labaredas. Um zumbido rouco preencheu o harém, transformou-se em um guincho, a lâmpada tornou-se quente, Ellisa teve de soltá-la. Caiu nas almofadas, ainda expelindo fumaça, e o guincho transformou-se em riso.

Toda a fumaça se juntou, solidificando-se em um tronco humanoide. Era como um homem, imenso e musculoso, trajado num colete minúsculo. Sua cintura desfazia-se em vapor e fagulhas. Seus braços titânicos eram adornados com braceletes e pulseiras, seu pescoço taurino sustentava uma cabeça calva e afilada. Olhos inteligentes, sobrancelhas enviesadas por malícia incontrolável. Um sorriso imenso, cheio de dentes, que prometia trapaça a cada instante.

— Minha mestra — disse o gênio.

Ellisa controlou a tosse. Examinou de novo os desejos, testando com a mente sua exatidão. O gênio desfazia-se em mesuras, tentando distraí-la, mas ela ignorou seus comentários. Concentrada, com voz firme:

— Tenho direito a três desejos.

— Três desejos, minha mestra, que seu ventre abrigue muitos filhos, que seus seios transbordem de leite, que sua beleza nunca se esvaia. Sim?

— *Não*. Não quero nada disso.

— Deseja que eu me cale, para que minha mestra possa falar?

Ellisa ficou em silêncio.

— Minha mestra —

— Desejo que, depois que você tiver cumprido meus outros desejos, volte imediatamente para sua lâmpada, e fique preso lá.

O gênio se calou.

— Concedido.

Os desejos nem sempre se cumpriam no mesmo instante. Muitas vezes não podiam. Mas eram, sempre, infalíveis.

— Desejo que meu casamento com o príncipe Tuarin do povo Sar-Allan seja desfeito, sem nenhuma consequência ou repercussão.

— Concedido.

Silêncio.

— E seu terceiro desejo, minha mestra?

Ellisa respirou.

— Vallen.

O gênio fez uma mesura.

— Concedido.

CAPÍTULO 25

AMOR DE MÃE

YADALLINA COM OLHOS PARA BAIXO.

Edauros deu uma corrida e um salto, e estava sobre Orion, abraçando-o como se apenas o passado fosse ruim.

Ingram quieto.

Os Cavaleiros do Corvo postavam-se atrás, muito como o que eram. Os dragões circulavam acima. Estavam muito além do Reinado; tinham cruzado a Grande Savana, meio em caça e meio em fuga, o que só fora possível porque eram prodígios. Os corvos marcharam e cavalgaram sem descanso e sem protesto, cobrindo distâncias que matariam os menos obstinados. Os dragões apenas voaram. E assim estavam longe do mundo civilizado, longe de humanidade e fronteiras, na terra árida em que a Grande Savana começava a se transformar no Deserto da Perdição.

— Todo esse tempo, e ainda não recuperou o braço? — disse Edauros, rindo e afastando-se uns centímetros, para olhar bem o rosto barbudo.

— Resolvi dar uma chance a Crânio Negro — disse Orion, deixando o prazer de encontrar o amigo estampar-se.

— É "uma mão amarrada nas costas", *sir*, não "uma mão no estômago de um verme gigante".

— Alguém devia ter me explicado antes.

Riram como dois escudeiros.

Aquele era um lugar de caça. Desde as leoas dedicadas, sempre matando para seus filhotes, até os bandos de tubarões-de-areia, ou pássaros carnívoros gigantescos. Os carniceiros, em especial, gostavam do crepúsculo entre savana e deserto, e costumavam rodear, em busca de restos saborosos. Mas todos haviam sido afastados pelos dragões.

Por onde Yadallina e Edauros passassem com seus aliados azuis, os predadores se acovardavam. Naquele ponto de encontro, um bom pedaço de lugar algum no meio do nada, também haviam expulsado, por superioridade, as feras soberanas. Orion Drake sentia a inquietação na boca do estômago, o suor formando-se nas têmporas. Os dragões, mesmo quando aliados, eram perigosos, e seu corpo não deixaria que esquecesse. O medo instalava-se sutil, fazia com que olhasse acima de tempos em tempos, como a língua que toca um dente dolorido.

— Quase achei que você estava brincando — disse Orion.

— Nunca mentiria para um cavaleiro — disse Edauros. — Falei que tínhamos dragões, não?

Orion olhou para eles de novo.

— Espero que não pense menos de mim por admitir que me deixam apavorado.

— Fica melhor, com o tempo — disse Edauros.

— Mesmo?

— *Não* — riu. — Você não imagina o número de calças que tenho sujado.

Riram.

— Seus soldados não parecem ter problemas — disse o elfo, meneando a cabeça para os corvos.

Não tinham. Estavam todos de pé, em suas armaduras de placas, posição de sentido, movendo menos que um músculo. Se a ordem fosse dada, pareciam capazes de parar também o coração e os intestinos. Eram homens acima — ou abaixo — do medo. Não se permitiam suar, não olhavam de relance para os dragões.

— Estão fazendo pose — disse Orion.

— Por ordens suas?

— Claro. Quero esfregar na sua cara.

Edauros deu-lhe um soco bem-humorado no ombro.

— E então, *sir*? Para onde vamos?

— Ferrão! — chamou Orion.

Darien se apresentou. Postura marcial, o rosto malandro temperado por disciplina e um ar de perigo. A boca larga incongruente no meio de tanta rigidez, mas mesmo seus traços pareciam ter se endurecido.

— *Sir* — respondeu Darien.

— Conte a Edauros o que descobriu.

— *Sir* — assentiu. — Crânio Negro encontrou um portal para outro mundo. Vai usar uma tempestade de areia para ir até um Reino Divino.

— E assassinar um deus maior — completou Orion.

Edauros ergueu uma sobrancelha.

— Qual deus?

— Se você precisasse matar um deus, qual escolheria?

Edauros pensou um instante, depois balançou a cabeça, como se fosse evidente.

— Por quê? — disse o elfo.

— Não é óbvio? Para que um dos Lordes da Tormenta assuma seu lugar.

— Vai mesmo acontecer, Gregor — disse Ashlen Ironsmith.

O outro segurou seu braço, deu um aceno leve, de conforto.

O vento começava a repuxar as capas, grudar as roupas nos corpos. Já não estavam mais à vista de sua escolta, e o deserto se estendia para todos os lados. Um oceano de areia, igual em toda parte, para os olhos destreinados dos forasteiros. Assobio; os grãos voavam, a tempestade estava prestes a começar. Gregor protegia os olhos com a mão.

Ellisa segurava os mapas e diagramas. Números sobre números, que indicavam onde o portal estaria. Os matemáticos dos Sar-Allan possuíam um sistema de cartografia que englobava o Deserto, um valor para cada pequeno espaço. Somente os próprios nômades eram capazes de reconhecer os pontos de referência, e assim navegar pelas indicações. Mas haviam-lhes deixado lá, no lugar exato, e a tempestade de areia começava. Ellisa cobriu-se do elmo, e estava de novo hermética, de novo feita de horror. Era Crânio Negro.

— Última chance, Ellisa — disse Gregor. Tentava um sorriso.

A máscara preta virou-se para ele.

— Sabe o que fazer — disse Crânio Negro.

— Depois disso, não existe mais volta.

— *Só existe lefeu* — chiou Crânio Negro.

Gregor assentiu.

Naquele momento, todos — Ellisa, Gregor e Ashlen. O ladrão há meses esperava que o destino se revertesse. Mais que tudo, esperava que Gregor fizesse algo. Ele falara em redenção, mas o elmo de caveira continuava o mesmo. Ashlen seguira os planos, com a certeza de que tudo, no final, iria mudar. À vista do final, havia apenas colaborado com a blasfêmia. Vomitou.

E os outros — Rufus, Andaluzia, Ágata. O mago, inchado a ponto de estourar, fazia ruídos úmidos de um bebê deformado. Carregavam-no em um vagão, pois era impossível até mesmo arrastá-lo. Andaluzia fora solta de sua jaula, e agora cambaleava pelas dunas, murmurando em seu mundo privado. Ágata há muito desistira de protestos. Via-se entalada, presa num fosso de horror.

No final, todos faziam a vontade de Ellisa.

— A espada — disse Crânio Negro.

O vento ganhou força. O ar tornou-se mais denso, fosco de grãos de areia. Os rostos estavam protegidos ao modo dos Sar-Allan, mas o deserto fustigava, entrava na boca e nas narinas, insistia contra o corpo.

Gregor andou contra a ventania, apanhou a grande caixa no vagão. Ellisa, dentro do elmo, rilhou os dentes, preparando-se. Gregor abriu a caixa.

Culpa.

Lembrou dos clérigos que matara. Lembrou de todas as suas pequenas imperfeições. Ellisa lutava para esconder seu desespero — Rhumnam, a Espada de Khalmyr, castigava-lhe com a realidade. Lembrava do grupo, da maneira como tratara e tratava Rufus. Lembrava de cada mentira, boa ou venenosa. Achava que seria capaz de contar cada pessoa que matara, como aventureira, caçadora de recompensas e guerreira da Tormenta.

Gregor tomou a espada.

Olhou firme para o elmo negro. Sentia a vibração divina, nascendo na lâmina, reverberando no cabo, estendendo-se a suas mãos, seus braços, seu peito. Sabia, então, que possuía algo de bom — a espada não o rejeitava. Ashlen, assaltado pelas memórias dos anos de mentiras, das pequenas covardias — dos *roubos* —, suplicava em silêncio.

Gregor Vahn tinha nas mãos Rhumnam. A Espada Sagrada, que extirpava o mal, que mataria, num único corte, qualquer criatura que não passasse em seu julgamento. Olhou a lâmina, e olhou Ellisa.

O vento mais forte.

Ela removeu o elmo. Protegeu o rosto com a mão, mesmo sendo inútil. Não deixou o olhar de Gregor desviar-se.

— Tem coragem? — disse.

O poder divino retumbava com a ideia de punir os culpados.

— Tenho — disse Gregor. — Mas não vou fazer.

Ellisa sorriu.

— É claro que não.

Escondeu-se de novo atrás do elmo. Crânio Negro.

— Este é o fim — a voz abafada pelo metal. — Se fizer isto, vai finalmente morrer, Gregor.

— Eu sei. Acredito em você.

Já era difícil estar em pé. A tempestade tornou-se adulta. Crânio Negro soube que, naquele momento, precisava confiar na precisão dos matemáticos, porque já não era possível enxergar nada. O chiar de areia contra pano e armadura ensurdecia, a boca adquiria um gosto seco e amargo, como se o deserto estivesse instalado na língua. A única sensação pura era o julgamento constante da espada, o farol de reprovação que vinha de onde estava Gregor.

E uma explosão de terror.

O esmagamento de perigo, a sensação abjeta de estranheza. Nenhum deles podia ver, mas o Dragão da Tormenta estava lá. Crânio Negro quase podia sentir seu couro corrompido sob os dedos.

O deserto era uma parede contínua de areia. Difícil não ser enterrado. Mover-se o tempo todo, para que não fossem engolidos nas dunas. Então, uma clareira — a tempestade se abriu. O verde mais puro, o ar foi cortado por um vagalhão de sutileza, um cheiro de chuva e folhas. A cacofonia dividida por silêncio e o tímido canto de pássaros, o som de um riacho.

O Dragão da Tormenta emitiu um urro. Crânio Negro gritou ordens, que não foram ouvidas. O monstro levou o vagão nas garras, o corpo de Rufus dentro, jogado de um lado a outro. Os outros correram, e mesmo Andaluzia, por instinto.

— *Eu trago os avós, mãe.*

Crânio Negro cruzou o portal, o Dragão mergulhou. O caçador deu um salto acrobático, e pousou montado sobre a besta, pronto para o ataque.

— Lefeu! Lefeu!

Entraram no Reino Divino de Glórienn, com o único propósito de matar.

Abaixo, só o deserto. O alvo estava à frente.

Os dragões azuis espalhavam-se em uma formação que era tanto um bando de caça quanto um exército. Orion montava Virrikiriel, a matriarca, e ouvia seu rugido manso dentro da cabeça, a magia servindo de comunicação. Edauros e Yadallina logo atrás, e mesmo Ingram amarrara-se em uma fera robusta e compacta, com quem parecia compartilhar alguns traços de personalidade. Os Cavaleiros do Corvo seguiam, cavalgando os dragões como se sempre houvessem feito aquilo.

"Sim", foi a voz de Virrikiriel, na mente de Orion.

O cavaleiro gritou algo, que foi abafado pelo vento no rosto.

"Não é preciso falar, bípede Orion Drake. Você sabe como a magia funciona. E a resposta é sim".

"Como, senhora?", pensou Orion.

"Não estamos procurando um portal, cavaleiro bípede. Nossa magia exigiria semanas para que isso acontecesse. Estamos caçando nosso inimigo. O Dragão da Tormenta".

"É capaz de senti-lo?"

O grunhido de Virrikiriel fez tremer o interior do crânio de Orion.

"Ele está sempre nos chamando, bípede Orion Drake. É uma tentação não *segui-lo".*

Só o vento, durante minutos. Então:

"Yadallina", pensou Virrikiriel.

Orion não sabia ter pensado algo.

"Uma pergunta formava-se em sua mente. A resposta é Yadallina. Foi o que nos convenceu a colaborar".

"Você não a chama de bípede".

"Porque não tenho certeza se é".

A tempestade de areia à frente. Estavam mal preparados, mas Yadallina protegeu-os.

Edauros gritou: luz esverdeada. Todos os dragões rugiram: sentiam a presença do inimigo.

Lá estava o portal para o Reino de Glórienn. Lá estava Crânio Negro.

— Boa caçada! — gritou Orion.

— *Boa caçada!* — ecoaram os outros, entre resmungos, brados e rugidos.

Glórienn sentiu-se gelar de pânico.

As árvores se encolheram. As pontes de cristal racharam. Dois rios deixaram de correr. Glórienn, nua e imunda, os cabelos púrpuras feitos em nós, agarrou o próprio corpo, tremendo. Sentia a invasão, e sua resposta era o medo.

Uma dor aguda no ventre, quando uma baforada do Dragão da Tormenta varreu uma faixa larga de floresta. A grama e as flores começaram a gritar. Os elfos, em todos os cantos do Reino, experimentavam o pavor de apocalipse. Glórienn forçou os dentes juntos, para não baterem, e afundou, ajoelhada, bem no centro de seu mundo.

Ouvia as súplicas. Terrível quando seus filhos rezavam dentro do paraíso — era perto demais, e ela escutava com clareza. Começaram as mortes e pedidos de ajuda. Um deus maior era onipotente em seu próprio Reino. Bastava querer, e mataria os invasores. Bastava enfrentá-los.

Bastava coragem.

Glórienn ergueu um braço, tremendo sem controle. Falou sílabas ancestrais, a mais pura magia divina, o som inalterado de sua vontade. E enviou outros para lutarem em seu lugar.

Crânio Negro enxergava o Reino de cima. Era maravilhoso.

A geografia artística; as cidades, cordilheiras e rios que formavam padrões e figuras, a natureza que fazia música. Tudo de uma beleza acachapante. O conceito puro da deusa atingiu-lhe no interior — a paciência, a sensação de que o tempo não tinha fim. A sutileza, a bondade delicada. E a crença inabalável na própria superioridade. Crânio Negro sufocava no mais suave dos perfumes. Os ouvidos doeram, e então sangraram, por uma melodia sussurrada, distante, nunca plenamente alcançada. Uma nota esparsa, e então outra, os silêncios tão importantes quanto. Seus olhos ardiam pelas cores, tonalidades perceptíveis apenas com atenção e calma. O ar acariciava, provocava sensações novas, que não existiam em Arton. Bolhas formaram-se na pele, por baixo da armadura negra, o corpo rejeitando as carícias. Crânio Negro gritou, procurando recobrar o controle, resistir ao Reino de Glórienn. Fechou os olhos ao mundo vasto ao redor, e uma palavra, uma ideia, preencheu sua mente, seu estômago:

Lefeu.

Abriu os olhos de novo. Toda a complexidade sutil daquele mundo tornou-se menos e menos importante, a melancolia cada vez mais fútil, substituída por lefeu. Deu uma ordem ao Dragão da Tormenta, e uma baforada de inferno destruiu um daqueles prazeres intrincados. Gargalhou, e procurou os outros.

Gregor e Ashlen atrás, montados na enorme monstruosidade. Rufus dentro do vagão, levado nas garras. Ágata também no vagão, encolhida — não importava mais. Andaluzia voava junto, girando em frenesi, berrando suas incoerências.

Duas árvores titânicas, suas copas mais altas que as nuvens, erguiam-se como pilares, uma ponte de cristal e pétalas ligando-as, numa das cidades grandes como continentes, belas até a última maçaneta. Na ponte, de repente um turbilhão de folhas secas, um cheiro de outono. De dentro, surgiram elfos.

Guerreiros, trajados em armaduras de prata, madeira, vidro mais duro que o aço. Tinham arcos, espadas, reluzindo com a magia de sua deusa. Tinham feitiçaria e milagres, pulsando ao seu redor. Cada vez mais — cem, duzentos, heróis passados, campeões de Glórienn, prontos para enfrentar os invasores.

Apavorados.

Um de seus líderes bradou uma ordem, num verso perfeito, e fez soar uma trombeta de guerra, num tom musical que erguia os espíritos. O Dragão da Tormenta abriu sua bocarra, Crânio Negro sacou suas lâminas, firmando-se na montaria com os joelhos e puro equilíbrio. Os arcos élficos foram apontados. Mas as flechas tremiam.

— *Aos irmãos, vêm os avós* — disse Andaluzia, guinchando. — *Os pais não puderam, porque não são pais. Agora a mãe enxerga o que veio.* — Arrancou tufos de cabelo. — *Mãe, estou aqui.*

As flechas dos campeões voaram.

Cada seta perfurou as escamas do Dragão da Tormenta. A fera urrou, queimando com a energia da deusa. Os magos e sacerdotes preparavam seus encantos, mas gaguejavam nas preces e fórmulas. Crânio Negro riu.

— Onde está sua deusa? Por que ela os envia para morrer?

O líder dos elfos soprou a trombeta de novo.

— Por que Glórienn se esconde? O que Glórienn teme?

Um dos arqueiros virou para o líder. Seu rosto perfeito riscado por lágrimas. Disse algo, na linguagem sinestésica que usavam ali. O líder fez que não. Mas o arqueiro insistiu, e deixou cair sua arma.

— *Onde está Glórienn?* — gritou Crânio Negro.

Agora a poucos metros dos campeões. As espadas estavam prontas. Flechas, flechas, o Dragão da Tormenta cravejado. Uma lâmina élfica jogada ao chão, e depois outra.

— *Onde está Glórienn?*

E o Dragão da Tormenta cuspiu.

Sua baforada aniquilou uma dezena de heróis. Não houve grito, ou mesmo restos. Nada. Os outros contemplaram aquilo, ainda atacaram quando o monstro voou sobre suas cabeças.

— *Mãe!* — berrou Andaluzia.

O líder dos elfos soprou a trombeta, mas o som veio desafinado. O Dragão da Tormenta fez um arco, acima, e mergulhou para o ataque. Dois magos desapareceram. Um batalhão de arqueiros correu. Crânio Negro gargalhou, e poupou todos que fugiram.

Glórienn encolhia-se no centro do Reino, construindo muralhas ao seu redor. Poucos conseguiam notar, mas o crepúsculo descia um pouco mais. A noite estava próxima.

Os primeiros magos surgiram em sua presença, divididos entre horror e vergonha. Ajoelharam-se, chorando e balbuciando.

— Senhora — disse um deles. — Nossos irmãos estão morrendo.

Glórienn crispou a mão em uma garra, na direção do elfo. Fez um som ininteligível.

— Senhora, por que não os enfrenta?

Um sacerdote materializou-se na frente da deusa. Jogou-se ao chão, em súplica, beijando o chão próximo a seus pés.

— Apenas diga a razão, senhora. Por que estamos morrendo? A senhora pode tudo. Por que não os enfrenta?

Glórienn se arrastou para longe.

— *Por que nós, senhora?*

Glórienn fez um gesto brusco, e todos os elfos sumiram.

Foram reaparecer de novo na ponte, frente ao inimigo.

Crânio Negro deu ordens e saltou.

Impulsionando-se no pescoço do Dragão, descreveu uma cambalhota no ar, caiu como um gato na ponte, as duas lâminas estendidas. Girou, cortando dois pescoços. Um elfo desceu uma lâmina comprida e delgada sobre o elmo, mas Crânio Negro bloqueou-a com as espadas cruzadas. Os espadachins enxamearam ao seu redor. Incapazes de um grito de guerra.

— Onde está Glórienn? — disse o caçador. — Por que Glórienn não está com vocês?

Os arqueiros apontaram suas flechas ao céu, soltaram as cordas, e as setas se multiplicaram. Com precisão de milímetros, foram cair sobre Crânio Negro, uma barragem de milhares de hastes pontiagudas. O elmo voltou-se para cima, e emitiu uma risada. Crânio Negro ficou imóvel, aguardando a chuva mortal.

— Fujam, e viverão. Por que se sacrificam por Glórienn?

As setas foram diminuindo, desaparecendo no ar. Restou meia dúzia, e Crânio Negro dançou para longe, aparando duas com suas lâminas. As armas élficas desvaneciam-se junto com a vontade de lutar.

— *Fujam, e viverão!*

Fugiram.

O Dragão da Tormenta atacou com uma nova baforada. Crânio Negro saltou, montando de novo. A ponte se quebrou.

Por mais que tentassem, os elfos pareciam incapazes de uma retirada. Os magos e religiosos usavam magia para transportar-se, mas eram repelidos, levados de volta à linha de frente. Os invasores progrediam, cruzando o Reino nas costas do Dragão da Tormenta, e os heróis élficos, contra sua vontade, surgiam sempre em seu caminho. Morriam às dezenas. Então, surgiam exércitos, colocados na trilha do inimigo. Não heróis, apenas guerreiros, milhares e milhares, comuns como folhas verdes. O Dragão rugia e vomitava, e as tropas morriam. Então, não mais guerreiros — povo. Artesãos, artistas, músicos. Glórienn enviava todos, cada habitante do Reino, para se colocar entre os invasores e ela mesma.

Para morrer.

— Glórienn! — gritou Crânio Negro. — Venha me enfrentar!

E os elfos morriam. Glórienn podia dar cabo dos invasores, se quisesse. Mas o povo élfico era chacinado pelo Dragão da Tormenta, pelos feitiços de Andaluzia. O Reino transformava-se em um oceano de vítimas em fuga. Tentavam correr, numa maré viva, mas ressurgiam próximos ao inimigo.

Crânio Negro deu um salto acrobático, sobre o Dragão em pleno ar. Com uma série de piruetas, escalou o corpo da fera, para baixo, indo parar em suas garras. Vendo o Reino de Glórienn passar num borrão à sua volta, abriu a porta do vagão. Enxergou lá dentro Rufus, o corpo a ponto de explodir. Ágata numa bolota de si mesma, num canto. Entrou no espaço apertado e sacou uma espada.

— Sorria, Rufus. Será útil, pela primeira vez.

Glórienn contra uma de suas paredes. Sentada no chão, abraçando os joelhos. Confinava-se num espaço cada vez mais exíguo. Criava muralhas e muralhas, e enviava seus filhos para a carnificina. Sentia, como farpas, a decepção de cada um. E, a cada desapontamento, tornava-se mais fraca. A fé murchava, e Glórienn definhava. Sentia mais medo, e instigava ainda menos fervor.

A figura de um sacerdote brotou à sua frente. O homem estava esfarrapado, queimado. Sangrava riachos, o peito e abdome divididos por alguma coisa pouco afiada.

— A senhora é onipotente — disse o elfo, num tom patético de criança. — Por quê?

Glórienn chiou.

— Não podemos detê-los, senhora. Por favor, mãe, ajude-nos. Podemos lutar contra os invasores, mas não podemos deter o monstro.

— *Protejam-me* — sibilou a deusa.

O sacerdote deu um soluço. Lágrimas transbordaram.

— Não consigo, mãe.

— Soterrem-nos com seus corpos. Afoguem-nos com seu sangue! *Protejam-me.*

Mas não sobravam corpos. Nem mesmo sangue.

Rufus começou a agitar os braços e pernas. Emitia um gemido roufenho, tentou balbuciar algo.

— Não precisa ter medo — disse Crânio Negro.

Um passo mais para perto.

Ele não conseguia se afastar. Apenas choramingar seus protestos nauseantes. À medida que a armadura negra se aproximava, começou a espumar pela boca. Os olhos tentaram expelir lágrimas, mas estavam entupidos pela massa que preenchia seu corpo.

— Não precisa ter medo, Rufus.

O nome deixou-o paralisado. Ouvi-lo foi um êxtase.

Crânio Negro retirou o elmo. Balançou os cabelos castanhos, os cachos respiraram, livres.

— Por mim, Rufus. Vamos.

Agora ele fazia movimentos como se quisesse abraçá-la.

— Você me ama? — disse Ellisa.

Rufus gorgolejou, esforçou-se, e conseguiu emitir um chiado:

— *Amo.*

Ellisa deu-lhe um beijo, e enterrou a espada em seu estômago. O vagão foi tomado de um brilho vermelho, o primeiro simbionte saltou do corte.

Mas havia muito mais dentro de Rufus. Ellisa puxou a lâmina para cima, dividindo o corpo deformado. O vermelho explodiu. Gotículas de matéria alienígena, guinchos, e uma onda de criaturas. Relâmpagos, e fogo que não era fogo, e chuva que não era chuva.

Rufus tinha uma área de Tormenta dentro de si. A corrupção rubra espalhou-se a partir dele, a partir do vagão. Ellisa soltou um gemido alto.

A área de Tormenta que já existia estremeceu e aumentou. Logo, as fronteiras se encontraram. A imundície trovejou. Nuvens vermelhas cobriram territórios grandes como planetas. As árvores gigantescas despontaram em tumores, pernas de fetos, gavinhas farpadas. As folhas viraram navalhas, as cidades tornaram-se matadouros.

O Reino de Glórienn era engolido pelo vagalhão. Tornava-se, todo, uma área de Tormenta.

Rufus ofegava, no centro do vermelho. O vagão fora destruído, mas o Dragão ainda levava ele e Ágata nas garras. Ellisa, de novo coberta pelo elmo, escalou o corpo da besta.

— Não há mais onde se esconder, Glórienn.

No único ponto imaculado, a Deusa dos Elfos berrava, e criava muralhas.

Montados nos dragões azuis, eles viam os restos da destruição.

— Mais rápido! — gritou Orion, sem notar que dava ordens às criaturas orgulhosas. — Vamos perdê-los, mais rápido!

Cadáveres de elfos eram um tapete no Reino. O sol de crepúsculo deitava-se cada vez mais, os raios filtrados pelas copas verdes inclinando-se em ângulos mais agudos. Anoitecia.

— Mais rápido!

Os dragões voavam no limite de suas asas, zunindo pela chacina, sentindo o fedor da abominação que caçavam. De repente, um trovão engoliu o mundo, fez árvores tombarem. O solo coberto de jardim partiu-se, o Reino de Glórienn gemeu. O vermelho fez-se visível no horizonte.

Os azuis redobraram a força. Salivavam em ansiedade à presa, e seu alvo era o foco de corrupção. Aproximavam-se da tempestade. Orion enxergou as nuvens rubras, uma teia de relâmpagos. Aproximando-se, mais e mais, eles voaram ao encontro da área de Tormenta e esta se espalhava, indo engolfá-los. Uma orgia de demônios, abaixo. Já surgiam as primeiras colinas de cadáveres elfos, as florestas mostravam-se distorcidas. As flores tinham dentes no lugar de pétalas, e os caules eram feitos de veias trançadas. O Reino de Glórienn transformava-se em lefeu. O cristal que formava as torres passava a ser espelhos, refletindo os piores momentos de cada existência. Os riachos gritavam como velhos torturados, os lagos borbulhavam e expeliam fedor de enxofre.

Os dragões mergulharam na corrupção.

O poder da Tormenta atingiu todos eles, montarias e cavaleiros. A chuva ácida despencou de pronto, cada gota abrindo buracos. Os corpos drenados de sua força, as mentes tomadas de um cansaço derrotista. Eram *menos*, na imensa área de Tormenta.

Orion gritava seu ódio.

Yadallina, de cima de seu dragão, começou a fazer gestos. Exclamou frases intrincadas, teceu um padrão invisível no ar — e a feitiçaria se manifestou. A chuva ácida deteve-se em um escudo; uma colcha de proteção envolveu dragões e bípedes. Orion respirou de alívio, olhou para trás, e a elfa continuava concentrada, criando defesas. Edauros ria alto.

O mundo acelerava. Orion já não sabia se os dragões transcendiam a própria força ou se Yadallina emprestara-lhes velocidade mágica. A rapidez e a transformação do ambiente tornavam a paisagem um borrão surreal, indistinto. As feras urravam desafios. As nuvens rubras tornavam-se mais densas, os relâmpagos, mais frequentes e concentrados.

Então, à vista, asas.

Lá estava o Dragão da Tormenta, e Crânio Negro sobre ele.

Ellisa olhava extasiada ao redor — o momento de formação da área de Tormenta, um instante intermediário. Um vislumbre do que seria um verdadeiro lar, um ponto de transição. Impeliu o Dragão da Tormenta, porque estavam próximos.

O vermelho chocou-se contra uma muralha. Um pilar, mais alto que o céu, estendendo-se até o infinito, para cima e para baixo, na forma de um turbilhão de vento perfumado, carregando folhas e música. As muralhas de Glórienn, a última linha de defesa.

Andaluzia berrava sem parar, numa série de sílabas desconexas, como um idioma próprio. Jogou-se contra a barreira da deusa, e penetrou. Era, ou havia sido, uma elfa.

A primeira muralha se desfez. Andaluzia conjurava seus encantos sem ordem, e a tempestade alimentava sua bruxaria. A segunda barreira tinha a forma de uma parede de cristal intransponível. Quando a corrupção tocou-a, o que era transparente ganhou um tinto avermelhado. Ouviu-se um guincho, o grito de horror de Glórienn, e a própria deusa desintegrou a proteção. Havia, então, uma imensa muralha de casca de árvore.

Gregor tocou o ombro de Ellisa, segurou o cabo de Rhumnam, e saltou.

A Espada Sagrada tocou a muralha, seu fio mais letal que o tempo. Rasgou fundo, dividindo a parede enquanto Gregor caía, segurando o cabo. O corte espalhou-se, acima e abaixo, e também a terceira muralha caiu.

A magia da Bruxa sem Rosto, a área de Tormenta e a baforada do Dragão juntaram-se. Com Rhumnam, destruíram uma a uma as defesas de Glórienn. Crânio Negro convidava.

A Deusa dos Elfos escondia o rosto, guinchava e soluçava de pavor. A última barreira era feita de seus filhos.

Os corpos dos elfos ainda vivos aglomeravam-se numa muralha, protegendo a deusa. Se ela quisesse, se apenas *quisesse*, poderia vencer. A primeira baforada encontrou a parede viva. Nenhum daqueles elfos era voluntário. Haviam sido jogados ali por Glórienn, para morrer em sua defesa, para protegê-la, para que ela não tivesse de lutar.

Se apenas *quisesse*.

— Acabou, Glórienn — disse a voz de Crânio Negro, do outro lado.

E, por uma falha na barreira, correu um homem. Armadura de placas, ostentando o símbolo da Fênix. Cabeleira castanha, solta, atrás de si. Um cavanhaque bem aparado, e olhos penetrantes. Ombros largos, sustentando um pescoço ferido de forma horrenda, costurado para manter uma vida grotesca. Empunhava a espada de Khalmyr.

Glórienn se ergueu. As barreiras haviam sido derrubadas. Agora, *precisava* lutar. A deusa sentiu um jorro de coragem. Sem sentir, criou farrapos para cobrir sua nudez. *Precisava* lutar; não tinha escolha. E, ali, era *onipotente*. Era uma deusa maior; em seu Reino, precisava apenas querer, e venceria.

Gregor Vahn correu ao seu encontro, Rhumnam em punho.

A espada de Khalmyr. Glórienn soube que não tinha o que temer. A Espada Sagrada, que só punia os malignos. A espada que julgava. Ela era a Deusa dos Elfos; só havia o bem em seu coração. Rhumnam nunca poderia lhe ferir.

Gregor Vahn ergueu a lâmina e investiu.

Rhumanm feria apenas os malignos. *Matava* os malignos, a um golpe.

Glórienn sentiu um jato de percepção gelada, quando o julgamento da espada lhe atingiu — uma aura de santidade, de clareza, de moral. Viu seus atos, desde o orgulho cego de milênios, até a covardia e o egoísmo de minutos atrás.

Viu que era maligna. A espada foi a seu encontro.

— *Crânio Negro!* — gritou Orion.

A revoada de dragões azuis chegava de todas as direções, cercando o Dragão da Tormenta. Crânio Negro, frente às barreiras esfaceladas de Glórienn, olhou para trás.

Sempre ele, o inimigo que não queria.

— *Cavaleiros do Corvo!* — chamou Orion.

O ataque teve início.

O Dragão da Tormenta urrou para as feras menores. Um dos azuis mergulhou em sua direção. Nas costas, levava Ingram Brassbones, amarrado como um pedregulho, berrando impropérios, girando uma espécie de cinturão, com inúmeros pequenos artefatos presos.

Ingram acendeu um pavio. No ponto mais baixo do mergulho do dragão, quando conseguia ver os detalhes do elmo de caveira negra, arremessou o cinto. Acertou a cabeça de Crânio Negro, e a primeira granada explodiu. Ele sabia que não iria matar o caçador daquela forma, e nem era esse o plano. A primeira granada estourou com um ruído ensurdecedor, e um clarão cegante. Detonou as demais — concussão, brilho, ruído, gás.

Tudo calculado para um efeito preciso: Crânio Negro perdeu o equilíbrio e caiu da montaria.

Os dragões investiram, cavalgados pelos corvos. O caçador de recompensas girava no ar, e todos os cavaleiros fizeram mira com seus mosquetes, disparando ao mesmo tempo. A um instante de atingir o solo, Crânio Negro foi cravejado de tiros. A maior parte resvalou em sua armadura, alguns perfuraram-lhe de fora a fora.

Os mosquetes foram descartados, e os azuis e seus cavaleiros investiram contra o Dragão da Tormenta. Crânio Negro erguia-se do solo, quando Edauros e Orion atacaram.

O elfo conjurou seu feitiço de combate, e viu o mundo tornar-se mais lento. Saltou de seu dragão, fazendo uma lança existir, e cravou-a no estômago do caçador, que estava congelado no tempo. O efeito da magia cessou. Crânio Negro deu por si, e tinha a haste da lança atravessando-lhe o ventre. Deparou-se com Orion, montado em seu dragão, espada em punho, mergulhando contra ele. A lança desvaneceu-se em uma névoa, mas o buraco continuava.

O Dragão da Tormenta girou rápido no ar, cuspindo horror contra os azuis. Em suas costas, Ashlen Ironsmith agarrava-se, olhos fechados, pensando apenas em viver. Em suas garras, Rufus expelia a Tormenta.

O primeiro azul atingido pela baforada desfez-se, restando pouco mais que escamas. Os outros rugiram. Preparavam-se para atacar, quando chegou Yadallina.

— *Já chega* — disse a elfa.

Estendeu as mãos, e uma onda de energia amarela chocou-se contra o Dragão da Tormenta. O monstro urrou de dor. Yadallina fez gestos bruscos, e a besta foi tomada de convulsões — os cadáveres que compunham seu corpo como que sendo puxados, desfazendo a aberração. Os azuis cuspiram relâmpagos, em uníssono. Yadallina gritou as palavras mágicas, seus dedos dançaram cada vez mais rápido, e então uma coluna de vapor rubro atingiu-a, de baixo para cima. Andaluzia voou para ela, conjurando em espasmos.

Orion cortou com a espada, um golpe preciso, que deveria atingir Crânio Negro no pescoço. O caçador foi mais rápido: saltou, pousou sobre a cabeça do dragão de Orion, evitando a baforada de relâmpago. Correu três passos, espadas em punho, chutou o queixo do cavaleiro, que voou para trás. Orion caiu de costas no chão cáustico, e Crânio Negro pulou sobre ele, as duas lâminas prontas para estocar.

O caçador foi atingido de cima, por uma saraivada veloz de balas. Sangrando de uma dúzia de ferimentos, olhou de relance o atacante — Ingram botava de lado seu fuzil de repetição, recém esvaziado, e sacava um novo cinturão de granadas.

— Saia do meu caminho! — gritou Ellisa para Orion.

O cavaleiro pôs-se de pé, espada na única mão.

— Você é meu passatempo, Crânio Negro. Você é minha família. Você é meu trabalho, minha missão. Como é *bom* odiar você, desgraçado. Vou sentir sua falta.

E atacou.

O golpe atingiu o topo do elmo, mas o inimigo conseguiu se abaixar, estocando com uma das lâminas, perfurando o estômago de Orion e puxando de novo a espada. O sangue esguichou farto, indo chiar no solo. Golpeou de baixo para cima, roçando a orelha do cavaleiro, tirando-lhe um naco. Quando Orion moveu a cabeça para evitar o golpe, Crânio Negro encontrou sua têmpora com um chute. Aproveitou o impulso e golpeou horizontalmente, para decapitar o inimigo.

No último momento, Orion desferiu uma cabeçada. Sua testa explodiu em sangue, a dor cegou-lhe por uma piscada, mas o oponente cambaleou para trás. Orion recuou um passo, um cinturão de granadas explodiu nas costas de Crânio Negro, e ele voou à frente. Rolou no chão, aparou o golpe de Orion, ajoelhou-se, cravou uma lâmina na coxa do cavaleiro, fazendo com que caísse. Ficou de pé e recuou com uma série de cambalhotas.

Yadallina estava travada numa batalha arcana contra Andaluzia. Jogava seu potencial mágico contra a bruxa, fazendo existir paredes de espadas, serpentes de fogo e pesadelos vivos para atacá-la. A outra implorava para entidades invisíveis, fazia a Tormenta atacar a elfa.

Algo surgiu sobre Andaluzia.

— Essa é minha irmã, sua vaca.

Edauros transportara-se para as costas da bruxa. Agarrou seu pescoço, seus cabelos. Trançou as pernas ao redor de seu peito. Fez surgir um facão,e começou a estocar a bruxa, numa selvageria frenética. Com a outra mão, arranhava o que deveria ser seu rosto, esmurrava sua cabeça.

— Vou abrir-lhe uns olhos, sua aberração. Vou fazer-lhe uma boca. Vou — *corte* — criar-lhe — *corte* — umas belas narinas.

O urro do Dragão da Tormenta estonteou todos. Os azuis espiralavam à sua volta, cuspiam relâmpagos, mas um golpe da monstruosidade era suficiente para matar um deles. Os Cavaleiros do Corvo agiam como os olhos de seus dragões, esperando ordens, a hora de agir de forma direta. A luta era desigual — o Dragão da Tormenta estava apenas sendo distraído.

— Ajude-os — rosnou Edauros, ainda agarrado a Andaluzia.

Yadallina arregalou os olhos e assentiu. Conduziu seu dragão para junto dos outros. Tentou lembrar o que fizera antes. A fera da Tormenta virou-se para ela.

— *Corvos!* — gritou Orion.

A magia de Virrikiriel carregou sua voz até os ouvidos dos cavaleiros. Súbito, os dragões evadiram-se de perto do Dragão da Tormenta, indo levar seus bípedes para onde eram chamados. A matriarca dos azuis foi tomar seu lugar, investindo de dentes arreganhados contra o inimigo.

Enquanto Crânio Negro recuava, os Cavaleiros do Corvo saltaram, um a um, indo pousar em formação de ataque, atrás do caçador. As grevas tocaram o chão e eles rolaram, já armando bestas, ficando ajoelhados em posição de tiro, e um instante depois estavam em duas linhas, com seus companheiros de pé logo atrás, também apontando. A primeira saraivada atingiu Crânio Negro no meio de uma acrobacia. Sem tempo para respirar, o caçador recebeu outra salva, enquanto os primeiros recarregavam.

Conseguiu virar-se a tempo de aparar a terceira leva de setas, cortando as hastes em pleno ar. Os Cavaleiros do Corvo espalharam-se, dividindo-se em grupos de três. O elmo negro olhou para um lado e outro, escolheu um grupo, e investiu com as lâminas nuas. De todos os grupos, vieram setas de besta — dois cavaleiros atiravam dando cobertura para um terceiro, que atacava com a espada. Crânio Negro dançou para evitar os tiros, e recebeu cinco ataques, coordenados entre si: três fintas e dois cortes precisos. Estendeu o braço, enterrou uma lâmina no rosto de Náiade. Chutou um segundo cavaleiro, recuou num salto. Recebeu dois tiros de pistola por trás, vindos de Ingram. Rolou no chão, afastou os cavaleiros, que recuaram sob a proteção dos tiros de cobertura.

Então, Orion atacou.

Golpeou com a espada, como se fosse um martelo, de cima para baixo, impulsionando-se com um pulo curto. A lâmina atingiu o ombro do inimigo, afundando a armadura. No mesmo movimento, Orion esmurrou, usando manopla e o cabo da espada para emprestar firmeza ao soco, que atingiu a frente do elmo em cheio. Recuou, e os Cavaleiros do Corvo haviam se espalhado em formações diferentes.

Correram em duplas na direção do inimigo. Crânio Negro cortou em círculos, com as duas lâminas, matando Alicórnio. Mas os inimigos carregavam cordas, estendidas entre cada dois cavaleiros, e três duplas conseguiram cruzar-se, enredando as pernas do caçador.

Preso por um instante, Crânio Negro foi atingido por uma nova saraivada de flechas. Cortou as cordas, sem perder um momento, mas abriu a guarda, e foi recebido por uma nova onda de guerreiros em carga. Coordenados, fintaram, todos, para que o ataque real viesse de Orion. A lâmina encontrou o peito de Crânio Negro.

O ataque era incessante, contínuo, coreografado. Os corvos não permitiam ao inimigo um fôlego.

Acima, os dragões morriam.

O Dragão da Tormenta arrancou uma garganta azul com uma mordida, enquanto usava os esporões das garras traseiras para estraçalhar um estômago. Girou, livrando-se dos cadáveres, e mergulhou contra Yadallina, que apenas olhava.

A bocarra aberta, as centenas de dentes prontos para se fechar sobre a bípede, e as costas do dragão que a carregava. Ela não fazia coisa alguma. Mas seus olhos encontraram os do monstro. Sua boca permaneceu uma linha firme, resoluta.

E o Dragão da Tormenta recuou.

Edauros sumiu de onde estava, deixando a Bruxa sem Rosto flutuando, escorrendo sangue. Apareceu nas costas do dragão azul, abraçado em Yadallina.

— Está tudo bem — disse a elfa. — Está tudo bem.

Os Cavaleiros do Corvo atacavam sem cessar. Ingram mantinha Crânio Negro num saltitar nervoso, pipocando granadas pelo chão, enquanto os corvos disparavam suas bestas e investiam com suas lâminas, elaborando táticas enquanto lutavam. Orion comandava seus esforços, investindo de quando em quando. Cercavam o inimigo, como uma alcateia. E, como os corvos que eram, esperavam que morresse, o que seria um banquete.

— Resgate! — chamou Ellisa.

Orion sentiu um choque de entusiasmo. Comandou os cavaleiros para continuar o ataque, correu de lâmina em punho, golpeou num frenesi, sem sentir os cortes que Crânio Negro fazia em seu peito, seu rosto.

Súbito, o bater de asas criou um furacão, e todos foram arremessados.

O Dragão da Tormenta mergulhou, sendo fustigado nas costas pelos azuis. Crânio Negro saltou, agarrou-se a um dos chifres da criatura, montou.

— A missão!

O monstro voou para onde estava Glórienn. Para onde estava Gregor.

Gregor Vahn investiu contra a Deusa dos Elfos, a lâmina de Khalmyr em punho. Sua figura nobre um retrato do guerreiro atacando a maldade. Glórienn encolheu-se nos restos de seu mundo.

Sentiu o frio do metal sagrado no pescoço —

— e mais nada.

Gregor sobre ela, de pé. A lâmina encostada, mas ele sorria. Ofereceu-lhe a mão.

— Vamos — disse. — Levante.

Glórienn tremia. Hesitou em tocar a mão do humano, puxou a própria duas vezes.

Mas aceitou.

Gregor ajudou que se erguesse. Tirou a capa das costas, usou para cobri-la.

— Você vai me matar? — disse a Deusa dos Elfos.

— Não — disse Gregor. Deu de ombros. — Não há morte.

Um urro — o Dragão da Tormenta chegava perto. Glórienn soltou um ganido.

— Defenda seu povo — disse Gregor. — Seja forte, e poderemos todos conviver juntos.

Glórienn olhou-o, incrédula. A armadura negra desenhou-se em silhueta, atrás.

— Gregor! — bradou Ellisa.

Glórienn soltou um guincho.

E fugiu.

Todos sentiram: o Reino esfriou de súbito.

A Tormenta engoliu-o todo, livre de qualquer resistência. Edauros engasgou, teve a sensação de que algo lhe era arrancado. Glórienn fugira, e os elfos perdiam algo importante.

O Reino transformava-se; caos absoluto. Nem a Tormenta possuía qualquer controle. Os mortos e os vivos eram expelidos, as cidades e as florestas, as áreas corrompidas e os pontos ainda intactos. Orion, Ingram, Edauros, Yadallina, os corvos — expulsos, enquanto o Reino convulsionava, desprovido de sua mestra. Os dragões foram expelidos, sem qualquer ordem ou padrão.

Era agora uma dimensão selvagem. Um lugar sem propósito, um plano de existência desnecessário. A Tormenta tentava pôr-lhe rédeas, mas era um infinito sem norte.

— *Por quê?* — gritou Ellisa.

— Não era necessário matá-la — disse Gregor.

— Você perdeu sua recompensa — ela tirou o elmo. Sua boca pendia de decepção e surpresa. — Você só pode morrer ao matar um deus, Gregor.

— Então acho que nunca vou morrer. Estou cansado de matar, Ellisa.

E o Reino não era mais de Glórienn. Expandia-se, contraía-se. Estremecia e corcoveava, até que algum poder o domasse. Os Lordes da Tormenta se reuniram, prendendo a dimensão em suas correntes.

Glórienn suspirou fundo, para controlar um soluço. Sentiu a mão pesada em seu ombro. Um toque não desprovido de carinho.

— Você está segura — disse Tauron.

Uma nova onda de choro emergiu.

— Fiquei com tanto *medo* — disse Glórienn.

— Eu sei — apertou-a de leve contra o corpanzil musculoso. — Agora está segura.

— Proteja-me — suplicou a deusa.

— É claro — disse Tauron, afagando-lhe o rosto. — Você nunca mais precisará temer. E nunca mais precisará pedir.

Acariciou os cabelos púrpuras. Deslizou seu toque sinuoso pela garganta da deusa. Com ambas as mãos, pegou a coleira de metal. Colocou-a com delicadeza ao redor do pescoço de Glórienn. Perguntou se não feria. Fechou a tranca. Segurou a corrente presa à coleira. Puxou a deusa para perto de si, abraçou-a de novo.

— Você está sob minha proteção, Glórienn, Deusa Menor dos Elfos.

CAPÍTULO 26

O DEMÔNIO FAZ UM CHISTE

ERA PALHA IMUNDA, E SUJA DE SANGUE. RECENTE O bastante para que o estalajadeiro não a tivesse trocado. Ela estava chegando perto, e o desgraçado estava morrendo.

Vanessa encarou o homem de repente. O dono da estalagem tinha idade indefinida, perdido em algum lugar entre amadurecer e definhar. Pele frouxa pendia das rugas em seu rosto, e manchas de sujeira e descuido cobriam-lhe a pele. Os cabelos ralos eram mantidos esticados sobre a área calva, com sebo. Quando foi alvo do olhar da clériga, encolheu-se, mostrou os dentinhos marrons e retorceu o avental nas mãos.

— Como ele era? — disse Vanessa.

O estalajadeiro fez um muxoxo, estendeu o lábio inferior, como uma criança melindrosa.

— Um velho. Não sei. Um velho.

Vanessa chegou mais perto. Ajeitou o tapa-olho, num gesto de hostilidade velada.

— Lembre-se de mais alguma coisa.

Não havia como descumprir a ordem.

— Tinha um garoto.

Ela agarrou a roupa do homem, puxou-lhe com um braço. O estalajadeiro engasgou, e lágrimas escorreram, junto com muco do nariz.

— Elabore.

O homem não entendeu, mas um tapa no alto da cabeça explicou-lhe o conceito.

— Era um menino de uns dois anos. Talvez um pouco menos. Não sei, desculpe. Meus meninos morreram todos antes disso.

— Não foi o que perguntei. Fale do velho e do garoto.

O outro começou a despejar tudo de que se recordava, sem ordem, detalhes uns por cima dos outros. O estranho parecia mais velho que o tempo, ostentava cabelos brancos e finos, barba eriçada, alva. Um olhar matreiro, firmeza na voz, ar de quem sabia o que estava acontecendo. Sim, carregava um fardo grande, no lombo de um cavalo branco. Poderia ser uma armadura, certamente fazia barulho de metal. Era um guerreiro, porque levava espada e pelo porte.

— E ele tossia muito, senhora.

Vanessa largou-o.

— O sangue na palha é dele?

Assentiu, mordendo os lábios.

— Ouvi a tosse e os gemidos, a noite inteira. Cheguei a bater na porta, ver se ele precisava de algo. Mandou-me embora.

Vanessa estreitou o único olho.

— Mesmo?

— Não — miou o estalajadeiro. — Desculpe.

Vanessa bufou, examinou o resto do quarto.

— Há quanto tempo não troca essa palha?

— Troco todos os dias, senhora.

Um chute.

— A verdade.

— Uma vez por mês — de novo, lágrimas. — É isso. Juro.

Ela nunca estivera tão perto.

— Há quanto tempo ele esteve aqui?

— Não lembro. Duas semanas, talvez três. Se fossem quatro, a palha já seria outra.

Ela assentiu.

Vasculhou o resto do quarto, em busca de qualquer coisa, mas restavam apenas os piolhos. A estalagem era miserável, e não via fregueses na maior parte dos dias. Os poucos que dormiam nos quartos exíguos eram mercenários ou bandos errantes, e rastreá-los seria outra busca extensa. Não havia, naquela rota, mercadores regulares, ou mascates de vila em vila. O estalajadeiro solitário era a melhor pista.

— Este é um lugar miserável — disse Vanessa.

O homem não teve resposta.

— Nunca foi roubado?

— De vez em quando. Não posso me defender sozinho contra os mercenários.

— Contrate um guarda.

— Contratei, uma vez. Roubou-me.

— Deixe uma ou duas prostitutas na sala comunal, para atrair os errantes.

— Havia uma. Me bateu, e também me roubou.

Ela teve de rir.

— Tome — disse, estendendo-lhe uma espada curta. — Da próxima vez, ao menos faça alguém sangrar.

O homem pegou a arma como se fosse mordê-lo.

Ela desceu a escada de mão, cruzou a sala comunal, dirigiu-se à saída. O estalajadeiro seguiu atrás, manobrando pela escada com dificuldade. Vanessa entregou-lhe uns Tibares, abriu a porta. Foi atingida em cheio pelo vento frio. As frestas nas paredes de madeira deixavam correntes gelarem a estalagem, mas ao menos a neve ficava do lado de fora. Deteve-se, virou de novo ao homem.

— Como estava o garoto?

— Senhora?

— O garoto com o velho. Como estava?

Titubeou.

— Parecia saudável. Robusto. Quieto.

— Ouviu-o falar alguma coisa?

Fez que não.

Vanessa cerrou os punhos.

Era difícil que o Cavaleiro Risonho se embrenhasse a fundo nas montanhas. Por mais extraordinário que fosse, Bandido, seu corcel, era só um cavalo. Um cavalo inteligente, forte, malicioso, mas um cavalo. Não iria subir uma montanha. O Cavaleiro Risonho deveria estar contornando as Uivantes — ou achara uma trilha mais plana.

De qualquer forma, tornava-se cada vez mais lento. Vanessa estivera, durante um ano, atrás de fantasmas, sombras, rastros falsos. Agora tinha relatos concretos, histórias recentes. Chegava mais perto, sabia estar logo atrás dele.

Porque o Cavaleiro Risonho, fosse quem fosse, estava velho. Estava doente. Deixava sangue na palha da estalagem.

Com uma semana de buscas num perímetro, ela descobriu o caminho. A neve cobria os rastros do cavalo em menos de um dia. Mas, encostado em um paredão, num local protegido por uma escarpa acima, havia marcas enegrecidas de uma fogueira. Vanessa cavou, procurou, e encontrou os restos de um acampamento, escondidos na neve. Seguiu a trilha lógica, e em cinco dias avistou um novo indício. Uma caverna estreita ainda guardava, num canto, um leve cheiro de urina. Seguiu, e em três dias localizou mais sobras de acampamento, enterradas na neve. Cada vez mais perto.

Então, notou outras presenças.

Vanessa puxou a maça, conjurou um milagre de prontidão, emprestando a seus olhos uma agudez de rapina. Murmurou outra prece a Keenn, e sentiu o corpo coberto de uma proteção invisível. Só então:

— Apareçam. Não me façam caçá-los.

Tempo.

— *Lady* Vanessa Drake? — chamou uma voz.

— Acertou a primeira parte.

Três homens surgiram de trás de colinas próximas. Um deles tomou a frente.

— À senhora, nunca a paz, e sempre a vitória — curvou-se em mesura. — Sou Gothelfred, sargento do exército de Yuden. É uma honra conhecê-la.

— Ele fez isso? — disse Vanessa.

O sargento assentiu.

— Aceitou a oferta de Sua Majestade — completou.

Vanessa ficou calada.

Era noite, e eles haviam achado uma reentrância protegida da neve. Uma fogueira discreta, e algumas horas de descanso, antes de prosseguir no rastro.

— Já conseguiram avistar o Cavaleiro Risonho? — disse Vanessa.

Um dos outros tomou a palavra. Era muito alto, magro e repleto de ossos. Ajustava-se mal à armadura de couro, e tinha todo o ar de alguém pouco acostumado a perseguições.

— Vidência — disse o homem.

— Achei que não fosse tão simples.

— Não é — admitiu. — Tudo que posso fazer é uma revista periódica do terreno em volta. Consegui avistar o fugitivo porque já estamos muito perto.

— Quão perto?

— Alguns dias, senhora — disse o sargento Gothelfred.

Vanessa ficou remoendo. O auxílio do exército de Yuden fora inesperado. De qualquer forma, chegara tarde. Mas, apesar de seu orgulho, ela não recusaria uma chance a mais de garantir a segurança de Vallen Drake, ou de matar o inimigo. O nome de Orion dito por outros, e a notícia de que ele havia aceitado a ajuda do rei Mitkov, trouxera um aperto no esôfago.

Orion fazia parte de outro mundo.

— Quantas equipes vocês têm na região? — disse a clériga, tentando distrair-se.

— Apenas esta. Mas outras estão a caminho — disse Gothelfred.

O mago continuou: as ordens eram informar as demais equipes nas proximidades, e chamar reforços, assim que o fugitivo fosse localizado. Assim havia feito, mas era questão de dias, talvez semanas, até que os outros chegassem. Gothelfred decidira continuar a perseguição, abordar o Cavaleiro Risonho mesmo sem auxílio, antes que escapasse.

— Mas estamos ao seu dispor — disse o sargento. — Se preferir, esperamos pelos outros, *milady*.

— Não — disse Vanessa. — Estou farta disso. Vamos pegá-lo.

A armadura destacava-se como uma mancha, um poço sem fundo, contra a colina nevada. Crânio Negro ainda sentia as dores da última batalha. Tentava evitar o pensamento no futuro. Tanto poderia receber o prometido quanto morrer.

E aquele encontro era pouco mais que uma curiosidade. Talvez o homem tivesse algo a oferecer. Não havia destino, por enquanto. Não havia nada a ser feito, e por isso Crânio Negro esperava.

Surgiu o cavalo branco.

O sol sobre as Montanhas Uivantes refletia-se na neve, e reluzia na armadura de espelho. O Cavaleiro Risonho montado no enorme corcel, coberto dos pés à cabeça de aço polido, e o elmo congelado em frenesi de riso. A forma de uma desproporcional cabeça humana, gargalhando. Bandido relinchou. O cavaleiro ergueu a manopla, em saudação.

No outro braço, carregava um fardo enrolado.

Apeou e andou até Crânio Negro.

— Quem é você? — disse a armadura preta, sacando uma lâmina e apontando.

— Odiamos alguém em comum — disse o Cavaleiro Risonho. Um passo à frente.

— Não odeio ninguém.

— Orion Drake — a voz zombeteira, vinda de trás da risada estática, enervava.

— Não odeio Orion Drake. Não me importo com Orion Drake. Ele me odeia.

— Bem, *eu* o odeio.

Mais uns passos, e Crânio Negro mandou que ficasse parado.

— Tenho um presente — estendeu o fardo. — Para você.

Puxou o tecido, e revelou a cabeça de um menino. Menos de dois anos, cabelos louros em cachos, pele rosada de frio. Mole como um boneco.

— O que é isso?

— Vallen — disse o Cavaleiro Risonho.

Crânio Negro chegou perto.

— Tenha cuidado ao falar isso.

— É o nome do garoto. Vallen. Vallen Drake.

Silêncio.

— Meu neto. Tome. É um presente para você.

A manopla negra hesitou. Apontou de novo a espada para o outro.

— Por quê?

— Você quer um lar, não é? Um local onde não sinta dor.

— *Como* —

— Já tem Gregor, Ashlen, Rufus. Em breve, mais dois.

Crânio Negro tentou falar, mas de novo interrompido.

— Matou Artorius, mas não se pode ter tudo. Algo importante lhe falta. — Ofereceu a criança, que mal movia o peito ao respirar. — Vallen.

Pausa.

Então, Crânio Negro segurou o garoto adormecido.

— Por quê?

— Porque é meu neto. Porque é filho de Orion Drake. Porque estou velho, estou morrendo, e *odeio* Orion Drake. É uma bela mensagem de despedida para meu filho.

O elmo de caveira examinou o rosto plácido de Vallen Drake. Era louro. Podia se ver alguma semelhança, em alguém tão jovem? Haveria algum traço reconhecível? Precisava ver seus olhos.

— Não vai acordar por um bom tempo — disse o Cavaleiro Risonho. — Dei-lhe um narcótico bem forte. Leve-o consigo. Em geral, não fala, mal se mexe.

Crânio Negro apertou-o contra o peito. Era o último desejo feito ao gênio?

— Agora, esconda-o — disse o Cavaleiro Risonho. — Atrás daquelas pedras, ou no meio dos arbustos. Esconda-o.

— Você é louco.

— Provavelmente. Mas você deve escondê-lo. Minha nora está chegando, e traz amigos. Em algumas horas, estará sobre nós. Não quero que ela veja seu filho. E preciso que você me ajude a lutar.

— Você é louco.

— Sorte sua.

A neve ainda não cobrira as últimas pegadas. Havia pés humanos e cascos de cavalo, marcados como um mapa. Vanessa disparou em uma corrida, os yudenianos esforçaram-se para manter o ritmo. Seguia, e o rastro cada vez mais fresco. As horas de distância tornaram-se minutos, e diminuíram, até que chegou a uma colina escarpada.

Bandido, o cavalo branco. Montado sobre ele, o Cavaleiro Risonho. Ao lado, incongruente, Crânio Negro. Sacou as duas espadas.

Não importava. Vanessa tomou de maça e machado, urrou seu desafio e correu em direção ao inimigo.

— Que sorte encontrá-la aqui — disse o Cavaleiro Risonho.

Ela não via Vallen Drake.

Neve rosada, tingida de sangue.

Bandido evitou pisar na cabeça de um yudeniano. Depois de cortada, fora arremessada com um chute, e rolara colina abaixo. Os olhos ainda estavam abertos. Os espirros vermelhos iam longe.

O último grito dos soldados terminou de ecoar. Bandido bufou, exalando vapor das narinas, e prosseguiu em marcha. Um longo caminho a percorrer.

No lombo, Vanessa. As armas em algum lugar na colina. Sangrando por uma dúzia de cortes, o supercílio aberto, uma perna retorcida em três lugares, mostrando a ponta de um osso. Mas respirava. Bandido seguia ordens: deixara o Cavaleiro Risonho, deixara Crânio Negro com o pequeno Vallen, e seguia, para leste, carregando a clériga.

Viva.

Era o Caos.

VALLEN

CAPÍTULO 1

POÇO SEM FUNDO

OS DEUSES ESTAVAM DE LUTO.

Arton estremecia; estremecia o Panteão. Um vazio negro se abriu, um abismo espiritual, porque a família estava incompleta. Em todo o mundo, os elfos sentiram-se frios. Uma orfandade que ninguém esperava, uma solidão brutal e repentina. Antes, mesmo sem fé, estavam protegidos.

Não mais.

E todos os mortais sentiam. Os clérigos de todas as divindades acordaram em pesadelos. Os devotos, os fiéis discretos, aqueles que não se importavam com a religião. Todos, de todas as raças, perceberam ter algo arrancado. O Panteão estava incompleto, e a sensação era horrenda. O mundo estava errado, havia uma falha fundamental na ordem das coisas. Em algum lugar, começava-se a adorar um bezerro morto. Em outra parte, um evangelista histriônico era percebido como deus.

O vazio gritava para ser preenchido.

— Teremos uma festa, então — disse Hyninn.

Tauron virou sua cabeça flamejante, e as chamas rugiram. O Deus dos Ladrões deu um risinho penitente, encolheu-se em sua cadeira, como uma criança envergonhada. Os guizos em seu chapéu fizeram barulho, e nenhum dos deuses achou graça.

— Se os maiores dentre nós julgam a cerimônia necessária, não contestarei — trovejou o Deus da Força. — Mas Glórienn agora está sob minha proteção. Sua honra é minha.

Lin-Wu, o deus dos costumes e maneiras de Tamu-ra, fez notar seu desprezo, de um modo discreto e justificável, como era peculiar de seus protegidos mortais. Tinha a forma de um dragão esguio e alongado, enrolava-se num espaço próprio, com suas próprias nuvens, ao redor da cadeira. Tamu-ra fora destruída, o povo fora massacrado, mas Lin-Wu nunca fora uma vítima. Nunca estivera perto da queda. Não guardava muito respeito à Deusa dos Elfos.

Khalmyr encerrou a discussão antes que começasse, com um gesto. Estavam em seu Tribunal, no centro exato de seu Reino. Todos os deuses maiores — exceto pela cadeira vazia de Glórienn, marcando o abismo ao redor da mesa. Wynna, a exuberante Deusa da Magia, tinha os olhos transformados em fossos gêmeos, e os cabelos desmaiados, feitos de névoa densa. Tenebra, a Deusa das Trevas, fechava-se em um breu inescrutável, cercada por escuridão como asas de morcego. Megalokk estava lá como um humanoide espinhoso, cheio de cabeças e garras, perdido em um sentimento incompreensível, que não pertencia ao mundo da violência. Keenn mantinha uma severidade de batalha perdida; Tanna-Toh escrevia num tomo, resignada; Marah chorava sem constrangimento. Nenhum dos outros indiferente — a queda não podia ser ignorada.

Até mesmo Ragnar, o inimigo de Glórienn, Deus da Morte dos goblinoides, mostrava choque. Quisera, desde sempre e como parte de si mesmo, a morte da Deusa dos Elfos. O terremoto de sua simples queda era inesperado, por baixo de todo o ódio. Ragnar sentia vergonha, mas não conseguia comemorar.

Nimb apenas fixava Khalmyr.

— É parte do que somos — disse o Deus da Justiça. — O que aconteceu não pode ser mudado.

Nimb sorriu.

— O que aconteceu não pode ser mudado — repetiu Khalmyr.

Em resposta, Nimb continuou estático.

— O fim está próximo! — disse o Deus dos Vigias. — Podem fingir que não sentem, mas a verdade é uma só. Os deuses estão morrendo, Arton está acabando. *Apenas os fiéis serão salvos!*

O homem arrancou sua venda, e mostrou o único enorme olho, no meio do rosto. Sua testa e nariz deformavam-se, a voz saía fanhosa, pelos meandros distorcidos no interior de seu crânio. Betsumial, o Deus Menor dos Vigias, sentia a garganta arder, espirrava suor em gestos largos. Enxergava os peregrinos aproximando-se a dezenas de quilômetros, num fluxo intermitente. Sentiu os intestinos contorcerem-se, ao pensar um momento na realidade do que falava. O medo era estranho: mesmo quando algo terrível já estava aceito, por vezes atacava de novo, com a certeza de que nada ficaria bem. Betsumial elevou a voz, a despeito da rouquidão. Tentava convencer também a si mesmo. Havia razão para o pavor.

— Ouçam o Deus dos Vigias! — gritou um devoto, ainda metido na túnica de miliciano. Começou a falar outra coisa, mas não suportou e desabou em lágrimas.

Nas planícies próximas a Malpetrim, Betsumial criara, meio por acidente, o centro de sua igreja. Um deus menor, dotado de visão miraculosa desde o berço, transcendendo a mortalidade pelo respeito e devoção de sentinelas, guardas, exploradores e patrulheiros. Experimentava, após três séculos de divindade, uma explosão em sua fé. Nunca correra atrás de discípulos, meramente abençoando os vigilantes que lhe procuravam. Mas agora os milicianos de Petrynia deixavam seus deveres, para segui-lo. As famílias acompanhavam, carregando tudo que tinham para as planícies. Haviam formado um acampamento ao redor de uma colina sem nenhum significado específico, apenas porque era onde o deus estava. E, enquanto a notícia da existência de uma divindade tão perto se espalhava, também o culto a Betsumial.

Uma mulher carregada com três filhos confusos de repente gritou, e correu para o deus. Os guardas que cercavam Betsumial — devotos originais — detiveram-na. Ela explodiu em pranto e gritaria, implorando para que o Deus dos Vigias lhe salvasse. De alguma coisa.

Um homem suplicava para chegar perto. Estendeu o filho aos berros, pedindo que o deus curasse uma peste. A multidão contagiou-se pelos arroubos, logo todos empurravam para se aproximar, tocar a divindade viva, sentirem-se menos abandonados. Os guardas forçavam de volta, gritaram para que houvesse ordem. Betsumial voltou o olho ciclópico para a criança doente, e se aproximou.

O povo notou e ficou estático, numa onda concêntrica. O velho que estendia o garoto tagarelou obrigados e exaltações.

— Qual é o problema? — disse Betsumial.

O velho engasgou de êxtase.

— Ele tosse sangue, meu senhor. Definha.

Betsumial olhou a criança. Estava magra e amarela. Seus lábios tinham um tinto ensanguentado. Coisa que qualquer clérigo resolveria.

Se os clérigos ainda tivessem poder.

O mundo estava mudando, e ninguém mais tinha certeza de coisa alguma.

Betsumial tocou a testa do garoto, e uma luz branca fulgurou em sua mão. Deus, menino e velho foram engolidos pelo brilho e, quando fizeram-se visíveis de novo, o pequeno respirava mais fácil. Estava curado.

A multidão explodiu em cacofonia devota. Aquela notícia viajaria através de boatos, seria exagerada. O Deus Menor dos Vigias ganharia mais fiéis. Alguém teria a ideia de que sua igreja deveria ser sediada em Collen, o Reino dos Olhos Exóticos.

Outro alguém acharia que todos os devotos deveriam ter um só olho, assim como o deus. Diversos morreriam de infecção, e seriam considerados indignos.

Cyrus tinha certeza de que era um deus.

Quando acordou, naquela noite entrecortada, com sonhos de elfos e um sentimento inexplicável, viu-se tomado por um fervor em si mesmo. Sua cabeça rodava, ele foi verificar o galinheiro e o estábulo e o chiqueiro, e depois correu no campo, porque algo estava errado. Cyrus voltou para casa assaltado por ideias conflitantes, mas tudo voltava para os deuses, e para os elfos. De alguma forma, era o zênite de uma sensação que sempre tivera: não se adequava, não estava no lugar certo.

Do alto de seus quinze anos, Cyrus acreditava que o mundo não fazia sentido, que as pessoas à volta eram simples demais, que sua família era intrinsecamente incompatível com ele mesmo. Voltou ao quarto, e todos os seus irmãos estavam dormindo. Reviravam-se no sono, murmuravam nas fronhas, nenhum era igual a ele.

Movimento — Cyrus virou de costas.

Não havia nada, mas ele começou a entender. Eram fadas, e estavam, por fim, vindo buscá-lo. Era o que estava errado, o tempo todo. Ele não conhecia a diferença entre elfos e fadas, mas tinha certeza de que estavam todos relacionados, e os rostos élficos continuavam a dançar em sua mente. Ouviu um chamado, ouviu um pedido.

Ouviu uma ordem, e pegou seu travesseiro na cama fria.

Apertou-o contra o rosto dos irmãos, um a um, em silêncio. Sentiu-se cada vez mais correto. A sensação religiosa aumentou, e ele não percebia que estivera mastigando o lábio inferior até sangrar.

Cyrus fugiu, esperando ser arrebatado pelas fadas a qualquer momento.

Dois dias depois, estava em Mehnat, que era uma cidade rica. Conseguia ver todas as pequenas coincidências, o destino conspirando, aumentando seu poder, para que ele chegasse onde devia. As vozes das fadas sussurravam a todo instante, apontando em quem podia confiar, quem era inimigo. Cyrus escondeu-se nos becos, pois as fadas disseram que estava sendo caçado. Um de seus primeiros devotos deu-lhe Tibares para comprar cozido na taverna. Na manhã seguinte, ele foi até a praça, bradar sua mensagem. A guarda da cidade era inimiga, disseram-lhe as vozes, e ele teve de fugir.

Uma semana, e ainda sem igreja. Então, Cyrus percebeu: devia fazer um milagre. Subiu a torre mais alta, gritou para chamar atenção. O rebanho foi vê-lo, mas também a milícia — inimigos. Cyrus disse:

— Não precisam ter medo. Vou fazer um milagre.

E saltou. Porque Cyrus tinha certeza de que era um deus.

Mas não era.

As labaredas tinham fome. A magia trouxe nuvens, e a chuva despencou na floresta durante quatro dias. Mas o fogo não cessou, e os dois soberanos decidiram se encontrar.

Caerdellach, o Deus Menor dos Unicórnios, foi anunciado por seus devotos mais próximos. Relincharam o nome da divindade, e os trovões responderam, saudando. As flores abriram-se no chão da floresta, germinando por respeito. Caerdellach chegou majestoso, galopando como se as árvores não estivessem lá. Era o maior de todos, com quatro metros de altura na cernelha. Seu pelo era alvo, sua crina era dourada, e seu chifre era pontiagudo e espiralado, reluzindo de nobreza.

As árvores começaram sua dança lenta de cumprimentos. Aos poucos, em seu ritmo milenar, abriram espaço para Ur, o Deus Menor dos Carvalhos.

As divindades prestaram seus respeitos, mas havia um assunto grave. Tollon estava ardendo, com o incêndio que não se apagava. Os fiéis de Ur estavam morrendo, e os devotos de Caerdellach estavam sendo expulsos.

— É verdade o que os civilizados murmuram? — disse Caerdellach, em sua voz musical. — Houve uma queda no Panteão?

Ur moveu seus galhos, rangendo sua casca endurecida. O enorme carvalho ponderou em silêncio, antes de responder.

— Existem animais que me cultuam — disse. — E, entre esses, há os civilizados. Muitos vieram a mim em desespero. Sentem a falta de algo.

— Todos nós sentimos — disse o Deus dos Unicórnios.

Ur pensou durante um tempo, e discursou por longos minutos. O incêndio começara, de fato, junto com a inquietação. Não se sabia a causa, o foco inicial. Não tivera início na tolice de algum humano, como costumava acontecer. As chamas haviam começado, e resistido, e isso era tudo.

— Magia? — disse Caerdellach.

— Magia. — O Deus Menor dos Carvalhos ruminou aquilo. — Ou algo mais poderoso.

O unicórnio bufou, agitou a crina. Tentara negar, mas existia uma presença.

— Imagino que haja um deus no fogo — disse Ur.

As aldeias eram esvaziadas em Tollon, as pessoas corriam à floresta. A imensa coluna de fumaça negra marcava o centro do incêndio, que se alargava a cada hora. E, nas bordas do calor, no ar de fuligem, os humanos se prostravam, cultuando algo invisível. Tentando preencher o abismo.

Um homem se ergueu, gritou, ficou nu. Correu para o centro do fogo, louvando o nome de um deus que não conhecia, agradecendo enquanto seu corpo era consumido. Logo, outros quiseram a mesma bênção.

O cristal sempre estivera ali, e era um motivo de orgulho arraigado para o povo de Urielka. Nos ermos mais solitários de Tyrondir, havia pouco pelo que se orgulhar, e o grande cristal motivara o surgimento da vila, atraíra os parcos viajantes que surgiam de tempos em tempos. Urielka plantava, criava animais esparsos, subsistia. O cristal, pouco menor que um homem e cravado desde sempre na terra, bem no centro do povoado, nunca fizera nada além de existir, refratando a luz do sol.

Mas, naquela manhã, Dealla acordou com uma certeza diferente. Passou pelo cristal enquanto levava o balde até o poço, e enxergou as caras esmaecidas dos conterrâneos. Havia um medo inexplicável, uma sensação de final iminente. Ninguém conversava no alvorecer de Urielka, nada mais era bom. A água tinha um gosto estagnado. Os filhos de Dealla não quiseram deixar as camas, e ela pegou o marido soluçando, escondido no celeiro.

Apenas o cristal continuava o mesmo.

Durante o dia, ela arranjou pretextos para vê-lo de novo, e a cada vez mais belo e imutável. Noitinha, estava sentada frente ao objeto, e percebeu que davam por sua falta. Antes de ir embora, pediu que o cristal abençoasse seu sono.

Na manhã seguinte, Dealla parou em frente ao cristal, e pediu, em voz alta, que velasse por sua família. Recebeu olhares, mas não se importou.

No terceiro dia, Dealla arrastou um bezerro até o cristal, e cortou sua garganta em homenagem. O povo da aldeia olhou aquilo, e alguns acharam que Dealla ficara louca.

Mas alguém disse:

— Se ela estiver certa, não fará mal rezar também.

Primeiro dois, depois sete, vinte, cem pessoas rezaram ao cristal no centro de Urielka. Sacrificaram animais, deixaram oferendas de comida e moedas. Aos poucos, o vazio que sentiam desde aquela noite tornou-se menos agudo. Havia assunto em Urielka. Alguns começaram a lembrar de milagres realizados há muitos anos, pelo cristal.

O primeiro viajante que se deparou com aquilo achou estranho. Mas, temendo a hostilidade da sacerdotisa Dealla e de seu rebanho, também se ajoelhou. Contou a história a alguém, numa estalagem, e logo vieram pessoas oferecer devoção.

Urielka estava cheia, depois de dois meses. Dealla falava por horas sobre a maravilha do cristal, sobre como sua angústia fora varrida. No início do terceiro mês, o cristal brilhou com luz própria.

— Meus filhos — disse o objeto.

Ele não se lembrava do machado ser daquele jeito. Pegou-o, ainda inacabado, revirou-o de todas as formas, examinou o cabo e a lâmina ainda cega, mas não conseguiu determinar o que era.

Helmut já era um ferreiro há mais de vinte anos, e um armeiro respeitado. Talvez nunca fosse trabalhar para a coroa de Yuden, ou forjar as lâminas que davam à sua terra o nome de Reino das Armas. Mas, honrando a tradição de Zakharov, Helmut sabia construir uma ferramenta de matar, e o povo de sua aldeia usava suas facas, suas alabardas, assim como suas panelas e ferraduras.

Mas, por mais que pensasse, não conseguia ver o que havia de estranho no machado.

Heidi acordou e ele já estava de pé. Não encontrando-o na mesa, foi até a oficina, e viu o marido examinando seu trabalho incompleto. Sentiu a boca secar, e a palpitação no fundo da goela — Helmut segurava um cabo feito de carne e arame, pingando muco vermelho na bigorna. A lâmina do machado pulsava, e veias inchadas cruzavam-se sobre a superfície de metal. O machado era uma coisa de pesadelo, e Helmut olhava-o como se fosse um enigma.

Ele ouviu-a chegar, virou com um sorriso sonolento.

Heidi piscou, tentou lembrar de algo importante. Algo quase deixando-lhe os lábios, agora fora de alcance. Devia ser um sonho.

— O que há de estranho neste machado? — disse Helmut.

Ela chegou mais perto, deu-lhe um beijo com o hálito da manhã. Olhou a arma e disse:

— Não sei.

Naquela noite, Helmut e Heidi sentavam-se em sua casa exígua, aproveitando o ócio depois de um dia de trabalho intenso, quando notaram um tipo de pedestal furando o chão, erguendo-se até o teto. Tinha um formato semelhante a um pênis, mas cônico, feito de carne esponjosa, metal oxidado e carapaça vermelha. Uma cortina de tendões com anzóis amarrados pendia do topo da coisa, balançando de forma suave. Helmut e Heidi olharam-se, numa pergunta muda: aquilo sempre estivera lá?

Fizeram o que parecia natural. Ajoelharam-se e adoraram a coisa. Sentiram-se muito bem enquanto desenhavam na pele um do outro, com os anzóis, e choraram de alegria quando copularam com as criaturas que brotavam de entre as placas. Sua angústia era aliviada.

No dia seguinte, acordaram com o nome do que cultuavam. Parecia óbvio, riram de si mesmos por não saber desde sempre. Conversaram sobre isso enquanto Heidi usava um alicate para arrancar os dentes de Helmut, usando-os para construir uma pequena imagem de seu novo deus.

Aharadak, o Lorde da Tormenta, acalentava os corações.

Glórienn olhou para todos os lados, mas não enxergou um conselho. Não sabia o que fazer. Ninguém sabia.

Meio ajoelhada, meio caída, no centro. Tudo era um breu ao redor. Não sabia onde estava, e temia estar em lugar algum. Seu medo não fazia nenhum sol despencar. Seu nervosismo não agitava nenhum lago.

O Panteão em volta, altos como montanhas, cada forma titânica e arquetípica como o que eram.

Os deuses maiores andavam, lentos, ao seu redor. Nada além, nada acima, nada abaixo. Glórienn achou que deveria ficar de pé, mostrar dignidade. Fez menção, e pensou se não seria melhor assumir-se vítima. Os deuses caminhavam, numa roda lenta e cheia de julgamento.

O primeiro a tocá-la foi Khalmyr. A ponta de cada dedo era grande como ela mesma. A sensação sobre sua testa foi indolor, mas firme. Ela não perdeu nada, mas sentiu o que perdera. Autoridade, ordem, costumes.

Em seguida, a figura colossal de Lena. O toque foi uma carícia, um consolo. Glórienn lembrou que não era mais a mãe de uma raça.

Valkaria tocou-a com certo nojo, e ela soube que perdera potencial, que perdera conquistas. Allihanna tocou-a sem emoção, e ela recordou que não governava mais um mundo. Thyatis tocou-a e sua pele ardeu, e ela soube que não havia retorno, nem segunda chance. Azgher tocou-a com dureza, e ela soube que não era mais onisciente. Tenebra carregava zombaria, e lembrava de que ela não mais era uma rainha.

Os deuses circundaram-na, e Glórienn foi tomada pela enormidade do que fizera. Wynna lembrou-a de que perdera magia; Marah, de que não trazia mais conforto a uma raça. Keenn ensinou-a que não era mais guerreira.

Ragnar cutucou-a com uma colossal garra imunda. E ela soube que nunca mais traria a morte de um inimigo, nunca mais vingaria um insulto. Soube que fora, enfim, derrotada.

Glórienn enxergava o Panteão, no breu, na cerimônia interminável. Tinha a clareza absoluta de tudo que perdera, de todos que decepcionara, de tudo que deixara para trás.

Sentia-se bem.

Nunca mais poderiam cobrar-lhe. Sempre teria uma justificativa. Era apenas Glórienn.

Tauron tocou-a. Ela soube que perdera força. Mas seu toque não tinha reprovação, só promessa e conforto. Ela sorriu.

E sentiu-se caindo, caindo, até chegar a si mesma.

CAPÍTULO 2

EU ENFRENTEI A LEI

O ESCUDEIRO MORDEU OS LÁBIOS. ORION, SOZINHO DO lado de fora, mal percebera o abrir da porta, e ergueu os olhos quando ouviu o pigarro. O escudeiro disse:

— O tribunal está pronto para recebê-lo, meu lorde.

Orion agradeceu, levantou-se e entrou na sala.

Os cavaleiros tinham retornado ao lar, para fazer parte. O julgamento de *sir* Orion Drake, o Cavaleiro da Nuvem Negra, o herói de Trebuck, era um festival, uma justa, um baile. Alguns dos presentes abafavam risinhos e moviam os dedos, como meninas ansiosas.

Orion caminhou uns passos, prostrou-se sobre um só joelho, abaixou a cabeça. Ouviu de Alenn Toren Greenfeld que podia se erguer. Obedeceu, andou até o centro da sala, de frente para o Alto Comandante e a Trindade, em seus tronos. Fez uma mesura a cada um, dirigiu-se ao Círculo, composto de cem cavaleiros de posição e honra incontestáveis, de pé numa meia-lua. Aos quatro Comandantes, que regulavam, cada um, um setor de Bielefeld. Por fim, cumprimentou os demais cavaleiros, dez ou doze que haviam recebido permissão de assistir ou argumentar.

O mesmo escudeiro levou até ele o estandarte de Khalmyr, a balança e espada bordadas numa flâmula branca. Orion curvou-se ao deus, beijou a barra do tecido.

— Cavaleiro, diga seu nome — a voz de Alenn Toren Greenfeld preencheu o espaço solene.

Orion respirou fundo.

— Sou Orion Drake, cavaleiro da Ordem da Luz, lorde de terras em Bielefeld, sob o estandarte do Corvo. Sou filho de Serina Drake, baronesa destituída, e de um criminoso conhecido como o Cavaleiro Risonho.

Alenn Toren fixava-o com seu único olho feroz.

— Antes que este julgamento comece, deseja falar sobre si mesmo, *sir*? Deseja que suas proezas sejam reconhecidas e relembradas por este tribunal?

— Sou um cavaleiro — disse Orion, de pronto. — Nunca fui autor de proeza alguma, além daquelas em nome de minha Ordem. Sou um cavaleiro, e isso é tudo.

Alenn Toren recostou-se na enorme cadeira.

— Como último adendo, saiba, *sir* Orion Drake, que Sua Majestade Igor Janz, rei de Bielefeld, pediu clemência à Ordem da Luz. Que todo o tribunal saiba que nosso rei deposita confiança no réu.

A um gesto do Alto Comandante, as acusações foram lidas de um pergaminho.

Orion emergira separado dos outros, cuspido do Reino de Glórienn. Surgira num mundo com algo a menos, tomado de instante por uma inquietação no fundo do estômago. Não sabia onde estavam Ingram, Edauros, Yadallina ou os Cavaleiros do Corvo. E, tendo sido jogado não muito longe de casa, tomara conhecimento de que o buscavam.

Orion voltara a Bielefeld sabendo que havia um nó de forca preparado. Mas era uma ordem do Alto Comandante. Havia cavaleiros pelas estradas, atrás de um sinal do desertor. Orion entregara-se, apresentara-se em Norm. O julgamento fora armado assim que todos os cavaleiros em terras estrangeiras chegaram ao Castelo da Luz, atraídos como abutres para um moribundo.

Culoch Garoon, um dos membros da Trindade, listava os crimes.

— *Sir* Orion Drake desobedeceu à vontade expressa do Alto Comandante, tornada clara na presença de testemunhas. Apesar de inequívoca proibição, conduziu um treinamento de seu próprio grupo de cavaleiros, que batizou "Cavaleiros do Corvo". Um batalhão doutrinado segundo costumes e práticas do reino de Yuden, contrariando a tradição de Bielefeld e da Ordem da Luz.

Orion mantinha a cabeça erguida, o olhar indecifrável, encarando o acusador.

— *Sir* Orion Drake semeou o desprezo pelos valores da cavalaria entre seus discípulos. Fez com que cometessem atos abjetos contra os brasões de suas famílias, da Ordem da Luz e do próprio Deus da Justiça. Afastou os assim chamados Cavaleiros do Corvo das instituições e da religião.

Alenn Toren parecia crescer dentro da armadura dourada. Sua respiração movimentava os imensos ombros, e a placidez era mantida a custo.

— *Sir* Orion Drake treinou cavaleiros no uso de armas de pólvora, sabidamente ilegais em todo o Reinado. Ensinou técnicas de assassinato e infiltração, encorajando um comportamento covarde e avesso à cavalaria. Fez com que seus discípulos abandonassem seus deveres, para fugir numa empreitada assumidamente suicida.

Culoch Garoon olhou os rostos barbudos dos cavaleiros, deixando suas palavras surtirem efeito.

— *Sir* Orion Drake foi responsável direto pelas mortes de diversos cavaleiros, ocorridas durante o treinamento de seu batalhão. *Sir* Orion Drake recusou-se a relatar informações sobre o criminoso Crânio Negro, mesmo sob indagação direta do Alto Comandante.

Voltou a enrolar o pergaminho.

— *Sir* Orion Drake envergonhou nossa Ordem, trouxe desonra à cavalaria. *Sir* Orion Drake quebrou leis e costumes ancestrais. Cavaleiros, lordes, Alto Comandante — fechou o punho. — *Sir* Orion Drake foi responsável por tragédias que afetam todo o mundo. E é isso que irei demonstrar, perante Khalmyr.

Murmúrios, que Alenn Toren debelou com um olhar.

— O que tem a dizer em sua defesa, *sir* Drake?

Não muito.

Orion inspirou para falar, mas:

— A Trindade tem uma solicitação.

Estold Hergh, outro membro da Trindade, interrompeu no momento exato para desconcertar o réu. Dizia-se que estava há anos dentro da bolsa de Culoch Garoon, e obedecia ao outro como um cachorro castrado. Orion fez silêncio para seu superior, e Alenn Toren gesticulou que *sir* Hergh continuasse.

— Requeremos a bênção de um clérigo de Khalmyr, no intuito de proteger este tribunal contra a mentira.

Era mais um insulto, uma demonstração de descrédito. A palavra de um cavaleiro — inocente ou culpado — deveria ser o bastante em qualquer circunstância. A solicitação de um milagre para garantir a verdade era como um atestado de mau caráter: o réu já era quase condenado, apenas por estar em julgamento.

— Sua Majestade Igor Janz confia no réu — disse o Alto Comandante.

— O réu traiu a Ordem da Luz, e o fez através da mentira — disse Estold Hergh. — Não estamos lidando com um caso de covardia ou de simples desobediência. Este cavaleiro agiu às escondidas, abusou de nossa confiança. Sua palavra não tem valor.

Foi atendido. Um sacerdote foi ao tribunal, rezou ao Deus da Justiça e espalhou o poder da verdade sobre o ambiente. Alenn Toren continuava olhando fixo para *sir* Orion.

Então, ordenou que falasse.

— Tudo que dizem é verdade — disse o acusado.

Alenn Toren Greenfeld rilhou os dentes.

— É verdade que treinei os Cavaleiros do Corvo. E é verdade que ensinei-lhes o contrário do que prega a tradição. É verdade que fiz com que abandonassem seus brasões, suas vidas passadas. E é verdade que doutrinei-os para o assassinato.

Sussurros.

— E por que fez isso, *sir*? — disse Alenn Toren.

— Porque era necessário.

Impossível mentir no tribunal.

— Crânio Negro está morto, *sir*? — disse Culoch Garoon. — Suas ações livraram Arton desse criminoso?

— Não — disse Orion.

O acusador fez um gesto largo, como demonstrando uma verdade evidente.

— Então *nada* bom surgiu de seu comportamento, *sir* Drake. Mais de vinte cavaleiros foram cooptados, corrompidos por suas palavras, e nem mesmo seu sanguinolento objetivo foi alcançado.

Orion não respondeu.

— Isso leva-nos a uma conclusão, *sir* — disse Garoon. — Que a morte de Crânio Negro talvez não fosse seu real objetivo. Que você queira simplesmente ter um batalhão de assassinos sob seu comando.

A magia divina tinha um modo, ainda mais insidioso que a magia arcana, de se infiltrar na alma. Orion ia rebater, mas assaltou-lhe uma dúvida. Talvez *fosse* verdade. Talvez ele *quisesse* ter uma ferramenta maligna para eliminar quem precisasse. O Cavaleiro Risonho apareceu em sua mente.

Orion teve dúvida, e por isso não conseguiu responder. Precisava acreditar de todo em qualquer coisa que dissesse.

— Seu silêncio é resposta suficiente, *sir*.

— Pretendi usar os Cavaleiros do Corvo apenas contra os inimigos de Bielefeld.

— Os inimigos de Bielefeld, assim como você enxerga?

— Sim.

— E por que não deixar esta decisão ao Alto Comandante?

Orion desviou os olhos.

— Acha que conhece nossos inimigos melhor que Alenn Toren Greenfeld, *sir*? Acha que conhece melhor as maneiras de combatê-los?

— Sim.

O Alto Comandante teve o impulso de declarar o dia encerrado. Conteve-se, e o debate continuou.

— Nosso mundo está morrendo, meus lordes — disse Orion. — Amo a Ordem da Luz, amo a cavalaria. Mas nossos inimigos não estão preocupados com tradições. Enquanto disputamos justas e recitamos nossas linhagens, a Tormenta mata e corrompe. Precisamos vencer. Apenas isso.

Um membro do Círculo solicitou ser ouvido. Todos os presentes no tribunal tinham direito a voz, embora somente com a permissão do Alto Comandante.

— Você fala de nossas tradições como se fossem antiquadas e tolas, *sir* — disse o cavaleiro. — Mas são elas que nos diferenciam de nossos inimigos.

— Não quando o inimigo é a Tormenta.

— Para combater a Tormenta, devemos ser iguais a Portsmouth, *sir*? A Yuden?

— Frente à Tormenta, somos apenas artonianos.

— E, caso obtenhamos uma vitória ao seu modo, poderemos chafurdar alegres, junto a mercenários e tiranos? Suas ideias são degradantes, *sir* Orion.

A sala foi alagada de vozes. Alenn Toren calou-as com um dedo erguido.

— Responda-me algo, *sir* — disse Culoch Garoon. — O senhor realizou o treinamento de seu batalhão sozinho?

Orion respirou. Abriu a boca, tossiu. Gotas de suor formaram-se em sua testa. Fechou o único punho. Tentou mentir, mas o Deus da Justiça observava.

— Responda, *sir*.

— Não.

Pausa.

— Quem ajudou-o em seu crime, *sir* Drake?

Orion olhou para o Alto Comandante, mas encontrou uma muralha.

— Recuso-me a responder — disse.

— Responda, *sir*.

— Algo muito maior que minha própria vida depende desta resposta. Recuso.

— A resposta implicaria em um crime ainda mais grave, *sir*?

— Sim.

A cova estava aberta, a lápide estava pronta. Faltava um empurrão. Alenn Toren encerrou as atividades; o julgamento continuaria no dia seguinte.

Não havia, segundo o que estava escrito, vergonha naquele quarto. Era um alojamento no Castelo da Luz, com a mesma frugalidade e conforto de todos os outros, adequado a um cavaleiro. Mas a porta, marcada com a balança e espada, abria-se apenas para quem estava em julgamento. Um cavaleiro permanecia ali enquanto não se sabia se merecia estar entre os outros, ou na prisão. Um purgatório, um estado intermediário, um tipo de banimento. Dizia-se não haver desonra, mas ninguém dormia ali sem mácula.

Orion deitado, imerso em si mesmo, quando a porta abriu.

Passos, fechou, passos, passos, e Alenn Toren sentou-se, quieto como uma adaga, na cadeira próxima à cama.

— Isso é proibido — disse Orion.

Era proibido. Um cavaleiro em julgamento deveria ficar isolado. Em especial, nunca poderia ter com um de seus acusadores ou juízes.

A estrutura do tribunal baseava-se na honra intrínseca dos cavaleiros: qualquer um tinha o direito de acusar, e qualquer um podia defender. A decisão era a vontade de todos, mas o Alto Comandante tinha o voto decisivo. A verdade era que os mais nobres e ricos, e os de mais alta patente, acabavam forçando a balança. Por isso, o ato de Alenn Toren era especialmente ilegal.

— Não me venha falar de regras, Orion — disse o Alto Comandante.

Orion sentou na cama. Ainda tinha certa dificuldade em realizar alguns movimentos com um só braço.

— Nunca vou entendê-lo — disse Alenn Toren. — Cometeu crimes, diz que nossas tradições são obsoletas. Mas voltou para ser julgado.

— A justiça não é obsoleta, meu lorde — disse Orion. — Apenas o modo como lutamos.

— As coisas vão piorar, amanhã.

Orion assentiu.

— Meu lorde — disse. — Sei que precisa lutar por sua posição. Use o julgamento. Use-me como sacrifício, para agradar os nobres.

O Alto Comandante deu um riso sem humor.

— O que você disse — o Alto Comandante se conteve, mordendo uma palavra. Respirou e continuou: — Nunca pensei que desprezasse minha amizade.

O outro se manteve impassível.

— Nunca pediria que você mentisse, Orion. E isso era impossível, de qualquer forma. Apenas imaginei que a verdade fosse outra.

— Não o desprezo, meu lorde.

— Mas acha que seria um Alto Comandante melhor?

— Não.

Pausa.

— Apenas um assassino melhor — disse Orion.

Silêncio. Alenn Toren não conseguia discernir nada além de admiração nos olhos do outro. Orion via-o como o melhor líder, o mais perfeito cavaleiro. Mas o mundo precisava de outra coisa.

— Mesmo assim, saiba que o estou protegendo. Existe algo ainda pior, Orion. Talvez seja inútil; talvez você não queira ser salvo.

— *Sir* — disse Orion.

O outro mirou-o.

— Fiz minhas escolhas, Alto Comandante.

— E eu farei as minhas.

Em outra ala, símbolo de privilégios, havia convidados de honra. Quando o Alto Comandante entrou, houve uma grande troca de mesuras.

— Estimo que tudo esteja a seu agrado — disse Alenn Toren.

O embaixador disse amenidades, mas havia um travo em sua voz. Seus cabelos ruivos nervosos, junto com o porte maciço e as roupas, emprestavam-lhe um ar de realeza. De certa forma, o que era. Os traços de seu rosto sugeriam a mais vaga impressão inumana.

— O senhor já conhece meu único pedido, lorde Greenfeld — disse o embaixador.

— Sim. Lamento ser o único que não podemos atender.

— Seria melhor, tanto para Bielefeld quanto para Sckharshantallas, se o assunto fosse resolvido com a Ordem da Luz, sem o envolvimento da coroa.

— Não tenho autoridade para isso, senhor embaixador. Posso apenas me desculpar.

O homem endureceu o rosto, só um pouco.

— *Sir* Orion Drake atacou nosso rei, Alto Comandante. Auxiliou na fuga de prisioneiros. É um criminoso em Sckharshantallas. Abrigá-lo em Bielefeld poderia ser considerado um ato de guerra.

— Tenho autoridade apenas sobre minha Ordem. Lamento.

— Envolver Sua Majestade Igor Janz será apenas pior para todos, *sir*.

A cova que Orion abria era maior do que ele mesmo imaginava.

A manhã encontrou o julgamento com milagres renovados, e rancor fermentado nos travesseiros. *Sir* Culoch Garoon relembrava as acusações, entrava em uma nova investida, quando alguém pediu a voz.

— Estamos falando sobre os erros de um homem — disse Bernard Branalon, seu tom grave e roliço derramando-se por todo o salão. — É claro que, se falarmos apenas dos erros de alguém, estaremos pintando um demônio. É a honra de um homem que está em jogo, cavaleiros. Devemos falar de toda a sua vida!

O Paquiderme Galante gesticulava, fazendo todo o seu enorme volume notar-se entre os inúmeros cavaleiros. Seu modo bonachão lembrava a reprimenda de um tio. Orion quase não pôde encará-lo.

— E sobre o que acha que devemos falar, *sir* Branalon? — disse Culoch Garoon.

— Ora, sobre um herói.

Deixou que a frase se alastrasse.

— Raras vezes a Ordem da Luz foi abençoada com um homem tão valoroso — continuou Bernard. — *Sir* Orion é valente e modesto. Liderou-nos na primeira vitória que Arton já teve contra a Tormenta, senhores. Obteve glórias sem fim na guerra contra o Conde Ferren Asloth. Salvou vidas de cavaleiros mais vezes do que se pode contar, defendeu a Ordem e o reino, obedeceu a Khalmyr por anos e anos. Agora, por ter cometido um erro, nada disso tem valor?

Muitos olhos para o chão. Grande parte daqueles cavaleiros não gostava de lembrar que sua posição deveria vir acompanhada de bravura e combate.

— Tudo isso pode ser verdade — Vizzall Denant, o terceiro membro da Trindade, tomou a palavra. — Mas heroísmo não concede impunidade a um cavaleiro. O passado de *sir* Orion fala alto, mas não deve nos deixar surdos para o presente.

— O que tem mais valor, meu lorde? — insistiu Bernard. — Desobediência às regras de batalha, ou uma vitória contra a Tormenta?

— O acusado fez mais que desobedecer. Repudiou tudo que nos torna o que somos. Plantou essa mesma ideia entre outros cavaleiros.

— *Sir* Orion foi general do Exército do Reinado! Fez o estandarte da Ordem voar acima de todos os outros, há menos de dois anos. Quem sabe quantos jovens não foram inspirados à cavalaria por seus atos?

O outro não conseguiu retrucar, e sua voz foi soterrada por comentários de todo lado. O Alto Comandante calou a balbúrdia, e Culoch Garoon estava pronto.

— O que diz é verdade, *sir* Branalon. Contudo, na mesma época, lidamos com um cavaleiro tido como santo e valoroso. Lembra-se? Seu nome era Vincent Gherald. No entanto, quando ele espalhou corrupção entre seus pares, não hesitamos em combatê-lo até a morte.

O Paquiderme Galante estremeceu, mantendo a compostura com dificuldade. Quatro de seus filhos tinham morrido por causa da corrupção de Vincent Gherald, que provocara a Queda de Norm.

— Vincent Gherald era um assassino — disse Bernard. — Um servo da Tormenta.

— E eu digo que *sir* Orion Drake é um assassino, já que provocou a morte de cavaleiros. E um servo de Yuden.

A discussão mais uma vez degenerou em falatório. Quando a maré recuou, Bernard Branalon e Culoch Garoon ainda argumentavam. Yuden não era inimigo — ainda. Por outro lado, Portsmouth também não fora, mas qualquer cavaleiro em conluio com o condado logo antes da guerra civil seria considerado um traidor.

— Mas ainda assim somos clementes, senhores — disse Culoch Garoon. — Estamos falando de entrega a Yuden, de simples violação dos preceitos da cavalaria, de assassinato.

Fez uma pausa teatral.

— A verdade é que *sir* Orion Drake pode ser culpado de crimes muito piores. Tão abomináveis quanto a corrupção pela Tormenta.

— Meu lorde faz acusações que não pode sustentar — disse Bernard.

— *Sir* Orion, diga-nos — Garoon continuou sem hesitação. — Qual era seu objetivo ao treinar seus assim chamados Cavaleiros do Corvo?

O tribunal voltou-se mais uma vez para Orion.

— Matar Crânio Negro — disse o acusado.

— Para impedir um estratagema do caçador de recompensas. Não?

Orion confirmou.

— E qual era este plano, *sir*?

— O assassinato de um deus maior. O assassinato de Glórienn, a Deusa dos Elfos.

Os cavaleiros sabiam daquilo. A onda de vazio afetara-lhes assim como afetara o resto do mundo. Os clérigos haviam concluído que o Panteão estava incompleto. As notícias viajavam, a partir dos magos e sacerdotes mais poderosos, sobre a tragédia no Reino Divino, e Orion confirmara, ao chegar. Mesmo assim, ouvir a blasfêmia em voz alta ainda era motivo de choque.

— Você sabia disso ao ser questionado pelo Alto Comandante, *sir*?

Assentiu.

Culoch Garoon deu o último laço na forca:

— Se o acusado houvesse falado a verdade, meses atrás, a Ordem da Luz saberia do risco que corríamos. A coroa de Bielefeld teria comunicado ao Rei-Imperador. Os maiores heróis de nosso mundo estariam prontos para salvar a Deusa dos Elfos. Se Orion Drake tivesse revelado o que sabia, o Panteão estaria completo, o mundo não estaria sofrendo.

Até mesmo Bernard sentiu-se gelado.

— *Sir* Orion Drake não violou apenas as regras da Ordem da Luz, cavaleiros. *Sir* Orion Drake violou as mais básicas regras dos homens, ao desobedecer a seus superiores, seu rei. E desobedeceu às regras dos deuses, provocando a queda de uma divindade.

Não houve burburinho. A acusação era pesada demais, depositava-se sobre o tribunal como um lençol de cascalho. Alguns olhavam para Bernard Branalon. Mas foi Alenn Toren que quebrou o silêncio:

— Podemos acusar *sir* Orion de violar nossas regras, *sir* Culoch — disse o Alto Comandante. — Mas as consequências de seus atos eram imprevisíveis. Orion Drake não provocou a queda de Glórienn. Isto foi um erro, não um crime.

Todos tinham direito a voz. Mesmo assim, o Alto Comandante não costumava levantar-se para defender ou acusar. A intervenção era bastante anormal.

— É claro, meu lorde — disse Garoon, com um meneio respeitoso. — No entanto, o réu sabia o que estava em jogo. *Sir* Drake foi irresponsável. Julgou-se capaz de decidir por todos os artonianos, por todos os deuses.

— Podem acusar Orion do que quiserem — disse Bernard. — Mas não de soberba. É o mais modesto cavaleiro que já usou esporas.

— O que não deixa de ser uma forma de arrogância, *sir* — disse Culoch. — Estamos frente a um homem que se veste como um escudeiro, que nunca exalta o próprio nome. No entanto, quando vê oportunidade, rouba para si o comando do Exército do Reinado. Decide como cavaleiros devem treinar e lutar. Guarda conhecimento que significa a vida ou morte de uma divindade.

Cada frase era uma estocada. Talvez quem mais estivesse convencido fosse Orion.

— Penso que estamos frente a um trapaceiro habilidoso, cavaleiros. Um homem que criou para si uma fachada, ao longo dos anos. Mas que, de alguma forma, recebeu terras, um estandarte, posição gloriosa. Foi recebido em companhia de reis. E acabou traçando o destino de nosso Panteão.

— O que tem a dizer, *sir* Orion? — era o Alto Comandante.

Orion continuava uma fortaleza, impassível e opaco.

— Digo apenas que todos os senhores estão enganados. Em tudo.

Culoch Garoon não pôde conter um engasgo. Muitos olharam Alenn Toren, em busca de uma reação indignada.

— Estão enganados — repetiu Orion. — Quando fui general, não fui um herói. Fui apenas um general. Tentei cumprir meu dever, assim como qualquer cavaleiro faria. Quando enfrentei a Tormenta, não fiz mais que minha obrigação, obedecendo a meu Alto Comandante. E, quando treinei os Cavaleiros do Corvo, não fui um criminoso. Fiz o que era necessário.

Titubeou, mas não foi interrompido.

— Sempre fiz o necessário, cavaleiros. Nada mais, e nada menos. Coloco-me à mercê da Ordem da Luz, assim como é meu dever. Sou uma ferramenta. Sou um cavaleiro, e só.

Silêncio.

— Palavras doces — chiou Culoch Garoon. — Perfeitas para gerar piedade.

— Palavras de alguém que entregou sua vida à Ordem — disse Bernard Branalon.

O Alto Comandante não deixou que se criasse a celeuma.

— Todos já ouviram o suficiente. Que castigo os cavaleiros da Luz pedem para *sir* Orion Drake?

O veredicto era de todos, mas Alenn Toren decidiria a pena. Mais uma vez, todos tinham direito a falar. As atenções voltaram-se, por instinto e planejamento, para *sir* Culoch.

— A morte, Alto Comandante — disse o membro da Trindade. — Execução sem honra, na forca, confisco de todos os bens de sua família, seu estandarte apagado. Nenhum direito a sua esposa e filho, caso voltem a Bielefeld algum dia.

O que havia de mais extremo.

— Peço que este episódio seja apagado dos registros, Alto Comandante — disse Bernard. — Que Orion Drake volte a ter a mesma posição de que gozava antes.

O tribunal observava Alenn Toren.

— Amanhã — disse o Alto Comandante.

O tribunal se recolheu.

O único a entrar altivo no salão, na manhã seguinte, foi Orion. Havia uma profusão de olheiras, murmúrios nervosos. Apenas o réu estava em paz com o futuro. Sem demora, chegou a decisão de Alenn Toren.

— Não creio estarmos diante do mentor de uma conspiração herética, cavaleiros — disse o Alto Comandante. — Também não tenho certeza se estamos frente a um herói. A decisão sobre a culpa ou inocência de *sir* Orion Drake cabe ao tribunal. Sua pena, se for considerado culpado, é banimento.

Significava expulsão da Ordem. Revogação de todos os títulos, perda do brasão. Perda das terras, a sagração anulada. Orion não seria mais lorde, ou cavaleiro da Luz, ou mesmo cavaleiro. E não seria mais bem-vindo em Bielefeld.

Restava o veredicto. Todos eram ouvidos, mas a decisão tinha o peso dos títulos. As palavras dos dias anteriores ecoavam pelo tribunal. Os cavaleiros alternavam-se entre fixar o rosto do antigo herói e desviar os olhos. Impossível ignorar seu passado. Impossível ignorar seus crimes. A Trindade desejava sua cabeça, mas o rei professara confiança. Orion Drake fora um bravo como poucos, mas cometera atos terríveis. Erros ou crimes?

Um cavaleiro deu um passo para trás.

Abstinha-se, julgava-se incapaz de decidir, abria mão de ser ouvido.

Logo outro. E outro.

A Trindade trocou um olhar conspiratório. Não era o desenrolar planejado. Mais e mais cavaleiros andaram um passo para trás. Muitos por medo das consequências de desagradar qualquer um dos lados. Alguns por desconforto de mostrar uma posição, enquanto tantos outros ficavam neutros. A maioria porque viam-se abaixo daquele universo de atrocidades, heroísmos, deuses. Como julgar um homem que fazia tremer o mundo?

Os cavaleiros sem distinção afastaram-se, aos poucos. O Círculo quase ao mesmo tempo. Os Comandantes. Mais e mais, uma onda, até que restou um punhado. Bernard Branalon, a Trindade, Alenn Toren, e Orion.

Culoch Garoon dirigiu um olhar incisivo para seus dois companheiros.

Vizzall Denant levantou-se da cadeira, e andou para trás.

— *Sir*! — disse Garoon.

O Alto Comandante calou-o sem um gesto.

Estold Hergh tremia. Olhou os demais cavaleiros. Ergueu-se, deu um passo para trás. Ele e Denant evitavam o rosto de Culoch Garoon.

O próprio *sir* Culoch via seu plano desmoronar. Sozinho, agora.

Bernard Branalon deu um passo para trás.

— Desculpe — disse o Paquiderme Galante.

— Obrigado — disse Orion.

Alenn Toren Greenfeld examinou a sala.

— Gostaria que Philipp Donovan estivesse aqui — disse. Era o antecessor de Alenn Toren como Alto Comandante, e seu mentor. Sua morte chegara a pôr em risco a existência da Ordem. — Talvez *sir* Donovan possuísse a sabedoria para tomar esta decisão. Reconheço não estar à altura do que discutimos, cavaleiros.

Alenn Toren levantou-se. E deu um passo para trás.

Restava Culoch Garoon. Sobre ele, apenas, repousava o destino de Orion. Não havia quem interceder, não havia quem pudesse impedir. A Ordem abrira mão, e sua voz era a única que restava.

Correu os olhos.

Estaria se colocando acima de todos. Acima do Alto Comandante. Estaria dizendo a toda a Ordem da Luz que julgava-se capaz de decidir o que a própria Ordem não conseguira. Seu veredicto entraria para os registros, uma pretensão para sempre lembrada.

Ergueu-se, deu um passo para trás.

A Ordem da Luz fora incapaz. Orion permanecia no centro, agora com todos de pé à sua volta.

— Só resta um cavaleiro aqui, *sir* — disse Alenn Toren Greenfeld. — Todos nós abrimos mão de julgar. E, embora o réu não tenha direito a voto, você é o que nos resta.

Ninguém sabia o que fazer. Era possível convocar outros cavaleiros, mas o fardo agora era muito grande. Era possível entregar a decisão ao rei, mas a Ordem não desejava submeter-se tanto, e ainda menos a Trindade. Restava um cavaleiro.

Orion.

— Acha-se capaz de decidir o que toda a Ordem não pôde? — disse Alenn Toren.

— Sim — disse Orion.

— E como se julga?

— Culpado.

CAPÍTULO 3

ONDE ESTÁ O CORAÇÃO

NO REINO ABANDONADO DE GLÓRIENN, OS PRISIONEIROS eram importantes. O mundo élfico não existia mais, desde que a deusa fugira e deixara de ser; os Lordes da Tormenta haviam chegado para domar aquele infinito. E, para isso, usavam os prisioneiros.

A área de Tormenta engolira todo o Reino, e lutava para impor um conceito, uma forma, uma ordem à dimensão selvagem. Um plano de existência sem propósito, cuja realidade ia se desfiando, tornando-se possibilidade crua. A Tormenta limitava as possibilidades, amarrava o antigo Reino de Glórienn em sua própria forma de horror. Para isso, precisava de seus habitantes, precisava que enxergassem e acreditassem. Os Lordes precisavam que o conceito da maior área de Tormenta de todas fosse inefável, estivesse fixo nos filhos de Glórienn.

Faziam daquele mundo um grande espetáculo, que nunca fosse esquecido por seu público.

Igasehra, o primeiro Lorde, o senhor de Tamu-ra devastada, trouxe a destruição. Era uma encarnação da violência, seus pensamentos traduziam-se em relâmpagos que varriam cidades, incêndios que imolavam continentes. Como todo lefeu, tinha uma aparência indescritível, feita de formas incompreensíveis, direções inexistentes e cores alienígenas. A mente artoniana, no mundo físico ou em Reinos Divinos, interpretava-o como um gigantesco lagarto bípede, híbrido com inseto, ostentando olhos de mosca, presas de navalha e uma nauseabunda couraça rubra. Igasehra trazia os vulcões, a chuva ácida, os terremotos. Sua presença devastou as metrópoles élficas, ferveu os rios, esfacelou as estátuas de cristal.

Gatzvalith era seu maior rival. O Lorde de Trebuck construíra para si uma forma humanoide e sedutora, uma aparência de tirano brutal — alguém que aceitaria rendição, que recompensaria lealdade. Alguém que apenas mataria seus inimigos. Gatzvalith trouxe a corrupção, e os filhos de Glórienn correram para se degradar. Tomou um dos palácios da deusa, modificou-o para uma coisa viva, lefeu, cheia de vaginas e arame farpado. Abriu os portões do palácio e colocou-se em um trono, no centro, rodeado de restos élficos e soldados lefeu. Abraçou os elfos, ofereceu-lhes poder, transformou-os em troca. Deu-lhes carapaça insetoide, asas de gafanhoto. Tirou-lhes o incômodo livre arbítrio. Presenteou-os com o niilismo.

Urazyel, o Lorde das Montanhas Sanguinárias, chegou ao Reino de Glórienn trazendo sua própria área de Tormenta. Ele existia como uma fortaleza viva, um híbrido entre castelo e monstro, e carregava seu território dentro de si. Urazyel despejou seus próprios súditos no Reino abandonado — evangelistas da palavra lefeu, horrores já prontos. Dentro de Urazyel havia as oficinas, os matadouros, as estruturas corruptas de uma área de Tormenta, e elas caminhavam sobre patas insetoides, instalando-se no novo mundo.

Aharadak, o Lorde de Zakharov, trouxe sua curiosidade, seu conhecimento, seus estudos profanos. Era um artista da corrupção, fascinado pelos modos artonianos, um especialista no horror. Criou montanhas de elfos esfolados, ainda vivos, devorando e defecando uns aos outros. Criou imensos campos de estupro, onde os elfos violentavam seus antepassados. Pavimentou estradas com dentes de criança e transformou os lagos em excremento fervente, onde os elfos se afogavam. E, acima de tudo, trouxe religião. Aharadak era o primeiro dos Lordes a se tornar um deus menor, e levou sua fé ao Reino de Glórienn. Fez estátuas de si mesmo. Sua forma balofa, com pernas por toda a volta e uma massa de olhos onde deveria estar a cabeça, foi entalhada nas montanhas, nas torres.

O último Lorde — Raigheb, o Lorde do Deserto — trouxe o vazio. Sua forma, uma gigantesca nuvem de insetos demoníacos, devorava a realidade, e substituía por nada. Onde Raigheb passava, restava um vazio, um buraco no tecido do universo. Raigheb podou o Reino de Glórienn, as fronteiras mais selvagens deixando de existir, os habitantes mais resistentes sumindo. Continentes desnecessários tornaram-se poças de vazio, sem deixar uma lembrança.

Eram os Lordes da Tormenta, os mais poderosos entre os invasores na realidade artoniana. Haviam obtido mais uma vitória, e agora tinham pela frente uma decisão.

A realidade ainda era frágil, mesmo solidificada pela Tormenta. Quando os cinco Lordes se encontraram, aquele mundo oscilou. O plano de existência vibrou de um modo desigual, aproximou-se de uma dimensão e outra, chocando-se com planos elementais e uma borda do mundo material. O tempo recuou alguns séculos, mostrando o paraíso élfico de antes, e avançou décadas, piscando entre horrores diferentes. Algumas ideias surgiram e desapareceram, até que a existência dos cinco Lordes juntos foi assimilada.

Gatzvalith expressou-se primeiro:

Toda área precisa de um Lorde.

Um lefeu não falava — não da maneira como um artoniano pudesse compreender. A mente dos invasores era compartilhada, em maior ou menor grau, por todos. Sua comunicação também não era mero pensamento: uma transmissão de realidade, sensações, causas e chances. Uma frase era um complexo de raciocínio e informações, suficiente para preencher enciclopédias.

Existimos neste plano, nesta encruzilhada de tempo e espaço, para decidir quem será o Lorde, era Aharadak.

Em seu universo, os lefeu haviam conquistado e assimilado tudo, incluindo o tempo e o espaço. Não havia passado ou futuro, não havia distância. Ahadarak fora o primeiro a compreender de forma mais completa as limitações artonianas, os conceitos já esquecidos de antes e depois, aqui e lá.

As áreas que já existem precisam de controle, era Urazyel. *É necessário trazer um novo Lorde, vindo de nossa realidade.*

Em uma área de Tormenta, eles dominavam a existência. Comunicavam-se torcendo a realidade, expressando-se com o mundo físico tanto quanto com suas impressões e ideias. Uma conversa entre os lefeu era um tipo de simbiose, cada um mesclava-se um pouco mais aos outros.

Aharadak continuou:

A religião dos mortais já está direcionada para este plano. Podemos usá-lo como ferramenta, para nosso objetivo maior.

Em seu universo, os lefeu haviam dominado tudo, obtido todas as respostas, desvendado todos os mistérios. A invasão de Arton era uma busca por um objetivo, algo novo: a transformação de um lefeu em um deus maior.

Contudo, a morte de um soldado lefeu, em sua própria realidade, trouxera um cisma. Havia Lordes que desejavam apenas a retaliação, a destruição de Arton. Igasehra movimentou-se:

Aharadak fomenta cada vez mais o culto à sua imagem. Tudo é lefeu. A individualidade é um conceito de universos inferiores. Aharadak não deve se tornar uma divindade.

Igasehra deseja só destruição, era Aharadak. *Não podemos destruir nosso objetivo. Sem artonianos, não há adoradores.*

Outro Lorde precisa ser cultuado, era Gatzvalith. *O culto apenas a Aharadak afasta-o do que é lefeu.*

Os lefeu haviam transcendido as barreiras entre os indivíduos. No entanto, como diferentes partes de um mesmo corpo, ou ideias conflitantes em uma única mente, ainda tinham diferenças, resquícios de separação. A existência fora de seu universo obrigava a uma individualidade maior. A diferença de opinião, conquistar ou destruir, trouxera de volta um pouco das antigas barreiras.

Esta dimensão deve apenas deixar de existir, era Raigheb.

O raciocínio espalhou-se entre os Lordes. Raigheb queria a obliteração do que fora o Reino de Glórienn, como um passo no enfraquecimento dos artonianos. Outras dimensões também poderiam deixar de existir. Apenas um plano de existência seria muito mais manejável, para qualquer fim.

Estaríamos destruindo um recurso valioso, era Gatzvalith. *Estamos em uma guerra. Lefeu é absoluto; desperdício e arrogância são fraquezas de universos inferiores.*

Houve uma troca de possibilidades, conhecimentos. O equivalente a um debate.

Aharadak não pode ser o Lorde desta área, era Urazyel.

Aharadak contraiu-se, e exalou um raciocínio:

Gatzvalith está à beira da divindade menor. Esta dimensão também será um bom ponto estratégico para uma campanha contra planos de existência próximos.

Gatzvalith irá encher esta dimensão de artonianos, era Raigheb. *Gatzvalith é muito tolerante com a existência do que não é lefeu.*

Igasehra expressou-se em maremotos, tempestades:

Esta dimensão deve ser um matadouro constante. Não deve haver Lorde. Apenas tempestade, que espalharemos para outros mundos.

Sem um Lorde, a dimensão pode deixar de existir, era Aharadak.

Algum deus guerreiro irá tomar para si uma dimensão de violência, era Gatzvalith.

Urazyel insistiu:

Um novo Lorde deve chegar, vindo de nosso universo.

Os Lordes relutavam com a ideia. O mais recente entre eles era Aharadak, e Igasehra e Raigheb não desejavam outro como ele. Uma fera irracional iria contra os estratagemas de Aharadak e Gatzvalith. Foi o Lorde de Trebuck que introduziu um novo elemento, como um estrategista movendo tropas:

Igasehra deve ser o Lorde.

A compreensão veio em seguida, na mesma emanação:

Assim, a área é protegida. O culto a um só indivíduo é restrito.

A área de Tamu-ra não deve ficar sem um Lorde, era Urazyel.

Os Lordes desprezam o valor estratégico dos artonianos, continuou Gatzvalith. *Moldamos Crânio Negro como nosso general. Agora que está pronto, não devemos desperdiçá-lo. Cumpriremos a promessa que fizemos a Crânio Negro.*

Um lar.

Crânio Negro é artoniano, era Raigheb.

Ellisa Thorn era artoniana. Crânio Negro não é artoniano, e nem lefeu. Crânio Negro é nossa ferramenta, e devemos mantê-la funcionando. Igasehra torna-se o Lorde do Reino de Glórienn. Crânio Negro torna-se o Lorde de Tamu-ra.

Ellisa não tinha vontade de tirar o elmo. Sentia a máscara de caveira como seu rosto, agora mais do que sempre.

Chapinhou nas poças ácidas. As nuvens rubras trovejaram, acima. Segundo Gatzvalith, ela seria capaz de controlá-las, com o tempo.

Mas não tinha certeza se queria. Ellisa não era artoniana, desde que emergira do inferno. Não era lefeu, ainda — talvez nunca fosse. Era Crânio Negro, era algo intermediário. Não podia existir sem dor, nem em Arton, nem nas áreas de Tormenta. Agora, era senhora de seu domínio. Gatzvalith prometera, e não mentira: ela receberia seu lar, um mundo entre os dois.

Gatzvalith trouxera-lhe Ágata. Ellisa foi observar, enquanto a garota tecia um castelo.

— Não quero isso — disse.

Ágata estava ajoelhada numa cratera vermelha. Impossível saber o que existira lá, antes da destruição. Ágata olhou o elmo negro com rosto mortiço. Sua pele escamava em flocos vermelhos. Seus órgãos alienígenas começavam a se manifestar do lado de fora do corpo, rompendo a pele e mostrando suas formas bulbosas, seus espinhos negros, seus tubos latejantes.

— Não quero um castelo — disse Crânio Negro.

— O que você quer?

— Uma casa. Bem pequena.

Uma casa próxima a um bosque, com apenas um cômodo e duas portas. Uma mesa bamba, três cadeiras, uma chaleira sempre no fogo. Não queria um castelo; queria a casa de Nastara, a mãe de Vallen Allond, onde fora recebida como filha muitas vezes. Queria as estradas por onde tinham andado, o pântano com criaturas-sapos, onde os dois haviam discutido e lutado juntos. Queria as torres do Palácio Rishantor, e uma taverna onde Vallen esbravejara contra Ashlen Ironsmith. Queria uma sala na Catedral de Gelo, onde ela e Vallen haviam se deitado pela última vez.

Ágata tecia o mundo intermediário, para Ellisa.

Mas isso era o menos importante. Ela estava em meio à Tormenta, e tinha o único lar que conhecera.

O grupo.

Andou até o centro de seu domínio. Passou pelos vulcões, pelos fossos abissais, onde tentáculos e línguas farpadas serpenteavam. Passou pelas tempestades elétricas, pelos incêndios, pelas nevascas. Chegou ao Coração da Tormenta.

Toda área de Tormenta tinha um Coração: um ponto de onde o universo lefeu jorrava para Arton. Ellisa herdara o Coração de Igasehra, um abismo no centro da ilha de Tamu-ra, tomado por um redemoinho rubro. A Anticriação emergia daquele ponto, num fluxo constante, desfazendo e distorcendo tempo e espaço à volta.

Ellisa sorriu.

Porque, junto do Coração da Tormenta, estavam Nichaela e Masato. O fantasma da clériga meio-elfa ainda com as roupas do casamento tamuraniano, ainda guardando a semelhança do que fora em vida. Nichaela olhava os arredores vagamente, oscilando em sua forma translúcida, num estado eterno de meio despertar. De tempos em tempos, notava Masato. O samurai mal era visível, sua forma espectral envolta em correntes, preso para sempre ao centro da área de Tormenta. Quando Nichaela percebia onde estava, fazia uma expressão de horror. Mas não podia sair de lá. Não tinha correntes, mas estava tão presa quanto Masato Kodai.

— Ele está acordando — disse Ellisa, por trás do elmo.

Em seus braços, Vallen Drake piscou. A vida na área de Tormenta cobrava um preço ainda desconhecido do garoto. Vallen dormia quase o tempo todo, e parecia desaprender a caminhar. Não dissera uma palavra, desde que lhe fora entregue. Um pseudópodo emergiu do chão árido, indo instalar-se na boca do menino. Vallen esperneou, mas foi seguro por Ellisa. Um alimento pastoso, feito de Tormenta, fluiu para sua garganta.

Ashlen se encolheu. Gregor estava ao seu lado — braços, pernas, tronco e cabeça separados, mas ainda vivos. Suas partes esquartejadas estavam pregadas em placas de carapaça vermelha, fincadas no chão. Gregor desobedecera, e recebia um castigo. Rufus em sua jaula, o estômago e o peito costurados com matéria vermelha flexível, inchando aos poucos com sua própria área de Tormenta. Andaluzia estava em algum lugar — não fazia parte do grupo, e Ellisa não a queria tão perto.

— Estamos quase todos aqui — disse ela.

— Deixe-nos ir — disse Ashlen, como já dissera inúmeras vezes.

— Vocês são a minha casa. — O sorriso era audível.

Nichaela, Masato, Ashlen, Gregor, Rufus. Artorius morrera, o que fora infeliz e inevitável. Andilla há muito, e sempre objeto de saudade. Mas estavam lá, quase todos. E Vallen, principalmente Vallen.

Vallen e Ellisa.

CAPÍTULO 4

SEM FUTURO

— NUNCA ME SENTI TÃO MAL SEM QUE ALGUMA SUBS-tância ilegal estivesse envolvida — disse Edauros.

Examinou-se e determinou que sobreviveria. Estava ferido, sentia pedaços da roupa empapados de sangue. A dor generalizada tornava difícil precisar seu estado, e pontadas no tórax indicavam uma ou mais costelas soltas. Além de tudo, estava com frio, e assustado.

O terreno era pálido. Terra preta, rocha escura, manchada de gelo intermitente, e alguma neve jovem. Atrás, as Montanhas Uivantes, erguendo-se em uma muralha alva. Edauros pôs-se de pé, circulou pelos arredores, seguiu o barulho de correnteza. Meia hora mais tarde, achou que via o mar — errado, percebeu, era o Rio dos Deuses. O maior em Arton, o mais largo. Daquele ponto, não conseguia ver a outra margem. A água levava pedaços grandes de gelo, marcando o encontro do frio sobrenatural das Uivantes com o clima do noroeste.

Falou uma palavra arcana, fez um gesto, flutuou. A magia oscilou, como um titereiro cansado, e ele pousou brusco, a costela partida balançando, fazendo algum estrago por dentro. Edauros dobrou-se, segurando o próprio peito. Gastou as horas seguintes numa busca mundana, um pé depois do outro. Imaginou se não estaria encurtando a própria vida, mas não queria, ainda, encarar os ferimentos. Começava a anoitecer quando Edauros decidiu que estava sozinho.

— Merda — disse para si mesmo.

Não sabia fazer uma fogueira sem magia, e exaurira sua força arcana. Encolheu-se numa reentrância que era quase uma boa imitação de gruta, decidiu checar seu estado na manhã seguinte. Estava assustado, estava sozinho. Sentia que algo faltava no mundo.

Naquela noite, a febre atacou. Junto, a falta de Glórienn. Edauros nunca soube, e não havia ninguém para testemunhar, mas passou as longas horas de escuro choramingando e gemendo. Pesadelos da deusa fugindo, dando-lhe as costas. Visões da própria família, do massacre de Lenórienn. Em algum ponto, ele se arrependia da falta de religião. Glórienn abraçava-o com benevolência onipotente, e um alívio — então, Edauros acordava, e estava sozinho.

A hora mais escura, logo antes do amanhecer. Como estava, não perceberia um mamute. Os homens chegaram sem ranger uma pedra, sem que uma placa de gelo estalasse, e era mesmo impossível ouvi-los.

Gesto: *"Presença desconhecida abaixo. Sem marcas de acampamento. Aguardando instrução"*.

Gesto: *"Caolho e Ferrão, aproximem-se. Determinem hostilidade, assegurem a área"*.

— Luz — murmurou Darien.

Os dois aproximaram-se furtivos, ladeando a reentrância, agachados, as armaduras silenciosas. Ficaram lisos contra a rocha. Darien gesticulou que iria neutralizar o desconhecido, que Caolho cobrisse.

Num instante, espada na garganta, braço direito imobilizado. O segundo cavaleiro com sua lâmina desembainhada, bloqueando a passagem. Edauros acordou.

— É o elfo — disse Darien.

— Aliado? — disse Caolho.

— Aliado. É Edauros.

Caolho gesticulou para os outros.

Aproximaram-se num silêncio fácil. Dois acenderam tochas. O elfo estava pálido, tremia e suava. Suas roupas faziam barulhos de esponja.

— Está com febre — disse Darien.

— A última coisa de que precisamos é um elfo morto — disse Mefítico. — Caolho, acampamento. Manco, perímetro seguro. Alguém ainda tem bandagens?

Santo apresentou-se.

— Vamos juntar os pedaços deste civil. Luz?

— Luz, comandante.

— Nunca estive com tantos problemas sem que Edauros estivesse envolvido — disse Yadallina.

O minotauro puxou a corrente, ela sentiu o repelão violento no pescoço. A coleira de metal começava a esfolar a nuca, e seus pés abriam-se em bolhas vermelhas.

— Não force um castigo.

Yadallina virou a cabeça para cima, ficou mirando-o.

— Você não tem nada a temer, se ficar quieta — disse o minotauro. — Não queremos machucá-la. Esta é a nova ordem das coisas. Apenas isso.

À medida que andavam, o frio amainava. Ela acordara erguida pelos escravagistas, e logo fora assolada pelo ar gélido. Comera e bebera algo, ainda sem entender direito o mundo, e fora acorrentada, posta a caminhar. Presos na mesma corrente, dois elfos. Um definhava a olhos vistos, seus longos cabelos dourados caindo em tufos, as bolsas sob os olhos tornando-se mais fundas. Outro passava longos períodos calado, obedecendo com um sorriso estúpido. De horas em horas, piscava como se despertasse, olhava ao redor e gritava. Yadallina tentou conversar da primeira vez, mas foi inútil. Apenas a violência cuidadosa dos minotauros acalmava-o. Era o terceiro dia de caminhada, e o clima ficava mais quente, a terra mais verde.

Receberam ordem de parar.

O líder dos escravagistas dirigiu-se aos três prisioneiros. Era um minotauro compacto e largo, de pelo negro irregular e chifres adornados de prata. De todos, portava menos armas — uma espada larga e curta na cintura. Usava uma toga vermelha por cima de malha de aço, diferente dos outros, que ostentavam peitorais metálicos e placas espessas.

— Vamos descansar agora — disse o minotauro, como se falasse com crianças. — Não queremos que vocês morram, não queremos que nenhum ferimento infeccione. Por isso, vamos abrir as correntes.

O elfo com a cabeleira dourada inflamou-se. Inspirou curto, ficou empertigado.

— *Não* tentem escapar — suspirou o líder dos minotauros. — Se tentarem, vamos ter de machucá-los. Não poderemos mais abrir as correntes. São longos dias de marcha até nosso destino. Não precisam ser dias de martírio.

Yadallina se manteve quieta.

— Não sejam estúpidos. Aceitem nossa proteção.

Os escravos puderam sentar. As coleiras metálicas foram abertas. O elfo de imediato saltou de pé, olhando uma direção de fuga, mas recebeu um golpe de cajado no ombro, e caiu.

— Por quê? — disse o minotauro. — Isso foi estúpido. Agora, teremos de acorrentá-los de novo.

— Não é preciso — disse Yadallina.

O líder chegou mais perto.

— A tentativa de fuga foi boa para vocês — disse a elfa. — Vimos o que acontecerá se tentarmos fugir.

— Sua função aqui não é ter opiniões.

— Você sabia que ele tentaria fugir. Estava claro. Tirou as correntes para mostrar isso na prática. Deixe-nos livres por enquanto. Não vamos escapar.

Ele pensou um momento.

— Muito bem. Sem correntes por enquanto, e vamos limpar seus ferimentos.

— Obrigada.

— Mas vou prender suas mãos e amordaçá-la, garota.

Yadallina abriu os olhos.

— Você tem confiança de aventureira, mas não corpo de guerreira. Não quero que faça nenhum feitiço.

— Espere —

— Você é minha escrava, e não pretendo maltratá-la. Quero confiança mútua. Então, fale a verdade. É maga?

Ela mordeu o lábio inferior.

— Feiticeira.

— Diferença sutil, e ainda pior. Vamos, aceite os grilhões e a mordaça. Não crie problemas.

— *Dragões* — Edauros acordou com um engasgo.

Os Cavaleiros do Corvo estavam à sua volta, agachados, sentados em pedras, recostados em paredões. Darien sorriu, levantou-se.

— Bom dia. Dragões. Tem razão.

O elfo olhou o mundo em volta, apalpou o solo. Deitava na pedra, mas tinha dois cobertores fazendo as vezes de colchão, e outros dois aquecendo-lhe o corpo. Fixou o rosto de Darien, notou os demais. Tocou seu corpo, fez uma careta.

— Onde —

— Montanhas Uivantes — disse Darien. — Longe da pior parte. Próximos ao Rio dos Deuses. Quase na fronteira com Tapista.

Edauros tentou se erguer, Darien impediu. Caolho e Manco chegaram perto.

— Você ainda não está bem — disse Caolho.

— Estão todos aqui? — disse o elfo.

Darien fez que não.

— Apenas nós. O batalhão está completo, fora aqueles que morreram. *Sir* Orion não está em parte alguma, nem o anão. E nem —

— Yadallina.

Ele assentiu.

— Quanto tempo estive desmaiado?

— Este é o quarto dia — disse Manco.

— Yadallina —

— Estamos procurando por ela. Acredite.

Edauros parou, tentando organizar a mente. Voltou a notar a bola de gelo no estômago, a sensação de formigamento na espinha.

— Os dragões.

— Virrikiriel surgiu na cordilheira — disse Darien. — Acabou achando os outros. Ao menos os sobreviventes.

— Eles estão procurando Yadallina?

— Sua irmã tem um belo grupo de admiradores — disse Caolho.

Dois cavaleiros terminavam de preparar uma refeição desolada, e o estômago de Edauros manifestou-se de pronto. Santo, que assumira o tratamento do elfo, disse que era um bom sinal. Ajudaram-no a se erguer, e ele comeu com os corvos, partilhando quatro vasilhas que restavam entre todos. A sensação de pavor longínquo permanecia, aumentando de tempos em tempos. Os dragões circulavam em perímetros enormes, às vezes surgindo atrás das montanhas.

Depois de comerem, estabeleceram-se numa rotina pouco ativa, ouvindo os dragões quando chegavam, rondando a área por segurança. Darien forçou Edauros de volta à cama improvisada, fez que deitasse e se cobrisse. Não tinham nenhum clérigo, e não queriam outro surto de febre.

Silêncio.

— É tão ruim como os dragões falam? — disse Darien.

Edauros olhou-o.

— Eu sinto um pouco. Quase nada, para falar a verdade. Acho que os outros mal notam, a não ser quando estão entediados. Mas os dragões dizem que é uma agonia. Imagino que deva ser ainda pior, para um elfo.

Três ensaios de respostas, mas todas abortadas.

— Glórienn morreu? — disse Edauros.

Darien deu de ombros.

— Você é o elfo.

— Coma merda e morra. Odeio elfos.

— É tão ruim quanto os dragões dizem?

Pausa.

— É.

Darien soprou nas mãos para aquecê-las.

— Glórienn não faz nada além de trazer problemas — disse Edauros. — Típico de um elfo morrer em vez de fazer algo útil.

— Ela morreu mesmo?

— Não sei.

— Os dragões dizem que não está mais no Panteão.

— Então talvez tenha morrido. De qualquer forma, é uma sensação de merda.

Darien não falou nada.

Edauros sentia-se incompleto. Lembrava muito pouco de seu delírio febril, mas os pesadelos com Glórienn eram nítidos. Via a deusa dando as costas, sentia-a logo fora do alcance, quase podendo tocá-la com a mão estendida. A ilusão de que estava à distância de um braço, para tentar e ver que não, havia um abismo no meio. A impressão de Glórienn imensa, maior do que a vida, maior do que o mundo — e então minúscula, cabendo entre os dedos.

— Acho que Glórienn fugiu — disse Edauros.

— Deuses podem fugir?

— Que vexame para um deus. Espero que a desgraçada tenha levado um punhal nas costas.

Silêncio.

— Eles estão mesmo buscando Yadallina? — disse Edauros.

— Como se fosse a última virgem num bordel lotado.

Edauros espalmou as mãos.

— Minha irmã.

— Sem ofensa. Não quis dizer que é meretriz, ou que os dragões vão se aproveitar dela. Você entendeu, vamos. Tenho certeza de que é virgem.

— Minha *irmã*.

— Está certo, desculpe. De qualquer forma, estão atrás dela.

— Por quê?

Darien mastigou a bochecha.

— Não vi muita coisa no Reino de Glórienn. Estava ocupado tentando ficar vivo. Mas vi sua irmã fazer umas porcarias bem impressionantes.

Edauros franziu o cenho, como se tivesse esquecido. Deu um meio sorriso.

— Acham que Yadallina é um deles? Algum tipo de rainha dos dragões?

— Não vai me ouvir falando isso da irmã de um feiticeiro. Mas, bem, talvez sim. Os dragões não conversam esse tipo de assunto com seus bichos de estimação.

— Vocês são bichos de estimação?

— Todos somos. Precisamos ter cuidado para não cagar no tapete da sala.

— Eu sou dragão.

— Então não vou cagar no seu tapete, também.

Tempo.

— Precisamos achar Yadallina — disse Edauros. — Ela pode estar em perigo. Não importa o que tenha feito no Reino de Glórienn, ainda é minha irmãzinha retardada, e pode estar precisando de ajuda. Amanhã vou conseguir levantar daqui, e nossa prioridade será encontrá-la.

Darien ergueu uma sobrancelha.

— Estamos à mercê dos dragões, mais ou menos — disse. — Mas, assim que você estiver bem, os Cavaleiros do Corvo têm o que fazer, com ou sem dragões.

Edauros não entendeu.

— *Sir* Orion.

O elfo abriu os olhos, como se mal lembrasse do cavaleiro.

— Antes, vamos buscar Yadallina.

— Você é um feiticeiro. Os dragões vão ajudá-lo. Vamos tentar convencer um ou dois deles a nos arrastar para uma estrada, e vamos procurar *sir* Orion.

— Tenho certeza de que ele está bem. Deve estar com o anão. Yadallina está sozinha, precisa de nossa ajuda.

— *Sir* Orion é nosso superior —

— Existem yudenianos por toda parte, buscando o filho de Orion. Existe o anão. Uma ordem inteira de cavaleiros, prontos para ajudá-lo. Ele é um herói do Reinado, todos vão brigar pelo direito de prestar-lhe auxílio. Minha irmã está sozinha.

Pausa.

— Vamos fazer o seguinte — disse Darien. — Você consegue saber se *sir* Orion está bem? Digo, com uma magia ou coisa do gênero?

— Claro.

— Então, quando soubermos disso, vamos atrás de sua irmã. Satisfeito?

— Como um virgem num bordel recém-inaugurado.

Darien riu. Apertaram-se as mãos.

O nome do escravista era Tasthios; ele empregava guerreiros, e não se considerava maligno. Não via nada errado nas coleiras de metal e nas correntes, porque os minotauros viviam da escravidão. Não havia mulheres entre eles; tinham filhos com humanas ou meio-elfas. Minotauros ricos tinham haréns. Quase todos os minotauros tinham escravos. As elfas puras não lhes davam filhos, mas eram populares assim mesmo. E agora a escravidão élfica recebia aprovação divina.

— Você tem bons dentes — disse Tasthios. — Quase todos os elfos têm bons dentes. Acho que nunca vi um elfo com dentes podres. Isso sempre impressiona.

Yadallina sentia os dedos ásperos no interior de seu lábio. A mandíbula começava a doer, por estar aberta demais. Ela ficou parada.

Tasthios deu-se por satisfeito.

— Deixe-me sem a mordaça — disse Yadallina.

— Ora, você sabe como nosso arranjo funciona.

— Não vou fazer nenhum feitiço. Nem poderia, se quisesse. Vamos, deixe-me sem a mordaça.

Ele examinou-a um tempo.

— Convença-me.

Ela engoliu.

— Talvez não seja tão ruim viver em Tapista. Talvez haja um lugar para mim no seu reino.

— Tente de novo — Tasthios riu.

— Eu —

— Acredite, conheço escravos. Sei enxergar conformismo quando vejo. Existem aqueles abençoados com uma mentalidade escrava, mas você não é assim, pequena.

Ela soltou um fôlego desperdiçado.

— A verdade é que não sei o que fazer — disse Yadallina. — Não tenho certeza de onde estamos. Provavelmente conseguiria realizar um feitiço qualquer, mesmo sem usar as mãos, com algumas tentativas. Mas não sei onde estamos, não sei para onde ir. Até que eu saiba tudo isso, tentar fugir é inútil.

Ele esfregou o queixo.

— Certo. Mais razoável.

Deu algumas ordens. Yadallina ficaria sem a mordaça, até o anoitecer. Quando tivesse tempo para pensar melhor, seria mais perigosa.

— Obrigada.

A verdade é que estavam já dentro de Tapista, nos arrabaldes do reino. O Rio dos Deuses ficara para trás há quase uma semana, e haviam acabado de chegar a um entreposto não muito longe da cidade de Tile. Era um híbrido de mansão, hospedaria e depósito, uma propriedade vasta, com espaço para animais, carroças e mercadorias, atrelada a um prédio retangular de três andares. Tasthios era o único grande mercador hospedado naquele momento, mas havia outros dois mais modestos, que ocupavam pequenos espaços. Pelo que Yadallina descobrira, era um local onde negociantes e clientes reuniam-se para a compra e venda de escravos, um ponto de descanso para caravanas e um local neutro e seguro para negociações. Tasthios chegara com os três prisioneiros, e reunira-se com outros dois grupos sob seu comando, que arrastavam quase vinte elfos em correntes. Tudo indicava que um leilão lucrativo estivesse a ponto de ocorrer.

A hospedaria era também o lar de uma família abastada — um minotauro alto e esguio, antigo membro das legiões, e seus dois filhos. Duas esposas humanas serviam os três homens, e quase trinta guardas garantiam a segurança. Tasthios tinha consigo mais vinte guerreiros, e cada um dos pequenos mercadores era acompanhado de um ou dois guarda-costas. Um número formidável de combatentes minotauros, que estavam entre os melhores de todo o mundo.

Yadallina fora posta em um alojamento cheio de camas de palha enfileiradas, com os outros elfos de Tasthios. Os poucos que estavam feridos haviam recebido cuidados. Havia guardas do lado de fora da única porta, e Yadallina era a única que tinha as mãos presas.

Um dos elfos cantava baixinho.

— Vocês deveriam estar agradecidos — disse outro.

Um casal que se aconchegava ao seu lado dirigiu-lhe um olhar venenoso.

— Estão chorando sem motivo — insistiu o elfo. — Deveriam estar agradecidos.

Yadallina levantou-se com dificuldade, por causa das mãos presas. Foi até o homem e sentou no chão.

— Por quê?

Ele sorriu.

— Porque chegamos ao ponto final.

Alguém sibilou uma maldição élfica. O escravo balançou a cabeça.

— Desde a queda de Lenórienn, estamos perdidos. Não temos casa, não sabemos o que fazer. Oramos a Glórienn, mas nada adianta. Agora, finalmente, teremos um lar, de novo. Nosso povo terá identidade.

— Como escravos! — chiou alguém.

O elfo deu de ombros.

— É pior ser escravo do que ser refugiado? Pretendo ser o melhor escravo que puder. Talvez tenha uma vida agradável, com algum minotauro rico.

— Qual é o seu nome? — disse Yadallina.

Era Eniendallos. Ela também se apresentou.

— O que você fazia antes? — disse a elfa.

— Era sacerdote.

Contou sua curta história: era um clérigo de Glórienn. Viu sua deusa derrotada na queda de Lenórienn, e sentiu sua fé murchar. Ao longo dos anos, foi perdendo a confiança na deusa, até que os milagres abandonaram-no.

— Vi que não acreditava mais em Glórienn. E ela também não acreditava mais em mim. Mesmo assim, continuei sacerdote.

— Por quê?

Mais uma vez, ele deu de ombros.

— Era algo a fazer. Minha família estava acostumada. Vivi um tempo com um grupo de refugiados, e eles estavam acostumados. Quando ficavam doentes, eu fazia todas as orações. Quando morriam, eu dizia que era sua hora, que Glórienn estava lhes chamando.

Alguns elfos abriram as bocas, em horror. Eniendallos fez um rosto de enfado.

— A verdade não adiantaria nada. De qualquer forma, é bom parar de mentir. Sou escravo. Somos escravos. Esta é a verdade.

— E Glórienn? — disse Yadallina.

— Não sei. Os minotauros dizem que não está morta, mas é escrava de Tauron. De alguma forma, estou seguindo os princípios da deusa, não é? Estou seguindo seu exemplo. Sejamos escravos, agora.

Uma elfa cuspiu em sua direção. Um homem envelhecido chorava abafado.

— Todos vocês não amam Glórienn? — disse Eniendallos. — Sigam seus ensinamentos! Isto é quem somos. Talvez minha fé retorne.

Naquela noite, os minotauros entraram no alojamento com comida quente e roupas limpas. Trocaram as ataduras dos feridos. Dois homens de Tasthios carregaram um braseiro para dentro, onde havia um ferro de marcar. O mercador chegou logo atrás.

— Não lutem — disse Tasthios. — Não resistam. Vocês são minha propriedade, e vou apenas marcá-los com meu símbolo. Assim, meus clientes lembram meu nome. Sintam-se orgulhosos. São bons o suficiente para serem minha mercadoria.

Os minotauros ordenaram que todos ficassem nus. Alguns espernearam, mas os guardas mantiveram-nos seguros. Eniendallos apresentou-se com um misto de resignação e alegria. Depois de um tempo, chegou a vez de Yadallina.

Dois guerreiros seguraram seus braços, viraram-na de costas. Tasthios pegou o ferro de marcar de dentro do braseiro. A ponta estava alaranjada de calor.

— Boa menina. Não resista. Boa menina.

Encostou o metal na pele alva das costas da elfa. Um chiado forte, fumaça ligeira, e o cheiro de carne queimada. Tasthios retirou o ferro, e não havia marca.

— Eu disse *sem feitiços*. Estou muito decepcionado.

— Não fiz nada — disse Yadallina.

— Mordaça para você, de novo. Voltaremos daqui a algumas horas. Vamos continuar tentando, até que seu feitiço tenha se dissipado.

— Não fiz nada.

Mordaça.

A dor ardia bem real. Ela engolia o ar em porções enormes, tentando suportar. Largaram-na nua, no chão.

Os minotauros voltaram no meio da noite. Tasthios encostou o ferro, mas não conseguiu marcá-la. Mais duas vezes durante a manhã, e uma no início da tarde.

— Por que tornar as coisas mais difíceis, pequena?

Chamou um de seus homens. Foi mais trabalhoso, mas conseguiram marcar Yadallina com uma navalha, cortando o símbolo de Tasthios em sua pele. Deixaram o ferimento infeccionar, para que a cicatriz fosse bem visível.

Edauros acordou com os dragões rugindo, e sabia o motivo. Tocou as próprias costas, onde uma lembrança de dor ainda restava. Não era sua dor, não era ele quem estava marcado. Os cobertores voaram, arrancados pelo vento das asas de um dos azuis, ouviu-se um estalar elétrico. A inquietação era quase um pânico. Estavam furiosos.

Ele se ergueu com a mão no tórax, encontrou a noite agitada.

— Sei onde está minha irmã — disse para o primeiro cavaleiro que encontrou.

Dois dias depois de marcada, Yadallina já conseguia mexer os braços. Qualquer movimento brusco ainda provocava uma sensação como se a pele das costas fosse arrancada, mas não estava tão endurecida. Podia-se ouvir um burburinho crescente fora do alojamento. O som de cada vez mais pessoas, clangor de metal e vozes graves.

Tasthios adentrou com alguns guardas, atarefado e dando ordens rápidas.

— Hoje é o grande dia — disse, esfregando as mãos. — Ainda temos algum trabalho. Por favor, colaborem. Não tenho tempo para ser paciente.

Dividiu os elfos em dois grandes grupos. Os mais dóceis foram postos de lado, enquanto que os revoltados foram presos em grilhões mais elegantes, amordaçados com panos vermelhos de bom gosto. Tasthios passou entre eles ditando anotações para um escravo antigo, um meio-elfo calvo. Eram lembretes para si mesmo sobre as qualidades mais aparentes e notáveis de cada escravo, as habilidades que cada um possuía, segundo o que conseguira apurar. Como se estivesse prestes a apresentar um espetáculo, verificava cada detalhe.

Um minotauro trajado em uma toga bordada foi ter com ele. Falou sobre os compradores que já haviam chegado, e os primeiros boatos que pescara de cada um. Detalhes iniciais sobre o que cada freguês procurava, e quais tinham mais ouro a gastar. Com base nisso, Tasthios separou alguns elfos, ordenou que trocassem as roupas de uma mulher. Um terceiro secretário entregou-lhe um pergaminho enrolado, com listas de nomes de familiares dos clientes mais importantes. Tasthios leu-os em voz alta algumas vezes, fechou os olhos e testou a memória. Era importante decorar os nomes, para que fingisse os interesses corretos.

Chamou Yadallina em particular. Escoltada por dois guerreiros.

— Tirem-lhe a mordaça.

Tiraram.

Os cantos da boca da elfa estavam machucados. Sua língua estava seca demais, amortecida em partes.

— Vamos esclarecer algo, menina — disse Tasthios. — Você vai causar problemas?

— O leilão será hoje?

— Vai causar problemas?

Ela ficou calada.

— Você pode aparecer com as mãos presas, com uma mordaça lhe cobrindo a boca. Por Tauron, se for necessário, posso acorrentá-la até que não consiga piscar. Mas não quero fazer isso. Sabe por quê?

— Porque, então, eu não seria uma mercadoria tão bonita.

Ele assentiu.

— E também porque você estaria jogando fora uma bela vida, pequena elfa.

Ela olhou de relance para os lados. Não havia muita resistência, mesmo entre os elfos mais raivosos. Eniendallos estava sorrindo e puxando conversa.

— Existem dois fregueses antigos aqui hoje — continuou Tasthios. — Lorde Gallastro e lorde Peraklos. Ambos têm muito dinheiro, o que é bom para mim. E ambos querem uma elfa bonita e inteligente, o que é bom para você.

— Por quê?

Tasthios bufou.

— Porque você *vai* ser vendida, pequena. Pode ser vendida para um dos dois lordes, que são conhecidos por tratar bem suas escravas. Vivendo com Gallastro ou Peraklos, você terá de conversar sobre música, ouvir e contar histórias, ler poesias. Falar sobre sua cultura.

— E deitar com eles.

— É claro. Mas nenhum dos dois machuca suas escravas. Você vai ser vendida, e pode acabar com um dos dois lordes, ou pode acabar com um sargento das legiões, em busca de diversão para uma decúria inteira. O que prefere?

Silêncio.

— Ainda melhor — disse Tasthios. — Existe quem deseje nada mais que um mago ou feiticeiro a seu serviço. Comporte-se bem hoje, e talvez consigamos convencer um freguês de que você é mais útil como feiticeira.

— Uma escrava de luxo.

— De confiança. E acredite, os minotauros tratam *muito* bem seus escravos arcanos. Você não precisaria se deitar com ninguém. Teria uma vida muito melhor que a de um refugiado.

Ficaram se olhando.

— Mas isso só acontecerá se você for bem-comportada. Confie em mim. Vamos trabalhar juntos. Tiro-lhe as algemas, a mordaça. Você faz alguns truques para os clientes. Em troca, recebe segurança pelo resto da vida. O que me diz?

Não fossem tão disciplinados, os azuis teriam partido na mesma hora, para resgatar Yadallina. Por seu sentido de ordem, apenas rugiram e esmigalharam pedras. Virrikiriel determinou que atacariam com planejamento, em grupo. Usaram vidência para enxergar a hospedaria, ver o número de guardas do lado de fora.

Os Cavaleiros do Corvo traduziram as informações em seus próprios códigos, e começaram a discutir estratégia.

— Os dragões podem destruir tudo aquilo — disse Edauros, indo sentar-se em volta da fogueira com os outros. — Chacinar os minotauros. Simples, rápido.

— Os escravos morreriam — disse Mefítico. — Temos hostis e aliados mesclados no local. Não fazemos ideia de onde está o objetivo primário —

— Yadallina — esclareceu Darien.

— É uma situação com reféns. Os hostis podem usá-los para se proteger. E não sabemos se têm potencial mágico. Temos entre cinquenta e setenta hostis, todos com armamento e proteção de terceiro patamar, em ambiente desconhecido. Não podemos presumir nada.

Pausa.

— Então...? — disse Edauros.

— Entrada e saída rápidas, apenas com humanoides — disse Mefítico. — Inserção dividida em quatro equipes. Três com prioridade de eliminação dos alvos mais perigosos, a última apenas para realizar a extração do objetivo primário.

— Yadallina — disse Edauros.

— O nome de sua irmã agora é "objetivo primário" — disse Darien. — Comece a pensar nos objetivos como pessoas, e você começa a ficar emotivo. E então tudo vai por água abaixo.

— Prioridades? — disse Caolho.

— Primeira é extração da elfa, claro. Segunda, eliminação dos líderes entre os hostis. Terceira, extração dos outros escravos. Quarta, eliminação dos demais hostis.

— Luz — disse Caolho.

— Vou com vocês, claro — disse Edauros.

Darien cutucou-o nas costelas. O elfo perdeu a respiração de dor.

— Você fornece apoio, no máximo — disse Mefítico. — Não está em condições de entrar em combate direto.

— Dê-me uma adaga e um par de muletas, e mostro quem não está em condições.

— Um civil iria atrapalhar tudo — disse Darien. — Precisamos de um meio rápido de entrada. Pode ajudar nisso?

Edauros pensou um instante.

— Posso — disse, com um sorriso predatório.

Havia ainda mais clientes do que o esperado. Tasthios alternava-se entre um frenesi nervoso, distribuindo ordens e verificando detalhes, longe dos olhos dos fregueses, e uma postura de total encanto, ao tratar com eles. A memória não traía: conseguiu lembrar os nomes de todos os familiares importantes, perguntar sobre ocasiões no passado, fazer comentários de relevância. Era um vendedor nato.

Início da noite, todos reuniram-se no salão principal. Havia guerreiros, mas em número reduzido — os compradores sabiam que estavam em segurança, e cada um era acompanhado de um ou dois guarda-costas. Nos bastidores, do outro lado de uma parede, a situação era outra. Os guerreiros da casa e de Tasthios vigiavam os escravos de perto. Controlavam a brutalidade para não gerar nenhum lábio inchado ou hematoma. Mas mantinham vista firme sobre cada um.

Tasthios subiu a um tablado, cumprimentou os fregueses, e iniciou o espetáculo. Primeiro, os produtos mais baratos. As elfas que seriam apenas brinquedos, os elfos que trariam um certo refinamento às tarefas domésticas básicas. Os minotauros entraram numa espécie de competição divertida, superando as ofertas uns dos outros. Testavam-se, concediam pequenas vitórias aos adversários amigáveis. Preparavam-se para as mercadorias mais preciosas.

Súbito, os corações dispararam. Tasthios sentiu a boca secar, suas pupilas dilataram. Fechou as mãos por instinto. Um elfo começou a tremer sem controle, batendo os dentes. Os clientes entreolharam-se. Alguns guardas deixaram o salão, indo examinar o que acontecia. Do lado de fora, os guerreiros estavam agitados.

Os dragões circulavam, baixo o suficiente para exalar sua presença. Os Cavaleiros do Corvo trocaram sinais. Santo era responsável por marcar o tempo. Haviam estimado o que seria necessário para que os minotauros ficassem confusos, seus guardas abalados o suficiente para que a vigilância falhasse.

Uma aura de escuridão cercava os azuis. Era quase impossível notá-los contra o céu noturno.

Santo deu o sinal. Mefítico, que comandava a missão, gesticulou para o próximo, que transmitiu a mensagem, e assim até que todos estivessem cientes. Edauros, montado sobre Virrikiriel, murmurou a última sílaba mágica. Os Cavaleiros do Corvo saltaram de seus dragões.

Queda livre por dezenas de metros. Ajustavam a trajetória como mergulhadores. Quando chegaram próximos do teto do grande prédio, a magia do elfo teve efeito. O peso de cada um diminuiu a uma fração, e eles pousaram leves como plumas, em silêncio absoluto.

Todos sobre o teto, agachados, quatro examinaram os arredores. Fizeram sinais, indicando dezesseis hostis em volta. Mefítico mudou a tática: destacou três como isca, para atrair a atenção dos guardas. As equipes se reajustaram. A um sinal, entraram em ação.

As três iscas saltaram ao chão em silêncio. Esgueiraram-se até um ponto propício, e então fingiram se esgueirar. Fazendo barulho proposital, foram notados.

Gritos, alerta. Os minotauros agarraram suas espadas e machados, e correram para os três Cavaleiros do Corvo. Eles dispararam à frente, limpando a área da maior parte dos guardas. Ouvia-se o burburinho dentro do prédio.

Quatro minotauros haviam permanecido em seus postos, guarnecendo o exterior. Enquanto alguns cavaleiros amarravam as cordas para a descida, outros eliminaram os guardas restantes com tiros precisos de suas bestas.

Os primeiros desceram as cordas, em rapel. Cada um tomou de uma marreta, e golpeou uma janela, abrindo passagem para o próximo. O segundo de cada equipe pulou para dentro do prédio, a besta de prontidão, determinando o estado de onde haviam entrado. O primeiro de cada equipe, então, juntou-se ao companheiro, cada um cobrindo o outro com os virotes prontos.

Darien foi o terceiro de sua equipe. Saltou pela janela, rolando no chão, cobrindo os dois companheiros já inseridos. Um minotauro jazia, com dois virotes na garganta. O quarto da equipe entrou, e Darien sinalizou que avançassem. Sua missão era limpar a área de hostis, enquanto outra equipe resgataria Yadallina.

Já havia uma gritaria militar dentro do prédio. Os minotauros distribuíam ordens uns para os outros, em suas vozes graves. Podia-se notar, também, que nem todos mantinham a calma. Darien avançou sua equipe por um corredor, rápido e em silêncio, todos agachados com bestas e lâminas prontas. Antes da primeira esquina, encontraram uma porta fechada. Sinais. Manco foi até a porta, derrubou-a com um golpe de marreta nas dobradiças, protegeu-se colado à parede. Darien e Caolho irromperam na abertura, encontraram três minotauros, dois deles armados.

Os dois guerreiros receberam virotes entre os olhos, antes que pudessem reagir. Darien e Caolho investiram, sacando as espadas, cortando seus pescoços por garantia. O terceiro minotauro foi alvejado por duas setas, vindas de Manco e Fidalgo. Examinaram o aposento num relance — era um quarto vasto, com várias subdivisões. Fidalgo encontrou dois humanos, supostamente escravos, encolhidos numa saleta. Os cavaleiros algemaram e amordaçaram os escravos.

— Fiquem calmos — disse Darien. — Fiquem calmos, e não têm nada a temer.

Saíram do quarto, avançaram pelo prédio. Examinavam cada esquina, antes de dobrá-la. As outras equipes faziam o mesmo, e logo o perímetro do terceiro andar estava determinado e limpo. Os minotauros começavam a entender o que acontecia, mas seu pavor também aumentava. Os cavaleiros ouviram as portas da frente baterem, e uma voz grave chamando guardas como escolta.

— É o térreo — disse Formoso. — Minotauros odeiam altura. Devem estar reunidos no térreo.

— Tem certeza? — disse Mefítico.

— Luz.

Sinalizou para os líderes das outras equipes. Os corvos passaram pelo segundo andar como um furacão, eliminando os alvos mais perigosos e procurando as escadas. Entraram no andar térreo com guerreiros minotauros em seu rastro, mas mantinham o avanço dos inimigos custoso, numa chuva de virotes.

Darien levou sua equipe num semicírculo à esquerda, logo à frente de uma dezena de guardas uniformizados. Sempre correndo, achou uma passagem estreita, um corredor que se estendia por alguns metros. Enfiou sua equipe ali. Quando os minotauros surgiram, os Cavaleiros do Corvo tinham as bestas apontadas. Seus oponentes investiram, espadas em punho, mas apenas dois conseguiam passar de cada vez. Sua superioridade numérica desvaneceu num instante, e os corvos presentearam-nos com uma barragem de setas.

Cinco inimigos mortos, os outros cinco se organizaram. Ergueram seus escudos, avançando lentos, mas protegidos. As setas não conseguiam penetrar. Darien recuou seus homens, mantendo a chuva de virotes, até que emergiram numa sala vasta. Alguma equipe já passara por lá — cadáveres de minotauros pelo chão.

No ambiente aberto, os hostis teriam vantagem de novo — mas os cavaleiros esperavam-lhes na boca do corredor, e atacaram com as espadas, dos dois lados ao mesmo tempo, estocando por entre as placas das armaduras. Dois morreram rápido, um terceiro foi derrubado e Caolho cortou sua garganta. Os dois restantes foram surpreendidos pelos corvos de novo no corredor, disparando suas bestas. Os escudos foram lentos, e os virotes se alojaram em pescoços e olhos.

Seguiram, mas às cegas. Darien praguejou — a missão fora planejada com informações mínimas. A arquitetura dos minotauros era labiríntica. Quando achou que poderia se perder, Darien fez com que sua equipe marcasse o caminho por onde passavam. Logo encontrou marcações de outra equipe. Correram, e chegaram ao salão principal.

Havia corpos de minotauros pelo chão, mas muitos outros vivos, com armas. Outras duas equipes presentes — Darien não enxergava a equipe principal, que deveria resgatar a elfa. O que parecia ser o líder dos minotauros protegia-se atrás de seus guardas. Estavam mesclados com os elfos, e havia vários outros minotauros entre os grupos.

Darien trocou sinais rápidos com os líderes das outras equipes. Eles fizeram o que os minotauros não esperavam — atacaram.

Correram, disparando as bestas contra os guardas próximos aos elfos. Passaram pelos outros, evitando seus golpes, derrubaram vários minotauros antes que chegassem à distância de espadas. O ataque foi devastador; o líder inimigo teve sua garganta cortada por algum cavaleiro silencioso, antes que seus capangas pudessem reagir.

Os cavaleiros cruzaram o salão, ficando de costas para a parede oposta. Fidalgo e Santo foram procurar uma saída, enquanto os demais repeliam os minotauros. De repente, ouviu-se uma voz:

— Objetivo primário!

Vinha de trás da parede. Os corvos recuaram, Santo achou a porta para os bastidores. Lá, a equipe principal achara Yadallina, e matara grande parte dos minotauros de guarda.

— Extração! — disse Mefítico.

Manco fechou os olhos, e soube que os dragões tinham ouvido seu pensamento.

Darien liderou sua equipe no ataque aos guardas na sala dos bastidores, enquanto os outros cavaleiros rechaçavam os minotauros na entrada. Um estrondo, e outro — uma parede se esfacelou. Uma golfada de ar frio tomou a sala, e o rugido dos dragões se fez ouvir.

Os Cavaleiros do Corvo correram para a noite. Dois conduziam Yadallina, que apenas olhava para trás.

Céu sobre as cabeças, os primeiros foram apanhados nas garras dos azuis. Os minotauros despejavam-se para fora do prédio, caçando os intrusos. Foram recebidos pelas três iscas, que já haviam voltado e tinham suas bestas de prontidão, cravejando-os de setas.

Mefítico e Darien foram os últimos a escapar nas garras monstruosas.

— Extraímos a elfa e eliminamos os líderes — gritou Mefítico, acima do vento. — Não está mal.

— Luz, comandante — riu Darien.

Embaixo, minotauros e escravos confundiam-se, avaliando perdas.

Edauros não conseguia soltá-la.

— Estou bem — disse Yadallina, tendo cuidado para não ferir o irmão no abraço. — Estou aqui. Estou bem.

Os cavaleiros comentavam a missão. Estavam do outro lado do Rio dos Deuses, e isso lhes garantia alguma segurança. Mas sabiam que, tão logo amanhecesse, deveriam partir. Os minotauros estariam no seu encalço.

— Quer voltar e libertar os outros? — disse Edauros.

Yadallina deu de ombros.

— Muitos deles querem ser escravos.

Edauros mordeu o lábio.

— Por que não fez nada? — disse o elfo. — Por que não fugiu de lá sozinha?

Yadallina olhou os dragões. Alguns voavam em círculos, acima. Outros estavam pousados em rochedos próximos. Prestavam uma atenção intensa aos movimentos da elfa.

— Eu sabia que eles viriam, Edauros.

— Eles?

— Os dragões. Não sabia se você viria. Não fazia ideia sobre os humanos. Mas sabia que eles viriam.

— Você *poderia* ter escapado de lá sozinha.

Ela fez que sim.

— Era um pouco fascinante, na verdade. Olhar aqueles elfos. Um deles estava tão *feliz*. Acho que eu queria ficar lá um tempo. Observar.

Ele franziu o cenho.

— Não me senti em perigo. Sabia que os dragões viriam. Queria entender o que está acontecendo.

— Você é louca, minha irmã.

— Acho que este não é um bom momento para ser um elfo.

— Então, ainda bem que não somos.

Tiveram esparsas horas de sono. Yadallina sentia-se fervendo, não conseguiu dormir. Levantou para andar a esmo. Edauros quis acompanhá-la, mas a elfa determinou que ele precisava de descanso. Com um feitiço curto, ele adormeceu.

Quase manhã, os dragões foram os primeiros a notar. Logo, Edauros também — acordou sobressaltado, com um jato de apreensão. Os azuis rosnavam, confabulavam. Os Cavaleiros do Corvo se reuniram.

Asas contra o alvorecer. Ficaram mais nítidas, e eram dez pares — dez dragões. Yadallina flutuou, fez um encanto para enxergar melhor. Eram dez brancos.

Quando chegaram, curvaram as cabeças.

CAPÍTULO 5

O CAVALEIRO DO CORAÇÃO QUEBRADO

CRÂNIO NEGRO BALANÇOU A CABEÇA, O ROSTO CRISPADO em decepção.

Errado: não tinha a queimadura ácida. Na mão frouxa, um arco, ainda não encordoado. Flechas na aljava à cintura, armadura de couro macio em volta do corpo delgado. Ainda não era Crânio Negro. Ellisa Thorn.

Orion achou estranho odiá-la tanto, porque era jovem e cheia de certeza. De alguma forma, não era fácil odiar os jovens. Orion estendeu o braço, pensou tocar Ellisa, mas logo decidiu em contrário. Achou que a imagem era fugidia e quebradiça, e poderia se desvanecer, caso submetida à realidade.

Ellisa falou em voz muito baixa. Um tom de mágoa profunda, mais incisivo que um grito.

— Por quê, Vallen?

O jovem louro deu um passo até ela, mas Ellisa recuou.

— Rufus é um dos nossos — disse Vallen, numa voz clara, livre de dúvidas.

— Isso é teimosia pura. Vamos seguir nosso caminho. Já fizemos muito mais do que ele merecia.

— Ellisa, ele é *um dos nossos.*

— E eu não sou?

Vallen Allond fez um gesto de impaciência, expeliu o ar com força.

— Todos somos, Vallen — ela continuou. — Por que Rufus tem mais valor do que Artorius, Gregor, Nichaela? Por que tem mais valor que eu?

— Rufus *não tem* —

— Você está arriscando as vidas de todos! Por ele!

— É claro.

Ficaram se olhando.

— E não acha nada de errado nisso? — disse Ellisa.

— É o que fazemos.

— Não é o que Rufus faz.

Vallen não teve resposta, por um minuto.

— Não importa — disse, por fim. — Se você o despreza tanto, não deveria querer que eu me comportasse como ele.

— Vallen, por favor —

— Fique aqui, se quiser.

— Não volte a insistir nisso.

— Então, venha comigo. Vamos todos juntos.

Ele chegou mais perto. Dessa vez, Ellisa não se esquivou.

— Existe algo que eu possa dizer para fazê-lo mudar de ideia?.

— Nada — Vallen sorriu.

— Ele está *doente*, Vallen.

— Pois vou quebrar a cara dessa doença.

Ellisa não viu graça.

Abraçaram-se. A clériga meio-elfa se fez visível. À medida que chegava mais perto, mudava de aparência. Seus mantos dourados e verdes transformaram-se em vestes tamuranianas. Um olho sumiu, os cabelos moldaram-se em um penteado complexo.

Nichaela olhou para frente, como se enxergasse Orion.

— Ellisa não foi a única culpada. Se não tivéssemos ajudado Rufus, talvez tudo fosse diferente. Começamos algo que não pudemos terminar. Você nunca cometeu um erro?

Movimento.

Orion abriu os olhos. Em um instante, achou a espada, tateando na relva. Lua alta, raciocínio embaralhado. Virou-se para olhar atrás do tronco caído, e enxergou um cavalo branco.

Ponta de metal nas costas. Congelou, rendido.

— Você deveria prestar mais atenção — disse Vanessa.

Ainda não estava fora de Bielefeld. Pudera; não tinha nem mesmo um cavalo. Era a quarta noite que dormia nos bosques, e pensava ter uma boa ideia da direção que seguia. No início, achou ter sido acordado pelo barulho — os cascos largos de Bandido, o majestoso corcel branco, esmagando folhas mortas. Logo percebeu: o que o despertara fora o perfume.

Vanessa ainda tinha o mesmo cheiro de especiaria e couro.

— O que você está fazendo aqui? — disse Orion, após uma eternidade de indecisão. Entre tudo a falar, escolheu o mais prosaico.

— Eu tenho a espada. Eu faço as perguntas.

Orion começou a se erguer. A ponta da arma cutucou-o.

— Não mandei levantar — disse Vanessa.

Orion sentiu como se um anzol repuxasse sua garganta.

— Quer que eu seja seu prisioneiro?

— Talvez.

— Vanessa —

— *Não mandei* —

Orion se ergueu de um salto, girou, deixando cair a própria lâmina. Segurou o pulso da clériga com sua única mão, fez com que abaixasse a arma.

Vanessa soltou-se.

— Você é mais rápida que isso. Vou presumir que não queira matar seu marido.

— Você não é meu marido — trocando um olhar fixo.

Bandido, ao fundo, quase parecia achar graça.

— Está com fome? Com frio? — disse Orion.

— Não.

— Aceita uma justificativa para fazer uma fogueira e sentar comigo durante um tempo?

Pausa.

— Aceito.

Orion tentava não olhar. Difícil, porque ela era linda. O coração esmurrava-lhe o tórax. Sentia-se como um garoto ansioso, frente à menina mais cobiçada do baile. Muito consciente de cada movimento, cada inadequação. Também como um garoto, sentia a inquietude na virilha, pela simples proximidade.

— Por que fogo tão baixo? — disse Orion, para dizer algo.

— Você está sendo seguido.

Ele franziu o cenho.

— Não sabia? — disse Vanessa.

— Imaginei que talvez estivesse. — Olhou para todos os lados, procurando uma saída digna. — Não, não sabia.

— Não é vergonha — disse Vanessa, mordendo um pedaço de carne defumada. — Quem quer que seja, são bons rastreadores.

— Achei que não estivesse com fome.

— Não estou. — Engoliu. — Mas é uma justificativa para ficar aqui.

Silêncio, por quase dez minutos. Orion travava uma batalha, pensando no que dizer. Tudo parecia estúpido.

— Como perdeu o braço? — disse Vanessa.

Ele teve um sobressalto ligeiro.

— Queimadura. Baforada de dragão.

— Dragão?

— Sckhar.

Vanessa deixou um sorriso escapar aos lábios.

— Você sobreviveu a uma baforada de Sckhar?

— Na verdade, só ao calor. E quase morri.

— Por que não pediu a algum clérigo que lhe devolvesse o braço?

— Pedi. Não conseguiram.

— Ah — fez Vanessa.

Silêncio.

— Pensei que — ela começou.

— Pensou que eu tivesse me recusado, por me achar indigno, ou algo parecido?

Apesar de si mesma, ela sorriu de novo.

— Sim.

— Você também não recuperou seu olho.

Ela fechou o rosto.

— Não.

— Por quê?

— Porque não quis.

Orion apanhou um graveto, cutucou a fogueira. Um tempo longo transcorreu, e ele pensou que estava deixando algo escapar.

— Se remexer mais nisso, vai acabar apagando o fogo — disse Vanessa.

— Já basta, não?

Ela encontrou seus olhos, como que desprevenida.

— Por que está aqui? — disse Orion. — O que houve nesse tempo, Vanessa? Por que está em Bielefeld?

Ela abriu os lábios vermelhos, fechou-os. Mastigou os dentes, fazendo o maxilar mover-se por baixo da pele.

— O que aconteceu com você? — disse Vanessa.

— Vai ter que me responder, mais cedo ou mais tarde.

— O que aconteceu com você?

— Fui banido.

A fogueira estalou.

— Nada mais de Ordem da Luz, Vanessa. Nada mais de estandarte, terras ou título. Estou dormindo ao relento porque Bielefeld não me quer mais.

O instinto da clériga foi estender a mão e tocá-lo. Conteve-se.

— Por causa dos Cavaleiros do Corvo — disse Orion.

— Cavaleiros do Corvo?

— Um batalhão que treinei. Seguindo preceitos de Yuden.

— Ouvi falar.

Ele quis saber como.

— Encontrei os yudenianos, Orion. Os homens que buscavam Vallen.

Orion fez um muxoxo.

— Você fez a coisa certa — disse Vanessa. — Finalmente.

— E o que você acha disso?

— Acho que é tarde demais.

Silêncio.

— Vocês, devotos de Khalmyr, fazem todas as coisas certas. Por todas as razões erradas.

A noite mudava, lenta e inevitável. De alguma forma, havia uma sensação de escudo na escuridão, uma irrealidade que possibilitava aquilo acontecer. Orion pensou que, de manhã, as coisas seriam diferentes.

— Não é sobre nada disso que quero falar — disse Orion.

Ela se ergueu, foi verificar o cavalo.

— Quero falar sobre o que aconteceu — insistiu ele.

— Sabemos o que aconteceu. Você deixou seu pai raptar Vallen.

— Sobre tudo que aconteceu.

— Isso é tudo.

— O que está pensando, Vanessa? O que pretende fazer?

— Isso concerne a mim, a Keenn e a meu filho.

— O que descobriu sobre Vallen?

Ela estacou, incapaz de uma resposta rápida.

— Então, por isso está aqui — disse Orion.

— Mude de assunto.

— Encontrou o Cavaleiro Risonho?

— Mude de assunto.

— O que houve? Tem alguma pista?

— Mude de assunto, Orion, ou vamos lutar.

— Você é uma sacerdotisa, não uma criança beligerante.

— Fomos casados por tanto tempo, e você ainda é incapaz de me respeitar? Ainda não me conhece?

Pausa.

— É claro que encontrou o Cavaleiro Risonho — disse Orion. — Por isso está com Bandido.

Ela ficou em silêncio.

— Não foi vitoriosa, porque não está com Vallen.

O cavalo bufou, agitou a crina. Vanessa esforçava-se para permanecer de costas.

— Ele está vivo?

— Acho que sim — disse a clériga.

— Precisa de ajuda?

Quase amanhecendo. Ele tremia de um frio que vinha do estômago, uma sensação de abandono iminente. Num turbilhão, mudava de ideia a cada instante. Queria nada mais que Vallen estivesse em perigo, em perigo mortal — para que Vanessa precisasse dele. Vanessa era de Keenn, era guerreira. Mais habilidosa, rápida, matreira e forte do que ele mesmo. Se Vanessa precisasse de ajuda, os inimigos seriam terríveis. Vanessa nunca precisava de ajuda.

— O cavalo é traiçoeiro — disse Orion.

Ela olhou-o de esguelha.

— É só um cavalo.

— Deveríamos cortar sua garganta.

Bandido pateou o chão.

— Será que está finalmente aprendendo, Orion? Depois de todos esses anos, descobriu que o melhor modo de lidar com um problema é matá-lo?

— O cavalo roubou nosso filho.

— Quem roubou meu filho foi o Cavaleiro Risonho — disse Vanessa. — De qualquer forma, duvido que matar o animal vá fazer qualquer diferença. Seu pai deu-me Bandido porque quis, mas deve ter uma dezena de outros planos.

— O Cavaleiro Risonho lhe *deu* o cavalo?

Bandido olhava tudo com uma expressão de inequívoca superioridade.

— O que você acha que aconteceu, Orion?

Achava que algo, há quase dois anos, fizera a vida tomar um desvio errado. Achava que o mundo não era de verdade, que as pessoas em volta iriam perceber, em algum momento, que nada estava no lugar certo. Que era um engano.

— Acho que você precisa de ajuda — disse Orion.

Ela deu um riso cínico.

— Você não mudou — disse Vanessa. — Às vezes, julga-se um pobre bastardo sem sorte ou honra. Outras, o único campeão capaz de salvar os indefesos.

— Você encontrou o Cavaleiro Risonho. Você —

— Eu *não* preciso de ajuda. Enfrentei seu pai, e fui derrotada. Ele está velho, está morrendo, e mesmo assim fui derrotada. Não sou eu quem *deve* enfrentar seu pai. Não estou aqui para pedir ajuda, Orion. Estou aqui para arrastar a única pessoa que interessa ao Cavaleiro Risonho. *Você* deve enfrentá-lo. Eu vou apenas indicar o caminho certo, e pegar meu filho, quando tudo acabar.

— Nosso filho.

— Eu ofereço a Vallen educação segundo a doutrina do Deus da Guerra, uma vida de glórias. Abrigo certo junto à igreja, um futuro brilhante. O que você oferece? Cavalaria? Terras?

Ele ficou em silêncio.

— Você não pode destruir o passado, Vanessa. Nem tudo se resolve pela força.

— Quer que eu concorde? Quer que eu diga que Vallen é nosso filho, e que iremos resgatá-lo juntos?

Ele sentiu um gelo crescer espinha acima.

— Quer que eu lhe beije na boca, quer que me deite com você e lhe jure amor? — Vanessa erguia a voz. — Posso fazer tudo isso, Orion. Estou preparada para fazer o que for preciso, numa batalha. Posso fazer tudo isso e então, quando Vallen estiver seguro, enfio uma adaga em suas costelas. Quer isso?

— Vanessa —

— Acha que eu não seria capaz?

— Claro que é capaz. Mas —

— Orion — ela rosnou.

— Mas você me ama.

Azgher despontou. O mundo surgiu muito nítido e gelado. Qualquer chance era derretida pela clareza da manhã.

— Tenha mais respeito por você mesmo — disse Vanessa. — Você é melhor do que isso. Não se agarre a ilusões, não rasteje. É claro que já o amei, Orion. Poupe ao menos essa memória.

Ela se pôs a tarefas de rotina. Enterrou os restos da fogueira, encilhou Bandido. Orion tinha pouco a fazer, e sentiu-se uma criança.

— Como o Cavaleiro Risonho conseguiu vencê-la? — disse.

Vanessa acelerou as tarefas, concentrando-se a ponto de ficar distraída.

— O Deus do Caos emprestou força a ele? Como você foi derrotada?

— Apenas faça o que eu disse, Orion. Venha comigo atrás do Cavaleiro Risonho.

— Você está sendo tão ruim quanto ele.

Por instinto, ela agarrou o cabo da maça.

— Fazemos isso juntos — disse Orion. — Ou não fazemos.

— Não estamos fazendo *nada* juntos. Você é uma ferramenta. Se souber demais, será inútil, porque é louco.

— Conte-me, ou seguimos separados.

— Por que isso é tão importante para você?

— Por que é tão importante para *você*?

Pausa.

— Crânio Negro — disse Vanessa.

Os joelhos de Orion amoleceram.

— O que —

— Encontrei o Cavaleiro Risonho. Crânio Negro estava com ele. Não consegui derrotar ambos. Estou viva porque não quiseram me matar.

Tudo voltava a Crânio Negro.

— Prove ter *algum* valor — disse Vanessa. — Não jure vingança contra Crânio Negro, agora que sabe disso. Não comece nenhuma busca cavaleiresca. Apenas venha comigo, atrás de seu pai. Mate-o.

Orion sentiu a raiva fervilhar no estômago. Uma dormência espalhou-se por seus ombros. Um ódio impotente, uma sensação acachapante de injustiça. Mais uma vez, Crânio Negro.

— Quem é mais importante? — disse Vanessa. — Crânio Negro ou Vallen?

"Crânio Negro".

Mas disse:

— Vallen.

Vanessa suspirou, como se obtivesse um alívio após muito tempo de aflição.

— Olhe o que você faz comigo, Orion. Mesmo depois de todo esse tempo, olhe o que faz comigo. Por favor. Estou implorando. Apenas me acompanhe. Mate seu pai. E desapareça para sempre.

Vanessa ia montada em Bandido. Orion seguia a pé. Tomaram uma estrada secundária — a Floresta de Jeyfar estaria logo perto, se fosse necessário fugir. Orion tentou conversa duas vezes, até sentir-se ridículo.

Veio se aproximando uma carroça, atrás deles.

— Floresta — disse Vanessa.

Mas Orion já erguia o braço, em saudação.

— Você foi banido — insistiu ela.

— Pela Ordem da Luz. Bielefeld continua amigável.

A carroça chegou mais e mais perto, no ritmo calmo dos pangarés. Carregada com um sortimento de produções de fazenda — vegetais, mantas de carne defumada, um queijo enorme. Conduzindo, um homem de ombros largos e barba grisalha precoce. Ia acompanhado de um garoto com cabelo de tigela, que olhava para o nada.

Fez os cavalos pararem, ao chegar perto dos dois.

— Para onde vai? — disse Orion.

— Lebrun — disse o homem. Orion mal evitou um sorriso: apenas em Bielefeld fazendeiros tinham a maior parte dos dentes.

— Permite que eu suba em sua carroça?

— Por favor, *sir*.

Orion ergueu a mão espalmada na direção do outro.

— Não sou cavaleiro.

— Talvez não seja, para a Ordem da Luz, *sir*. Para mim, é.

Orion subiu. Vanessa, assistindo a tudo, pensava sobre Bielefeld. Era seu reino natal, mas nunca cessava de surpreendê-la. Um lugar onde o maior herói era banido, e pedia com humildade para embarcar numa carroça. Um lugar onde um camponês era leal a seus heróis, mesmo quando fossem rejeitados.

— Obrigado — disse Orion.

— Não sei como falar com o senhor — disse o fazendeiro.

— Eu também não.

O outro não sabia que aquilo era um chiste.

— Como é seu nome? — disse Orion.

— Eustace, *sir*.

— O meu é —

— Sei muito bem seu nome, *sir*, com seu perdão. Mas, se alguém me perguntar, vou dizer que encontrei algum outro cavaleiro de um braço só, acompanhado por uma sacerdotisa do Deus da Guerra. Se for de seu agrado.

Seguiram, lentos. Bandido acompanhava os cavalos ordinários, como um príncipe andando junto a escravos. Vanessa observava. O garoto mirava o vazio.

— Ele é cego? — disse a clériga, depois de um tempo.

Eustace assentiu.

— Ficou cego, senhora. Na noite em que o mundo enlouqueceu.

Orion cerrou o punho.

Vanessa fez Bandido chegar mais perto, e os outros cavalos bufaram, intimidados. Aproximou uma mão do rosto do menino, que permaneceu estático.

— Acho que ficou idiota, também — disse o camponês.

— Como?

Ele deu de ombros.

— Como tudo aconteceu, naquela noite.

O garoto acordara aos berros. Eustace e sua esposa despertaram de pesadelos, para encontrar o filho apontando algo invisível no teto. A custo, conseguiram acalmá-lo, mas o garoto nunca mais fora o mesmo. Cego como um poste, perdera também seu raciocínio. Agora, tudo que fazia era contemplar o nada, sem extrair alegria ou medo.

— Por isso, vamos a Lebrun — completou o homem. — Estou carregando tudo que temos. Espero que, vendendo isso, possa pagar por um milagre.

Orion olhou para Vanessa.

— Eu ajudaria, se pudesse — disse a clériga.

— Com todo respeito, minha senhora, o preço de um clérigo de Keenn é alto demais.

Bielefeld nunca parava de surpreender.

Orion continuou estimulando o homem à conversa, e Eustace descarregou os últimos tempos de pobreza, numa torrente de desabafo. Embora soubesse do banimento do herói, julgava que Orion estivesse muito acima das preocupações atuais do reino.

— Alguém deve estar ganhando muito ouro com isso — disse Eustace.

— Com o quê? — disse Orion.

— Tudo — o camponês deu de ombros. — Nosso reino está pobre. Trabalhamos para pagar impostos. E nem os deuses estão a salvo.

— Acha que alguém ganha dinheiro com a desgraça dos deuses?

— Alguém sempre ganha dinheiro com a desgraça alheia, *sir*. Os assuntos dos deuses podem ser grandes demais para que eu entenda, mas sei que, naquela noite, o leite azedou. Uma de minhas vacas morreu. O poço de uma aldeia próxima secou. Preciso de um clérigo, e por isso vou aceitar qualquer preço por minha produção. Alguém vai comprar, depois vender tudo mais caro, e empilhar moedas.

Eustace suspirou, resignado.

— É sempre assim — completou.

Silêncio.

— Com sua licença, *sir* — disse Eustace. — O senhor sabe algo sobre o que houve com os deuses?

— Sei.

— Por favor, diga-me. Gostaria de saber por que meu filho ficou cego e imbecil.

Orion abriu a boca, mudou de ideia. Inspirou, fez um raciocínio diferente.

— A Tormenta atacou Glórienn.

Eustace não lembrava quem era.

— Conheço Khalmyr e Lena — disse, em tom de desculpas.

— É a Deusa dos Elfos.

— Muito obrigado, *sir*.

— A Tormenta atacou Glórienn. A deusa lutou com bravura, para defender todos os elfos do mundo. Conseguiu derrotar os inimigos, mas ficou muito fraca. Acabou perdendo seu Reino, mas conseguiu salvar todos os elfos.

— Foi algo importante, então?

— Muito. Glórienn se sacrificou. Sei que isso não é consolo.

Eustace balançou a cabeça.

— Pelo contrário, *sir*. Estou muito preocupado com meu filho, mas fico alegre em saber que tudo foi por uma boa causa.

Vanessa levou a mão à boca. Nunca deixava de ficar surpresa.

— Sabe, *sir*, acho que não podemos reclamar — disse Eustace, depois de um tempo.

— Não?

— Meu filho ainda está vivo. Talvez exista remédio para ele. Se os elfos tivessem morrido, seria o fim para eles. Tenho pena dos elfos, sabia?

— Por quê?

— Eles perderam sua terra. Pelo menos, foi o que eu ouvi. Deve ser horrível não ter casa, *sir*. Por mais que as coisas sejam difíceis, nós sempre temos Bielefeld.

Antes de chegarem muito perto da aldeia, despediram-se de Eustace. Orion estava repleto de uma admiração fraterna pelo estoicismo do homem. Vanessa notava o entusiasmo desmedido acumular-se dentro dele. Orion era óbvio e transparente, uma vez que se conhecesse seus padrões.

Viajaram por mais um tempo, até que o sol se escondeu. Fizeram um acampamento emburrado, fora da vista de qualquer um.

— Para onde estamos indo? — disse Orion, após horas de silêncio.

Ela foi tirada de alguma introspecção.

— Por enquanto, apenas para longe de Bielefeld.

Seguiam para leste. Continuando, acabariam em Portsmouth. Não estavam, também, longe da fronteira com a União Púrpura.

— Tem alguma pista?

— Enfrentei-o nas Montanhas Uivantes — disse Vanessa.

— Estamos indo para o lado errado, então.

Ela meneou a cabeça.

— Acho que pouco importa o lugar. Até onde consigo ver, o Cavaleiro Risonho será achado quando quiser.

— Vagamos a esmo, então?

— Vou rezar a Keenn, para me comunicar com os yudenianos — disse Vanessa. — Talvez haja alguma pista nova.

Ele concordou em silêncio.

— Chegou a vê-lo? — disse Orion.

— O Cavaleiro Risonho?

— Vallen.

Ela pegou um cantil e sorveu um gole pensativo.

— Não.

— Acha que está bem?

— Não muito.

A boca de Orion secou.

— Por quê?

— Falei com um estalajadeiro, que viu os dois. Vallen não disse uma palavra. Já deveria estar falando, deveria estar andando e tropeçando como uma peste.

Talvez um dano irreparável já estivesse acontecendo.

— Eles estão mais perto — disse Vanessa, de repente.

— Eles?

— As pessoas que estão atrás de você. Estão chegando mais perto.

— Acha que viram Eustace?

— Provavelmente. Com certeza podem seguir os rastros da carroça. A vida de seu novo amigo pode não ser muito longa.

Estômago embrulhado.

— É melhor enfrentá-los — disse Orion.

Vanessa concordou.

— Quando chegar a hora, você monta no cavalo. Não reclame, é a melhor estratégia. Você monta no cavalo, eu luto a pé.

— Quantos são?

— Quatro ou cinco.

— Já enfrentamos coisa pior.

Apesar de si mesma, ela sentiu um calor nostálgico. Virou-se e acomodou a mochila como um travesseiro.

— Melhor dormir cedo — disse Vanessa. — Você pega o primeiro turno de guarda. Acorde-me em três horas.

Na metade do dia seguinte, Vanessa disse que precisava se ausentar, e sumiu. Orion sempre tivera uma meia certeza de que ela conduzia rituais brutos. A religião de Keenn dependia, em grande parte, de sangue derramado. Assim, procurou não imaginar o que ela faria, se haveria algum sacrifício, se o Deus da Guerra exigia alguma coisa grotesca. Esperava que não fosse humano.

De volta ao anoitecer.

— Estamos no caminho certo — disse Vanessa, apeando do cavalo branco.

Como dissera, havia rezado a Keenn. Ouvira as palavras de um soldado yudeniano numa brisa soprada pelo deus. A armadura prateada, o riso grotesco fora visto em Portsmouth. Orion sentiu-se numa jaula. Parecia estar encenando uma peça escrita por outro.

Vanessa prestou atenção num galho quebrado, nas proximidades. Vasculhou um pedaço de terra, murmurou para si mesma.

— Amanhã, acho — disse ela.

— Amanhã lutamos?

Assentiu.

— Eles devem estar nos vigiando — disse a clériga. — Já passaram por aqui. Não estão mais nos seguindo, estão nos cercando.

Os dois entravam em uma rotina, mais uma vez. Um cotidiano feito de dores que se tentava esquecer, meio estranhos e meio inimigos dividindo a jornada. Orion pensava em Ingram, Darien, Edauros e sua irmã. Pareciam pertencer a outro mundo, e o fato de seus nomes não serem tocados aumentava a sensação. Vanessa era um interlúdio, uma espécie de sonho aflito. Havia muitas cordas puxando-o: pensava em reencontrar os outros, pensava no Dragão da Tormenta e em Crânio Negro. Em ter certeza da segurança de Ingram, em contar o que ocorrera aos Cavaleiros do Corvo. Vallen não fazia parte de nada daquilo. Vallen era a corda que lhe puxava, agora.

— Você não conhece Edauros e Yadallina — disse Orion, quase sem querer.

Ela ajustou o tapa-olho.

— São seus amigos novos? — disse Vanessa.

Logo ele notou que havia hostilidade.

— Algum deles já o traiu? — disse a clériga. — Algum já morreu por sua causa?

De súbito, uma percepção: o traço de maldade que muitos viam nela. Orion ficou calado.

Vanessa não conhecia os elfos. Vanessa não sabia o que ele fizera. Não sabia que ele invadira um Reino Divino, que presenciara a queda de Glórienn. Aquela vida era um longo dia de festival. Vanessa era a semana de trabalho.

— O que você fez durante esse tempo? — disse Orion.

— Procurei Vallen.

— Certo. Mas o que aconteceu? O que você fez?

Ela deu de ombros.

— O que importa? Explorei algumas masmorras. Andei por florestas. Conheci pessoas. Matei pessoas. Matei monstros.

Assim como ele tivera outra vida, também ela. Havia amigos e inimigos novos, que ele não conhecia.

— Você está representando um papel — disse Orion.

Vanessa deixou os ombros caírem.

— Você não é assim — ele insistiu. — Vai tentar me convencer de que não sente júbilo na batalha? Não tem nem mesmo uma história a contar? Você é Vanessa, que conquista aldeias em Yuden, que vence a liça em Bielefeld.

— É claro que houve ótimas batalhas. Mas não quero contar a você.

— A quem, então?

— Meus amigos.

Pontada no esterno.

— Vou dividir todas essas histórias com meus irmãos na igreja de Keenn. Com os aventureiros que conheci nesse tempo. Não com você.

— Estou ficando cansado, Vanessa. Estou exausto dessa frieza.

Não quero que você lembre de tudo que gosta em mim, Orion. Imagine que sou agora essa vaca hostil. Imagine que tive dezenas de amantes, e ri de seu nome com eles. Esqueça o que lhe atrai em mim.

— Eu —

— E também não quero saber de suas aventuras. Não se pode pisar em Bielefeld sem que cada esquilo conte histórias sobre *sir* Orion Drake. *Não quero* saber disso. Quero me lembrar de você como o homem que deixou meu filho ser levado. E só.

— Eu prefiro lembrar.

— É claro que prefere. Mas deveria ter casado com alguma garotinha rica de peitos empinados, quando teve a chance.

Ele ainda disse algo, mas:

— *Chega*, Orion. Pelo amor da guerra, você *não sabe* quando desistir. Quer alguma lembrança? Então pare de massacrar o último respeito que tenho por você. Vá para um bordel, fique bêbado e fale mal de mim! Peça que Bernard Branalon lhe ensine como sofrer por uma mulher.

Ela estava ofegante.

— Como está Bernard? — disse Vanessa, depois de um tempo.

— Bem. — Pausa. — Lutei com ele, há alguns meses.

— Lutou?

— Com socos e pontapés.

Ela teve de rir.

CAPÍTULO 6

OS SENHORES DAS MONTANHAS

A NEVE ESPALHOU-SE EM FUMAÇA, QUANDO OS DRAGÕES voaram em torno de Yadallina. O humor das feras espelhado nos corpos, eletricidade em arcos de asa a asa. Os azuis rosnaram e chiaram, e falaram em sua língua esgrimista com os brancos ao longe. Em volta da elfa, protetores, donos. Edauros riu de um lado só, ao notar uma beira de ciúme nas poderosas criaturas.

Os Cavaleiros do Corvo andaram para trás.

Os brancos pousaram a vinte ou trinta metros, nas colinas nevadas, nos vales gélidos. Com sua chegada, o frio aumentou. De imediato, notava-se áreas de pele exposta enregelando, dedos ficando adormecidos. Rosnaram para os azuis, responderam com palavras bem menos eloquentes, como era de seu modo embrutecido. Mas curvaram-se a Yadallina.

— *Senhora Virrikiriel* — disse a elfa.

A enorme matriarca azul rugiu para seus comandados. Eles pousaram de novo, num semicírculo atrás de Yadallina. Não houve mais ameaças abertas.

— Esta é uma boa hora para me dizer que merda está acontecendo — cochichou Edauros, flutuando ao lado da irmã.

Yadallina tentou dar de ombros. A marca do escravista em suas costas protestou contra o movimento.

— Se estamos em seu território — disse Yadallina, para os dragões brancos —, viemos sem a intenção de invadir.

— Eles estão se curvando — sussurrou Edauros.

Ela fez-lhe um chiado para calar a boca.

— Estão se curvando — insistiu o elfo. — Isso não é maneira de falar com alguém curvado.

— Nunca falei com um dragão curvado antes — sussurrou Yadallina.

— Quer que eu tente?

— *Não.*

Inúmeros pares de olhos reptilianos pousados nos dois. A elfa sentiu-se corar, gaguejou um instante, incerta.

— Não sei o que querem de mim — acabou falando.

Os brancos entreolharam-se. Disseram algumas coisas uns para os outros, em seus murmúrios de terremoto. Os azuis continuavam vigilantes, prontos a atacar.

— O que quer de *nós*, pequena? — disse um branco, por fim, aos tropeços na língua élfica.

Edauros riu e mordeu o lábio. Yadallina franziu o cenho. Sentiu um empurrão quase suave, vindo dele, para que tomasse a iniciativa.

— Não os chamei — disse ela.

Como era possível chamar dragões?

— *Vão embora* — chiou um azul, ostensivamente no idioma élfico. Virrikiriel rugiu, e ele fez silêncio.

A matriarca azul alçou voo, pousou à frente da elfa, os olhos amarelos penetrantes no dragão branco que falara.

— Sua espécie ouve o mesmo chamado — disse Virrikiriel, mais uma vez no idioma élfico. — Os azuis também percebem que a bípede é especial.

O dragão branco concordou. Yadallina teve de apoiar-se no irmão.

— Como é o seu nome? — disse para o dragão branco, esquecendo o protocolo.

— Gessarth — disse ele, num tom de humildade alarmante.

Yadallina voou mais alto, fez um pequeno encanto, para que sua voz fosse carregada longe.

— Virrikiriel, Gessarth. Eu gostaria de saber o que está acontecendo.

Os dragões das duas cores remexeram-se. Os brancos arregalaram seus olhos.

— Fale em língua de gente — disse Edauros.

Porque ela usara o idioma dos dragões.

— O que lembra da batalha no Reino de Glórienn? — disse Virrikiriel.

— Não muito — admitiu a elfa.

Os azuis relampejaram. A temperatura caiu ao redor dos brancos.

— Você tem poder sobre o Dragão da Tormenta, Yadallina — disse a matriarca.

— Você cheira ao Dragão da Tormenta — disse Gessarth. Ainda intimidado pela azul.

— Não sou serva da Tormenta.

— Você oferece uma alternativa — disse Virrikiriel.

Os dragões brancos não se controlaram. Rugiram de excitação.

A matriarca falou o que os dragões conversavam entre si, desde a incursão ao Reino Divino. Havia o medo do Dragão da Tormenta em todos os dragões não corrompidos. Não tinha relação com morrer, pois nenhum azul temia a morte em batalha. Era o medo do próprio desejo, da tentação de adorar a coisa, e diminuía na proximidade da elfa. Não havia o desejo de cultuar, não havia a compulsão de servir. A tentação era substituída por uma ânsia de proteger Yadallina, de alguma forma lutar em seu nome.

— E você conseguiu detê-lo — disse Virrikiriel. — Até hoje, foi a única, entre bípedes e dragões, que conseguiu detê-lo por um momento.

— Nós sentimos a compulsão — disse Gessarth.

Yadallina respirou fundo.

— Sentimos a compulsão para seguir às Sanguinárias, quando o Dragão da Tormenta nasceu. Conseguimos resistir, enfurnados nos locais de poder de nossa rainha morta.

Todos os brancos olharam as patas. Beluhga, a Rainha dos Dragões Brancos, deusa menor e senhora das Uivantes, fora morta havia alguns anos. Não existia um novo Dragão-Rei da espécie, mas a força de Beluhga ainda era sentida em seus locais mais sagrados.

— Sempre vivemos próximos a nossa rainha, a nossa deusa — continuou Gessarth. — Por isso, foi difícil para os brancos resistir ao chamado do Dragão da Tormenta. Mas depois ouvimos algo diferente. — Ar mais gelado. — O que não sentíamos desde a morte de Beluhga. Por isso, viemos nos curvar a quem emana este chamado.

"Brancos estão sempre prontos a se curvar".

Yadallina girou para o azul que dissera aquilo. Curioso, Virrikiriel não o repreendera.

Logo, percepção: ela ouvira um pensamento.

— Levantem-se — disse a elfa, estonteada. — Não sou sua rainha.

— Não recuse servidão voluntária! — disse Edauros.

— Não sou sua rainha — repetiu Yadallina, depois de calar o irmão com um feitiço. — Não sei o que fazer. Não sei o que vocês devem fazer.

Silêncio.

— Pequena — disse Gessarth. — Não temos mais rainha. Viemos até aqui para nos curvar. Poucos bípedes podem impedir um dragão de fazer o que ele quer.

Noite nas Uivantes, tornada ainda mais gélida. Yadallina transportou-se até um pico isolado, e sentava-se, abraçando os próprios joelhos.

— É difícil dormir no meio de trinta dragões — disse Edauros.

Ela teve um sobressalto. Ele flutuou suave, e foi sentar ao lado. Yadallina chegou mais perto, ele pôs o braço ao seu redor.

— Precisamos estudar — disse a elfa.

Ele riu.

— Eu costumava ter este pesadelo o tempo todo — disse Edauros. — Mas estava na academia, em Lenórienn, e nu.

— Precisamos pesquisar!

— Ou isto é mesmo um pesadelo, e logo você vai me dizer que temos uma sabatina sobre história da poesia em meia hora, ou minha irmã acaba de enlouquecer.

— Não sabemos o que está acontecendo.

— Temos trinta dragões. Você tem trinta dragões. É isso que está acontecendo.

— Certo, mas por que —

— Quem se importa? Por enquanto, eles fazem o que você mandar. E trinta dragões são sempre úteis.

Ela olhou-o, sem conseguir ver seu rosto direito, por estar muito perto. Tirou um fiapo de seu cabelo eriçado.

— Caso você não tenha reparado, não sou exatamente ama e senhora dos dragões. Gessarth chegou a nos ameaçar.

— É mesmo um monstro terrível. Será seu servo, por bem ou por mal!

— Não é sábio fazer aliança com criaturas muito mais poderosas que nós mesmos, Edauros. A história nos ensina que —

— Foda-se a história, minha irmã. Ordene que seus dragões façam algo divertido.

Silêncio.

— É melhor você parar de se lamentar, Yadallina — disse Edauros. — Porque, há poucos meses, você nem se importava com dragões. E eu estava obcecado.

— Edauros —

— Cale a boca, é minha hora de ser sensível e pederasta. Agora, você é a porcaria da rainha dos dragões, e eu continuo sujando as calças cada vez que enxergo um deles.

— Ainda sente a aura?

Ele fez que sim.

— Menos, mas ainda sinto. Estar bêbado ajuda.

Silêncio.

— O que *você* quer fazer com os dragões? — disse Yadallina. — Atacar a Aliança Negra?

— Não! Por que faria isso?

— Talvez porque nossa família foi chacinada pelos goblinoides.

— Foda-se nossa família. Mereceram.

— Edauros —

— Fodam-se todos os elfos do mundo, e sua deusa covarde. Parece que você tem uma família nova, Yadallina. Eu gostaria de fazer parte, mesmo que seja só o primo distante fracassado.

— Fale assim de novo, e solto os dragões em você.

Riram.

— De qualquer forma — disse Edauros — parece que o sangue de dragão é muito forte em você, e mais fraco que mijo de halfling em mim. Talvez eu consiga esse poder mais tarde. Talvez não.

— Precisamos entender tudo isso.

— Precisamos nos aproveitar dos dragões, antes que mudem de ideia ou fiquem com fome.

— O que você quer fazer com eles?

Ele sorriu.

— Caçar o Dragão da Tormenta.

— Por quê?

— Porque é a coisa certa a fazer. Pelo bem de Arton.

— Por quê? — enfiou-lhe o dedo nas costelas.

— Sua maníaca! Estão quebradas!

— Por quê?

— Para empalhar a cabeça do bicho e pendurar na parede da sala.

— Por quê? — dedo mais fundo na caixa torácica.

— Porque é uma ótima forma de garantir poder sobre eles.

Pausa.

— Vamos matar o Dragão da Tormenta — disse Edauros. — Então, mais e mais dragões irão segui-la. Você será a salvadora dos dragões.

— Por que você quer ainda mais deles?

— Para ser irmão da rainha, é claro. Para reclamar nosso direito de nascença.

— Eu não quero ser rainha.

— E eu não quero ser elfo.

Yadallina desgrudou-se dele. Ficaram se olhando, sérios.

— Não quero ser rainha. Não quero que essas criaturas fiquem se curvando a mim. Não quero um reino, e muito menos um exército de dragões.

— Mas *eu* não posso fazer tudo isso sozinho.

Pausa — era como se ele a desafiasse à resposta óbvia. Duvidando da coragem dela.

— Isso não é problema *meu*, Edauros.

Edauros abriu a boca, como se ante uma ofensa grave.

— Vai me forçar a ser um maldito refugiado, um dragão em corpo de elfo, pelo resto da vida? Vai negar a única coisa que eu jamais quis? Esteve mentindo durante todos esses anos, quando dizia que iria me acompanhar na busca?

— Eu *vou* acompanhar você! *Estou* acompanhando! Mas não quero que esta seja minha vida, para sempre.

— Quando você for rainha, pode ter a vida que quiser. Acha que as rainhas têm que cumprir obrigações?

Ela não soube o que responder.

Edauros chegou mais perto, de novo, e envolveu-a com o braço.

— Estou pedindo que continue neste caminho. Só isso. Quando tudo terminar, vai estar livre para fazer o que quiser. Mas não pode desistir agora.

Ela fez um muxoxo, concordando.

Passaram um tempo abraçados.

— Se você quer enfrentar o Dragão da Tormenta — disse Yadallina — vai precisar de ajuda.

Ele franziu o cenho.

— O Reinado inteiro deve estar caçando o monstro. Vamos falar com os heróis deste continente.

— *Sir* Orion? — Edauros sorriu.

— Talude, Vectorius. Reynard. O Protetorado do Reino.

— E *sir* Orion.

— Você está apaixonado.

— Não pode enganar seu irmão. Você fica zonza quando alguém fala o nome dele.

— Certo, vamos encontrar *sir* Orion. Estamos com seus cavaleiros, de qualquer forma.

Edauros mostrou os dentes, como uma criança planejando alguma travessura.

— Nossos Cavaleiros do Corvo, para cavalgar os dragões. *Sir* Orion, para liderar o bando. E, quando tudo acabar, você e ele podem reinar juntos. Eu serei o poder por trás do trono!

Riu alto.

Não havia se perguntado pela segurança do amigo, mal lembrara de sua existência, desde que haviam emergido do Reino de Glórienn. Esquecera de Ingram por completo.

— Vamos procurar os sábios de Arton — disse Yadallina. — Os magos mais poderosos. Como Talude.

— Talude me parece um chato.

— Talvez ele possa nos dar algumas respostas. Vamos à Academia Arcana, pesquisar. Estudar.

Edauros arrotou, mostrando o que pensava da ideia.

E assim voaram a sudeste, atravessando as Uivantes, rumo a Valkaria, o centro de todas as coisas. Foram dias mais rápidos do que o esperado, pois os dragões cruzavam as distâncias na velocidade do ar, e o reino gelado parecia emprestar força aos brancos. Os Cavaleiros do Corvo montavam os dragões azuis.

Edauros havia-lhes dito que *sir* Orion Drake estava bem, e incentivava a empreitada.

— Você vai falar com *sir* Orion? — disse Yadallina.

— Um dia — disse Edauros.

Foram dias gloriosos para o elfo, porque ele assistia aos vilarejos se espalhando, ante a revoada. Raras vezes em Arton vira-se um tal bando de dragões, e significava sempre a morte. Edauros não planejava matar aquelas pessoas, mas divertia-se com seu terror. Não sabia que alguém caíra numa fenda, ao correr das asas escamosas. Não sabia que alguém abortara de pânico. E, se quase todo dia vomitava, quando ninguém estava olhando, dizia a si mesmo que o próprio temor diminuía. Procurava se acostumar com os dragões, mas nunca era rotina. Partes iguais de exaltação e desespero.

No meio do caminho, braços apertados contra o frio. Os Cavaleiros do Corvo tinham pouco agasalho, e por isso Yadallina banhava todos com mil encantos de proteção ao clima.

— Não faça isso — rosnou Gessarth.

A elfa girou para olhá-lo. Cabeça inclinada, ela estava abaixo, e era muito menor. Mas não havia submissão.

— Por quê? — disse Yadallina.

— Não usa magia de voo quando viaja com os azuis.

— Foram os termos da aliança.

— Não renegue o frio, quando viajar com os brancos.

Ela notou que os outros do clã observavam de longe. Meio crianças, meio capangas abrutalhados.

— Não combinamos nada disso, Gessarth.

— Esqueci — disse o dragão.

— Vamos morrer de frio.

— Estes são os termos.

Uma pequena avalanche ribombou numa encosta logo fora da vista.

— Gessarth, sabe muito bem que aceito sua aliança como uma grande honra.

— Não é aliança. Servidão.

— Sinto-me honrada em aceitá-los como servos. Mas não posso condenar bípedes à morte por causa de seus termos.

Ele argumentou. Os azuis tinham seus próprios termos. E ele não podia ser culpado por esquecer de mencionar aquilo antes.

— Se pensa assim — disse Yadallina — acho que não poderei mais aceitar seu serviço.

Ele inclinou a cabeça.

— *Vamos* servi-la, pequena.

— Não posso cumprir o que exige.

— Vamos servi-la, porque é isso que decidimos. Então, obedeça ao acordo.

Não era um raciocínio brilhante, mas eles tinham garras e presas. Ela imaginou as consequências de uma luta, os azuis defendendo-a. O que Edauros iria dizer.

— Está certo, Gessarth. Muito bem.

Os Cavaleiros do Corvo protegiam-se como podiam do frio matador. Guardavam pedras aquecidas em fogueiras no meio das roupas, dormiam enroscados, sem o pudor dos civis, para manter a temperatura do corpo. Mesmo assim, um ou outro dedo foi perdido.

Estavam no meio das Uivantes. Virrikiriel e Gessarth confabulavam, em tons baixos e sísmicos. Os dois clãs aguardavam, enterrados na neve ou voando em círculos.

Falavam na língua dos dragões. Yadallina compreendia. E procurava não demonstrar a náusea.

— O que eles tanto falam? — disse Edauros, de repente.

— Não consigo entender.

Ele puxou sua orelha, ela desvencilhou-se.

— Pare de mentir.

— É verdade, não entendo.

Resistiu às provocações do elfo. Depois de um tempo, os azuis voaram para longe. Voltaram um dia depois, com sangue nas bocas. Yadallina achou que fosse desmaiar.

— Estavam negociando território de caça — disse, amparando-se no irmão.

— Ora, uns iaques a menos —

— Foram devorar uma vila. Negociaram o direito com os brancos.

Edauros fez sons de conforto. Afagou o cabelo da irmã, escondido num capuz de peles.

Chegavam à beira do reino de gelo, quando Darien chamou o elfo.

— Há tempos não sabemos de *sir* Orion — disse.

Edauros deu de ombros.

— Isto está parecendo, cada vez mais, a sua jornada particular — insistiu Darien.

— Caso você não tenha notado, não é a mim que os dragões seguem.

O rosto do rapaz manteve-se duro.

— Estou arriscando que meu pênis congele e caia, por causa desses dragões — disse Darien. — Acho que está na hora de falar com *sir* Orion de novo. Ter certeza de que está tudo bem.

— Há poucos dias —

— Não há bom exército sem comunicação! Você disse que ele está em segurança —

— Ele mesmo disse.

— Mas isso foi há dias. Ninguém concordou em embarcar na sua cruzada. Sua irmã está em segurança. É hora de nos reunirmos.

Edauros bufou, jogou as mãos aos dois lados do corpo.

— Orion disse para que não se preocupassem! Fique calmo, garoto.

Darien cruzou os braços.

— Mesmo assim. Quero apresentar um relatório a ele. Quero que ele possa contar conosco, quando precisar.

— Espere termos algo de concreto.

— Já disse. Sua cruzada não é nossa.

— Acha que um cavaleiro da Luz iria desaprovar que lutássemos contra a Tormenta? Acha que ele iria repreendê-lo por unir forças com as autoridades do Reinado, contra o inimigo?

Sem resposta.

— Estamos perto de Valkaria — disse Edauros, sorrindo. — Quando chegarmos lá, quando tudo estiver preparado, falamos de novo com Orion. Tudo vai ficar bem.

CAPÍTULO 7

O INFERNO SÃO OS OUTROS

A ESPADA FLAMEJANTE DESENHOU UM RASTRO, E A CAbeça de um humanoide grotesco rolou no barro. A espada curta estocou a barriga de outro, espalhando frio mágico, congelando-lhe os intestinos. A coisa fez uma careta de dor, golpeou sem força com as mãos.

— Você já está morto! — disse Vallen Allond. — Vamos, faça o favor de cair e apodrecer.

Um par de flechas convenceu o inimigo, e Vallen girou para encarar os outros. Chapinhava nas enormes poças, as botas estavam cobertas de lama. O chão era escorregadio, mas ele estava se divertindo.

— Acorde — disse Vanessa.

Por um instante, Orion confundiu-a com as coisas do sonho. Começou a perguntar sobre Vallen, Gregor ou Nichaela, mas lembrou que não estavam lá. Já era familiar ao bando de aventureiros, sentia-se íntimo. Sabia que as flechas tinham vindo de Ellisa Thorn.

— Acorde. Hora do seu turno de guarda.

Orion ergueu-se e esfregou os olhos.

— Alguma coisa? — disse.

— Nada. — Vanessa deitou perto das armas. — Talvez eles esperem amanhecer. De qualquer forma, lutar à noite não vai nos trazer vantagem.

Aguardavam um ataque, ou uma oportunidade de atacar, já há um dia. Mais que nervoso, Orion sentia-se violado, por ser observado com a clériga.

— Durma bem — ele disse, como quando eram casados.

Ela resmungou, e adormeceu de pronto.

Vallen Allond ainda ria no olho de sua mente. Orion sentia alguma inveja, secreta até de si mesmo, porque ele parecia muito feliz. Sua amante tornara-se Crânio Negro, mas talvez Vallen não soubesse.

Tempo.

O cavaleiro soltou a espada na bainha, para que pudesse sacá-la mais rápido.

Tempo.

— O que houve? — disse Vanessa.

Ele deu um minúsculo salto.

— Achei que você estivesse dormindo.

— Estava. Mas você está pensando tão alto que acordei.

Ele já não sabia o que era humor e o que era espinho.

— O que houve? — repetiu Vanessa.

— Você se importa?

— Claro, se você estiver distraído a ponto de não conseguir lutar direito. — E mais uma vez: — O que houve?

Pensou em dizer nada, porque era um pouco indigno mostrar fraqueza para ela. Por outro lado, aquele era um pensamento imbecil.

— Você nunca teve curiosidade sobre o nome? — disse Orion.

— Nome?

— Vallen.

Ela ficou quieta.

— Naquela época aceitamos, não é mesmo? — ele continuou. — Ambos sonhamos com o nome. Ouvimos que ele era filho dos mortos. E aceitamos.

— Estávamos felizes por ele estar vivo.

— Verdade. — Pausa. — Mas talvez haja alguma importância.

— Cheguei a procurar — disse Vanessa.

Ele não entendeu.

— Quando estava atrás do Cavaleiro Risonho. Achei que o sonho pudesse ter algum significado. Procurei em bibliotecas, registros históricos. Não há nenhum Vallen digno de nota. Acho que não, pelo menos.

— Era um aventureiro.

Vanessa piscou, e os últimos grãos de sono desapareceram. Sentou, reunindo a maça e a espada perto de si.

— Vallen era um aventureiro — disse Orion. — Vallen Allond. Um guerreiro.

— Como —

— Venho sonhando com ele há bastante tempo.

Bandido acordou também. Fez alguns barulhos equinos, como se para estar mais presente.

— Como são esses sonhos? — disse Vanessa.

— Variados. — Ele fez um gesto vago. — O que importa é o que eles dizem. Vallen Allond era amante de Ellisa Thorn. Ellisa Thorn hoje é Crânio Negro.

A noite esfriou.

— Acha que Vallen — começou Vanessa.

— Não sei se é algum tipo de reencarnação. Prefiro pensar que meu filho é uma pessoa por si só.

Ela não lembrou de negar que Vallen também fosse dele.

— Eram um grupo de aventureiros, Vanessa. Vallen era o líder. Havia uma clériga, um guerreiro sagrado, um minotauro. Acho que a clériga fala comigo, diretamente. Seu nome é Nichaela.

— Clériga...?

— De Lena.

Ela bufou de desagrado.

— O guerreiro santo é Gregor. Está com Crânio Negro, hoje em dia. Ashlen também fazia parte do grupo. O homem que tentei ajudar no forte Arantar.

— Quem mais sabe disso?

— Ninguém — disse Orion. — Não sei o que significa. Mas estamos ligados a eles, de alguma forma.

— Você está.

— Estamos, queira você ou não. Estamos ligados a eles.

Orion engoliu, e despejou o resto:

— E eles estão ligados à Tormenta. Ao início de tudo.

E, por algumas horas, esqueceram que não eram mais partes de um todo. Vanessa quis saber, e Orion precisava falar. A intimidade velha, moldada aos dois, tomou-os sem que percebessem, e ele contou. As frases pela metade eram entendidas, as pequenas alusões e o jargão particular que se criava em cada casal. Orion contou o que lembrava, a clériga e o samurai presos. Vallen Allond dizendo que não existia mais. A amizade que exalava daquele grupo. Como era difícil aceitar que Gregor e Ellisa cometeriam atrocidades. Orion contou sobre suas próprias batalhas, sobre os encontros com eles, sobre o Reino de Glórienn.

— Era um bando tocado pelos deuses — disse Vanessa. — Thyatis, Lena, Tauron.

— Acha que Nimb pode estar envolvido?

Ela deu de ombros.

— Duvido que não esteja.

Especularam por um tempo sobre o dedo do Deus do Caos. Nimb parecia perseguir Orion, através do Cavaleiro Risonho e de Bandido. No cavalo, compartilhava a fogueira com eles.

— O tal Vallen Allond era um bom homem? — disse Vanessa.

Ele não sabia.

— Era um bom guerreiro, pelo menos. E amado.

— Acha que isso é algum tipo de sinal?

— Não sei, meu amor.

As palavras escaparam. Orion enrijeceu na hora, e os dois foram jogados de volta na realidade. Vanessa afastou-se, foi dormir. Eles não falaram mais nada.

Quase na fronteira. Em dois dias, haviam decidido levar a batalha aos perseguidores. Tinham-nos procurado, Vanessa rezara por milagres de vidência guerreira. A floresta se abriu ante a vontade de Keenn, os rastros brilharam. Mas sem sucesso. A magia foi repudiada por magia, e os inimigos permaneceram ocultos. Orion e Vanessa podiam quase cheirar os adversários, fossem quem fossem, mas eles evitavam uma luta.

Enquanto Portsmouth se aproximava, a terra mostrava mais desolação. Portsmouth fora atingido forte pelo Dragão da Tormenta, e muitos tentaram fugir para Bielefeld. Houvera escaramuças de fronteira. Orion e Vanessa passaram por um vilarejo morto, cheio de cadáveres dos dois reinos, com animais magros e confusos. Uma trilha marcada pelos restos de uma batalha entre camponeses. Uma estalagem queimada. A fronteira podia ser um lugar cruel. No entanto, Orion notou com desgosto, poucos corpos de cavaleiros. Aquela gente não fora defendida com muito afinco.

Uma noite e um despertar depois, encontraram mais um povoado fantasma. Fora pouco mais que um ajuntamento de famílias próximas, quatro casas e um celeiro. Os cadáveres estavam tão velhos que pouco fediam. Vanessa disse:

— Vamos lutar aqui.

Orion sabia o bastante para não questionar. Havia terreno livre para combater montado, e todos os casebres ainda tinham paredes suficientes para servir de abrigo. Esperariam ali, até que os perseguidores decidissem se mostrar.

Orion afiou pedaços de madeira em estacas longas, num perímetro ao redor do vilarejo. Escondeu dois conjuntos de armas de reserva, pertencentes a Vanessa, em casebres arruinados. Retirou os corpos. Vanessa rezou para que a área fosse vigiada pelo Deus da Guerra, e que quaisquer intrusos fossem detectados. Pediu força e rapidez para si mesma e para Orion. O cavaleiro aproximou-se de Bandido, olhando o animal nos olhos e murmurando uma trégua, de guerreiro para guerreiro.

Estavam prontos, Vanessa ansiosa e ele estoico, de costas para o casebre em melhor estado.

— Confia em mim? — disse Orion.

Ela franziu o cenho.

— Nós somos a parede de escudos, Vanessa. Somos a linha de frente, e a última defesa. Confia em mim?

Ela mordeu o lábio.

— Sempre.

E então, surgiram os inimigos.

Após os dias de tocaia, chegaram em aberto. Queixos erguidos, porte orgulhoso, marcharam para dentro do círculo de vigilância do Deus da Guerra. À frente, um homem de altura descomunal, cabeça e ombros acima de Orion. Trajado numa armadura espinhosa, de aço avermelhado. Seu elmo ostentava asas de dragão, e seu escudo trazia o estandarte de Sckharshantallas, de ouro com dragão rampante de vermelho, coroado do campo, armado e lampassado de negro.

Vinha acompanhado de três outros, duas mulheres e um velho encarquilhado. Uma tinha paramentos de clero, túnica vermelha por cima de armadura de batalha. Seus longos cabelos negros eram interrompidos por uma tonsura no topo da cabeça, e seu rosto era marcado por cicatrizes em padrões decorativos. Quando mostrou os dentes, eram limados e pontiagudos. A segunda cobria-se de armadura de couro reluzente. Logo

Orion percebeu: era a pele de um dragão prateado, costurada numa roupa. A mulher carregava um arco que parecia grande demais para ser disparado em combate, e uma aljava às costas, com flechas mais semelhantes a lanças. O velho era corcunda e deformado, mas deslizava pelo chão sem fazer barulho. Chiava maldições em voz baixa, das profundezas de um capuz. O que era visível de sua pele estava coberto de runas tatuadas.

— Parece que o circo chegou à cidade — disse Vanessa.

O guerreiro apontou sua enorme espada na direção de Orion.

— Seu nome é Orion Drake? — disse, com voz ribombante. Tinha, no entanto, um travo na dicção; língua, garganta ou dentes atrapalhando as palavras humanas.

Orion deu um passo à frente, fez que sim.

— Você agora é prisioneiro de Sckharshantallas, em nome de Sckhar, o Rei dos Dragões Vermelhos. Venha conosco para seu julgamento e execução.

— E você, quem é? — Vanessa cuspiu no chão. — O mestre do picadeiro? Ou o palhaço?

O homem rosnou.

— Sou Ruthorak, príncipe de Sckharshantallas e embaixador do Dragão-Rei. Filho de Sckhar. Afaste-se e ajoelhe-se, vadia. O homem é um criminoso.

— Acho que nunca matei um príncipe.

— Do que me acusa? — disse Orion.

Ruthorak fez uma careta de nojo.

— Você libertou prisioneiros do Rei, escória. Matou soldados de Sckharshantallas. Ergueu sua arma contra o Deus dos Dragões Vermelhos.

— Bem, o deus estava sendo irritante. Precisava de um corretivo.

Ruthorak engasgou de indignação.

— Ele deve ter merecido — disse Vanessa. — É só um deus menor, de qualquer forma.

E sua próxima palavra foi um urro de batalha.

Vanessa saltou com impulso vindo de Keenn, e num instante tinha maça e machado nas mãos. Caiu pesada no chão, descendo a cabeça rombuda da maça sobre o ombro da clériga inimiga. A armadura de placas amassou, e Vanessa ouviu ossos partindo, o som de areia grossa — estavam esmigalhados. O machado, na mão esquerda, encontrou o braço da inimiga, a lâmina procurou uma brecha na armadura, achou um tendão apetitoso. A sacerdotisa de Sckhar soltou um grito, e viu que seu braço direito estava mole. Vanessa deu-lhe um chute no estômago, e a mulher se curvou.

Ruthorak investiu contra Orion, com sua espada imensa. O cavaleiro saltou para o lado, deixando o casebre atrás receber o golpe. A parede rachou, e o inimigo perdeu um instante valioso soltando a lâmina. Quando Ruthorak voltou-lhe os olhos, Orion terminava de montar em Bandido.

— Khalmyr! — gritou.

O velho disse palavras mágicas, salivando por entre gengivas apodrecidas, e começou a brilhar com luz arcana. Sua forma raquítica inchou, seus ossos começaram a se cobrir de músculos gigantescos. As runas tatuadas serpenteavam, e a monstruosidade que se formava estendeu uma manzorra para Vanessa.

Agarrou-a pelo tornozelo, puxou-a com violência. Bateu com seu corpo no chão de terra, e arremessou-a contra o celeiro. Enquanto isso, ainda crescia, os músculos empilhando-se, competindo por espaço.

A arqueira ergueu sua arma muito acima da cabeça, puxou uma flecha enorme, disparou contra Orion sem fazer mira. A seta voou infalível, mas Bandido saltou, e a haste enterrou-se no chão sem fazer estrago. Logo outra, e o majestoso cavalo branco dançava, evitando os ataques.

Ruthorak gritou o nome de seu pai, ergueu espada e escudo, e correu para atacar Orion pelas costas. O cavaleiro girou na sela, bloqueando com sua própria lâmina. A espada de Orion partiu, mas ele mostrou os dentes, pois era isso que queria. Quebrando a arma, soltara-a de um instante, e Ruthorak desequilibrou-se, sem resistência para a força do próprio golpe. Orion continuou o movimento do braço, e estocou o pedaço de lâmina contra o rosto do inimigo, procurando os olhos, achando o supercílio. A visão de Ruthorak inundou-se de sangue. Orion apertou Bandido com os joelhos, e quase teve pena. O cavalo ergueu as patas traseiras, e desferiu um coice titânico no peito do adversário. Ruthorak foi jogado para trás, respirando com dificuldade.

— *Sckhar, queime nossos inimigos* — disse a sacerdotisa.

Vanessa levantava, quando percebeu o fogo à sua volta. A coluna de chamas subiu quase no mesmo instante, e ela mergulhou para longe, suas botas chamuscadas. Rolou na terra, apagando o fogo das vestes. Um punho gigantesco, da criatura que fora o velho, desceu sobre ela, e Vanessa encontrou-o com a sola dos pés, sentindo a força do golpe reverberar em todos os ossos.

Ela e Orion trocaram um olhar de meio momento, e Vanessa correu para um dos casebres.

A arqueira disparava suas flechas monumentais contra Orion, mas Bandido evitava. Ela rosnou, e escolheu uma seta na aljava. Quando encaixou-a no arco, Orion pôde sentir um ódio fundamental emanando da arma. Era como se a flecha fosse criada para matá-lo, uma sensação de ver uma lápide gravada com seu nome. Ela disparou, e o corcel não pôde salvá-lo. Orion sentiu a ponta metálica cravando fundo, perfurando a armadura de placas, e uma satisfação maligna brotando da magia entranhada na haste. A arqueira selecionou outra flecha, e fixou Bandido. O mesmo ódio se fez presente.

Mas Vanessa emergiu do casebre, com dois machados nas mãos.

— *Keenn, guie minhas armas!*

Arremessou-os, ao mesmo tempo em que Orion fazia Bandido recuar, arrancando duas das enormes flechas da terra à sua volta. Os machados voaram na direção da arqueira. Orion tomou as flechas como se fossem lanças, e investiu contra a clériga inimiga.

As enormes pontas afiadas penetraram a armadura da sacerdotisa, impulsionadas pela força do cavalo branco, furando o estômago. Sangue verteu farto da boca da mulher, e ela não conseguiu mais dizer nenhuma prece.

Os machados cravaram-se no peito da arqueira, e ela guinchou. Tentou erguer o arco, mas os ferimentos não deixavam. Orion e Vanessa trocaram outro olhar, Orion investiu contra a arqueira, enquanto Vanessa rezava.

Ruthorak de pé mais uma vez, e correu contra Orion. Cortou de cima para baixo, abrindo um talho vermelho no couro de Bandido. O cavalo relinchou alto, mas obedeceu aos comandos do cavaleiro. Pisoteou a arqueira, acertando-lhe as clavículas, derrubando-a no chão.

O mago transformado em monstro rugiu e investiu contra Vanessa, mas ela completou sua prece:

— *Keenn, dê-me este aliado na batalha.*

E a criatura estacou. Olhou os próprios punhos, indeciso.

— Ataque Ruthorak — disse Vanessa.

O inimigo obedeceu.

O príncipe de Sckharshantallas recebeu um golpe horrendo na têmpora. A asa metálica de seu elmo se partiu, o metal empurrou o osso do crânio. Ruthorak caiu, e a coisa atacou de novo, esmagando suas costelas com um soco. Continuou golpeando e golpeando, até que restasse uma polpa.

— Chega — disse Orion.

— *Chega* — disse Vanessa.

O mago parou.

— *Keenn, tire a magia de meu inimigo.*

E, mais uma vez, o monstro tornou-se um velho. O milagre que lhe controlara a mente começava a desvanecer-se, e o mago deu um gritinho apavorado. Orion e Vanessa atacaram, e a cabeça encarquilhada caiu sem quase barulho algum, leve como espuma.

Suados, sangrando, cavaleiro e clériga se olharam. Sorriram um para o outro. Orion apeou de um salto, foi até ela antes que conseguisse pensar. Arrebatou-lhe num abraço de um lado só, beijou-a com sofreguidão. Vanessa deixou cair as armas, puxou-o para a terra sanguinolenta. Orion usou sua única mão para erguer-lhe o vestido.

— Eu te amo, eu te amo — disse Vanessa.

Ele virou o rosto para ela. Vanessa beijou-o, enterrou seu rosto na barba, por um momento. Depois, largou um suspiro, e levantou. Pôs-se a ajeitar as roupas.

Orion vagou um pouco incerto. Quando ela terminava, chegou próximo, com a mão na cintura de Vanessa, mas ela se afastou.

— Isto é ridículo — disse Orion.

Ela bateu a terra das vestes.

— Aproveite um pouco a sensação, antes de pôr tudo a perder, Orion.

— Vai continuar com esse jogo?

— Não é jogo — ela olhou-o, toda certeza. — É o jeito como as coisas são. Ainda estou me sentindo muito bem, então não estrague tudo.

— Você sabe o que disse. Não estava mentindo.

— Não — Vanessa entortou a boca, num ar resignado. — Não estava.

— Eu também amo você.

— O que não resolve problema algum. Tudo continua como antes. Isto foi apenas sexo.

— Acha que foi um erro, então?

— Não. Foi exatamente o que queríamos fazer. E o que eu quero fazer agora é mijar, e depois seguir viagem. Podemos sair de Bielefeld ainda hoje.

Orion pensava sempre sentir algo, por absurdo que fosse, ao cruzar a fronteira do reino. Deixando a Floresta de Jeyfar, pensou se estaria saindo de casa pela última vez.

Mesmo que não soubessem com exatidão onde estavam, sabiam estar em Portsmouth. A Floresta marcava o final de Bielefeld. Afundando mais no domínio do Conde Ferren Asloth, sentia-se também a ausência de quaisquer resquícios de orgulho cavaleiro. A Ordem da Luz era odiada em Portsmouth, e seus modos de tradição e galanteria eram vistos com desprezo. Portsmouth cuspia nas pretensões de linhagem, dava de ombros ao brilho dos estandartes. O Conde estimulava a presença de mercenários, que patrulhavam estradas e encarregavam-se de seu próprio modo de segurança. Portsmouth também caçava magos e proibia a magia arcana, mas aquilo não importava, no momento.

Eles desviaram sua rota para o norte, evitando grandes estradas e a capital.

Noite. Fogueira.

— Para onde, agora? — disse Orion.

Vanessa olhava um mapa, como se o Cavaleiro Risonho fosse surgir em meio às indicações cartográficas.

— Duvido que ele esteja tão próximo à fronteira — disse ela. — Podemos passar um bom tempo sob o nariz do Velho Abutre.

— Ainda deve existir muita gente que me odeia por aqui.

— Sei como você se sente — Vanessa quase sorriu.

Silêncio.

— Onde buscamos a próxima pista? — disse Orion.

— Alguma aldeia. — Ela deu de ombros. — Mesmo sem armadura, ele deve chamar atenção. E deve estar lento.

— Você disse que ele estava morrendo.

— Deixar sangue na palha da cama nunca é um bom sinal. O desgraçado está doente. Está velho.

Orion cofiou sua barba.

— Isto é o último grande ato do Cavaleiro Risonho — disse ele. — Talvez seja uma armadilha. Talvez o desfecho de algum estratagema que ele vem montando desde que conheceu minha mãe. Talvez antes.

— Sabe o que eu faria, se fosse o Cavaleiro Risonho? — disse Vanessa.

Orion franziu o cenho.

— Mataria Vallen. — Sua voz tremeu. — Está preparado para isso, Orion? Acho que seria um final digno para o filho da puta. Atormenta-o por quarenta anos e, quando sente que vai morrer, leva-o em uma caçada por metade do continente, e mata seu filho perante seus olhos.

— Vanessa —

— Prepare-se, porque vai ser algo assim. Ele é um servo do caos, tentará transformar o que resta da sua vida em caos.

Orion sentiu uma raiva preliminar, seguida de medo e uma esperança insuportável. Quase esquecera a realidade de reencontrar o filho que mal conhecia. Parecia utópico.

— O pior — continuou Vanessa — é lembrar que ele serve a Nimb. Porque, então, não podemos evitar alguma esperança, não é?

Era verdade.

— Se o Cavaleiro Risonho fosse servo do Deus da Morte, eu já teria feito as pazes com o destino de Vallen — disse Vanessa. — Estaria em busca de vingança. Mas é o caos. É *possível* que ele não machuque o garoto. É *possível* que faça o inesperado, e devolva-o.

Possível o bastante para enlouquecer.

O que talvez fosse o objetivo.

CAPÍTULO 8

O EVANGELHO SEGUNDO ELLISA

ESTRANHO NÃO DORMIR, ESTRANHO NÃO COMER, ESTRAnho não ter alma. Estranho ser um soberano tão completo, sentir a não vida da ilha sob a pele, as impressões alienígenas de todos os súditos. Crânio Negro descobria que era estranho transfor-mar-se ainda mais. Ellisa Thorn cada vez mais descartada. Ellisa Thorn não compreenderia uma existência tão absoluta, corpo e espírito um só, sem diferença entre desejo e realização.

Estranho tudo isso, e mais estranho não sentir dor. Passara tanto tempo sem lar, nem lefeu nem artoniano, Crânio Negro maravilhava-se a cada dia, com o alívio. Em Tamu-ra, em sua área de Tormenta, possuía um domínio perfeito, um lugar intermediário. Crânio Negro, o Lorde da Tormenta, gozava dos novos prazeres, da plenitude lefeu.

Crânio Negro era algo novo, inédito, como fora desde a saída do mundo dos invasores, há mais de dez anos. Não sabia até onde iriam as mudanças. Dentre os outros Lordes, Aharadak acompanhava com interesse de cientista; Gatzvalith observava para seduzir. Avisaram sobre algumas maravilhas, que chegavam aos poucos, e Ellisa estava mais ansiosa pela percepção do tempo. Em seu universo, os lefeu haviam vencido, conquistado e substituído o tempo, assim como fizeram com tudo. Experimentavam presente, passado e futuro como uma coisa só, toda a eternidade simultânea. Ellisa desejava aquilo para ter os momentos com Vallen de novo no presente. Para ter Vallen crescido agora, sem aguardar o futuro.

Caminhando por sua área, ela testava seu controle da forma e do espaço. Não tão absoluto quanto era o dos outros Lordes, porque deveria existir algo de Arton. As criações de Ágata não obedeciam tanto quanto o que era puro lefeu. Mas tudo compensado pela proximidade dos companheiros. Ellisa sentia, quando desejava, o toque, a proximidade de Ashlen, Gregor, Vallen. Até mesmo Nichaela e Kodai.

Até mesmo Rufus.

Tamu-ra também mudava. Além do trabalho de Ágata, surgiam as obras do Lorde Crânio Negro. Criava cidades, prédios vivos, lefeu. Construções simples, ainda, perto da genialidade sádica dos demais Lordes. Mas Crânio Negro era um aluno esforçado, e pretendia repovoar sua área, com uma população artoniana que cultuasse os lefeu e vivesse ao seu modo.

Sentiu uma presença na ilha: chegava o momento. Em lugar algum, e em todo o perímetro vermelho, pairou um conjunto de ideias, um cheiro, uma impressão ao tato. Igasehra voltava a seu antigo domínio. Logo, os diferentes prismas da corrupção: Gatzvalith, Urazyel, Raigheb, Aharadak.

Crânio Negro juntou-se a eles, próximo ao Coração da Tormenta, de onde fluía o universo invasor. Os seis Lordes estavam reunidos.

Pela primeira vez, não deveria se curvar. Talvez não fosse lefeu — não desejava ser, se fosse preciso o sacrifício do amor de Vallen e dos outros. Mas era um Lorde, e como um Lorde era tratado. As nuvens rubras acima trovejaram ao seu comando, despejando sangue ácido. Os campos plantados com estacas de ferro exibindo cabeças humanas remexeram-se, em saudação aos visitantes. Os lagos de entranhas e as colinas de tumores empertigaram-se: Crânio Negro demonstrava seu poder.

A próxima fase da invasão deve começar, era Gatzvalith. Crânio Negro conhecia há muito o sabor de sua maldade. As ideias, imagens e sensações transmitidas pela comunicação lefeu desenhavam-se muito nítidas em seu cérebro modificado. Um contato mais claro do que jamais tivera em seus dias de servo.

Gatzvalith tenta usar a sedução que atrai os artonianos sobre o que é lefeu, transmitiu Igasehra. Crânio Negro foi avassalado pela fúria presente no antigo Lorde de Tamu-ra, pela ideia de destruição pura.

Igasehra está certo, era Raigheb, emanando desespero, uma forte sensação de vazio. *O modo de Gatzvalith e Aharadak é forçado a tudo que é lefeu. Nunca houve decisão sobre o futuro deste mundo.*

O futuro de Arton não importa, era Aharadak. Crânio Negro sentiu o impulso muito artoniano de vomitar, ao captar sua impressão cruel e criativa. *Destruição deste mundo sem uma nova perspectiva prejudica o que é lefeu.*

Igasehra rugiu, e Crânio Negro sentiu sua área desmoronando, uma montanha ruindo, um incêndio formando-se ao longe. Por instinto, tentou deter aquilo, colocando sua vontade contra a do outro Lorde. Num instante, contudo, não pôde mais resistir, e Igasehra voltou-se a ele como um deus colérico.

Crânio Negro é um Lorde, era Gatzvalith. *Se Igasehra atacá-lo, estará atacando todos. Haverá guerra entre lefeu.*

A perspectiva repugnou. Acima de tudo, os lefeu eram um só, diferentes facetas de um mesmo todo. A ameaça da guerra, provocada pelo tédio da perfeição, levara-os a Arton em primeiro lugar. Era blasfêmia que aquilo ocorresse naquele momento.

Crânio Negro deve aceitar que tudo é lefeu, a forma é irrelevante, era Urazyel. *Se algo em seu domínio for destruído, apenas transforma-se.*

Incerto de como responder, Crânio Negro assentiu, e transmitiu uma impressão de acordo.

O Panteão está fraco, era Aharadak. *Incompleto. Os artonianos cultuam cada vez mais seus deuses menores, criam novos deuses. Estão prontos para adorar a Tormenta. Os demais Lordes não tomam este poder para si porque não desejam. Meus fiéis multiplicam-se. Temos um Reino Divino, temos um mundo pronto a se curvar.*

Raigheb e Igasehra exalavam desconfiança. Como um só corpo, ressentindo-se de suas partes por não obedecerem direito.

Este é o momento de atacar, era Gatzvalith. *Pelas leis deste universo, o equilíbrio precisa ser restaurado. Devemos completar o Panteão com lefeu.*

Aharadak usa isso para si, tentando ser um indivíduo, Raigheb enojado. *Tem ambição própria.*

Não é verdade, Aharadak exalou uma espécie de prazer, um tipo de confiança que assemelhava-se ao sentimento de ser superior. *Crânio Negro explicará a fé dos artonianos, que venho estudando.*

As atenções — mais que apenas olhos, todos os órgãos alienígenas e as ideias que pairavam no ar — voltaram-se a Crânio Negro.

— A fé em um deus —

Use a voz lefeu, Lorde, emanou Gatzvalith.

Ele atentou ao próprio corpo, aos novos órgãos, à extensão de seu ser, que era a ilha, que eram os lefeu. Achou a capacidade, como um músculo esquecido, como um membro raramente usado.

Os artonianos cultuam seu Panteão como um todo, era Crânio Negro.

Mentira. Os artonianos estão presos à individualidade, Raigheb emitiu a ideia com asco.

Mas veem os deuses como um grupo, Crânio Negro continuou, misturando suas ideias com as do outro Lorde. *Apenas homens santos e devotos fervorosos dedicam-se a apenas um deus. A maioria cultua todos, reza a cada um de acordo com seu domínio. Os artonianos podem aprender a cultuar a Tormenta como um todo.*

Aharadak emanou satisfação. Igasehra e Raigheb fecharam-se em si mesmos.

Mais uma vez, o segredo é a transformação, Urazyel concordou. *Erodir o conceito de indivíduo entre os artonianos, mudar sua forma de pensar.*

Tudo é lefeu, era Aharadak. *Os artonianos devem entender isso. Aharadak é um deus menor, mas quem ocupará o Panteão é a Tormenta.*

E para isso, deve haver uma estratégia, era Gatzvalith.

Crânio Negro sentiu as atenções em si. Era o momento combinado, e um nervosismo artoniano assaltou-o. Mas lembrou do que era capaz; dobrou o espaço, desfez as distâncias em sua área de Tormenta. Esticou seu braço, apagou a diferença entre sólido e imaterial, distorceu o conceito de tamanho, e tomou o espírito de Nichaela em uma mão.

A clériga em meio aos Lordes. Não estivesse morta, ali iria enlouquecer.

Curve-se ao que é lefeu, a corrupção de Crânio Negro se espalhou com força, rachando o solo, na direção da prisioneira.

— Nunca, Ellisa — disse Nichaela.

Crânio Negro fez-se maior, fez a clériga menor, moldou sua alma com as mãos, até ela estar de joelhos.

Este é um espírito artoniano, era Crânio Negro. *Pertencia a uma meio-elfa, sacerdotisa da Deusa da Vida.*

Os Lordes conheciam o grupo, aqueles que haviam destruído seu soldado, em sua própria realidade. Mas diferenciar coisas artonianas era difícil. Para alguns Lordes, as diferentes raças ainda eram absurdas, quase incompreensíveis. A existência de pedras e homens, vento e árvores, era ridícula. Em seu mundo, tudo era lefeu. O conceito de espírito e corpo, separados, também fazia pouco sentido.

Esta coisa irá nos explicar como converter os artonianos, era Aharadak.

Nichaela relutou, mas a presença dos Lordes era forte demais. Fosse viva, estaria convulsionando, ficaria cega, morreria. Do modo como estava, via partes de seu espírito desfazendo-se. A alma artoniana não estava pronta para o contato com os Lordes da Tormenta, e não era capaz de se proteger.

Aharadak tinha fiéis. Descobrira, através de estudo, como obter adoração. O terror, a idolatria, sua imagem espalhada pela área de Tormenta, pelas terras próximas. No entanto, o culto à Tormenta era diferente. Quase uma religião separada.

Fale, Nichaela, era Crânio Negro.

— Fale, Nichaela — disse Ellisa.

Súbito, o espaço distorcido mais uma vez. Masato Kodai, envolto em suas correntes, estava lá. Ágata, imersa em suas criações, ao alcance da mão de Crânio Negro.

— As pessoas cultuam o Panteão porque veem-no em tudo — disse a clériga, por fim. Estivesse viva, poderia chorar. — A religião não é focalizada em um aspecto. Os deuses existem em cada hora do dia.

Os Lordes trocaram impressões de corrupção. Um plano se formava.

Passara-se muito tempo desde que Adolan, uma pequena cidade no reino de Petrynia, conhecera a tragédia.

Há mais de dez anos, houvera um massacre. Um assassino bestial, um homem albino e alto, que matava com as mãos e os dentes. Adolan perdeu gente, perdeu inocência, mas os cadáveres foram enterrados.

E agora ressurgiam.

Os primeiros gritos trincaram o ar quando o sol estava alto, na hora sólida da manhã. As pessoas que emergiram do chão eram translúcidas, imateriais, tênues como nevoeiro. Mas nítidas. Cada ferimento, cada garganta destroçada ou estômago talhado estava ali. Os mortos de Adolan tomaram as ruas de terra, procuraram suas famílias, as pessoas que haviam conhecido.

Correria. Homens e mulheres procuraram o templo. Largaram os animais, abandonaram seu trabalho. Ergueram filhos em desespero, berraram pelo sacerdote. Os fantasmas caminhavam atrás, em silêncio. Lentos, mas inevitáveis. Ostentando seus olhos que pendiam das órbitas, seus braços decepados, suas colunas partidas, como se tivessem acabado de morrer.

Alguém que morrera jovem, deixando filhos que mal sabiam andar, sorriu para a viúva e os garotos crescidos. Um pesadelo enterrado, um amor conformado com a perda, voltando para Adolan. A mulher chorava, mas o marido morto chegou perto, para consolar.

— Eu morri e enxerguei a verdade, Yrma. Venham, meninos. Seu pai vai lhes contar tudo sobre a vida e a morte e os deuses. Porque amo vocês todos.

O responsável pela paz de espírito de Adolan era um sacerdote jovem, que nunca fora agraciado com um milagre. Orava todos os dias ao Panteão:

agradecia a Azgher de manhã, pedia a clemência de Tenebra à noite. Rezava a Marah quando havia rumores de guerra, pedia a bênção de Lena quando havia um parto. Nunca realizara um exorcismo, e foi com horror que viu os fantasmas rumando à sua igreja.

Caiu de joelhos, e sentiu as fezes escorrendo pernas abaixo.

— Vão embora — implorou o clérigo. — Vão embora.

Os mortos continuaram avançando, dispostos a encurralar os vivos contra seu templo. Os habitantes de Adolan gritaram aos deuses, prometiam devoção. Mas a resposta veio de um espírito:

— Os deuses estão caindo. O Panteão está morrendo. Resta a Tormenta.

Continuaram a chegar perto, com sorrisos nos rostos mutilados. O povo de Adolan engas-gava numa tristeza vulcânica, debatia-se contra as paredes do templo. Um homem correu para abraçar sua esposa, e sentiu o gelo da morte inquieta atravessando seu corpo. O amor de Adolan voltava-se para pregar contra os deuses. O amor usado contra; o amor que agora era lefeu.

— Ouçam a palavra da Tormenta. A palavra do futuro.

E Adolan, sem escolha, ouviu.

Como capital, Yukadar era amigável; quase simplória. O centro do reino de Nova Ghondriann era uma cidade grande apenas por seus próprios padrões, um lugar de chão socado de areia, entrecortado por esparsas ruas de calçamento. Marcas de rodas de carroça no chão, casas feitas de grandes blocos de pedra, ou então madeira. Cheiro de muita gente: fediam todos juntos. Quase todos os rostos conhecidos, quase nenhum viajante. Um castelo no centro de tudo, onde o regente era apreciado.

Os mortos que invadiram Yukadar eram estranhos.

Um exército. Soldados às centenas, marchando em suas formas espectrais para dentro da cidade. Yukadar trancou portas e janelas, mas os fantasmas continuaram andando, e sorriam sempre que enxergavam alguém. Falavam em suas vozes distantes, diziam o que lhes ocorrera após a morte.

— Se os deuses podem cair, por que cultuá-los? Se os paraísos não são permanentes, por que se sacrificar?

Não havia para onde fugir; os mortos continuavam chegando, em marcha, exibindo seus horrores. E falando. Cada habitante de Yukadar viu-se com seu espectro pessoal. Onde quer que fossem, eram seguidos. E a ladainha nunca cessava.

O primeiro suicídio demorou menos de um dia.

Mais que medo, mais até que horror. Yukadar foi assolada pela tristeza. Se houvera consolo numa vida difícil ou medíocre, sabendo que os deuses aguardavam no final, essa esperança se quebrava. A vida mostrou-se fugaz, insignificante.

E os mortos continuaram falando.

Os habitantes de Yukadar tomaram as estradas, fugindo em multidões. Mas os espíritos vinham de todo lado, como uma praga de gafanhotos. As pessoas correram aos bosques, espalharam-se em desordem, tudo para ficar longe das hordas. Portas destrancadas, oficinas deixadas abertas e, junto com o desespero, começou o crime. Num rasgo de ganância, parte de Yukadar tomava o que podia do que era alheio, satisfazendo-se com isso enquanto a morte regurgitava ao redor.

Logo, os desonestos ficaram mais ousados. Um grupo invadiu uma tinturaria, atentos ao ouro que diziam o dono ter. A família estava entrincheirada, tentando se esconder dos mortos, e pegaram em armas para resistir. Enquanto os espíritos atravessavam as paredes, caminhavam pelos aposentos, sorrindo e falando em tom doce, os habitantes de Yukadar derramavam sangue. Lá fora, havia incêndios, assassinatos, o que para os mortos era banal. Crianças berrando na rua, os fantasmas atravessando-as ou agachando-se para lhes contar a verdade.

— Os deuses estão caindo. Os deuses estão morrendo. A Tormenta oferece o único alívio.

Onde restavam almas, eram recrutadas. As vítimas da Tormenta, em suas diversas formas, empurradas para evangelizar. Mortos pelo albino, por Crânio Negro, pelo Dragão da Tormenta. Vagavam pelos reinos, espalhando a palavra lefeu, a fragilidade dos deuses.

Gregor recebera o direito a seu corpo inteiro, de novo. As linhas que costuravam seus braços e pernas eram rubras.

— Venha comigo — ele disse, estendendo a mão.

Ashlen rilhou os dentes, andou para trás.

— Você não vai fugir, Ashlen. Sabe que é inútil. — Sorriu. — Vamos, venha comigo.

— Você é pior que Artorius — disse Ashlen.

Gregor Vahn suspirou, franziu a testa.

— Artorius fez o que julgou melhor, numa situação desesperada — disse. — Só queria uma segunda chance.

— Artorius se arrependeu.

Gregor deu de ombros.

— Todos mudam de ideia. Não posso julgar Artorius. Mas isso não importa, Ashlen. Venha comigo.

— E Thyatis, Gregor?

Ele deu um riso triste.

— Você viu o que aconteceu no Reino de Glórienn. Se os deuses estão nos abandonando, talvez seja melhor ter uma alternativa.

— Vai mesmo espalhar mentiras em sua casa?

— Não direi mentira alguma. Ellisa por acaso mente? Os deuses *são* fracos. Foram incapazes de nos proteger. Ellisa serviu à Tormenta, e foi recompensada. Os elfos serviram a Glórienn, e ela lhes virou as costas.

Ashlen abriu a boca, mas não conseguiu achar nenhuma resposta.

— Durante muito tempo, fugi de minha família — disse Gregor. — Agora, voltarei a Cosamhir. Vou tentar fazer algo de bom.

— Espera ser recompensado?

— Quem sabe? — riu Gregor. — Só posso morrer quando matar um deus, mas nunca mais vou matar ninguém. Talvez essa seja a resposta.

Os convertidos desejavam se tornar também evangelistas.

O Dragão da Tormenta pousou, e havia centenas à sua espera. Abriu as asas, espalhando sua presença de terror, sua devassidão feita de cadáveres. Os devotos dirigiram-se a ele, com lágrimas nos olhos. A primeira era uma mulher, que oferecia seu filhinho gordo. A criança deveria ter três anos, e gemeu de felicidade ao chegar perto. O Dragão abaixou a cabeça, abriu a bocarra, e o menino foi depositado. A mulher jogou-se em seguida, rindo com prazer.

Os fiéis aguardavam sua vez, empurrando-se para serem devorados. Escorria sangue de suas mandíbulas; o Dragão engolia corpos e cuspia almas.

CAPÍTULO 9

A EDUCAÇÃO DE YADALLINA

EDAUROS NÃO ADMITIA, MAS EXISTIA ALÍVIO EM ESTAR longe dos dragões. Deheon, o Reino Capital, não toleraria a revoada de feras. O pavor de aldeias teria consequências, e por isso as criaturas aguardavam do outro lado da fronteira, com os Cavaleiros do Corvo. A magia de Yadallina transportara-os pelo reino, até que chegassem a Valkaria, o centro da civilização.

Edauros ria, olhava tudo como o estrangeiro que era. Valkaria, construída em torno da gigantesca deusa de pedra, mostrava-lhe retalhos do mundo dos humanos. Num relance, via soldados, mercadores, um ladrão discreto, mendigos, nobres, prostitutas, gente desimportante. Todos falando ao mesmo tempo, o que era uma grande diversão, e todos os cheiros misturados. Yadallina observava os prédios, as arquiteturas, a variedade. Esforçava-se para gravar tudo na mente, e desejava ter papel e carvão, para registrar suas impressões.

— Quando formos reis, estaremos aqui o tempo todo — disse o elfo. — Visitando o Rei-Imperador. Fazendo exigências. Ameaçando guerra!

Ela suspirou.

— Você é estranho, Edauros.

A cidade era um labirinto. Não havia uma lógica para o modo como se espalhava, o aspecto mudava por completo de um ponto a outro. Havia partes nobres, cheias de guardas e com pouca sujeira, seguidas de áreas mendicantes, repletas de becos. E então mercados, bairros de templos, outras áreas nobres, e outros locais de pobreza. Valkaria era grande demais para que houvesse um só de cada coisa. Era um mistério como alguém podia encontrar qualquer caminho na metrópole. Edauros não se preocupava com isso, pois o mais simples dos feitiços era capaz de indicar a direção certa, e Yadallina guiava-os pela flora urbana.

— Você não sente que tudo está chegando ao ápice? — disse Edauros.

Ela concordou vagamente, absorta nos interesses da cidade.

— Vamos recrutar os maiores magos do Reinado, reencontrar o cavaleiro, e então destruir o Dragão da Tormenta. É como estar no final de uma história.

— Você tem muita sorte, Edauros.

— Claro que tenho. Sou o herói.

— Você tem muita sorte. Ambos temos. Não acredito que os Cavaleiros do Corvo concordaram em segui-lo.

— Eles acham que Orion ordenou isso.

Ela estacou.

— Por quê?

— Porque foi o que eu disse.

Yadallina empalideceu. Edauros notou um minarete interessante, apontou-o para a irmã.

— Você mentiu para os humanos? — disse a elfa.

— Não.

— Você disse que *sir* Orion deu-lhes ordens.

— Não é mentira. Estou adiantando as coisas. É claro que ele quer destruir o Dragão da Tormenta. Por acaso acha que ele vai fazer amizade com a criatura?

— Estamos roubando os homens que ele treinou. De quem ele pode estar precisando.

— Orion é um herói — Edauros descartou o raciocínio da irmã com um gesto. — Tem uma ordem inteira de cavaleiros para ajudá-lo. E o tal anão.

— Ingram.

— Ingram. Um anão cheio de armas, uma ordem de cavalaria inteira. É claro que está bem.

— Nada indica que Ingram esteja com *sir* Orion.

— Nós surgimos próximos aos cavaleiros. Orion e o anão devem ter surgido juntos, também.

— Edauros —

— Deseja voltar agora? Partir em busca de Orion?

— Eu —

— Não é melhor resolver nossos assuntos, e então reunir os personagens principais, para o grande final?

— Acho que você é louco, Edauros.

Ele sorriu.

— Veja, chegamos.

Espremida entre dois comércios humildes, havia uma casa com uma tabuleta. Lia-se, gravado na madeira: *"Escola de Magia"*. A porta rangeu quando aberta. O interior exíguo, iluminado por um lampião, continha uma estante, uma mesa e três cadeiras. Uma porta dos fundos guarnecida por dois vigias cheios de autoridade benéfica. Atrás da mesa, um homem de escassos cabelos negros, seu corpo ostentando gordura confortável. Tão logo os elfos entraram, sorriu, acolhedor, e fez um gesto para as duas cadeiras restantes.

— Senhorita Yadallina? — disse. — Senhor Edauros?

O elfo atirou-se na cadeira indicada, estendeu a mão ao outro.

— Minha fama de herói se espalha — disse Edauros. O homem achou graça.

— Sejam bem-vindos. Nosso departamento de vidência predisse sua chegada, e mestre Talude está à sua espera. — Abriu uma gaveta na mesa, retirou um pergaminho, que desenrolou. Colocando um par de óculos, examinou seu conteúdo. — Mestre Talude diz que não deseja ofendê-lo com o comentário sobre Lenórienn. Pede para ter cuidado com o cristal no observatório. Afirma que, apesar de tudo, sua visita será bastante agradável.

Os elfos entreolharam-se.

— Respondendo à pergunta que fará em seguida, senhorita Yadallina — disse o homem, ainda lendo o pergaminho. — Não relatarei de antemão o conteúdo inteiro de sua conversa com mestre Talude porque dessa forma ela não ocorreria.

— Se já conhecem tudo que vai acontecer, por que simplesmente não me conta o que mestre Talude falará? — disse a elfa.

O homem sorriu, e Edauros ergueu uma sobrancelha.

— Por que perguntou isso, se ele acaba de dar a resposta?

— Porque, se não perguntasse, a resposta nunca ocorreria.

— Senhor Edauros — disse o homem, enrolando o pergaminho. — Sim, é bem possível que a vidência tenha alterado os eventos, e não percebido-os no futuro. Mestre Talude convida-o para assistir uma das excelentes aulas da Academia sobre Filosofia da Magia, onde este tópico é discutido a fundo.

Erguendo-se da cadeira, o humano retirou os óculos e fez um gesto simpático para a porta dos fundos, onde os guardas deram passagem.

— Não vai perguntar? — disse Yadallina.

— Não. Só para criar problemas.

A porta foi aberta, e os elfos entraram na Academia Arcana.

Do outro lado, não estavam mais em Valkaria. Uma planície verde estendia-se nos horizontes, iluminada por um pequeno grupo de sóis, sob um céu multicolorido. Os prédios da Academia erguiam-se à frente e, logo perto, um enorme templo. Suas escadarias levavam a um portão aberto, e uma estátua de Wynna, a Deusa da Magia, erguia-se ao lado de uma fonte. Wynna, retratada em geral na forma de uma mulher voluptuosa, exuberante como era a arte arcana, abençoava a maior escola de magia de Arton. A planície era parte de seu Reino, seus filhos haviam construído o campus. Edauros e Yadallina subiram as escadarias, admirando a natureza carregada de encantamento, e as construções. Podiam sentir as múltiplas auras mágicas que envolviam aquela dimensão afetando-os.

Pássaros exóticos, cintilantes, cruzaram seu caminho. Um grupo de estudantes, nenhum ainda adulto, era conduzido do templo para a planície, sob a tutela de um professor que falava sem cessar. Espíritos do ar fizeram-se visíveis por um instante, brincaram à vista, e sumiram. Três jovens humanos conversavam sentados nas escadas, trocando impressões sobre a natureza do dom mágico. Um esqueleto descia com cuidado, levando um baú. Dois autômatos de ferro, seus olhos e juntas reluzindo com energia azulada, rumavam por uma estradinha calçada de pedras brancas, para um prédio circular. Um albatroz humanoide com mais de dois metros de altura lia um tomo encapado em couro, espremendo os olhos para enxergar melhor.

— Esperava mais — disse Edauros.

Yadallina deu-lhe um tapa no ombro, ele riu.

— Aposto que é maior por dentro do que por fora — disse o elfo.

— Por quê?

— Essas coisas sempre são.

Cruzaram o portão aberto, sob os olhos e o corpo magnético da Deusa da Magia. O interior era maior do que o lado de fora.

— Sempre — disse Edauros.

As portas abertas cumprimentaram-nos, com voz adocicada e feminina. Mil idiomas ao mesmo tempo, mas não se confundiam: as tiras de som procuraram os ouvidos certos, e Edauros ouviu *"Bem-vindo à Academia Arcana"*, no mais perfeito élfico.

— O quê? — disse, quando notou sua irmã encolher-se.

— Nada.

— Você ouviu o idioma dos dragões, não é?

Ela hesitou, como se presa. Depois, fez que sim rápido, a cabeça para cima e para baixo.

O templo não era iluminado. Nenhum foco de luz mágica ou mundana visível, nenhuma sombra projetada. No entanto, tudo ali era claro; mesmo sem a visão élfica seria possível distinguir cada detalhe. Magia sutil — o prédio era encantado para que todos ali enxergassem com perfeição no escuro.

Cheio de gente, por todos os lados. Alunos, alguns pouco mais que crianças, outros entrando na idade sóbria. Pesquisadores carregando livros, tabuletas, pergaminhos ou bolas de cristal. Professores explicando conceitos aos estudantes, conversando uns com os outros. Guias mostrando a escola a forasteiros de olhos arregalados. Servos usando magia vulgar para tratar dos mais mundanos assuntos. Sacerdotes de Wynna conduzindo seus afazeres sagrados. O prédio era um templo e também o centro de administração da Academia. Burocracia árida, devoção e o ambiente maravilhoso fundiam-se numa atmosfera de sonho. De repente, o pássaro metálico, feito de engrenagens, carregando um pergaminho, não era esquisito. O saguão grande como uma praça, os múltiplos corredores, as portas que abriam a si mesmas e cumprimentavam os alunos: tudo normal.

Algo surgiu na mente dos dois elfos: de um momento para outro, sabiam que naquele prédio se encontrava Talude, o reitor, na sala da diretoria. Conheciam o mapa do lugar, sabiam como chegar ao gabinete e onde estavam os catedráticos mais importantes.

— Explique — disse Edauros.

— Não parece telepatia — disse Yadallina. — Quase como —

O conhecimento, mais uma vez, brotou em suas mentes: era Sophia, uma ideia viva, representante de apenas uma das várias espécies presentes na Academia. Sua função era guiar os recém-chegados.

Os elfos seguiram o curso. Corredor por corredor, viram humanos, elfos, anões, halflings, híbridos de todos os tipos. Um minotauro sisudo, algumas fadas, uma serpente alada discutindo filosofia com um globo de luz inteligente, ambos exaltados à beira de sopapos. As passagens e escadas comprimiam o espaço, quando pisava-se nelas — um passo, e estavam do outro lado. Um imenso auditório descortinava-se atrás de uma porta aberta. Estudantes amontoavam-se nas cadeiras em volta do palco, onde um pequeno sol preparava uma palestra. Duração prevista de quatro meses: os alunos bebiam canecos de tempo líquido, gerando a distorção necessária.

Chegaram à sala do reitor. Uma porta feita de espaço comprimido — oito mil léguas compactadas numa forma opaca, até alguns centímetros de espessura — abriu-se, cumprimentando-os. Lá dentro, alguém que não poderia ser nada além de um mago.

Talude, chamado o Mestre Máximo da Magia, sentava-se atrás de uma mesa muito normal, carvalho escuro e sólido, repleta de papéis, bolas de cristal, estatuetas. Olhou para cima, do tabuleiro de xadrez no qual se concentrava, sorriu-lhes e fez um gesto, para que aguardassem um minuto. Edauros e Yadallina entraram, a porta se fechou. O gabinete era cheio de objetos inclassificáveis: construtos de pura energia mágica, minúsculos portais para dimensões variadas, pergaminhos aos milhões, lembranças e bibelôs de Reinos Divinos. O reitor era um homem alto, de longas barbas brancas, metido em robes. Parecia saído de um livro de histórias.

Súbito, ergueu-se.

— Ele está preocupado, é óbvio — disse, olhando algum ponto aleatório na sala. — Mas é, acima de tudo, um homem metódico. Odeia meu modo descontraído de jogar. Mesmo na atual circunstância, mantém seus horários, seus hábitos.

Os elfos trocaram um olhar. Edauros sinalizou que o humano devia ser louco; Yadallina corou na hora.

— E é um homem de ação, claro — continuou Talude. — Hábito e ação, uma combinação in-digesta. *Mas* — súbito dirigiu-se aos elfos. — Seria isso suficiente para fazê-lo cometer um erro?

Alisou a barba por uns instantes. Gesticulou para si mesmo, assentiu, e fez um movimento no tabuleiro de xadrez.

— Mestre Talude — começou Yadallina.

— O que está fazendo? — interrompeu Edauros.

Talude ergueu as sobrancelhas brancas.

— Jogando xadrez, é claro.

A elfa olhou o tabuleiro.

— O senhor acaba de cometer um erro.

— Não eu, jovem Yadallina — sorriu. — Lorde Vectorius.

Edauros pareceu achar aquilo muito divertido. Yadallina procurava por onde começar.

— Querem chá? — disse Talude.

— Não tem nada mais forte? — disse Edauros.

A elfa iniciou uma desculpa, mas o reitor tirou dos mantos uma ânfora, piscando um olho.

— Nenhum aluno impressionável por perto. Imagino que não haja problema, não é?

Com um gesto, fez surgir um caneco, e serviu hidromel. Edauros aceitou, agradecendo.

— Adoro chá — disse Talude.

Um bule de chá fumegante surgiu na mesa, junto a duas xícaras de porcelana. Ele serviu as duas, entregou uma a Yadallina. Derramou hidromel na sua própria. Tomou um golinho e estalou os lábios.

— Imagino que saiba por que viemos — disse a elfa.

O reitor fez sinal para que sentassem, nas cadeiras que existiram por uma flexão de sua vontade. Ele mesmo acomodou-se atrás da mesa, mais uma vez, com um sorriso afável e quase condescendente.

— De fato. Podemos passar por todos os meandros de uma conversa normal, se isso lhes agradar. Ou, se desejarem, podemos abordar o assunto.

— Gosto de um homem sem frescuras — riu Edauros.

— Isso enerva boa parte dos mundanos. Mas, se não aproveitarmos um pouco o dom de Wynna, qual é a graça da magia? — Talude piscou de novo.

— O senhor irá nos ajudar? — disse a elfa. — Lutaremos ao seu lado, ao lado de Lorde Vectorius e do Protetorado do Reino?

O reitor ficou brincando com sua colher. Apontou-a para Yadallina.

— Nada disso lhe apetece.

Ela não soube o que dizer.

— Foi a primeira a falar em luta, em conhecer os assim chamados heróis deste mundo, mas esta não é sua ambição.

— Não — admitiu.

— Está bisbilhotando a mente dela? — disse Edauros, a um passo de um tom hostil.

— Nunca faria isso. Vai contra a ética da magia.

Ele começou a dizer que não sabia existir ética na magia, mas segurou-se ao ver o sorriso de Talude.

— Não é preciso invadir seus pensamentos para notar onde está seu coração, jovem Yadallina — disse o reitor. — Você está cheia de perguntas, e deseja mais perguntas ainda.

O que ela sentiu foi estranho: como se enfim alguém lhe dissesse o que iria satisfazê-la, o que estivera faltando por muito tempo. Como se alguém, simplesmente, acertasse em cheio.

— A Academia está sempre aberta a novos estudiosos promissores — disse Talude. — Tenho certeza de que você não terá problemas com quaisquer testes protocolares. E a vida de pesquisador é muito recompensadora.

— Estamos aqui por um motivo — disse Edauros.

— É claro que estão.

Talude demorou-se na fisionomia da elfa. Retomou o sorriso, e fez que Edauros continuasse.

— Vamos matar o Dragão da Tormenta.

— Uma proposição valorosa. Mas arriscada.

— Temos dezenas de dragões!

— Benthos, o Rei dos Dragões Marinhos, foi vencido pela criatura. Lorde Vectorius também. O que lhe faz pensar que suas dezenas de dragões terão sucesso?

— Já vi a coisa em batalha. De perto.

— Nesse caso, podemos trocar impressões.

Pausa. Edauros olhou-o enviesado.

— Minha irmã tem algum poder sobre ele.

— Ah — fez Talude, juntando as pontas dos dedos. — *Sua irmã.*

O reitor ergueu-se, caminhou devagar pelo gabinete. Examinou uma quinquilharia e outra, como se nunca as houvesse enxergado.

— Desejam se juntar ao conselho que trata do Dragão da Tormenta, então? — disse, virando para eles.

— É questão de planejar e atacar — disse Edauros.

— Usar o poder de sua irmã, os dragões. Junto ao poderio que o Rei-Imperador amealhou, pode ter sucesso.

— Faremos isso, então?

— Jovem Edauros. — Talude voltou a andar. — Não posso afirmar o que meu imperador decidirá. Não posso fazer um plano que envolva meu rival Vectorius ou o Protetorado do Reino, sem consultá-los. Não posso nem mesmo elaborar o mais singelo estratagema que conte com o mais humilde de meus servos. Sabe o porquê?

Não esperou resposta:

— Porque só posso decidir minhas próprias ações, não as dos outros. Posso apresentar seus nomes como voluntários ao esforço contra o Dragão da Tormenta. Posso até mesmo atestar o poder de Yadallina, assim que conhecê-lo. Mas Sua Majestade Imperial tomará a decisão. E meus nobres colegas tomarão suas próprias decisões.

— A Tormenta voando sobre o Reinado — disse Edauros, levantando-se também. — Esta não é hora de indecisão!

Talude assentiu.

— Está preocupado com a ameaça a nosso continente — disse. — Louvável. Seus dragões serão *ótimos* para ajudar na evacuação rápida de lugares ameaçados, ou no resgate de vítimas.

Edauros gaguejou.

— Não é tão glorioso quanto lutar?

— Bem — hesitou o elfo. — Não. Lutar é o que sei fazer.

— E você, Yadallina? Sabe lutar?

A elfa olhou o irmão antes de abrir a boca.

— Não muito bem.

— Lute então, jovem Edauros!

— Preciso de —

— Todos precisamos de algo — disse Talude. — Nem toda a benevolência de Wynna acaba com nossas necessidades. Tendo isso em mente, podemos refletir sobre o poder, não é mesmo? Às vezes, parece que alguém tem poder. Mas, para ter certeza disso, devemos examinar suas necessidades.

Silêncio.

— Deseja entender este poder que dizem que você possui, jovem Yadallina? — sorriu o reitor.

— Muito.

— Eu também.

Yadallina flutuava em um globo de cristal translúcido, que gerava um campo de distorção espacial. Cheio de um líquido viscoso, o globo estava suspenso a um metro do chão, no centro de um laboratório. Ela podia respirar lá dentro: o líquido era um composto de adivinhações e transmutações condensadas, destiladas. As magias teciam a si mesmas, criando o ar de que ela precisava, enquanto extraíam informação de seu corpo, seu espírito.

Em um aparelho de vidro, num canto, elementais da água escorriam de um tubo de ensaio a outro. Um professor discutia a tese de seu orientando sobre as emanações místicas das criaturas aquáticas ao se reproduzirem. Talude e Edauros observavam a elfa no globo, enquanto dois magos controlavam o teste, conjurando pequenos ajustes e leituras quando necessário.

— Não vai permitir que lutemos contra o Dragão? — disse o elfo.

Talude continuou atento a Yadallina, enquanto respondeu.

— Não tenho o direito de proibir nada, jovem Edauros.

— Viemos até aqui para lutar. Mas até agora, estamos estudando.

— Não vai achar muitos lutadores na Academia. Bem, talvez no ginásio.

— Onde está o Rei-Imperador? Onde está Vectorius?

Talude deu de ombros.

— Isso pode ser uma surpresa, mas não fazemos todos parte de um clube, e nem passamos o tempo todo juntos. Existe uma crise, é verdade. E você pode ser útil, é verdade. Mas jogar-se às cegas num problema não costuma dar certo.

— Certa vez, ouvi um ditado, em Yuden. "Quem ousa vence".

— É um bom ditado — sorriu Talude.

— Então —

— O problema ocorre quando acreditamos em todos os ditados e bravatas. Observe Yuden com cuidado, e verá que o reino faz mais que apenas ousar. Todos exageramos nossas próprias opiniões e capacidades, Edauros. É a maneira dos mortais. Agir segundo esses exageros é a maneira dos tolos.

— Hesitação pôs fim a Lenórienn.

Talude deixou de sorrir. Sua boca desapareceu por trás da barba alva. Inesperado, pousou a mão sobre o ombro do elfo, deu-lhe três tapinhas de conforto.

— Meu rapaz. Foi a ousadia que destruiu Lenórienn.

— Você não sabe o que fala. Elfos são covardes! Poetas empolados, não guerreiros.

— Conhece ousadia maior? Poetas jogando-se à batalha, acreditando que sua paixão irá lhes trazer a vitória?

Silêncio.

— Então, concorda comigo — disse Edauros. — Precisamos de guerreiros, de dragões, de magos de combate.

— Meu jovem. Não, não concordo. Você está cometendo o mesmo erro de seus antepassados, em Lenórienn.

Edauros desvencilhou-se com violência do reitor, ficou mudo de raiva.

— O teste acabou — disse Talude.

Yadallina foi tirada do globo através de magia. Estava seca — o líquido permaneceu do lado de dentro. Sentiu como se mil ínfimas agulhas tocassem sua pele, quando as magias ativas sobre ela se desvaneceram.

Talude tinha a mão no queixo barbudo.

— Parabéns, jovem Yadallina — disse o mago. — Você nos apresentou um mistério que não sabemos resolver.

O observatório não era o que esperavam. Uma sala circular, ampla, com um poço raso no centro. Em volta, inúmeros cristais, todos emanando brilhos suaves.

— É inegável que você *tem* poder — disse Talude. — Mas apenas porque comprovamos isso empiricamente.

— O que as magias do globo mostraram? — disse Yadallina.

— Nada — o reitor sorriu. — Uma jovem elfa, saudável, com grande potencial para a feitiçaria. E mais nada. Na verdade, — andando pela sala — a explicação mais simples seria você estar mentindo.

Ela ergueu as mãos espalmadas.

— Fique tranquila, sei que não está. Mas o que quer que seja seu poder, passou muito acima das capacidades de nossa aparelhagem mística.

— E isto, o que é? — disse Edauros, chegando perto de um cristal.

— Não toque, rapaz. Obrigado. Este é o observatório, ou Câmara de Cristais. Aqui podemos fazer testes mais avançados.

O rosto da elfa se iluminou. Era bom estar num local de conhecimento cada vez mais agudo.

— São testes *intrusivos* — disse Talude, grave. — Não apenas adivinhações, jovem Yadallina. Aqui conjuramos encantos que mexem com a essência de uma criatura. Processos dolorosos. E ninguém pode garantir sua segurança.

— Não há problema! — disse a elfa.

Ele sorriu de novo, com a paciência dos muito velhos.

— É preciso ter *certeza*. Haverá sofrimento.

— Minha irmã não tem medo de nada.

— *Tenho*. Mas não disso.

Talude esfregou as mãos, e pediu que ela descesse ao poço.

Manipulando os cristais, o reitor descarregou energias arcanas sobre a elfa. As primeiras eram adivinhações avançadas, processos que liam fundo a alma e a mente. Transmitidos de Yadallina a Talude, sem filtros, seus segredos, memórias que nem ela mesma sabia ter. Em seguida, magias de dominação e hipnotismo — cada vez mais fortes, seus resultados brotando em forma de conhecimento puro na mente do reitor. A câmara tentava transformar o corpo de Yadallina, dividi-lo em partes menores, para entendê-lo. Uma terrível sensação de descolar, quando seu espírito foi retirado do corpo, para que uma alma artificial entrasse (um processo que deveria separar as variáveis entre materiais e metafísicas). O espírito de Yadallina, por sua vez, foi posto em um rudimentar corpo construído, e a interação entre essência e casca foi registrada. Ela foi remontada, e Talude mergulhou em sua mente, viajando através de seus pensamentos e separando impressões que poderiam ser úteis.

Edauros respirava, andava de um lado a outro, olhava tudo. Coçava as palmas das mãos, machucava o interior da bochecha com os dentes. Foi até um cristal. Talude estava absorto. Tocou a pedra, e uma descarga elétrica surgiu entre o poço e Yadallina. Ela gritou, e Talude emergiu de sua viagem mental.

— Eu *disse* para ter cuidado! — a repreensão de um mestre impaciente.

Edauros já estava sobre ela, tentando tirá-la do poço, enquanto a elfa garantia que tudo estava bem.

— Então? — disse Yadallina.

Talude ofegante.

— Prefiro contar-lhe os resultados em particular, minha jovem.

Edauros protestou. Mas foi ignorado.

No gabinete, apenas os dois. Yadallina sentia ao mesmo tempo um calor no peito, uma sensação de acolhida, e um anzol de tristeza. Aquele *poderia* ser seu professor. Aquela *poderia* ser sua casa.

Mas não era.

— Então? — disse a elfa.

— Primeiro, um chá. Coisas importantes devem vir acompanhadas de chá.

E sua vontade fez o chá existir.

— Jovem Yadallina... — Talude deixou o nome no ar, enquanto tamborilava o tampo da mesa. — Já sei a resposta, porque vi fundo em sua mente. Mas pergunto assim mesmo. Posso ser franco?

Ela assentiu em movimentos rápidos.

— Você não é uma elfa.

Nó no estômago.

— Perdão — disse Talude. — Não é *apenas* uma elfa.

— Como um híbrido? Como se houvesse algo estranho em minha linhagem?

— Bem —

— Edauros tinha razão o tempo todo!

— Talvez — disse Talude. — Mas acho que não.

Ela ficou calada, esperou que o reitor explicasse.

— Existe uma alma de elfo em você. Isso posso afirmar com certeza. Mas também outra.

— Duas almas?

— Quisera fosse tão simples. Quando sua alma habita seu corpo, criando esse conjunto único que podemos chamar de *você*, existe também um terceiro componente. Não visível como físico ou metafísico. Não é uma alma intrusa (pois isso é um fenômeno verificável, e mais comum do que se imagina). Apenas algo que não pode ser isolado. Separando-se corpo e alma, a coisa some.

— "Coisa"?

— Por falta de um termo melhor. Enfim, não consegui detectá-la através de nenhuma adivinhação, ou mesmo de exploração direta. Sei que está lá porque faz resistência a certos encantos, responde a determinadas energias quando tanto a alma quanto o corpo estão em perfeito repouso.

Ela não falou nada.

— Devo dizer que nunca vi algo parecido, Yadallina. Nosso universo, graças aos deuses, é cheio de surpresas, mistérios. Os próprios lefeu nos apresentaram conceitos novos de espírito e corpo. Mas não se preocupe; você não é lefeu. É apenas mais um mistério.

Fez um gesto com as mãos, como dizendo que era tudo.

— Desculpe.

— O que faço agora?

— Essa é a grande questão, não é mesmo?

Yadallina já reconhecia como um prenúncio de coisas importantes: Talude ergueu-se e passou a andar pelo gabinete.

— Você poderia ficar aqui — disse o mago. — Realizando os testes certos, nos quais você não teria dificuldade alguma, posso lhe conceder titulação honorária. Há um lugar garantido para você em nosso corpo docente. Enquanto isso, poderíamos continuar a conduzir experimentos, à medida que nossa ciência evolui, até sermos capazes de responder suas perguntas.

Ela mordeu o lábio.

— Os dragões...

— Existem dragões na Academia Arcana, como alunos e professores. Meu bom amigo Illieth é um ancião dourado. Ele adoraria conhecê-la.

Talude continuou sua marcha vagarosa pela sala. Yadallina tapando a boca, absorta em si mesma.

— Existem *outros* pesquisadores, é claro, fora da Academia — continuou o mago. — Lorde Vectorius, por exemplo. Suas ideias sobre a origem da magia são absurdas, e seu modo de vida é revoltante. Mas é impossível negar seu gênio.

De alguma forma, Lorde Vectorius não parecia tão amistoso. Vectora não parecia tão atraente.

— Reynard, meu antigo discípulo, também é um pesquisador habilitado ao extremo. Concentra-se em estudos sobre a Tormenta, é claro, mas talvez possa ajudá-la.

Virou-se para Yadallina, sorrindo como um avô.

— Mas você não fará nada disso, não é mesmo?

Ela deixou escapar um fôlego preso.

— Não.

— Você *tem* escolha, jovem Yadallina.

— Edauros é minha responsabilidade.

— Edauros é adulto. É um mago de combate quase sem par. Com um breve passeio pelo campus, você encontrará várias donzelas mais do que dispostas a cuidar de seu irmão.

— Não posso deixá-lo sozinho.

— Por quê?

— Porque sempre foi assim. Ele não aprendeu certas coisas, porque nunca precisou.

— Magia?

— Magia e vida. Tenho que acompanhar Edauros, pelo menos até o fim da jornada. Além disso, não posso destruir seu sonho agora que está tão perto.

— Tem certeza de que a jornada tem fim, Yadallina?

Ela sorriu e deu de ombros, mas de repente foi assaltada por um turbilhão de lágrimas. Escondeu o rosto, desesperada por não demonstrar aquilo, mas os soluços apenas aumentaram.

— Calma, minha filha — Talude pousou a mão em seu cabelo. — Calma.

Ela chorou por um tempo.

Depois, refez-se, limpou o rosto com um encanto ligeiro. Respirou fundo e se ergueu.

— Obrigada, mestre. Quando tudo isso acabar, gostaria de aceitar seu convite.

— As portas da Academia Arcana estão abertas a você, jovem Yadallina.

Ela fez um cumprimento, rumou à porta.

— Irei falar com Sua Majestade — disse Talude. — Acho que Lorde Vectorius irá gostar de seu irmão. Prepare-se para enfrentar o Dragão da Tormenta.

— Obrigada. — Uma felicidade desmedida cresceu dentro dela.

Yadallina abriu a porta, quando o reitor chamou sua atenção mais uma vez. Foi até ela, e entregou-lhe os restos de um pequeno baú carbonizado.

— Leve consigo — disse Talude. — Você incinerou-o há alguns minutos, enquanto estava chorando.

— Desculpe — com o rosto vermelho.

— Esta é a primeira vez que vejo um artefato forjado no Reino de Azgher queimar. Boa tarde, Yadallina.

CAPÍTULO 10

NO PAÍS DAS MARAVILHAS

— AMIGO — DISSE O HOMEM —, ACEITO O QUE VOCÊ tiver. Desde que seja dinheiro ou comida.

O que Orion tinha de mais valioso era sua espada quebrada e sua armadura. O soldado não podia comer nenhuma das duas, e suas próprias armas haviam-lhe sido de pouca utilidade.

— Armas eu tenho — disse, rindo com o humor dos miseráveis. — Não tenho o que fazer com elas.

Tinha lâminas e treinamento, e até mesmo um cavalo, que agora tentava vender. Chamava-se Vernon, e admitia ter pensado em roubar Orion e Vanessa quando vira-os ao longe.

— Por que desistiu? — disse a clériga.

— Aprendi alguma coisa em quase dez anos como mercenário — disse Vernon, apontando Vanessa com o queixo. — Se alguém veste o símbolo do Deus da Guerra, é melhor não arranjar briga. Não acho que eu vá parar em algum lugar muito agradável quando morrer, senhora, então não estou com pressa de chegar lá.

Ela sorriu.

— Isso é tudo que tenho — disse Orion, apresentando um punhado de moedas. — Não posso pagar por seu cavalo.

— Pode sim, meu caro. — Vernon salivou ante a visão dos Tibares. — Dê-me um pouco de ração de viagem, e dou-lhe também minha espada.

Orion sentiu-se constrangido.

— Façamos o seguinte, Vernon — disse, por fim. — Aceito a barganha, mas levamos você até a próxima aldeia. Enquanto isso, você compartilha de nossas rações.

Apertaram as mãos.

Portsmouth não era o mais belo dos reinos. Muitas planícies, algumas de pouca vida. A situação perto da fronteira era semelhante à de Bielefeld — vilarejos fantasmas, embora fosse em geral a fuga, e não a carnificina, que houvesse lhes dado fim.

— Mas o senhor vai ver bastante morte no interior do reino — disse Vernon. — O Dragão da Tormenta se divertiu como um porco na bosta. Que o diga minha companhia.

— Companhia mercenária? — disse Vanessa.

Vernon assentiu.

— O que houve?

— Morreram — ele fez um gesto como se fosse evidente. — Assim. — Estalou os dedos.

Eram os Texugos Famintos — o que era um nome pouco inspirado, ele admitia, mas ainda assim um bando leal. Uma companhia com uma centena de homens, e pouco mais de meio século de história. Jovem, para os padrões dos exércitos mercenários tradicionais de Arton, e pequena. Talvez por isso, ou talvez pelo nome infeliz, não inspiravam grande confiança, e costumavam ser destacados para trabalhos insalubres. Vernon lembrava-se de um outono, cinco anos antes, quando os Texugos foram designados, até o último homem, para serviço de latrina, servindo a uma companhia mais gloriosa. Mas ainda assim, era melhor do que o derradeiro trabalho.

— No papel, devíamos ajudar na evacuação de uma aldeia — disse ele. — Isto é, eu acho. Não sei ler, mas o capitão falou que era isso.

Vernon puxou um pigarro cheio de memórias, cuspiu.

— A verdade — continuou — é que nosso trabalho era morrer primeiro, para o pessoal da aldeia escapar. Parece que um barão estava visitando. Enfim. Os Texugos Famintos cumpriram seu dever com distinção. — Pausa. — Sim, senhores. Morremos direitinho.

Como também haviam morrido os habitantes da aldeia, e tudo que era vivo num raio de quilômetros, até onde Vernon conseguira averiguar. Isso fora meses atrás. Desde então, o mercenário virava-se como podia, e estava prestes a matar seu cavalo, para comê-lo.

— Mas fiquei com pena — admitiu. — Isso não é morte para um cavalo. Imagino que o senhor concorde — disse, olhando para Orion.

— Por quê? — disse Orion.

— É cavaleiro, não é?

Desconcertado, não mentiu.

— Consigo ver na sua cara — disse Vernon. — Poderia estar coberto de lama, vestido como um bufão, e seria cavaleiro. Não se preocupe, não vou tentar matá-lo durante o sono, ou coisa do gênero.

Vernon, nascido e criado em Portsmouth, não gostava de cavaleiros. Mas estava cansado.

— Lutou na guerra contra Bielefeld? — disse Orion.

Vernon assentiu.

— Eu também.

— Espero que não tenha matado nenhum amigo meu.

— Digo o mesmo.

O mercenário riu.

— Não matei nenhum cavaleiro naquela guerra, *sir*. Mal tinha barba no rosto. Era um moleque, foi meu batismo.

Vanessa cumprimentou-o. Havia batismos piores.

— Lembro uma vez — disse Vernon, olhar perdido. — Na guerra. Eu não era mercenário, estava no exército do Conde, como todos que amavam Portsmouth, e essa baboseira toda. Era o mais novo do pelotão, e nós estávamos confiscando suprimentos numa aldeia de Bielefeld.

Riu de si mesmo.

— Para falar a verdade, estávamos saqueando o lugar. E um saque é uma coisa medonha, porque os homens começam a virar bichos, entende? Os meus companheiros estavam queimando e destruindo tudo, até que alguém teve a ideia de se divertir com as moças do lugar. Isso é a coisa mais terrível, porque logo todos começam a fazer, e ninguém percebe o que está acontecendo. Como se fosse um outro mundo.

Orion e Vanessa se entreolharam, mas Vernon continuou, inabalável:

— E todos estavam estuprando as garotas, ali mesmo na praça, e eu estava horrorizado. Mas um homem é um homem, não é?, e eu nunca tinha estado com uma mulher. Estava vendo aquilo e estava horrorizado, e cheio de vontade, e apavorado, porque alguém ia me notar, e eu não sabia o que fazer. Um sargento me viu, disse para eu pegar uma menina, e jogou uma para mim.

Engoliu.

— Ela estava louca. Furiosa. Arranhou meu rosto todo. Mas eu levantei sua saia, e segurei seus pulsos. E então... Não consegui. Não consegui, entende? E todos no pelotão estavam rindo à volta, e eu fiquei mais nervoso, e parecia estar morto da cintura para baixo. Resolvi levar a garota para uma casa, e joguei-a no chão de novo. Ela tinha desistido de lutar. Então...

Ele não parecia notar os outros dois.

— Comecei a chorar. Simples assim. Abri o berreiro. A moça ficou me olhando meio surpresa, e eu não conseguia parar. Fiquei de joelhos, e pedi por favor que ela não contasse para ninguém. Que simplesmente dissesse que tinha sido estuprada. Saímos da casa, e ela começou a rir. — Vernon franziu o cenho. — Apontar para mim e rir. E dizer que eu não era homem, e que tinha ficado chorando, em vez de fodê-la. Os outros soldados também riram, e eu fiquei com tanta raiva que chorei de novo.

Silêncio.

— Peguei a espada. — Vernon ficou à deriva por um tempo. — E matei-a. Todos riram, mas as outras garotas berraram. Achavam que também morreriam.

— E morreram? — disse Vanessa.

Vernon piscou, gaguejou.

— Algumas — disse, por fim. — Só algumas.

Caminharam em silêncio por vários minutos.

— Por que contou isso? — disse Orion.

— Tudo é absurdo, não?

Pausa.

— Portsmouth nem mesmo era um reino, naquela época — continuou Vernon. — Por isso lutávamos. E a aldeia não era longe de onde eu nasci. Aquela garota poderia ter sido minha namorada. Nada impedia que eu me casasse com ela. Mas acabei tentando estuprá-la, e depois matei-a. E depois entrei para uma companhia mercenária, e um dragão monstruoso cuspiu sobre nós, e todos morreram. E agora estou vendendo meu cavalo para um cavaleiro da Luz, que eu teria tentado matar, se tivesse encontrado durante a guerra. Tudo isso é absurdo. Nada faz sentido.

Vernon se calou depois disso.

— Por que não usou suas armas para roubar? — disse Vanessa, de repente.

— Pensei em roubar os senhores.

— E por que não outros?

Ele suspirou.

— Não me parece direito roubar gente de Portsmouth. Quer dizer, lutamos por independência, eu quase estuprei aquela garota na guerra por independência. Não posso assaltar meu próprio povo, não é?

Silêncio.

— Estuprou outras mulheres, durante a guerra? — disse Vanessa.

Ele mordeu os lábios.

— Sim. Mais tarde. Virei homem num bordel, e depois não tive mais dificuldade.

— Algumas coisas *fazem* sentido, Vernon. Algumas coisas são simplesmente erradas.

— A senhora vai me matar por isso?

— Vou.

E matou.

Orion decidiu não se mostrar no vilarejo, o primeiro que haviam encontrado com população viva. Talvez não conhecesse muitos sentimentos, e talvez as pessoas fossem-lhe um mistério, na maior parte das vezes. Mas conhecia raiva impotente. Portsmouth sofrera fundo com a passagem do Dragão da Tormenta, e o povo não pudera fazer nada. Se vissem um inimigo, ou alguém que pudessem perceber assim, saltariam na chance de se vingar do mundo. Orion não era mais um cavaleiro, mas isso pouco importava. Não tinha intenção de ser linchado por uma multidão, e também não desejava matar camponeses para se defender.

Assim, Vanessa entrara sozinha na aldeia de Ulliath, caçando rumos entre os aldeões desmazelados. Orion ficara acampado, próximo a uma colina. Esperando.

Sentia um pedregulho na boca do estômago. Estivera fascinado por Vanessa, desde que a havia reencontrado — apesar de seu comportamento, ou talvez por causa. A morte de Vernon (assassinato?) soterrara o encanto com realidade. Não existia dúvida de que o homem era um criminoso. O choque fora, mais uma vez, a naturalidade dela frente à morte. Orion tentava justificar os atos da clériga, para si mesmo, ainda enquanto julgava-os. Seria bem mais fácil considerá-la maligna, irredimível, virar a página.

Se pudesse.

De repente, quis ter alguém com quem conversar. Lembrou-se de Edauros, e ficou surpreso por ser ele sua primeira opção. Tentou imaginar o que o elfo diria — por certo o oposto do que ele mesmo pensava. Lembrou-se de Ingram, e foi assaltado de novo pela culpa. De alguma forma, Edauros estaria bem, estaria rindo e sendo Edauros. Mas não tinha certeza quanto ao anão. O que Ingram diria? Seu misto de bom senso e pólvora fazia falta. Viu-se com saudades do bando que formara ao seu redor. Pensou em Darien — reclamando, fazendo alguma sugestão absurda, forçando-o a ser racional e emergir do humor tenebroso. Pensou em Bernard, Trebane.

De repente, foi atingido por Yadallina.

Uma ideia estranha. A elfa era uma desconhecida, mesmo tendo compartilhado uma viagem longa. Ficava em si mesma, falava com o irmão. Tinha algo de sedutor, talvez porque a mente preenchia o que não era sabido. Salvara-lhe a vida em Sckharshantallas, com magia tão poderosa quanto ele jamais presenciara. E demonstrara ainda mais poder, no Reino de Glórienn. Yadallina atraía a lealdade de dragões. Yadallina desenhava uma cidade fantasma, enquanto ele e Edauros lutavam contra seus habitantes.

Orion notou com surpresa uma afeição dolorida. Não conhecia a garota. Mas talvez fosse bom conhecê-la.

Barulho — Vanessa.

— Então? — disse Orion.

Ela sorria.

— Nada aqui.

— Mas?

— Mas Portsmouth é um antro de bizarrias e, pela primeira vez, isso vai trabalhar a nosso favor. Descobri que existe uma cidade chamada Ith, no leste. E, em Ith, existe algo chamado *"Casa de Nimb"*.

A pele de Orion formigou, como se o inimigo já estivesse perto.

— Se o desgraçado quiser se entrincheirar, deve estar lá — disse Vanessa. — De qualquer forma, é uma bela coincidência. Vamos para Ith, quebrar algumas cabeças e perguntar sobre um servo do Caos.

Vanessa gostava de quebrar cabeças. Vanessa não tinha um olho, e não via problema em matar. Vanessa queria chegar a um lugar novo e lutar — não desenhá-lo.

— Vamos — disse Orion, levantando.

Cruzavam o reino. Era um território estreito, e por isso o percurso não era longo. Mesmo assim, quanto mais se embrenhavam em Portsmouth, mais a feiura do pós-tragédia fazia-se visível. Evitavam as estradas principais. Vanessa montada em Bandido, Orion cavalgando o animal que pertencera a Vernon. Encontraram áreas devastadas por incêndios, ou pequenos focos de corrupção da Tormenta. Alguns cadáveres transformados, que se recusavam a apodrecer. Alguns pedaços de terra tão vazios e áridos que não pareciam naturais. Como se a vida e a geografia houvessem sido desintegradas.

Orion teve pena de Portsmouth.

— Este é o cavalo de um morto — disse ele.

Vanessa cobriu o único olho com a mão.

— Está pensando no mercenário? Ainda?

A testa de Orion tinha um vinco fundo, entre as sobrancelhas.

— Matamos Vernon e roubamos seu cavalo. Roubamos sua espada.

— *Eu* matei — Vanessa hesitou. — Como era seu nome?

— Vernon.

— Eu matei Vernon. Ele não precisa mais de cavalo ou de espada.

Orion ficou olhando-a.

— Ele era um estuprador — disse Vanessa. — Um assassino.

Enjoo ao pensar que ela também era assassina.

— Merecia um julgamento — disse Orion.

— Você matou muitos como ele durante a guerra.

— Era a guerra. Isto é a vida.

Ela riu.

— Este é o erro da maior parte das pessoas — disse Vanessa. — A vida *é* guerra.

Ele ainda quis falar algo, mas de repente achou inútil. Vanessa achava que a vida era guerra, e ele não tocara mais sua pele, desde quando haviam se deitado.

De noite, começava a dormir. Uma série de pensamentos inquietantes desfiava-se em sonhos, devagar, quando algo muito claro invadiu sua mente. Uma impressão de proximidade, a certeza de estar sendo olhado. Agarrou o cabo da espada, de pronto, mas notou que não havia intenção hostil.

E um calor estranho, quando enxergou com perfeição o rosto de Yadallina.

— *Sir* — ela disse.

Era comunicação mágica, como Orion já experimentara algumas vezes. Via a elfa e o mundo real, ao mesmo tempo. Vanessa de costas. O toque dos pensamentos era uma sensação íntima, e ele sentiu-se ilícito, tendo aquilo tão próximo à clériga.

— *Sir* — repetiu Yadallina.

E então, seu rosto foi substituído pela face delgada e áspera, cheia de malícia, de Edauros.

— Orion Drake! — riu o elfo.

Orion enviou seus pensamentos, com o modo desajeitado de quem nunca operara magia.

— É bom vê-lo, Edauros.

— Onde está, senhor de todos os cavaleiros obstinados?

— Portsmouth.

— Que merda.

Orion riu. Vanessa olhou para trás, mas notou apenas ele deitado, com alguma diversão particular.

— Saia desse buraco — disse Edauros. — Temos uma missão.

— Também tenho.

— Vamos matar o Dragão da Tormenta!

O elfo entusiasmava-se como se fosse um jogo.

— Temos dragões, temos magos, e vamos caçar o Dragão da Tormenta até o inferno, Orion. Venha conosco.

Ele apertou os lábios. Não queria responder.

— O que aconteceu depois do Reino de Glórienn? — disse.

— Encontrei Yadallina. Estava metida em problemas, como sempre, mas eu a salvei.

— Bom.

— Venha conosco.

— Sabe de meus cavaleiros? De Ingram?

— O anão está bem. Não se preocupe.

Ele amoleceu de alívio.

— Onde? — disse Orion.

— Em Fortuna. Disse que vai encontrá-lo quando acabar o que está fazendo. Que você deve ficar tranquilo.

— Darien? Os Cavaleiros do Corvo?

— Estamos com eles — o elfo abriu um sorriso imenso.

— *Diga para* —

— Como é o nome do garoto que viajou conosco? O que os Cavaleiros chamam de Ferrão?

— Darien — repetiu Orion.

— Exato. Darien pede que você os deixe caçar o Dragão. Estamos todos ansiosos para que você venha se juntar a nós.

Orion titubeou. Estava prestes a ordenar aos Cavaleiros do Corvo que fossem a Portsmouth. O Cavaleiro Risonho não teria chance contra ele, Vanessa e o batalhão. Mas talvez fosse um pensamento egoísta. Darien pedia para continuar na caçada. Seria errado negar.

— Muito bem — disse Orion. — Ferrão está no comando. Sigam na caçada.

— Venha conosco.

Suspiro.

— Não, Edauros. Estou atrás de meu filho.

— Os yudenianos estão atrás de seu filho.

Verdade.

Mas:

— Não. Vou resgatar meu filho.

— Arton precisa de você, Orion! É nosso líder, contra a Tormenta. Nosso herói.

Ele achou que não conseguiria dizer o que precisava.

— Arton tem outros heróis, Edauros. E eu não sou herói. Arton pode resolver seus problemas sem mim.

A boca do elfo virou uma linha reta, como uma criança tentando esconder decepção.

— Está sozinho? — disse Edauros.

— Sim — disse Orion, por algum motivo.

— Lembre-se. Você tem uma família aqui, também.

Edauros desvaneceu-se na mente de Orion. Ele ficou deitado, sem dormir, por um longo tempo.

Quando eles cruzaram os portões da cidade fortificada de Ith, Orion soube que estava no lugar certo. Construída ao redor do castelo de um nobre recente, ex-líder de uma companhia mercenária, Ith atraíra para si boa parte da escória de Portsmouth. Tinha muralhas para se defender, e também como um sinal — lá dentro, a lei era outra. Com as bênçãos do Conde Ferren Asloth, Ith abrigava um comércio próspero de ilegalidades. As ruas eram atopetadas de gente, e em toda parte vendia-se um escravo, um narcótico ou o produto de algum roubo. Ith fora poupada, por alguma ironia cruel, do pior da passagem do Dragão da Tormenta. Refugiados de outros lugares haviam procurado segurança ali, e Ith acolhera-os de braços abertos. Se acabavam acorrentados a um moinho, presos em um bordel ou mesmo como recrutas dos bandos criminosos da cidade, tinham destino melhor que a corrupção pela Tormenta.

Ith ostentava o misto de riqueza e caos que somente os antros fora da lei possuíam. A maior parte das ruas era calçada de paralelepípedos, e raramente afundava-se as botas na lama. Havia prédios de dois ou mesmo três andares. Quase não existiam garotos furtando bolsas ou brutamontes assaltando em liberdade. Em vez disso, Ith tinha becos e ruelas cheias de lixo e mendigos. Os prédios eram altos, mas com apenas uma entrada: quando havia incêndio, os moradores de cima costumavam morrer. E os punguistas eram reprimidos pelas quadrilhas mais organizadas, treinados como soldados do crime, designados a atividades lucrativas.

De fato, Ith era uma cidade de progresso. Pouco se produzia, quase não havia oficinas. Vendia-se muito: produto de roubos fora das muralhas. Em toda parte, taverneiros ofereciam espaço para reuniões com propósitos insalubres. E forasteiros podiam obter serviços inexistentes em outros lugares, desde prostitutas com dentes de leite até discretos festins de carne humana.

Orion e Vanessa trafegavam por uma rua larga, mas exígua pela multidão em movimento. Corpos suados, carroças, mulas. Eles mesmos montavam seus cavalos, e cobriam-se com mantos. Orion tentava não ser um cavaleiro.

Vanessa sentiu a mudança no ar. A multidão começou a abrir espaço, num instinto de ratos, acotovelando-se para longe dos dois. Logo, cinco homens com as exatas características e feições que se esperaria. Cicatrizes, armaduras desencontradas, movimentos calculados para intimidar. Armas nas mãos.

— Forasteiros — disse um deles, tomando a frente.

Vanessa fez Bandido se aproximar.

— Vejo só três opções — disse a clériga. O mal-encarado tentou recomeçar seu discurso, mas ela não permitiu. — Vocês reconheceram meu amigo como um cavaleiro, e querem matá-lo. Ou viram que sou mulher, e querem me estuprar. Ou estão cobrando proteção, que é apenas um nome óbvio para roubo e extorsão. Qual das três?

O sujeito gaguejou.

— Certo, existe uma quarta — interrompeu Vanessa. — Vocês estão apenas começando uma nova quadrilha, e precisam de dinheiro. Nesse caso, querem apenas roubar. Então? Qual das quatro?

— Bem — disse o homem, confuso. — Proteção. — Olhou para seus companheiros e organizou suas ideias: — Vocês estão no território —

— Poupe-me — Vanessa cortou-o de novo. — Agora mesmo digo-lhes o que vai acontecer. Não vou matá-los, mas nunca mais serão os mesmos. *Aquele* — apontou um dos cinco — vai mancar para o resto da vida. *Aquele* — outro — vai descobrir novos usos para alguns orifícios. E *você* — sorriu — ficará com a voz bem mais fina.

Depois, seguiam para a *Casa de Nimb*. Vanessa obtivera indicações dos criminosos.

— Está feliz porque não os matei? — disse ela.

Orion deu de ombros.

— Você sabe que não sou nenhum clérigo de Marah — disse.

— O mercenário que encontramos na estrada não era melhor que esses tipos.

— Talvez.

Pausa.

— Do que estava rindo, na outra noite? — disse Vanessa.

— Nada — depois de um momento de hesitação.

— Já sabe o que vai fazer depois que resolvermos tudo?

Silêncio. Ele não pensara naquilo.

— Você poderia fundar uma nova ordem de cavalaria — disse a clériga.

— Por quê?

— Tem seus Cavaleiros do Corvo. Não pertence mais à Ordem da Luz. Poderia começar algo novo, fazer as coisas do jeito certo. Duvido que Yuden não vá ajudá-lo.

Os Cavaleiros do Corvo estavam com Edauros e Yadallina. Faziam algo importante. Talvez, mais tarde, não precisassem de Orion.

— Alenn Toren devoraria meu fígado — disse ele.

— Você sabe que eu adoro o Alto Comandante, mas talvez Alenn Toren devesse mudar, também. Imagine uma ordem de cavaleiros encabeçada por vocês dois.

— Alenn Toren é o maior dos cavaleiros da Luz. Odeia o que fiz.

— Arton está mudando — disse Vanessa, sem malícia. — Isso deveria estar claro para qualquer um. Yuden vai dominar o Reinado, mais cedo ou mais tarde. Cultivar uma inimizade com o reino é suicídio.

— Está tão preocupada comigo?

— Quando, no futuro, Vallen perguntar sobre seu pai, não quero dizer que ele sumiu em uma masmorra sem deixar rastros, ou que morreu numa luta inglória contra meia dúzia de orcs. Prefiro mostrar o brasão da ordem mais importante do Reinado, e dizer que meu filho deve ter orgulho de sua linhagem.

— E você? O que fará depois?

Ela sorriu como se fosse evidente.

— Vou me dedicar à igreja. Talvez vire conselheira de algum reino.

— Yuden.

— Certo; Yuden. Não é crime ter ambições. Quem sabe? Talvez possa acabar como general do Exército do Reinado, ou liderar uma força no continente sul.

Os olhos de Vanessa brilharam, como se fosse uma garota falando de um casamento imaginado.

— Talvez nós até mesmo estejamos do mesmo lado em alguma batalha. Você está no caminho certo. Procurou a ajuda do rei Mitkov, fez seu melhor para matar seu inimigo. Pode ser que você ainda se liberte de todas as bobagens que aprendeu ao longo da vida.

Era ridículo, mas as palavras traziam um bem-estar enorme. Ao mesmo tempo, pânico.

— Aqui estamos — disse Vanessa, apontando o que parecia uma pequena fortaleza.

Era uma casa de jogos.

Típica o bastante, na descrição mais simples. Mas, como tudo em Ith, levada a um extremo de decadência, um êxtase alegre de depravação. Orion e Vanessa pagaram Tibares de ouro para entrar — dinheiro pertencente a ela. Dentro, viram o enorme salão principal, onde os jogos de azar típicos eram praticados, como em todo antro do Reinado. Sem janelas, com uma eterna iluminação de lusco-fusco, para que os clientes não vissem a passagem do tempo. O Wyrt, pelo costume restrito aos nobres do reino de Ahlen, dominava a maior parte das mesas. Servos impassíveis, os rostos cobertos por máscaras, manejavam as cartas e dados, mantinham os clientes em ordem. Outros jogos, dos mais vulgares e primitivos, com dados de osso, até os complexos, criados para os jogadores enfadados com as apostas tradicionais, pipocavam no salão. A *Casa de Nimb* estava cheia, com dezenas de clientes divertindo-se e bebendo, e empregados cuidando para que tudo funcionasse. No salão principal, louva-se Nimb pela derrota ou vitória, pelo risco constante.

Os dois forasteiros circularam entre os jogadores. Beberam vinho. Vanessa chamou a atenção de uma serva de mais alto posto, que supervisionava os demais.

— Isto não pode ser tudo — disse.

A mulher sorriu. Usava um vestido absurdo, costurado das penas multicoloridas de dezenas de pássaros. Mais inquietante, os bicos e patinhas também decoravam o traje, transformando-a numa bizarra criatura empalhada.

— Existem outros divertimentos — disse a serva. — O acesso requer uma nova contribuição.

Vanessa pagou, e eles seguiram ao resto da casa.

Havia salões menores, e quartos privativos. Alguns ocupados por mesas de apostas altas — fortunas, propriedades, famílias. Outros eram terreno dos jogos proibidos, exclusivos da casa. Os devotos de Nimb entregavam-se ao caos em adoração. Numa saleta, um homem escolhia entre seis cálices de vinho, um dos quais estava envenenado. Bebida, veneno e aleatoriedade oferecidos pela casa. Em outro quarto, um grupo de nobres e mercadores brincava num jogo infantil, com rimas e gestos de mão. Os perdedores seriam escravizados. Um corredor longo tinha buracos ao longo das paredes. Em alguns buracos, maçanetas que acionavam a única saída. Em outros, armadilhas que cortavam as mãos. Os devotos entregavam-se ao culto com fervor, o sorriso periclitante com a delícia do abandono à sorte. Ali, cultuava-se Nimb pelo risco sem sentido, pela entrega desnecessária.

— Não viemos procurar isto — disse Vanessa.

— Existe o subterrâneo, senhora. Mas destina-se aos clientes especiais.

— Quanto?

A mulher sorriu.

— Ouro não compra o favor de Nimb. É preciso devoção para ter acesso.

Orion e Vanessa trocaram um olhar. Havia diversões pouco letais naquela parte. No entanto, talvez não satisfizessem as condições exigidas. A devoção ao Deus do Caos significava deixar vida e morte ao acaso.

— Somos escolhidos de Nimb — disse Orion, de repente.

A serva ergueu as sobrancelhas, ainda sorrindo. Talvez por seu vestido, assemelhava-se a um canário.

— Examine nosso cavalo, que deixamos na estrebaria. É Bandido, um corcel de Namalkah, filho do Caos.

O sorriso desapareceu.

— Tenham a bondade — disse a serva, indicando o caminho.

Escadarias que lembravam prisão conduziram-nos para baixo. O cheiro de fumaça, cartas, álcool e feltro foi substituído por odores nauseabundos. Urina, mais cortante e espalhado. Em seguida, excremento, e o fedor azedo de vômito. O subsolo era mesmo uma prisão. Gemidos e berros misturavam-se, e discursos incoerentes. Celas por toda parte. De uma, emergia pregação religiosa, alertando sobre a morte lenta do Panteão. Outra ressoava com súplicas; o prisioneiro dizia estar lá por engano. As portas de metal tinham apenas uma janelinha quadrada, entrecortada por barras. Orion e Vanessa enxergavam os prisioneiros, lá dentro, jogando-se contra as paredes ou sentados no meio da própria merda. Um deles comia baratas, outro escrevia nas paredes, usando os dedos como pena e sangue como tinta. O subterrâneo era um manicômio, um depósito de loucura. Lá, não se cultuava Nimb. Os moradores viviam o Caos, personificavam o significado do deus.

Mas uma das portas não levava a uma cela. A serva abriu-a, e revelou uma arena.

— Khalmyr — murmurou Orion, logo tendo a sensação de profanar a casa.

Na arena, dois homens maltrapilhos se encaravam. Um deles segurava o braço, despedaçado logo abaixo do cotovelo. O outro mostrava boa parte do lado direito do corpo queimado, alternando-se entre carne derretida, osso chamuscado e prosaicas cinzas. A arena não era grande. A plateia ao redor compunha-se de pouco mais de vinte clientes, todos ocupados em apostas administradas pelos funcionários. Os lutadores eram vigiados por mais de trinta guardas, metidos em armaduras completas, com arcos e lâminas de prontidão.

— É uma arena de magos — disse Vanessa, quase para si. — Estamos mesmo em Portsmouth.

Portsmouth era o Reino da Magia Proibida. Dizia-se que nenhum arcano podia viver em Portsmouth — embora, é claro, fosse um exagero. A prova eram aqueles dois. Pessoas que, sem dúvida, haviam estudado, esforçado-se para compreender os mistérios da magia. Agora prisioneiros, combatendo até a morte para o deleite dos adoradores de Nimb. Na arena, cultuava-se o Deus do Caos afirmando seu poder sobre tudo.

— Os senhores são esperados — disse a serva.

Indicou o lugar de honra na plateia. Orion e Vanessa seguiram. Um estalar alto e um brilho azulado vieram da arena: um dos magos despejou relâmpagos sobre seu adversário. Chegaram ao local indicado, e não puderam conter um engasgo.

A senhora daquela casa olhou-os, com a arrogância sólida de quem possui muito. Orion piscou, para certificar-se do que via: uma beleza inenarrável, um rosto sem falhas, sem juventude ou idade, deslumbrante a ponto de ser artificial. Olhos reluzentes, nariz empinado, boca farta, queixo sutil. Qualquer traço, sozinho, emprestaria beleza a uma feição. Todos juntos, eram um desperdício.

— Valdanna Liliath — apresentou a serva. — Mestra da *Casa de Nimb*.

Orion e Vanessa fizeram mesuras.

— Estava nos esperando? — disse a clériga.

— Não — disse Valdanna Liliath.

Os dois recuaram meio passo. Mas um guarda indicou cadeiras ao lado de Valdanna, e eles sentaram.

— Ninguém anunciou que chegariam — disse a dona da casa. — É uma surpresa. Vocês não têm assunto algum na *Casa de Nimb*.

— Procuramos um homem — começou Orion.

— Não sei quem procuram. Não me diz respeito. Nimb não se importa com vocês.

Silêncio.

De repente, Vanessa:

— Ela está mentindo.

Valdanna Liliath sorriu, e Orion sentiu-se tonto.

— Não ouça a clériga, *sir*. Ela diz absurdos.

— O Cavaleiro Risonho está aqui? — disse Orion.

— Sim.

Mesmo com o aviso de Vanessa, coração disparado. Orion conteve-se, e prosseguiu:

— Ele esteve aqui?

— Não — sorriu Valdanna.

Vanessa começou a dizer algo, mas foi interrompida.

— Sua busca está apenas começando — disse Valdanna Liliath. — O Cavaleiro Risonho nunca esteve aqui, e está muito longe. É saudável como um trobo, e tem uma longa vida pela frente. Não deseja vê-lo tão cedo, *sir* Orion Drake, mas irá vê-lo ainda muitas vezes.

A cabeça de Orion rodopiava. Barulho de chamas, o urro de alguma criatura conjurada. Os magos duelando. Tilintar de moedas trocando de mãos.

— O Cavaleiro Risonho tem certeza de que você irá matá-lo — continuou Valdanna. — E ele não lhe deixou este bilhete.

Estendeu um pergaminho enrolado para Orion. O cavaleiro abriu-o, leu o conteúdo, junto com Vanessa. Gelo no estômago.

— Ainda tenho muito a lhes oferecer — disse Valdanna Liliath. — Fiquem muito tempo aqui. E que Nimb lhes role dados horríveis.

CAPÍTULO 11

A BELA DA NOITE

AO VER QUE ESTAVA EM BIELEFELD, INGRAM DISSE:

— Merda.

Não sabia quanto tempo desacordado, mas a garganta estava seca, o estômago torcia-se de privação. Tentou levantar, um espinho longo de dor branca atravessou-lhe do braço ao peito. Com cuidado, apoiando-se numa pedra, foi testando quais partes do corpo conseguiam se mexer. Quase tudo inteiro, verificou com alívio. Mas o braço esquerdo latejava, e um toque cegava-o de agonia. Quebrado, ou ferido o bastante para não fazer diferença. Ingram olhou em volta, em busca de suas coisas. Achou equipamento suficiente para fazer uma tipoia, imobilizou o braço ferido com a outra mão e os dentes. Pensou que fosse desmaiar pela dor e fraqueza, algumas vezes, mas respirou e se manteve acordado.

Devagar, apoiando-se mais uma vez na pedra, ficou de pé.

Sabia estar em Bielefeld pela floresta conhecida, pela estrada logo perto, que já havia trilhado um sem-número de vezes. Uma velha placa de madeira, marcando a rota para Norm. Ingram encontrou seu cantil, ainda pela metade de vinho fraco, e a maior parte de suas armas. Decidiu que precisava de comida e água, de um sacerdote que rezasse por seu braço. Olhando o sol, verificou que ainda restava um bom pedaço de tarde (ainda lhe parecia estranho orientar-se pelo mundo aberto). Mochila às costas, botas na estrada, rumou para Norm.

Pouco menos de uma hora, estacou, sozinho na trilha de terra, entre duas partes de bosque. Cenho franzido, boca entreaberta, como se prestes a dizer algo. Uns minutos ali parado, na indecisão, e deixou cair a mochila. Não havia com quem conversar, mas Ingram disse a si mesmo:

— Por que Norm, seu anão bexiguento?

Por que Norm?

Simples: porque lá estavam os cavaleiros, porque lá poderia saber de Orion, encontrar todos os humanos desequilibrados em suas armaduras e brasões, procurar Orion, reencontrar Orion, juntar-se a Orion, voltar à busca lunática de Orion. Sequer pensara em algo diferente. Ver-se em Bielefeld fora como estar em um túnel, mais uma vez, uma passagem com um só caminho.

Mas não havia mais busca.

Tudo já acontecera, e Crânio Negro tivera sucesso, ou não. Algo em seu estômago dizia que o mundo estava diferente, para pior, que algo faltava. Mas não havia mais o que fazer. Súbito, Ingram Brassbones sentiu-se muito anão, viu-se igual aos barbudos que desprezava, em Doherimm. Não desejava ser tão abnegado, desistir de si mesmo, jogar-se de novo em alguma jornada que Orion Drake inventaria.

Pegou sua mochila, girou nos calcanhares e refez seu caminho, seguindo a estrada na direção oposta. Se estava em Bielefeld, não poderia estar muito longe de Wynnla. E, em Wynnla, acharia sua própria jornada.

Rumo a Nadia.

Algo que ninguém aprendia nas guildas de Doherimm era caçar — ao menos nos ermos verdes do mundo aberto. Com duas semanas de viagem e o braço ainda na tipoia, Ingram sentia o estômago cada vez mais grudado às costas.

Achara trabalho em troca de comida em algumas vilas de Bielefeld. Agora, por sua estimativa, deveria estar quase na fronteira, e imaginava o que faria a seguir. Racionava o pão velho e os pedaços de carne salgada — sem dúvida, o reino estava empobrecido. E, para sua surpresa, nenhum homem santo era capaz de restaurar a saúde de seu braço. A fé era escassa em Bielefeld: todos sentiam o que estava errado no Panteão.

Mais alguns dias, evitando sempre os castelos, com medo de ser reconhecido. Aos poucos, as estradas deixavam de ter as marcas de Bielefeld, e Ingram achou que cruzava a fronteira.

A certeza veio logo. Wynnla era o Reino da Magia, um lugar agraciado ou amaldiçoado com exuberância arcana extrema. Formado a partir de pontos de estudo, quando tentava-se pesquisar, entender os fenômenos que ali ocorriam. E, ao longo dos séculos, Wynnla fez-se em torno da magia, atraindo magos de todas as partes, florescendo em um modo de vida único em Arton, um reino minúsculo mas rico; estranho, mas cheio de maravilhas. Ingram viu uma estrada larga, de calçamento perfeito, partindo em ângulo reto da trilha de areia batida pela qual viajava. Seguiu o caminho principal, surpreso com o estado reluzente dos paralelepípedos. Logo, avistou uma carruagem suntuosa, vindo em direção contrária. A estrada dava passagem para ambos, e o veículo zuniu por ele, levado por duas parelhas de cavalos. Mas, Ingram viu, não eram cavalos — estátuas animadas, esculpidas em pedra, movendo-se com a fluidez dos animais, com a força da magia.

Um pequeno grupo de nuvens reunia-se acima de uma lavoura, a poucas dezenas de metros da estrada. Derramava chuva gentil sobre a plantação, enquanto os animais, a poucos metros de distância, estavam secos. A casa da fazenda, ali perto, era fina como uma folha de papel, mas janelas e portas abriam-se para revelar um interior vasto.

Ingram sacudiu a cabeça e continuou. Nos dias seguintes, enxergou um reino limpo como as partes mais ricas das maiores cidades, marcos de civilização em todo canto. Passou por uma caravana macabra, composta de esqueletos vivos. Os demais viajantes olhavam aquilo sem surpresa. A primeira aldeia que avistou existia no centro de um grande lago, e uma passarela feita de cristal decorado, delicado como renda, levava da terra firme até os portões. Ingram cruzou-a, e foi recebido por dois guardas gigantescos, feitos de metal, vida artificial animada por magia. Perguntaram-lhe seus assuntos, deram-lhe passagem.

Lá dentro, a vida transcorria quase normal. Pessoas trabalhavam, um ou dois mascates berravam a qualidade de seus produtos. Mas uma aranha gigantesca puxava uma carroça, enquanto pessoas sumiam dentro de um círculo de pedra, inscrito com runas, no chão. Ingram leu a tabuleta erguida bem ao lado, levantou as sobrancelhas, pisou no interior do círculo. Sentiu-se sem chão, por um instante, piscou e estava num grande salão subterrâneo, iluminado por dezenas de globos fosforescentes.

Um trânsito constante de gente vestida em roupas simples cruzava-se para um lado e outro. Um homem robusto ralhava com um garoto esbaforido, que acabara de deixar cair um barril cheio de pregos. Uma velha chamava seus cães mortos-vivos para junto de si. Lados e teto de terra, sustentada por finíssimas colunas de vidro. Na parede oposta, uma gigantesca cabeça de serpente abria sua bocarra, suficiente para acomodar vários homens, enquanto seu corpo sumia dentro do marrom. Ingram não sabia dizer se a coisa estava morta, era falsa ou apenas estava imóvel. Próximo a ela, um homenzinho magro sentava-se num banco, atrás de uma mesa de madeira.

— Para onde essa coisa leva? — disse Ingram.

O homem ajeitou os óculos sobre seu monumental nariz verruguento, e examinou Ingram com desdém.

— Sophand, Coridrian ou Kresta — disse. Eram as maiores cidades de Wynnla.

Um pequeno batalhão de crianças feitas de madeira, os rostos pintados com exagero de bochechas róseas e olhos azuis, emergiu da boca da serpente, pastoreado por um rapaz gorducho e risonho.

— Não tenho dinheiro — disse Ingram.

O homem deu de ombros, e voltou sua atenção a alguém disposto a pagar.

Ingram sentiu um toque leve em seu ombro direito. Uma garota baixa, cabelos desgrenhados e olhos muito abertos. Deu um passo para trás, quando ele se voltou. Lambia os lábios repetidas vezes, puxava o tecido do próprio vestido.

— Pago sua passagem — disse a garota.

— Qual é o truque?

Ela deu um risinho.

— Truque nenhum. Só quero uma gota de seu sangue. Só uma gotinha, senhor.

Ingram jogou a mão direita para o alto, virou de costas.

— Ela usa o sangue para fazer seus bonecos — disse o homenzinho que vendia as passagens.

— Bonecos?

— De uma gota de seu sangue, pode criar outros de você — enquanto aceitava os Tibares de outro freguês. — Quase sempre.

— Por quê? — disse Ingram.

— Todos precisam trabalhar, mestre anão. Dyrella vende seus bonecos, eu vendo passagens. Aconselho-o a encontrar um ofício, também.

Ingram resmungou, voltou a olhar a garota. Ela baixou os olhos, mordiscou os lábios, encolhendo-se de vergonha.

— Está certo, garota louca — disse o anão. — Uma gota, e só.

Ela deu pulinhos. Tomou de uma agulha, furou o dedo de Ingram. Recolheu uma gota de sangue num frasco de vidro, que fechou com uma rolha.

— Anões são tão raros! — alegrou-se.

— Por que as pessoas não fazem fila à sua frente? — disse Ingram. — Parece um jeito fácil de ganhar umas moedas.

— Nem todos gostam de saber que existe um boneco com seu rosto andando por aí — disse Dyrella, olhando para todo lado, menos para o anão. — As pessoas são mesmo loucas.

Ingram concordou, e apressou-se para a boca da serpente.

Viu-se num túnel escuro, enquanto atravessava a goela, mas logo uma luz, e emergiu num salão quase idêntico. Esquecera-se de especificar a cidade que desejava, mas uma placa pendurada em correntes logo informou que estava mesmo em Coridrian. Um tráfego muito mais intenso ali, dezenas indo e vindo, passando por ele na entrada do túnel.

Caminhou para fora de uma cabeça de serpente, assim como aquela em que havia entrado. Ao lado, uma mesinha de madeira, com um homem magricelo de prodigioso nariz cheio de verrugas, idêntico ao vendedor do outro lado.

— Você é o mesmo...? — Ingram deixou a frase pender.

— É meu irmão — bufou o vendedor de passagens. — Próximo!

Ingram foi ao círculo, e logo sentiu o enjoo e a sensação de queda que indicavam o transporte mágico. Piscou, e viu-se num local inteiro de pedra, vidro e metal.

Caminhou um tempo pelas ruas largas, cheias de passantes. Não havia uma árvore, um pássaro, um cachorro vadio. Coridrian era toda pedra branca, no calçamento e nas paredes, com mármore negro, entalhes em prata. E silêncio — porque, até onde conseguia ver, ele mesmo era o único ser vivo.

Estátuas animadas de todo tipo e forma andavam pelas ruas. A maioria humanoide, mas muitos com diversos braços, para melhor carregar seus fardos, ou meia dúzia de pernas, para se mover mais rápido. O único som eram os pés, cascos e patas de pedra ou metal batendo no chão, e o ocasional rangido das juntas. A pedra era familiar a Ingram, muito mais que os jardins, plantações e verde excessivo do mundo aberto. Mas aquilo começou a enervá-lo, quando ele percebeu que não havia ninguém que pudesse entender uma palavra, nada com um coração que batesse, ou um traseiro que fedesse. Andando mais e mais rápido, deparou-se finalmente com um jardim — mas, logo viu, era artificial. As folhas de grama eram esculpidas em algum tipo de pedra maleável, as árvores tinham encaixes perfeitos, para que cada folha entalhada se movesse como deveria, ao vento. As flores acompanhavam o sol, num movimento planejado, e deixavam suas pétalas moldadas caírem, vez por outra. Abelhas artificiais voejavam entre as flores. Pássaros de metal pousavam em galhos de pedra, abriam seus bicos e projetavam seu canto composto.

Ingram procurou uma praça, e as ruas tornaram-se mais largas. Carruagens sem cavalos ou cocheiros andavam pelas ruas. A brisa mostrou sua origem: também artificial, um rosto com três andares de altura, esculpido na pedra, soprava o vento de Coridrian. Havia um templo na praça. A torre do campanário era também o corpo de uma estátua viva, esculpida como um clérigo. Ele sorria e abria sua boca de pedra, de onde saía som mágico, chamando os fiéis.

Ingram chutou uma parede.

Um pequeno soldado de chumbo foi até ele.

— Não agrida a cidade, senhor — disse o guarda artificial.

— Chutei uma porcaria de parede!

— Em Coridrian, um crime contra a propriedade é igual a um crime contra a vida.

Ingram piscou.

— Tenha um bom dia, senhor.

Já suando, arrependia-se de escolher Coridrian, quando enfim encontrou — uma taverna.

A porta se abriu para ele. Dentro, a mesma pedra branca, e nem as mesas eram feitas de madeira. As raparigas que serviam a bebida eram estátuas, esculpidas com a quantidade certa de busto, e sempre sorridentes.

Mas os fregueses eram vivos.

— Finalmente, pelas bolas de Khalmyr — resmungou o anão.

Uma dezena de homens e mulheres bem vestidos olhou para ele, alguns rindo e erguendo seus canecos. Ingram foi até o balcão de mármore negro, bateu com o punho direito, pediu cerveja.

— Ah, porcaria, esqueça — disse. — Não tenho como pagar.

O taverneiro era um homem enrugado, de longos cabelos louros. Sorriu para ele, mostrando uma dentadura de ouro.

— Não se preocupe com isso, mestre anão. Parece alguém que precisa de uma bebida.

Ingram agradeceu, aceitou o caneco e secou-o em três goles.

— Primeira vez em Coridrian? — disse o taverneiro.

Assentiu.

— A cidade pode ser avassaladora, no início.

— Ninguém trabalha, por aqui?

O taverneiro riu.

— Fazemos nossos construtos, mestre anão. Nossos *golems*. Um ou outro conserto. Isso não toma mais de uma ou duas horas por dia. E é muito lucrativo.

De fato, Ingram não lembrava de ter visto uma coleção mais requintada de clientes, em taverna alguma. Uma senhora afagava seu cachorrinho mecânico, um rapaz guardava apetrechos em um baú animado, cheio de pernas.

— Por que está aqui? — disse o taverneiro.

Ingram respirou fundo.

— Preciso de informação. Não conheço Wynnla, mas preciso achar algo que deve existir aqui, se existir em algum lugar de Arton.

— Um *golem*?

— Não; nada de estátuas malucas. Escolhi esta cidade porque o tipo de informação de que preciso está sempre em cidades grandes. Cidades ricas.

O taverneiro abriu seu sorriso dourado.

— Imagino que, trabalhando uma ou duas horas por dia, as pessoas fiquem entediadas — disse Ingram.

O outro concordou.

— Gente entediada e rica costuma ter gostos exóticos.

Se aquilo existisse em algum lugar de Arton, existiria em Wynnla. E o instinto não lhe falhara: existia, de fato.

Ingram ainda estava tonto com o transporte mágico, tantas vezes consecutivas. No início, pensara que teria de recorrer a mentiras ou pólvora para entrar, mas o taverneiro achou seu dilema tão divertido que presenteou-o com uma bolsa de moedas. A mulher que conduziu-o até o círculo arcano que poderia levá-lo até seu destino encantou-se com a história, e ofereceu conselhos sobre como proceder no local. Os ricos ociosos eram sempre cheios de caprichos, e às vezes podiam ser úteis.

Ingram terminou de escalar as escadarias vertiginosas, na face da montanha. Mesmo se tivesse um mapa, estaria perdido, pois ninguém sabia exatamente onde ficava a *Casa Silenciosa*. O vento era forte, tão alto. A mansão enorme equilibrava-se num canto, as paredes continuando num abismo, uma impressão periclitante. Por fora, mármore branco, colunas, adornos discretos, de bom gosto. A limpeza intocada e alva contrastava com a rocha quase negra da montanha e das escadarias.

À frente da porta, dois guardas. Grandes, eretos em duas pernas, com ombros descomunais. Trajados na mais fina cota de malha, com cimitarras e lanças. Um tinha cabeça de elefante, enquanto o outro ostentava o focinho de um cão de guerra.

Ingram pagou o valor que lhe fora informado, em Coridrian. Os guardas deram-lhe passagem, abriram a porta.

Dentro: luz, temperatura precisa para ser agradável. Um perfume suave, lembrando flores cítricas, o suficiente para instigar. Tapetes cobriam o chão, em todo tipo de padrões abstratos e figuras oníricas. Divãs espalhados, candelabros de mil velas. Homens recostavam-se, atendidos pela mais estonteante coleção de mulheres que Ingram já vira. Rapazes com corpos esculpidos passeavam, braços dados com senhoras.

— Seja bem-vindo — disse uma voz adocicada.

De início, ele viu apenas os seios mais perfeitos. Logo, o rosto de beleza milimétrica, olhos verdes, cílios longos e lábios grossos. Abaixo da cintura, a mulher possuía uma imensa cauda de serpente, que de algum modo aumentava sua aparência exótica, provocante.

— Deseja uma bebida?

Ingram gaguejou um sim. A um bater de palmas da anfitriã, uma anã vestida em uma toga exígua, os mamilos sempre ameaçando surgir por detrás do tecido, veio com um caneco. O cheiro prenunciou: era a melhor cerveja de Doherimm, bebida que reis experimentavam um punhado de vezes na vida. Ingram tomou um gole, e estremeceu de gosto.

As garotas pertenciam a toda espécie que Ingram podia identificar, e muitas que não conhecia. Elfas, humanas, halflings. Surpreendeu-se ao ver a sensualidade de uma humana com sangue orc, exalando vigor e músculos femininos. Uma beleza estranha, misteriosa: uma garota de pele verde, sem cabelo algum, e olhos sem pupilas. Grandes asas cheias de penas; era um anjo, e acariciava o peito de um homem sorridente. Uma jovem pálida conduzia um rapaz magro e sonso até uma escadaria. Seu vestido negro era previsível, mas belo. Ingram notou que a mulher não tinha reflexo num espelho próximo, e possuía longos caninos pontudos, que projetavam-se para fora dos lábios. Um homem grisalho aproximou-se de uma beldade cuja cabeça era coberta por um capuz. Ingram viu uma fina serpente surgindo por baixo do pano negro: era uma medusa, e havia quem pagasse muito caro pelo prazer aliado ao risco de ser transformado em pedra.

Os rapazes em menor número, mas igual variedade. Um minotauro entretinha três garotas que se dobravam em acessos de riso. Um humano com sangue de gênio levava uma velha senhora nos braços, sussurrando em seu ouvido.

— Estamos a seu serviço, senhor...?

— Pohlbuck — disse Ingram.

— A *Casa Silenciosa* está ao seu dispor, senhor Pohlbuck — disse a mulher-serpente.

— Quero uma — súbito, engasgou, tossiu. — Uma, bem, um quarto.

— Certamente. O que lhe agrada?

Ingram ficou um momento sem entender, enquanto a anfitriã olhava-o sem maldade alguma. Por fim:

— Ah — disse. — Mulheres.

— É claro, senhor Pohlbuck. De quantas gostaria?

— Uma, apenas.

Ela sorriu, e convidou-o a um passeio pela casa, para conhecer as garotas.

Num quarto, havia uma árvore frondosa. Uma dríade de fartos quadris e longos cabelos verdes cumprimentou-o com a educação de uma condessa. Outro quarto abrigava uma larga piscina, de onde uma sereia abanou. Uma mulher humana bela mas comum sentava-se numa poltrona em outro aposento. Ao ver o anão e a anfitriã, sorriu e assumiu a aparência da mulher-serpente. Logo, mudou para uma anã, e em seguida para a forma de uma notória arquimaga élfica.

— Se desejar, podemos cuidar de seu braço — disse a anfitriã. — Temos duas sacerdotisas de Marah que ficariam felizes em aliviar seu sofrimento.

— Obrigado, mas não — disse Ingram. Titubeou. — Tinha algo específico em mente.

— É claro, senhor Pohlbuck. O que seria? — sorrindo da forma mais refinada.

— Existe alguma súcubo por aqui?

— É claro — disse a mulher-serpente. — Tenha a bondade de me acompanhar.

Ingram mordeu o bigode. Mesmo para alguém acostumado, o poder da mulher-demônio era avassalador.

— Vista-se — disse o anão, virando para trás.

— Estou vestida — disse a súcubo.

— Cubra-se, então.

Ela fez um muxoxo zombeteiro, e puxou os ombros do vestido, cobrindo os seios.

— Não sou tímido, nem estou fazendo jogos, menina — disse Ingram. — Realmente não quero deitar com você.

Ela desmanchou a expressão falsa, e olhou-o como uma pessoa.

— Finalmente — ele disse, sentando numa cadeira, em frente à cama. — Os homens acham esse fingimento sedutor?

— Sempre — disse a súcubo.

— Somos mesmo uns idiotas. Mas você parece alguém com quem se pode conversar. Então ouça.

Conversar parecia algo raro para a súcubo, e assim ela teve algum interesse genuíno. Difícil saber se aquela era mesmo sua forma real, pois as mulheres-demônios feitas para seduzir podiam transformar-se naquilo que despertaria mais vontade. Apresentava-se com longos cabelos louros, nariz fino e arredondado na ponta, com um leve ar insolente. Os seios e quadris, é claro, sugeriam tudo. Das costas, despontavam asas de couro, e a testa mostrava minúsculos chifres — quem pagava para ter uma súcubo em geral desejava um ingrediente profano no sexo.

— Como é o seu nome? — disse Ingram.

— Saffron.

— Nome real?

— Claro que não.

Ingram riu. Não lhe escapava que, sendo sincera, ou parecendo ser, a mulher exercia apenas outra forma de sedução.

— Como acabou aqui?

Saffron ajeitou o cabelo.

— Não acabei, senhor Pohlbuck. Na verdade, acho que estou só começando.

— Meu nome não é Pohlbuck.

— Pohlbuck é o nome de alguém que você não gosta, certo?

Ingram assentiu.

— Como é, então?

— Ingram.

— Muito prazer.

Ela apertou sua mão, com o toque e a temperatura exatos.

— Como veio parar aqui, Saffron?

— Vim procurando minha vocação.

Ele deu um suspiro.

— A verdade. Sei um pouco sobre súcubos.

Ela sorriu.

— Falhei com minha senhora, numa missão importante.

— Falhou?

— Estava prestes a fazer um sacerdote de Khalmyr assinar o contrato que entregaria sua alma a minha mãe. No último instante, um outro clérigo estragou tudo, junto com alguns mercenários.

— Grupo de aventureiros?

Saffron fez que sim.

— Os clérigos começaram um exorcismo, e eu seria enviada de volta para casa. Em vez disso, preferi fugir. Passei alguns anos como amante de um duque poderoso, mas fui descoberta. Achei este lugar. É confortável.

— Melhor que voltar a Tenebra?

Saffron não disse nada. O quarto ficou mais frio.

— Tenebra não é má, mas sabe ser cruel — disse a súcubo. — E não tolera falhas.

Ingram agarrou o lado da cadeira com mais força.

— Estou procurando uma de vocês, Saffron. Uma súcubo, que conheci como Nadia.

Ela nunca ouvira. Não parecia um nome demoníaco, de qualquer forma.

— Se foi seduzido, esqueça — disse Saffron. — Fique bêbado, divirta-se com algumas das meninas. *Existem* mulheres que podem fazê-lo esquecer de uma súcubo.

Ele balançou a cabeça, devagar.

— Se contar a história, você vai achar bobagem — disse o anão. — Mas não fui seduzido. Foi diferente.

— *Não* foi diferente. Nunca será diferente, com uma mulher que suga sua alma com um beijo.

— Nadia apaixonou-se por mim.

Saffron mordeu os lábios. Aproximou-se dele, tocou seu cabelo.

— Ingram, ela *não* se apaixonou. Não importa o que tenha parecido, Nadia não o amava.

— Estávamos juntos. Ela foi morta, e teve de voltar ao Reino de Tenebra.

— Morta como?

— Por um vampiro — disse Ingram, e em seguida gelado.

Saffron chegou mais perto, pôs os dedos em seu rosto.

— Morta por um filho de Tenebra.

Silêncio.

— Todos acham que vivem algo especial — disse Saffron. — Todos acham que vivem uma grande história de amor. A verdade é que poucos, muito poucos, experimentam isso, assim como poucos vivem histórias de bravura ou de amizade. Esqueça Nadia. Acredite em mim, sou uma súcubo. *Não foi especial.*

Ingram sentiu-se tonto. De repente, incerto de tudo — a traição poderia ter existido assim tão clara, e ao mesmo tempo tão oculta?

— Talvez eu não seja a melhor opção para ajudá-lo a esquecer — disse Saffron. — Talvez sexo seja a última coisa que você queira. Que tal um tempo com seus amigos, esbravejando contra as mulheres? Jurando lealdade a eles, coisas do gênero.

Olhos no vazio.

— *Não* — Ingram sacudiu a cabeça, e o movimento reverberou em seu braço. — Seja como for, preciso ter certeza.

— Senhor Ingram —

— Vim até aqui para encontrar uma súcubo. Pode me levar ao Reino de Tenebra, garota?

Olhando-o de testa franzida, um quase-sorriso triste.

— Alguns chamam o Reino de Tenebra de inferno — disse Saffron.

— Já estive em muitos infernos. Não me assusta.

— É um mundo inteiro. Mais que um mundo. Procurá-la no Reino é como procurar alguém que você sabe que está em Arton, sem nenhuma outra informação.

— Pode me levar ao Reino de Tenebra?

— Posso.

Ele fez um gesto, apressando-a ao trabalho.

— Deixe que eu cure seu braço, pelo menos.

Flexionando o braço esquerdo, maravilhado por não sentir mais dor, Ingram despediu-se de Saffron, e atravessou o portal. Viu o céu escuro, acima, a lua quase sumida, as estrelas que não produziam luz. Viu estar no meio de um cemitério que se estendia até o horizonte, uma selva de lápides. E um frio milenar, que atravessava roupas e carne, e estremecia os ossos e as tripas. O portal se fechou atrás dele, Saffron abanando.

Ao ver tudo aquilo, Ingram disse:

— Merda.

Com o mais puro amor.

CAPÍTULO 12

CERCO

MAIS IMPORTANTE QUE UM TÍTULO OU UMA CADEIRA de espaldar alto era a realidade do poder. Aquela não era uma ferramenta nova, nem mesmo inusitada. Mas cumpria seu papel. Dar a alguém a ilusão do poder, a impressão de ser responsável pelas grandes decisões, enquanto a autoridade real era exercida no escuro. Funcionava com crianças. Funcionava com as vítimas de golpes espertos, pensando até o último minuto estarem levando vantagem. E funcionava na política.

O Rei-Imperador Thormy sentava-se em sua cadeira, sentia o peso da coroa imperial na cabeça. Ouvia todas as honrarias, via as mesuras e os rococós de educação.

Mas yudenianos em toda parte.

O trono ao seu lado estava vazio. A rainha Rhavana ausentava-se por períodos cada vez mais longos, entretida com os passeios a cavalo ou imersa nos assuntos do palácio. Os conselheiros mais antigos, homens que haviam servido a seu pai, escasseavam. Suplicavam liberação de seus deveres, alegando idade ou vagos problemas. Chegavam conselheiros novos, escolhidos pelo rei ou por seus recentes guarda-costas.

A Primeira Companhia de Yuden.

Os soldados ocupavam áreas estratégicas do salão. Alguns ostentando a distinção militar, o uniforme de aço e seda que marcava a guarda de honra do imperador. Outros mesclados aos soldados comuns, perfeitos em cada detalhe, da postura ao sotaque de Deheon. Ainda outros treinados em algum ofício ordinário — arautos ou escribas, orbitando sem alarde, mas vigilantes. Thormy quase podia esquecer o que eram. Os soldados da Primeira Companhia não deixavam cair seus disfarces um instante, portavam-se como o que fingiam ser, o tempo todo. Iriam se revelar apenas em caso de ataque. E havia aqueles invisíveis, ocultos por magia, e os próprios magos dentro do batalhão. Yudenianos a toda volta, autorizando visitantes, provando a comida, testando roupas em busca de armadilhas mágicas, investigando os nobres e representantes que entravam no palácio.

E havia os conselheiros. A política não era um jogo de brutos, e Thormy não podia antagonizar Mitkov em aberto. Quando o rei de Yuden e Trebuck oferecia seus próprios especialistas em táticas militares ou mesmo rotas comerciais, era de bom alvitre aceitar. Uma recusa significaria insulto tanto a Mitkov quanto a Shivara. Um insulto geraria repercussões, empurraria reinos predispostos para o lado de Yuden. O Rei-Imperador devia demonstrar justiça, sem favoritismo para uma ou outra nação. Disso dependia a coroa, a própria união do Reinado.

Assim, Thormy já se acostumara ao sotaque yudeniano onipresente, quando um de seus novos conselheiros se apresentou, com mesura profunda, para ser inspecionado pela Primeira Companhia. Revistado em busca de armas, seus pensamentos superficiais vasculhados à procura de intenção hostil. Autorizado, caminhou à frente e seguiu os protocolos, até obter permissão de falar.

— Os representantes de Tollon e Tyrondir acabam de chegar ao palácio com suas comitivas, Majestade — disse o homem.

Thormy empertigou-se, apoiou a mão nos bigodes. O nome daquele conselheiro era Karl Irengatt; era um homem de idade avançada com cabelos negros de acordo com as últimas frivolidades da corte. Opinava na política externa do Rei-Imperador, tendo estudado durante décadas as delicadas relações entre os reinos da coalizão.

— O que podemos esperar, Irengatt? — disse o rei.

— Lori Tharagan fala em nome de Tyrondir. Vossa Majestade já a conhece, encontrou-a duas vezes. Fará os pedidos usuais do reino, deseja o Exército do Reinado como proteção contra a Aliança Negra. É uma negociadora hábil, Majestade, mas razoável.

Thormy grunhiu acordo, fez que continuasse.

— Tollon conta com um novo representante. Um duque por virtude de casamento, senhor de terras no norte do país. Chama-se Bloch, mas mudou seu nome quando obteve o título. Agora é o Duque de Holdenbrach.

— O que Tollon deseja?

— Desconheço, Majestade. As cartas mencionam apenas prestação de respeitos à coroa e apresentação do duque. Mas Holdenbrach tem outros assuntos, certamente.

Sempre outros assuntos.

Thormy mandou chamar seus homens de confiança para a mesa real. De novo esquecera o próprio estômago, e agora sentia falta de desjejum. Já há quase duas horas iniciara o dia, com um assunto e outro, sempre distraído da refeição. Sentou-se à mesa comprida, com seus conselheiros, guarda-costas, magos, biógrafos sentados perto, ou de pé em volta. Bebeu um gole de chá e tirou a carne fria das mãos do servo que a cortava, servindo a si mesmo.

Fácil ver quem era yudeniano. Os naturais de Deheon sentavam-se juntos, quase acuados, disfarçando a desconfiança. Os outros, cada vez mais numerosos, comiam com apetite, acomodavam-se como se a mesa lhes pertencesse.

Thormy deixou um guarda provar sua comida, garantir a segurança, e então pôs um naco de carne dentro da boca.

— Religião — anunciou Thormy. Dois conselheiros empertigaram-se nas cadeiras. — O que há de novo na situação de nossos deuses?

Um clérigo de Khalmyr — antigo combatente no exército de Deheon, ainda com o porte militar mesmo na velhice — tomou a palavra:

— Em geral, apenas o que Vossa Majestade já sabe. Posso afirmar sem medo que nenhum deus menor preocupante esteja em ascensão. Mas a crise continua.

— Aharadak?

Quase uma blasfêmia. Mas o Rei-Imperador não sentia disposição para meias palavras.

— O culto à Tormenta cresce, como Vossa Majestade sabe. Mas não descobrimos nenhum foco em Deheon.

— Devemos nos preocupar com os reinos mais afastados, senhores. Os mortos estão, de forma muito literal, erguendo-se para cultuar a Tormenta. Ainda não temos uma boa estratégia para coibir o culto ao inimigo.

— Se me permite, Majestade — disse outro conselheiro, com sotaque nitidamente yudeniano. — Existe o curso de ação que propus há alguns dias.

Thormy engoliu um pedaço de queijo, e sentiu a comida atingir-lhe o estômago como uma pedra.

— Não me parece melhor agora do que então — disse o Rei-Imperador.

— Perdoe-me a ousadia, Majestade, mas não vejo nenhum progresso em outras frentes. Um incentivo ao culto de Keenn poderia unir o Reinado, contra a Tormenta.

— Não precisamos de guerra — disse o sacerdote de Khalmyr.

— Engana-se quem pensa que o Deus da Guerra é uma divindade de matança pura. Keenn governa também a disciplina marcial, os preparativos, a *defesa*.

— Khalmyr governa a boa guerra. Keenn é um carniceiro.

— Atuais teólogos —

— Senhores! — Thormy interrompeu. — Este não é o momento para discussões sobre a natureza dos deuses.

Silêncio.

— Majestade — disse Karl Irengatt. — Temos notícias de Sckharshantallas.

Thormy mordeu um pedaço de pão como se fosse um inimigo.

— Existe tensão entre o Reino do Dragão e Bielefeld.

— Orion Drake?

O conselheiro assentiu.

— *Sir* Alenn Toren Greenfeld recusou-se a entregar o cavaleiro renegado ao embaixador de Sckharshantallas. Sua Majestade Igor Janz ofereceu ajuda para localizar o fugitivo, mas não obteve sucesso.

— O que pode resultar disso?

— Não acho que estejamos em risco de guerra, Majestade. Mas Sckhar é um dragão e um deus, e mortais não podem em verdade compreender seus desígnios.

Uma dor de cabeça começando a inchar atrás dos olhos. Mais uma ameaça de guerra.

— Recebemos um comunicado de Portsmouth durante a noite, Majestade — disse outro conselheiro.

— Que não seja outro problema.

O homem gaguejou por um instante, pigarreou. Outro problema.

— O Conde Ferren Asloth queixa-se da falta de assistência do Reinado quando da passagem do Dragão da Tormenta, Majestade.

— Os magos foram proibidos de entrar no reino! — Thormy bateu com o punho na mesa.

— Além disso, afirma que Bielefeld recebeu refugiados de Portsmouth com lâminas em punho, e que muitos cidadãos do reino foram mortos sem provocação. O Conde espera que este não seja um ato de guerra, e exige reparação.

— Chame um escriba. — Chamado, era yudeniano. — Responda a missiva do Conde. Diga que o Rei-Imperador solicita sua presença na corte, no caso de acusações tão graves.

Os conselheiros se entreolharam.

— Se me permite, Majestade — disse um deles.

Com sua atual dor de cabeça, Thormy achava que permitiria qualquer coisa.

— Uma presença militar em Portsmouth poderia configurar a assistência que o Conde solicita, sem a presença de magos. Além disso, mostraria os olhos de Deheon sobre o reino, coibindo atos aventureiros de invasão a Bielefeld.

Mas, é claro, Deheon não possuía tanto contingente militar para deslocar a Portsmouth.

— Vossa Majestade tem o Exército do Reinado.

Que pertencia a Yuden.

— O conselho gostaria de apresentar outro assunto a Vossa Majestade — disse, de novo, Karl Irengatt.

Fale.

Limpou a garganta.

— A falta de contingente em nosso exército é mesmo um problema, como Vossa Majestade apontou. A existência de militares profissionais, em Deheon assim como em Yuden e outros reinos, traz os benefícios de maior disciplina e preparo no exército. Mas —

Sempre.

— Mas precisamos de números agora, Majestade. O conselho pensa que talvez a adoção de um modo diferente, como aquele praticado em reinos fortemente feudais, ou no passado, seria uma solução.

Havia lugares, como Namalkah e Tyrondir, em que todos eram obrigados a lutar, bastando uma ordem de seus senhores. Podiam ser exércitos fracos, compostos de aldeões com enxadas, ou contingentes de pessoas treinadas no uso de uma arma simples desde a infância. Sempre haveria aqueles que escolhiam ser guerreiros, mas não eram suficientes. O conselho propunha não dar escolha à população.

— Camponeses sem treinamento vão simplesmente morrer — disse Thormy.

— Por isso, Majestade, propomos um período de treinamento obrigatório.

— Não temos recursos para treinar tantos.

— Mais uma vez, Vossa Majestade possui o Exército do Reinado.

Thormy imaginou, em um instante. Milhares e milhares de homens, tirados de casa, enviados a meio continente de distância. Permanecendo um ano ou mais, aprendendo a ser soldados. Aprendendo o modo de Yuden. Quanto tempo até uma invasão cultural? Uma colonização?

De repente, um burburinho. O chamado distinto de um soldado da Primeira Companhia, e num instante dois magos fizeram-se visíveis atrás do Rei-Imperador. Thormy sentiu-se nos primeiros estágios de um transporte mágico, enquanto outros guardas surgiam, formando uma parede ao seu redor.

— Basta dessa bufonaria! — disse uma voz clara.

Thormy refez-se sobre a cadeira, a magia de transporte interrompida. Os magos sumiram, e em seu lugar duas perdizes gordas. Os guardas paralisados.

— Majestade — Vectorius fez uma mesura funda, e em seguida todos os rituais certos de um nobre menor falando a seu imperador.

— O que houve? — disse Thormy, erguendo-se e indo apertar a mão do arquimago.

A Primeira Companhia surgiu na sala; seu líder, Odgar, à frente.

— Baixe as armas, capitão — disse o Rei-Imperador.

— Majestade — começou o homem.

— *Seu imperador deu-lhe uma ordem* — rugiu Thormy.

Odgar fez seus homens relaxarem.

— O que houve, Vectorius?

— Os yudenianos tentaram me revistar, Majestade. Ler minha mente!

— São meus guardas.

— Perdão, Majestade, mas não tolerarei este comportamento vindo de soldados. Sou um nobre. Com todo respeito, sirvo a Vossa Majestade há muito mais tempo que este bando de cães adestrados.

Thormy suspirou.

— Diga uma só palavra, Majestade, e eu mesmo irei ao calabouço. Aceitarei qualquer castigo ou execução. De meu imperador; *não* de uma súcia de yudenianos.

— Não vou mandar executá-lo, Vectorius. Retire os encantos dos homens. Estavam cumprindo seu dever.

O mago obedeceu, ainda com ar aviltado.

— Está com fome? — disse o rei.

— Estou fazendo meu desjejum agora mesmo, em companhia de um príncipe tritão, Majestade.

Não havia um protocolo escrito para estar em mais de um lugar ao mesmo tempo enquanto se falava com o imperador. Mesmo assim, Vectorius achou que era uma quebra de etiqueta. Pediu licença ao nobre submarino, e concentrou-se em Thormy.

— Trago-lhe doces feitos de plantas extintas há dois ou três milênios, Majestade — Vectorius apresentou uma caixa decorada. — Estão frescos, feitos esta manhã.

Thormy sentou-se e provou um. Vectorius abriu espaço entre os conselheiros e fez-se confortável.

— O que o traz aqui? — disse o rei.

— Venho pedir que Vossa Majestade receba duas pessoas que podem nos ajudar com a situação do Dragão da Tormenta. Um casal de gêmeos elfos, feiticeiros. O rapaz demonstra boa aptidão para a magia de combate.

Edauros viu Azgher desistindo, cada minuto trazendo mais certeza de que seria já, e então mais dúvida de que seria nunca. Lorde Vectorius havia dito que esperasse numa taverna.

— Por isso o mundo está assim — disse o elfo.

Yadallina ergueu os olhos do livro.

— Por isso existe a Tormenta, e a Aliança Negra, e todas as outras tempestades de merda que chovem na nossa cabeça.

— Tudo isso porque você tem que esperar um dia para que o Rei-Imperador nos receba? — disse Yadallina.

Ele estreitou os olhos.

— Você sabe o que estou falando. Chegamos aqui oferecendo uma solução, e o homem nos faz esperar.

— Não estamos oferecendo uma solução.

Edauros levantou seu caneco, estava vazio. Exigiu outro.

Aquele era um lugar como só poderia existir em Valkaria. Um salão comunal, um punhado de quartos no andar de cima, assim como em centenas de tavernas em Arton. Mas o dono tivera uma vida de aventuras, antes que a ninhada de filhos e o desejo por paz fizessem com que se estabelecesse. O escudo pendurado atrás do balcão, diziam, era mágico, pertencera a um cavaleiro morto em alguma batalha ancestral, antes de ser recuperado pelo taverneiro. Os crânios de monstros decorando as paredes eram outras lembranças da juventude arriscando o pescoço. E o homem conhecera gente como lorde Vectorius ao longo dos anos. Assim, *"A Juba da Mantícora"* era um bom local para que artefatos fossem negociados, informações perigosas fossem trocadas e rostos notórios pudessem relaxar, sem ouvir pedidos de ajuda ou sofrer atentados. Podia-se alugar um quarto, ou espaço no cofre, para armazenar amuletos, livros contendo segredos proibidos ou mapas de importância militar. A clientela era um sortimento exótico de tipos com cicatrizes, sacerdotes de divindades variadas e estudiosos do arcano. Aventureiros brilhavam, destacavam-se em meio ao povo, mesmo na metrópole: em geral jovens, carregando ouro, sempre armados, sempre recém fugidos de um destino trágico. *A Juba da Mantícora* era um lugar onde podiam sentar de costas para a porta.

— O que está lendo? — disse Edauros.

Yadallina puxou o tomo mais para perto, cobrindo o rosto, esperando que ele entendesse a mensagem.

— Nada. Teoria da magia. Pertence à biblioteca da Academia Arcana.

— Vai ser aluna agora? Vai apanhar com uma varinha de condão nos dedos quando desrespeitar o professor?

— Não, Edauros. Por que eu desrespeitaria um professor?

Tempo.

Curto.

— O velho disse para você largar tudo e aprender magia *de verdade* na escola? — disse Edauros.

Ela abaixou o livro, controlando um suspiro.

— "Velho"?

— Assim lorde Vectorius o chama.

— Mestre Talude, você quer dizer. E lorde Vectorius *pode* chamá-lo assim, porque conhece-o há mais de um século. E é um mago tão habilidoso quanto ele mesmo.

— Você vai se enfurnar na sala de aula, então? Para aprender que tudo que sabe está errado?

Ela escondeu-se de novo atrás do livro.

— Sim, Edauros. É *exatamente* isso que farei.

Pausa.

— Lorde Vectorius ao menos nos deu ouvidos — disse o elfo.

Ela concordou com um murmúrio.

— Talude vive em seu mundinho encantado, não está preocupado com o Dragão da Tormenta ou —

— Mestre Talude nos apresentou ao seu querido Vectorius!

Encarando-se.

— Dizem que ele não consegue tirar os olhos dos peitos das alunas.

— Você está me envergonhando.

— Ele disse para você abandonar nossa busca, não é? Quer que você seja mais uma aluninha a sentar em seu colo.

— Mestre Talude não falou nada disso.

Já sem o mínimo humor, Yadallina se enterrou de novo nas páginas. Difícil se concentrar.

— Ele disse como seu irmão é um bárbaro que só usa a magia para lutar? Disse que sou uma má influência?

— Edauros — um longo suspiro. — *Você* está dizendo tudo isso.

— Vai ser aluna do velho, então?

— Se precisa saber, mestre Talude me convidou para ser professora.

No gelo de um instante, ambos sentiram a voz em suas mentes.

— Sua Majestade não pode vê-los hoje — disse Vectorius. — Voltem amanhã.

— Isso é absurdo!

— É o imperador, rapaz. Controle seu temperamento.

Odgar não se moveu um milímetro. Seu porte não era glorioso como o de um herói, mas compacto e sólido como o que era — um militar. Os homens da Primeira Companhia observavam impassíveis, em postos de guarda ou ocultos em disfarces inócuos. Arkam disparou um perdigoto enquanto erguia a voz, mas Odgar não chegou a piscar.

— Isto é um desrespeito, capitão — rosnou Arkam Braço Metálico.

— É o protocolo, senhor. Rogo seu perdão, mas tenho de cumprir meu dever.

— Vai muito além de seu dever.

— Obrigado, senhor. Mas, neste momento, apenas faço o que é preciso.

A Primeira Companhia não dava mostras de arrefecer. Arkam rilhou os dentes, engolindo o gosto amargo da mudança. Mas, no final, obedeceu: retirou seu famoso braço metálico, entregou-o para os magos yudenianos.

— Todo objeto encantado deve ser inspecionado antes de ser levado para perto de Sua Majestade, senhor — disse Odgar. — Em geral, armas são proibidas. Abrimos uma exceção para o senhor, porque é um herói.

Arkam resmungou algo. Uns minutos depois, recebeu o artefato de volta. Foi permitido que entrasse na sala do trono, onde o Rei-Imperador esperava.

— Majestade — depois de todas as mesuras. — Venho até aqui pedir que reconsidere.

Thormy fez com que se erguesse, tratou-o com a jovialidade de sempre.

— Os tempos mudam, Arkam — disse o rei. — Não podemos ignorar o que acontece.

— O Protetorado do Reino pode cuidar da segurança de Vossa Majestade.

Thormy sorriu.

— Claro. Mas vocês são mais necessários em outros lugares. Explorando território hostil. Combatendo ameaças.

Arkam Braço Metálico meneou a cabeça.

— É muita ingratidão, Majestade.

— Acha que sou ingrato a você?

— Não — apressou-se o guerreiro. — Os demais reinos são ingratos a Vossa Majestade. Anos e anos trabalhando para que haja paz. E, quando existe ameaça, Vossa Majestade precisa aceitar os insultos de Mitkov, para que o Reinado não se una a Yuden, contra Deheon!

Thormy disse palavras de conforto. Em parte triste, em parte divertido: mesmo ali, com alguém que devotara sua vida a servir à coroa, o Rei-Imperador era um servo. A eterna servidão dos governantes de bom caráter. Necessário se importar com todos.

— Não tem nenhum relatório a fazer, Arkam?

Ele pediu desculpas.

— Nenhuma informação, Majestade. Ao que parece, o Dragão da Tormenta surge e desaparece, após o ataque ao Reino de Glórienn.

— Crânio Negro? Os Lordes?

— Um boato, Majestade. Um mero boato.

Mandou que falasse.

— Um oráculo em Callistia recitou profecias desencontradas, poucos dias após a queda de Glórienn. Não parecem fazer muito sentido.

— Profecias nunca fazem.

— Mas alguns interpretam suas palavras como um aviso. De que Crânio Negro agora é um Lorde da Tormenta.

As Montanhas de Teldiskan, no canto mais gelado de Deheon, faziam parte das cordilheiras que formavam as Uivantes. Eram um ponto de transição entre o frio mágico e o Reino Capital. Ali escondiam-se os dragões e os corvos.

Um vale pedregoso, entre os picos. Os azuis empoleirados nas rochas mais altas, os brancos desfrutando da temperatura. Os humanos ficando impacientes, cada vez menos satisfeitos em fazer coisa alguma.

Edauros e Yadallina chegaram mais uma vez, transportados pela magia da elfa. Dias consecutivos de espera, enquanto o Rei-Imperador não lhes concedia seu tempo.

Santo aproximou-se de Edauros, trazendo o desgosto de todos.

— Nem mesmo sabemos onde está o Dragão da Tormenta — disse o cavaleiro.

Edauros resmungou.

— Precisamos falar com *sir* Orion — insistiu.

Yadallina ergueu as sobrancelhas para o irmão.

— Que seja — disse o elfo.

Em volta de uma fogueira, Yadallina sussurrou as palavras mágicas. Construiu o rosto de Orion Drake na mente, enviou uma brisa a procurá-lo em distâncias insuspeitas. Horas mais tarde, encontrou. Fez a própria voz na mente do outro, enquanto Edauros entusiasmava-se.

— *Sir* — ela disse.

A elfa sentia o contato arcano, de uma intimidade surpreendente. Súbito, lembrou de Orion Drake por completo, do pouco que conhecia — coração forte no peito. Tinha consciência do sorriso meio zombeteiro de Edauros, logo perto. O cavaleiro estava hesitante, mas isso era comum em quem não praticava a magia.

— *Sir* — repetiu Yadallina.

Edauros sacudiu-a. insistiu para falar com Orion. Há algumas horas, mal parecia ter memória do humano. Agora, como se recordasse que eram amigos, vê-lo era a coisa mais importante em Arton. Yadallina agarrou os dedos do irmão, houve uma espécie de choque quando a energia arcana foi trocada entre eles. Então, Edauros viu o rosto de Orion, e sentiu uma felicidade inesperada.

— Orion Drake! — riu o elfo.

A resposta de Orion chegou até eles truncada, misturada com uma dezena de pensamentos irrelevantes.

— É bom vê-lo, Edauros.

— Onde está, senhor de todos os cavaleiros obstinados?

— Portsmouth.

— Que merda.

Se Orion estava em Portsmouth, não fazia nada importante. Edauros tinha um tijolo de frustração instalado no estômago, mas de repente viu as coisas mais brilhantes. Afinal, Vectorius mencionara seu nome ao Rei-Imperador. O Dragão da Tormenta seria encontrado, dragões de outros clãs viriam ao encontro de Yadallina. Orion seria um líder na batalha, tudo ficaria bem.

— Saia desse buraco — disse Edauros. — Temos uma missão.

— Também tenho.

— Vamos matar o Dragão da Tormenta!

Não havia uma fagulha de dúvida. Yadallina, ouvindo a conversa como se fosse uma máquina, notava a mudança abrupta do irmão. Ao mesmo tempo, inquieta por sentir-se tão próxima de Orion. Suprimiu os próprios pensamentos, temerosa de enviar algo involuntário.

— Temos dragões, temos magos, e vamos caçar o Dragão da Tormenta até o inferno, Orion. Venha conosco.

Pausa.

— O que aconteceu depois do Reino de Glórienn? — disse Orion.

— Encontrei Yadallina. Estava metida em problemas, como sempre, mas eu a salvei.

Ela imaginou se ele realmente acreditava naquilo.

— Bom.

— Venha conosco.

— Sabe de meus cavaleiros? De Ingram?

— O anão está bem. Não se preocupe.

Yadallina franziu o cenho para o irmão, mas Edauros não pareceu notar.

— Onde? — disse Orion.

— Em Fortuna — sem um instante de hesitação. — Disse que vai encontrá-lo quando acabar o que está fazendo. Que você deve ficar tranquilo.

— Darien? Os Cavaleiros do Corvo?

— Estamos com eles — o elfo abriu um sorriso imenso.

— Diga para —

— Como é o nome do garoto que viajou conosco? O que os Cavaleiros chamam de Ferrão?

— Darien — repetiu Orion.

— Exato. Darien pede que você os deixe caçar o Dragão. Estamos todos ansiosos para que você venha se juntar a nós.

O cavaleiro emanou dúvida, sem querer. Edauros e Yadallina receberam a emoção. Mas não havia o que discutir, afinal: Orion era um herói. A missão era importante, não havia por quê não usar os Cavaleiros do Corvo. Era o certo.

— Muito bem — disse Orion. — Ferrão está no comando. Sigam na caçada.

— Venha conosco.

Yadallina teve um instante de conflito. Incerta entre horror de vê-lo de novo e pressa de que o momento chegasse.

— Não, Edauros. Estou atrás de meu filho.

— Os yudenianos estão atrás de seu filho.

Sem maldade alguma.

Orion, no entanto:

— Não. Vou resgatar meu filho.

— Arton precisa de você, Orion! É nosso líder, contra a Tormenta. Nosso herói.

Pausa.

— Arton tem outros heróis, Edauros. E eu não sou herói. Arton pode resolver seus problemas sem mim.

E, de novo, a frustração instalando-se no elfo. As coisas conspiravam para o fracasso, o Rei-Imperador recusava ajuda, um arquimago enchia a cabeça de sua irmã com bobagens. Orion, em vez de ouvir a razão, ia procurar seu filho, que já devia estar morto.

— Está sozinho? — disse Edauros.

— Sim — disse Orion.

— Lembre-se. Você tem uma família aqui, também.

Antes que sua decepção transparecesse, o elfo soltou a mão da irmã. Yadallina teve um último momento de conexão com Orion — e, incontrolável, um jorro de memórias fúteis, do tempo curto que haviam passado juntos, eclodiu de sua mente. Ela pôs fim ao encanto.

Thormy não dormira bem. Não sabia sentir alívio ou raiva por ter, sempre à disposição, um mago de banalidades, para cuidar de sua aparência com um minúsculo encanto. A sensação era de uma vida de madeira, tão enfeitada e longe da realidade quanto a sala do trono ou a coroa imperial. O Rei-Imperador não mostrava suas olheiras.

E foi assim, com rosto saudável e interior exausto, que recebeu os emissários de Tollon e Tyrondir. A uma palavra sua, também a sensação de cansaço seria removida com um encanto ou um preparado alquímico. Mas Thormy decidiu ser pessoa de verdade, pelo menos por dentro.

Lori Tharagan, que falava em nome de Tyrondir, era uma mulher de guerra e corte. Cabelos negros revoltos, mostrando o cuidado apenas necessário para as boas maneiras da diplomacia. Rosto sem privilégios, com queixo duro de homem e dentes acavalados. Os olhos, contudo, eram de um azul fantástico, e sua voz fora modulada durante anos para a política. Lori Tharagan usava a falta de beleza a seu favor, impondo-se como mais um emissário, sem que seu sexo importasse.

— Erga-se, Lori — disse o Rei-Imperador. — Espero que tudo esteja bem em Tyrondir.

Tyrondir nunca estava bem, mas sempre estava forte. O reino mais ao sul enfrentava a ameaça constante da Aliança Negra. Lori respondeu as perguntas da maneira correta. Fez os pedidos esperados: mais tropas no reino, mais ouro para abastecer a defesa.

— Contudo, outro assunto me traz aqui, Majestade — disse, quase constrangida.

Raro que Tyrondir fizesse política além de solicitar mais tropas e armas. Thormy ordenou que falasse.

— Sua Majestade Balek Terceiro recebeu uma oferta — disse Lori. — Uma oferta de Yuden.

As sobrancelhas do Rei-Imperador se uniram.

— Uma oferta que Tyrondir não pode recusar, imagino?

A mulher não se esforçou para esconder o desgosto.

— Yuden ofereceu a nosso reino, muito graciosamente, auxílio em questões militares.

— Tropas?

— Um pequeno contingente, Majestade. Mas, mais importante, um grupo de conselheiros militares, que auxiliariam nossos generais com estratégias e planejamento.

— Conselheiros instalados na corte de Balek?

Ela assentiu.

— Sua Majestade vem pedir vossa permissão para aceitar a oferta de Yuden.

Mais tarde, o enviado de Tollon.

O Duque de Holdenbrach era tão pomposo quanto se poderia esperar de alguém que abandonara o próprio nome em troca de um título. Fosse um monarca mais dado a afetações, Thormy poderia tê-lo expulsado, porque, em sua ânsia para ter contato com o Rei-Imperador, Holdenbrach confundira mesuras, tratamentos e etiqueta. Não era um homem típico do reino de Tollon: magro, desmaiado, pálido e cheio de veias. Alguém poderia achar que era o símbolo do que havia de pior na aristocracia artoniana, mas Thormy sabia existir coisas mais daninhas do que um mero fracote.

— O regente Solast Arantur vem comunicar algo — disse o duque, logo interrompendo-se. Ficou ainda mais branco, e gotas de suor brotaram em sua testa. — O regente Solast Arantur vem *solicitar a aprovação de Vossa Majestade* em um assunto de política interna.

A velha dor de cabeça anunciou-se. Thormy escorregou no trono.

— Yuden?

O duque levou um susto, gaguejou. Fez um gesto como se fosse apanhar um pergaminho e lê-lo, mas conteve-se.

— Sim, Majestade — acabou dizendo. — O reino de Yuden oferece um de seus generais mais renomados como conselheiro para nosso regente. Tollon solicita a aprovação de Vossa Majestade para aceitar a oferta.

Thormy conhecia Solast Arantur. Era um governante simples como poucos, inimigo mortal das etiquetas e afetações. Costumava trabalhar com os lenhadores, para desespero de alguns nobres. Se Solast Arantur pedia o direito de ter um yudeniano na corte, era porque temia pela segurança do povo, caso recusasse. E se mandava aquele adulador, em vez de apresentar-se em pessoa, era porque sentia vergonha.

No final do dia, Thormy tinha a sensação de ter levado uma surra. Cada músculo protestava, cada junta fazia-se notar. O nome do reino de Yuden citado sem parar. Yuden treinando, Yuden aconselhando, Yuden espalhando seus longos braços.

Tudo aquilo era necessário. Mas Thormy sentira um peso no coração ao aprovar os dois pedidos.

Dias e dias de espera, e o Rei-Imperador não lhes concedia um minuto. Dias e dias na taverna, e à noite de volta ao acampamento.

No vale, Edauros e Yadallina encontraram estranhos.

Gente simples; na linha divisória entre camponeses e bárbaros. Um grupo de seis, todos com amuletos ou pintura que marcavam as religiões mais primitivas, os cultos escondidos nos ermos. Galhadas de alce presas às cabeças, os cabelos endurecidos com esterco de animais. Vestidos de couro ou peles trabalhadas, com toques metálicos de civilização. Levavam tigelas enormes, feitas de madeira, carregadas com frutas. Colares, adornos e armas feitos de ferro e ossos. Um bode, amarrado numa corda. Sob o escrutínio dos dragões, prestes a desmaiar. O bode revirava os olhos e berrava.

— Não vamos acolher mendigos! — gritou Edauros, flutuando até o grupo maltrapilho. — Vão embora!

— Viemos prestar tributo — disse o que parecia ser o líder, um homem de ombros largos, controlando a voz contra o pânico.

Yadallina chegou perto.

— Não queremos problemas — disse o homem.

Levavam oferendas, como sinal de submissão ao poder que se instalara nas Montanhas de Teldiskan. Desejavam demonstrar seu total respeito.

— Respeito a quem? — disse Yadallina.

Os recém-chegados trocaram olhares, murmuraram dúvidas uns para os outros.

— Dizem que neste vale existe uma deusa. A Senhora dos Dragões.

E ajoelhou-se.

CAPÍTULO 13

UMA FAMÍLIA FELIZ

NÃO ERA UM DIA ESPECIAL. NADA NO CLIMA NUBLADO, no sol tímido, sugeria o culminar de sua vida. Como devia se parecer o dia de matar o Cavaleiro Risonho?

Orion viu que atrasava o cavalo, de propósito e sem querer. Estavam chegando mais e mais perto da vila, e existia relutância. Vanessa mantinha-se calada, sem uma bravata ou jura de ódio. Bandido inflava as narinas, como se já pudesse cheirar seu mestre. Era o meio do nada em Portsmouth, e somente a expectativa lhes acompanhava.

— Ataque — disse Vanessa. — Lembre-se. Quando chegar a hora, ataque. Não deixe que ele tome conta da situação.

— Eu sei — disse Orion. — Você já falou isso.

Quatro vezes, pelo menos.

— Você ataca, eu procuro Vallen. Tudo está correndo como *ele* quer. Precisamos tomar a iniciativa.

— Eu sei, Vanessa.

— Mas, se ele me desafiar, preciso lutar.

Era um dos dogmas de Keenn. Nunca recusar um desafio em combate.

— Eu sei, Vanessa.

— Se ele me desafiar, você procura Vallen. Não pense em me ajudar. Um de nós precisa garantir a segurança dele.

— Vanessa —

Orion cortou a própria frase. A mulher crescia e encolhia na sela, com uma respiração funda e metódica, cheia de raiva. Segurava as rédeas com tanta força que suas juntas estavam brancas. Cada músculo tenso.

Ele aproximou o cavalo e tocou-a no braço. Vanessa deu um pulo.

— Vamos conseguir, meu bem.

Ela não rejeitou o tratamento.

— E ele pode já estar morto — disse Vanessa.

— Não adianta pensar nisso.

— Se Vallen estiver morto, *temos* de matar o Cavaleiro Risonho.

— E se houver uma escolha? E se, para salvar Vallen, precisarmos deixar meu pai fugir?

Ela mordeu os lábios.

— Vallen — respondeu.

— E se ele desafiá-la?

— Por isso somos dois — disse Vanessa.

— E se *eu* estiver morto? E se a escolha recair sobre você, apenas?

Pausa.

— Vallen.

— Mesmo que você perca o favor de Keenn?

— Vallen. Sempre.

Pouco após o meio-dia, mas nenhum dos dois tinha fome. Vanessa, acostumada ao pragmatismo, forçou ração de viagem goela abaixo, mas logo seu estômago protestou, com enjoo violento. Orion notou que destruía o couro das rédeas, num gesto nervoso e repetitivo. Enxergaram a vila. Por um instante, Orion esqueceu como fazer o cavalo andar mais rápido. Prática de mais de três décadas, mas com o nervosismo esqueceria de respirar. Vanessa enfiou os calcanhares em Bandido, o que era em absoluto desnecessário, e galopou, rilhando os dentes.

O primeiro aldeão que os enxergou deixou cair o balde que transportava, e saiu correndo.

— *Pare!* — rugiu Vanessa. A voz áspera, embargada, mas também carregada de milagre.

O homem não escolheu parar, apenas estacou.

— Esta é a vila de Fillene? — disse Vanessa.

O aldeão fez que sim.

— Estamos procurando um homem — disse Orion.

Em silêncio, o outro apontou para o interior da aldeia, um ajuntamento de casas de barro com tetos de sapé. Alguns curiosos, vestidos em andrajos remendados, inclinavam as cabeças, como pássaros, na direção dos estranhos. Mas, quando Orion e Vanessa tocaram os cavalos, todos sumiram.

Fillene não era o mais miserável povoado. Tinha até mesmo uma praça, uma taverna e uma milícia, que respondia à longínqua capital. E o aldeão não havia apontado somente a vila, mas um homem específico, um miliciano velho que manteve-se na rua de terra, com sua barriga oscilando dentro da cota de malha. Eles chegaram mais perto, e o homem era uma figura triste — segundo os padrões de Bielefeld. Em cada detalhe, o que se esperaria de um sargento veterano de uma milícia desimportante. Barba por fazer, uniforme seboso. Tentando manter a autoridade frente aos aldeões, mesmo intimidado. Um de seus dedos era bastante torto, como se houvesse quebrado e nunca tratado direito.

— Quem é você? — disse Vanessa. Parecia pronta a matar o sujeito, apenas por não ser Vallen.

— Wilkam — gaguejou ele. — Sargento Wilkam. Sou da milícia.

— E eu não sou a retardada do vilarejo. Diga-me algo novo.

— Vanessa — disse Orion. E para Wilkam: — Sabe quem buscamos?

Os dentes do sargento Wilkam começaram a fazer barulho, batendo sem controle.

— Ele não está em Fillene.

Ela segurou o cabo da maça.

— Está logo fora da aldeia! — apressou-se Wilkam. — Ordenou que lhes mostrasse como chegar lá.

E mostrou.

Logo fora da vila, em uma cabana isolada no meio do bosque. Bandido relinchou com gosto. Orion e Vanessa apearam. Orion tomou a frente e abriu a porta.

— Olá — disse o Cavaleiro Risonho.

A cabana, por dentro e por fora, era de uma frugalidade extrema — na linha divisória entre o simples e o pobre. Um só cômodo, com um monte de palha em um canto, fazendo as vezes de cama, um fogareiro com uma chaleira fumegando no topo, uma mesa rústica e três cadeiras.

A espada de Orion trancou na bainha, quando ele tentou sacá-la. Sua mão tremia demais. Vanessa arreganhou os lábios num rosnado mudo, e o Cavaleiro Risonho sorriu.

Estava sem elmo. A armadura prateada, polida até um espelho, ainda cobria o corpo, mas já não se ajustava bem. Debaixo das placas, o Cavaleiro Risonho parecia muito magro. Deitava-se na palha, e havia um espirrar de sangue em volta de sua cabeça. O elmo de riso frenético, a forma de uma enorme cabeça humana, estava ao lado.

Ele era um velho.

Os cabelos brancos finos, compridos. Pedaços de escalpo eram visíveis em toda a cabeça. Sua barba eriçada e falha, também alva. O rosto marcado por rugas fundas às dezenas, fazendo um mapa de idade. Os olhos eram cinzentos, como os de Orion. O rosto, quando mais jovem, deveria ter sido belo, como se cortado por um formão habilidoso.

— Olá, Orion — disse o Cavaleiro Risonho. Em seguida, tossiu. Foi tomado de um acesso, e seu corpo envelhecido chacoalhou. Espalhou perdigotos sangrentos na palha e na armadura. Saliva e sangue escorreram por seu lábio seco, sujando-lhe a barba. — Olá, Vanessa.

Sorria.

— *Onde está Vallen?* — rugiu a clériga.

— Vallen está morto.

Armas, em um instante. Orion sentiu uma fisgada súbita e irresistível nos olhos. Mas seu pai disse:

— Você fala de Vallen *Drake*. — Sorriu. — Meu neto está vivo.

Vanessa controlou-se, antes de atacar.

— *Onde?*

O sorriso do velho era quase tão largo quanto o do elmo.

— Conhece Vallen? Vallen *Allond?*

— Onde — Orion começou.

— Vocês sabem que estou morrendo. — Tosse. — Podem me matar, não perco nada. Mas então, nunca saberão de meu neto.

— Sei fazer coisas piores que a morte, desgraçado — disse Vanessa.

— Eu também — disse Orion.

Ele riu e tossiu, cuspindo mais sangue.

— Acho que tudo começou nesta cabana — disse o Cavaleiro Risonho. — Aqui morava uma prostituta. Morta há anos, é claro.

Cavaleiro e clériga se entreolharam.

— Passei uma noite aqui. Fodi a mulher, mas estava sem dinheiro. Então, não paguei. — Vendo humor extremo naquilo, desfez-se em risadas. Logo, outro acesso de tosse convulsiva. Seu corpo parecia rasgar por dentro.

— Eu *sei* torturá-lo — disse Orion. — Eu *vou* torturá-lo.

— Pouco depois, recebi minha armadura — continuou o Cavaleiro Risonho. — Foi um presente. Ganhei-a de um fazendeiro que estava morrendo de disenteria, e tinha uma vaca de duas cabeças. Deu-me a armadura e foi atingido por uma pedra que caiu do céu.

A chaleira no fogareiro guinchava.

— Vesti a armadura e fui para Bielefeld. Um mês depois de fugir da cabana de uma prostituta barata, estava entre as pernas de uma nobre, uma baronesa. Sua mãe era péssima na cama, Orion.

Vanessa chutou uma cadeira e espatifou-a.

— Da baronesa, nasceu você, Orion. Da prostituta, nasceu Vallen Allond.

— Por quê? — disse Orion.

— Ainda não aprendeu — o Cavaleiro Risonho fez uma expressão de deboche, apontou o filho estupefato. — *Não há porquê, Orion.* É o Caos. Vallen Allond ajudou a trazer a Tormenta. Porque era um risco. Porque era divertido.

— Onde está meu filho? — disse Orion.

— Não está comigo. — Mais uma vez, o Cavaleiro Risonho explodiu em gargalha-das. O acesso de tosse foi ainda mais forte. Ele cuspiu pedaços sólidos de si mesmo, engasgou. Quando voltou a se recostar na palha, estava exausto e ofegante. — Entreguei-o a Crânio Negro.

Enquanto o velho ria, Vanessa perdeu o ar. Orion sentiu os joelhos moles.

— *Por quê?* — sussurrou Orion.

— Porque *eu te odeio* — disse o Cavaleiro Risonho. — Você queria ser amado, não é mesmo? Queria que seu papai amasse você, que tudo não passasse de um grande mal-entendido. Queria que eu tivesse um motivo para tudo que fiz, queria ter uma razão para me perdoar.

Seus olhos brilharam.

— Nada disso vai acontecer, Orion. Eu sou um filho da puta, e odeio você.

Tosse. O sangue espirrou longe, impelido pela garganta. Ele não conseguia puxar o ar. Orion deixou cair a espada e investiu com a mão nua, para o pescoço do velho. Deteve-se a um centímetro, um instante, e o Cavaleiro Risonho achou graça, tossiu, arranhou a garganta, estremeceu.

A tosse parou. Os olhos estavam vidrados, os membros moles. O Cavaleiro Risonho não respirava mais.

Estava morto.

CAPÍTULO 14

PREGADORES

Os PEREGRINOS MARCHAVAM, SUPORTANDO COM RESIGnação a carne viva dos pés. Chuva caindo em torrentes, o frio encharcado penetrando até os ossos, deixando a pele gelada como carne de peixe. Muitos haviam ficado pelo caminho, vítimas da tosse com sangue, das tremedeiras. Outros não haviam suportado as privações, porque a comida era sempre escassa. O importante era chegar ao local sagrado, com a maior rapidez. Fardos iriam deixá-los lentos, e morrer importava pouco. Eram quase trezentos, vindos de Altrim e das vilas próximas, e outros que foram pegos no caminho. Todos guiados por seus pastores: os mortos.

Petrynia, uma terra vasta de planícies e mapas indignos de confiança, seria terreno hostil para viajantes despreparados. Mas os humanoides e bandoleiros que enxergavam a coluna maltrapilha fugiam, ou corriam para se juntar. Os espíritos, suas mutilações translúcidas sempre claras à vista, acolhiam os recém-chegados, sorrindo e dizendo a primeira palavra.

— Os deuses estão caindo. Venha conosco, vamos ao local mais sagrado.

Em gargantas roucas de grito ou doença, a romaria entoava seus hinos. Eram coisas singelas, compostas por mentes de aldeões convertidos. Os deuses estavam mortos. O Panteão caía. Não havia recompensa. A Tormenta oferecia a verdade.

Uma vez por dia, recebiam um sacramento.

Os pastores guiavam o rito simples. Alguém era amarrado, e sempre de vontade própria. Tomavam de um serrote ou qualquer coisa de metal. Tiravam um antebraço, ou orelhas e nariz, qualquer parte que não fosse essencial para andar. Faziam o curativo como podiam, e era raro que o escolhido durasse muito. A carne decepada era então repartida entre todos, que engoliam com solenidade, ante as palavras dos mortos:

— O corpo não vale nada. A vida não vale nada. A morte não vale nada.

Porque os deuses estavam caindo.

Aumentava, a cada vila, o número de clérigos que descartavam seus paramentos e pediam o batismo dos mortos. Quando a romaria passava, as aldeias explodiam em suicídio e atos de raiva solta. O povo enxergava que não havia moralidade, que nada tinha sentido, quando os mortos pastoreavam os vivos até um local santo de peregrinação. Os instintos mais vis e básicos, sem o toque civilizado, afloravam nas pessoas, que se tornavam bichos. Se antes houvera um ressentimento, virava agora assassinato. Se houvera desejo, virava estupro.

Assim lá, como em outras partes. Em Sambúrdia, terra maltratada nos últimos anos, as florestas foram tomadas de andarilhos, conduzidos por seus tantos falecidos. Na União Púrpura, os guerreiros caídos voltaram em glória imunda, dizendo que tudo fora em vão. Pipocavam as romarias, convergindo a alguns pontos definidos, que só os mortos conheciam.

Em Petrynia, foram semanas, sob chuva e Azgher. Os peregrinos chegaram ao destino em felicidade absurda, alguns vivos mesmo após mutilados. Era uma colina próxima a um cemitério, como era apropriado. Os mortos sorriam, afagavam os vivos com seu toque gelado, diziam parabéns, vocês conseguiram. No topo da colina, um círculo vermelho, pairando no ar como um pórtico, a poucos centímetros do chão. Era largo, suficiente para muitos atravessarem ao mesmo tempo, e alto, para imponência. Os fiéis desejaram correr, mas seus pastores fizeram-lhes ter calma. Conduziram o rebanho aos poucos.

Os peregrinos entraram na área de Tormenta com êxtase e delícia.

Pisaram num tapete de línguas, de imediato viram-se cercados por arame farpado, intestinos e cabeças decepadas de cães. O sangue ácido caía em uma garoa, fazendo-lhes chiar a pele, mas não o suficiente para matar. Uma floresta de ossos e genitália, de um lado; do outro, uma cidade feita de peles de elfos, ainda vivas.

Era o Reino de Igasehra, o que fora o Reino de Glórienn. Senhor de um Reino Divino, o Lorde da Tormenta podia abrir seus portais ao mundo físico. Seria possível — e era isso que desejava — cuspir legiões sobre Arton, espalhar uma destruição simples. Mas, de acordo com o plano, acolhia. Não atacava, mas deixava os artonianos entrarem.

Em fila, conduzidos pelos mortos, em Arton, e pelos lefeu, na Tormenta. As criaturas insetoides chiaram e estalaram as quelíceras, tocaram-lhes com seus dedos de navalha, acariciaram-lhes com seus tentáculos cheios de pelos negros. Lamberam seus rostos com as línguas farpadas, e fizeram com que chegassem ao ídolo.

Era um construto vivo, movendo-se pela não vida lefeu. Formado de cadáveres artonianos e partes de invasores, uma torre de três andares, escorrendo mantas de gordura rubra, contida por carapaça de inseto, ostentando espinhos ósseos. À frente, voltada aos artonianos em fila, uma boca imensa, maior que um homem, com lábios carnudos e fofos. Babava matéria vermelha líquida, que empoçava-se ao redor.

O primeiro artoniano se ajoelhou, incentivado por um lefeu. Entendendo o que acontecia, fechou os olhos e abriu a boca, contendo o sorriso. Longos braços élficos emergiram da coisa, grudados de indivíduos diferentes, com muitos cotovelos, costurados por matéria vermelha. As mãos de quinze dedos tocaram a testa do primeiro convertido, e outras entregaram-lhe o sacramento. Não mais carne humana, como fora a preparação — um lefeu pequeno, um simbionte, que foi engolido com prazer. Então, o batismo: a torre jorrou, de cima, um líquido negro e espesso, com cheiro avassalador de urina e sangue. O artoniano recebeu-o com êxtase. Pego pela mão, foi levado embora, conhecer a área de Tormenta.

Mais e mais se juntaram, batizados e convertidos, a presenciar a forma dos novos deuses. Uma expedição pelo paraíso do futuro, a face do que era permanente, do que não lhes seria tirado, nunca.

Não ficaram prisioneiros na área de Tormenta. De lá, conduzidos a outros portais, e de volta a Arton.

Espalhar a boa nova.

Os dois Lordes, na área de Tormenta de Zakharov.

Um encontro sem os demais não é um conceito lefeu, exalou Crânio Negro.

Aharadak moveu as pernas em simetria radial em volta de seu estômago pantagruélico.

Fale como um artoniano.

Por quê?

Arton me fascina.

Crânio Negro aprendera a desfazer seu corpo em Tamu-ra, refazê-lo em outra área de Tormenta, viajando de modo instantâneo. Apenas um dos segredos dos Lordes, que Aharadak lhe havia ensinado. Seu mestre fora Gatzvalith, no passado, e Crânio Negro chegara a tentar traição. Aharadak educava o novo Lorde nas capacidades lefeu, tornava-se mais e mais próximo.

— Você parece um indivíduo — disse Crânio Negro.

Aharadak divertia-se com a comunicação primitiva.

Raigheb deseja lhe ensinar a destruição das barreiras, Aharadak emanou. *Então não seria mais um indivíduo, também.*

A ideia provocava terror. A recompensa de Crânio Negro, de Ellisa Thorn, fora um idílio pessoal. Não sendo pessoa, tudo deixaria de importar. Vallen deixaria de importar.

— O que quer?

Um lago próximo borbulhou.

Lefeu se espalha por este mundo. A mente das criaturas artonianas cultua a Tormenta.

Crânio Negro ficou calado.

Pode ser diferente, a corrupção de Aharadak tocou-o como uma centena de doces apodrecidos.

— Já aprendi que é impossível trair.

Não é traição, Lorde Crânio Negro. Ajude-me, e ajuda o que é lefeu.

— Você é cada vez mais um indivíduo.

Igasehra e Raigheb temem a mudança. A mudança é o principal conceito lefeu. Enquanto a religião da Tormenta se espalha, também pode se espalhar o culto a cada um dos Lordes.

— A você.

Aharadak fez as névoas rubras tocarem Crânio Negro, numa carícia ácida.

— Nunca mais trairei os lefeu.

Então, uma barganha. Espalhe minha religião, e posso lhe ensinar o segredo do tempo.

Sem querer, o novo Lorde exalou um oceano de memórias felizes, um gosto agridoce de desejo quase inalcançável. A noção muito artoniana de saudade.

O passado com Vallen Allond. O futuro com Vallen Allond. Agora. Sempre.

— É mesmo a eternidade? — disse Ellisa.

Foi difícil compreender o conceito de passado e futuro, Lorde Crânio Negro. Quando conhecer o segredo, verá que o tempo não importa. Não existe.

Para sempre os momentos de riso, o sem fôlego rosado, após a batalha ou o sexo. Para sempre, sem temer um fim, tocando-lhe a mão.

Em Callistia, os rios corriam vermelhos.

Os peregrinos de Nova Ghondriann atravessavam o reino, e muitos esqueciam de nadar. Afogavam-se às cegas, levados pelos mortos, e seus cadáveres boiavam, dezenas, centenas, apodrecendo ali e envenenando a água. Os fantasmas marchavam, um exército feliz, embora apenas um destacamento continuasse por lá. Haviam se dividido, rumado a Trebuck, a Salistick, a Yuden, encontrar seus parentes, levar a fé.

O povo de Callistia e os monstros dos rios tentaram, cada um a seu modo, impedir a romaria. Os Tiranos das Águas, criaturas borrachentas de dentes afiados, jogaram-se aos peregrinos, estraçalharam dezenas. Mas eram inteligentes, apesar de monstruosos. Acabaram convertidos, e os demais fugiram em pavor. Os humanos vieram em seus barcos, dispararam flechas, bateram com remos e alabardas. E os rios correram vermelhos, mas de pouca valia. Os mortos continuavam, e os vivos tinham esperança de se juntar ao clero.

Nada importou muito, quando surgiu o Dragão da Tormenta.

A fera varreu as cidades secas, empurrando os habitantes aos rios. Sua baforada de Tormenta transformou muralhas em pó, fez borbulhar a terra. E o vermelho do sangue juntou-se ao vermelho lefeu na correnteza, e o Dragão da Tormenta batia suas asas.

Foi receber os que desejavam ser moídos em suas mandíbulas abençoadas. Os humanos e os Tiranos das Águas, e humanoides de todo tipo. De Namalkah, reino vizinho e rival, vieram os cavalos e ginetes. Os animais se afogavam, na tentativa de chegar ao Dragão. Os homens suspiravam por aquela sorte, e apressavam-se a receber o vômito do monstro.

Os mortos cantavam músicas alegres.

Quando os magos surgiam — sempre um clarão e um ataque — o Dragão da Tormenta voava para longe. Não devia lutar ali, pois era uma ferramenta da religião.

Os peregrinos xingavam-nos, atiravam pedras.

À primeira vista, um local ordinário.

Mas, Crânio Negro sorriu dentro do elmo, logo nada do gênero.

Respirou o ar dimensional e sentiu um cheiro da vida antiga. Estava numa planície, com vegetação quase até a cintura. De um lado, montanhas gigantescas, que poderiam tocar a lua, se fosse interessante. Uma no formato de cabeça de águia; outras imitando costelas humanas. Um brilho dourado numa gruta a quilômetros de altura, visível porque era tentadora. À frente, a planície remexeu-se — era o lombo de uma criatura imensa, que estava lá para ser desafiada. Em cada folha de capim, uma civilização de gente minúscula, presa naquela forma pela maldição de um demônio louco. Do outro lado, uma cratera monstruosa, palco da queda de um pedregulho do céu. Eternamente, a rocha lá dentro fumegava, e suas paredes azuis continham magia, para quem fosse bravo e desafiasse seus mistérios.

Sem aviso, o ar transformou-se em abutres metálicos, atacando o Lorde. Crânio Negro desembainhou as espadas, talhou as criaturas, que desfizeram-se em névoa tóxica. Um bando de cavalos selvagens surgiu atrás das montanhas, seu líder agitando a crina, como se convidasse a ser domado.

Crânio Negro seguiu viagem.

O mundo, de repente, estreitou-se num penhasco e logo um abismo, e uma precária ponte de corda, onde um velho fazia charadas. Apenas desvendando recebia-se autorização de passar. Crânio Negro decifrou os enigmas, atravessou a ponte, e do outro lado havia uma floresta maldita, que circundava um continente repleto de castelos assombrados. Tesouros aguardavam em seus calabouços, heróis amaldiçoados clamavam por um salvador. Nas torres, mil princesas choravam por liberdade, pois aquele era o Reino de Valkaria, a Deusa da Ambição.

Como Ellisa, Crânio Negro vivera de luta, aventura, breves encontros com a morte. Aprendera cedo que mesmo em casa não estaria segura, e que o arco e as flechas não contavam mentiras. Vivera pelo arco, e pelo desafio, e então por Vallen, que era tudo isso. Sentia-se em casa, exceto pela falta da Tormenta.

Valkaria, Deusa da Ambição — por isso, Deusa da Humanidade. Não só humanos viviam em seu Reino, pois o importante ali era o desafio. Cavaleiros vigiavam estradas, enfrentando os passantes em justas. Artistas élficos tentavam, eternamente, a perfeição de um retrato. Goblins civilizados erguiam seus martelos, procurando a falha em seus inventos insensatos. Mas, mais do que tudo, aqueles que viviam o risco, que desprezavam o que era cômodo, maravilhavam-se com a paisagem bizarra do Reino.

Nada precisava fazer sentido, desde que houvesse um perigo, um modo de vencer e uma recompensa. O paraíso, ali, era ter negado o paraíso, até provar valor.

Havia um oceano de veneno, porque era interessante. Numa ilha, bem no meio, dinastias dedicavam-se a prender heróis em armadilhas fatais, dando-lhes as costas, e as ferramentas para escapar. Um teto de nuvens jogava escadas para baixo, convidando os bravos a uma nação de gigantes. A natureza fazia armadilhas, as plantas disparavam pólen tóxico, e logo à frente uma flor oferecia o antídoto. Os ogros que viviam numa geleira, ao lado de um deserto quente, clamavam por um rei, profetizado como o maior dançarino de todos os tempos. O Reino de Valkaria era um lugar de grandes homens, sem exceção, e a Deusa escondia-se bem no centro, quando não degustava o mundo de Arton.

O maior labirinto, enfim. Um país subterrâneo, feito de corredores e engenhosidade. Crânio Negro abaixou-se pela caverna, procurou as rochas falsas. Moveu-as, e as paredes se abriram, para a porta de entrada. Corredores úmidos, de pedra marrom. Estreitos, cada parede revelando a marca de uma centena de batalhas antigas. Era preciso acender uma tocha, ou levar uma pedra de luz mágica, pois essa era sempre a rotina do aventureiro.

O primeiro passo trouxe vida a uma armadilha. O corredor se fechou, uma voz entoou um enigma, e o ambiente começou a se encher de água. Sempre havia uma saída: um barril no canto, que Crânio Negro inverteu e usou como reserva de ar, para ter o tempo de arranjar as pedras gravadas com letras, formando a resposta à charada inicial. Saindo dali, chegou a uma sala de espelhos. Refletido sete vezes, Crânio Negro foi atacado pelas cópias inversas. Venceu, e uma parede se abriu, revelando um quebra-cabeças monumental. Era necessário conhecer os deuses, para unir cada réplica de arma com a estátua da divindade respectiva.

E assim uma centena de vezes, num caleidoscópio de absurdos. Criaturas da floresta, do deserto e do oceano viviam lado a lado, somente esperando alguém para atacar. Guardiões postavam-se imóveis e calados, durante séculos, apenas para propor uma missão ou um desafio. Era a colagem de todos os livros de aventuras jamais escritos, mas no final havia um prêmio.

No fundo do labirinto, Crânio Negro enfim viu a deusa.

— Conheci um homem, certa vez, que chamaria isso de um belo exercício — disse Crânio Negro. — Mas não gosto de bravatas.

A Deusa da Humanidade existia ali como uma mulher humana, bela mas calejada. Portando espada e escudo, machado e adaga, flechas e um livro mágico, ferramentas de ladrão e um alaúde. Cobertor enrolado nas costas, acima de uma mochila estufada com equipamento. E botas gastas. Eternamente pronta à viagem, aparência comum e espírito flamejante. O Lorde experimentou uma compulsão quase irresistível, ao vê-la. Precisava estar em qualquer outra parte, precisava alcançar algum objetivo. O segredo que Aharadak oferecera era, de repente, a coisa mais importante, porque ainda não fora alcançado. A recompensa já possuída perdia o valor. Estar com Valkaria era estar insatisfeito.

— A Tormenta não tem poder aqui — disse a deusa.

Ouvira a voz de Glórienn, antes, e por isso achou estar preparado. Errado: as palavras de uma divindade ascendente, forte, eram muito mais poderosas. Crânio Negro sentiu-se um pouco menos ali, sangrou pelos poros, ante a desaprovação.

— Pelo contrário — disse o Lorde, domando a surpresa. — Este é o lugar dos desafios. E a Tormenta é o maior desafio, para Arton.

Valkaria ficou calada.

— Sei que é onipotente em seu Reino, Deusa da Ambição. Se quisesse, poderia ter me matado quando entrei.

— Como —

— O Reino de Glórienn, é claro. Agora, Reino de Igasehra. Ainda existem estradas, caminhos.

Valkaria deu um passo à frente. Sua ira não se manifestava em terremotos continentais ou no descontrole das marés: muito humana, muito guerreira.

— A verdade é que não ousa matar um Lorde da Tormenta — disse Crânio Negro. — O Panteão tem medo. Teriam de se preocupar com a retaliação.

— Diga o que quer.

Crânio Negro riu.

— Escolhi você, porque já fui humano. Já fui humana. Já fui aventureira.

— Agora é o monstro. O desafio.

— Talvez — o Lorde procurou onde sentar. Acomodou-se sobre um baú cheio de tesouros. — Mas você tem meu respeito. Por isso, vim fazer-lhe uma oferta.

— Nunca!

Crânio Negro riu de novo. Valkaria falava como uma personagem de histórias.

— A ambição é destilada na forma de desafio, de aventura — disse o Lorde. — Mas o principal é a *conquista*. Você, como Deusa da Ambição, deveria apreciar os lefeu.

A deusa calada.

— Lefeu não é diferente de humano, Valkaria. Sou ambos, sei disso. Lefeu e humanidade estão sempre insatisfeitos. Buscam evolução, conquista. Junte-se à Tormenta. Verá que temos *muito* em comum.

— Você me enoja — disse Valkaria. — Entregou-se a um invasor, como um covarde. Aceitou o que lhe foi imposto.

— Evoluí, apenas. Se estivéssemos todos satisfeitos com o que temos, estaríamos vivendo em cavernas, não é mesmo?

Era um dos dogmas da deusa.

— Não seria a primeira vez que você estaria indo contra o Panteão, Valkaria. Por sua natureza, é uma divindade de rebelião. Quem são os tiranos? Aqueles que vêm de longe, abalar o que existe, ou os deuses que se agarram desesperados a um modo de ser antigo?

— Não serei seduzida por palavras.

— Seja seduzida pelo desafio, então. A primeira deusa a transcender esta realidade. A primeira deusa a aceitar-se inferior, buscar superação.

— Inferior? — Valkaria riu com escárnio.

— Admitir ser inferior é a única maneira de buscar algo melhor. Se já estiver no ápice, por que viver? Depois da perfeição, qual o objetivo?

Nada. Era o dilema lefeu. Valkaria, incapaz de negar, viu-se muito clara na mesma situação. Sacudiu os cabelos, descartando a identificação com o inimigo.

— Não tem nem mesmo um pouco de curiosidade sobre o que eu experimentei, Valkaria?

— Vá embora. Posso encarar uma guerra aberta do Panteão contra a Tormenta como um ótimo desafio.

— Pense nisso, Valkaria — disse Crânio Negro, levantando-se. — Lefeu e humanos são iguais. A revolta seria igual.

— *Não* seria —

— Os deuses *sabem* qual foi a revolta anterior? Ou é um mistério para vocês, assim como é para os mortais?

Silêncio. Crânio Negro riu.

— Resposta suficiente, Deusa da Ambição. Foi punida, e não sabe por quê. Não acha que, talvez, tudo esteja acontecendo de novo?

CAPÍTULO 15

CHAMADO ÀS ARMAS

— AÍ ESTÁ VOCÊ — DISSE EDAUROS.

Ela se metera na caverna mais funda, a quilômetros dos outros. Para Yadallina, o mundo era pequeno; sua magia transportava aonde quisesse. Naquela hora, quisera um buraco cheio de limo, e o irmão levara mais de um dia para encontrá-la.

Pedra úmida e escura, acima e abaixo. Ela estava encolhida, tão imóvel contra o fundo que podia ser também uma rocha. Edauros contorcia-se para chegar. Parou no meio, forçou um riso, pediu que ela abrisse mais a caverna. Yadallina não piscou.

— Se eu fizer, vou explodir tudo, você sabe. — Ainda sem reação. — Ah, minha irmã, que diabo.

Foi até ela, espremeu-se como pôde ao seu lado. Tocou-lhe as costas, abraçou-a, mas podia estar afagando um boneco. Yadallina estava fria.

— Não é do seu feitio — disse Edauros.

Nada.

— Se você acha que ficar tagarelando sozinho vai ser problema para mim, não me conhece. Vou continuar falando, mesmo que você não responda, até seu ouvido transbordar. Reclamarei do imperador! Dos elfos!

Nada.

Edauros também mudo.

— Você está pálida.

— É loucura — disse Yadallina.

Ele ficou de prontidão, esperando o sinal do que fazer.

— Não quero nada disso — de novo, a elfa.

— Está acabando — disse Edauros. — De qualquer forma, ficar no fundo de uma caverna também não é uma vida ideal.

— Não sou deusa. Não sou rainha. Não tenho respostas para dragões loucos, Edauros.

Ele deu de ombros.

— Segui-la é melhor do que se entregar ao Dragão da Tormenta, para eles.

— São loucos.

— Nem sempre podemos escolher nossas responsabilidades, irmã.

Ela abriu a boca. Surpresa, e logo depois um formigamento de raiva. Edauros *podia* ser sensato, quando queria.

— Estou me sentindo mal — disse Yadallina.

— Quer ir a Valkaria, amanhã? Talvez o Rei-Imperador nos receba.

A vida jorrava, sua correnteza indiferente à vontade de uma elfa. O destino continuava, cheio de garras, presas e coroas.

O arauto comunicou que a leva usual de requerentes continuava à espera. Impressionante imaginar que tantas pessoas não soubessem, com toda a honestidade, que o imperador nunca poderia vê-las. Das centenas (às vezes milhares) que tentavam chegar ao palácio todos os dias, um mero punhado recebia autorização. Alguns indicados por gente do círculo de confiança. Outros porque tinham assuntos urgentes. Outros, ainda, por requisição formal de Thormy. E desses, poucos chegavam à corte. Não havia tempo suficiente, nem mesmo a custo de magia, para atender a todos. Uma emergência por dia, no mínimo, e o Rei-Imperador protelava as audiências ao infinito.

Thormy imaginava por que havia aqueles que desejavam tanto sua coroa. Não tendo a obrigação, ele mesmo largaria o fardo.

— Recebemos outro pergaminho esta manhã, Majestade — disse o arauto, com seu tom de voz que anunciava problemas.

Thormy estendeu a mão, e o homem entregou-lhe o tubo. Trazia, aberto, o selo da família real de Zakharov. Não precisava ler para descobrir o conteúdo: Zakharov, o Reino das Armas, tinha uma aliança antiga com Yuden. Também fora vítima, junto das Montanhas Uivantes, de uma área de Tormenta, controlada pelo Lorde Aharadak. A tragédia em Zakharov fora oportunidade para Mitkov, que desde então usava o reino aliado como pressão contra o Rei-Imperador. Sempre havia estratégias para defender Zakharov da área de Tormenta, e essas estratégias sempre envolviam os interesses de Yuden.

O arauto estava rubro, como se fosse ele o culpado pela mensagem. Thormy abriu-a e leu.

Teve de rir. As coisas se avolumavam de tal maneira que chegava ao absurdo. Era necessário rir.

— Chame o castelão — disse o Rei-Imperador.

— Majestade...?

— E um escriba, para responder a Walfengarr Roggandin. O rei de Zakharov virá nos visitar.

Edauros não sabia o que convencera a irmã, mas duvidava que fossem suas palavras doces. De repente, Yadallina ergueu a cabeça, como um cervo assustado. Murmurou algo, e desvaneceu-se. A feitiçaria era maravilhosa, mas agora ele sentia como também era frustrante, para quem não tivesse o dom.

E assim, Edauros usou de sua magia abrutalhada, incapaz de cruzar distâncias num piscar de olhos: voou até o acampamento, chegando horas atrasado. Mesmo de longe, soube que algo estava diferente.

Os azuis rugiam, empoleirados nas montanhas. Yadallina flutuava no centro. Os brancos estavam reunidos como uma matilha, e vários novos pares de asas circulavam o céu do alvorecer. A aura das feras chegava a um ponto crítico, a emoção era quase sólida. O vale estava soterrado de medo instintivo, pois já não eram mais apenas trinta.

Virrikiriel aproximou sua cabeçorra de Yadallina. Eram uma dupla absurda: a elfa menor que a mandíbula da matriarca. No entanto, qualquer superioridade pertencia a ela.

— Não se pode confiar em verdes — disse Virrikiriel.

Yadallina concentrava sua dúvida na mão esquerda, que abria e fechava compulsiva. Mantinha o resto do corpo fixo, impassível.

— Foi o que você disse do clã branco.

— Brancos são diferentes — insistiu a matriarca.

Gessarth, o líder dos dragões brancos, fez-se notar com um rugido. O insulto implícito permaneceu implícito.

— Devem ter vindo de muito longe — disse Yadallina.

— Verdes atravessam qualquer distância, para aplicar seu veneno.

Dois dragões verdes, esguios e serpentinos, sibilaram ao escutar. Os azuis e brancos responderam com uma sinfonia de urros.

— Virrikiriel, não vou admitir luta entre os clãs.

A matriarca piscou uma vez.

— Um bípede não dá ordens a um dragão — disse, num tom que fazia tremer as pedras.

— Mate-me se quiser, Virrikiriel. Então, não terá ninguém para seguir. Mas não quero mais sangue derramado. Esse é o objetivo do inimigo.

Eram mais de dez verdes, talvez quinze. Os mais próximos chiaram com suas bocarras de crocodilo e suas línguas bifurcadas, ao ouvir as palavras da elfa. Logo, aquilo foi espalhado entre os outros, e todos produziram sons como se gargalhassem. Os azuis abriram as asas e gritaram seus desafios marciais.

— *Basta!* — disse Yadallina.

Silêncio.

Um azul sobrevoava, acima de Virrikiriel. Trocaram alguns rosnados significativos, a matriarca assentiu.

— Um de seus humanos vai embora. T'yraxas concedeu-lhe a honra de conduzi-lo.

— Não são meus humanos — Yadallina levou a mão à testa. — Qual humano?

— São iguais em aparência e sabor, pequena. Não vivem o bastante para desenvolver personalidades.

Súbito, um jovem dragão branco ofendeu-se com algum comportamento dos verdes recém-chegados. Rugiu, e Gessarth rugiu em resposta. Mas a fera alçou voo, dentes arreganhados contra o verde.

Sangue de dragão como chuva sobre o vale.

O branco atacou como era de sua raça: golpe de força bruta contra o pescoço, as garras traseiras procurando o estômago para estripar. O dragão verde, uma coisa esquálida, couro grosso e escamas cobrindo ossos pontudos, foi agarrado, mas num instante expeliu sua baforada. Uma nuvem de gás tóxico, e o branco inspirou aquilo, e foi obrigado a soltar a garganta do outro, fazendo barulhos de goela rasgando, tentando expelir o veneno.

O clã branco jogou-se em retaliação. Os azuis rugiram, interpondo-se. Mas os verdes eram dragões astutos — nem a estratégia marcial dos azuis, nem a violência estúpida dos brancos. Cores faiscantes à sua volta, gestos arcanos realizados por garras, caudas e mandíbulas. Eram dragões afeitos à magia, e logo o branco que iniciara o ataque via sua asa esquerda transformada em pedra.

Despencou, indo estraçalhar a rocha embaixo. Gessarth lançou-se sobre o autor do feitiço, e sua boca fez sumir uma das patas da criatura. Num repelão, arrancou-lhe o membro, e três verdes enxamearam sobre ele, cuspindo veneno. Outros brancos vomitaram gelo, neve e frio puro, cegando os verdes, enregelando suas escamas. Virrikiriel mordeu o pescoço de um branco, apenas o suficiente para puxá-lo, e jogou-o para longe, no ar. Ao mesmo tempo, usou as garras de trás para manter um verde afastado. Rugia ordem, mas os dois clãs estavam dispostos a morrer — os brancos raiva cega, os verdes malícia insultada.

— *Basta!* — a voz de Yadallina viajou pelas Montanhas de Teldiskan. As aldeias escutaram, as criaturas que viviam ali ocultas. Um urro terrível, pois Yadallina falara na língua dos dragões.

Nenhum deles desejava obedecer. Mas não puderam evitar; sentiram as próprias asas levando-os para baixo, as mandíbulas fechando-se, as patas interrompendo os encantos.

Azuis, brancos e verdes pousaram, em três grupos. Os feridos jogados pelo vale, mas nenhum dragão conseguia, por mais que quisesse, ir a seu auxílio.

— Não haverá mais luta — disse Yadallina. — Se querem a morte, vão até o Dragão da Tormenta. Aqueles que me seguem não derramam sangue em vão.

Edauros não entendia uma palavra. Mas o pânico que as feras exalavam, pela primeira vez, arrefecera. Yadallina domara os dragões, em mais que seus corpos.

— Como isso começou? — disse a elfa.

O jovem branco que iniciara tudo rugiu. Sua asa de pedra puxava todo o corpanzil para baixo, e boa parte quebrara-se quando ele fora ao chão.

— Os verdes dançavam à nossa frente, insultando-nos — disse o dragão.

— Como é seu nome? — disse a elfa.

Chamava-se Ulguriath. Yadallina girou, dirigiu-se aos verdes.

— O que têm a dizer sobre este insulto?

Os dragões entreolharam-se, chiaram.

— Não houve insulto — disse um dragão verde, sibilando.

— Não teste minha paciência, serpente. Vieram até aqui para me seguir.

O dragão abaixou sua cabeça monumental, encolheu as asas e a cauda.

— O clã branco mostra seu desafio rugindo e exibindo as garras — disse. — O clã verde faz o mesmo com nosso intelecto. Desafiamos, assim como fomos desafiados.

Yadallina desceu, tocou o chão. Caminhou até o dragão verde ferido, o cotoco de sua pata vertendo sangue. Encostou as pontas dos dedos no ferimento, levou a mão à boca. Molhou-a com saliva, tocou de novo a carne exposta.

O dragão berrou, e o osso despontou, crescendo a olhos vistos, para fora da carne. Em seguida, nervos e tendões e músculos, brotando, costurando-se uns aos outros, e a carne crescendo, couro e escamas cobrindo tudo, e as garras. O dragão verde tinha uma nova pata.

A elfa andou até Ulguriath, o dragão branco. Arrancou fios de seu próprio cabelo, esfregou-os na asa petrificada. O que era rocha começou a amolecer, passou de novo a ser couro. O pedaço estraçalhado era vivo mais uma vez, e esguichou sangue. Yadallina apertou os olhos, e a asa voltou a estar completa.

Os dragões respiravam em uníssono.

— Ulguriath, você se deixou levar pela fúria — disse Yadallina. — Recebeu de volta a capacidade de voar, mas não irá mais agir como um animal. Aprenderá os dons dos dragões, a magia e a baforada.

Tocou o focinho da criatura, e todas as suas presas se descolaram. O dragão cuspiu os dentes, estupefato.

Flutuou até os verdes. Exigiu saber qual deles conjurara o feitiço que transformara a asa de Ulguriath. Uma fêmea apresentou-se.

— Como é seu nome?

— Yrylaxia — disse a fera.

— A astúcia dos verdes é poderosa, Yrylaxia, mas não deve ser usada para aleijar seus irmãos.

Ela começou um protesto, mas:

— O clã branco *é seu irmão*. Aprenderá os modos do clã branco, Yrylaxia. Perderá o dom da magia, e terá de contar com suas presas e garras para lutar.

Tocou-a entre os olhos, e uma vaga névoa multicolorida emergiu do corpo da fera, indo se reunir no punho de Yadallina. A elfa abriu os dedos, e o nevoeiro desvaneceu-se no ar.

— Esta é minha justiça — disse Yadallina. — Estas são as leis dos dragões que me seguem.

Em seguida, desmaiou, indo estatelar-se no chão abaixo.

A nobreza só era lenta quando lhe convinha. Sua Majestade, o rei Walfengarr Roggandin, de Zakharov, arranjou a viagem a Valkaria em poucos dias. Logo, as carruagens da comitiva real cruzavam as ruas até ao palácio.

E aconteceu um banquete, e aconteceu uma série de honrarias. Roggandin ofereceu presentes ao Rei-Imperador, armas da mais fina qualidade, sem igual em todo o Reinado. Deferências foram trocadas, os respeitos adequados, para que o rei de Zakharov não se sentisse um lacaio e para que a superioridade do Rei-Imperador fosse reafirmada.

Tudo futilidade, e um tédio monumental, para Thormy.

A rainha Rhavana surgiu de novo na corte, enfim saída de seus longos passeios. Seu passado de amazona, nobre considerada bárbara, não impedia que fosse impecável nos modos aristocráticos, e soube aceitar com perfeição o sabre de cavalaria que a comitiva de Zakharov ofereceu.

Dias perdidos em amenidades, até que o Rei-Imperador conseguisse arrancar de Roggandin seu motivo. Estavam ambos frente a frente, ao redor de uma mesa circular, em um dos muitos jardins internos do palácio. Azgher iluminava o recinto, ressaltando a cor forte da grama e das flores. Os reis comiam uma refeição leve, no meio da tarde, sob as vistas da Primeira Companhia.

— Walfengarr — disse Thormy. — Permite que o trate pelo primeiro nome?

— Por favor, Majestade. É uma honra.

Walfengarr Roggandin não era o pior nobre a surgir no Reinado. Fossem quais fossem suas alianças, era parte da nobreza combatente e, além do ouro, amava também a tradição da manufatura de armas. Tinha ombros de ferreiro, embora praticasse o ofício como passatempo. Sua barba castanha era cerrada. Seu nariz fora quebrado muitas vezes. Thormy tinha uma afeição instintiva por homens cujo nariz fora muito quebrado — um soco no rosto costumava ser bom para o caráter; criava perspectiva.

— Walfengarr — continuou o Rei-Imperador. — Por favor, falemos do objetivo de sua visita.

O rei de Zakharov limpou os lábios num guardanapo, controlando-se para não usar a toalha da mesa. Mesmo assim, umas gotas de sumo da fruta que mastigava foram instalar-se em sua barba.

— Os reinos estão inquietos, Majestade.

Thormy pediu que continuasse.

— Temos muitos inimigos, Majestade. A Tormenta, a Aliança Negra —

— Conheço nossos inimigos, Walfengarr. Por favor, prossiga.

— Ameaças imediatas, também, Majestade. Crânio Negro. Feriu a União Púrpura, Bielefeld e Trebuck no passado. — Thormy notou que Yuden não foi mencionado. — Chegou a atacar nossos deuses.

— Estou ciente.

— O culto à Tormenta, os mortos erguendo-se das tumbas. Petrynia, Nova Ghondriann. E o Dragão da Tormenta. Sambúrdia, Portsmouth, Khubar. Quem será a próxima vítima? Perdoe-me a franqueza, Majestade, mas estamos com medo.

Thormy enfiou um naco de presunto na boca, pôs-se a mastigá-lo, sem responder. O outro enfim notou que deveria continuar.

— Vim até aqui com um pedido formal, Majestade — disse Walfengarr. — Solicito um conselho geral de todo o Reinado.

Era o esperado, mas Thormy sentiu a espinha gelar, mesmo assim. A empáfia de Yuden aumentava.

— Fala em nome de quantos reinos, Walfengarr?

— Minha voz é apenas de Zakharov, meu imperador. Mas Vossa Majestade precisa apenas dizer uma palavra, e reunirei os pedidos formais de todos os regentes que pensam como eu.

Thormy sorriu.

— Não será necessário.

— Mais uma vez, imploro que perdoe minha ousadia, Majestade. Mas sentimos a ameaça todos os dias sobre nossas cabeças. Em Zakharov, sabemos como é ter o inimigo em nosso quintal. Decisões precisam ser tomadas. Devemos caminhar todos em uma só direção.

Thormy fez um muxoxo de sim.

— Precisamos de uma liderança forte, Majestade.

A audácia do homem era surpreendente. Não havia dúvida de que sua língua pertencia a Mitkov, e o rei de Yuden devia possuir bases sólidas, para investir daquela maneira.

— Muito bem, Walfengarr — disse Thormy. — Reuniremos o conselho do Reinado.

Todos os reis, todos os regentes, todas as lideranças. Num conselho que poderia decidir o futuro, transformar os mapas. Definir um novo Reino Capital. Um novo Rei-Imperador.

— Lembra de alguma coisa? — disse Edauros.

Yadallina apenas exausta. Uma impressão de fogo e autoridade no fundo da mente.

— Nada.

Na sala de guerra, eles se reuniam, mais uma vez. Thormy quase aliviado por não estar preso às artimanhas, à etiqueta. Discutindo o fim do mundo, podiam falar com clareza.

— Em suma, a coisa não deseja lutar, Majestade — disse Vectorius. — Apenas auxilia na grotesca praga que nos assola.

O Rei-Imperador mal conseguia ter aquilo em mente. Os mortos andando nos reinos, espalhando blasfêmias. Crises sobre crises.

— Reynard desejava falar algo urgente — disse Thormy.

O mago fez o mais leve aceno de cabeça.

— Houve uma constante, em todos estes anos, sobre nosso inimigo, Majestade — disse Reynard. Thormy quase fez um chiste, perguntando qual, dentre tantos inimigos. — Os Lordes da Tormenta não compreendem Arton de todo. Por isso somo-lhes tão fascinantes.

Talude assentiu, olhar grave, perdido em conjecturas. Vectorius impacientava-se, como se obrigado a ouvir um discurso óbvio. Arkam só atento.

— Os lefeu não são ignorantes a nosso respeito — disse o Rei-Imperador. — Gatzvalith apresenta-se como um general. Aharadak já é um deus menor.

— Porém, esse é um conhecimento limitado, Majestade — insistiu Reynard. — Um olhar de estudante, por assim dizer. Agora, contudo, Crânio Negro é um Lorde da Tormenta. Temos um inimigo que nos conhece, porque é um de nós.

E o que estava implícito, é claro, era o perigo que as intrigas do Reinado geravam, nessa circunstância.

— Supondo que todos os líderes do continente estejam juntos, em um conselho — disse Reynard. — E que os lefeu saibam o que isso significa. Parece-me certo que usariam sua maior arma nesse momento.

— O garoto tem razão — disse Vectorius. — Esse conselho é suicídio, Majestade.

— E é suicídio recusá-lo — disse Thormy. — Em poucos meses, teríamos revolta.

— Os inimigos do Reinado usam meios sujos — Vectorius agitou o vinho em seu cálice. — Vossa Majestade demonstra honra demais.

— Regicídio não é a solução — disse Talude.

O senhor de Vectora emitiu um suspiro alto.

— Mesmo que Sua Majestade concordasse, meu lorde, — Arkam quebrou seu silêncio — em pouco tempo Yuden estaria ciente do plano.

Os conselheiros e guarda-costas estavam afastados, apenas porque o poderio mágico presente na sala de guerra era inigualável, e não havia como justificar sua presença. Da mesma forma, apenas os arquimagos impediam que os arcanos de Yuden infiltrassem magias de clarividência no recinto.

— De qualquer modo, — disse Vectorius — a melhor defesa neste caso é atacar. Devemos achar o Dragão da Tormenta, Majestade, e destruí-lo.

Não houve quem discordasse.

— Para isso — completou Vectorius — peço que Vossa Majestade receba os elfos que mencionei.

— O que é o dragão? — disse Yadallina, emergindo de um de seus enormes livros.

— A essa altura, achei que você soubesse — disse Edauros.

Assim como nos dias anteriores, e nos anteriores a esses, estavam na taverna *A Juba da Mantícora*. Edauros mexendo-se como uma criança, Yadallina estudando.

— Como você carrega tudo isso? — disse o elfo.

— Mestre Talude deu-me uma sacola que não se enche nunca.

Um brinquedo mágico divertido. Útil.

— Quantos livros você tem aí?

Ela deu de ombros.

— A sacola está quase cheia.

Riram, mais de prazer do que de humor. Ela sentia-se bem em fazer o mais simplório dos chistes. Ele gostava de ver a irmã sorrir.

— Não falam de teoria da magia — disse Yadallina.

Ele não entendeu.

— Os livros. Não falam de teoria da magia.

— De quê, então?

— Dragões.

Edauros pediu um dos tomos, folheou suas páginas grossas, cheias de iluminuras e desenhos feitos por mãos rudes de humanos.

— Se quer saber o que é um dragão, volte às montanhas e pergunte aos seus amigos.

— Os livros falam do que o dragão representa.

— O que importa? São bichos grandes, com muito poder. E são nossa tia-avó, provavelmente.

— Para entender o que está acontecendo comigo, é preciso entender o que é o dragão. Quase todas as culturas de Arton são fascinadas por dragões.

— Porque eles são poderosos.

— Ninguém é tão fascinado pelas *outras* centenas de monstros que existem pelo mundo. Dragões são algo maior. Alguns destes livros dizem que são encarnações de conceitos importantes.

Ela seguiu falando, quase sem vê-lo. Ele se inclinou para frente, ouvindo com satisfação.

— Os mortais viam os dragões como onipotentes.

— Não são. Dragões morrem o tempo todo.

— Mas representam o poder. Algumas culturas primitivas dizem que os dragões controlam o destino dos mortais. Atribuem o papel dos deuses aos dragões. Outras pensam que os dragões são fruto do caos primordial, antes que a ordem desse forma às coisas.

— Estão errados. Nimb é o Deus do Caos.

— Exato — ela sorriu, pelo prazer do conhecimento. — Mas, de alguma forma, essas pessoas atribuíram o conflito entre Khalmyr e Nimb aos dragões.

Ela retirou outro livro da sacola enfeitiçada.

— Para muitos magos, o dragão é o poder sobre os elementos. Faz sentido, não? Cada um dos clãs influencia um elemento, afinal.

— E os clãs metálicos?

— Os metálicos parecem pouco importantes. Como se não fossem dragões verdadeiros. Todos os clãs metálicos são partes dos dragões ligados à terra.

— Que são...?

— Os verdes, é claro.

Para ele, não tão óbvio.

— Para os teólogos antigos, o dragão era o intermediário entre o mal supremo e meros demônios.

— Mal supremo?

— Acho que eles não entendiam o Panteão muito bem, naquela época. Ao mesmo tempo, o dragão está associado a longevidade, eternidade, perfeição espiritual.

— Não faz sentido.

— O dragão é como o estado supremo, para a maioria desses estudiosos. Ao mesmo tempo, algo antigo. Como se o dragão fosse o molde original da perfeição, e os outros seres fossem cópias malfeitas.

Puxando outros livros, Yadallina mostrou diagramas, ilustrações.

— O dragão traz mudança. Isso é um ponto contraditório, porque depois há tirania. O dragão é o rebelde e o conquistador, mas logo é o déspota.

— Falam algo sobre tesouros?

— Muito! — entusiasmou-se a elfa. — Diziam que um avarento poderia se transformar num dragão, de tanto amar seu ouro. Mesmo os primeiros exploradores já sabiam que os dragões guardam tesouros. O tesouro do dragão representa a sabedoria.

— Tesouros de dragões são coisas muito reais.

— Certo. Mas pense nas mudanças que um mortal sofre, para chegar até o tesouro de um dragão.

— Ah.

— Além disso, esses tratados parecem estar falando de algum dragão primordial. Como o pai de todos os dragões, ou o molde.

Edauros pareceu prestes a algum comentário, mas ela seguiu sem dar-lhe tempo:

— Arton reverencia e despreza os dragões. Por um lado, transformar-se num deles é castigo. Por outro, são a perfeição. Existem tribos na Grande Savana que dizem que um dragão nasce da união de um falcão e uma loba!

Riram.

— Quanto mais modernos os textos, mais o dragão se transforma. Passa a representar a fome, o fogo, a destruição. O dragão é o inimigo natural dos mortais, sua morte é o último objetivo a ser conquistado.

— Mortais são burros.

— Vencendo o dragão, os mortais tornam-se mais poderosos que ele. Triunfam sobre o que é antigo, asseguram seu domínio sobre a terra. Isso está presente em *muitas* culturas, Edauros. Como se viesse de uma única fonte, espalhando-se pelo mundo.

— Acha que existe alguma verdade nisso tudo?

Nesse momento, a porta da taverna se abriu. Uma pequena comitiva, liderada por um arauto em mangas bufantes e calças justas, anunciou-se na sala comunal. Abrindo um pergaminho, o homem recitou:

— Edauros e Yadallina dos elfos, Sua Majestade Imperial deseja vê-los.

Um dia só em preparação. Os servos da corte educaram Edauros e Yadallina sobre as bases do protocolo que deveriam seguir. Eram, em todo efeito, plebeus, encontrando-se com a mais alta nobreza do Reinado. A Primeira Companhia interrogou-os, vasculhou seus corpos com magia. Seus assuntos foram aprovados de antemão, suas roupas foram substituídas.

Na sala do trono, ainda curvado, Edauros falou:

— Toda essa formalidade vai matá-lo de tédio. Não está na hora de caçar um Dragão da Tormenta?

Houve menção de sacar armas, gente pronta a jogar o elfo na masmorra. A um gesto de Thormy, estacaram.

— O que tem a oferecer ao Reinado? — disse o Rei-Imperador.

Edauros sorriu.

— Meia centena de dragões, Majestade. E outros chegando, todos os dias.

CAPÍTULO 16

A VOLTA DO ORÁCULO

O MUNDO ERA PESADO DEMAIS. NENHUM DOS DOIS TINHA ânimo ou razão para a acidez, e os dias transcorreram sob o véu da maldade gratuita, sufocante. Ainda em Portsmouth. Em movimento, pois podia haver inimigos em toda parte. A Tormenta, Sckharshantallas, a cavalaria.

— Como é o clericato? — disse Orion.

Do outro lado da fogueira, Vanessa não se mexeu, não falou.

— Keenn está sempre vigiando? — insistiu ele.

Vanessa deu um suspiro, e confirmou.

— E os outros deuses? Os inimigos?

— Aonde quer chegar? — disse Vanessa.

Num ermo devastado, a noite guardava poucos barulhos. As vozes pareciam estar profanando algum templo de miséria.

— Essa é minha sensação — disse Orion. — Estar sempre sendo vigiado por inimigos.

Silêncio.

— Acha que estão vigiando agora? — disse Vanessa.

— Conhecem toda a minha vida. Meu passado, meu destino. Devem estar escutando.

Vanessa checou as armas, com um olhar. Achou que aquela podia ser a fala de um louco.

— Crânio Negro não o conhece — disse a clériga.

— Crânio Negro é um lacaio. A Tormenta é o inimigo. O caos é o inimigo.

— O que está falando, Orion?

Ele tomou uma pedra na mão, distraído. Começou a apertá-la entre os dedos, até que farelos caíssem.

— Temos apenas uma coisa a fazer agora, Vanessa. Resgatar Vallen.

— Não entendo —

— Sempre *reagimos*. Mesmo quando eu estava atrás de Crânio Negro, para matá-lo, estava reagindo. Tentei impedir seu plano. *Chega*.

— Orion, o que —

— *Chega*. Vamos salvar nosso filho, para sempre. Vamos garantir sua segurança. Basta de reagir. Vamos *atacar* a Tormenta. Vamos *vencer* a Tormenta.

— Está procurando uma forma gloriosa de morrer?

— Precisamos de um plano. Precisamos de informações. Porque vamos atacar os lefeu, vamos recuperar Vallen. Vamos agir, vamos feri-los como eles nos feriram.

Vanessa ajeitou o tapa-olho, e permaneceu séria. O rosto de Orion talvez fosse loucura — ou talvez, finalmente, sanidade.

— Tenho certeza de que estão vigiando. Os Lordes da Tormenta, Nimb. Quaisquer outros. Não importa. Vamos atacar. Vamos levar a guerra a eles. Basta de impedir o plano de Crânio Negro. O desgraçado deve impedir o plano de Orion Drake, se puder.

Orion se levantou. Rilhou os dentes para o vazio.

— Sei que Crânio Negro está me ouvindo, em algum lugar. Ótimo. Que use isso, e faça sua estratégia. Que junte todos os malditos lefeu, todas as porcarias de Lordes. Que junte todo esse inferno, e esteja preparado. — Um sorriso lupino. — Vou pegá-lo.

Como sacerdotisa da Guerra, ela estava habituada a receber ordens, assim como a distribuí-las. Mas, mesmo quando vira Orion general do Exército do Reinado, não enxergara nele tamanha certeza. Nos dias seguintes, Orion comandou suas ações, sem questionar se ela obedeceria. Vanessa reconheceu-se num exército, mesmo que fossem apenas os dois, e não era o momento de insubordinação.

O homem implorava em gemidos, lágrimas vertendo de seus olhos.

Vanessa ergueu a faca, e pediu confirmação em silêncio, mais uma vez. Orion assentiu, e a lâmina desapareceu no estômago do prisioneiro.

Antes, Orion nunca havia presenciado um ritual de Keenn. Os milagres, muitas vezes, as preces. Mas nunca um sacrifício. Fora cego para aquilo, ou cegara-se. Agora fazia questão de manter os olhos abertos.

A faca dividiu o ventre do prisioneiro, num corte fácil, parando logo acima da pélvis.

— *Perto daqui* — disse Vanessa, os olhos brancos.

Meio dia, sol fervente, reluzindo no sangue fresco que brotava das tripas. Vanessa realizava seu augúrio, em busca do conhecimento de que precisavam para atacar.

O homem revirou-se, amarrado. O local próprio para a adivinhação era abundante em Portsmouth: um antigo campo de batalha. Ali, onde a grama não crescia mais, Vanessa fez um segundo corte, na coxa do moribundo. O sangue espirrou longe. Em sua trajetória, ela viu respostas.

— *Leste* — era a direção que o sangue indicava. Pelo formato das manchas, disse: — *Menos de uma semana. Rio. Fronteira.*

Um fiapo de vida no prisioneiro. Vanessa enfiou a lâmina em sua garganta, e aproximou-se para ouvi-lo gorgolejar.

— *Um homem santo. Uma direção. Um lugar perdido.*

Quando o bandoleiro morreu, a clériga piscou, e suas pupilas retornaram. Estava cheia de respingos.

— Vamos — disse Orion, enquanto ela ainda se erguia.

Vanessa tinha a mão nos cabelos. A memória da clarividência chegava aos poucos. A vítima era um bandoleiro, mas talvez isso não fizesse diferença, ela pensou. Fosse necessário um aldeão ou um cavaleiro da Luz, Orion iria sacrificá-lo, por informações.

— Espere. Não sei —

— Eu sei — disse Orion. — Chega de perder tempo.

Cavalgaram com descanso mínimo. Os animais espumavam suor, o cavalo de Orion ameaçava cair. Vanessa usava a magia de Keenn, emprestando vigor sobrenatural à montaria, mesmo contra sua vontade. Bandido, levando a clériga, mostrava os dentes, de quando em quando, deixando claro seu desagrado.

— Você deve estar preparado para algo — disse Vanessa.

Orion voltou-se para ela.

— Talvez não exista um ponto fraco. Estamos em busca de um meio para ferir os lefeu, mas ninguém disse que a guerra é justa.

— Se eles não têm fraqueza, precisaremos ter mais força — disse Orion.

— Mas Crânio Negro é humano. Ou já foi humano. Em sua história pode haver algo um ponto fraco. Uma vantagem.

Orion sorriu.

Seguiram no ritmo massacrante, até que o cavalo de Orion morreu exausto. Nem toda a magia de Vanessa foi capaz de manter o corpo forçado ao limite, e então Orion andou. Os milagres que a clériga usara sobre o cavalo brilharam sobre o cavaleiro, e ele correu, mantendo o passo com Bandido, por dois dias. Orion não falava, mas havia um discurso em seu interior, uma centena de mapas, possibilidades, aliados, inimigos.

O augúrio não mentira: em seis dias, chegaram à margem de um rio, quase na fronteira com Hongari. Havia uma construção incongruente: uma mansão cercada de muros, quase um fortim por si só. Com um píer nos fundos, tinha à frente um jardim bem cuidado. Seus dois andares exibiam janelas gradeadas e, acima da porta de madeira e ferro, havia uma placa.

"Escola de Boas Maneiras e Etiqueta".

Orion e Vanessa chegaram perto, armas nas mãos. O tom sugeria algo do Caos. Mas, antes que batessem na aldrava, a porta se abriu, para revelar um homem alto e garboso. Sorria largo, exibia roupas de nobre, em tons escuros e discretos. Seus sapatos reluziam, e seus cabelos negros curtos exalavam distinção e vaidade. Não era um jovem, por certo: apesar dos músculos e tendões aparentes no pescoço, na postura, o rosto tinha marcas. Fumava um cachimbo comprido, que soltava fumaça aromática. Curvou-se aos dois recém-chegados, deu-lhes as boas-vindas.

— Meu nome é Mako — disse. — Tex Scorpion Mako.

Por dentro, lembrava mesmo uma escola. Mas não havia ninguém, com exceção dele próprio. Orion e Vanessa atravessaram os corredores, impelidos por Tex Mako, ainda prontos ao sangue, caso fosse necessário.

Súbito:

— Você é um servo do Caos? — rosnou Orion, agarrando o outro pela casaca, prensando-o contra a parede.

— Nunca — disse Tex Mako, soprando a fumaça do cachimbo.

— Estamos cansados de bufonaria — disse Vanessa. — E isto parece um reduto de Nimb.

— Sabemos que há um homem santo aqui — disse Orion.

— Sou eu.

Orion soltou-o.

E Vanessa atacou.

Maça em punho num instante, trajeto certeiro rumo ao ombro — uma clavícula a menos não mataria, apenas daria educação. Tex Mako dançou para o lado, a arma zuniu inofensiva, ele girou e agarrou o pulso da clériga. Uma torção minúscula de sua própria mão, e Vanessa estava imobilizada, o braço atrás das costas, numa posição que não provocava dor — desde que ela não se mexesse.

—Ainda não é hora de lutar — disse o estranho, com um sorriso educado. — E não é com *você* que eu devo lutar, de qualquer forma.

Piscou para Orion, e soltou-a.

— Não me ataque também, *sir* — disse Tex Mako. — Sou um guerreiro sagrado, não um servo do Deus do Caos, e posso ajudá-los. Vamos conversar como pessoas civilizadas.

Vanessa percebeu, mesmo na postura relaxada do estranho, um tipo de prontidão, uma série de alternativas para se desvencilhar.

Tex Mako conduziu-os através da casa fortificada. Passaram por salas vazias, com algumas mesas, mapas estendidos nas paredes, tabuletas com escritos. Chegaram a um tipo de escritório, com uma mesa grave, sisuda, e cadeiras fofas. Livros por toda parte, mas um grande ar metódico. Tex Scorpion Mako pediu licença, e sumiu porta afora.

Orion e Vanessa trocaram um olhar. Ela rogou a Keenn um pequeno milagre, e não detectou intenção hostil.

O outro voltou com uma bandeja, serviu-lhes xícaras de chá, folhas primorosas, típicas de Bielefeld.

— O que — começou Vanessa.

— Aparência é de vital importância para que nos coloquemos no estado de espírito pertinente a cada conversa. Venho aqui como uma figura propositalmente misteriosa e artificialmente sedutora. Minha aparência deve traduzir minha posição momentânea, colocando-nos num ambiente de maior cooperação, e invocando a experiência intrínseca de incontáveis gerações de homens de mistério, para garantir o proveito de nosso diálogo.

Instalou-se atrás da mesa, fumando com ar satisfeito.

— Bem? — disse.

Pausa.

— Quem é você? — disse Vanessa.

— Tex Scorpion Mako. Único guerreiro sagrado de Anilatir, a Deusa Menor da Inspiração. Autor de tratados sobre a relativização da existência hipotética, criador de três instrumentos musicais até o momento, poeta, enólogo, bandoleiro procurado em sete reinos, cirurgião pioneiro em modificação corporal, mago, equilibrista e oráculo.

Pausa.

— Oráculo? — disse Orion.

Ele assentiu, com candura.

— Em geral, aqueles que chegam à Escola de Boas Maneiras e Etiqueta vêm em busca de inspiração. O que é apropriado, e certamente nada aleatório, já que este é um reduto da Deusa da Inspiração.

— Em geral? — disse Vanessa.

— Em geral. Às vezes, vêm em busca de educação sobre boas maneiras e etiqueta.

— E o que faz, então?

— Ensino-lhes sobre boas maneiras. E etiqueta.

— Vim em busca de um oráculo — disse Orion. — Preciso saber o que ninguém sabe.

Tex Mako abriu um de seus sorrisos de tubarão.

— Veio ao lugar certo. Aqui tratamos de conhecimento que todos têm, na verdade, mas não sabem ter. O que, por determinado ponto de vista, pode ser um conhecimento ainda mais fundamental, e a chave para abrir as portas de *todo* o conhecimento, para todas as pessoas no mundo. Mas tergiverso. — Tomou fôlego. — Caso você desejasse conhecimento que meia dúzia de velhos embolorados possui, eu recomendaria a Academia Arcana. Para conhecimento *novo* — fez um gesto que abrangia o prédio.

Ergueu-se.

— Sobre o que precisam saber? — disse Tex Mako.

— A Tormenta — disse Orion.

— Para quê?

— Para destruí-la.

Tex Mako se ergueu.

— Venham comigo.

— Atingiremos a resposta que procura através da técnica de adivinhação pela eliminação de impurezas mentais, Orion Drake.

Seguiu falando, enquanto levava os dois pelos corredores da escola. Falou sobre suas pesquisas, sua poesia. Sobre como desenvolvia um método para destilar seu próprio corpo e alma num líquido, que pretendia espalhar entre os estudantes da Academia Arcana, como um narcótico que abriria suas mentes para um modo de erudição muito além do que Talude e seus professores ensinavam.

O cachimbo havia apagado. Descartou-o ao chão. Tirou a casaca escura e deixou-a cair também.

— Não veremos o futuro — disse. — Isso é inútil, de qualquer forma. Você quer informações, e o ritual pode fornecê-las. Baseia-se no princípio de que, em nível fundamental, somos parte da mesma matéria, pessoas, animais, rochas, ideias. Assim, a falta de qualquer conhecimento pode ser resumida a uma dormência em partes que não sabemos ter. Despertaremos o conhecimento em você.

— Você ainda parece um servo do Caos — disse Vanessa.

— Desprezo o caos — disse Tex Mako. — Confundir inspiração com aleatoriedade é um erro primário. Existe método no que faremos. Existe propósito.

Parou e virou-se, olhando a clériga fundo. Tirou uma bota, depois outra, deixou-as no piso. Seus pés eram longos e ossudos.

— Por que está nos ajudando? — disse Orion.

— Você está prestes a criar algo, Orion Drake.

— Destruir — corrigiu ele.

— Às vezes, sinônimos — sorriso predatório.

Tex Mako livrou-se da camisa rendada, das calças de montaria. Tinha uma tatuagem de escorpião nas costas.

— O que está fazendo? — insistiu Vanessa.

— A aparência determina boa parte do estado mental necessário para a boa magia divinatória. Estou me tornando o oráculo.

Por último, pôs a mão sobre os cabelos negros oleados, que descolaram-se, revelando escalpo liso por baixo.

— Entre — disse Tex Scorpion Mako, indicando uma porta entreaberta.

Numa sala sem janelas, dois braseiros queimavam ervas de cheiro forte.

— Narcóticos? — disse Orion.

Tex Mako fez que não.

— Apenas ajudam a limpar sua mente.

Ele vestia uma larga saia de couro, pés descalços protegidos com tiras negras amarradas. Peito nu, revelando seus músculos longilíneos, e uma enorme tatuagem, na forma de um pentágono invertido. Escalpo liso, e rosto marcado com pinturas de guerra meticulosas. Tinha duas facas longas nas mãos.

Orion havia se paramentado de acordo com as instruções do outro. Vestia pouco: couro mal curtido de animais, ainda com pelos. Pés descalços no chão de pedra, e sua espada.

— Aqui, você deve ser um bárbaro, Orion Drake. Através do ritual, volte à selvageria. Descarte tudo que aprendeu, e lembre-se do que sabe.

Cumprimentaram-se, tocando as lâminas.

— Vamos lutar — disse Tex Scorpion Mako.

E lutaram.

O estranho era um bailarino no combate, saltando e esquivando-se de cada golpe, atacando com suas facas num turbilhão. Projetava-se contra a parede, girava no ar, investia com os pés. Orion bloqueava as lâminas do adversário com sua espada, avançava como um touro. Conseguiu acertar um chute em Tex Mako, tirando-lhe o equilíbrio, e seguiu com uma cabeçada em seu nariz. O outro escorregou ao seu lado, girou, quase talhando-lhe os tendões atrás do joelho.

E lutaram.

A sala enchia-se de fumaça. Era difícil ver o adversário, e mesmo os ouvidos e o nariz eram enganados pelo crepitar e pelo cheiro das ervas ardendo. Orion suava, e o outro também. Tex Mako dissera: o principal era lutar sem restrições, como se fossem inimigos mortais. Assim, Orion precisava manter-se atento, esqueceu o mundo, onde estava, quem era.

Passaram-se minutos, e então horas.

Os dois golpeavam sem força, mas sabiam que um descuido significava a morte. As dores de todos os músculos juntaram-se numa sensação sólida, e aos poucos foram esquecidas. Orion selara a mente na rotina: golpe, esquiva, avanço, recuo. Braço, pernas, as lâminas do inimigo, e nada mais importava. Esqueceu quem era o adversário; Tex Mako era apenas quem tentava matá-lo. Acreditou que era Crânio Negro, com suas duas espadas, e depois esqueceu mesmo isso. Apenas ataque e defesa, ataque e defesa.

Orion não sentia mais seu corpo. Não sabia se já desfalecera; se o tempo era mesmo longo, como achava. Sangrava por mil cortes, e o inimigo também. Seus olhos inundados de sangue do supercílio, seu peito entrecortado de vermelho, alguns dentes no chão. Tex com um braço inútil, as costas mostrando um talho longo, dividindo a tatuagem de escorpião. Hematomas em toda parte, os corpos enegrecidos e roxos, e lutavam. Vertiam suor, e já não tinham mais suor que pudessem verter.

E lutaram.

No dia seguinte, ao primeiro raio de sol, Vanessa abriu a porta da sala, como fora instruída. Viu ambos despencarem, ensanguentados, cheios de ossos partidos.

Arrastou-os às camas. Orou para que não morressem. Mais um dia, e Orion abriu os olhos.

Dentre a névoa que fora a luta, tinha uma lembrança nítida. Uma clareza suprema, que ocorrera quando seu corpo havia forçado a mente a se esvaziar. Sabia o caminho. Assim que suas pernas puderam sustentá-lo, ele e Vanessa seguiram viagem.

Da porta, Tex Scorpion Mako soprou-lhes um beijo.

CAPÍTULO 17

A ODISSEIA DE INGRAM

O CEMITÉRIO ERA UMA NECRÓPOLE. DEPOIS DE ALGUMAS horas, os habitantes saíram às ruas.

Ingram agarrou suas pistolas, mas achou que seriam inúteis. Os cadáveres emergiram das tumbas, arrastaram as lápides, abriram as portas dos mausoléus. Cambalearam para fora dos túmulos, como se levantassem da cama. Cruzando uns com os outros, davam-se sorrisos esqueléticos, tiravam chapéus apodrecidos, em cumprimento. Os homens dirigiam-se aos postes, onde, bem no alto, ardiam lampiões. Usavam varas com panos enrolados, faziam-nas prender fogo. Então, iam às abóboras esculpidas como rostos, pregadas na cerca da necrópole. Acendiam velas em seu interior, consertavam pequenos estragos. As mulheres ajeitavam as tumbas, alisavam a terra remexida, devolviam lápides ao lugar certo. Com trapos imundos, limpavam o musgo dos nomes gravados, tiravam poeira do granito.

Ingram sentiu náusea.

Duas comadres muito apodrecidas, quase carne nenhuma em seus crânios, pararam e examinaram-no, intrigadas.

— O senhor é novo? — disse uma delas, quase ininteligível por não ter lábios.

Ingram deu meio passo para trás.

— Acho que ele não está morto — disse a outra.

O céu continuava escuro acima, a lua um mero fiapo, e as estrelas iluminando apenas a si mesmas. O que existia de claridade vinha dos lampiões e das abóboras, numa combinação cômica mesmo enquanto bizarra.

— Se está procurando a saída, siga à esquerda — disse a morta, muito solícita.

— Quem são vocês? — disse Ingram.

As duas apresentaram-se, mas ele não conseguiu distinguir seus nomes, na fala distorcida pelos ossos.

— Todos neste mundo vivem assim?

Elas acharam graça.

— Não vivemos, senhor. Estamos mortas.

— Todos os mortos — Ingram hesitou. — Todos moram em necrópoles?

— Não, apenas nós.

— Por quê?

— Porque estamos mortos — como se fosse uma obviedade. — O que os mortos devem fazer é ficar em suas tumbas. Sair de vez em quando, claro, mas somente quando necessário.

Ingram disse mais alguma coisa, mas logo teve a impressão de falar com loucos. Nunca havia ocorrido àquela gente existir em qualquer lugar que não fosse um cemitério, depois da morte. Ele sabia, pelas histórias de Nadia, que o Reino de Tenebra era um lugar de variedade e imaginação mórbida. Aquelas almas tinham a forma de carne apodrecida por sua própria escolha.

— Mortos de bem ficam dentro do cemitério — disse uma das senhoras.

— Não é de bom tom saracotear por aí — concordou a outra.

— Imagine se, quando meu marido chegar, eu não estiver em minha tumba!

— Seria um escândalo.

— Há seiscentos ou setecentos anos espero meu Dylan.

— Um nada. Meu Harpo sempre teve saúde de ferro. Há mil e cem anos espero por ele.

— A senhora é uma esposa exemplar.

— Obrigada. A senhora também.

Ingram saiu correndo.

Achou o portão do cemitério, atravessou-o e seguiu pela planície cinzenta. O Reino de Tenebra era uma vastidão lúgubre, salpicada de construções de uma suntuosidade barroca. Ele não fazia ideia da direção a seguir — e, de qualquer forma, Saffron tinha razão. Procurar uma filha de Tenebra no Reino era como procurar um grão de areia num saco de pólvora. Mas, não tendo escolha a não ser em frente, Ingram seguiu seu nariz e seu bigode.

A atmosfera do Reino Divino pregava peças, exigia muito de seu corpo atarracado. Ingram cobria-se de todas as roupas que levara, mas o frio não se importava com isso. Era como um gelo essencial, entranhado na própria realidade. Também o escuro, mesmo para seus olhos de anão, cobrava seu preço. Doía-lhe a cabeça, sentia-se lacrimejar. O céu estrelado parecia muito baixo, prestes a sufocá-lo. E, principalmente, a presença da deusa.

Para um mortal, um Reino Divino era avassalador. Ingram tivera um gosto, ao entrar no Reino de Glórienn. Ali, contudo, experimentava a vigilância de uma divindade forte, atenta. Olhava por sobre o ombro, sempre pensando ser seguido. Fechando os olhos, enxergava fragmentos de um rosto, sorriso frio e instigante como a noite. Ao mesmo tempo, uma sensação de volta ao lar, um acolhimento primordial da mãe de sua raça. Sua pele formigava com a presença da deusa; ele sentia orações formarem-se em sua mente sem querer.

Mas seguia, rumo ao nada.

Impossível saber quanto tempo: noite para sempre, e o corpo desacostumado às necessidades daquele lugar. Quando sentiu fome, achou que já fazia uma semana, caminhando a esmo, talvez a lugar nenhum.

Deparou-se com uma floresta de cogumelos, tamanho de uma unha ou de um carvalho. O estômago roncava, e todos pareciam apetitosos. Mas, pela cor e pelo cheiro, Ingram não sabia dizer se eram veneno. Nem mesmo em Doherimm fora habilidoso naquilo. Escolheu a fome, e seguiu andando.

Sentia as solas dos pés se abrindo em feridas, e então uma quebra na planície: colinas e uma aldeia. Ingram apressou-se, achando uma estradinha que levava ao vilarejo. E um vilarejo era: pouco mais de uma dúzia de casas de madeira cinza, palha úmida nos tetos, nenhum fogo aceso. Os habitantes eram humanos, de compleição esbranquiçada e bolsas fundas sob os olhos. Todos vestiam os mesmos panos negros, como se estivessem de luto, e mantinham o rosto baixo.

Ingram imaginou se não estava num outro tipo de cemitério.

As pessoas faziam suas tarefas com os lábios fechados e força alguma nos braços. Ninguém lhe dirigiu a palavra. Seguindo o rumo mais lógico, Ingram procurou uma taverna. Achou um salão com três mesas e um velho mal-humorado. O lugar nem mesmo tinha nome.

— Cerveja? — disse Ingram.

O taverneiro suspirou.

— Temos cerveja velha, misturada com água.

"Não exatamente uma acolhida de reis", pensou o anão.

— Porque não acende a lareira, homem? — Ingram fez um gesto para o buraco de pedra, gelado no canto.

O taverneiro descartou a sugestão com um abano.

— Que lugar é este?

O homem piscou devagar, um rosto de enfado, como se responder fosse um esforço titânico.

— A Vila dos Tresnoitados.

A custo, Ingram arrancou algumas palavras do taverneiro. Na Vila dos Tresnoitados, viviam um punhado de almas insones, sempre resmungando e implorando a Tenebra que lhes concedesse um pouco de inconsciência doce. Uma atmosfera de cansaço permeava o lugar, e a má vontade dos habitantes estava em cada movimento.

— Aceito sua cerveja velha — disse Ingram, tentando provocar alguma reação.

— Pegue você.

— O amigo está pedindo um tiro.

— Faça o que quiser.

A indolência começava a escorrer para dentro dele. Decidiu ir embora.

— Todos tão vivazes quanto você por aqui?

O taverneiro rolou as pupilas para cima, deixou cair os ombros.

— Existe um louco, que gosta de falar com estranhos — disse, deixando bem clara a inconveniência de pronunciar cada sílaba. — Vá à terceira casa à esquerda.

O anão saiu, derrubando a cadeira. O taverneiro não teve ânimo de erguê-la.

Na terceira casa à esquerda, Ingram encontrou uma porta entreaberta. Espiou, e havia uma mesa e uma cadeira, onde sentava-se um jovem pálido como todos, debruçado sobre um maço de pergaminhos. Seus dedos sujos de tinta, suas roupas cheirando a mofo, uma casaca negra e uma camisa cor de sujeira, cheia de babados. Cabelos finos e negros, dedos longos apoiando a cabeça.

— Oh, um anão — disse o rapaz, voltando a Ingram seus olhos cercados por círculos negros.

Então, Ingram soube que precisaria de todo seu autocontrole para não fazer algo explodir.

— Olá — disse.

O rapaz deu-lhe um sorriso fracalhão.

— Sou Ingram. Quem é você?

— Quem sou eu, de fato? Quem somos todos nós? Não é essa a questão?

— *Não, não é* — Ingram foi ao garoto. — Preciso que alguém fale comigo, rapaz, e você é o mais desinibido desta aldeia.

— Todos precisamos de alguém que fale conosco. Mas será que ouvimos?

— Como é seu nome?

— Meu nome é Suspiro, caro anão. Meu nome é Fraqueza, a fraqueza do homem e de todas as outras raças.

Esticando os olhos para os pergaminhos, Ingram viu uma mesma palavra, repetida várias vezes ao longo das frases. Deduziu que fosse aquele o nome do rapaz, pois era mais que provável que fosse ele mesmo o tópico principal de suas elucubrações. Chamava-se Thaddeus.

— Thaddeus, procuro alguém. Preciso achar uma cidade, algum lugar onde possa conseguir informações.

— Também procuro alguém. Alguém que só existiu em sonhos, nas longas vigílias da noite inquieta. Alguém —

Ingram puxou-o pela roupa, aplicou-lhe um tapa. O garoto arregalou os olhos, e se calou.

— Oh — fez Ingram, afetando a voz. — Um tabefe.

— A dor é fugaz —

— Oh — disse Ingram, enfiando-lhe um cano narina adentro. — Uma pistola. Agora, se não quiser que eu diga "Oh, miolos por toda parte", responda minhas perguntas.

A loquacidade voltou a Thaddeus. Disse que sabia, de fato, como chegar a um lugar de importância. Seguir uma estrada, evitar os campos de zumbis e os países das corujas, um navio no Porto dos Sonâmbulos, onde marinheiros para sempre adormecidos poderiam levá-lo através do Mar do Miasma Negro. Uma torre onde filhos de Tenebra exerciam seus meandros, tratavam de seus assuntos sombrios.

— Você está procurando por eles, não? — disse Thaddeus, fanhoso devido à arma em seu nariz.

— Quem?

— Com essas armas, deve servir aos Demônios da Pólvora.

Ingram soltou-o. Limpou o cano da pistola em um pergaminho, guardou a arma. Era uma boa pista.

— Oh — disse Ingram, antes de ir embora. — Uma mancha de urina.

Ao redor da torre, havia um sem-número de espiras menores, que soltavam fumaça preta. O topo da torre tinha suas chaminés, sempre vomitando, e por quilômetros e quilômetros em toda a volta o chão era coberto de fuligem. Florestas de enormes papoulas enegrecidas estendiam-se no limite da vista. À frente da torre, uma fila de almas, serpenteando por centenas de metros. Eram humanos, anões, elfos de olheiras, gente com aparência de vivos ou compleição putrefata de mortos, e rouxinóis e gatos negros. Ingram viu aquilo e praguejou.

— Está aqui para falar com os Demônios da Pólvora? — disse, para a última da fila.

Era uma garota pálida, cheia de marcas de varíola. Seus cabelos louros sujos caíam por seu rosto desmazelado, e uma forca balançava em seu pescoço. Fez que sim.

— Há quanto tempo está na fila?

Ela deu de ombros.

Súbito, um enorme lobo veio correndo em sua direção. Chegou perto, e não era um lobo: um sujeito peludo, cabeça e focinho lupinos, braços longos com músculos delgados, e pernas um misto de animal e humano. Corria como um bicho, ficava de pé como um homem, e tinha um chicote nas mãos.

— Se quer ser atendido, espere sua vez — rosnou o lobisomem.

— Tenho pressa.

— Todos têm pressa — o homem-lobo abriu um sorriso de mil dentes. Com um gesto brusco, estalou o chicote a um centímetro do rosto do anão.

— Não faça mais isso — disse Ingram. — Quanto tempo até ver os Demônios da Pólvora?

— O tempo que for necessário — e estalou o chicote de novo, dessa vez tocando de leve na bochecha do outro.

— *Não faça mais isso*. Tenho pressa.

O lobisomem agitou o chicote, e acertou em cheio no rosto de Ingram. Abriu a bocarra numa gargalhada, e foi então que sentiu algo trancando suas mandíbulas.

A granada explodiu, e com ela a cabeça. As pessoas da fila correram para todos os lados, gritando. As chaminés expeliram fogo junto com a fumaça, e outros lobisomens surgiram, correndo na direção de Ingram. Ele tomou de seu rifle, examinou-o e carregou, sem pressa. Fez mira no primeiro, disparou. A criatura rolou no chão com um ganido. Os demais uivaram, e Ingram deitou mira num, fez fogo, noutro, e fogo, e caíam com balas nas testas.

— Tenho muita munição e pouca paciência — gritou, para ninguém em específico. — Quero ver os malditos, piolhentos Demônios da Pólvora, e posso ficar matando vira-latas o dia inteiro.

A porta da torre se abriu. Um sujeito alto, metido em roupas de aristocrata e sem pele alguma cobrindo o rosto, fez sinal para ele.

— Entre — disse.

E Ingram entrou.

O interior da torre era movimentado como o mercado de uma grande cidade. Gente de todos os tipos apressava-se para um lado e outro, carregando maços de pergaminhos, atravessando os corredores exíguos, procurando algo nas inúmeras placas com indicações crípticas. Um cheiro de casa fechada dominava tudo, e a aparência era lúgubre como a de um palácio abandonado. Havia uma profusão de estandartes, tapeçarias, objetos de decoração, cobrindo quase toda superfície, mas sempre em péssimo estado. Os tecidos comidos de traças, as pratarias enegrecidas, as pinturas e brasões desbotados. Móveis rebuscados aqui e ali, fazendo nada mais que atrapalhar o caminho, a madeira cheia de vazios feitos por cupins, os estofamentos rasgados, os forros desfiados. Bolor por tudo, em manchas escuras onde quer que se pousasse o olho. Tão logo entrou na torre, Ingram foi vítima do enxame de cotovelos, das pessoas empurrando-se em todas as direções. O homem sem pele no rosto fez sinal para que o seguisse.

Passando pelos corredores, Ingram viu mais e mais filas. Levavam a pequenas saletas, sempre com mesas e cadeiras desconfortáveis ao extremo, onde criaturas ouviam uma alma de cada vez, distribuíam instruções ou pergaminhos, dispensavam-nas com um aceno.

— Vão me punir por ter matado seus lobisomens? — disse Ingram.

— Não são nossos lobisomens — disse o homem sem pele. — E não estão mortos, a menos que sua munição seja feita de prata.

Quase perdeu-o ao dobrar uma esquina. Quando conseguiu chegar de novo a ele, através da maré de pessoas, quis saber mais detalhes.

— Permitimos que os lobisomens trabalhem na fila, fora da torre — disse o homem.

— Trabalhem?

— Eles mantêm aquela gente sempre esperando. Deixam entrar apenas quem lhes suborna.

— Ouro?

— Ouro, alguns anos de escravidão, um filho, qualquer coisa. Eles não são muito inteligentes. É uma extorsão bastante simples, na verdade.

— Agora posso falar com os Demônios da Pólvora?

— Num instante. Está vivo ou morto?

— Vivo.

— Siga o corredor à direita, vá à Sala das Almas Periclitantes, peça por uma Súplica do Passageiro.

— Que lugar é este?

— Um local de negócios, senhor. Boa noite, e passe bem.

Antes que Ingram pudesse detê-lo, o homem sem pele desapareceu na multidão. De alguma forma, Ingram achou que não deveria resolver a situação com granadas. O local de poder de um demônio podia ser perigoso.

Seguindo o corredor à direita, não demorou a se perder.

— Sabe onde é a Sala das Almas Periclitantes? — disse a uma pessoa qualquer.

— Acho que passei por ela, no terceiro andar. Sabe onde é o Poço do Salitre?

— Não. Desculpe.

— Disseram que ficava no corredor à direita!

Então, Ingram soube que estava com problemas.

Quando desistiu, já perdera a noção do tempo. Agarrou-se à primeira fila que achou, e aguardou um par de horas, até ser atendido. Entrou na salinha minúscula, e tossiu pelo cheiro de mofo. Atrás da mesa, sentava-se uma mariposa quase do seu tamanho. Ingram instalou-se na outra cadeira, e de imediato sentiu dores nas costas. Algum ângulo projetado com esmero para o desconforto.

— Preciso chegar à Sala das Almas Periclitantes.

— Vá ao Jardim dos Sem Norte, no corredor à direita — disse a mariposa. — Peça por um mapa.

— Preciso apenas chegar à maldita sala. Não pode me dizer onde é?

— Próximo!

Ingram vagou a esmo, perguntando de tempos em tempos como chegar a algum dos dois lugares. Mas cada alma nas filas achava estar num lugar diferente, e quase todas tinham braçadas de pergaminhos, com autorizações para entrar em outras filas, onde pediriam instruções sobre como chegar ao local que podia lhes dar informações sobre como proceder para encaminhar seu pedido. Ou algo semelhante.

Ao ter com mais uma criatura atrás de uma mesa (uma rã estridente, metida numa casaca negra), Ingram apenas disse:

— Aceita suborno? O que posso lhe dar para que me diga onde fica a porcaria da Sala das Almas Periclitantes ou o desgraçado Jardim dos Sem Norte?

— Este é o Quarto dos Seriamente Aborrecidos, senhor. Procure o Minarete da Corrupção Mesquinha, e peça um Pergaminho de Súplica por Vantagens Ilícitas.

— Mas —

— Próximo!

— O que você pode me dar?

A rã piscou.

— Forneço apenas Papiros das Lamentações, senhor.

— Quero um desses.

— Ora, mas o senhor buscava —

— Não interessa. Dê-me um Papel —

— Papiro.

— Um Papiro das Lamentações.

Incerta, a rã entregou-lhe o objeto. Ingram saiu do quartinho, e logo pôs-se a berrar que possuía um Papiro das Lamentações.

— Estou buscando um desses! — disse um velho corcunda.

— Tem algo para me dar em troca?

— Ouro?

— Um pergaminho, papiro, qualquer coisa.

— Consegui uma Tabuleta da Inanição, quando comecei a sentir fome, há alguns meses. Infelizmente, nunca achei o Saguão dos Famélicos.

— Aceita uma troca?

O velho aceitou. De posse da Tabuleta da Inanição, Ingram seguiu trovejando como um vendedor, e obteve um Velocino da Alma Penada. Trocou-o por um Pergaminho da Saturação Ingrata, que trocou por um Bracelete do Odor Sacrílego, que enfim trocou por um mapa.

Os suplicantes da torre pareciam surpresos por não precisarem achar as filas certas, as salas exatas para cada etapa dos labirintos onde estavam presos. Logo, começaram a trocar papiros, pergaminhos e tabuletas entre si, e os corredores transformaram-se ainda mais num mercado. As criaturas atrás das mesinhas berravam por ordem, mas ninguém lhes dava atenção.

Ingram viu, bem clara no mapa, a Sala das Almas Periclitantes (que não era uma sala, mas um andar inteiro, ao qual nunca ninguém chegaria através do corredor à direita). Começou a ir até lá, mas de repente julgou-se um idiota. Havia no mapa uma área marcada como proibida. Ingram seguiu as indicações e, com efeito, subiu escadarias até uma porta trancada, onde duas mulheres com rostos de cavalo postavam guarda, rifles nas manzorras.

— Vim falar com os Demônios da Pólvora — disse Ingram.

— Precisa de uma Moeda do Êxito Incongruente — relinchou uma das mulheres.

— Já tenho — disse Ingram.

Ela pareceu surpresa.

— Mostre.

— Você tem o Paramento do Mérito Fútil? — disse o anão.

— Bem —

— É óbvio que ninguém sem o Paramento do Mérito Fútil pode ver uma Moeda do Êxito Incongruente. Vá até o Gabinete dos Vigias Cegos, peça um Disco da Necessidade Severa.

As vigias piscaram, incertas do que falar.

— Sabe onde fica? — disse uma delas.

— Você precisa de um mapa. Vá ao Jardim dos Sem Norte.

— Onde —

— Corredor à direita.

As duas correram escada abaixo. Ingram bateu na porta.

Um grandalhão pálido, com orelhas e nariz de morcego, abriu e fez que entrasse. Era um salão imenso, cercado por paredes decoradas com todo tipo de arma de pólvora. Num palco ao lado, súcubos dançavam à melodia de rouxinóis. Três mesas amplas, redondas, e poltronas fofas, onde esparramavam-se figuras humanoides de pele cinza e imensos chifres enrolados de carneiro.

— Há muito tempo ninguém chega até aqui — disse um dos demônios, erguendo um cálice de líquido negro para Ingram. — Sente-se.

— Nadia — disse o anão.

O demônio sorriu com suas três bocas.

Seus olhos eram bolotas de chumbo, grudadas na pele cinza, sem uma cavidade aparente. Seus cabelos de arame eram puxados para trás, amarrados com um laço de couro. As bocas empilhavam-se, uma sobre a outra em múltiplas mandíbulas, formando um rosto alongado. Havia cinco demônios, ao todo, e tinham quase a mesma aparência. Diferenças superficiais, mas para Ingram, idênticos. Vestiam-se em pompa extravagante, golas armadas projetando-se acima das orelhas e dos chifres. Suas mãos tinham nove dedos, cada um com sete articulações. Brincavam com pistolas requintadas, artefatos complexos que Ingram mal compreendia.

— Você é um dos anões armeiros — disse o demônio.

— Nadia — repetiu Ingram.

— O que houve com os outros?

Um demônio subalterno aproximou-se:

— Ele os matou — ofereceu.

— Ah, sim.

Ingram ficou calado. Os rouxinóis continuavam sua música, as mulheres demoníacas seguiam dançando.

— Nadia — pela terceira vez.

O demônio riu.

— Sua amada não está aqui.

— Vocês Ingram começou, mas interrompido

— Sim, nós arranjamos a fabricação das armas de pólvora. Nós enviamos Nadia para convencê-lo a participar do ritual. Tudo se encaixa tão bem.

— Quero vê-la.

— Eu também. Ela nunca falou sobre nós?

Ingram sentiu um gelo crescer no estômago. As palavras de Saffron, sobre como as súcubos sempre enganavam, e sempre enganariam. Nadia não mencionara os Demônios da Pólvora. Falara apenas de sua mãe, Tenebra, e alegara não saber mais muita coisa.

— Onde? — o anão conseguiu falar.

— Se eu soubesse, a vadia estaria sofrendo.

Sem controle: Ingram apontou uma pistola para o rosto do outro. Num instante, ouviu o engatilhar de dezenas de armas, todas prontas a esburacá-lo.

— Sente-se e guarde seu brinquedo — disse o demônio. — Somos os senhores da pólvora neste Reino. Suas armas não podem nos ferir.

Sentindo o suor brotar em gotas, Ingram obedeceu.

— Você está na *minha* torre — disse o demônio. — Respeito.

Pausa.

— Nadia não era minha propriedade. Não como essas meretrizes — fez um gesto para as súcubos que dançavam. — Apenas trabalhamos juntos num projeto. Para nossa mãe.

Tenebra.

— O que é tudo isso? — disse Ingram.

— Uma pergunta válida — disse o demônio. — Fazemos negócios no Reino de Tenebra, e cumprimos a vontade da deusa, quando ela ordena. A questão das armas de pólvora em Doherimm foi um desses trabalhos. Uma pena que não tenha dado certo.

— Onde está Nadia?

Sorriso.

— Não deve ser um lugar agradável, isso garanto. A deusa não aceita falhas muito bem.

— Preciso encontrá-la.

— Escolha outra. Posso lhe vender uma das minhas.

Ingram engoliu.

— Preciso encontrar Nadia.

— E o que oferece em troca?

Ingram não soube o que falar. Não compreendia a torre, o que os demônios faziam, e a multidão de suplicantes que se amontoavam nos corredores. Por certo não tinha nada que pudesse interessar a um lorde do Reino de Tenebra.

— Você deixa toda essa gente entrar na sua torre — disse o anão. — Por quê? Se é impossível chegar onde querem?

— Não é impossível. Você conseguiu.

Silêncio. O demônio sorveu um gole de sua beberagem negra, pela boca do meio.

— Mortais são tolos — disse a criatura. — Os sacerdotes nunca lhe falaram sobre demônios? Nunca alertaram sobre o perigo que representamos?

— Já.

— E o que diziam?

— Que são malignos. Que desejam apenas o mal.

— O que pensa disso?

— Parece infantil.

Os demônios explodiram numa gargalhada.

— Mortais são mesmo tolos! Somos *demônios*. É *claro* que desejamos o mal. Fomos criados para isso! Não para construir civilizações, procriar, conquistar terrenos selvagens ou superar os deuses. Apenas para fazer o mal. Mas *vocês* tentam aplicar sua lógica mundana a *nós*.

A compreensão chegava devagar.

— Diga-me, caro anão. O que pode causar mais sofrimento que chegar a um prédio onde todos os seus problemas podem se resolver, e então passar a eternidade tentando achar um pedaço de papel? O sofrimento vem da esperança. Todas as almas nesta torre estão muito perto de conseguir o que desejam. Mas nunca, *nunca* conseguirão.

Os demônios sorviam o ar por suas narinas rasgadas. Como se pensar naquilo lhes trouxesse grande prazer, e mesmo subsistência.

— Você quer sua amada Nadia. O que oferece em troca?

O único raciocínio possível era oferecer seu próprio sofrimento. Tentou fazer sentido da ideia. O maior sofrimento seria nunca encontrar Nadia. Ingram achou que poderia enlouquecer, naquele mesmo instante.

— Quer dizer que não vai revelar nada? — disse.

— Pelo contrário — sorriu o demônio. — Conheço o lugar onde Nadia vivia, antes de chegar a Doherimm. Vou arranjar para que chegue até lá, sem problemas. E não cobrarei nada.

Ao redor, os olhos de chumbo, os corpos sinuosos das dançarinas.

— Nadia é um demônio, senhor anão. Pense nisso, e em tudo que lhe disse.

Era uma mansão cheia de adornos, à beira de um penhasco. Almas cadavéricas cercavam a propriedade, cambaleando, despencando ao se aproximarem demais da borda. Ingram retirou a tampa do frasco de perfume que recebera do demônio. O cheiro pareceu afastar os espíritos, e ele foi deixado em paz.

Chegou à porta, e havia uma aldrava pesada. Esticou-se, bateu três vezes.

Um grito longo, dolorido, de mulher.

Ingram bateu mais três vezes, em sucessão rápida. Logo, a porta se abriu com um rangido.

Surgiu um homem enorme, de pele acinzentada e macilenta. Uma manta de gordura parecia cobri-lo de todo, e uma profusão de verrugas e feridas espalhava-se em cada centímetro à mostra. Vestia uma túnica feita de tecido rude, e tinha um enorme sorriso imbecil, revelando dentes muito tortos. Fungando, puxando muco de volta ao nariz porcino, perguntou o que Ingram desejava.

— Nadia.

Em resposta, o homem desatou a rir. Enfiou a mão por baixo da túnica e começou a brincar com sua virilha.

— Edmond, quem está à porta? — disse uma voz clara e possante, do interior da casa.

Logo, um segundo homem: um cavaleiro, trajado em armadura completa, com o elmo aberto para revelar um longo bigode mole e branco. Seu nariz projetava-se como uma imensa gota, e seus olhos eram quase ocultos por sobrancelhas compridas.

— O que deseja, plebeu?

— Nadia — rosnou Ingram.

O cavaleiro fez cara de nojo.

— Mais um — disse. — Entre.

Sem ver outra alternativa, Ingram obedeceu. O interior da mansão exalava um odor acachapante de fezes. O anão sentiu uma onda de náusea subir-lhe pelo esôfago. Olhando em volta, notou uma absurda quantidade de crianças, espalhadas por todo canto. As mais velhas quase podiam andar. As mais novas teriam poucas semanas de idade. Choravam, mas não emitiam som algum.

— Quem é você? — disse Ingram. — Que lugar é este?

O cavaleiro dirigiu-lhe um olhar de asco. Edmond, o grandalhão, fechou a porta com um estrondo.

— Sou *sir* Berthold Durenfeld Grimes Terceiro, é claro. E você está na casa de minha avó, então tente ser educado.

Ingram chegou a agarrar o cabo de uma pistola, mas sentiu a sombra do gigante atrás.

— Vim aqui em busca de Nadia — disse.

— A coleção da vadia não cessa de aumentar — *sir* Grimes afetou um risinho. Ingram estremeceu de raiva.

Um uivo de mulher quebrou o ar, mais uma vez.

— O que é isso? — gritou o anão.

— Nada que lhe interesse, plebeu.

O berro agonizante de novo, e Ingram perdeu o controle. De um instante, sacou o rifle, e apontou-o para o cavaleiro. As manzorras de Edmond agarraram seus ombros, e ergueram-no do chão.

— Se deseja saber da vadia, venha jantar conosco, mendicante. Edmond, mostre-lhe a banheira. A imundície dos plebeus me enoja.

Ingram viu-se trancado numa sala com uma toalha em farrapos, coberta de mofo, e uma banheira de metal, muito adornada. A água lá dentro era estagnada e podre, e ele teve a impressão de que algo se mexia nas profundezas. Arriscou enfiar a mão, molhou os cabelos, mas não havia intimidação que o fizesse entrar.

Esperou um tempo, e viu algo se arrastar de um pequeno arbusto de cogumelos que brotava numa quina.

Era como uma ratazana, mas sem as patas traseiras. Em seu lugar, inúmeros pequenos tentáculos. A criatura também não tinha olhos, e seus dentes eram longuíssimos, de forma que não conseguia fechar a boca.

Matou-a com um tiro.

Mais um tempo, e a chave girou do outro lado. Ingram saiu da sala, e encontrou o gigante à sua espera.

— Quem são essas crianças, Edmond?

Os bebês engatinhavam pelos corredores, cobertos de sujeira, berrando em silêncio. Edmond abriu-lhe um sorriso, e empurrou-o para que subisse uma escadaria.

Desembocou numa sala de jantar. Mesa absurdamente comprida, coberta de uma toalha rendada, esburacada de traças. O cheiro de fezes persistia, fazendo lacrimejar os olhos. *Sir* Berthold já estava sentado. Fez um gesto para que Ingram e Edmond se juntassem.

O mesmo uivo de mulher, longo e torturado.

— Preciso — começou Ingram, mas o cavaleiro fez um chiado, e olhou-o com severidade.

Um homenzinho veio saltitando, puxou uma cadeira e sentou. Notou Ingram, e bateu palmas. Era baixo e largo, como um sapo. Cabelos duros de sebo, e óculos espessos, que aumentavam-lhe os olhos. Bochechas gordas, cheias de espinhas purulentas. Usava um avental sujo de sangue. Edmond sorriu para ele.

— Temos um convidado, Berthold?

— Um plebeu, meu irmão.

O homenzinho estendeu a mão para Ingram. Sem saber o que fazer, o anão apertou-a; era úmida e mole.

— Sou Vladmir. Muito prazer.

— Ingram Brassbones.

— Podemos *brincar* com ele, Berthold?

— Apenas nossa avó tem autoridade para dizer.

Vladmir ficou um tempo lambendo os lábios.

— Diga-me, senhor Ingram. Viu Bola de Neve por aí?

— Não deveria deixar seus animais soltos, Vladmir.

— Bola de Neve é muito travesso. Deve ter fugido.

Sentindo a cabeça girar, Ingram fez uma pergunta tênue sobre como era Bola de Neve.

— É lindo, senhor. O mais peralta dos ratos. Mas é cego, pobrezinho.

Ingram achou que fosse desmaiar. Então, o som de uma porta se abrindo, e um cheiro quente de carne assada e especiarias cortou o fedor. Uma mulher metida em um manto negro mancou pela sala de jantar, carregando uma enorme bandeja. Sua pele era esverdeada, seu nariz tinha quatro verrugas peludas.

— Temos convidados! — disse em uma vozinha estridente.

— Esta é nossa irmã Elizabeth — disse Vladmir. — Este é Ingram Brassbones.

Elizabeth ofereceu a mão deformada para que Ingram beijasse. Ao mesmo tempo, um novo grito de mulher. Ingram usou a distração para se desvencilhar, e Elizabeth removeu a tampa da bandeja. Um assado fumegante, de cheiro apetitoso. Era a primeira coisa normal que via ali.

— Edmond, traga nossa avó — disse *sir* Berthold, num tom solene.

O gigante sumiu por uma porta. Quando seus passos foram ouvidos chegando perto de novo, todos se levantaram, e Ingram imitou.

Edmond chegou carregando nos braços o que parecia um cadáver, mas logo Ingram viu ser uma mulher viva, ou uma alma com a aparência de vida. Um saco de ossos e pele, rugas fundas entrecortando tudo que se podia ver. Seus cabelos brancos tinham metros e metros de comprimento, e seus lábios eram pintados de um vermelho ofensivo. Tinha unhas longuíssimas, amarelas, que se enrolavam. Usava um vestido de noiva e, Ingram percebeu com horror, estava grávida.

Edmond depositou-a na cabeceira da mesa. Todos se curvaram.

— Quem é você? — disse a velha.

— Ingram Brassbones — gelado.

— Sentem-se — ordenou ela, e todos obedeceram.

Edmond tomou de uma faca e cortou nacos de carne suculenta para todos.

— Você trouxe este anão para casa, Vladmir? — disse a velha.

— Não, Vovó — com olhos para baixo, entre o respeito e o medo.

O mesmo uivo de mulher.

— Ele veio em busca da prostituta, Vovó — disse *sir* Berthold.

Ela cuspiu no chão.

— Não veio ser meu marido, então, Ingram Brassbones? Prefere uma meretriz?

Todos os olhos em Ingram. Estava paralisado, pensou em abrir fogo e tentar matar o maior número daquelas aberrações, antes que fosse tarde. Foi detido pelo pensamento na súcubo.

— Conhecem Nadia? — Ingram conseguiu dizer.

Edmond ria e masturbava-se, sempre que o nome era pronunciado. Vladmir parecia sentir medo, e Elizabeth murmurava para si mesma. *Sir* Berthold fazia expressão de asco.

— Sabe quem sou? — disse a velha.

Ingram fez que não. O cavaleiro bateu com o punho na mesa, como se fosse uma afronta.

— Sou a Vovó, senhor Ingram

— Todos amamos a Vovó — disseram os outros, em coro.

— Por que busca a vadia? — disse a Vovó.

Ingram tinha certeza de que poderia balear a velha antes que Edmond lhe pusesse as mãos.

— Quero viver com Nadia. Casar com ela.

— Por que deseja casar com ela, e não comigo?

— É um vil plebeu, Vovó — disse *sir* Berthold.

— Por favor — Ingram, em voz fraca. — Os Demônios da Pólvora mandaram-me aqui. Sabem onde ela está?

— Sou uma boa esposa, senhor Ingram — disse a Vovó. — Berthold, Edmond e Vladmir são meus maridos, e podem comprovar isto. Acolhi a meretriz em minha casa, dei-lhe tudo que poderia pedir, e ela fugiu. Esse não é o comportamento de uma boa esposa.

— Por favor. Nadia.

— Se gosta da prostituta, — disse Elizabeth — talvez goste de Madeleine.

O grito de mulher, mais uma vez.

— Devíamos ter trancado a meretriz junto com Madeleine — disse *sir* Berthold. — Assim, não teria fugido.

— Sabemos impor disciplina, senhor Ingram — disse a Vovó. — Elizabeth e Madeleine são ótimos exemplos. Gêmeas. Mas, como sempre, existe a gêmea boa e a gêmea má. Elizabeth sempre foi obediente, mas sua irmã era insuportável. Tivemos de trancá-la no sótão.

Elizabeth ajeitou os cabelos, vaidosa.

— Acha que sua meretriz poderia ter tantos filhos? — disse a Vovó. — *Todas* essas crianças são minhas!

— Infelizmente, muito mal-educados — disse *sir* Berthold.

— Por isso, tive de cortar suas cordas vocais — disse Vladmir.

Ingram urrou e sacou seu rifle. A manzorra de Edmond fechou-se no cano da arma, e o metal entortou.

— É tarde para ter pena das crianças — disse Elizabeth. — Você está comendo uma delas.

Ingram vomitou.

— *Sente-se* — ordenou a Vovó.

Ele obedeceu.

— Os homens são fúteis — disse a Vovó. — Não desejam uma boa esposa, mas apenas uma sedutora vulgar. Por isso, nossa mãe Tenebra mandou sua prostituta viver conosco. Ela devia apenas seduzir os homens, para que eu deitasse com eles e tivesse seus filhos. Um trabalho simples, mas a meretriz implorava por outra missão.

Ingram ficou em silêncio, sob as vistas de Edmond.

— Tentava avisar todos os viajantes que passavam por nossa casa. Tentava salvar as crianças mal-educadas. Foram longos séculos, senhor Ingram, escutando as lamentações da prostituta. Até que um dia, finalmente, Tenebra deu-lhe outra tarefa. E Edmond teve de capturar todos os meus maridos, desde então.

A família seguia comendo.

— Venham sentir — disse a Vovó. — O bebê está chutando.

Todos pousaram as mãos em seu ventre.

— Entendo que vocês odeiem-na — disse Ingram. — Mas preciso saber onde ela está.

A Vovó suspirou.

— Tenebra quer vê-lo, senhor Ingram.

As almas cadavéricas espremiam-se aos dois lados, formando uma estrada para que ele passasse. Uma torre gigantesca, o topo invisível, erguia-se a nem duzentos metros — embora não estivesse lá antes. Parecia feita de ossos, mas suas formas eram sinuosas, quase femininas. A porta da casa no penhasco se fechou atrás dele.

E, súbito, uma explosão.

Ingram sorriu, enquanto a casa ardia.

— Por favor, permita que me apresente — disse Tenebra. — Sou uma mulher de riquezas e bom gosto.

A escuridão ao redor da deusa era impenetrável. Nada era visto, apenas sua sedução aterrorizante. Tenebra apresentava-se na forma de uma mulher voluptuosa, provocante, no limite da vulgaridade, esparramada num trono invisível. Seu corpo quase à mostra, através das fendas no vestido tão negro que era parte da treva. Seus olhos eram dois céus noturnos. Ingram tinha vontade de se prostrar, cultuá-la. A presença era dolorosa. O sangue pulsava dentro dele, a cada movimento da deusa.

Tenebra estendeu-lhe a mão, para que beijasse. Quando Ingram se aproximou, decidiu enfiar uma bala no cérebro, apenas para morrer e passar a eternidade ali, no Reino, tão perto dela quanto possível. Tenebra empurrou-o com o pé descalço.

— Você deseja uma de minhas súcubos — disse Tenebra.

Ingram passou longos minutos imerso nos olhos de breu, até compreender o que fora dito.

— Sim — respondeu, logo amaldiçoando-se por ser estúpido.

— Por quê?

A voz de Tenebra era tão bela que ele sentia raiva. Provocava tamanha afeição que era frustrante, terrível não poder estar *mais* próximo, fazer *mais* que ouvi-la. Desejava berrar ao mundo o quanto a voz era perfeita, planejou iniciar um culto, devotado apenas à melodia.

Lembrava-se da pergunta, mas não da resposta. Ali, frente à perfeição, o que ele tinha a dizer não fazia sentido.

— Responda, Ingram.

Desespero, quando achou que poderia desagradá-la.

— Porque amo Nadia — mas, naquele momento, amava apenas Tenebra.

— E ela o ama?

— Acho que sim.

Tenebra sorriu.

— Posso devolver-lhe Nadia, Ingram Brassbones.

A bondade trouxe lágrimas.

— Mas Nadia falhou comigo. E merece uma punição.

Ingram concordou. Concordaria com qualquer coisa.

— Jogá-la de novo aos braços do amado não me parece uma boa punição. Não concorda?

— É claro.

— Então preciso de um motivo para perdoar minha filha fracassada.

Silêncio.

Trevas.

— Faça algo por mim, Ingram Brassbones, e Nadia será sua, mais uma vez.

— Qualquer coisa!

Tenebra riu.

— Os anões de Doherimm querem que você lhes devolva Rhumnam, a Espada de Khalmyr.

E Ingram ficou sóbrio. Via Tenebra, em toda a sua maravilha, mas a lembrança fez-lhe um pouco racional.

— Quer que roube a espada para a senhora? — disse.

— Não, Ingram Brassbones. Nunca faria isso com o Deus da Justiça. Temos boas memórias juntos. Nossa paixão criou sua raça.

Sorriso melífluo.

— Quando recuperar a espada, leve-a para uma forja, em meu Reino — disse Tenebra. — Um de meus filhos irá conduzi-lo. Desejo que trabalhe um pouco em Rhumnam, antes de devolvê-la aos anões.

— Por quê, senhora? — logo horrorizado com a própria ousadia, mas a deusa achou graça.

— Não é de bom-tom ignorar uma dama, Ingram. Mas sua raça tem me ignorado.

Estremeceu: ele mesmo recusara-se a se tornar vampiro, no passado. Agora, não podia estar mais arrependido.

— Você vai garantir que os anões tenham uma lembrança minha, Ingram Brassbones. Para sempre.

Tenebra levantou-se do trono invisível, foi até ele. Sem que Ingram notasse, transformara-se numa anã, com os mesmos traços e roupas.

— Concorda? — disse a deusa.

— Sim.

Tenebra beijou-o nos lábios, e tudo foi trevas.

Quando Ingram acordou, a lua estava cheia, e as estrelas iluminavam. De volta em Arton.

Ergueu-se do chão, e viu Nadia, que se levantava aos poucos. Correu até ela, arrebatou-a nos braços, e beijaram-se desajeitados, tentando ser um só. Nem mesmo tiraram as roupas.

Depois, ofegantes:

— Senti sua falta — disse Ingram.

— Eu também — disse Nadia.

Ela encostou a cabeça em seu peito. Não sabiam onde estavam, e nem importava.

— Obrigada por me tirar de lá.

— Foi fácil — disse o anão.

Ela sorriu.

— Tenebra disse que você conheceu a Vovó e os outros.

Ingram confirmou com um muxoxo.

— O que fez?

— Matei todos.

— Meu amor — disse Nadia.

Mais uma vez, com a mesma sofreguidão, e então voltaram à conversa. Felicidade plena, mas havia uma mácula. Um pedregulho instalado no peito de Ingram, até que ela disse:

— Fale.

Nadia era capaz de enxergar seus pensamentos, nítidos em suas expressões.

— Ouvi muitas coisas a seu respeito — disse Ingram. — A respeito das súcubos.

— Coisas?

— Sobre a natureza dos demônios. Sobre como vocês não podem evitar o que fazem, e existem apenas para enganar. Sobre como tudo isto é falso.

— E o que *você* acha?

Pausa.

— Poderia fazer sentido — disse Ingram. — Você foi morta por um vampiro, um servo de Tenebra. E agora fiz um pacto com Tenebra, para tê-la de volta. Tenebra sempre em vantagem. Você *poderia* estar mentindo. Tudo *poderia* ser um jogo.

— E nada que eu fale pode provar o contrário.

Ele assentiu, devagar.

— Existe apenas uma coisa de que você pode ter certeza — disse Nadia. — Está feliz *agora*?

— Sim.

— Então aproveite.

Beijaram-se, e Ingram voltou a experimentar a felicidade, em braços conhecidos.

CAPÍTULO 18

O HOMEM DOS MILAGRES

— SEGUNDO O ELFO, SIR ORION LHE DEIXOU NO COmando — disse Mefítico.

Darien parou de arrumar a mochila.

— Isso. Eu estou no comando. E este comandante decide que está na hora de encontrar *sir* Orion.

— O elfo disse que ele está bem — insistiu o outro.

Darien riu.

— Se você conhecesse *sir* Orion, saberia que isso é mau sinal. Ele poderia estar mergulhado até o pescoço em lava, sendo atacado por doninhas gigantes, e diria que está bem.

— Ele é nosso superior, Ferrão.

— Era, até me botar no comando. Preciso achá-lo, e preciso verificar algo em Roschfallen.

Mefítico ergueu-lhe uma sobrancelha.

— Vamos começar com insubordinação agora? — disse Darien. — Eu estou na porcaria do comando, e eu decidi isso. Luz, Mefítico?

— Luz, comandante. Claro.

Assim Darien se despediu dos Cavaleiros do Corvo, enquanto o batalhão observava os dragões azuis saudarem e ameaçarem um bando de dragões verdes recém-chegados. Os dois elfos pareciam absortos demais para qualquer atenção. Ele deixou Mefítico no comando, e pôs-se a negociar com um azul, para que o levasse.

Cavalgar dragões era mais difícil que cavalos. Para começar, cavalos não pediam permissão a uma matriarca antes de conceder o favor de tolerar um humano em suas costas. Darien pensou que aqueles azuis deveriam ser sagrados cavaleiros da Ordem da Luz, por pedantismo honorário.

Imaginou que deveria estar preocupado. A companhia de um dragão não deveria ser tão natural; nada que pudesse mastigá-lo sem muito esforço era um aliado confiável. Mas ele era agora um Cavaleiro do Corvo — sabia que o certo era temer algumas coisas, mas não parecia tão capaz.

Enfiou-se em casaco e mantas, contra o frio da altitude e o vento no rosto. Cruzou o espaço entre as Uivantes e Bielefeld com rapidez vertiginosa, e tudo parecia normal. Sentia uma falta amigável de seus irmãos de batalhão. E só.

Foi deixado nos ermos do reino, onde apenas uma caravana mirrada fugiu de pavor ante sua montaria. Agradeceu ao dragão com uma centena de mesuras, como faria a um oficial de alta patente. Embrenhou-se nas florestas, logo achou uma rota movimentada, e em menos de uma semana estava na capital.

Roschfallen era a mesma, mas maquiada, como uma velha meretriz querendo impressionar. Se nunca fora atingida de todo pela pobreza que assolava o reino, e estava bem longe das escaramuças de fronteira com Portsmouth, mesmo assim era possível sentir-lhe uma tristeza. Havia um zumbido em Roschfallen. Darien aprendera a sentir o humor da cidade em sua curta carreira como miliciano. Roschfallen estava engasgada, Roschfallen olhava para o chão e fingia sorriso.

Cavaleiros em cada porcaria de esquina, em cada prédio. Jogando uma pedra a esmo, Darien pensou que acertaria quatro ou cinco dos desgraçados. Esperava ver cavaleiros cabriolando nos telhados, escondidos no meio do feno ou de tocaia atrás das portas. Eram uma maldita praga, e ele se perguntou o que teria atraído tantos à capital.

Darien andava disfarçado. Seu rosto não era tão conhecido, mas qualquer lembrança poderia trazer problemas. Estava implicado na traição de *sir* Orion Drake. Não era difícil usar disfarce: bastava andar de um jeito diferente, vestir alguma roupa inesperada, e ninguém conseguia associá-lo a quem era de verdade.

E assim, disfarçado, Darien encontrou Thulbok numa taverna pouco limpa.

— Ah — fez o anão. — Você.

Darien abriu os braços, como perguntando algo.

— Sempre é bom se sentir bem-vindo — disse.

— Quer que eu chore ou apresente algum número de dança? Vamos, garoto. Sente e beba.

Darien sentou, atraiu a atenção da garota que carregava uma bandeja, obteve um caneco que transbordava espuma.

— Um número de dança não seria mau. Você não imagina onde —

— Oh, você esteve no Reino de Glórienn, onde conseguiu levar uma surra de Crânio Negro — disse Thulbok, afetando voz fina. — Por favor, abaixe as calças e permita que eu lhe faça uma felação.

— Exagero.

— Ah, não, moleque, não é exagero. Comece a pensar em exagero quando eu lhe entregar para os clérigos de Marah, dizendo que você é um guerreiro cansado que precisa de contato com seu lado feminino. Comece a pensar em exagero quando eu lhe mandar vender peles na convenção anual dos druidas de Allihanna. Até lá, *nada* — deu-lhe um tapa na orelha — que eu fizer é exagero.

Darien ficou olhando-o.

— O que houve? — disse. — Por acaso deitei com sua mãe, por engano?

Thulbok balançava a cabeça, bebia cerveja, balançava de novo.

— Cavaleiros do Corvo — disse, enfim. — Cavaleiros da porcaria do Corvo.

— Não fale mal —

— Do maldito, fedorento *Corvo*. Khalmyr, será que este mundo enlouqueceu mesmo?

— Não fale — Darien tentou de novo.

— Por que escolhemos você, meu pequeno e querido pedaço de esterco ambulante?

Pausa.

— Porque —

— Porque você era *leal* aos cavaleiros — interrompeu Thulbok. — Porque, em algum lugar no interior dessa cabeça cheia de brisa da manhã, você sabia que a Ordem da Luz é importante. O que houve, Darien? Ou devo chamá-lo de Ferrão?

Darien não notou que projetava o lábio inferior, como uma criança aviltada.

— Era a vontade de *sir* Orion.

— Então está tudo bem, não é mesmo? Khalmyr, por que me amaldiçoa com o mais parvo dos mentecaptos?

— Eu obedeci —

— Você é um *golpista*, caro rei dos pouco iluminados. Se a vontade do bom *sir* Orion é absurda, você faz com que ele mude de ideia. Para isso treinei-o!

— Como? — disse Darien, sem força.

— Como fosse necessário, seu idiota! Minta! Manipule os fatos! Forje um pedido de socorro! Seduza a mulher de *sir* Orion, seu amigo anão, ou seu cavalo. Não importa. Você só não poderia deixar que ele fosse expulso da Ordem da Luz.

Darien tossiu.

— Sim, isso mesmo — disse Thulbok. — Você veio até aqui para obter informações, "Ferrão", mas ele chegou a Norm bem antes. Teve tempo de ser julgado e banido. Parabéns.

Como a resposta de uma charada óbvia, aquilo fez tudo se encaixar. Roschfallen mostrava a língua, dizendo que enganara o ex-miliciano. Tantos cavaleiros porque, havia pouco tempo, ocorrera a condenação do herói da Ordem. Muitos dos que haviam estado em Norm seguiram à capital, para assegurar-se de boas relações com a coroa, que apoiara *sir* Orion Drake. Mas havia mais, como Darien notava, caminhando pelas ruas de paralelepípedos com o anão.

Roschfallen estava cansada. Mesmo numa redoma de vidro, observava o resto de Bielefeld, e já mal tinha forças para a indignação. A Queda de Norm, a pobreza, os conflitos de fronteira com Portsmouth, a condenação de *sir* Orion — Bielefeld sentia-se vítima de uma grande injustiça. Roschfallen esmorecia.

— Imagino que um pagão como você não tenha se importado muito com a bagunça no Panteão — disse Thulbok, movimentando rápido as perninhas atarracadas.

Darien titubeou.

— Não muito — admitiu.

— Esta é a diferença entre um projeto de herege e um sacerdote de Khalmyr. Nossos deuses estão incompletos, garoto de limitada utilidade. Está vendo?

Darien olhou em volta. Muita gente indo e vindo, umas crianças correndo, aqui e ali. Era início da tarde, e os cheiros do almoço começavam a desvanecer, enquanto as pessoas retornavam a seus deveres, com um leve torpor alimentício. O burburinho da cidade inchava de novo, o ritmo acelerava. Mas nada que sugerisse a falta de um deus.

— Olhe com os olhos, e não com o ânus, Darien. Olhe para o rosto dessa gente.

Esforçou-se mais.

— Estão cansados.

— E?

— Tristes?

— Seu vocabulário causa inveja ao maior dos bardos. As pessoas, a cidade. O que estão sentindo?

O zumbido de Roschfallen projetava-se do chão, reverberava nas paredes. Fazia o povo vibrar na mesma frequência, como se dançassem a uma melodia inaudível.

— Com fome — disse Darien.

— Acabaram de almoçar.

— Estão ansiosos por algo, *precisam* de algo.

Thulbok sorriu aprovação, pela primeira vez desde a taverna.

— Khalmyr seja louvado, parece que sua mente ainda não atrofiou de todo. E de que eles precisam, Darien?

— Um deus.

— Respondeu isso apenas porque estávamos falando de deuses, antes. Não entendeu realmente o conceito.

Era verdade.

— Escute-me então, antes que ajude algum *outro* herói da cavalaria a ser banido. — Thulbok acelerou o passo. Mesmo com suas pernas muito mais compridas, Darien precisou se esforçar para acompanhá-lo. — Eles não sabem, mas sentem falta de Glórienn.

— Não são elfos! — protestou o rapaz.

— São mortais. Os deuses não são apenas sujeitos poderosos que gostam de se meter na vida dos artonianos, meu garoto remelento. Governam aspectos da realidade. E, sendo você um elfo ou um caramujo, os valores élficos eram parte importante da realidade, até bem pouco tempo atrás. Agora, o que substitui essa parte?

— Não sei.

— Nem você, nem ninguém. *"Nada"* é a resposta. Precisa haver um novo deus maior, o Panteão precisa estar completo, e a realidade vai se ajustar a isso.

Fazia sentido. Roschfallen parecia mesmo tonta, desnorteada.

— Você disse que a cidade estava com fome — continuou o anão. — Usemos então sua analogia brilhante. O que um cão faminto gosta de comer?

Darien hesitou.

— Qualquer coisa — disse, enfim.

Thulbok ergueu os punhos ao céu, como agradecendo por algum milagre.

— Exato. Por isso, o povo de Roschfallen e do resto de Arton aceitará *qualquer coisa* para preencher o vazio. E aqui entramos nós.

— Preciso achar *sir* Orion — disse Darien.

— Deseja bani-lo de algum *outro* reino?

— Preciso —

— Calma, rapaz, o grande amor de sua vida está em segurança. Você vai atrás de Orion Drake, que nem mesmo é *sir*. Mas, primeiro, vamos garantir que a fome de Roschfallen não seja satisfeita com qualquer porcaria.

— O que tem medo que eles cultuem? — disse Darien, coçando-se.

— Um doce se você adivinhar — bufou Thulbok. — Vejamos, *o que* um povo que presenciou corrupção por simbiontes e a queda do herói que enfrentou Crânio Negro poderia cultuar, estando desesperado? Bom Khalmyr, é um enigma insolúvel!

— A Tormenta?

— Acaba de ganhar um doce, ó refugo da escola de bufões.

— Estas roupas *coçam*.

— É a vida do clero.

Darien já se acostumara, em missões anteriores, a usar diferentes fantasias. O uniforme de miliciano ou mesmo a querida armadura de Cavaleiro não era de todo diferente. Mas os mantos bordados pareciam odiá-lo, esforçando-se para espetar os mais recônditos lugares de seu corpo.

— Por que não espalha a palavra de Khalmyr? — disse Darien.

— Porque não daria certo, é claro.

O rapaz estreitou os olhos para o outro.

— *Agora* você foi longe demais. Nenhum clérigo de Khalmyr incentivaria a adoração a um profeta falso.

— Deveras? Quantos clérigos de Khalmyr você conhece?

Darien ficou calado.

— Seu deus aprova isso? — insistiu.

— O senhor de todos os deuses tem mais o que fazer, além de prestar atenção infinita às ações de um único humilde sacerdote. Acha mesmo que o bom Khalmyr está me vigiando, sempre que uso a latrina ou deixo um arroto escapar?

— Por que não espalha a palavra de Khalmyr? — repetiu Darien.

— As pessoas são burras, criança alegre. Isso deveria estar claro já há bastante tempo. E, sendo burras, estão decepcionadas com nossos deuses. Acham que o Panteão falhou, sentem-se vazias e injustiçadas. Parece-lhe mais fácil perdoar a garota que lhe foi infiel, ou olhar os seios de uma rapariga nova?

Darien admitiu que um novo par de seios era sempre mais atraente.

— Pois aí está. Vamos oferecer algo brilhante para distrair os estúpidos do culto à Tormenta.

— Mesmo assim, não parece coisa de um clérigo de Khalmyr. Talvez de um sacerdote de Hyninn, ou de —

— *Pare* de insistir nesse tal deus, rapaz! Vamos, você tem muito a aprender.

Foi até uma praça movimentada, passagem de um fluxo incessante de gente, o dia inteiro. Era o caminho do mercado, e ponto intermediário entre uma taverna popular e um grande templo. Os deuses estavam na igreja ou no fundo de um caneco, e Darien armou seu púlpito num verdadeiro corredor espiritual.

— *Você!* — apontou uma mulher a esmo. Ela se afastou, com um olhar de esguelha para o louco. — Às vezes é extrovertida; às vezes, tímida e insegura. Sinto emanações fortes! — A vítima acelerou ainda mais, mas continuava olhando. — Diga-me que estou errado. Sabe que é verdade!

Alguns curiosos juntaram-se ao redor. Uns cochichavam.

— *Você!* — Darien escolheu um homem barbudo ao acaso. — Também emana vibrações espirituais densas.

O homem deu um passo para trás.

— Sente ter mais potencial do que utiliza em seu dia a dia. Sabe que estou certo! Sinto as emanações vindas de sua alma!

Com os olhos arregalados, o homem foi embora. Mas já uma dúzia cercava Darien, comentando em voz baixa.

— *Você!* — uma senhora com fios grisalhos no cabelo negro, carregando dois filhos pequenos. — Acha que algumas de suas ambições são fantasiosas. Pensa ser tolice revelar muito de si mesma aos outros, ou ser franca em demasia. Às vezes, mente para as pessoas que mais gosta, porque não deseja ferir seus sentimentos. *Não é verdade?*

O queixo da mulher pendia. Seus olhos abertos de estupefação.

— Sim — ela disse. — Como sabia?

— Comece com generalidades — disse Thulbok.

— Falando sobre o tempo, ou sobre o rei?

O anão deu-lhe um chute.

— Existem frases-chave, que descrevem a grande maioria das pessoas. Manipule as palavras, faça com que pareçam específicas, quando na verdade você está dizendo obviedades. A vítima irá se identificar com a maior parte do seu discurso.

— E o resto? — disse Darien.

Thulbok sorriu largo.

— Aí está a beleza. Quase *todos* no mundo julgam possuir potencial não utilizado, ou têm medo de ser francos em demasia. Mas, mesmo que você erre, a tendência das pessoas é esquecer. A memória é algo fascinante, Darien. A vítima lembra do que você acertou, e esquece as bobagens.

— Suas emanações são fortes — continuou Darien. — Sim, existe uma alma poderosa em você, um grande potencial místico.

A mulher fascinada. Desejava saber quem ele era.

— Apenas um servo, senhora. Apenas um servo de minha divindade.

Mais e mais pessoas em volta. Alguém chegou próximo à vítima, perguntou o que ocorria, ela relatou, com um misto de felicidade e estranhamento.

— Posso ler seu futuro, se desejar, senhora — disse Darien. — Mas apenas se desejar.

Incentivavam-na a consentir.

— Como sabemos que não é uma fraude? — gritou alguém.

Darien ficou sério.

— É preciso cuidado com os falsos profetas. Para provar-lhe que não minto, lerei seu passado, senhora. Permite?

Assentiu.

Darien fechou os olhos, pôs a mão na testa, a outra tateando o ar. Murmurou incoerências para si mesmo. A multidão aumentava. De repente:

— *Sim!*

A vítima deu um salto.

— Sinto uma figura paterna em seu passado. Alguém importante, com grande peso emocional. Um pai, um avô, um tio...

A mulher não pareceu convencida.

— Sim — continuou Darien. — Um homem importante, como um pai. Usava barba, ou bigode, ou às vezes não se barbeava direito —

— Meu primeiro marido! — interrompeu a vítima.

Um barulho de assombro na plateia.

— Sim — disse Darien. — Agora tudo está claro. Seu primeiro marido. E houve muita emoção, quando não mais puderam estar juntos.

Ela confirmou.

— Protegeu-me quando eu era tão jovem... — disse a vítima. — Foi mesmo como um pai para mim. E, quando ele morreu, fiquei tão triste!

Muitos olhos arregalados, bocas abertas na multidão.

— *É impressionante!* — disse alguém.

— Em geral, as pessoas possuem família, ou já possuíram — disse Thulbok. — Família é sempre um bom começo. Difícil errar.

Darien ergueu um dedo.

— Eu nunca tive família. Nem *sir* Orion.

E nem Vincent. Mas não falou de Vincent.

— Certo — disse Thulbok. Em seguida, fechou os olhos, tocou a própria testa, como se estivesse concentrado. — E sinto que tanto você quanto *sir* Orion passaram muito sofrimento por não ter família. Sinto que essa ausência já foi crucial durante eventos importantes de suas vidas. Sim! Por isso essa emanação familiar tão poderosa.

Darien resmungou que ele estava certo.

— É tudo óbvio, garoto. Todos têm família. E todos têm ligações emocionais fortes com seus familiares. Quem não tem família *também* tem sentimentos fortes em relação a isso.

O rapaz concordou, sério como um aluno esforçado.

— Fale muito — continuou Thulbok. — Diga que a mãe da vítima tinha cabelo comprido, ou curto, ou era careca, e continue sempre falando. A vítima vai interrompê-lo quando acertar, e esquecerá os erros. Faça a encenação correta, e parecerá que você está recebendo mensagens do além, e não falando besteiras.

— Mas, em algum momento, vou precisar dizer algo concreto.

O professor esfregou as mãos.

— Aí está a beleza do golpe. A *vítima* fornece as informações. Você fica tagarelando, até que ela diga que sim, houve um cachorro em sua vida. Então você continua tagarelando, até que ela diga que sim, o cachorro se machucou certa vez, ficando perneta. E assim sucessivamente. No final, você resume as informações que a vítima relatou, e todos acham que você simplesmente *sabia* que ela teve um cão amarelo de três patas, chamado Fiel.

— O inverno — disse Darien, crispando as mãos como se agonizasse ante as energias ocultas em toda a volta. — Sim, algo muito importante aconteceu no inverno.

Já precisava elevar o tom, para ser ouvido acima do burburinho. A multidão acotovelava-se para enxergá-lo, uma dezena de crédulos descrevia aos recém-chegados as adivinhações que ele acabara de realizar.

— Algo sobre sua família, no inverno... Alguém morreu, alguém nasceu, algo muito —

— Meu terceiro filho! — exclamou a vítima.

Para alguns espectadores, nascia uma aura amedrontadora de milagre.

— Sim, um filho que nasceu no inverno. Agora está claro. E, quando este filho nasceu, a lembrança de seu primeiro marido tornou-se muito forte.

A mulher concordava, estupefata.

— Você temeu que este filho morresse.

— Sim! — já às lágrimas.

Hora de aumentar as apostas.

— A criança teve problemas para respirar... Seus pulmões...

A vítima franziu o cenho.

— Os pulmões... O estômago... Seus bracinhos e perninhas... O coração...

Ainda rosto crispado.

— O coração! — Darien gritou, mas a mulher não teve resposta. — O coração de seu filho é a chave... O maior desejo do coração de uma criança. Por acaso ele já desejou algo, mais do que qualquer coisa?

— Sim — de novo, assombro. — Ver as fadas.

— Ver as fadas, é claro, viajar ao Reino das Fadas. E seu primeiro marido também desejava viajar, não é mesmo?

A vítima explodiu em pranto.

— *É verdade* — conseguiu dizer, apenas.

— Existe um problema fundamental nesse golpe — Darien empertigou-se. — Depende de que as pessoas sejam idiotas. Basta alguém inteligente na multidão, e tudo cai por terra.

Thulbok ergueu as sobrancelhas, como em admiração.

— Bem colocado. Mas errado.

— Vamos, apenas um imbecil cairia nisso.

— *Errado.* O golpe funciona bem em idiotas, é claro. Mas todo golpe funciona bem em idiotas, eles estão sempre loucos para acreditar em qualquer coisa. *Este* golpe funciona muito bem nos inteligentes. Talvez até melhor.

— Como —

— Quanto mais inteligente a vítima, melhor ela conseguirá estabelecer relações, em geral inexistentes, entre a vida real e as asneiras que você fala. Um parvo completo nunca vai associar neve com a brancura das ovelhinhas de sua fazenda. Alguém mais brilhante irá perceber de pronto a *óbvia* relação entre dores no peito e a saudade que sente de seu cobertor de estimação, perdido num incêndio há quarenta anos.

Boca aberta, Darien absorvia.

— Como eu disse, comece por generalidades. Uma estação do ano e algo comum, como relacionamentos, dinheiro ou família. *Sempre* haverá uma conexão. Coisas que todos querem, como riqueza, amor, viagens. Depois, parta para coisas específicas, mas segure-se em analogias. Prisão pode significar uma boa e velha masmorra, ou algum parente com doença incurável, ou uma situação sem saída. Incentive as analogias, e uma vítima inteligente fará as conexões.

— O desejo por viagens é significativo. Sinto que existe uma grande semelhança entre seu primeiro marido e seu terceiro filho.

A mulher enxugou o rosto.

— Na verdade, não.

— Se não uma semelhança física, de personalidade. Ambos gostam muito da mesma coisa. Ambos amam-na com o mesmo fervor.

— Acho que não — gaguejou a mulher.

— Estou sentindo! Algo que ocorreu na vida de seu terceiro filho, um acontecimento muito semelhante a algo com seu primeiro marido.

Ela não lembrava.

— Então, minha senhora — disse Darien. — Cuidado. Porque a impressão é forte. O futuro mescla-se ao passado. Isso *vai* acontecer.

— *Olhe* a vítima — disse Thulbok. — Observe-a. Pense nos sinais óbvios. Um homem grisalho provavelmente é casado, ou já foi. Uma mulher com certa idade provavelmente tem filhos. Qualquer um em Bielefeld provavelmente tem algum familiar ou amigo que lutou na guerra contra Portsmouth. Hoje em dia, muitos têm problemas financeiros. A vítima tem uma cicatriz? Com certeza sofreu algum tipo de acidente. Usa um símbolo de Khalmyr? Deve ser devota, e atribuir alguma boa fortuna a milagres do Deus da Justiça. Dedos manchados de tinta? Dado a escrever, o que pode significar burocrata ou devoto de Tanna-Toh.

Silêncio.

— Estou esperando — disse Thulbok. — Você sabe o que está faltando.

— E quando o golpe falha?

O anão desarrumou-lhe o cabelo.

— Quando o golpe *como um todo* falha, confie nos crédulos. Eles não querem admitir ter sido enganados, e vão defendê-lo dos descrentes.

— E quando só uma parte falha?

— Aí, mais uma vez, está a perfeição deste golpe. Quando você entra num beco sem saída, e nenhuma generalidade ou analogia pode convencer a vítima de que *sim*, ela quase morreu num terremoto sete anos atrás, apele para o futuro. Diga que está recebendo sinais fortes, que a vítima deve se cuidar com terremotos pelos *próximos* sete anos.

Darien meneou a cabeça, encaixando todas as informações.

— Acima de tudo — disse Thulbok — lembre-se da regra número um do golpista. A pedra fundamental, a arma que você usa para desferir o último ataque. Qual é a primeira regra, Darien?

— Minha senhora — Darien baixou a voz, aproximou-se e tomou o rosto da mulher nas mãos. — Seu terceiro filho tem uma ligação muito especial com seu primeiro marido, isto está claro para todos. E é esta ligação que nos deixa perceber todas as emanações espirituais presentes ao seu redor.

Tremendo em êxtase místico.

— Minha senhora — disse Darien. — Deseja falar com seu primeiro marido?

— "Dê a eles o que querem" — respondeu Darien.

— Sempre dê à vítima o que ela quer, e tudo ficará bem! Todos querem falar com seus familiares mortos. Se os amam, querem dizer isso. Se os odeiam, querem cobrar algum ato cruel do passado. E a conversa *sempre* deve transcorrer bem. Porque é isso que as vítimas querem.

— Ele fala algo sobre ouro, minha senhora.

— Mas nunca tivemos ouro, Markham! — disse a mulher.

Darien fez uma anotação mental do nome.

— Markham fala em ouro, senhora. Markham fala sobre riqueza e pobreza.

— Fomos tão pobres, Markham!

— Markham diz que sim, sua morte teve relação com ouro.

— Você morreu de um coice de cavalo.

— Markham sente muito por não ter mais ouro. Desejava que vocês vivessem em conforto, e por isso trabalhava tanto, a ponto de deixar-se escoicear.

A vítima desabou em lágrimas, mais uma vez. De joelhos, amparada por comadres atônitas.

— Markham diz que você não deve se preocupar com ouro. Que sua nova família é seu bem mais precioso, e que deve ser muito feliz.

Abraçada às outras, a vítima dizia que sim. Iria deixar de se preocupar tanto com dinheiro, e agradecer pela bênção de tantos filhos vivos. Na multidão, repetia-se que o adivinho conhecia o nome do marido morto, que predissera um incidente com o terceiro filho, que sabia detalhes da vida da mulher.

— Quando tudo estiver pronto, — disse Thulbok — você os converte.

— *E agora vejo o futuro!* — gritou Darien.

A multidão se calou.

— Haverá muita felicidade em sua vida — fixando os olhos da vítima. — Se deixar sua alma ser guiada pela fé. Apenas Artaphan, o Deus da Amizade, pode oferecer a paz que você merece.

As pregações seguiram pelos próximos dias. Na terceira, um sacerdote de Khalmyr bradou contra o falso profeta. Como Thulbok ensinara, aquilo aumentou o fervor. Unidos contra o inimigo comum, os seguidores de Artaphan sentiam-se parte de um grupo exclusivo, o povo iluminado do novo deus.

E a Tormenta não teve novos cultistas em Roschfallen.

Liberado de seus deveres na capital, Darien escapou à noite. Thulbok enfim permitira que fosse atrás de Orion Drake — mas, como sempre, em missão.

Jogado de um lado para outro, entre a vida de corvo e a de fraudulento, notou a prática emergir de instante, ao pisar sob as árvores da Floresta de Jeyfar. Ali, não havia quem enganar, não havia mentiras ou deuses falsos. Havia a sobrevivência fácil no ermo ameno e conhecido, a marcha rápida de armadura, no rastro velho do cavaleiro banido. Estranho ser do batalhão e ser golpista, mas Darien notou que a educação servia-lhe bem nos dois flancos.

O rastro de Orion — e, depois de alguns dias, também de alguém montado a cavalo — era um mapa. Mais obscura, mas ainda visível, a trilha de perseguidores. Darien mordeu a bochecha pela segurança de *sir* Orion, mas àquela altura já era assunto resolvido. Seguiu, quase já na fronteira, e encontrou a aldeia devastada, com quatro cadáveres. Suspirou, porque Orion e seu companheiro haviam dado cabo dos perseguidores. Apreensivo porque era gente de Sckharshantallas, mas já estavam mortos.

O rastro continuou Portsmouth adentro. Darien perdeu dias, indo e voltando nas pegadas de agora dois cavalos. Mas encontrou a vila de Fillene. Encontrou uma cabana no bosque.

Alguém deixara uma chaleira no fogo, até pretear, e até que a lenha acabasse. Por sorte ou azar, não provocara um incêndio. Alguém havia estraçalhado uma cadeira, e alguém havia sangrado na palha.

O Cavaleiro Risonho estava brotando vermes. Fedia como o ânus do demônio, e sua pele abriu-se em gosma quando Darien mexeu no corpo. O Cavaleiro Risonho não fora enterrado, e ainda tinha armadura.

Seguindo as instruções de Thulbok, retirou peça por peça. Imunda, mas ainda reluzente. O cadáver se desmanchou, mas Darien não teve muito nojo. O treinamento de corvo havia se encarregado de endurecer-lhe o estômago, junto com a alma.

Guardou num grande saco as peças de armadura. Lembrou do que aprendera como escudeiro, e acomodou-as do melhor jeito para que não houvesse arranhões. Por último, apanhou o elmo. Era grotesco, olhava para ele com escárnio. Não quis apenas uma camada de lona entre ele mesmo e aquele riso; enrolou o elmo em pano oleado, guardou-o no fundo da sacola.

Viajou nas próprias pegadas, de volta à capital. Thulbok amava cavaleiros, e não desejava que o legado do pai de Orion Drake fosse passado adiante. Queria a armadura; para destruí-la, guardá-la, usá-la num golpe, não interessava.

Mas, quando chegou a Roschfallen, não encontrou o anão. A casa de vinhos, onde o grupo de esquisitos costumava se encontrar, estava trancada e deserta. Darien sentiu-se um perfeito idiota, com a armadura nas costas e destino algum. Fora vítima de um belo golpe.

CAPÍTULO 19

IRMÃO E FILHO

SEGURANDO O CÁLICE, QUASE DERRAMOU O VINHO ROSADO. Tanta tremedeira. Jezebel tinha rugas, mas ainda era a mesma. Altivez de senhora, a beleza antiga, presente nos ossos e nos olhos, na altura e no jeito, por baixo da pele gasta, mantida jovem a base de ervas e preparados alquímicos. Jezebel e Rainer não comiam, jogavam olhares incertos um para o outro. Ele quase às lágrimas, esperando a esposa tomar uma atitude. A casa continuava bem iluminada, cheia de janelas amplas, espaços de vidro bem-feito, por onde passava o sol. Estava maior ainda, pois a família só enriquecera.

— Achamos que estivesse morto — disse Jezebel.

— Não há morte, minha irmã — disse Gregor.

Gregor Vahn retornava à casa de sua família, após quase uma década e meia. Em Cosamhir, capital de Tyrondir, nascera e criara-se, até a idade quando sua vocação a Thyatis se manifestou. Jezebel mantivera-se para sempre na casa, dirigindo a fortuna após o pai estar enterrado. Dirigia também a vida de seu marido, Rainer, um homem fraco, e mais fraco com o passar dos anos. Seu rosto circular, pálido e pintalgado como uma fritura insossa, era agora emoldurado por cabelos finos e fugidios. Tornara-se mais magro e flácido com a idade, e a impressão era que seu pescoço esquelético ficara mais longo, ameaçando quebrar ante o peso da cabeça.

— Diga para *lady* Helen descer — Gregor mastigou um pedaço de carne, limpou os lábios num guardanapo branco. Ainda lembrava as maneiras.

— Nossa mãe está doente — disse Jezebel.

— Quero conversar com ela.

— Não pode fazer exigências, Gregor.

Ele sorriu.

— Essa é a beleza da verdade. Não preciso exigir nada, para que ela exista. Estou aqui para avisá-los sobre o futuro. Mesmo que não queiram ouvir, é inevitável.

— Por favor —

— *Mande chamá-la.*

Jezebel obedeceu. Os servos subiram as escadas, foram desenterrar a velha senhora, enfurnada no quarto.

— O que fez em todos esses anos, Gregor? — tentou Rainer, ensopando a camisa de suor.

— Matei muita gente, capacho de minha irmã.

Rainer sentiu o nada de comida subir-lhe o esôfago.

— Torturei. Raptei. Todos clérigos, você sabe. Buscava cura para uma maldição que me aflige. Deveria saber que a resposta não estava nos deuses.

Terror, como se Gregor os estivesse ameaçando.

— E você, Rainer?

— Administro minhas oficinas de vidreiros — disse o homenzinho, com voz sumida.

— Quando vão descobrir que ouro não importa?

Jezebel bateu seu cálice contra a mesa.

— Você é um fanático, Gregor. Sempre em busca de algo a que se devotar. Primeiro, o tal deus. Depois, o bando mercenário, com o criminoso que trouxe aqui mais de uma vez. E agora... — não teve coragem de continuar.

— Fale, Jezebel. Em breve será a palavra mais importante de sua vida.

Tormenta.

A velha desceu a escada, amparada por três servos. Com grande dificuldade, sentou-se à mesa. Olhou o filho como um fantasma.

— Olá, mãe.

Lady Helen Vahn desatou em lágrimas.

— O sofrimento já vai acabar — disse Gregor. Para o espanto de todos, estendeu o braço, e tocou os dedos de sua mãe, com ternura. Um gesto que não fazia há bem vinte anos. — Para sempre.

— O que aconteceu? — disse Jezebel, a boca retorcida, pintura vermelha dos lábios borrada.

Gregor sorriu.

— Quanto vocês sabem? Sobre os deuses? Sobre a nova fé?

Sabiam pouco. Haviam experimentado a noite de horror, sonhando com elfos e abandono. Em suas devoções superficiais na igreja das famílias ricas, ouviram sussurros sobre um golpe contra os deuses, e mais tarde notícias firmes, confirmação de que uma divindade caíra. Enxergaram um fervor indeciso emergir no populacho — gente cultuando qualquer coisa, curvando-se a manchas de limo que pareciam o rosto de um deus, ouvindo profetas estridentes.

— O que fizeram, então? — disse Gregor.

— Estamos acima dessas superstições — latiu Jezebel.

— O que fizeram? — dirigindo-se a Rainer.

O homem pareceu à beira de urinar-se.

— Trabalhamos — disse, esganiçado e quase inaudível.

— Muito?

— Muito. Nossos lucros dobraram. — Encolheu-se, como se tivesse vergonha da ousadia.

— Aí está — disse Gregor. — Entregaram-se também à religião. Curvaram-se no altar de Tibar, o Deus Menor do Comércio.

Helen Vahn choramingava. Jezebel ficou muda — uma das raras vezes, desde crianças, em que realmente escutava o que o irmão tinha a dizer.

— Os mortos, Jezebel. Sabem dos mortos?

— Histórias de aldeões.

— Os mortos estão voltando — fez um gesto na própria direção — Ainda tem dúvidas?

Jezebel não aguentou: escondeu o rosto nas mãos, e desabou num pranto com berros. Rainer, sua boquinha transtornada, agitou um pequeno sino, chamando uma dama de companhia. Mandou que consolasse a esposa.

— Por que volta agora, Gregor? — disse *lady* Helen.

— Vocês tinham razão em algo, mãe. Repreenderam-me por me dedicar a Thyatis. Era mesmo tolice.

Pausa.

— Mas sua vida também é fútil — continuou Gregor. — Dinheiro, conforto. Tudo é efêmero. Não devem se curvar a esses ídolos, são como outra religião. Em todo o continente, os mortos se erguem, para espalhar a verdade. Os deuses são fracos, estão caindo. Existe salvação apenas na Tormenta.

Gregor sorria, cada vez mais largo, enquanto entusiasmava-se. Os fantasmas não haviam surgido em Tyrondir, e era ele o arauto da boa nova. Falou sobre como sua certeza anterior fora ingênua. A morte sempre parecera ridícula, e ele tomara aquilo como fé em Thyatis. Mas voltar da morte era pouco, comparado ao que os lefeu ofereciam. Um mundo *sem* morte. Gregor explicou que demorara a perceber que um mundo assim também não deveria ter vida.

Apenas lefeu.

— Foram anos estranhos, não posso negar. Só queria morrer. Quando voltei à razão, imaginei que arranjaria um jeito de fazer isso, e enfrentaria o que Thyatis me tivesse reservado. — Riu. — O pensamento de um garoto, não? Há pouco notei que Thyatis não tem mais poder. Ainda quero morrer, porque é o modo de me livrar da maldição. Mas, quando encontrar Thyatis, direi a ele o mesmo que lhes digo agora. Sentarei com a Fênix, e explicarei porque a ressurreição é tão fútil quanto a morte.

Tomou um gole de vinho, serviu-se mais. Energético, ansioso. Gesticulava muito ao falar, encontrando prazer em proferir a verdade, ajudar sua família e, mais tarde, seu deus.

— Thyatis é o Deus da Ressurreição e da Profecia. Que absurdo! — Fez um gesto com as duas mãos, como se mostrasse o disparate. — A ressurreição depende da morte. A profecia depende do futuro. Que nulidade, se futuro e passado podem ser um só! Por que uma segunda chance, se pode haver plenitude? Perfeição? Chances infinitas?

Os três convivas observavam. Rainer franzia o cenho, como se intrigado. Roubava olhares para a esposa, tentando obter licença para uma opinião.

Helen Vahn, mesmo fragilizada com os anos, não descartara a esperteza. Quando viu que não despertava piedade, ajeitou-se na cadeira, apontou o dedo ao filho.

— Você nunca deu importância a sua família, Gregor. Sempre quis ser sozinho.

— Eu era jovem — disse ele, dando de ombros. — Mas nada disso importa, porque ser um indivíduo também é absurdo. Quando só houver lefeu, estaremos juntos. Estou dando o primeiro passo, mãe.

Ele mesmo surpreendia-se com seu fervor. O que no início fora mente aberta, dando oportunidade ao modo dos invasores e tentando ajudar Ellisa, agora era uma clareza absoluta. Por um instante, Gregor chegou a pensar que não era necessário morrer. Mas, logo viu, precisava daquilo para chegar a Thyatis, ajudar o deus, assim como ele o havia ajudado. E, quando houvesse harmonia lefeu, não haveria morte.

— Não gostariam de ver Brendan? Gherard?

Silêncio.

Brendan, irmão mais velho, morrera pouco mais que uma criança. Nunca mais tocaram em seu nome, naquela casa. Gherard, patriarca da família, morrera durante os anos de loucura de Gregor. Sempre lhe parecera absurdo que a morte pudesse tocar gente tão próxima, mas a verdade é que seu pai havia morrido para ele muito antes.

— Não faça isso conosco — disse Jezebel.

— Você pode? — disse *lady* Helen.

— Posso tentar. Posso pedir. Fui leal a uma amiga, e minha lealdade foi recompensada. Minha amiga pode chamar os mortos. Talvez possa chamar os nossos.

— Faça isso, meu filho.

Sorriso.

— Antes, aceitem a Tormenta.

Gregor levantou-se, abriu a camisa leve que lhe cobria o tronco. Rainer engasgou ao ver as costuras rubras. Gregor agarrou o fio grosso de matéria vermelha que fechava seu esterno, puxou-o com as duas mãos. O peito abriu-se, revelando vermelhidão por dentro. Ele enfiou os dedos, retirando uma semente rubra, que logo começou a estremecer, como se quisesse germinar.

— Aceitem o sacramento.

Lady Helen Vahn foi até o filho, beijou-o no rosto. Ajoelhou-se e deixou que Gregor colocasse a criatura lefeu dentro de sua boca.

Quando Nichacla sc aproximava, a outra estava sempre mais longe. Como se a ilha não deixasse as duas estarem juntas, pensou de início. Mas não; Ellisa não era cruel daquela forma. Se não conseguia chegar perto de Ágata, a meio-elfa percebeu, era por sua própria culpa.

Nichaela sentia seu espírito murchando, com o remorso acumulado da informação que dera aos Lordes. O que a mantivera anos e anos ainda em uma forma sólida, ainda com o rosto que possuíra em vida, fora a obstinação de que haveria um fim. E a devoção a Masato Kodai, preso nas correntes lefeu desde a tempestade.

Agora, pela primeira vez, questionava o sentido.

Sua filha estava lá, no mesmo lugar, e tocá-la era impossível. Durante o casamento, Nichaela tentara salvá-la, fizera com que a levassem para longe, mas os invasores haviam-na alcançado. Ágata mais e mais distorcida, com um coral rubro crescendo no rosto, e pelos negros brotando no globo ocular. Masato o centro da vingança de um Lorde, incapaz até de um grito. A tortura era desconhecida: ninguém sabia qual o sofrimento do samurai.

E depois Ashlen, e Artorius (nem chegara a vê-lo, impossível oferecer qualquer ajuda), e Gregor, e Rufus. O garoto, que ela mesma batizara através de Orion e Vanessa Drake. Pena até de Andaluzia, na prisão eterna de sua loucura.

Do outro lado de um pântano de onde brotavam mãos, Ágata tecia uma flor. Nichaela inspirou o ar dolorido, andou o primeiro passo, em sua direção. Um instante, e a distância multiplicou — ela mesma recuara, ou Ágata viajara sem se mexer.

Olhos fechados, outro passo. Ágata sumiu ao longe.

Era o suficiente para gritar. Não tendo coração para bater acelerado, Nichaela sentia o vazio sugar a forma translúcida de seu peito, formando um buraco grotesco. Ela mesma fazia aquilo, tinha certeza. Tentou de novo e de novo, até que viu Ágata a poucos metros.

A área de Tormenta tinha a mesma paisagem horrenda e imutável, ao redor. Um incêndio cobria alguns quilômetros, ao lado, e um jardim construído de navalhas recortava os pés de um grupo de elfos.

— Sei que falhei com ela — disse Nichaela, para si mesma. — Tudo bem. Só quero falar com minha filha.

Deu um novo passo, e Ágata estava ao alcance da mão.

A garota pulou, ao sentir o toque gelado do fantasma de sua mãe.

— Ágata — o espírito de Nichaela transbordou lágrimas ectoplásmicas.

A outra levantou-se, deixando sua criação pela metade.

— Sabe quem eu sou? — disse Nichaela.

— Minha mãe — rosto fechado.

Silêncio.

— Tudo isso vai acabar, Ágata. Sempre existe um fim para o sofrimento.

— E um começo para um sofrimento novo.

Nichaela sorriu, tentou acariciar o rosto da outra, que se encolheu.

— É o dom de Lena, Ágata. Existem dificuldades, sempre, mas a vida persiste.

— Então a vida não serve para nada.

— Existe esperança.

— Dizem que você foi uma heroína, mãe.

Nichaela olhou séria. Não era heroína, disse. Uma sacerdotisa, apenas.

— Para você, talvez exista esperança — disse Ágata. — Mas eu nunca fui coisa alguma. Tenho um poder, que serve apenas a quem me machuca. Quis fazer o bem com ele, mas não deixaram.

— Ellisa —

— Crânio Negro foi o último a me usar, mas houve os lefeu, antes. E antes, as pessoas de Nitamu-ra. Fui vítima e digna de pena, mãe. Mas nunca me deixaram ser heroína.

— Se quiser —

— *Não quero*. Existe um pequeno alívio, quando consigo criar algo. Já estou conformada. Este será o ápice da minha vida.

E súbito, sem querer, Nichaela estava longe, mais uma vez.

— Você está aí, em algum lugar, Rufus — disse Ashlen Ironsmith. — Sei que está.

Em sua jaula, Rufus soltou um gemido vago.

Ashlen examinava, naquele momento como em todos, as chances de fuga, e não havia. Não havia fuga de Tamu-ra, da área de Tormenta, da existência que Crânio Negro reservara para ele. O destino de Ashlen era ser um adorno, uma companhia para o monstro que dizia ser Ellisa. Eram o lar, o grupo. Uma perfeita recriação infernal de sua vida anterior.

Andaluzia sentava-se em uma rocha vermelha, logo perto. Ashlen perdera um pé na torre da bruxa, e já temera-a mais do que tudo. Mas, com a certeza do invariável, para sempre, não havia mais o que temer. Ashlen via Andaluzia com um seio deformado para fora dos trapos, amamentando Vallen Drake. O menino era muito grande para aquilo, e debatia-se. Mas a Bruxa sem Rosto murmurava suas incoerências num tom reconfortante, e as gavinhas rubras da Tormenta prendiam os braços e pernas da criança.

— Rufus! — Ashlen sacudiu a jaula, virando o rosto antes que ficasse enjoado.

O prisioneiro moveu os dedos em sua direção. Ao menos notava que ele existia.

Ashlen resgatara Rufus, há um tempo que parecia eterno. Fora tudo em vão, porque Crânio Negro os havia capturado de novo. E Rufus no início fora apenas louco, mas depois imóvel e apático, como uma coisa. Mesmo a insanidade era melhor que aquilo, uma espécie de morte viva, um solo fértil de onde brotavam aberrações. Rufus tinha uma área de Tormenta dentro de si, e pouco mais.

— Lembra-se de quando carregamos Gregor, Rufus?

Nada.

— Lembra-se do achbuld?

Qualquer lembrança, por pior que fosse, melhor do que vê-lo como um objeto.

— Lembra-se do albino, Rufus?

Mas nada.

— Lembra-se de Ellisa?

Os olhos do prisioneiro reviraram. Ashlen pressionou o rosto contra as barras da jaula, falou mais alto. Mesmo que fosse Rufus insano, precisava de *alguém*.

— Ellisa, Rufus! Como você ama Ellisa! Um dia ela vai ver isso.

O homem tentava se debater, os braços e pernas inchados de Tormenta. Um líquido vermelho e gorduroso escorria lento pelo meio das costuras.

Ashlen teve uma ideia: foi atrás de Ágata.

No inferno rubro, a garota escondia-se num bosque perfumado, que criara para si. Chorava lágrimas vivas, que atingiam o chão como bolotas de chumbo, e corriam para longe.

— Ágata — viajara com ela, até o Deserto da Perdição, mas não a conhecia. Sabia do que era capaz, mas nunca lhe dirigira a palavra. Sempre indo a algum lugar, ou fugindo de algo, não procurara conhecer a prisão.

O rosto surgiu de suas mãos, disforme com a corrupção lefeu.

— Sei que vocês eram companheiros dela — disse Ágata. — Deixem-me em paz.

— Preciso de um favor, Ágata.

— Não podemos sair daqui! Mesmo lá fora, nada é melhor!

— Tem razão. É impossível fugir.

Ágata fez olhos intrigados. Era o primeiro que não lhe vinha com palavras doces ou ordens.

— Descobri isso quando encontrei Gregor — continuou Ashlen. — Crânio Negro sempre consegue nos alcançar.

— O que quer, então?

— Companhia. Não estar preso sozinho.

Era o mesmo desejo de Ellisa, ele percebeu.

— Não sou minha mãe. Não conheço minha mãe, e nem você.

— Quero meu amigo Rufus. Ele era meu amigo, pelo menos. Você consegue tecer qualquer coisa, não é?

Levou-a até a jaula de Rufus. A figura conhecida, do homem inchado como um monstruoso bebê, ainda causava repugnância. Mas Ágata ouviu o pedido de Ashlen, e pôs-se ao trabalho.

Teceu um bisturi e uma serra. Abriu as barras da jaula, e então o crânio de Rufus. Retirou um disco de osso, revelando o cérebro embaixo, espremido, com partes esmagadas, e entranhado com matéria vermelha. Os simbiontes correram livres para fora da cabeça do homem. Ágata teceu veias, nervos, coisas que não possuíam nomes. Ligou o cérebro de Rufus às suas partes humanas e lefeu, e retirou-o do crânio. Reconstruiu o que fora esmagado, remendou o que estava danificado. Trabalhou em partes invisíveis, pequenas demais, que percebia através de seus próprios órgãos alienígenas. E, no final, teceu um pouco de consciência, um pouco de sanidade.

— É você, Rufus? — disse Ashlen.

— Estou cansado — queixou-se Rufus.

Ágata recolocou seu cérebro e fechou seu crânio.

Eu sei. Também estou.

— Acredita mesmo naquilo, Ashlen?

— O quê?

— Que Ellisa vai perceber o meu amor?

— É claro, Rufus. É claro.

O coração de Rufus bateu forte, competindo com a matéria vermelha. E dentro dele, também outro coração — o Coração da Tormenta, centro da área que existia em seu corpo. Ambos com uma só dona.

Fora simples, quando ela estava imersa, tão apática em sua forma espectral quanto Rufus era em sua carne corrupta. Nichaela havia sido incapaz de perceber os arredores, apenas vez ou outra enxergando a área de Tormenta ou Masato. Mas, em seu estado de catatonia, como sono morto, percebia o samurai muito bem — e, acima de tudo, enviava os sonhos.

Sabia que não dormia, não realmente, como fantasma. Mas era o que mais se assemelhava. Agora, desperta para as proximidades, tirada de seu torpor para falar com os Lordes da Tormenta, Nichaela não conseguia tocar a mente de Orion Drake.

Não sabia explicar aquela ligação, não conhecia o porquê de sua mensagem — seu apelo — ter encontrado aquele homem, aquele casal. Vanessa Drake tão diferente dela mesma; tivessem se encontrado em vida, teriam sido rivais, talvez inimigas. Mas estivera, desde ter batizado a criança, ligada a Orion Drake, em grau maior ou menor. Assim como Ashlen Ironsmith encontrara-o, levando até ele Ellisa.

Tudo acabara mal, ou ameaçava acabar. Vallen Drake estava lá. Ninguém estava mais perto da salvação. E agora Nichaela não conseguia enviar os sonhos. Tão fácil quando estivera inconsciente!

O fantasma da clériga vagou pela área de Tormenta. Gregor, que abominara a morte, estava agora longe, pregando a não vida. Ashlen, que fugia de qualquer prisão e enredava qualquer um com sua lábia, estava resignado e calado. Rufus, o maior criminoso ou a maior vítima, carregando o inferno. E sua filha desprezava a vida.

Nichaela lembrou-se de Irynna, a jovem que os havia contratado para caçar o albino. Irynna sucumbira ao desespero, quando tudo desabou à sua volta. Sentindo fazer o mesmo, Nichaela decidiu que não.

Voltou para perto de Kodai, para sempre acorrentado, ao lado do Coração da Tormenta. Abraçou o marido com seus braços espectrais, sentiu o frio repugnante das correntes vermelhas contra seu espírito nu.

— Não consigo mais, Masato. Não sei mais o que fazer. Não sei se me ouve, não sei se sabe o que eu fiz. Mas não consigo mais.

Rosto escondido, Masato imóvel.

— Talvez seja injusto enviar sonhos a *sir* Orion Drake. Talvez seja melhor que ele pense que o garoto está morto, viva seu luto e siga em frente.

Sem se importar com o nojo do toque lefeu, apertou mais sua alma contra o samurai.

— Não sei mais o que fazer, Masato. Estou sozinha.

Orion abriu os olhos, no meio da noite:

— *Tamu-ra.*

CAPÍTULO 20

CHAVE MESTRA

A ORDEM MORTA DE VIDÊNCIA E NUMEROLOGIA NUNCA recebia visitantes.

Mas, em menos de vinte anos, recebia o segundo. Quando Orion e Vanessa chegaram ao mosteiro envolto em brumas, a ponte levadiça já fora baixada.

O oráculo revelara-lhes a localização, e foram longos meses de jornada. Eram os únicos mortais a conhecer a Ordem Morta, mas sua chegada não causou surpresa. De acordo com os modelos que previam o futuro, com os cálculos que explicavam a realidade, os Videntes Mortos haviam profetizado a visita. Orion e Vanessa eram duas variáveis novas, calculadas nos infindáveis pergaminhos, em conjunto com o resto da existência. Explicados e compreendidos por meio de matemática, destilados em termos lógicos.

Dois monges saudaram, gesticularam para que entrassem.

O mosteiro era uma coisa simples e quadrada, paredes de pedra cinzenta, o limo raspado com esmero. Gerações viviam entre aquelas paredes, num mundo à parte, sem contato com ninguém. Plantavam sua comida, criavam seus animais. Casavam-se entre si, seus filhos destinados à Ordem. Os homens, metidos nos mesmos mantos rudes e marrons que as mulheres, usavam tonsuras, símbolos de devoção a Tanna-Toh, a Deusa do Conhecimento. As mulheres mantinham os cabelos curtos, raspavam a parte frontal do escalpo. Todos exibiam os olhos gastos de quem passa os anos debruçado em tinta e papel, os pulmões sibilantes por décadas de bolor.

Orion e Vanessa andaram pelos corredores, no caminho indicado. Era um lugar quieto, e seus passos ecoavam. Mas não era solene, e nem estático. Os Videntes Mortos ocupavam-se de suas tarefas mundanas, matavam carneiros para a refeição, discutiam equações complexas. As crianças zanzavam nos cantos, quando tinham liberdade de seus afazeres.

A Ordem Morta de Vidência e Numerologia dedicava-se à previsão do futuro, à compreensão do passado. Há muito haviam descoberto um padrão no universo, um sentido inerente a tudo, de acordo com a lógica atrás da realidade — matemática. Assim, isolaram-se do mundo, escrevendo suas profecias na forma de equações. Devotos de Tanna-Toh, mas não sacerdotes. O dogma da deusa impunha que nenhuma resposta fosse negada, e que nunca houvesse mentira. A existência dos Videntes Mortos girava em torno de recusar-se a responder, pois seu poder era grande demais. Nenhum deus ou mortal deveria ter a certeza plena sobre o destino. Por isso, a Ordem decidira ser Morta.

Os dois visitantes chegaram ao Mestre da Ordem. Sua sala, transbordando de livros, pergaminhos, ábacos, cheirava a mofo e cera de vela — e fumaça. No centro, um livro, alto como dois homens, grosso como o tronco de uma árvore adulta, sustentado em uma estrutura de ferro maciço. O Mestre levantou-se para recebê-los. Não teria mais de trinta anos, e seu corpo magro exalava uma energia moça, acumulada. Em torno dele, acólitos com tochas, prontos ao sacrifício maior.

— São os primeiros mortais que já recebemos — disse o Mestre.

— Somos intrusos ou convidados? — era Vanessa.

— Nossa opinião não importa. Sua chegada estava escrita. Os números não esperam boas-vindas, e nem procuram agradar.

— Por que as tochas? — disse Orion.

Pausa.

— Sua chegada estava escrita. Não seu propósito. Se for necessário, nossa matemática irá arder.

Queimar os pergaminhos e livros. Destruir todo o conhecimento. Porque o propósito dos visitantes não estava descrito.

— Não iremos revelar o futuro — continuou o Mestre.

— Não viemos saber o futuro — disse Orion. — Queremos descobrir como combater a Tormenta.

— A resposta está no futuro. É um conhecimento muito grande para os mortais. Para os deuses.

Vanessa fez menção de tocar o cabo da maça. Os acólitos aproximaram as tochas do papel.

— Cada um de nós sabe como vai morrer — disse o Mestre. — Somos a Ordem Morta. Ameaças estão no futuro, e não adiantarão.

O pragmatismo era absoluto: o Mestre da Ordem não adivinhava; *conhecia* o destino. Tão inevitável quanto a dureza de uma pedra. Rejeitá-lo seria tão inútil quanto esbravejar contra as marés ou o vento. Orion foi assaltado de um desconforto. Inveja — gostaria de ter tanta certeza.

— Conte-nos sobre o passado, então — disse Vanessa.

— A origem da Tormenta — Orion completou.

O Mestre respirou, por um tempo.

Então, convidou-os para que se aproximassem. Chamou um acólito, um rapaz gordo que aguardava num canto, movendo seus dedinhos sujos de tinta. Com sua ajuda, virou páginas e páginas, até chegar aos números que procurava. Os demais continuavam com tochas prontas.

— Entendem a matemática?

— Pouco — disse Vanessa. — Cálculos de suprimentos. Coisas práticas.

— Isto é mais complexo. Vejam.

Correu o dedo por algumas séries de algarismos e sinais, e símbolos que os dois visitantes não conheciam.

— Esta é a chegada de Glórienn a nosso mosteiro.

Orion franziu o cenho.

— Este resultado é o desespero de Glórienn, quando seus filhos foram mortos pela Aliança Negra. Esta função é a jornada de Glórienn, tentando convencer os deuses a permitir a chegada da Tormenta.

Orion engasgou. Vanessa mostrou os dentes, por instinto.

— Os *deuses* provocaram a Tormenta? — disse Orion.

— Permitiram que a tempestade chegasse. — O Mestre apontou alguns cálculos, ao longo de duas páginas. — Cada membro do Panteão teve suas razões. Cada resultado levou a novas equações, até que eles tomaram sua decisão.

Vanessa sentiu-se tonta. Keenn permitira, junto com os demais.

— E então, introduziram novos elementos.

Virando outras páginas, o Mestre apontou outros símbolos, outras séries de cálculos. Tinham nomes: Vallen, Ellisa, Nichaela, Rufus.

— A chegada da Tormenta era uma improbabilidade estatística — disse. — A criatura que veio conhecer nosso mundo precisaria se interessar. Deveria continuar sua jornada, sem ser detido, até que entendesse Arton.

Precisaria do equilíbrio exato de ódio e cooperação. Precisaria ser caçado, e ser destruído. Qualquer mudança provocaria um resultado diferente.

O homem continuou sua explicação. Sobre como Vallen Allond não desistira da perseguição ao albino, não buscara a ajuda de heróis. Sobre como aqueles que poderiam compreender o que ocorria não haviam sabido de nada. Sobre como Rufus, o mago, encontrara um livro de poder sem igual, e usara-o para criar a magia que levara o batedor de volta. Sobre como Vallen insistira em invadir o mundo dos lefeu, matar o albino em sua própria realidade. Sobre como isso provocara retaliação, voltara as atenções dos lefeu de todo para Arton.

Era mesmo um equilíbrio delicado. Dependia de deuses incertos, arrependidos ou enganados. De um líder teimoso, de um mago fraco, de um amor sem reciprocidade.

— Isso não nos ensina a vencer — disse Orion.

— Não iremos responder — disse o Mestre. As tochas ardiam.

— Vamos continuar no passado, então — disse Vanessa. — A Tormenta veio ao nosso mundo, mas já estava lá. Qual é a *origem?*

O Mestre da Ordem mordeu o lábio. Voltou as costas para o livro.

— Essa resposta não existe. A matemática não faz sentido. Chegamos a um limite, as fórmulas não se aplicam.

— O que isso significa? — disse Orion.

— Vocês já sabem demais.

— Por que não existe resposta? — disse Vanessa.

— Eis a grande pergunta — disse a velha senhora que surgiu na porta.

Quando a deusa chegou, experimentaram um vagalhão de fervor e questionamento. Tanna-Toh provocava uma curiosidade urgente, uma sede que não podia ser saciada. As respostas pareciam mais importantes que a vitória, que o mero filho em segurança. Orion e Vanessa, naquele instante, estiveram prontos a jogar fora o que eram, rir das tradições e da guerra, devotar-se à maravilha de ser ignorante, buscar o aprendizado.

Tanna-Toh caminhou até eles, numa forma enrugada, escondida em manto e capuz. Sorriso tranquilo, andar sossegado de professora. Mesclado, um ar ansioso de juventude. Tanna-Toh, a Deusa do Conhecimento, era uma divindade de perguntas.

O Mestre da Ordem ajoelhou-se, engasgado. Os acólitos desmaiaram. Antes que as tochas tocassem algum papel, Tanna-Toh fez que não existissem.

— Os deuses estão intervindo — disse Orion. — Finalmente.

Tanna-Toh sorriu-lhe com meio rosto.

— Não do jeito como está pensando, cavaleiro.

Silêncio.

Acompanharam os movimentos da deusa, até próxima ao grande livro.

— Estou em busca de conhecimento — disse Tanna-Toh. Deu um pequeno riso. — Como talvez seja óbvio. Criar conhecimento novo é o que sou. Assim como Glórienn é mãe dos elfos, e Valkaria dos humanos. Mas — dedo em riste — tão fascinante quanto isso pode ser redescobrir conhecimento esquecido.

Virou-se, examinou os cálculos no livro.

— Minha pesquisa complementa a sua, Orion Drake. E dois pesquisadores podem trabalhar em conjunto, para obter melhores resultados.

Orion mal ousava respirar. Vanessa por vezes fechava o olho, sentindo ondas de êxtase místico.

— Desenvolvi boa parte da teoria — continuou a deusa. — Conto com você para as experiências de campo.

Sorriu de novo.

— Não entendo — começou Orion.

— É claro que não. Por isso estou aqui. Minha pesquisa gira em torno da origem da Tormenta, cavaleiro. Você vai confrontar algumas de minhas hipóteses.

Ela chamou-os para perto, com dois dedos. Também acenou para que o Mestre se juntasse.

— Existe um grande vazio nas equações. Falta-nos um elemento para calcular a origem da Tormenta. A variável desconhecida que explicaria os lefeu. — A voz de Tanna-Toh entrou num crescendo, o ritmo de suas palavras foi-se acelerando, aos poucos. — Mas também existe um segundo vazio, uma segunda incógnita. Tragam-me o livro que fala sobre a Revolta dos Três.

O Mestre da Ordem Morta ergueu as sobrancelhas. Demorou até conseguir despertar os acólitos. Depois de algum tempo, oito homens carregaram um imenso tomo para dentro da sala. Estremeceram à vista de Tanna-Toh, mas mantiveram-se com estoicismo. O livro aberto foi tirado do suporte de metal, e o outro, recém trazido, foi posto em seu lugar. O Mestre buscou as páginas que tratavam da Revolta dos Três, em tempos imemoriais.

— Exato — sorriu a deusa, acompanhando séries de algarismos com o dedo. — Algo também inexplicável. Ninguém sabe o que foi a Revolta. Dois dos criminosos são desconhecidos. *Valkaria,* — apontou para um símbolo — *Tillian,* — outro — e "o Terceiro".

Tanna-Toh estreitou os olhos para a página.

— Insolúvel. Incompleto. Precisamos de mais dados para resolver este enigma.

Orion quieto. O Mestre da Ordem apenas assentia.

— Mas — disse Tanna-Toh, com a expressão de um gato prestes a dar o bote — e se os dois elementos desconhecidos fossem o mesmo?

O silêncio fervilhou de conjecturas. O Mestre mexia os dedos e os lábios, só um pouco, como se fizesse cálculos em um ábaco invisível.

— Precisamos trabalhar nessa hipótese — disse a Deusa do Conhecimento. — Formulá-la. Só então poderemos rejeitá-la; ou corroborá-la. — Voltou-se para Orion. — O que é a *sua* parte.

Ele olhou para Vanessa, que também não sabia como responder. Se houvesse, em toda a sua vida, uma missão sagrada, ele não imaginaria que fosse esta.

— Não sei como fazer isso — disse Orion.

— Eu também não — disse Tanna-Toh. — Mas, se vai enfrentar os lefeu, certamente terá oportunidade de fazer o experimento.

— *Como?*

A deusa suspirou.

— Você quer atacar a Tormenta, Orion Drake.

Ele assentiu.

— Onde? — disse Tanna-Toh.

Ele hesitou. A deusa continuou olhando-o. Fez um gesto, convidando à resposta.

— Tive um sonho — disse Orion.

— Sobre?

— Tamu-ra.

Silêncio. Conhecimento novo se formava.

— Tamu-ra é o começo de tudo — disse Orion, abrindo bem os olhos. — Onde surgiu o albino. Onde a Tormenta atacou primeiro.

— Ótimo. Esteve prestando atenção ao que o Mestre explicou. Não pode tentar resolver um problema a partir do meio, Orion Drake. Comece pelo começo.

Ele ficou olhando-a.

— Crânio Negro — Orion começou.

— Crânio Negro é Ellisa Thorn — interrompeu Vanessa.

Tanna-Toh sorriu.

— Ellisa Thorn e seus companheiros estiveram envolvidos com a chegada da Tormenta — disse a clériga. — Em Tamu-ra. Foram responsáveis, pelo menos em parte.

— Acha que Crânio Negro está em Tamu-ra? — disse Orion. — Que Vallen está em Tamu-ra?

Era o que fazia sentido. Mas não havia razão.

— Pense em seu inimigo — disse Tanna-Toh.

— Crânio Negro derrubou Glórienn — disse Orion. — O Reino de Glórienn foi tomado por uma área de Tormenta.

— Existe um novo Lorde da Tormenta — disse Vanessa, a compreensão aflorando.

— *Crânio Negro é o Lorde da Tormenta de Tamu-ra.*

Orion engasgou. Vanessa saltou à frente, agarrou seu braço por instinto. Crânio Negro, com Vallen Drake, em Tamu-ra.

Tanna-Toh parecia satisfeita.

— Não entendo o que Tamu-ra, meu filho e suas perguntas têm em comum — disse Orion.

— Pense na hipótese mais simples — disse a deusa. — Tudo está relacionado. Sua pergunta é também minha pergunta.

Silêncio.

— Vamos — incitou. — Pergunte. Veio até aqui para isso.

— Como derrotar a Tormenta? — disse Orion.

Tanna-Toh pediu mais uma vez o livro que fora substituído. Também pergaminho, pena e tinta.

— Olhe a Tormenta — disse a deusa, mostrando uma série de números incompreensíveis na enorme página. — Modelemos um futuro hipotético, no qual os invasores sejam vencidos. — A um gesto seu, o Mestre da Ordem debruçou-se sobre os pergaminhos. — Precisamos de um algoritmo que torne esse futuro hipotético possível. Mas não sabemos como chegar a ele.

Todos observavam as equações, mas não sabiam aonde levavam.

— Apenas um elemento resolve esta equação.

— *Poder* — disse o Mestre da Ordem.

— Muito poder — disse Tanna-Toh. — Não existe atalho, não existe truque. O inimigo *não tem* ponto fraco; é preciso ser mais forte que ele, simplesmente.

Um enjoo lento subiu pela garganta do cavaleiro.

— O que, em Arton, possui esse poder? — disse Orion.

— Apenas uma força em nosso universo — disse Tanna-Toh. — Algo que nosso mundo tem em abundância, e que o inimigo quase não tem, por enquanto.

Sorriu, esperando a resposta surgir. Orion sentiu-se gélido, e completou:

— Deuses.

CAPÍTULO 21

GÊMEOS

ENVOLTOS PELO AROMA DOCE DE CARNE APODRECIDA, eles chiaram seus cumprimentos.

Imersos até os olhos na água gélida e estagnada, deixando o fedor penetrar em suas narinas, os dragões negros deram início ao conselho. Dorsos oleosos, de escamas lisas que sumiam em couro reluzente, asas escuras encolhendo-se ao lado dos corpos, e chifres que viravam a uma direção e outra, traduzindo o humor das feras. No imenso pântano, haviam expulsado as hidras, as serpentes, todos os predadores menores. Se houvesse aldeias por perto, enlouqueceriam de pavor, pois era uma reunião que não existia na memória, e o clã das trevas tomaria uma decisão importante.

Cadáveres semidecompostos, de minotauros e animais, flutuavam nas águas do pântano, inchados de gases de putrefação. Eram petiscos para os convidados. Yzzeliann, um dos maiores, abocanhou um cavalo morto, e tomou a palavra:

— Todos sabem por que estamos aqui. A decisão é simples, mas crucial. Os dragões negros devem assumir uma posição.

O pântano borbulhou, a água tingiu-se de ácido, expelido das gargantas e narinas. Um grupo de seis jovens agitou suas caudas, mostrando desagrado.

— Nem os deuses podem fazer os dragões negros mostrarem-se à luz, Yzzeliann — disse Arbaniull, um velho de olhos amarelos brilhantes e couro homogêneo.

— Os deuses estão mudando, e é hora de mudarmos também — gargarejou Yzzeliann. — A astúcia pode se transformar em tolice, quando a covardia é maior.

Não houve fúria: os dragões negros estavam acima de tais arroubos. Pelo contrário, Arbaniull virou seus chifres para trás, pensando no que o outro dissera.

— Não vejo dilema — disse um jovem pequeno e sinuoso, ao fundo. — Podemos declarar esta aliança, e então trair, quando for vantajoso.

— Esta não é uma aliança como as outras — disse Yzzeliann. — Se decidirmos por isso, não haverá volta.

— Devemos nos aliar ao lado vencedor — disse alguém.

— O domínio dos líderes do Panteão sempre prevalece — retrucou Arbaniull. — Por isso abraçamos o Deus-Serpente.

Sszzaas, o Deus da Traição, era uma divindade favorita entre os dragões negros. Seu culto secreto, seus modos escondidos encaixavam-se com a mente daquele clã. Podia-se adorar Sszzaas e negá-lo; mesmo que seus inimigos prevalecessem, os fiéis não eram comprometidos.

— Sszzaas nunca foi nosso líder — disse Yzzeliann. — Apenas conveniente.

— Devemos permanecer neutros — uma voz emergiu do fundo.

— Não haverá neutralidade agora — disse Yzzeliann. — Se não nos juntarmos a essa nova força, estaremos contra ela.

— Vocês esquecem que já temos um deus — sibilou uma velha de escamas opacas. — Mzzileyn é nosso senhor.

Mzzileyn, o Dragão-Rei negro, era mesmo uma divindade menor. No entanto, a natureza de seu clã nunca permitira que fosse cultuado por todos. Assim como outros deuses, Mzzileyn era lembrado quando conveniente.

— Talvez ache que deveríamos cultuar Tenebra! — gorgolejou um dragão adulto enorme e musculoso, no simulacro de um riso.

— Mzzileyn não foi chamado — disse Yzzeliann. — Mzzileyn não pode resolver nosso dilema. Tenebra tem pouco a ver com o que falamos aqui.

O silêncio pairou no pântano. Os mosquitos zumbiam em reverência, os vermes eclodiam dos cadáveres, saudando.

— Existe uma nova força em atividade — continuou Yzzeliann. — Tudo indica que será vencedora. Se continuarmos a nos esconder, perderemos a chance de cultuá-la. Mas, se nos juntarmos a ela, e for vencida, não haverá como negar nossa participação. Nós precisamos de um deus. Quase todos os demais clãs já perceberam isso; não existe mais neutralidade.

O fedor e o nevoeiro flutuaram como uma sopa, enquanto o clã pensava e deliberava. Era uma decisão sem volta, que deveria ser tomada ali, no Charco de Possun.

A Tormenta não havia feito cadáveres em Tapista. Por isso, o Dragão encarregou-se de produzir alguns.

O Reino dos Minotauros não estava habituado com a derrota; nunca invadido, nunca ameaçado. Suas fronteiras a oeste, norte e leste estavam sempre prontas à expansão. Suas cidades de pedra, com ruas de paralelepípedos e estradas brilhando de civilização, abrigavam uma cultura rija, disciplinada, e um dos mais temíveis exércitos. As legiões dos minotauros, vivendo sob Tauron, estavam em eterna prontidão para defender o reino.

Nada puderam fazer quando o Dragão da Tormenta deitou sua sombra larga.

Em Tiberus, a capital, os escravos foram os primeiros tomados pelo pavor. Os humanos e as centenas de elfos que vinham chegando nos últimos meses pressentiram o horror, e berraram. As concubinas humanas, elfas ou meio-elfas debateram-se em seus haréns de luxo ou suas celas. Os minotauros sentiram os corações martelando, mas a rigidez prevaleceu. Pelas ruas labirínticas de Tiberus, formaram as legiões, para enfrentar o inimigo.

O Dragão ignorou os campos, as cidades menores, as propriedades vastas fora da cidade. Tinha seus olhos cadavéricos na capital, e batia suas asas de muitos couros em direção à presa. A Guarda Urbana, tropa encarregada da segurança e paz na cidade, foi mobilizada num instante. Todos os soldados puseram-se ao dever, evacuando os escravos mais importantes, das raças fracas, que não conseguiriam resistir à presença da criatura. As legiões de elite fizeram o mesmo com os nobres e os senadores, preservando a alma de Tapista, os governantes e políticos.

Em Tiberus, havia ruas largas, onde passariam exércitos em desfile, e vielas estreitas, espremidas entre casas de vários andares, onde o sol nunca batia. Havia escadas ao subterrâneo e passarelas suspensas, numa lógica que só os minotauros eram capazes de navegar. Os refugiados eram conduzidos por essas vias, aos pontos mais seguros do subterrâneo, para rotas de fuga que levariam a um porto, ou a fortalezas vizinhas.

Enquanto o Dragão se aproximava, sua forma costurada fazendo-se visível aos poucos no horizonte, os civis eram retirados, e as legiões posicionavam-se. Centenas de arqueiros escravos — todos elfos, pois os minotauros lutavam com lança e escudo e gládio, próximos ao inimigo. As catapultas e balestras, que defenderiam as muralhas da cidade, eram carregadas, os engenheiros de guerra comandando equipes de soldados com treinamento especial. As legiões de honra aglomeravam-se nas ameias, sobre os prédios altos, nas avenidas e nas ruelas. Tinham nomes orgulhosos e estandartes altivos: a Quarta Conquistadora, com o símbolo da manopla de bronze. A Flagelo de Tauron, com o chicote serpenteante esculpido no topo do mastro. A Couraça de Chifre, especial e temida entre todas, que contava com a Centúria Sagrada, cem legionários ordenados no sacerdócio do Deus da Força.

Os gladiadores juntaram-se em bandos pequenos, retirados da grande arena, para lutar ou morrer como pudessem. A casa de banhos, o senado e os templos foram esvaziados. Nas casas de pedra com vários andares, o povo se empurrava para sair; os mais abastados, que viviam nos andares de baixo, mais à frente.

O Dragão aumentava no céu. Via-se seus espinhos, seus chifres, sua carapaça rubra e seus dentes. Abriu a bocarra, e emitiu um rugido. Tiberus estremeceu, paredes racharam. Os arqueiros escravos ameaçaram fraquejar, mas a voz de seus mestres minotauros forçou-os à disciplina.

Um novo urro, e os primeiros cidadãos morreram. Um engenheiro sentiu o coração falhar, ante o pavor da criatura. Alguns escravos fecharam os olhos e caíram, enquanto apertavam as tiras na armadura de um centurião.

E, com o terceiro rugido, o Dragão cuspiu o inferno.

A muralha de Tiberus foi atingida pelo jorro vermelho, as gavinhas e o ácido e o horror. A pedra floresceu num instante, com rosas esqueléticas que desabrochavam em caveiras de minotauros. Vários blocos tornaram-se pó, fazendo uma seção da parede desabar. Mas os legionários continuaram firmes, inflexíveis, até que seus generais deram a ordem.

As catapultas e balestras dispararam ao mesmo tempo; o Dragão foi atingido por dezenas de pedras gigantescas, e setas que poderiam furar portões de ferro. As equipes das armas de cerco trabalhavam sem cessar, municiando, e a saraivada continuou. Os arqueiros escravos dispararam todos de uma vez, e então à vontade. Mãos élficas puxavam flechas, retesavam cordas e soltavam, em sucessão vertiginosa, tornando o céu negro. Num minuto, o Dragão estava cravejado de setas, e o ataque das catapultas mantinha-se firme.

A fera passou pela muralha, recebendo o castigo na cabeçorra monstruosa, nas asas imensas. Os arqueiros seguiram disparando contra seu estômago. O Dragão cuspiu de novo, arrasando meia dúzia de prédios. Uma onda de ácido ergueu-se nas ruas, e foi quebrar contra um outro quarteirão. Casas transformaram-se em carne rubra, corredores tornaram-se veias ou emaranhados de ossos e agulhas.

As legiões continuavam prontas, no chão, escudos e lanças aguardando para atacar o inimigo. A um grito, a Centúria Sagrada pôs-se em reza, cem clérigos ao mesmo tempo. As orações a Tauron explodiram num grito de guerra, e uma centena de machados ectoplásmicos surgiu no ar, acima do Dragão. As armas feitas de fé desceram todas ao mesmo tempo, sobre o monstro, jogando seu corpanzil ao solo. Mais um prédio ruiu ante o impacto, mas as legiões de Tapista estavam prontas. Sob cornetas marciais, avançaram juntas, milhares e milhares de minotauros investindo com suas lanças. Uma pata dilacerou uma dezena, mas outros vinte chegaram para espetar o couro monstruoso com aço. A cauda do Dragão da Tormenta varreu atrás, derrubando os soldados em formação, mas os sobreviventes continuaram atacando.

Uma correnteza de lâminas e pontas envolveu a criatura por todos os lados.

Se pudesse, estaria sorrindo.

Abriu sua bocarra, e deu boas-vindas aos legionários. Os minotauros entregavam suas vidas com alegria, desde que pudessem ferir o inimigo. Mas, no último instante, antes de serem esmagados pelos dentes, antes de serem cortados pelas garras, havia uma mudança. Os legionários percebiam a futilidade de sua disciplina, a estupidez que era defender aquela terra, aquela cidade, aquele modo de vida. Atacavam por Tapista — morriam pela Tormenta.

O Dragão cuspia restos mastigados, arrancava suas almas, para que se juntassem aos pastores, mais tarde.

— Pedimos autorização para entrar em sua capital, Primeiro Cidadão — disse Talude.

Aurakas, o regente de Tapista, olhou com um esgar o espelho encantado. Por sua natureza, não era um apreciador da magia — uma força pouco confiável, pois raros eram os generais capazes de entendê-la por completo. Difícil estudá-la a fundo e ainda dedicar-se à finezas da ciência militar. O Primeiro Cidadão, como era seu título, ouvia relatos e comandava a batalha a partir de uma sala de guerra protegida, cercado por sua guarda de honra.

Contava com um mago escravo (pois a magia era útil nos afazeres diários), e dezenas de conselheiros de assuntos diversos. Esperara algum tipo de comunicação por parte do Reinado, mas não a mensagem de um professor.

— Você não é um general, Mestre Talude — disse Aurakas. — Não tem lugar nesta batalha.

O arquimago alisou a barba, num gesto controlado.

— Com o devido respeito, Primeiro Cidadão, dispomos de uma força considerável.

— Magos?

— Magos. — Pausa. — E dragões.

Aurakas dirigiu um olhar para seu escravo de confiança, um velho elfo gorducho. O escravo deu de ombros.

— Propõe enviar dragões a minha capital? — disse Aurakas, sua voz mais suave, portanto mais perigosa.

— Nossos aliados.

— Dragões não têm aliados, Mestre Talude.

Edauros mordia uma unha com insistência. Olhava para Vectorius e gesticulava. Yadallina sentava-se atrás, batendo o pé esquerdo sem perceber. Todas as atenções em Talude.

— Nunca deveria ter pedido — disse o Lorde de Vectora, em silêncio, na mente de seu rival.

Talude continuava falando com Aurakas, enquanto respondia para Vectorius:

— Poderíamos iniciar uma guerra com Tapista, se entrássemos sem permissão.

— E agora o problema será resolvido. Sem risco de guerra. O reino será destruído.

— Primeiro Cidadão — falou Talude, em voz alta, ignorando Vectorius.

— Permitir que professores e estudiosos entrem em minha capital para combater ao lado de dragões seria irresponsável — disse Aurakas.

— Com todo respeito, seu povo está morrendo.

— O povo de Tapista nunca temeu morrer por Tapista — o Primeiro Cidadão falou com a mais branda e mais firme das vozes. — Legionários de Tapista morrem em solo de Tapista, para defender Tapista.

— Não são legionários —

— *Todos* somos legionários, Mestre Talude.

Vectorius massageou as têmporas. Edauros chegou mais perto da irmã.

— Antes que pense em qualquer invasão ilegal — continuou o Primeiro Cidadão — saiba que considero o Rei-Imperador responsável por suas ações.

— Nunca invadiria o território de um reino soberano — disse Talude.

— Tenha certeza de que seus dragões compartilham dessa ética.

Edauros tomou Yadallina pela mão, fez-lhe um meneio de cabeça, para irem lá fora. Ela o acompanhou, sem entusiasmo. O céu azul vibrante fazia troça da situação. Estavam em Vectora, zunindo pelos céus, com arquimagos e dragões, e não podiam combater o inimigo, pela teimosia de um minotauro.

Ainda segurando a mão dela, Edauros andou pela rua retilínea. Desembocava na beira da cidade voadora, para uma queda longa. Quase ninguém passava ali, pois fazia parte da privacidade do lorde.

— Eu queria salvar aquela gente — disse Edauros.

— Eu também — disse Yadallina.

Lá dentro:

— A coroa de Deheon está ciente de nossa intenção — disse Talude. — Não somos um grupo desgarrado.

— Por que, então, este pedido não foi feito pelo Rei-Imperador?

Vectorius surgiu no espelho encantado:

— Não é um pedido! É uma oferta!

Talude lançou-lhe um olhar de repreensão. Aurakas falou em voz muito baixa:

— Exijo um documento assinado por Sua Majestade Imperial, com o selo do Reinado, tomando responsabilidade por quaisquer estragos que venham a acontecer.

— Não há tempo, Primeiro Cidadão.

— Não permitirei dragões em minhas fronteiras sem um compromisso oficial.

— Edauros, o que está fazendo?

— Nada — ele disse, correndo e arrastando-a.

Até a beira, e então deu um puxão violento, jogando a irmã para fora da cidade. Atirou-se, rindo, em queda livre.

Virrikiriel agarrou-os com as patas, depositou ambos com cuidado sobre o dorso azul.

— Ao diabo com o regente! — gritou Edauros. — Vamos para Tapista.

Eram dezenas e dezenas, espalhando sombras de asas sobre o campo de Tapista. Azuis, brancos, verdes. Nas últimas semanas, haviam se juntado alguns marinhos, e o séquito de Yadallina não cessava de crescer. Tiberus, muito abaixo e logo à frente, tinha aspecto de formigueiro. As legiões investindo como insetos contra o Dragão da Tormenta, os minotauros sacrificando-se no altar da corrupção. Madeira ardendo, pedra rachando.

O monstro sentiu a aproximação dos outros dragões. Ergueu a cabeça e rugiu para os novos inimigos.

Eles despejaram-se como um tufão.

Edauros, berrando com um sorriso, disparava impressões e táticas com seus pensamentos, aos Cavaleiros do Corvo. Eles montavam os dragões azuis, como antes, e sinalizavam ordens uns para os outros. O horror e o asco atingiram humanos, elfos e dragões numa onda compacta, quando a aura do Dragão da Tormenta fez-se sentir.

Os azuis tomaram a frente, incitados pelos Cavaleiros, e descarregaram seus relâmpagos. O ar estalou, os cabelos se eriçaram, e os feixes de eletricidade atingiram a cabeça do Dragão da Tormenta em uníssono. Os azuis bateram suas asas, ganhando altura logo após. O couro do inimigo fumegava, mas ele não parecia ferido. Brancos e verdes atacaram-no com gelo e veneno. Os marinhos circundaram por trás, contornando colunas de fumaça e prédios em escombros, para disparar jatos de água fervente. O Dragão da Tormenta enviou uma lufada titânica, com uma batida de asas. As legiões de minotauros foram jogadas para todos os lados, indo estatelar-se contra muralhas, desabando uns sobre os outros, por cima de suas armas. Num impulso das patas traseiras, o Dragão alçou voo, e estava em meio ao enxame de inimigos.

Os brancos atacaram-no com as garras e as presas, quinze ou vinte ao mesmo tempo, mordendo e perfurando asas, pescoço, cauda, patas espinhosas. O corpanzil do monstro desapareceu por trás dos atacantes, enquanto dezenas de asas batiam em frenesi, meio tentando manter-se no ar, meio tentando derrubá-lo. Eles rolaram pelo céu, deixando uma trilha espiral de sangue ácido, até que um punhado de brancos foi arremessado longe, o couro dilacerado, por um golpe das patas traseiras. Os verdes circundavam acima, movendo as garras e as caudas, entoando palavras mágicas com suas mandíbulas maciças. Os encantos surtiram efeito no momento em que o Dragão da Tormenta mordia fundo o dorso de um branco que lhe arranhava o estômago. Arrancou um naco do inimigo, e sentiu centenas de projéteis de energia fustigando-lhe o couro. Explodiram e sumiram, sem deixar rastro ou ferimento.

O Dragão da Tormenta abriu suas asas, arrastando os brancos que agarravam-se a elas, tentando rasgar. Três foram jogados, girando sem controle, e o monstro conseguiu ganhar altura, indo em direção aos dragões verdes. Jogou seu corpanzil contra eles, usando os dragões brancos como aríetes. Garras, asas e caudas confundiram-se num emaranhado animalesco, e o Dragão da Tormenta abriu a boca.

Os azuis vinham em socorro, com Edauros na frente, berrando avisos. Mas em vão: a criatura vomitou sua baforada contra os verdes e os brancos, espalhando o inferno.

Dois foram aniquilados, metade dos corpos musculosos desintegrando-se. Um, pego em cheio, sentiu as gavinhas crescerem dentro de si, os ossos e órgãos convulsionando, enquanto a corrupção da Tormenta tomava-o. Outros perderam escamas, caudas ou garras. Todos se espalharam, fazendo alvos mais difíceis.

Os dragões marinhos urraram como um só, e investiram. Eram poucos, mas estavam entre os mais poderosos. Morderam o longo pescoço do Dragão da Tormenta, tentaram arrastá-lo para o chão. Com suas patas da frente, ele rasgou a garganta de um e feriu outros. O sangue espirrou longe, indo encharcar as ruas de Tiberus, e o cadáver do dragão marinho estraçalhou meia dúzia de prédios.

Súbito, o Dragão da Tormenta arregalou seus olhos desiguais, rosnou para si mesmo. Chegava Virrikiriel, carregando Yadallina.

A elfa suava, sentia o couro cabeludo e a pele encharcados por baixo das roupas. Batia os dentes. Seus olhos estavam fixos no Dragão da Tormenta. A criatura aparecia clara em sua visão, cada escama e cada costura. Yadallina piscou, e o Dragão pareceu estar muito próximo, olhando direto em seus olhos. Tonta, perdeu a noção de si mesma, ameaçou desabar de cima de Virrikiriel, mas recuperou o equilíbrio.

A matriarca azul rugiu seu desafio, e o Dragão da Tormenta rugiu também — mas para Yadallina.

Num instante, em combate. O monstro fechou suas mandíbulas a um metro do pescoço de Virrikiriel, mas a matriarca foi mais ágil. Circundou-o, dentes arreganhados, procurando um ângulo vulnerável. O céu e o chão trocavam de lugar com rapidez vertiginosa. O Dragão da Tormenta girou, protegendo seu estômago, não permitindo que a outra atacasse. Mas sempre os olhos na elfa.

Edauros gritou, e os azuis atacaram como uma carga de cavalaria. Choques elétricos precederam mordidas e cortes. E, ao mesmo tempo, Virrikiriel atacou pelo outro lado. A magia de Edauros emprestava rapidez sobrenatural aos dragões, e os ataques eram listras azuis e sangrentas, quase velozes demais para que o inimigo respondesse.

Então, Yadallina pôs-se de pé sobre Virrikiriel.

E saltou.

Os dragões souberam por visão ou por instinto, e paralisaram-se de terror. A elfa jogou-se, braços abertos, pernas esticadas, em queda livre, na direção do inimigo. Nenhuma magia protegendo-a, nenhum feitiço em realização.

E o Dragão da Tormenta apanhou-a em sua garra colossal.

— Vá embora — disse Yadallina, voz trovejante, na língua dos dragões.

O monstro bateu as asas, zuniu para longe com a elfa. Os dragões dispararam em perseguição, mas nenhum ousava atacar.

— Este é meu mundo. Você é minha cria. Vá embora.

O Dragão da Tormenta emitiu um guincho. Dois verdes perderam o controle do voo, ante o som dolorido.

— Vá embora — repetiu Yadallina. — Você é minha cria, e eu ordeno. Vá embora.

Os azuis cercaram. Os Cavaleiros do Corvo esticaram-se, amarraram cordas e prepararam-se para se jogar. Edauros equilibrava-se de forma precária, de pé na cabeça de sua montaria. Berrava feitiços, tentando qualquer coisa que a trouxesse de volta e não a ferisse.

E então, uma nova golfada de horror. Incapaz de se controlar, Edauros soltou um curto jato de vômito, e olhou para trás.

Mas então sorriu: do outro lado, chegavam os dragões negros.

E chegavam em peso: quarenta ou mais, enxameando para o Dragão da Tormenta, batendo suas asas de breu e exalando seu fedor de podre.

— Já estava na hora! — riu Edauros.

Os dragões negros voaram por cima, e então vomitaram ácido sobre azuis, brancos, verdes e marinhos.

Os azuis perceberam, alertados pelos Cavaleiros do Corvo, e adernaram seus corpanzis para a segurança. Alguns brancos foram atingidos em cheio, seu couro chiando pelo ácido, a carne derretendo e os ossos surgindo. Todos os dragões rugiram em indignação. Os marinhos atacaram com suas garras e mandíbulas, e os verdes sibilaram seus feitiços.

Um dos dragões negros contornou os atacantes, perfurando o ar como uma cascavel, e falou próximo à cabeçorra do Dragão da Tormenta:

— Somos devotos. Estamos aqui para cultuar nosso novo deus.

Surgiam listras rubras. A corrupção dos dragões negros, entregues de vontade própria à religião da Tormenta, vazava do espírito e ia se mostrar em seus corpos. Um dos menores foi escolhido por três azuis, e dilacerado em instantes, numa fúria sanguinolenta. Jatos ácidos cruzaram o céu, borrifos para todos os lados, cegando, corroendo.

O Dragão da Tormenta ergueu a pata que segurava Yadallina, levou a diminuta elfa para a altura dos olhos. Então, abriu sua boca e, pela primeira vez, saíram palavras:

— *Eu* sou o criador. Já fui o senhor deste mundo, e serei de novo.

Yadallina gritou. Qualquer transe que estivesse lhe embotando a consciência acabara, ela mais uma vez era uma elfa, e estava nas garras daquela monstruosidade. A pata se fechava, ela sentiu os ossos sendo comprimidos, prestes a ceder, algo quebrando. Quase sumia entre as escamas e a carapaça rubra, quando uma voz:

— Volte aqui, menina.

Yadallina sumiu da garra do monstro, e surgiu em pleno ar, na frente de Vectorius. O mago flutuava, ainda gesticulando encantos, e teve tempo de dirigir-lhe um olhar de reprovação.

Enquanto a elfa despencava, mais uma vez sentiu o impacto suave de Virrikiriel. A matriarca segurou-a nas garras, protegeu-a contra o peito escamoso.

Uma gigantesca rocha flamejante surgiu acima do Dragão da Tormenta, e projetou-se com toda força contra sua cabeça. Explodiu ao impacto, e a criatura urrou. Os dragões duelavam entre si, e o arquimago voou para perto, outro feitiço rebrilhando nos dedos.

O Dragão da Tormenta ganhou impulso, batendo as asas cada vez mais forte, para longe. Os dragões negros cercaram-no, também fugindo. A criatura voltou-se para a matriarca azul, mas seus olhos buscavam Yadallina.

— *Eu sou o deus, bípede* — disse o monstro.

Feras e homens lançaram-se em perseguição. Um círculo vermelho surgiu flutuando no céu, mostrando um lugar distante do outro lado. O Dragão da Tormenta atravessou, junto com seu novo séquito, e o portal se fechou.

Para trás, deixava cadáveres e dragões corrompidos. Rios de sangue e novas questões.

Crânio Negro estendeu a mão à fera. O Dragão da Tormenta abaixou sua cabeça monstruosa, mas apenas emitiu um rugido manso.

— O que é você?

A criatura não respondeu. Mais uma vez, parecia uma mera besta, um monstro que seguiria suas ordens. O Dragão da Tormenta não deveria falar. O Dragão da Tormenta não deveria querer.

— O que foi o ritual que o criou? — disse Crânio Negro, como se falasse com um animal. — O que os Lordes fizeram?

Nada fora acidente. Ele não sabia o porquê da cerimônia, a razão de tirar o sangue da tal elfa e o Monte do Dragão Adormecido. Os Lordes haviam instruído que fizesse daquela maneira, mas como eles mesmos tinham o conhecimento?

Talvez fosse criação de Aharadak.

Talvez não fosse algo novo, mas uma coisa antiga, lembrada.

E talvez, pensou Crânio Negro, nem os Lordes soubessem.

CAPÍTULO 22

REVIDE

— DEUSES? — DISSE VANESSA.

A última semana passara em um borrão. A proximidade de Tanna-Toh marcara fundo, e ambos acordavam ainda, no meio das horas entre os turnos de guarda, com pesadelos sobre bibliotecas monumentais, terror do conhecimento que nunca teriam. Conversar com um deus, Orion e Vanessa descobriam, era mais do que respeitá-lo, mesmo venerá-lo; mais do que entender a própria insignificância. Um deus maior compunha a ecologia da realidade, transformava-os apenas por estar perto. Os dois notavam-se perdidos em conjecturas, durante as longas horas de viagem, ensimesmados com os cfcitos dc Tanna-Toh.

Começavam a perceber a estranheza de estar, súbito, em Petrynia, em busca de outro deus.

— Não acho que tenhamos escolha — disse Orion.

As vastas planícies do reino estendiam-se sob o sol forte, convidando a serem desbravadas. Vanessa montada em Bandido, Orion cavalgando um animal sem nome. Era um terreno largo, grande o bastante para esconder qualquer coisa. E, por sua cultura, sua história e seu povo, quase impossível obter uma verdade exata. Petrynia era uma terra de histórias improváveis, lendas, mentiras. Entre mil relatos duvidosos, haveria um fato. O truque era descobrir qual.

— E o que vai fazer quando achar o deus? — disse a clériga.

— Recrutá-lo.

Ficaram se olhando, oscilando no passo firme dos cavalos.

— É cada vez mais difícil ter fé — disse Vanessa.

— Você está prestes a fazer a guerra. Guerra como nunca foi feita.

— É difícil não pensar que o Panteão deveria interferir mais. Keenn e Khalmyr deveriam descer ao mundo, lutar ao nosso lado.

— E o que aconteceria se um deles morresse? — disse Orion.

Ela mordeu os lábios.

— Droga, devo estar ficando velha. Desejar que alguém mais poderoso venha me ajudar no trabalho sujo?

Orion deu um sorriso triste.

— De qualquer forma, acabou a época em que os mortais se sacrificam pelos deuses, Vanessa. Este é o momento dos deuses se sacrificarem por nós.

Encontraram uma trilha pisoteada. Estavam no rastro certo.

Não havia ali uma estrada, não antes da passagem dos peregrinos. A procissão fizera seu caminho, guiada pelos mortos, e marcara na grama morta, na terra ressequida, nos restos de corrupção, o chão que haviam trilhado. Orion e Vanessa seguiram o caminho frio dos mortos, por dois dias, até uma aldeia.

Sobrava pouco. Alguns casebres ainda de pé, algumas pessoas assustadiças, que se esconderam. Os dois vasculharam os destroços, um celeiro incendiado, o chão batido ainda com marcas de sangue. Aquela gente muito entrincheirada em seu lugar; o deus não estava lá.

Mas era uma trilha, a trilha de uma viagem tremenda. Estavam chegando perto. Um bando de andorinhas migratórias passou baixo, sobre suas cabeças, e Vanessa interpretou isso como um augúrio.

— Apenas por estarmos viajando podemos atraí-lo — disse a clériga.

Depois de alguns dias, avistaram uma caravana.

Um comboio modesto de carroças, cavalos e parelhas de bois. Guarnecido por homens em cotas de malha, com lanças e arcos. O volume por baixo das lonas chacoalhava, e o mercador sentado como um rei tilintava de ouro nas bolsas. Abriu-se num sorriso de dentes tortos, no meio da barba eriçada e ruiva. Os cabelos, destoantes, eram castanhos, e derramavam-se em tranças sobre vestes empoeiradas, adornadas de fio precioso.

Orion saudou-o com a mão erguida, e logo o comerciante pulou ao chão, sinalizando para que três guardas o acompanhassem. Foi sacolejando até os dois, suas pulseiras fazendo barulho enquanto gesticulava cumprimentos. Apresentou-se como Guannar, mestre da caravana, comerciante andarilho.

— Transporto vinhos, especiarias de ilhas distantes, joias de além-mar e tecidos das tribos do deserto — anunciou, sorridente. — Permita que mostre aos senhores alguns de meus produtos.

Orion e Vanessa trocaram um olhar. Uma caravana no meio de lugar algum, cruzando um terreno devastado.

— Sou Orion — com um aceno. — Acho que você encontrou um homem que estamos procurando.

— Tenho uma excelente coleção de bebidas em uma de minhas carroças — disse Guannar. — Provem nosso hidromel, e então conversaremos.

Vanessa bufou, olhou os três guardas e disse:

— *Parados.*

A força divina de Keenn recaiu sobre os três na hora, e viram-se paralisados e mudos. A clériga apeou de um salto, deu dois passos até o mercador e aplicou-lhe um tapa sonoro no rosto.

— Por que bateu nele? — disse Orion.

— Não bati. Foi um tabefe de advertência. — Encostou o dedo indicador na ponta do nariz do homem. — Você está conduzindo sua caravana num terreno onde não há lucro. Sente uma vontade irresistível de viajar?

Guannar gotejava.

— Sim — balbuciou.

— Então encontrou o homem que buscamos. Não quero hidromel, não quero gastar meu ouro com suas bugigangas. Fale.

Os demais guardas vinham correndo. Orion desceu do cavalo sem pressa. O primeiro chegou, lança em punho, e ele agarrou o cabo da arma, arrancou-a de sua mão. Deu um chute no estômago protegido por malha, e o guarda se curvou.

— Por favor, não precisamos disso. Deixem que minha companheira fale com seu chefe.

Mas os guardas chegavam, e Orion distribuía seu punho em narizes variados.

— Encontrei um homem estranho — apressou-se Guannar. — Desde então, não consigo ficar parado. Nem mesmo sei para onde vamos!

Era o deus.

Os cavalos galopavam. Avistaram pássaros migratórios por mais duas vezes, e Vanessa confirmou que os presságios eram bons. Chegavam perto.

Cruzaram com um grupo de sobreviventes da passagem dos mortos, que súbito haviam decidido botar suas vidas em sacolas e rumar para qualquer outra parte. A trilha pisoteada seguia; a grande viagem que ocorrera naquele lugar.

— Não vamos acampar à noite — disse Vanessa. — O deus não deve parar nunca. Para encontrá-lo, vamos continuar viajando.

Exaustos, machucados de tanto tempo na sela, quando, numa manhã, enxergaram o andarilho.

Quiseram forçar os cavalos a mais rapidez, mas também estavam exauridos. Lentamente, chegaram mais perto. A figura tinha um cajado, que usava para caminhar. Mostrava suas costas musculosas, largas, por baixo de uma toga. Cabelos fartos, castanhos e ondulados, derramavam-se por sua nuca, presos no topo por uma tiara dourada. O viajante não calçava sapatos, mas encontrava o chão com as solas grossas dos pés, e tinha poeira até os tornozelos. Chamaram-no, e ele se virou, com um sorriso de quilômetros. Seu rosto franco e escanhoado apresentava olhos faiscantes, traços generosos, pouco sutis. Ele cumprimentou-os com um gesto ostensivo, e seus braceletes de ouro reluziram ao sol que nascia. Orion e Vanessa quiseram ver onde terminava a estrada, mesmo sendo um caminho macabro. Quiseram ver onde acabava o mundo.

Pois haviam encontrado Laan, o Deus Menor das Viagens.

Laan soltou sua risada monumental.

— Comam enquanto andam, andem enquanto comem — disse. — Não há por que parar, quando existe tanto chão no mundo. Como vamos conhecer Arton, se sentarmos num lugar só todos os dias?

Seus passos eram compridos e saltitantes. Era um dos humanos mais altos que ambos já haviam conhecido, e quase tão largo. Seus ombros eram maciços, recobertos de músculos, seu peito era um barril. Colocava as manzorras no estômago para ribombar sua gargalhada, falava alto e nunca ficava parado.

— Por que está aqui? — disse Vanessa.

Laan aumentou ainda mais o ritmo, o entusiasmo da caminhada acompanhando a resposta.

— Houve uma grande jornada, aqui.

— Uma jornada para a morte, apenas. Para a corrupção.

— Uma jornada, mesmo assim. — Laan ergueu o dedo indicador, e abriu muito a boca ao falar. — Não julgo as razões dos viajantes. Apenas os protejo. E aqui houve uma peregrinação, de gente que nunca pretende, nunca *pode* voltar!

— Precisamos de sua ajuda, Deus das Viagens — disse Orion.

Laan pôs-se ao seu lado, e deu-lhe um alegre tapa nas costas.

— Têm minha bênção para qualquer jornada.

— Precisamos de mais do que uma bênção. Precisamos de seu poder, sua velocidade. Precisamos andar sete léguas a cada passo.

O deus estreitou os olhos. Orion e Vanessa sentiram-se tontos, acharam que as pernas dos cavalos falhavam. Mas não: eram as direções que mudavam; o deus conduzia-os por uma linha reta através da distância, cortando o espaço. A paisagem mesclou-se ao redor, florestas misturando-se com cidades, ondas batendo em dunas áridas. E, à frente e atrás, uma estrada, direta como uma flecha, até o horizonte.

— Laan, Deus das Viagens — disse Orion. — Preciso de você como meu soldado. Você é o primeiro recruta entre os seus, e irá me ajudar a recrutar os outros.

— Não sou um soldado — a voz um timbre mais séria.

— Será. Vamos lutar contra a Tormenta. Para isso, formaremos um exército de deuses.

Os cavalos espumavam suor. Laan cada vez mais rápido, argumentando e raciocinando.

— Os deuses menores irão morrer! — gesticulou com seu cajado.

— É o que acontece numa guerra — disse Vanessa.

— A Tormenta está crescendo — disse Orion. — As peregrinações são prova disso. A Tormenta deseja um lugar no Panteão.

Laan olhou-os balançando a cabeça.

— Esta luta é tanto dos mortais quanto dos deuses — disse a clériga. — Muitos de nós já morreram nas mãos do inimigo. Para contra-atacar, precisamos de mais poder. Precisamos dos deuses.

— E onde atacarão?

— Tamu-ra — disse Orion.

O deus manteve-se em silêncio.

— É impossível, para nós, percorrer todo o continente, buscar todos os deuses menores — continuou o cavaleiro. — Você pode nos levar até eles. Pode cruzar as distâncias, ignorar o tempo das viagens.

— Meu domínio não é a batalha.

— A vida de todos é a batalha! — rugiu Vanessa. — Não existem guerreiros e civis, contra a Tormenta. Existe *nosso* mundo, contra o inimigo.

— Aprendi um pouco sobre os invasores — disse Orion. — Em seu mundo, ao que parece, não existem distâncias. Não existe viagem. Todas as jornadas já foram feitas. Deseja que Arton se torne assim?

Laan deu uma risada curta de desdém.

— Por que querem lutar?

— Não temos escolha — disse Vanessa.

— Esta não é minha luta.

Orion saltou do cavalo. Agarrou o deus pelo ombro, virou-o em sua direção.

Laan parou de andar.

— Estamos indo resgatar *meu filho*. O resto de Arton pode queimar. *Eu* vou salvar meu filho. — Enfiou o dedo indicador no peito musculoso do deus. — *Você* vai salvar meu filho. — Ofegou. — *Os deuses* irão salvar meu filho.

Laan permaneceu olhando os dois.

— Não me apresentam razão alguma para lutar. Para deixar minha viagem.

— Viagem para onde? — disse Vanessa.

— Viagem, sacerdotisa! — a voz de Laan ressoou como uma corneta. — Não importa o destino. Não *há* destino. Agrada-me a viagem dos peregrinos da Tormenta, pastoreados pelos mortos. Agrada-me a sua viagem, porque é uma jornada, e não pelo destino. Se o destino importasse, não haveria razão na viagem.

Orion crispava a mão. Vanessa achou que ele estivesse à beira de agarrar a espada.

— Lute por nós — ela disse. — E pode se libertar de sua prisão.

O deus gargalhou, pousando a mão de gigante no ventre.

— Não estou preso!

— Está — disse Vanessa. — Existem duas jornadas que você nunca fez. Que nunca terá coragem de fazer.

Ele juntou as sobrancelhas, numa expressão bombástica, exagerada.

— Nunca foi a uma área de Tormenta.

— Isso seria a morte!

— Que é a segunda jornada que nunca fez. Vá conosco até a área de Tormenta. Com sorte, pode viajar até outra Criação. E, se falharmos, você empreenderá a maior de todas as viagens. — Pausa. — A morte. A viagem que todo mortal conhece, mas que o Deus das Viagens não pode guiar. Você não é, na verdade, o Deus das Viagens. É o deus das viagens *neste* mundo. Venha conosco, e torne-se o guia de *todos* os mundos.

A estrada à frente e atrás mudou. Os caminhos desenhavam-se.

— Entre para o exército — Vanessa sorriu. — Conheça o mundo dos lefeu.

Os olhos do deus brilharam.

— É difícil para nós, mortais, compreender os modos dos deuses — disse Vanessa. — Mas, como sacerdotisa, sei que a Guerra não é só a batalha. Sei que a Viagem não é apenas um caminho mundano.

— Você fala doce — disse Laan. — Mas pede que eu arrisque demais.

— Você não tem escolha — disse Orion. Vanessa disparou-lhe um olhar.

— Entenda — continuou a clériga. — Esta viagem *vai* acontecer. Estamos oferecendo-lhe a chance de embarcar na maior de todas as jornadas. Não só pelo continente, não só de um mundo a outro. Acompanhe-nos. Seja o guia dos deuses até a área de Tormenta. Seja o guia de Arton até o futuro. Seja o guia dos mortos, deste mundo para os mundos seguintes.

— Eu poderia guiar os lefeu ao nosso mundo — disse Laan.

— Mas essa é uma jornada antiga. Já foi feita. *Nossa* jornada é nova. Existe caminho novo na vitória e na derrota. Você pode ser o maior dos guias, ou morrer, e empreender a maior de todas as viagens. Com todas essas oportunidades — fixou o olhar nele — vai ficar *parado?*

Laan calou-se por um tempo. A paisagem dos lados da estrada oscilava, indecisa.

— Vamos — ele disse, por fim, virando-se para uma direção qualquer. — Temos muito caminho a percorrer.

A chave para a magia de Laan era o movimento. O deus não cessava de andar, nem por um instante, sempre em seu ritmo comprido e elástico. Quando erguia os pés imensos para um caminhar que perfurava as distâncias, uma estrada surgia na vista, sem que a mudança fosse notada. Então, Laan dava o primeiro passo, e a estrada reta levava-os aonde queriam.

Sempre em movimento.

Orion e Vanessa, e também os cavalos, descobriam que não necessitavam mais de paradas. Podiam sempre continuar, por horas e dias, enquanto seguissem a estrada sem desvios. Não estavam, contudo, imunes ao cansaço. E descobriam o quanto podiam doer pés, músculos, quando o corpo não tombava de exaustão, mas não parava. Como a mente podia se tornar confusa, quando não capitulava ao sono, mas não dormia. Laan estendia as manzorras para a beira da estrada, agarrava pão dormido, cantis cheios ou rações de viagem. Fazia com que comessem em movimento. Cantava melodias de estrada com sua voz de trombone, falava com entusiasmo sobre as jornadas que existiam à frente.

A primeira escala levou-os a Ahlen.

Orion e Vanessa enxergaram a curva na estrada reta. Ao cruzá-la, a paisagem se solidificou. A direção etérea fez-se mundana, de novo, e eles se viram num terreno de colinas e céu de noitinha. Talvez notassem a ironia de que, a seus pés, havia uma estrada física, calçada com pedregulhos, conservada com o capricho de um tirano. Mas, naquele instante, os corpos foram atingidos pelo efeito do cansaço. Os cavalos tombaram primeiro, e depois cavaleiro e clériga. Laan riu baixinho, fazendo tremer a grama, e arrastou-os para a orla de um bosque, onde dormiram por dois dias.

Foram acordados pelo deus, que segurava-lhes as mãos para o primeiro destino. Orion tinha um gosto ocre, misto de amargo e azedo, dominando-lhe o paladar. Sentia-se todo inchado, como se a pele inflasse um pouco acima da carne e dos músculos. O couro cabeludo coçava.

Mas seguiram. Porque, em Ahlen, conheceriam Irione, o Deus Menor da Sedução.

Uma cidade pequena, espremida, feita ao redor de uma grande tecelagem. Os galpões do negócio deixavam bem claro que o povo ali existia para servi-los. As mulheres fiavam sem cessar, os homens mergulhavam os braços em tinas de líquidos coloridos. Maiores que qualquer prédio à vista, os galpões estavam em pleno funcionamento, mesmo sob as estrelas. Em volta, uma barragem de tavernas, dois prostíbulos, uma casa de jogos. Impossível para os trabalhadores voltar para casa sem passar pelas tentações. Deixavam ali o ouro que ganhavam, faziam dívidas novas, a serem pagas com o trabalho do dia seguinte.

Um lugar de poucas luzes. Não se esperaria que lá estivesse uma divindade.

— Lembre-se, é o Deus da Sedução — disse Vanessa. — O mais importante é não se deixar convencer de nada.

Orion deu um meio sorriso.

— E como seduzimos o Deus da Sedução?

Andaram pelas ruas de terra. Identificados na hora como estrangeiros. Mesmo sem os símbolos do Deus da Guerra, Vanessa era uma soldada, e não uma tecelã. Orion atraía desconfiança; parecia o tipo de estrangeiro que fala de justiça.

Súbito, ele viu algo de relance, ou pensou ver. Olhando melhor, para a janela entreaberta, apenas uma mecha de cabelo fugidia. E então, nada.

— O deus — Orion apontou para o segundo andar de um galpão. A luz de uma vela se apagou, escondendo o que quer que estivesse lá.

— O que viu? — disse Vanessa.

— É o deus. Confie em mim.

Orion vira, na janela, o que poderia seduzi-lo:

Vanessa.

Apressaram-se rumo ao galpão. A clériga examinava ao redor. Os donos da cidade, fossem quem fossem, tinham guardas. Se havia uma divindade morando ali, não abririam mão dela. Haveria um pouco de sangue. O que geralmente era bom.

Experimentaram a porta do galpão; destrancada. Não havia guardas, e nem trabalhadores. Os tonéis com tinturas exalavam seu cheiro forte, os teares estavam imóveis. As paredes eram madeira, sem requinte algum. Mas havia uma ala feita de pedra, que possuía um segundo andar. Rumaram para a escada e ouviram um soluço fraco.

Lampiões débeis faziam uma claridade bruxuleante. Um lance de escadas, e avistaram:

Orion enxergou Vanessa, com Vallen Drake nos braços.

Olhou rápido para o lado, mas não conseguiu uma pista do que a clériga vira. Um risinho, logo acima, e a figura desapareceu pelas escadas.

Correram, dois em dois degraus.

Já deveriam estar na altura da janela, mas apenas a escadaria estendendo-se à frente. Os mesmos lampiões, de novo e de novo. Outro patamar, e ali estava Vanessa, com o garoto. Abanou, virou-se e correu. Era Vanessa jovem, logo que se haviam casado. Mas, de alguma forma, com o filho. Vallen era recém-nascido.

Escadas acima, incessantes, e o soluço cada vez mais forte.

Depararam-se com um homem jogado nos degraus. Ostentava uma barriga de fartura, e uma imensa papada. Um bigode negro e volumoso escorria para os lados da boca. Vestia-se numa casaca magnífica. Abraçava metros de tecidos, de todas as cores. Atrás, um rastro de joias, e muitas outras ele carregava nos bolsos. Tinha os cabelos desgrenhados, e chorava como um maldito.

Voltou seus olhos congestionados para Orion e Vanessa.

— A escada não tem fim! — engasgou o homem, deixando baba escorrer pelo queixo. — Venho aqui oferecendo meus melhores tecidos. Todas as joias que uma mulher possa desejar. Mas a escada não tem fim.

Eles passaram ao largo.

— Digam a ela que perdoo tudo! — gritou o homem, agarrando a perna de Orion. — Não, não. Digam que *peço* perdão. Não sei o que fiz. Estou tão apaixonado. Por que a escada não tem fim? Perguntem se ela ainda é minha amiga, pelo menos. Se permite que eu a veja, só mais uma vez.

Um novo lance de escadas, e um riso logo à frente. Subiram, e ainda logo à frente. E subiram e subiram, o mais rápido que podiam, mas sempre inalcançável.

Escoraram-se, ofegantes, contra as paredes.

— Vamos morrer aqui — disse Orion.

Vanessa não respondeu.

O soluço do condenado à escada permanecia audível, ecoando.

Então, a clériga empertigou-se. Lançou um olhar significativo a Orion. Ele assentiu, sem entender.

— Tem razão — disse Vanessa. Cuspiu no chão. — Isto é inútil. Vamos embora.

Começou a descer as escadas.

E, no patamar abaixo, viram uma porta. Abriu-se com um rangido, mostrando uma nesga de luz, e uma impressão de movimento. Orion e Vanessa entraram, e lá estava Irione, o Deus Menor da Sedução.

Era Vanessa, jovem, longos cabelos ruivos amarrados, rindo e suada. Dois olhos sãos. Vallen no colo.

Orion sentiu um engasgo. Vanessa estava também ao seu lado, e era outra, por completo. Não pôde evitar: observou-a. Tapa-olho, rosto marcado. Cheia de história e passado, uma centena de erros que não havia cometido antes. Com falta de ar, Orion viu a forma que o Deus da Sedução apresentava a ele: Vanessa sem mágoas. Vanessa agora impossível.

Olhou a divindade mais uma vez, e piscou.

Era Yadallina.

— Que presentes trazem? — disse Irione, com languidez.

Os movimentos do deus traduziam-se em uma segunda aparência. Como um truque da visão, primeiro enxergava-se os gestos reais, depois seus equivalentes na forma mais sedutora. Irione recostava-se num divã. Mas, para Orion, Yadallina sentava com movimentos sem muito jeito, logo enfiando a cara num livro.

— Ele não serve — disse Vanessa.

Orion demorou um instante para se encontrar.

O raciocínio derrapou na solução, no jeito quase esquecido. Vanessa propunha algo diferente. O modo esperto. O modo de um aventureiro.

— É mesmo inútil — disse Orion. — Vamos embora.

Os dois voltaram-se para a porta. De repente, não estava mais lá, e Irione lhes bloqueava o caminho, com suavidade.

O rosto de Yadallina, sorrindo com uma franqueza acachapante, deixava-o desconcertado. Por um momento, seus olhos encontravam os dele, numa intenção clara, mas terna. Orion pegou-se imaginando que não seria ruim, afinal, dedicar-se a Irione. Se a divindade podia assumir aquela forma, se podia ser a garota cheia de beleza e vazia de passado —

— Vanessa! — ele disse, num sobressalto. Percebeu que estava prestes cair.

A clériga olhou-o, também parecendo acordar.

— Não precisamos deste deus em nosso exército, Vanessa. Precisamos de deuses guerreiros. Uma divindade da sedução iria apenas atrapalhar.

Os dois se viraram de novo, rumando à saída.

— Tenho muito a oferecer — disse Irione, mais uma vez surgindo à frente.

— Temos de buscar o Deus das Armas — disse Vanessa. — Ele forjará lâminas para todos os soldados.

— O Deus dos Cavalos — disse Orion. — Será uma montaria digna para os deuses de batalha.

Buscaram a porta.

Ignoravam Irione por completo. O Deus da Sedução circundava-lhes, com a velocidade do desejo. Mas Orion e Vanessa nunca deixavam seus olhos pousarem nele. Conversavam entre si, discutiam os deuses menores que seriam recrutados.

— Precisamos sair deste pardieiro — disse a clériga.

— Lembra-se do nome do deus que viemos encontrar?

Ela deu de ombros.

— Esqueci. Não deve ser um deus importante.

— O Deus dos Caçadores será importante — disse Orion.

— Crucial. Precisamos chegar logo a ele.

Tentaram contornar Irione, falando à sua volta como se não pudessem enxergá-lo.

— *Serei útil em seu exército!* — berrou o deus.

Orion e Vanessa estacaram, mas ainda de costas à divindade.

— Acha que devemos escutar esse tal Deus do Amor? — disse Orion.

— *Sou Deus da Sedução!*

— Não sei — Vanessa respondeu por sobre a divindade. — Podemos lhe dar uma chance. Mas ele parece muito entediante.

Voltaram-se para Irione.

— Seja rápido — disse Orion. — Não tenho o dia inteiro.

— Serei muito importante em seu exército.

— Duvido. É um exército de deuses. Lutaremos contra a Tormenta. E você é só o Deus do Matrimônio —

— Deus da Sedução!

— Que seja. Vá embora, não precisamos de você.

Irione abriu e fechou as mãos, balbuciando.

— Posso convencer outros deuses a se juntarem. Posso formar seu exército.

Orion e Vanessa se olharam.

— Será? — disse a clériga.

— Duvido.

— Por favor — esganiçou Irione.

— Podemos deixá-lo tentar — disse Vanessa.

Orion apontou para o deus.

— Mas, se quer se juntar a nós, apareça em sua forma verdadeira.

Mal controlou um suspiro de alívio, quando Yadallina deu lugar à imagem real de Irione. Nem homem nem mulher, uma figura amorfa. Pele cinza, braços e pernas magros, cabeça sem pelos ou feições, apenas dois olhos negros e uma boca sem lábios. Irione era como uma tela em branco, pronta para refletir o que seduzia os mortais.

— Venha conosco — disse Vanessa. — Mas lembre-se: um deslize, e será expulso.

Como seduzir o Deus da Sedução?

O desejo era uma coisa simples, eles descobriram. Negando-se a própria vontade, negava-se a sedução. Para seduzi-los, Irione precisara oferecer cada vez mais.

Logo antes de pisarem na estrada reta de Laan, Vanessa cutucou-o:

— O que viu quando olhou Irione?

Orion engoliu em seco.

— Vallen.

Ela ajeitou o tapa-olho.

— E você? — disse Orion.

— Vallen, também.

Também mentira.

CAPÍTULO 23

BATISMO DE FOGO

VECTORA TRANSFORMADA NUM QUARTEL-GENERAL. O lorde da cidade fizera seus aposentos em uma sala de guerra, e ali se reuniam os magos. A convivência com Talude ameaçava se tornar insuportável, e talvez a aliança com Edauros e Yadallina fosse um erro. Vectorius sentia a instabilidade em seu Mercado nas Nuvens. O jeito frenético do elfo e os acontecimentos fora de seu controle abalando sua soberania, sua calma.

E o maldito velho alisava as barbas brancas, com seu ar de professor insatisfeito.

— Esperava mais de vocês — disse Edauros, enquanto Yadallina tentava se desvencilhar de seu braço. — Já deveríamos estar enfrentando o desgraçado de novo.

Vectorius, as costas voltadas ao elfo, respirou para não fulminá-lo ali mesmo. Edauros, escarrapachado num sofá, as botas apoiadas numa mesa baixa, parecia muito confortável em repreendê-lo dentro de sua própria cidade. O arquimago não estava acostumado àquela situação: não havia previsto todos os desenrolares possíveis, e agora podia ser tarde demais para expulsar os dois elfos, ou transformá-los em sapos. Dezenas e dezenas de dragões seguiam Yadallina, e despejariam sua fúria sobre quem ousasse feri-la ou insultá-la. Vectorius poderia sobreviver, é claro — mas e a cidade? Seu povo não deveria sofrer com represálias contra ele mesmo. Há muitos séculos o lorde não se via encurralado, e era uma sensação de agonia.

Talude recolocou um livro sobre a prateleira. Suspendendo a barra de seus mantos, sentou numa cadeira ornamentada, de frente para os elfos.

— Como está sua irmã, Edauros? — disse.

— Estou — Yadallina começou, mas foi interrompida.

— Perguntei a Edauros.

O elfo ergueu-lhe uma sobrancelha, mas endireitou-se no sofá e respondeu.

— Bem, acho. Todos os ferimentos já foram tratados.

Talude balançou a cabeça, devagar.

— Não falarei nada a respeito de Lorde Vectorius, pois estou em sua cidade, e pretendo respeitá-lo — disse o Mestre da Magia. — Mas sua atitude foi mais do que irresponsável, Edauros. Criminosa, na verdade.

O elfo tirou o braço dos ombros de Yadallina, inclinou-se para frente.

— Era impossível ignorar o ataque.

— Não impossível, rapaz. *Obrigatório*.

— Minotauros estavam —

— Você chacinou minotauros sem problemas de consciência, há pouco tempo, quando sua irmã foi capturada. O que fez não tem relação com os habitantes de Tapista. Apenas com sua caçada.

Vectorius deu um sorriso sem humor:

— Achei que não vasculhasse a mente de outras pessoas sem autorização, velho.

— Existem exceções, Vectorius. E, por favor, retribua o respeito que tenho para com seu pequeno mercado itinerante.

Uma fagulha quase visível na sala.

— Você e seus dragões violaram ordens diretas do Primeiro Cidadão de Tapista — continuou Talude.

— Lorde Vectorius —

— Lorde Vectorius é um *lorde*, como muito bem você acabou de salientar. Lorde Vectorius é responsável por boa parte da movimentação de ouro no Reinado, além de ser um homem de confiança do Rei-Imperador. Quando as autoridades vierem em seu encalço, como *você* vai escapar?

Ele riu, revirando os olhos.

— Dragões e mais dragões, professor.

— Pretende lutar, então? Até que se torne um problema grande o suficiente para que exista uma recompensa por sua cabeça? Até que heróis e arquimagos sejam enviados para detê-lo?

A sutileza não se perdeu em Edauros.

— Sempre damos um jeito — disse o elfo.

— É essa a vida que deseja para sua irmã? Uma fugitiva, odiada pelo Reinado?

Yadallina engoliu, mas Talude não lhe dignava um olhar de relance. A elfa lembrou da Academia Arcana, da oferta de lá viver, em estudos. Talvez já fosse tarde demais.

— *Você deveria estar com medo* — disse Talude. Com um sobressalto, Yadallina percebeu que somente ela ouvira, que as palavras haviam se formado dentro de sua mente.

— Não podemos mudar o que está feito — disse Vectorius, em voz alta. — Não sem magia muito poderosa e complexa. Aurakas irá se lamentar nos ouvidos do Rei-Imperador, no conselho que está por vir. Mas ainda temos nosso inimigo.

— Vocês deveriam mostrar a esses nobres que eles só têm poder porque os magos permitem — disse Edauros, seu olhar intenso começando a arder cada vez mais. — No início seria difícil, é claro. Mas governante algum pode fazer nada contra vocês. Contra nós.

— E por que faríamos isso, rapaz? — disse Talude.

Na mente de Yadallina, Talude falou algo bem diferente:

— O que acontece com você também começa a acontecer com o Dragão da Tormenta. Não tem medo?

A elfa respondeu com o pensamento:

— Não conheço o suficiente para ter medo, acho. Edauros diz que tudo vai ficar bem.

— Edauros não faz ideia do que se passa com você, jovem Yadallina. Deseja mesmo ficar cada vez mais semelhante ao Dragão da Tormenta?

Edauros deu uma gargalhada.

— Perdão, mestre Talude. Sei que é um escolhido de Wynna e tudo o mais. Mas isso é idiotice. Por que se curvar a um bando de mundanos, se pode fazer o que quiser?

— Nunca lhe ocorreu que faço o que quero? — disse Talude.

— Então *gosta* de suplicar a um minotauro estuprador de elfas e humanas?

— Existem pessoas assim no poder, é verdade. Mas é o preço da civilização.

— A civilização pode lamber minhas bolas dracônicas. Se está ruim, vamos queimar tudo e fazer outra.

— Alguns de nós *acreditam* em civilização e em sociedade, Edauros. Preocupam-se com as consequências de nossos atos. Com as pessoas comuns.

— Acha mesmo que vou me tornar igual ao Dragão da Tormenta? — disse Yadallina, na mente de Talude.

— Ninguém sabe, menina — respondeu o arquimago. — Não tem medo de estar perdendo sua identidade?

— Estou aprendendo minha identidade.

— Tem certeza? Quando dá ordens aos dragões, quando cura seus ferimentos ou modifica seus corpos, você fala com uma voz que não é sua. Tem pensamentos que não são seus. Não lembra do que fez. Quanto mais próxima você fica dos dragões e do poder que tem dentro de si, jovem Yadallina, mais se afasta de si mesma.

A mente da elfa ficou em silêncio. Talude continuou enviando seus pensamentos:

— É isso que deseja, Yadallina? Nunca mais ler um livro ou conversar sobre alguma teoria interessante? Nunca mais aprender algo novo ou desenhar uma cidade que visita pela primeira vez? Nunca conhecer o amor de Orion Drake ou de quem quer que seja? Nunca mais estar junto de Edauros? Ser substituída por essa *presença?* Por quê?

Vectorius olhou para uma cadeira, que se aproximou para que ele sentasse. Interrompeu o diálogo de Talude e Edauros.

— Vocês discutem futilidades — disse o Lorde de Vectora. — As consequências de nossos atos acontecerão de uma forma ou de outra. Temos de destruir o Dragão da Tormenta.

— Não a custo do resto do mundo! — vociferou Talude. — Não podemos pisotear o Reinado apenas para caçar um monstro.

Edauros riu de desdém.

— Não estamos caçando um monstro, velho — rosnou Vectorius. — A Tormenta está prestes a tomar o lugar de um deus maior no Panteão. E já vimos dragões negros curvando-se ao Dragão da Tormenta.

— Alarmismo — disse Talude. — A Tormenta nunca ascenderá tanto. E nada leva a crer que o Dragão seja tão crucial para isso.

— Você vive trancafiado em sua Academia, no colo de sua deusa. Não me admira que julgue estar tudo bem.

— Senhores! — Edauros elevou a voz, depois riu de si mesmo. — Meu lorde, caro reitor, ressalto que *foda-se o Panteão*. As porcarias dos deuses são grandes o suficiente para tomar conta dos próprios rabos. E foda-se a política, a diplomacia, o Reinado ou nosso bom Rei-Imperador. Enquanto estamos discutindo implicações na soberania dos reinos ou consequências metafísicas no mundo espiritual, o Dragão da Tormenta está defecando sobre nossas cabeças.

Os dois arquimagos olharam-no em silêncio ácido.

— Se respeita mesmo a ordem das coisas, mestre Talude, então deixe que reis e deuses preocupem-se com política e religião. Vamos fazer nosso trabalho. Um dos maiores homens que já conheci, *sir* Orion Drake, passou por cima de todo tipo de baboseiras para atingir seus objetivos. Talvez, se não fosse por ele, Glórienn estaria morta. E certamente, se não fosse por ele, minha irmã teria algo a menos para almejar, quando tudo isso estiver acabado.

Yadallina não ouviu aquilo, e assim não teve reação. Estava surda para o mundo físico.

— É claro que existe um risco na descoberta, mestre Talude — pensou ela. — Mas, se tiver medo de descobrir quem sou, vou viver com medo para sempre.

— E acha mesmo que está descobrindo quem é? Tem certeza de que já não sabe?

— Na própria Academia descobrimos que existe algo desconhecido em mim.

— Talvez isso soe como um disparate, Yadallina, mas conhecimento não é o único caminho. A inocência, até mesmo a ignorância, *tem* suas vantagens. Todo professor diz para alunos muito jovens que é sempre melhor enfrentar o novo, descobrir os mistérios. Mas, quando falamos com adultos, temos de admitir que algumas pessoas são mais felizes sem saber de todas as verdades. O que há de errado em ser apenas Yadallina, jovem e brilhante feiticeira elfa?

— Desculpe, mestre Talude, mas esse é o caminho da mediocridade.

Edauros havia se levantado, gesticulava com entusiasmo

— Não podemos nos preocupar com os sentimentos de cada pessoa no mundo! — discursava o elfo. — Se o Rei-Imperador manteve o Reinado unido por tanto tempo, pode contornar também mais um ou outro incidente.

— O rapaz fala uma verdade — disse Vectorius. — Os grandes homens devem colocar-se sutilmente acima das regras dos mundanos.

— Não acredito em meus ouvidos — murmurou Talude.

— Eu mesmo retirei um pedaço de Sambúrdia para fazer minha cidade — disse Vectorius. — Se estivesse preocupado com as implicações políticas disso, nunca teria construído a maior maravilha de Arton. Uma entrada para a Academia Arcana localiza-se em Valkaria. Você obedece a todas as leis de Deheon?

Talude não teve resposta.

— Sei como derrotar o Dragão da Tormenta — disse Edauros, num sorriso com todos os dentes. — Para isso, vamos invadir apenas mais um reino.

— Você pensa o mesmo que eu — disse Vectorius. — O Dragão da Tormenta será atraído por algo. Uma isca infalível.

Yadallina alheia a tudo, pois sua mente estava ocupada:

— Existe tempo para a vida comum, mestre. No futuro. — Inconsciente de si mesma, sorriu. — Gostaria de, mais tarde, aceitar seu convite. Ser professora da Academia Arcana, pesquisadora.

— Jovem Yadallina — disse Talude, com um suspiro mental. — Isso é impossível. Você agora é uma criminosa em Tapista. E deveria prestar atenção ao que ocorre à sua volta, porque está prestes a se tornar criminosa em outros lugares.

Os olhos de Edauros, Vectorius e Talude repousavam sobre a elfa.

— Você não deveria querer — disse Crânio Negro.

O Dragão da Tormenta emitiu um rugido baixo, que foi sua única resposta. Os dragões negros chiaram para o Lorde, encolhidos e amontoados em torno de seu novo senhor. Crânio Negro via aquilo quase fora do controle, uma ferramenta tornada pessoa. Logo, talvez, tornada deus.

O Dragão da Tormenta, sem ordens, abriu as asas e impulsionou-se no ar corrupto. A muitos quilômetros, algo havia despertado sua cobiça, sua fome. Um cheiro que ninguém mais era capaz de sentir.

Atraía a fera.

Atraía o deus.

O monstro e seu séquito voaram para a caçada.

— Por mim, Yadallina — disse o elfo, segurando-lhe o rosto com carinho. — Tudo vai ficar bem.

Na cidade voadora, todos em movimento. Vectorius abria outros e outros portais, em cada avenida larga, e a população faiscante apressava-se em evacuar. O conselho de Vectora mantinha os portais abertos. Garantia a segurança de visitantes, mercadores, artesãos, até mesmo criminosos, seres de todas as raças, enquanto saíam do Mercado nas Nuvens para os mais variados destinos. Vectorius dividira sua mente em compartimentos, e conduzia negociações simultâneas com meia dúzia de regentes. De acordo com nacionalidade e espécie, o povo de Vectora ficaria abrigado em diferentes reinos. A Academia Arcana recebia os mais exóticos, as esfinges e homens-sapos de outras dimensões, e viajantes de linhas temporais alternativas; os demônios redimidos e os mortos-vivos inteligentes. Talude construía edifícios para receber os novos convidados. Distorcia o espaço nos reinos que necessitavam, criando prédios dimensionais onde os refugiados pudessem morar.

Vectorius calculava as coordenadas do transporte mágico centenas de vezes por minuto, já que a velocidade de Vectora exigia novos ajustes constantes. No todo, um esforço mágico concentrado.

Yadallina teve um enjoo nervoso, como há muito não sentia. O prazer da beira da descoberta, o gosto muito próximo do conhecimento novo, mesclava-se ao terror do que poderia acontecer.

— Não deixe essa coisa me dominar, Edauros. Quero descobrir quem sou, mas não quero deixar de ser eu mesma.

— Tudo vai dar certo. Não se preocupe.

— Prometa.

— Eu prometo, Yadallina. Pode confiar em mim. Quando você entender o que está acontecendo, vai dominar qualquer entidade que exista aí dentro — cutucou-lhe o peito com delicadeza. — Não tenho a menor dúvida.

Ela fechou os olhos. A cidade estava tomada de barulho, vozerio interminável, uma vibração constante enquanto milhares de pés tocavam o chão.

E logo o sentimento conhecido, o que buscavam. Yadallina notou a proximidade dos dragões. Pelo cheiro, pelo formigamento na pele, por um sentido indescritível. Virrikiriel e dois outros azuis. Os maiores entre brancos e marinhos. Os mais astutos entre os verdes. Algo borbulhou dentro dela. A coisa sentia-se percebida, tentava sair.

Os dragões rugiram em saudação. Yadallina abriu um sorriso enorme. Voando acima dos prédios, eles fizeram suas danças ancestrais, de respeito e exaltação. De submissão e entrega. Yadallina flutuou, ainda mostrando os dentes, e estendeu os braços. Virrikiriel voou rasante, para ser tocada no focinho escamoso. Os dedos da elfa concederam a mais leve bênção.

— O mundo é *meu* — disse Yadallina, no idioma dos dragões.

O Dragão da Tormenta babava sua saliva ácida, acelerava as batidas das asas. Os dragões negros esforçavam-se para acompanhá-lo. A atração era cada vez mais forte.

A milícia de Vectora finalmente evacuada, com a incumbência de proteger os cidadãos em seu exílio. O conselho argumentava com Lorde Vectorius, implorando para ficar e ajudar no que pudessem. Curtos gestos do arquimago transportaram-nos aos reinos que lhes cabiam, onde seriam a representação política dos refugiados.

Por fim, a cidade vazia. Restavam Edauros e Yadallina, Talude e Vectorius, os Cavaleiros do Corvo e o arquimago Reynard. E os dragões, que voavam numa comitiva.

A temperatura do vento, a aparência do horizonte prenunciavam a chegada da fronteira.

— É a última chance de recuar, Vectorius — disse Talude. — Depois, seremos invasores.

— Vá embora, se quiser, mestre Talude — disse o lorde.

— A responsabilidade também é minha.

Vectorius cofiou sua barbicha pontuda, riu com metade da boca.

— Você nunca me deixa em paz, velho.

— Não enquanto continuar utilizando tão mal a magia — um sorriso apareceu atrás das volumosas barbas brancas.

E então, cruzaram a fronteira.

— Venha reclamar se achar ruim, Sckhar! — berrou Edauros, para o vento.

Porque entravam, com dezenas e dezenas de dragões, em Sckharshantallas.

— *Não faz diferença* — disse Yadallina. — *Isto também é meu.*

Deixando as montanhas para trás, o Dragão da Tormenta sentia-se muito próximo. Zunia em direção à elfa, sabendo por instinto onde ela estava.

O Rei sentiu a chegada dos intrusos. A revoada de dragões, mas todos insignificantes. Havia, no entanto, duas presenças fortes. Dois desafios. Sckhar voou para fora de seu palácio.

Os dragões surgiram, e o sangue espirrou em chuva.

O Dragão da Tormenta furou o ar, seguido de longe pelos dragões negros. Um enxame de brancos e marinhos colocou-se à frente de Vectora, rugindo. A criatura abalroou-os, deixando garras e presas no caminho, dilacerando os corpos imensos. Retalhos de couro escamoso, vísceras e asas decepadas espalharam-se. Corpos para todos os lados.

Sckharshantallas ardia num calor medonho, reflexo do humor do Rei. Abaixo, o deserto escarpado, rochoso, perfil de montanhas e vulcões. A sombra de uma cidade ao longe, mas só Azgher testemunhava o conflito.

Os dragões negros abriram-se numa esquadra, aos lados da cidade voadora, investindo por todas as direções. Cuspiram jatos de ácido, atingindo dragões verdes, que gritaram enquanto eram derretidos. Respingos, riachos corrosivos atingiram Vectora, dissolvendo prédios, fazendo as ruas chiarem. Um urro marcial, respondido por outros — os azuis se anunciaram.

Os dragões negros olharam para cima, mas Virrikiriel e seu clã escondiam-se contra o sol. Ofuscados, não viram quando os azuis, cavalgados pelos humanos, desceram com as bocarras abertas. Virrikiriel mordeu os chifres de um dragão negro, deu um puxão forte, arrancou-os, fazendo um nevoeiro de sangue. A fera rugiu, tentou recobrar o controle do voo, mas outro azul já lhe atacava por trás. As asas foram rasgadas, enquanto a matriarca escolhia seu próximo alvo.

O Dragão da Tormenta atingiu uma barreira invisível, conjurada pelos dragões verdes. Urrou, e estilhaçou a proteção com uma mordida. Ao seu redor, pequenos brilhos azulados pipocaram. Então, tornaram-se bolotas de energia quente, estrelas em miniatura, e fustigaram-lhe o couro. Talude e Vectorius gesticulavam em padrões complexos, sem cessar, combinando suas magias contra o monstro.

— Nosso convidado não vem? — berrou Edauros, de cima de um prédio.

Um dragão negro terminava um arco comprido, preparando-se para mergulhar na cidade, os olhos amarelos faiscando na direção do elfo. Edauros disse um feitiço, e saltou. O impulso foi multiplicado, elevou-o metros e metros, rumo aos dentes do inimigo. No ar, um novo encanto, e viu o mundo congelado. O dragão descia lento como os anos, e Edauros fez surgir uma lança enferrujada. Cravou-a no palato da fera. Conjurou um imenso verme de dentes afiados, comprido como seu braço e faminto como a miséria. Edauros enfiou a criatura na goela do dragão, e o tempo voltou ao normal. O inimigo berrou, com uma lança cravada na boca e algo devorando-lhe o interior. Cuspiu uma golfada de sangue, e o elfo riu, indo pousar num telhado próximo.

O Dragão da Tormenta ganhou altura, para se desvencilhar dos ataques mágicos de Talude, Vectorius e os dragões verdes. Reynard, seu semblante inalterável, surgiu atrás do monstro, e murmurou palavras arcanas. Um ciclone engolfou o corpo da criatura, que girou sem controle, enquanto era fustigado por rochas flamejantes, relâmpagos, metal e energia. Ainda rodando, o Dragão abriu suas mandíbulas, e cuspiu a Tormenta. Um jorro espiralado atingiu seus inimigos. Os verdes esparramaram-se, ansiosos pela própria sobrevivência. Reynard foi atingido, viu seus mantos e sua carne derretendo-se, as gavinhas rubras tomando conta de seu corpo. Fez um encanto, e transportou-se para a segurança. Talude desapareceu, evitando a baforada, e Vectorius fez surgir dezenas de minúsculos portais, que engoliram cada gotícula que vinha em sua direção.

Livre do ciclone, o Dragão da Tormenta subiu. Mergulhou para a cidade voadora, rumo a sua presa.

— *O que é você?* — rugiu o monstro.

— Seu senhor — respondeu Yadallina.

A elfa tinha os olhos muito abertos, muito brancos. Os braços estendidos, oferecendo o corpo, e fixa no ar. O Dragão abriu a boca. Desceu como um meteoro rumo a Yadallina. Então, a nem dez metros, fechou as mandíbulas, bateu as asas para retomar altura: não conseguia.

Edauros gargalhou.

— Ele tem medo de você!

— Somos iguais — disse o Dragão da Tormenta.

A elfa cuspiu em sua direção. De sua garganta, uma voz cavernosa:

— Não. Você é meu servo.

O Dragão da Tormenta urrou. Chicoteou com a cauda, e estripou um azul. Talude, Vectorius e Reynard retomaram o ataque, chamando batalhões de monstros de dimensões remotas. Gesticulando como quem afasta um mosquito, a criatura estraçalhava-os. Percebeu Talude, e voou para ele. O mago desapareceu, mas lento demais. Os dentes fecharam sobre ele, arrancando um braço. Quando surgiu de novo, o Mestre da Magia tinha uma careta de dor, enquanto os nervos renasciam.

Uma risada cortou o ar. Pertencia a pulmões monstruosos, fez tremer os estômagos. Vinha de Yadallina.

O Dragão da Tormenta contorceu-se de raiva, e atacou a elfa mais uma vez. Yadallina chamou-o com gestos, convidando. Uma pata gigantesca veio em sua direção, e ainda ela ria.

Então, foi atingida.

Seu corpo girou pelo ar, indo estatelar-se contra um prédio. O Dragão da Tormenta rugiu de triunfo. Edauros berrou, surgiu num instante ao lado da irmã.

— *Você está proibida de morrer* — esganiçou o elfo, já tossindo lágrimas.

Yadallina abriu os olhos em sua direção. Suas pupilas visíveis, e um olhar confuso.

Do outro lado da cidade, Vectorius caiu, deixando um rastro sangrento e incerto, partes faltando em seu corpo. Reynard tentava distrair o inimigo.

— Merda — disse Edauros. — Merda. Não vai dar certo.

Então, um rugido diferente.

Sckhar chegara, para lidar com os intrusos.

Era sua forma verdadeira.

Um corpanzil majestoso, absurdo em tamanho e poder. Centenas e centenas de metros, da cauda à cabeça. Era impossível que uma criatura de Arton fosse tão grande, e no entanto estava lá. Suas asas abriam-se como um continente, as incontáveis escamas refletiam, vermelhas, o brilho de Azgher intimidado. Edauros segurou as têmporas. Dragões de todos os clãs viraram as costas e fugiram. Os Cavaleiros do Corvo, empedernidos para resistir ao horror, estavam mudos de choque. Mesmo Vectorius, Reynard e Talude abismados. A forma suprema do dragão supremo.

O Dragão da Tormenta rugiu.

— O plano deu certo — disse Yadallina, através de lábios sangrentos.

Sckhar viu a baforada de Tormenta jorrar em sua direção, e esquivou-se com um rodopio de serpente. O inimigo jogou-se contra ele, dentes afiados e garras de prontidão. O Dragão da Tormenta não era tão grande, mas já derrotara o Rei dos Dragões Marinhos. Sckhar recebeu a mordida e as garras corruptas em suas escamas duras. Sentiu a carne penetrada, o couro perfurado. Deu um bote para baixo, abocanhando o topo da cabeça do Dragão da Tormenta.

Os dois giraram no ar, assim, até que Sckhar puxou com sua mandíbula, arrancando um pedaço do crânio do inimigo. A monstruosidade urrou, e procurou com as garras as costelas do Rei. Perfurando e abraçando-se, puxou um osso de Sckhar, rasgando seu couro e revelando a carne viva do peito.

Os dois voaram para longe um do outro, deixando trilhas sanguinolentas. Gavinhas rubras movimentaram-se para refazer o pedaço de crânio que o Dragão da Tormenta perdera, enquanto que o poder divino de Sckhar reconstruía sua caixa torácica.

— Você é um intruso — disse o Dragão-Rei.

— Sou seu senhor — disse o Dragão da Tormenta.

E ambos cuspiram suas baforadas.

A corrupção rubra atingiu uma asa de Sckhar, abrindo-lhe um rombo e transformando uma parte em carapaça e ferro enegrecido. Ao mesmo tempo, o fogo encontrou o Dragão da Tormenta. Calor suficiente para vaporizar rocha, e mesmo o ar queimou. A cauda do monstro desapareceu. Carne, escamas e ossos tornaram-se nada, deixando menos que cinzas. Apenas o que era lefeu não queimava. A matéria vermelha permanecia intacta, na forma de placas e espinhos, e expandiu-se para reconstruir o que fora desintegrado.

Sckhar soube que precisava deter a corrupção de sua asa. Orou a si mesmo, enquanto arrancava-a com os dentes. Em instantes, enquanto o Rei caía, a asa ressurgiu, a tempo de mantê-lo no ar. O Dragão da Tormenta cuspiu de novo e de novo, Sckhar dardejava para evitar as baforadas.

Yadallina revirou os olhos.

— Não! — disse Edauros. — Sckhar vai notá-la como ameaça. Agora não, minha irmã.

Ela se ergueu, empurrando-o. Edauros agarrou-a pela roupa e deu-lhe um tapa no rosto.

— Não!

Com um gesto de Yadallina, Edauros desapareceu, indo surgir do outro lado da cidade.

Sckhar investiu contra o inimigo, abocanhando seu estômago quase inteiro. O Dragão da Tormenta rasgou-o com as patas traseiras e dianteiras, mas o Rei ignorou a dor. Fez força com as mandíbulas, e seus dentes se encontraram, destroçando boa parte do tronco do monstro. Sckhar então soprou, o fogo cegante encontrando o interior do Dragão da Tormenta. Chamas brotaram por entre as costuras rubras, dos olhos e da garganta. A baforada de Sckhar consumia a carne, mas a matéria vermelha fluía numa torrente, contra o fogo.

Gavinhas entraram pela boca de Sckhar, descendo a garganta. O Dragão-Rei impulsionou-se para longe e tossiu fogo, tentando cuspir a corrupção. O inimigo vomitou Tormenta em suas costas, atingindo em cheio. Carapaça rubra começava a cobrir o vermelho das escamas.

Yadallina surgiu, flutuando, na frente de Sckhar.

— Você, meu servo, pode combater isso.

Sua mão brilhou, e a carapaça lefeu começou a retroceder. Sckhar olhou-a, e sua voz trovejou:

— *Intruso.*

A labareda projetou-se contra Yadallina, e nesse momento ela notou onde estava. As pupilas ressurgiram, e só via luz, só sentia calor —

Edauros apareceu ao seu lado, abalroou-a e abraçou seu corpo, ambos sumiram. O fogo do Rei foi vaporizar uma rocha longínqua.

Reapareceram num telhado, em Vectora.

— *Nunca mais faça isso!* — berrou Edauros.

Yadallina olhou-o.

Então sorriu.

E revirou os olhos.

O Dragão da Tormenta mordeu o pescoço de Sckhar. Continuou mergulhando, deixando seu peso e seu impulso moverem o ataque, e arrancou um naco esfiapado. O sangue do Dragão-Rei jorrou com força. O Dragão da Tormenta aterrissou pesado contra o chão de pedra, fazendo rachaduras de quilômetros. Empurrou com as patas de trás, e atacou de novo. Rasgou as asas de Sckhar, e vomitou sua baforada a poucos metros da cabeça do Rei. Então desvencilhou-se, indo fazer um círculo vasto no ar.

Sckhar esforçava-se para continuar voando, usava sua magia de deus menor para manter-se vivo. Sentia a mente invadida por ideias de corrupção, vontade de se submeter à Tormenta. O inimigo investindo de novo, mas havia um outro intruso. A elfa, que de alguma forma era um desafiante, era um dragão poderoso. O Rei viu-se incerto do que fazer.

— Yadallina! — gritou Edauros.

Mais do que arriscar a vida, a elfa distraía o Dragão-Rei. Sckhar percebia o Dragão da Tormenta como uma ameaça, tinha de enfrentá-lo. Dividido, talvez não pudesse vencê-lo.

— Sou eu, minha irmã. Sei que está aí, sua retardada. Responda.

Yadallina flutuava lenta na direção dos dois combatentes.

— Lembra de Lenórienn? — insistiu Edauros. — Nossa família. Morrendo! Lembra disso?

Ela não esboçava reação.

— Seus estudos, Yadallina! Todas as porcarias de livros. Você vai ser professora da academia de pederastas de Talude.

Olhos brancos, fixos nos dragões. Sckhar olhou de volta, girou para ela, dentes arreganhados.

— *Sir* Orion! Lembre-se de *sir* Orion. Você é apaixonada por ele.

Ela se voltou.

— *Yadallina não está aqui, elfo.*

Edauros gelado. E, quando ela lhe deu as costas:

— Eu preciso de você. Preciso de você, minha irmã. Vou ficar sozinho, sem ideia do que fazer, e preciso muito de você.

Yadallina despencou. Edauros voou para agarrá-la.

Sckhar sentiu o desafiante sumir. Confuso, mas o poder não estava mais lá. A elfa era só uma elfa, uma bípede, e portanto insignificante.

Recebeu na coluna as presas do Dragão da Tormenta.

O monstro fez o Rei girar, arremessou-o para baixo. Uma cratera quando Sckhar chocou-se com o solo, e logo uma baforada de Tormenta. Rolou o corpanzil, esmagando uma colina, e a corrupção atingiu a rocha. Sckhar pateou o chão para alçar voo, e um mergulho do Dragão da Tormenta rasgou seu flanco.

O Rei estava ensanguentado e exausto. O corpo do inimigo também destroçado, mas as partes lefeu mantinham-no lutando. Sckhar era um deus, mas podia morrer. Não sabia se o mesmo se aplicava ao outro.

Baixo, rente ao chão, o Dragão da Tormenta abriu as asas para ganhar altura, quando foi coberto por uma sombra imensa. Vectora estava sobre ele.

— O desafio é seu, Dragão-Rei — disse Vectorius, mal mantendo sua forma alquebrada de pé sobre os cristais que controlavam a cidade. — Mas acho que precisa de ajuda.

Então, o lorde dissipou todos os encantos que mantinham Vectora no ar. E a cidade caiu sobre o Dragão da Tormenta, fazendo-o sumir contra o solo de Sckharshantallas.

Um terremoto abalou o reino, uma montanha ruiu. Os prédios da cidade estremeceram, rachaduras serpentearam por todas as paredes. Uma torre desabou, uma rua abriu-se em cratera. Vectorius gesticulou com as palmas para cima, e a cidade flutuou de novo.

Incontáveis toneladas de civilização deixaram uma forma esmigalhada no fundo de uma nova ravina. O Dragão da Tormenta, refazendo-se em carapaça rubra, moveu a cabeça de forma débil, para o céu.

Sckhar rugiu, e soprou seu fogo de deus.

O mundo foi tomado de brilho incandescente. O ar incendiou. Um estrondo quando a baforada atingiu o alvo. Uma nuvem rechonchuda de fogo projetou-se para cima, sobre uma coluna de fumaça. A cratera se alargou, tornou-se funda. Quando todas as chamas arrefeceram, o inimigo fora carbonizado.

Toda a carne de dragão, os cadáveres e o sangue haviam sumido.

Restava lefeu, pedaços de carapaça e gavinhas ainda se mexendo. Mas o Rei não sentia mais o desafio.

Não havia mais dragão. Apenas Tormenta.

Sckhar mancou pelas ruas de Vectora. Sua forma esguia de elfo, os cabelos vermelhos dançando ao vento, mostrava sinais do castigo que a forma verdadeira sofrera. Vectorius foi recebê-lo nas portas do palácio. Curvou-se.

— Posso apenas suplicar que me perdoe a intrusão, Majestade — disse o senhor de Vectora. — Nunca foi minha intenção contestar sua soberania.

Sckhar ainda ofegante.

— Minha clemência significa sua vida, bípede. Não irei matá-lo agora. Mas levarei isto ao Rei-Imperador.

Vectorius engoliu em seco, e abafou a própria resposta.

Mas existe ainda um assunto pendente — disse Sckhar. — *A elfa*

— Jovem Yadallina — disse Talude. — Desapareça para sempre. Se o Dragão-Rei encontrá-la, será sua vida, ou a dele.

Yadallina abraçou o arquimago. Edauros puxou-a, e ela ainda tremia.

— Obrigada, professor.

Talude fez um gesto, e os dois sumiram num brilho curto.

Ele despencou sentado, sobre um escombro. Segurou a cabeça barbuda nas mãos.

— Que os deuses ajudem essa menina.

CAPÍTULO 24

O EXÉRCITO DE ORION

ELE IMAGINARA QUE A DEUSA DAS AVÓS FOSSE DIFERENTE.

Laan, o Deus das Viagens, traçou sua estrada reta cruzando o reino de Tollon. Mas, ao chegar ali, viu-se impedido. A floresta ao redor da cabana tinha de ser atravessada no mundo físico, por alguma razão. Havia duas trilhas — uma larga, iluminada, onde cantavam os pássaros. Era longa, convoluta e serpenteante, e nunca chegava a lugar algum. A segunda trilha, estreita, escura, cercada por olhos na sombra, era um atalho. Orion desistiu da trilha principal, tomou o atalho. Deixou Vanessa e um punhado de deuses para trás. Acompanhou-se de Irione, o Deus da Sedução. Achou a cabana, numa clareira apertada, fumaça acolhedora saindo da chaminé. Bateu três vezes na porta, e Mauziell, a Deusa das Avós, atendeu com um sorriso.

— Entre, rapaz — disse a velha, encolhendo-se em seu xale. — Vai apanhar um resfriado, ficando assim no sereno.

Orion e Irione limparam os pés num capacho, e entraram.

O interior da cabana era aconchegante e atulhado. Cheio de estatuetas, cortinas, bordados, quinquilharias. Os lampiões eram cobertos por toalhinhas de crochê.

— Isso pode provocar um incêndio — disse Orion, removendo uma das decorações de perto do fogo.

— Como sou boba — disse a Deusa das Avós. — Ainda bem que existem jovens galantes, como você, para me ajudar.

Deu-lhe um sorriso cheio de rugas, através de seus minúsculos óculos.

Difícil manobrar pela salinha, com risco de derrubar algo. Cada superfície era coberta por alguma coisa que sugeria lembranças. Um gato balofo ocupava a poltrona no centro, enquanto Mauziell estivera sentada numa cadeira de balanço de aparência incômoda. O animal olhou os dois recém-chegados como um soberano que concede uma audiência.

— Querem chá? — disse a deusa.

— Viemos discutir algo importante — disse Orion.

— Tenho chá, mas não muita coisa para comer. Uma torta e uns biscoitos. Fiz pão hoje de manhã. E geleia.

— Não, obrigado, senhora. Viemos —

— Sentem-se — disse a deusa, apontando uma mesinha com quatro cadeiras em volta. — Comam.

Num instante, ela sumira por uma porta, e voltava com bandejas cheias de comida. Serviu-lhes chá em xícaras de porcelana.

— Comam — sorriu a velha. — Bebam.

Sem se dar conta, Orion estava sentado, provando seu chá.

— Por que vive aqui? — disse.

— É minha casa.

— Por que no meio da floresta?

Sorriso.

— Se vivesse na cidade, meus netos não precisariam vencer perigos para me trazer cestas de doces, rapaz.

Orion pensou naquilo por um tempo.

— Estamos formando um exército — disse, por fim.

— Jovens estão sempre formando seus exércitos. Mais chá?

— Um exército de deuses.

Naquele momento, viu o absurdo de tentar recrutar Mauziell para qualquer tipo de luta.

— Quem lhe pôs essa ideia na cabeça foi Tanna-Toh, não é mesmo? — disse a deusa.

Orion hesitou.

— Claro que foi — disse Mauziell. — Ouvi falar muito de seu exército, meu jovem.

— Como?

— É o papel das avós saber de coisas. Poderia abrir este jarro para mim?

Entregou-lhe um pote tampado com uma larga rolha. Continha geleia. Orion segurou-o entre os joelhos, fez um pouco de força, e abriu-o.

— Obrigada. Não sei o que seria de mim sem a ajuda de jovens bem-educados.

— Na verdade, pedimos sua ajuda.

— Que tipo de avó eu seria, se não ajudasse meus netos?

Irione, que estivera calado, achou que deveria falar algo para convencer a deusa. Mas, quando as palavras saíram, apenas pediu mais um biscoito.

— Como vai Altair? — disse Mauziell.

Era um deus bárbaro, o Deus Menor das Montanhas. Juntara-se ao exército dias antes, após ser encontrado pela estrada reta, nas Montanhas Lannestull.

— Está conosco — disse Orion.

— É claro que está — sorriu a deusa. — Vou gostar de revê-lo.

— Como sabia?

— Que tipo de avó eu seria, se não soubesse sobre meus netos?

Orion pousou sua xícara no pires. Mauziell sorriu, ajeitou o xale nos ombros e levantou-se. Sumiu por uma porta, voltou com algo pequeno nas mãos. Era um dente de animal, bem amarelecido.

— Este é o dente do primeiro lobo que Altair matou. Fiquei tão orgulhosa.

— A senhora é mesmo avó do Deus das Montanhas?

— E isto — Mauziell apresentou um pequeno anel de ferro — pertencia ao primeiro homem que você matou na guerra contra Portsmouth.

O estômago de Orion despencou. Agora que via aquilo, a imagem lhe voltava. A espada enfiada no estômago do soldado, o fedor que escapava do buraco, a sucção de suas tripas, a dificuldade em arrancá-la.

— Como —

— Sou a Deusa das Avós, meu rapaz.

Estonteado, Orion pensava no que dizer.

— Quantos anos a senhora tem? — foi o melhor que conseguiu.

— Tenho idade para ser sua avó. Não importa quem você seja, meu jovem, tenho idade para ser sua avó.

Vanessa decidiu ir sozinha. Achou que Irione mais atrapalharia, com aquela divindade em especial. Seria difícil, mas bastava que o arrastasse até os outros. Então, o Deus da Sedução poderia enredá-lo.

Tavernas em beiras de estradas eram lugares onde ela se sentia à vontade. A combinação certa de promessa de luta, estranhos de passagem e falta de civilização. Vanessa riu ao notar que o nome daquela taverna se perdera entre o tempo, o descuido e a imundície. A tabuleta caíra, e agora era apenas uma taverna sem nome, na beira de uma estrada. Poderia existir na beira da estrada reta, poderia ser todas as tavernas.

Mas nada tão profundo: quando abriu a porta, foi cumprimentada pelo cheiro de urina antiga. Dois maltrapilhos juntavam seus cobres, buscando fundos para um outro caneco. Um sujeito na mesa mais ao centro emitiu uma sonora flatulência, e logo uma gargalhada. Três grandalhões com cicatrizes num canto; as armas encostadas na mesa diziam alto que eram mercenários. O deus estava sentado ao balcão, olhando fundo para dentro de um chifre de hidromel.

O taverneiro, homem espigado com sulcos escuros ao redor da boca, mantinha uma distância respeitosa.

— Senhora — cumprimentou um dos mercenários, mostrando um sorriso enegrecido.

— Clériga de Keenn — disse Vanessa, sacando uma adaga.

Os três guerreiros se olharam.

— Clérigas do Deus da Guerra fazem votos de castidade?

Vanessa foi até os três. De instinto, um procurou o cabo da espada. Mas ela não fez nenhum movimento brusco. Apenas curvou-se, deixando pender o volume dos seios. Sorriu para eles, e sussurrou:

— *Dentro de uma semana, os três vão lutar. Por causa de uma prostituta cheia de doenças. Um de vocês vai matar um outro, e o terceiro ficará com medo, e prometerá silêncio. Mas, quando voltarem à sua companhia, ele vai acabar falando.*

Ergueu-se, ainda com um sorriso.

— Terá sido uma profecia? — disse Vanessa. — Ou uma praga? Pensem nisso.

Virou-se e sentou ao balcão, a um banco de distância do deus. Pediu hidromel.

— Meu nome é Vanessa.

O homem dirigiu-lhe um olhar de esguelha. Seu rosto era longo e escorrido, como se alguém tivesse amarrado chumbo em sua pele. Um esgar natural, permanente, em seus lábios. Curtos fios de barba cobriam-lhe o queixo e as bochechas.

— Não precisa se apresentar — continuou a clériga. — Sei que é Garth, o Deus Menor da Pólvora.

O taverneiro entregou-lhe um chifre de hidromel. Vanessa esvaziou metade num gole.

— Estamos reunindo um exército — disse ela.

— Eu tinha pudor em matar mulheres — disse Garth. — Mas isso foi há muito tempo. Sua voz me incomoda.

— Não há nada que eu possa fazer, se um deus quiser me matar. E, embora tenha medo de você, não é tanto que não possa continuar falando. Estamos reunindo um exército de deuses. Gostaria que viesse comigo.

— Não sou soldado. Eu mesmo escolho quem vou matar.

Ela pediu mais hidromel, para os dois.

— A maior parte dos deuses gosta muito do que governam — disse Vanessa, como se não escutasse retruque. — O Deus das Viagens ama as jornadas, a estrada. Goharom, o Deus Anão dos Machados, vive para sua lâmina. Mas você é diferente.

— Cale a boca.

— Obrigue-me — Vanessa olhou-o fixo, com seu olho único.

Garth estava metido num casaco de couro, esfolado e empoeirado, que lhe cobria até as canelas. Os cabelos louros descobertos, pois seu chapéu estava no balcão. Roupas esfiapadas por baixo, e a sugestão de um coldre, uma pistola.

— Você é um deus. Pode me obrigar a fazer qualquer coisa. Mas sou mulher, sou mãe. Estou em busca de meu filho. Você mataria uma mãe, condenaria um filho à morte?

Achou ter ido longe demais; Garth agarrou o cabo da pistola, por baixo do casaco. Mas respirou, secou o hidromel, e recolheu a mão.

— Como eu dizia, os deuses que conheci vivem para seus domínios. Mas não você. É o Deus da Pólvora porque chacinou, com suas pistolas, os desgraçados que mataram sua mulher e seu filho. Sua história se espalhou entre os bandidos, entre os pistoleiros. Você nunca *quis* ser o Deus da Pólvora, não é? Mas não há mais nada a fazer.

Silêncio.

— Você *poderia* trazê-los de volta. É um *deus*. Poderia arranjar um milagre que os devolvesse à vida. Mas não tem coragem de encará-la de novo, não é? Você se transformou, depois da vingança. Não tem mais nenhum propósito.

O deus apanhou seu chapéu. Colocou-o na cabeça, devagar, levantou-se do banco.

— Não gosto de matar a mãe de ninguém — admitiu Garth. — Mas não quero ouvir sua ladainha.

— Estou lhe oferecendo um propósito.

O deus ficou mastigando algo. Disparou uma cusparada negra e metafísica no chão.

— Temos conosco o Deus da Sedução — disse Vanessa. — Não o trouxe aqui. Porque tenho respeito. Não estou pedindo sua bênção para usar armas de fogo e assassinar algum filho da puta. Estou pedindo sua ajuda, para salvar meu filho.

Não disse: *"Como não conseguiu salvar o seu"*.

— Onde está seu filho? — disse Garth.

— Em Tamu-ra. Na área de Tormenta.

— Então não existe como salvá-lo. Quer vingança.

— É bobagem tentar vingança contra a Tormenta. Podemos salvá-lo. Com sua ajuda.

De repente, o Deus da Pólvora girou, a pistola surgiu em suas mãos, num relâmpago, e ele disparou. Não precisava de munição, e não precisava fazer mira: a bala atingiu o taverneiro bem na testa, explodindo sua cabeça e pintando com seus miolos. O homem grudou na parede. Os fregueses não riam, não respiravam, mal ousavam suar.

— Vamos — disse Garth.

Pausa.

— Por que o matou? — disse Vanessa.

— Para mostrar que não me importo com nenhum desgraçado, mulher, seja culpado ou inocente. Esse homem era pai de alguém, e nem por isso minha consciência dói. *Uma* palavra errada, e você ou qualquer um de seus deuses vão morrer também.

Soprou o cano fumegante, guardou a pistola. Botou alguns Tibares no balcão, como pagamento, e saiu da taverna.

Granto, o Deus Anão dos Escultores, jogou seu martelo no chão. Orion fingiu não perceber, mas a rachadura que se formou na pedra desenhou-se numa cena da história anã, minúsculos guerreiros feitos de rachaduras enfrentando demônios feitos de rachaduras. Goharom, ao lado, passava as mãos calejadas por sua barba de metal. Os deuses menores anões haviam tomado gosto por ficarem juntos. Klangor, o Deus das Armaduras, vinha se juntar aos dois. Orion não tinha certeza se a couraça de metal e pedra que o cobria por inteiro era mesmo uma armadura, ou sua pele.

— Não entro em barcos! — disse Granto.

— Nenhum anão digno de suas barbas entra em malditos navios — Klangor fez eco.

Outros deuses juntavam-se ao redor. Canastra, o Deus das Armadilhas, escondia a boca num riso teatral. Lupan, o Deus dos Caçadores, agachava-se e observava de soslaio, farejando o ar. Cette, o Deus Elfo dos Arqueiros, ficava longe, mas escutava. Estavam numa colina pedregosa, logo atrás de uma faixa estreita de praia. Vanessa e Irione falavam com Marina, a Deusa dos Marinheiros.

— Tamu-ra é uma ilha — disse Orion. — Não sabemos se a Tormenta pode ou não distorcer a estrada do Deus das Viagens, e não pretendo arriscar o exército inteiro. Os navios da deusa levarão o exército ao inimigo.

— Você nos obriga a respirar o fedor floral de um elfo! — disse Klangor. — E agora espera enfiar-nos todos em barcos.

— Poderíamos construir uma ponte — disse Granto. — Uma ponte, por todos os milhares de quilômetros necessários, até o inimigo.

— Poderíamos escavar! — disse Goharom. — Algum de seus deuses deve ser capaz disso.

— Iremos pelo mar, senhores — disse Orion.

Os anões cruzaram os braços, fazendo cacofonia metálica orquestrada.

Havia já mais de vinte deuses, mas era pouco para um exército. A estrada reta perfurava as distâncias, mas o tempo se esvaía de qualquer jeito. Orion mantinha Vallen na mente, imaginava como o garoto estaria. Azgher preparava-se para se recolher, acima. Ainda viajariam muito mais antes de descansar — até a Grande Savana, ter com o Deus dos Leões. Até Fortuna, recrutar o Deus dos Jogadores.

— Todos fizeram um juramento — disse Orion. — Os anões conhecem o valor da palavra.

— "Se a bigorna é fraca, o machado é ruim" — recitou Granto.

— O machado é ruim, não importa o martelo que bata no metal — concordou Goharom.

Orion fechou os olhos. Não fazia ideia do que os deuses anões queriam dizer com mais aquele provérbio.

— Eles acham que a fundação sobre a qual fizeram seu juramento é falsa — disse uma voz melodiosa, vinda do lado. — Portanto, a jura não tem valor.

Cette chegou perto. Tinha-se a impressão de que era muito alto, mas isso era ilusório. Cette era, simplesmente, leve demais, e seus pés mal tocavam o chão. Sempre quase flutuando. Recobria-se da mais fina malha élfica, tecida com folhas vivas, num apuro que até mesmo Klangor tinha de admitir ser assombroso. Seus longos cabelos verdes eram presos em tranças, cada uma até a cintura, e seu arco era tão alto quanto ele mesmo. Há poucos dias, convidara Orion a encordoar a arma, e o cavaleiro descobrira que era impossível.

— O que um elfo sabe sobre juramentos? — disse Granto.

— Mais que um elfo, sou um deus — disse Cette. — Somos deuses. Agora mesmo, em Doherimm, um jovem filho de ferreiros sonha em disparar uma flecha. Seu desejo é devoção a mim, não importa se é anão ou elfo. Vasculhe dentro de si, e verá que elfos, anões, minotauros, humanos e goblins cultuam-no através da escultura.

Granto resmungou.

— Um halfling está experimentando um machado, fascinando-se com sua lâmina — admitiu Goharom.

— Um halfling nunca é a solução — disse Klangor.

— De qualquer forma — interrompeu Granto. — Você é um deus, mas era um elfo. Não entende juramentos.

— Entendo juramentos quebrados, muito melhor que qualquer um de vocês. — Cette comprimiu os lábios. — Fui filho de uma deusa que quebrou sua palavra. Não espero a mesma covardia dos deuses que estão aqui.

As divindades anãs se calaram.

— Embarcaremos nos navios dos deuses — disse Orion. — Os navios de nosso exército. Precisamos de figuras para a proa de nossos navios. Somente o Deus dos Escultores pode criá-las.

— Acrostólios, meu jovem — acudiu a Deusa das Avós. — As figuras na proa dos navios chamam-se acrostólios.

Dunsark, o Deus dos Mercenários, foi seduzido por uma impressão de risco supremo e recompensa máxima, e uma batalha sem moralidade, sem aliança, sem motivo pessoal. Caerdellach, o Deus dos Unicórnios, estivera ansioso para lutar contra a Tormenta, proteger a pureza de Arton da conspurcação inimiga. Betsumial, o Deus dos Vigias, enxergou-os longe, na estrada reta. Sabia que o perigo chegava, inexorável, e juntou-se a eles porque o espírito dos artonianos estava em caos.

O exército de deuses crescia. Laan conduzia a viagem, Klangor forjava armaduras. Marina reunia seus navios de guerra, e Granto esculpia os acrostólios. O Deus dos Leões e o Deus das Máscaras, o Deus dos Lobos e a Deusa das Estrelas. Alguns seduzidos, outros voluntários. Orion distribuía ordens, já mal sentia a fagulha divina que exalava dos deuses. Por engodo ou clareza, era respeitado.

Quase cultuado.

A estrada reta levou-os a Namalkah. Bandido alargou as narinas, pateou o chão. Hippion, o Deus Menor dos Cavalos, estava próximo. A paisagem dos lados da estrada solidificou-se em coxilhas, céu enfarruscado, vento ancestral, até onde a vista alcançava. Namalkah, terra de cavalos e bravos, tinha muito a ver com o Cavaleiro Risonho. Era, até onde se sabia, o berço de Bandido.

O Deus da Sedução chegou tímido, tocando Orion no ombro.

— Para onde vamos? — disse.

Orion virou-se.

— Você não vai. Não até Hippion.

Irione estremeceu o lábio. Ansioso, sedento por ajudar, estar envolvido de qualquer forma. Pudera seduzir alguns deuses, mas para outros era dispensado. Queria apenas a atenção de Orion e Vanessa. O caminho até esse objetivo não acabava nunca.

— Não sei muito sobre Namalkah — disse Orion. — Mas sei que a sedução não será muito eficaz aqui.

— Quer o cavalo? — disse Vanessa, de repente.

Bandido mirou-o com seus olhos espertos.

— Ele não é um bom soldado. Não me interessa. Vou domar o Deus dos Cavalos.

Andou pelas coxilhas, sozinho, sentindo o vento cinza no rosto. Namalkah podia ser absurdo, com tanta vastidão de terreno, sem nada. Sem uma cidade, sem uma floresta. Apenas chão, e distância a percorrer. Mas, se Laan deixara-os ali, o objetivo estava próximo.

Orion perdeu o exército de vista. Já não tinha certeza se conseguiria refazer o trajeto. As primeiras gotículas de chuva, mal perceptíveis, encontraram seu rosto sem fazer barulho.

Um relinchar ao longe.

Orion correu. Correu para mostrar valor, pois nenhum homem alcançaria um cavalo, e nenhum cavalo alcançaria o deus. Atravessou uma coxilha, e viu o bando majestoso.

Corcéis selvagens, as crinas soprando ao vento, os cascos sem ferraduras erguendo-se em desafio ao mundo. Cada um era uma criatura magnífica, perfeita. Orion foi atingido de súbito pela poesia da força bruta, do vazio xucro que era a terra aberta, o céu enorme, os cavalos. Nenhum deles tinha falha, nenhum tinha dúvida.

À frente do bando, o maior cavalo de todos.

Hippion olhava-o direto nos olhos, mesmo à distância. Fazia os demais terem ares de potro, e sua longuíssima crina espalhava-se em todas as direções. Pelagem castanha e branca, honesta, sem truques. Parecia, ali, mais que o Deus dos Cavalos. Era o deus da certeza, do ímpeto, da coragem. Orion curvou-se a ele, e caminhou para encontrá-lo, com humildade.

Estava em meio aos animais, sentindo seu cheiro, suas respirações quentes. Hippion não lhe dignava um olhar.

E então, disparou em galope.

Os outros acompanharam-no, e Orion tentou correr atrás. Esqueceu do que era, não lembrava do exército ou de seu nome, ou da civilização. Queria apenas estar junto, ser perfeito como eles. Vendo-se cada vez mais para trás, conheceu o desespero, pois era o fraco entre o bando. Tudo deixou de importar, exceto o chão, os pés, e ele ganhou velocidade. Hippion correu ao redor, foi encontrá-lo. Orion era seu servo, desejava nada mais que galopar, ser livre.

Viu os olhos do deus, e soube o que estava errado.

Hippion passou por ele, e Orion saltou. Agarrou-se à crina com a única mão, jogou a perna por sobre seu lombo. Montou desajeitado sobre o deus, segurou-se em seu pescoço.

— Todos têm seu lugar — disse Hippion, com voz cavernosa. — Existe o cavalo, e existe o cavaleiro.

Era uma junção plena, um encaixe maior que qualquer relação humana. O homem montado sobre o cavalo, as duas criaturas feitas para estar juntas. Orion experimentou a felicidade.

Hippion estacou, e empinou as patas dianteiras. Os outros cavalos continuaram galopando, e dispersaram-se.

Orion apeou.

— Muitos já tentaram domar o que é selvagem — disse Hippion. — Mas, como vê, não tenho sela. Não tenho ginete. Você é mais um que tentará me laçar?

Orion permaneceu olhando para cima, nos olhos do deus. A chuva aumentava, devagar.

— Vim atrás do Deus dos Cavalos. Hippion derrotado não teria utilidade para mim.

O deus bufou.

— Sei sobre seu exército, humano. E sinto cheiro de caos em você.

— Já montei Bandido, um cavalo filho de Nimb. Viajo com ele, agora.

— Bandido é mesmo filho de Nimb, e não meu. Continua viajando com ele, que não é meu súdito. Por que, então, eu deveria me juntar a seu exército de deuses?

Chuva.

— Porque, em Namalkah, surgiu um cavalo que ajudou a arruinar minha vida. Bandido é o melhor cavalo mortal. Preciso que minha montaria seja o melhor cavalo da Criação, para desfazer o que ele fez.

Hippion relinchou.

— Você se apresenta aqui como general — disse o deus. — Chegou arrogante, mas logo tornou-se humilde. Quis correr com os cavalos. Fez tudo errado.

— Mas encontrei o certo, depois — disse Orion. — Compreendi que não serei um cavalo, e sei que nunca serei completo a pé. Em sua presença, sou um ginete, um cavaleiro. É a única coisa que faz sentido.

Pausa.

— E você — continuou Orion — também não está completo. Não tem ginete. O que é o Deus dos Cavalos, sem um cavaleiro?

Hippion pisoteou a grama, Orion deu um passo para trás.

— Os cavalos não precisam dos ginetes. Somos filhos de Allihanna.

— Os homens também não *precisam* dos cavalos. Mas, sem eles, somos incompletos.

Olhando-se.

— Existem reis e deuses que poderiam ser meus ginetes. Por que me juntar a um exército?

— Porque cavalos são soldados — disse Orion. — Homem e cavalo se juntam, e o que fazem não é apenas viajar. Somos a máquina de guerra perfeita. Você é o Deus dos Cavalos, mas hoje não é o deus dos cavalos de batalha, nunca usou armadura, nunca investiu na carga de cavalaria. Você será um soldado porque é o natural. Porque é o certo.

Hippion ficou em silêncio.

Orion foi até ele, segurou-se em sua crina, e montou.

As maiores cidades do Reinado tinham esgotos. Eram pequenos mundos de água e excremento, debaixo da terra. Canos de chumbo, como túneis, com suas próprias galerias e labirintos. Valkaria, a maior das cidades, contava também com isso.

Orion e Vanessa andavam curvados, com panos amarrados ao rosto, para se proteger contra o pior do fedor. O milagre de Keenn garantia um pouco de luz — acender uma tocha ali poderia ser a morte.

Os esgotos eram vivos, em sua população de ratazanas, coisas sem nome que se mexiam debaixo da água marrom. Eram mortos, em cadáveres flutuando, em todos os dejetos, tudo que era indesejável na metrópole. Os esgotos de Valkaria fluíam como nunca, porque a política do Reinado trazia multidões à capital. Os dois exploradores conseguiam sentir a vibração nas ruas bem acima, o fervilhar de mudanças próximas, do poder mundano e da religião.

— Não podemos ignorar o maior problema — disse Vanessa, de repente.

Mantinha os olhos no caminho, projetava a luz mágica, em busca de perigos e nojo.

— Maior problema? — disse Orion.

— O Panteão incompleto.

Ele suspirou, e logo se arrependeu, por causa do cheiro.

— O Rei-Imperador pode tomar conta disso — disse Orion. — Os sumo-sacerdotes. Qualquer um. Nós vamos resgatar Vallen.

— De que adianta, se a Tormenta se tornar um deus maior? Se qualquer um dos Lordes ascender?

Silêncio gotejante.

— Você mesma disse que deveríamos nos concentrar nisto. Resgatá-lo, atacar a Tormenta.

— Verdade. Mas não sabia que a resposta seria um exército de deuses menores. Enquanto estão conosco, não estão ganhando força. Não estão se tornando deuses maiores, completando o Panteão.

— Não posso resolver todos os problemas de Arton, Vanessa.

— Às vezes, não pode nem resolver os seus próprios. Mas pense que, por ser um problema de todos, também é seu.

— Quer desistir de Vallen?

— Quero fazer o que você propôs. Salvá-lo por completo. Atacar a Tormenta. Fazer um mundo em que ele possa viver.

Súbito, uma mudança nas galerias.

Luz.

Avançaram, e o túnel deu lugar a uma rua, calçada de paralelepípedos. A um lado, centenas de oficinas, pequenos comércios, barracas de mercadores espremiam-se, no espaço de poucos metros. Mais adiante, uma dezena de palácios, mesclando-se uns nos outros, erguendo-se em vários andares, na altura em que os dois não conseguiam ficar eretos. Casebres, mansões, choupanas de telhado de sapé e prédios de engenharia apurada. Quartéis sobre estábulos, sobre praças. E esgotos, ruas de terra, tavernas, poços, aquedutos e rios, todos juntos. Todos dentro de vinte passos, numa arquitetura que juntava todas as cidades do mundo.

Mas não havia ninguém.

— Estamos aqui — disse Vanessa.

Caminharam, cada passo levando a uma centena de vilarejos e capitais, bairros e castelos. Viram-se numa cidadela fortificada, construída ao redor de um forte, e num acampamento sazonal de nômades. Em uma aldeia ribeirinha, feita sobre palafitas, e entre as tocas dos halflings.

— Ele cria tudo isso? — disse a clériga.

— Acho que ele *é* tudo isso.

Como em resposta, os prédios se curvaram. A rua oscilou, um muro juntou-se a um telhado para formar metade de um rosto, uma taverna moldou-se numa bochecha, e cinco ou seis portas abriram-se para formar uma boca. Grades de metal enrolaram-se para formar dedos, no final de um colossal braço feito de torres. Uma arena sustentou costelas, e uma praça formou o tronco.

Era o Deus das Cidades.

— São os humanos que reúnem um exército — disse o deus, falando num coro de milhões de vozes.

— Viemos até aqui recrutá-lo — disse Orion.

O deus riu um estardalhaço.

— Conheço tudo que se fala nas cidades, Orion Drake.

Era um deus poderoso. Vanessa raciocinou a quantidade de adoração que recebia. Sempre que fazendeiros rumavam a uma comunidade, para vender seus produtos ou achar uma vida diferente. Sempre que um grupo de pessoas se juntava perto de um rio, e lá construía permanência. Sempre que mais pessoas nasciam em suas comunidades, sempre que alguém descobria um beco novo, sempre que casebres eram construídos encostados nas muralhas, querendo se juntar. Atos de culto ao Deus das Cidades.

— A Tormenta corrompe as cidades. Existe corrupção em mim, infecções lefeu em meu corpo. Partes minhas foram destruídas, quando a Tormenta atacou Tamu-ra.

— Lutará por nós? — disse Orion.

— Lutarei contra meus inimigos. E, neste momento, Crânio Negro tece os esboços de uma cidade, na área de Tormenta de Tamu-ra. O lugar onde está seu filho. O lugar que é meu inimigo.

O Deus do Medo estava sempre às costas, e era impossível ver-lhe o semblante. Orion tinha uma vaga ideia de que era humanoide, mas sumia sempre que ele se virava. No entanto, concordou em lutar.

Mauziell deu-lhe uma boa olhada, e o Deus do Medo ficou desconcertado. Então, ela sorriu para Orion:

— Ele é confiável. Não precisa se preocupar.

A Deusa das Joias e o Deus dos Segredos, o Deus das Charadas e a Deusa da Canção. Dezenas e dezenas, todos soldados sob Orion. Ele e Vanessa discutiam táticas, especulavam sobre a influência e poder de cada um.

— Acha que uma força desse tipo já foi reunida antes? — disse a clériga, certo dia, cavalgando a seu lado na estrada reta.

— Deve ter existido, em tempos lendários.

— Imagino que a Deusa das Avós lembra.

— Acha que algum outro general já teve medo de uma avó?

Os dois riram fraco.

— Talvez estes sejam os tempos lendários — disse Vanessa.

Orion ficou olhando-a.

— As pessoas em épocas remotas não sabiam que viviam em tempos tão extraordinários. Comiam e bebiam, fodiam e morriam, como nós. Talvez, no futuro, isto seja uma lenda.

Ele sorriu.

— É errado eu estar gostando disso? — disse Orion.

Nada.

— Meus Cavaleiros do Corvo têm um lema. — A lembrança repentina trouxe-lhe uma fisgada. — "Das trevas, trazemos a luz". Estamos afundados nas trevas, Vanessa, mas há muito não me sinto tão bem.

— Até lembrar de Vallen.

— Até lembrar de Vallen. Mas, mesmo assim, acho que isto é uma provação. Sairemos todos mais fortes.

Olhando-a com seriedade.

— Vou embora, depois que falarmos com Rhond — disse Vanessa.

Orion gelou.

— O exército está quase pronto — continuou a clériga. — Vamos nos encontrar de novo durante a batalha.

— Por quê?

— Não tenho mais o que fazer aqui.

Pausa.

— Você poderia — Orion começou.

— Não tente arranjar justificativas para ficar perto de mim, Orion. Isso está abaixo de você. Estive pensando em tudo que Tanna-Toh nos revelou. — Brincando com a costura de uma luva de couro. — Sobre Vallen Allond e Ellisa Thorn, e aqueles aventureiros.

— Vai atrás deles?

— Estão em Tamu-ra. Vou atrás de armas.

— Estamos prestes a falar com o Deus das Armas.

— Armas que Vallen Allond deixou para trás. Podem ser úteis.

Ele ficou pensando.

— É uma jornada grande. Por algo que *pode* ser útil.

— Se vamos enfrentar um Lorde da Tormenta, — disse Vanessa — quero todas as condições de vitória. Todas as vantagens, tudo a nosso favor. Se eu pegar você lutando de forma honesta ou justa, Orion, vou matá-lo eu mesma.

Em Zakharov, quase às portas da área de Tormenta, encontraram Rhond, o Deus das Armas, em seu templo: uma forja subterrânea, em uma cidade batizada com seu nome.

O Forjador Imortal recobria-se de metal, parecia mesmo não ter olhos. O elmo terminava numa proteção em formato de balde, o que lhe emprestava uma aparência pouco humana. Rhond era alto como dois homens, e seus seis braços imensos manejavam os martelos, enquanto moldava uma foice sobre uma bigorna monumental. A oficina era uma caverna, a forja era um pequeno vulcão, a lava borbulhando em seu interior. Quente o bastante para morrer, e cada parede recoberta das mais variadas armas do mundo. Espadas, machados, maças, tridentes, adagas, mosquetes, fundas, correntes, manoplas, arcos.

Orion se curvou.

Goharom, o Deus Anão dos Machados, fizera questão de acompanhá-lo, e também prestou reverência. Cette, o Deus Elfo dos Arqueiros, também decidira segui-los, e inclinava-se ao chão.

— Vejo que duas de minhas crias acompanham-no, general — disse Rhond.

Sua voz era martelo contra metal, cada sílaba um estampido, um ruído brusco, por pouco inteligível. Rhond se aproximou, e tocou a cabeça de Goharom e Cette, em bênção.

— São seus filhos? — disse Orion.

— Em espírito. Goharom roubou parte de meu domínio.

O deus anão foi tomado de palidez, e oscilou como se fosse vomitar. Retirou o machado das costas, e ofereceu-o ao Deus das Armas.

— Nunca quis insultá-lo, meu senhor! — disse. — Tem minha devoção.

— Não é necessário, Goharom. Devoção ao machado é devoção às armas. Assim como devoção aos cavalos é devoção aos animais.

Goharom não entendia coisa alguma sobre cavalos, e parecia ter conhecimento superficial sobre Allihanna.

— Não me desagrada, Deus dos Machados — explicou Rhond.

Cette permanecia curvado.

— Você é o Deus dos Arqueiros, e não dos arcos — disse Rhond.

— Mas devo-lhe meu domínio — disse o deus elfo.

— Aprecio seu respeito. Cultive a perfeição do arqueiro, e cultivarei a perfeição do arco. Sem um, não há o outro.

Cette ergueu-se, brilhando de orgulho, fungando lágrimas.

— Onde está o Deus da Pólvora? — disse Rhond.

Orion começou a falar, mas Goharom interrompeu-o.

— Garth convidou-o para um duelo, meu senhor, se quiser domínio sobre as armas de pólvora. E, bem, recomendou que enfiasse um barrilete de pólvora em seu santo traseiro.

Rhond fechado em metal, inescrutável. Orion imaginou se teria nas mãos uma guerra entre deuses menores.

— O Deus da Pólvora é uma criança — disse Rhond. — E muito infeliz. É o deus de algo que odeia.

No clangor das sílabas, poderia haver uma nota de humor, ou um toque de melancolia.

— Viemos pedir sua aliança em nosso exército — adiantou-se Cette, antes que Orion pudesse falar.

— Apenas um deus pode forjar armas empunhadas por deuses — disse Rhond. — Mas o general precisa de uma arma específica. Uma de minhas maiores criações.

Com um gesto, chamou Orion para perto. Seu toque era quente a ponto do desconforto.

Orion foi sozinho.

Era Yuden, e ele podia sentir o fervilhar de antecipação no reino. Pouco sabia da política do Reinado, isolado como estava em seu mundo de deuses e viagens. Talvez Yuden já tivesse tomado controle do continente. Talvez Bielefeld já tivesse se curvado, seguindo o exemplo que ele mesmo dera, com os Cavaleiros do Corvo. Nada disso importava. Orion entrou no povoado, sob o escrutínio dos yudenianos. Precisava resgatar seu filho. E talvez impedir que os lefeu se tornassem deuses maiores.

Os aldeões começaram a cercá-lo, punhos nos cabos. Usavam espadas, não machados ou arcos ou lanças. Eram poucos, mas todos cobertos de cicatrizes, altos, cheios de músculos. Andavam de costas retas, tinham o olhar de quem já matou. Vestiam couro e malha, mesmo no meio de um dia seguro. As mulheres, assim como os homens, de prontidão. Orion ignorou-os, seguiu para a construção de pedra, no centro da aldeia, guardada por dois cães imensos. Era o salão dos guerreiros, lugar de decisões e costumes de Yuden antigo.

À frente do salão, a rocha.

— Se pretendem me atacar, venham — rosnou Orion.

Continuavam cercando.

— Sou Orion Drake, de Bielefeld. Bebi vinho com Sua Majestade, o Rei Mitkov Yudennach. Invadi uma área de Tormenta com a Primeira Companhia de Yuden. Treinei cavaleiros segundo o que aprendi com Yuden. Venho aqui sob instrução de Rhond, o Deus Menor das Armas.

Um homem barbudo, com bigodes trançados e cheios de anéis metálicos, deu um passo à frente, acariciando o cabo de sua espada.

— Bravatas que qualquer um pode fazer, forasteiro.

— Teste minhas bravatas, então — Orion sacou a espada, e apontou-a para o homem.

— Sua lâmina é débil.

— Talvez. Todas as suas espadas foram abençoadas, e podem quebrar meu metal. Mas sou Orion Drake. Cavalguei até aqui sobre o Deus dos Cavalos, e vim para levar seu deus comigo.

O yudeniano atacou, com um grito de guerra. Orion firmou os pés na areia, abaixou-se quando a enorme espada veio em giro na sua direção. Reverteu a empunhadura de sua própria lâmina, ainda abaixado, e enfiou a ponta no estômago do outro. Soltou o cabo, deixando o metal cravado, enquanto o yudeniano curvou-se e caiu. A queda fez com que a ponta surgisse-lhe pelas costas, ele estrebuchou um instante, e morreu.

— Não preciso mais de minha espada — disse Orion. — Vim recrutar seu deus.

Dois guerreiros se aproximaram da rocha. Sacaram as espadas, mas não investiram contra Orion. Apenas tocaram as lâminas na espada cravada na pedra, pedindo bênção. Uma guerreira carregou um bebê até a espada, encostando sua testa no cabo.

Orion foi até a pedra. Agarrou o cabo da espada cravada. Era simples, forrado de couro, uma proteção reta cruzando-lhe perpendicular. Ele apoiou um pé na rocha, e puxou a espada.

— Seu deus vem comigo — disse Orion. — Peçam suas últimas bênçãos, pois a espada-deus me pertence.

Os yudenianos reuniram-se ao redor dele, para beijar a lâmina uma última vez. A arma estremeceu de vontade própria, soltou um leve zumbido de antecipação. Orion conseguia perceber um traço de consciência vindo da espada, e era clara a devoção nos olhos daquela gente. A melhor arma forjada por Rhond, usada por heróis e carniceiros, salvando vidas a chacinando inocentes. Ninguém que a empunhara tornara-se um deus, pois a espada era maior que todos.

Era ela mesma o deus, e agora estava na mão de Orion Drake.

Orion voltou ao exército, montado no Deus dos Cavalos.

Não enxergou Vanessa. Partira.

Mas havia um recém-chegado. Orion apeou e foi ter com aquele homenzinho em farrapos. Tinha metade de sua própria altura, idade indecifrável sob uma casca de imundície. Cabelos esponjosos, cor de sujeira, e rosto comum. Os sapatos cheios de buracos mostravam dedos deformados nos pés, projetando-se para os lados. Sorriu-lhe com dentes podres. Poderia ser um Deus dos Mendigos. Mas, de alguma forma, não exalava o poder divino.

Mauziell chegou perto, tocou seu ombro.

— Este é Tillian — disse a Deusa das Avós.

Orion estonteou.

Valkaria, Tillian e o Terceiro.

— Quem —

— Meu neto — disse a deusa. — Um mortal muito sofrido.

Mauziell retirou um lencinho do avental, molhou-o com saliva e limpou uma fração insignificante da sujeira que recobria o rosto do outro.

— Guardei duas coisinhas para você — disse a Deusa das Avós. Fez surgir duas bolotas multicoloridas, que apresentou a Tillian. — Um pouco de memória. E um pouco de sanidade.

CAPÍTULO 25

TUDO OU NADA

A COROA PESAVA. THORMY PEGOU-A NOS DEDOS, DEPOSITOU-a na mesa. Olhou-se num espelho de prata. Aparência diferente, com a cabeça descoberta.

Um engasgo, atrás.

O Rei-Imperador se virou, e lá estava Arkam Braço Metálico. Vira-o sem a coroa, e fora atacado por um desespero súbito.

— Calma, Arkam — disse o rei. — Ela ainda me pertence.

O guerreiro foi até ele, vermelho de embaraço. Curvou-se, mas Thormy não tinha paciência para mesuras, naquele momento. Um pouco ridículo, até: estavam nos aposentos imperiais. A cama do casal real desarrumada, e Thormy há pouco acabara de se vestir, auxiliado por servos. A rainha Rhavana, como sempre, ausente em suas cavalgadas.

— Não esperava vê-lo no meu quarto — disse o Rei-Imperador, sorrindo.

— Perdão, Majestade —

— Arkam, mandarei cortar sua língua. A esta hora da manhã, no meu quarto, nada de cortesias.

O guerreiro tentou sorrir também, mas aquilo apenas lhe encheu de outra tristeza. Thormy era um homem franco, direto, sem as afetações do poder. Uma pena ver seu trono usurpado.

— A que devo a visita? — disse Sua Majestade, abafando um bocejo.

Arkam olhou de soslaio para os servos e guardas que aguardavam qualquer ordem.

— Fale — insistiu Thormy, transparecendo um início de irritação.

— Soube do pergaminho que chegou à noite, Majestade.

Suspiro.

— Eu devia imaginar.

A missiva estava junto à coroa, sobre a mesa. Lida e relida, os cantos erodidos pelos dedos insones do Rei-Imperador. Tão próximo ao grande conselho, era uma ousadia, e um prenúncio do que estava por vir.

— O que vai fazer, Majestade?

— Já fiz — bocejou Thormy. — Respondi há várias horas. Mitkov já deve ter recebido. Hoje faremos um anúncio formal aos demais regentes.

Arkam foi tomado de uma palidez amarela. Sem conseguir evitar, olhou de novo os homens da Primeira Companhia de Yuden, guarnecendo o Rei-Imperador.

— Posso saber qual foi a resposta, Majestade?

Thormy revirou os olhos.

— Todos logo ficarão sabendo. Por que esconderia de você? A resposta foi sim.

Arkam não se conteve: uma lágrima quase a transbordar.

— Thormy — foi tudo que conseguiu dizer.

— *Agora* me trata pelo primeiro nome?

— Por quê? — soluçou.

— Não existe honra em batalhas inúteis, meu amigo.

A decepção era clara no rosto do guerreiro. A missiva que chegara à noite era um pedido do rei Mitkov Yudennach. Para que o conselho fosse realizado em terreno declarado neutro. Mesmo que estivesse dentro dos limites de Deheon, não seria considerado o Reino Capital. Um território pertencente a todos, e a ninguém.

Onde Thormy seria um regente estrangeiro, como os outros.

— Não entendo — disse Arkam. Calou-se um instante, e então ergueu a voz: — *Não entendo.* Está louco, Thormy? Perdeu a coragem?

Os soldados da Primeira Companhia deram um passo, mas o rei fez um gesto, e estacaram.

— É uma manobra óbvia! — vociferou o guerreiro. — Quando estiver lá, em território neutro, Mitkov vai distorcer os fatos. Você não estará defendendo seu trono, mas *candidatando-se* ao trono. Será como qualquer um!

— Acalme-se, Arkam.

— Estou farto de me acalmar! Você está entregando a coroa imperial!

— Mitkov —

— Mitkov e seus capachos irão humilhá-lo. É uma jogada política.

Thormy começou a dizer algo, mas Arkam não se calou, e agarrou o ombro do Rei-Imperador. Então, em um instante, a Primeira Companhia estava sobre ele. Braços e pernas imobilizados, lâminas de prontidão.

Arkam chorava em aberto.

— Vai me jogar no calabouço, Thormy?

— Não. — Fechou os olhos. — Nada disso aconteceu. Você não ergueu a mão para seu imperador.

— A Primeira Companhia *desembainhou lâminas* contra você, em Trebuck.

O rei assentiu. Arkam foi arrastado para fora.

O teor completo da resposta a Mitkov não era, ainda, de conhecimento geral. Thormy imaginou a reação de Arkam, quando soubesse.

— Qual é o truque? — disse o rei Mitkov.

Shivara acabara de entrar no quarto, vermelha e suada, voltando de seu exercício. Costumava acordar bem antes do sol, e cumprimentava a alvorada com treinamento. Todos os dias, esgrima, equitação, arco e flecha, pugilato. Seu marido ainda estava na cama, examinando mais uma vez o pergaminho que chegara de madrugada. Mitkov era também um homem de músculos e armas, mas não compartilhava da abnegação estoica da esposa. Uma serva jovem aguardava de pé, com uma bandeja de carne fria e frutas.

— Você conseguiu o que queria — disse a rainha.

— O que *nós* queríamos, amor da minha vida — Mitkov ergueu-lhe uma sobrancelha.

Shivara pegou uma maçã, deu-lhe uma mordida voraz.

— Você conhece Thormy melhor do que eu — disse Mitkov. — O que ele está planejando?

— Você quase foi genro de Sua Majestade Imperial, meu marido.

— Responda, mulher. O que ele está planejando?

Shivara ficou calada, um tempo. A maçã esquecida. Então, mordeu outra vez, olhou-o sem malícia.

— Não faço ideia. Talvez, a esta altura, ele já não tenha mais opção.

— Thormy não é *tão* fraco. Não pode desejar apenas me agradar.

Leu o pergaminho, mais uma vez.

A carta aceitava o pedido de Mitkov, garantia que o conselho do Reinado ocorreria em solo neutro. E uma surpresa: ressaltava que, mesmo assim, eram necessárias leis que regessem o território. Sugeria as leis de Yuden.

— Isso *não* quer dizer que somos superiores aos outros, no terreno neutro — disse Shivara.

— Eu sei — Mitkov descartou o comentário com um abano. — Apenas as leis, é claro. Mas por quê?

Silêncio.

— O que existe nas leis de Yuden, e em nenhuma outra lei do Reinado? — disse a rainha.

Pensaram.

Havia a intolerância aos não humanos. No entanto, era claro que seria aberta uma exceção, pois havia o regente de Hongari, o reino dos halflings. O Primeiro Cidadão de Tapista. O próprio Sckhar. Nem mesmo Mitkov ousava ofender Sckhar.

Shivara sentia, ainda, certo asco de si mesma, colaborando assim. Mas não havia escolha. Talvez o próprio Rei-Imperador estivesse percebendo.

— Talvez seja segurança — disse Mitkov.

A rainha despertou de suas conjecturas.

— Thormy sabe que, em Yuden, qualquer atentado seria punido com a morte. Talvez esteja com medo de um assassinato.

— Talvez não haja razão — disse Shivara. — Você cercou-o de yudenianos. Talvez sua — corrigiu — *nossa* influência seja maior do que imaginamos. Talvez ele esteja convencido de que Yuden deve ser o Reino Capital.

Mitkov ficou absorvendo aquilo. Conveniente demais para ser levado a sério.

— Aceitaremos — disse ele, por fim.

Chamou um escriba, ditou um pergaminho, agradecendo a honraria prestada.

— E diga-lhe também que o Exército do Reinado protegerá o conselho — finalizou Mitkov. — Afinal, se nosso bom Thormy realmente estiver preparando algum truque, teremos alguns milhares de homens sob nosso comando, para obrigá-lo a se comportar.

Esfregou as mãos. Esticou-se até Shivara, enlaçou-a pela cintura, cheirando seus cabelos.

O general Turbius Oksen não dormia há duas noites. Fora as olheiras, não tinha sinal de fadiga, pois seu dever era importante demais. Conseguira descansar por algumas horas, aqui e ali nos últimos dias, mas agora estava ocupado com ordens. Mantinha-se atualizado, caminhava por entre os homens. Conferia a segurança dos regentes, escutava os relatórios das sentinelas. Deheon não era-lhe tão familiar quanto ele gostaria, para prever qualquer ameaça. Mas, estudando mapas e história, fora capaz de montar uma estratégia. Nada passaria pelo Exército do Reinado, enquanto o conselho estivesse reunido.

A um dia a cavalo de Valkaria, distância respeitosa para marcar a neutralidade. O terreno era uma planície, com raras colinas e bosques tímidos, mas já parecia uma cidade. Batalhões de trabalhadores, engenheiros, cozinheiros e soldados ocupavam-se de preparar o conselho. Armazéns, tendas, estábulos, alojamentos construídos com eficiência instantânea. Os estandartes dos reinos voavam alto, sobre seus mastros, e o brasão do Reinado mais alto que todos. Aquela era, ao menos por enquanto, uma terra apenas do Reinado, onde nenhum estandarte era mais importante.

Havia também, é claro, uma multidão eclesiástica, abençoando o local contra todas as formas de maldade, e hordas de magos, vigiando com seus meandros arcanos e derramando suas proteções. Governado por leis de Yuden, o lugar tinha peculiaridades religiosas. Lena e Marah estavam proibidas. Keenn destacava-se.

O general considerou aquilo. As cores do Deus da Guerra eram obrigatórias, segundo as leis yudenianas. Mas era um péssimo agouro para uma reunião que pretendia a paz. Como se os olhos de Keenn observassem, era difícil não querer impressioná-lo. Oksen imaginou o que aconteceria, caso fosse declarada ali uma guerra. Era yudeniano, mas servia ao Reinado. Não poderia servir a Yuden rebelde. Mas, se não houvesse mais Reinado, seguiria Mitkov.

Turbius Oksen sabia que a um soldado não cabia tomar decisões. Ele cumpriria suas ordens, com honra, como sempre.

Naquela manhã, chegaram as primeiras comitivas. Carruagens garbosas, escoltadas por cavaleiros da Luz, trouxeram Igor Janz, o rei de Bielefeld. Reino leal, de amizade antiga com Deheon, e talvez por isso não temesse ser o primeiro. Entre a escolta, estava a figura titânica de Alenn Toren Greenfeld, o Alto Comandante da Ordem da Luz. No passado, os cavaleiros poderiam ter sido inimigos de Yuden. Mas, em grande parte graças a Orion e Vanessa Drake, agora o Exército com uma Nação recebia a Ordem de braços abertos. Turbius Oksen notou que alguns cavaleiros fizeram uma ligeira mesura ao estandarte de Keenn.

Tyrondir chegou numa pompa meio orgulhosa e meio constrangida. O rei Balek Terceiro enviara uma representante a Valkaria, havia algum tempo. Sua Majestade era um homem recluso, envergonhado do próprio fracasso com a Aliança Negra às suas portas. Sua negligência valera uma repreensão do Rei-Imperador, há vários anos. Vinha com seus conselheiros yudenianos, o estandarte de Tyrondir acompanhado do brasão de Yuden.

Wynlla não tinha um rei, mas um conselho de famílias nobres, que seguiam as tradições arcanas. Três representantes da família Theuderulf, a mais ativa na política, vinham em nome do país, chegando através de um círculo mágico de transporte. Quase desprovidos de defesa mundana, contavam apenas com uma estátua viva como guarda-costas.

O resto do dia viu a chegada de Solast Arantur, o rei de Tollon. Mais um acompanhado de yudenianos, ostentando os dois brasões. Era um rei afeito aos machados e aos calos, dedicando-se tanto à corte quanto ao ofício de lenhador. Arantur cavalgava seu próprio corcel, acompanhado por sua escolta, e mal tinha coragem de erguer os olhos. Yuden podia ser uma necessidade, mas era uma vergonha.

Godfrey Hogarth, o singelo rei de Collen, vinha numa carroça simples, acompanhado de cavalarianos. Abanou para o Exército do Reinado, como se ignorasse qualquer tensão. Turbius Oksen notou que a comitiva de Ahlen ainda não chegara, mesmo estando mais próximo da capital que seu vizinho Collen. As nações hostis faziam-se demorar, à beira do insulto.

Kholtak Sedmoor, o rei de Lomatubar, foi barrado. Sua comitiva era quase maltrapilha, pois a praga que assolava o reino erodia os cofres, assim como os corpos. Lomatubar carregava o estandarte de Lena, a Deusa da Vida, e o rei trajava verde, em respeito à deusa. O culto era banido em Yuden, e precisaram descartar todos os símbolos da religião, antes que pudessem cruzar para o terreno neutro.

Ao longo dos dias, chegaram os regentes mais longínquos. Beldrad Isontorn, o governante de Sambúrdia, veio com uma escolta de grifos montados. Não era um rei, mas um líder eleito. Pouca diferença: ocupava o cargo há quase duas décadas, pois solidificara a simpatia da nação. Salistick chegou em carruagens rebuscadas, virando o rosto aos sacerdotes, trazendo o rei Proddian Aghmen e um conselho de médicos. Os halflings de Hongari vieram em toda a sua glória rechonchuda, com pássaros-bois puxando carroças e uma trilha de fumaça de cachimbo. Não havia rei, mas um prefeito, líder das Colinas dos Bons Halflings, a maior comunidade do país. Era Tildo Didowicz, e escutou a permissão especial que recebia para que sua raça entrasse no território. Godin Idelphatt, o rei de Petrynia, parecia um sonâmbulo. O terror que assolava seu reino espelhado em seu rosto.

Assim, a cidade instantânea se encheu. A enorme mesa redonda onde ocorreriam os debates estava pronta, no centro de tudo, apenas aguardando o futuro. Sussurros dos três cantos de Arton; sobre a morte do Dragão da Tormenta, sobre o culto aos lefeu, sobre deuses menores desaparecidos.

Enfim, quando já estavam presentes as comitivas de Hershey e Callistia, de Nova Ghondriann e Khubar, chegaram os regentes mais perigosos. Aurakas, o Primeiro Cidadão de Tapista, veio acompanhado de sua guarda de infantaria. Traziam elfas acorrentadas, vestidas como bonecas. Receberam, também, permissão especial para estar lá — com mais respeito do que fora dedicado aos halflings.

Thorngald Vorlat, o rei de Ahlen, chegou após anunciar-se com arautos. Walfengarr Roggandin, rei de Zakharov, cavalgou olhando de cima. Ostentava com orgulho o brasão de Yuden, junto ao seu próprio, e portava-se como o vencedor de alguma batalha. O Conde Ferren Asloth, regente de Portsmouth, veio enfurnado numa carruagem de cortinas grossas. Seus emissários solicitaram a remoção de quaisquer magos e cavaleiros da Luz, mas não foram atendidos. Do extremo do continente, sozinho, um elfo de cabelos vermelhos — Sckhar. Andou com olhar reto, enquanto dezenas curvavam-se, por instinto.

Thormy ocupou sem alarde a casa que lhe fora construída. A Primeira Companhia acompanhava-o, e sua comitiva habitual. Turbius Oksen notou que, assim como outros regentes, o Rei-Imperador carregava um estandarte de Yuden junto ao seu. Os yudenianos eram seus guardas, seus conselheiros.

Talvez não restasse nada a decidir.

O último regente chegou ao conselho. De acordo com a lei, igual a todos. Mas, sendo o último, fazia-se mais importante, e entrou de peito estufado. Mitkov Yudennach, com o estandarte de Yuden e de Trebuck, cavalgou como se liderasse uma parada em sua própria homenagem. Shivara Yudennach vinha mais atrás.

Preces a Keenn. Na manhã seguinte, o futuro.

Em volta da mesa circular.

Não havia teto sobre as cabeças; Azgher nascente testemunhava o conselho. Preces haviam se encarregado que a chuva não caísse enquanto os regentes deliberavam. A comitiva de cada um permanecia afastada, em seus próprios aposentos e tendas. Um conjunto de servos, oferecido pelo Exército do Reinado, cuidava de todas as necessidades. O próprio Exército vigiava, garantindo a segurança.

Todos hábeis em se fazer discretos, e deviam ignorar tudo que não lhes fosse dirigido. Mas o general Turbius Oksen mal segurava a curiosidade. Olhos atentos a um lado, ouvidos ao outro.

Um sacerdote devoto do Panteão conduziu uma cerimônia rápida, orando por justiça e clareza. Segundo a lei yudeniana, um clérigo de Keenn abençoou o conselho.

Então, o Rei-Imperador tomou a palavra:

— Majestades. Lordes. Governantes do Reinado. Agradeço a presença de todos.

Silêncio. Planthor Drako, o rei de Callistia, cheirava o vinho em seu cálice, absorto.

— A questão que viemos discutir — continuou Thormy, mas:

— Vossa Majestade já carrega fardos em demasia — interrompeu Thorngald Vorlat, o rei de Ahlen. — Aqui, somos todos iguais. Não é necessário que assuma também a responsabilidade de presidir o conselho.

Thormy sorriu, fingindo não ver. Cada vez mais, reduzido à posição dos outros. Quando chegasse a hora, não apenas defenderia seu trono; precisaria conquistá-lo.

Mitkov acrescentou:

— Todos têm muito a falar. Esta é uma época de crise, e viemos aqui em busca de liderança.

Thormy apoiou o queixo no punho. Mitkov já tomava as rédeas. Imaginou o quanto ele e Vorlat haviam ensaiado.

— Nosso primeiro assunto — disse o rei de Yuden, quando um pigarro interrompeu.

— Se Vossa Majestade me permite — era Borandir Silloherom, o rei de Namalkah. Um ginete velho e curtido, sentado com as pernas cruzadas por debaixo da mesa. Seus modos chegavam perto da barbárie, mas era um negociante rico e um político hábil. Usava o título de chefe, pois era arraigado aos costumes tribais.

— É claro —

— Bom — cortou Silloherom. — Nosso primeiro assunto não é a Tormenta ou os deuses. Quero falar de um homem que dedicou a vida ao Reinado, e que está levando coices nas costas.

Houve olhos para baixo. Mitkov impassível.

— Por favor, continue — disse o rei de Yuden.

— É Sua Majestade Imperial, nosso Rei-Imperador Thormy. — Borandir fez-lhe um gesto, enquanto se inclinava aos outros. — Viemos discutir lideranças, numa época como esta? Devíamos estar todos unidos, apoiando nosso líder. Tenho nojo de sentar aqui, majestades.

Um burburinho eclodiu na mesa. Foi a voz de Thormy que o silenciou:

— A discussão é necessária, chefe.

Silloherom franziu-lhe as rugas de couro.

— O Rei-Imperador não deve ser um tirano — disse Thormy. — A coalizão tem sucesso apenas quando todos são ouvidos.

Khulai-Hûk, o rei de Khubar, fazia que não com a cabeça. Amigo da família real de Deheon, passara muitos anos na corte do pai de Thormy. Vinha pronto a lutar, como fosse necessário, e escutava um princípio de rendição.

— A lealdade deve ser conquistada, chefe Silloherom — disse Thorngald Vorlat. — Se for merecida.

O rei de Namalkah bateu com a palma aberta na mesa, fez menção de se erguer.

— Quanto dura esta lealdade? — disse a voz mansa e afiada de Sckhar.

Impossível não dar ouvidos. O Dragão-Rei, mesmo em sua forma de elfo, carregava uma presença autoritária, uma superioridade fácil e natural. Não erguia a voz; deixava que todos se esforçassem, se curvassem de leve para ouvi-lo.

Sckhar era o único entre os reis sobrenaturais a comparecer. A rainha Thantalla-Dhaedelin, das fadas, distante e caprichosa como sempre. Beluhga, a antiga rainha dracônica das Montanhas Uivantes, morrera havia anos, e não existia sucessor.

— Quanto dura esta lealdade, senhores? — repetiu o dragão. — Ao longo deste ano, vi a fraqueza do Rei-Imperador. Ao contrário de todos aqui, não *preciso* de uma coalizão. Faço parte do Reinado apenas enquanto me convier.

Diversos regentes estremeceram. O Exército do Reinado ficou só um pouco mais tenso.

— Um fazendeiro não protege suas galinhas ele mesmo; possui um cão para isso. Se o cão deixa as raposas passarem, deve ser sacrificado.

Pausa. Nem mesmo o rei de Yuden ousava abrir a boca, caso Sckhar ainda tivesse algo a dizer.

E tinha:

— Ao longo deste ano, sofri insulto sobre insulto. Um cavaleiro chamado Orion Drake entrou em meu reino, libertou meus prisioneiros. O mesmo Orion Drake, junto com sua esposa, assassinou meus diplomatas, em Bielefeld. A coroa não tomou providência alguma, e nem o Rei-Imperador.

— Caçamos Orion Drake! — disse Igor Janz.

— Ainda não queimei o cadáver de Orion Drake. Portanto, você não fez nada.

Sckhar descartava títulos e posições. Não havia muito o que fazer para obrigá-lo.

— Peço desculpas, Dragão-Rei — disse Thormy.

— Desculpas não são o que se espera de um imperador — disse Sckhar. — Além disso, meu reino foi invadido por dragões, sob o comando de Vectorius e Talude.

— Deheon oferece o Protetorado do Reino para caçar os dragões criminosos.

— Pouco importa. Tenho meus próprios acordos com os arquimagos. Existe, no entanto, uma outra invasora. Uma elfa. Quero que o Reinado traga-a para mim.

Thormy ficou calado.

— Sabe de quem falo? — disse Sckhar.

— Sim, Majestade — disse Thormy. — Mas não sei onde ela está.

Igor Janz levantou-se.

— Orion Drake cometeu erros e crimes — disse. — Está banido de Bielefeld. Parte de seus crimes foi influenciada por Sua Majestade, o rei Mitkov Yudennach.

Sckhar recostou-se, sorrindo de leve.

— Estou ofendido — disse Mitkov. — Nunca incentivei Orion Drake a qualquer ato ilegal. Yuden apenas ofereceu-lhe recursos.

Silêncio.

— Aceitar auxílio yudeniano não é crime, Majestade — continuou Mitkov. — Por certo não insinua que tantos regentes sejam criminosos. Que o Rei-Imperador seja um criminoso.

Igor Janz voltou a sentar.

— Também me ressinto da complacência de Deheon — disse o Conde Ferren Asloth. — Quando o Dragão da Tormenta passou sobre Portsmouth, não recebemos ajuda.

— Vossa Alteza *recusou* ajuda — disse Thormy.

— Recusei a interferência de magos! — vociferou o conde, espalhando perdigotos. — Este é o auxílio que o Reinado oferece? Magos em Portsmouth? O que virá depois? Clérigos em Salistick? Uma boa maneira de se ver livre das responsabilidades.

— Isto é intolerável — rugiu Khulai-Hûk.

— Todos têm direito de falar, Majestade — disse Thormy.

Os reis de Khubar e de Bielefeld se entreolharam. Havia uma disputa antiga entre os dois países, fruto do passado expansionista de Bielefeld. Mas inimizade mútua tombou frente à amizade compartilhada: Igor Janz e Khulai-Hûk viam o Rei-Imperador massacrado, sem reação. O conselho não duraria dias, semanas, como previsto. Naquela mesma manhã, as acusações e queixas estavam rumando a um ápice.

— Tapista também foi vítima da negligência de Deheon — disse Aurakas, o Primeiro Cidadão do Reino dos Minotauros. — Um professor e um comerciante ofereceram-se para combater o Dragão da Tormenta em meu país. Acompanhados de dragões. Como resultado, minha capital está em ruínas. Exigi que o Rei-Imperador tomasse responsabilidade, mas não houve resposta.

— O pedido nunca chegou a mim, Primeiro Cidadão — disse Thormy.

— Sinal de uma liderança fraca, de uma burocracia que não cumpre seu dever. Homens e mulheres independentes combatem as ameaças em nosso mundo, porque a coroa imperial não tem força para isso.

— É impossível patrulhar cada estrada e cada colina — disse Thormy.

— As estradas de Tapista são seguras.

Aurakas disparou um olhar para Jedmah Roddenphord, o regente de Hershey. Era uma nação minúscula, protegida por Tapista. Um cão bem amestrado, Roddenphord declarou-se também insatisfeito com o Rei-Imperador.

— Apenas Trebuck está seguro — disse Aurakas. — Com o Exército do Reinado acampado para sempre em seu território.

Shivara Yudennach encarou o minotauro. A raça tinha um desprezo intrínseco por mulheres, vendo-as como pouco mais que reprodutoras.

— Trebuck dificilmente pode ser considerado seguro — disse a rainha. — E o Exército do Reinado está à disposição dos reinos que necessitarem de *proteção*.

Um alfinete claro. Tapista vivia pelo dogma de Tauron — os fortes deviam proteger os fracos. O Primeiro Cidadão nunca iria se dizer fraco, sobretudo a uma mulher.

— De qualquer forma — Walfengarr Roggandin, o rei de Zakharov, tomou a palavra pela primeira vez — o Exército do Reinado tornou-se forte apenas quando recebeu auxílio de Yuden.

Silêncio. Alguns constrangidos, outros desafiadores.

— Tyrondir há anos clama por ajuda contra a Aliança Negra — prosseguiu Roggandin. — Yuden ofereceu conselheiros e estrategistas. Meu próprio reino sofre com uma área de Tormenta. Foi Yuden que veio em nosso auxílio.

Thorngald Vorlat, de Ahlen, virou-se ao Rei-Imperador:

— O que pensa disso, Majestade?

Thormy alisou os bigodes.

— Yuden é responsável por minha segurança. Yuden ofereceu-me conselheiros e estrategistas. Yuden reforçou o Exército do Reinado, quando não pude. Através do Exército, Yuden pode treinar nossa população, para engrossar nossas fileiras.

Mitkov observava, descrente. Shivara achou que iria enlouquecer, por dividida. Os regentes não entendiam bem o que acontecia.

— Durante este ano, Yuden demonstrou seu poderio — continuou Thormy. — Apenas um tolo negaria isso. E apenas um tolo negaria que precisamos do Exército com uma Nação, nos tempos atuais. Yuden tem muito a nos ensinar. Eu mesmo insisti que a lei de Yuden valesse neste terreno neutro.

Respirou.

— Não nego, por um instante, o valor de Yuden. — Ergueu-se. — Nego o valor e a hombridade da cobra peçonhenta chamada Mitkov Yudennach.

Mitkov levantou-se. Walfengarr Roggandin berrava impropérios, Thorngald Vorlat, quieto, franzia a testa. Vozerio de todos os regentes. Sckhar sorria, como se assistisse a um espetáculo. Aurakas observava como um juiz.

— Este é nosso imperador! — Mitkov fez-se ouvir acima do burburinho. — Um fraco que recorre a insultos baixos!

— Cale a boca, Mitkov — disse Thormy.

Silêncio.

Mitkov tinha as veias saltadas.

— Tenta nos encantar com falatório sobre Yuden — continuou o Rei-Imperador. — Parece mesmo tentador um modo de vida militar, sem rodeios, cada problema resolvido com a espada. Mas você é um covarde, e não pratica o que prega. Majestades, lordes, regentes, Mitkov fez um grande jogo de influências, ameaças veladas, favores. Se fosse mesmo um guerreiro, não estaria escondido atrás da saia de sua esposa. Teria invadido Deheon, e não tecido sutilezas.

— Deseja uma guerra, maldito? — urrou Mitkov. — Como imperador, eu *nunca* —

— Se desejasse uma guerra, já teria massacrado seu reino. Desejo a paz. Apenas digo a todos aqui presentes que Mitkov *não é* um guerreiro, não é um general. Sob seu comando, o Reinado não será um lugar mais simples, de honra e militarismo. Teremos apenas *mais* intrigas, *mais* mentiras.

— Este homem é um desequilibrado! Não pode ostentar uma coroa!

Um estrondo: Thormy esmurrou a mesa.

— Estamos aqui sob a lei de Yuden, Majestades — disse o Rei-Imperador. — E, segundo a lei de Yuden, convoco um duelo. Lembra-se dos costumes de seu próprio reino, Mitkov? Pela lei de Yuden, convoco um julgamento por combate.

Era um costume antigo. Yuden utilizara a luta como mediador da justiça por muito tempo, uma tradição proveniente dos bárbaros. O pai de Mitkov, Fiodor Yudennach, tentara consagrar um campeão, um Dançarino de Guerra, anos antes, com o objetivo de forçar o retorno do ordálio. Um costume antigo — mas ainda presente na lei.

— Estou desafiando-o para uma luta, Mitkov Yudennach. Enfrente-me, segundo a lei ancestral de Yuden, e provaremos quem é o verdadeiro rei.

— Um regente não pode desperdiçar sua vida —

— Não preciso de armas para lhe dar uma surra. Lutaremos com as mãos. O vencedor leva a honra. O perdedor é banido.

Thormy sorria. Meses de planejamento culminavam.

Era necessária influência de Yuden em muitas nações, para que sua lei fosse aceita no conselho. Era necessário um conselho em terreno neutro, para que a lei pudesse ser imposta. Necessários soldados yudenianos por toda a volta, como testemunhas do combate.

Os generais de Yuden estavam olhando. Turbius Oksen e o Exército do Reinado. Os regentes. Se Mitkov recusasse, perderia seu prestígio, a lealdade de seus homens.

— Aceito — disse.

Nem meia hora, e os dois reis se encaravam. Sob Azgher, sob as vistas de nobres e soldados. A mesa do conselho deixada para trás, apenas terra entre os dois. Sem lâminas, sem magia.

Mitkov curvou-se como um bicho, as mãos abertas em prontidão. Thormy ergueu os punhos.

E jogaram-se um contra o outro.

Mitkov correu e agarrou o Rei-Imperador pelo tronco. Era um lutador hábil, apesar do que Thormy dissera, e enviou o adversário de costas ao chão. Apoiou-se com um joelho sobre o peito de Thormy, sorriu feroz ao recuar o punho.

Thormy segurou seu braço, puxou-o para perto. Com a outra mão, esmurrou-lhe o nariz. O rosto de Mitkov explodiu em sangue, e Thormy bateu de novo. O Rei-Imperador sabia que aquela dor cegava por um instante, e aproveitou para sair debaixo do outro.

— Nariz quebrado, Mitkov. Finalmente. Seu pai devia ter lhe batido mais.

Mitkov erguia-se, mas Thormy chutou-lhe o queixo, de baixo para cima. O rei de Yuden voou para trás, rolou e consegui ficar de pé. Sangrava pelos lábios e gengivas, alguns dentes decoravam o chão.

— É assim que luta? — rosnou Mitkov. — Chutando um homem caído?

— Acha injusto? Vai chorar?

Mitkov atacou.

Agarrou a garganta de Thormy, antes que ele bloqueasse sua mão com o queixo. Apertou-lhe a traqueia, enquanto buscava seu joelho, para derrubá-lo. Foram os dois ao chão, de novo, as roupas cobertas de terra e respingadas de sangue. Thormy ficava escuro com a falta de ar, sentiu luzes na visão periférica. A mão fechada como um martelo, golpeou o ouvido do inimigo. Mitkov soltou-lhe o pescoço, rolou para o lado.

O rei de Yuden lutava como um soldado, com as técnicas aprendidas no exército. Deu um bote sobre o Rei-Imperador, usou as pontas dos dedos para cortar-lhe o supercílio. A visão de Thormy se inundou de sangue, os olhos ardendo. Sem enxergar, apenas sentiu o cotovelo do outro como um aríete contra seu nariz, e foi jogado.

Thormy piscou, e Mitkov de novo sobre ele. De pé, pronto a chutá-lo. Thormy agarrou-lhe a perna, e o rei de Yuden caiu.

— *Você é um frouxo, Mitkov.* Acha que vou ficar tonto, como você, com um golpe no nariz? Acha que não sei lutar sem enxergar?

Thormy segurou a cabeça do inimigo com as duas mãos, bateu-a contra o solo.

— Você sabe lutar, mas não aguenta dor. Você é uma criança mimada, que quer o Reinado como um brinquedo caro.

Mitkov esmurrou-lhe a boca, de novo e de novo. Thormy cuspiu dentes, e sorriu, sem se abalar.

— Aprendeu a lutar no exército. Nenhum instrutor teria coragem de machucá-lo de verdade. *Eu fui aventureiro, Mitkov.*

Thormy recebeu um pontapé no flanco, mas realmente não parecia se importar com a dor. Lembrou de incontáveis vezes, cortado por garras de monstros ou mordido por coisas venenosas, trespassado por armadilhas ou flechado por inimigos ocultos. Fora um aventureiro, e a dor fizera parte de sua rotina. Era imperador, e o autocontrole fazia parte de sua alma.

Mitkov saltou de pé, tentando atacar o adversário pelas costas. Thormy levantou-se a abriu a guarda. O rei de Yuden correu para estrangulá-lo por trás, mas Thormy estava pronto, e segurou seu rosto com a mão. Afundou-lhe um polegar no olho, e Mitkov gritou. Então, Thormy agarrou-o pela roupa e pelo braço, e arremessou-o por cima da cabeça, usando o peso do adversário contra ele mesmo.

O rosto lavado em sangue, olhando o chão, Mitkov caiu de novo. Thormy pisou com sua bota na base da espinha do inimigo. Então caiu sobre ele, e torceu seu braço.

— *Diga que sou seu imperador* — rugiu Thormy.

— Yudenianos!

Os soldados de Yuden quase fizeram um movimento. Turbius Oksen olhou as fileiras, e ficaram parados.

— Yudenianos! Protejam seu rei!

Mais parados do que jamais estariam.

— *Diga que sou seu imperador.*

Forçando o braço, cada vez mais.

— *Diga que sou seu imperador!*

Um estalo, um jorro de sangue. O braço de Mitkov Yudennach partiu-se, e o osso farpado surgiu, rasgando a carne.

— *Você é meu imperador!* — berrou Mitkov.

Thormy largou-o.

Ergueu-se. Cuspiu em seu rosto marcado de lágrimas.

Gritos, lâminas saindo das bainhas. Capitães de Yuden, transtornados, lealdade cortada ao meio, sacaram suas armas, em defesa estúpida ao rei. Os soldados olhavam uns aos outros, seguiam superiores imediatos, ou o general. As fileiras do Exército do Reinado desabaram em insubordinação, até que um brado elevou-se acima de todos.

Turbius Oksen, o general, tinha apenas uma lealdade. Segundo a lei yudeniana, seu rei fora vencido, e seu imperador triunfara. Colocou-se à frente das tropas.

— *Soldados do Reinado!* — Sentido. — *Disciplina!*

Os insurrectos deixaram cair as armas.

Disciplina.

O Rei-Imperador não dava importância.

— Você foi vencido, Mitkov — disse Thormy, ofegante, a voz calma. — Não é mais rei de Yuden. Só um plebeu covarde. Agora levante-se do meu chão, e suma da minha vista.

Mitkov procurou Shivara com os olhos. Impassível. Seus guerreiros, o Exército do Reinado. Seu general. Pura decepção nos rostos. Ninguém moveu um músculo. Ele se levantou sozinho, com dificuldade.

— Talvez agora você aprenda a ser homem — disse Thormy. — Se isso acontecer, não esqueça de seu professor.

E Turbius Oksen foi o primeiro, mas os outros generais imitaram.

Todos os comandantes yudenianos curvaram-se a Shivara. A rainha de Yuden.

CAPÍTULO 26

DRAGÃO DE PANO

O MENDIGO OLHOU AS DUAS BOLOTAS, AS CORES ESPIRAlando. Nas mãozinhas imundas, eram como artefatos, e ele parecia ter uma vaga ideia de seu poder. Tomado por assombro.

Os deuses reunidos em volta. Orion apeou do Deus dos Cavalos, chegou próximo a Tillian e Mauziell, a Deusa das Avós. Abaixou-se para encarar o mendigo, mas ele fugia com os olhos, transtornava-se em mil direções.

— Quem é você? — disse Orion.

Tillian ensaiou uma risada, decidiu-se por beiço triste.

— *Talvez fosse pai, se não criasse o filho errado. Ninguém sabe por que me odiaram, se só fiz uma visita. Agora sou visita para sempre. O irmão mais velho fechou a porta, e todos esqueceram de bater.*

Orion levou a mão à testa.

Tillian continuou brincando com os presentes de Mauziell. O cheiro de sujeira humana acumulada era grosso e nauseante. Os dedos dos pés projetavam-se por furos nos lados dos sapatos, e Tillian riscava o chão com as solas gastas.

— Você é um deus? — Orion segurou o ombro sujo.

Tillian franziu as pálpebras para um dos objetos, deixou a boca entreaberta. Uma gota de saliva lhe escapou pelo lábio, transformando-se num fio elástico.

— *Três irmãos. Uma brincadeira divertida, e ninguém conhecia nosso lugarzinho secreto. Fizemos tudo para brincar, é divertido brincar com os filhos. Quis desculpar por serem malcriados, mas as crianças cresceram.*

— O que está falando? — Orion sacudiu-o.

Tillian começou a choramingar. Um cheiro azedo anunciou que havia se urinado. Mauziell olhou Orion com reprovação.

— Peça desculpas — disse a Deusa das Avós.

— Este homem era um deus?

— Peça desculpas. Isto é só *um pouco* de lembranças e sanidade. O pobrezinho já sofreu muito.

Mauziell confortou Tillian, afagando-lhe os cabelos grudados. Fez um meneio significativo para Orion. Com um suspiro, ele se agachou, e pediu perdão.

— Conte sua história ao general, meu neto — disse a Deusa das Avós.

Tillian engoliu seus soluços.

— Você é um deus? — disse Orion. — *Era* um deus?

— *Muitos irmãos* — disse Tillian. — *Todos queriam ter filhos. Eu não consegui. Ficava distraído.*

Orion perseguia o raciocínio cambaleante. Tentava juntar as peças.

— *Tivemos filhos novos, e guardamos segredo. A coisa mais maravilhosa, mas deu errado. O irmão mais velho não gostou.*

— Isso foi a Revolta dos Três?

Tillian encarou-o bem nos olhos. Segurou um riso súbito, e então explodiu numa gargalhada.

— *Doeu bastante, e fecharam a porta, e ninguém lembra. Nem o irmão mais velho, nem ninguém.*

— A Revolta dos Três — Orion murmurou, absorto. — A criação dos lefeu? A origem da Tormenta?

Tillian deu um berro. Esperneou na terra, ferindo os dedos dos pés, arrancou tufos de cabelo.

— *Ela visitou os primeiros filhos, até que abriram a porta. Quem me puniu foi o irmão malvado, que não era mais velho e ficou. E ele* —

Arregalou os olhos, espremeu os lábios.

— *Ninguém sabe.*

Orion endireitou-se. Respirava raso, o coração martelava no tórax. Tanna-Toh falara: a resposta mais simples. Tudo conectado. A Revolta dos Três, a origem da Tormenta. Se Valkaria e Tillian haviam participado, restava o Terceiro. A origem poderia trazer uma arma.

— Você sabe como derrotá-los? — virou-se de novo ao mendigo.

— *Ninguém consegue.*

Um calafrio.

— Mulher. Criança. Homem. Pessoa. Fantasia. Monstro. Conquista. Invenção. Destruição. Ambição. Curiosidade. Poder.

Valkaria.

Tillian.

O Terceiro.

Numa estrada da União Púrpura, Darien atacou-se de uma saudade inesperada.

Seu cavalo arrastava os cascos pelo chão, exausto e mal-humorado com a jornada sem destino aparente. Ele mesmo estivera à beira de desistir, mais vezes do que contara. Quem surgia para lhe incomodar naqueles momentos era Vincent. A lembrança de quem ele não conseguira salvar. Quando pensava em seguir um rumo tangente, largar Orion e os Cavaleiros do Corvo, sabia que não poderia deixá-los. Não conseguira salvar seus bandoleiros, há tanto tempo, não conseguira salvar Vincent. Mas ajudaria sua nova família, e Orion Drake. De qualquer forma, agora era mais fácil, sem o peso adicional. Não havia por quê carregar a maldita armadura do Cavaleiro Risonho, e tanto ele quanto o cavalo estavam mais aliviados.

Fez a montaria estacar.

— Darien, seu idiota — disse para si mesmo.

Deu meia-volta e cavalgou meia hora. Apanhou o saco com a armadura prateada, botou-a no lombo do animal de novo. Era a quarta vez que jogava fora aquela porcaria, e a quarta vez que mudava de ideia e a recolhia de novo. Por alguma razão, Thulbok quisera aquela coisa.

Depois de largar a procura fútil pelo anão, saíra de Bielefeld. Mais uma vez, rastreara a viagem de Orion. Até Portsmouth. A trilha estava gelada, mas sobravam uns sinais reconhecíveis. Da cabana do Cavaleiro Risonho, Darien foi até a casa de um oráculo louco. Orion e sua esposa irritada haviam estado lá, sim, mas o caminho a seguir era impossível.

Portanto, o tal oráculo fez-lhe um augúrio que quase cheirava a pederastia (e quase à mais deslavada empulhação), e indicou um outro caminho. União Púrpura, onde encontraria —

— O que está fazendo aqui, jovem facínora? — disse Ingram Brassbones.

Darien riu, apeou, e foi cumprimentá-lo.

Ingram não conteve a surpresa: o delinquente estava mesmo mudado. Aceitar um bom insulto e sorrir era a marca de um adulto.

— Estou atrás de você, é claro — disse Darien.

Ao lado de Ingram, a mais bela anã que ele já vira. Não lembrava, na verdade, de ter visto outras, mas não deviam ser tão bonitas. Os lábios e os seios eram o atrativo mais óbvio, mas tinha maçãs do rosto que valiam um duelo até a morte, e joelhos de proporção exata.

— Esta é Nadia — disse Ingram. — Este é Darien. Um Cavaleiro do Corvo, bandoleiro e ameaça à sociedade.

— Estão buscando Orion? — disse o rapaz.

— Sempre.

De volta às Sanguinárias, Edauros e Yadallina davam-se por satisfeitos em ter uma caverna. A magia de Talude transportara-os sem tempo para coisa alguma. O poder arcano esgotado, os corpos cheios de ferimentos. A elfa desmaiara num instante, e caíra num sono cheio de delírio febril. Dias até que acordasse.

— *Não quero* — foi o que ela disse, abrindo os olhos em meio ao suor frio.

Edauros saltou até onde ela deitava, tirou-lhe mechas empapadas do rosto.

— Bom dia — disse o elfo.

Yadallina recostou-se no travesseiro improvisado, feito da capa embolada de Edauros. Respirou fundo algumas vezes.

— Onde?

— Montanhas Sanguinárias — ele disse.

Yadallina não estivera naquele estado, quando sumira ao gesto do arquimago. Era como se o esforço combinado da luta contra o Dragão da Tormenta chegasse todo de uma vez.

— Os dragões? — disse a elfa, erguendo-se.

— Nem sombra. Mas não se preocupe, devem estar nos procurando.

Ela tapou os olhos com a mão. Pálida, veias azuis.

— Vamos fugir, Edauros.

Ele chegou mais perto, amparou suas costas.

— Para onde?

— Qualquer lugar. Vamos embora, só isso. Não quero mais dragões. Quando nos encontrarem, vão se curvar a mim, e aquela coisa vai me possuir de novo.

Edauros pegou seu queixo, com delicadeza, fez com que olhasse em seu rosto.

— O pior já passou — disse o elfo. — O Dragão da Tormenta foi destruído. Agora só precisamos recolher os espólios da vitória.

— Você não está entendendo, Edauros. *Não quero espólio nenhum*. Se os dragões continuarem me servindo, vou ser dominada por essa entidade.

— Bobagem. Você consegue resistir. — Tocou-lhe o rosto. — E eu estou aqui para —

— *Chega!* — Yadallina deu-lhe um safanão no braço.

Mirando-se.

— Vou deixar de ser Yadallina. Você não entende?

— Se algo fosse acontecer, já teria acontecido! Quando você estava competindo com o Dragão da Tormenta, dizendo que Sckhar era seu servo, batendo no peito. Essa coisa fala muito, mas você sempre leva a melhor.

Yadallina ficou de pé, como sonâmbula. Saiu da caverna para o sol ofuscante.

— Já conquistamos a vitória. *Você* já conquistou a vitória. Agora só falta encontrar *sir* Orion, e fazer nosso reino de dragões.

— Por que Orion, Edauros?

— Ele é meu amigo. Agora que já nos ajudou, cedendo seus cavaleiros, é hora de ajudá-lo. Tudo está se resolvendo.

— Fique você, então. Eu vou embora.

— Prefere ser professora na Academia Arcana?

Yadallina virou-se para ele. Tremor de raiva contida.

— Somos criminosos, Edauros. Não posso mais lecionar na Academia.

— Parece que o destino fez as escolhas por nós.

— *Você* fez as escolhas por *mim*.

— Pedi sua ajuda. E agora quero retribuir.

Silêncio. Vento.

— Então me ajude a ir embora.

— Quer ser fugitiva? Você mesma disse que somos criminosos. A única maneira de resolver isso é fazendo nosso próprio reino. Sckhar é um tirano, e o Rei-Imperador aperta sua mão. Os minotauros são escravistas, e todo mundo finge que está tudo bem.

Ela se virou de costas, de novo. Não conseguia enxergar saída. Naquele momento, poderia abandonar o irmão, largar qualquer responsabilidade que sentisse. Mas não sabia aonde ir, não conhecia um lugar onde os dragões não pudessem achá-la. A ideia de encontrar *sir* Orion possuía seus atrativos, mas chegava a ser ridícula, frente a todo o resto.

— Edauros, não aguento mais. Acho que vou ficar louca. Preciso conversar com outra pessoa. Alguém que não seja você, não seja um arquimago, não queira me cultuar.

— Orion.

Como uma tonelada de rochas, mas era verdade. Orion era um desconhecido, mas até por isso a perspectiva de falar com ele era um alívio.

Yadallina notou que estava, mais uma vez, sendo enredada. Era o motivo mais tênue para concordar. Estivera *buscando* uma razão para dizer sim. Uma justificativa ou um beco sem saída.

E então:

— Não importa, Edauros. — Não sabia se riso ou lágrimas. — Não importa. Não tenho escolha. Aí está; o destino decidiu por mim.

Asas vermelhas chegaram por detrás das montanhas.

— É culpa de Edauros, você sabe — disse Ingram.

Darien mexeu na fogueira, porque era algo a fazer. Quase encostados numa ravina (o que trazia memórias de uma emboscada). A floresta não estava longe, mas um pouco de campo aberto concedia menos esconderijos para qualquer inimigo ou simbionte que se aproximasse. A União Púrpura, até onde eles sabiam, estava cheia de yudenianos e coisas da Tormenta, ambos prontos a dificultar a vida, ou pôr-lhe um fim. Noite abafada, de nuvens baixas, agourentas.

— Não entendo o que ele faz — disse Darien.

— Orion não deixa de ter culpa, também. Orion faz as bobagens. Mas, com todos os diabos, a vida seria mais fácil se nunca tivéssemos encontrado aquele elfo.

Nadia riu baixinho.

— Nadia sempre sabe quando estou errado — disse Ingram, com um beliscão afetuoso na coxa da mulher. — E sempre está certa.

Ela deu-lhe um tapa nos dedos. Ergueu as sobrancelhas, como se pedisse desculpas por ter razão mais uma vez.

— Entendo um pouco de sedução — disse.

— Toda mulher entende — o rapaz cortou.

— Não como eu. Em todo caso, esse tal elfo é um sedutor nato, se metade do que vocês falam for verdade. Segundo o que você acaba de dizer, seu amigo cavaleiro foi expulso da Ordem da Luz, em parte, por dar ouvidos a ele. E o elfo vem usando o batalhão de cavaleiros, para seus próprios fins.

— Ele não é nenhum criminoso — disse Darien. — *Sir* Orion ordenou que ficássemos com Edauros. Estávamos caçando o Dragão da Tormenta.

— E Edauros ficou muito feliz em aceitar. Por melhores que vocês sejam, quanta diferença podem fazer vinte humanos, quando ele dispõe de vinte dragões?

— Não entendo o que levaria —

— Algumas pessoas apenas querem ter controle. — Nadia deu de ombros. — E vocês foram úteis em uma ocasião, para salvar a elfa. Por que abrir mão de um recurso que pode ser valioso?

Ingram balançou a cabeça.

— Realmente acreditei que Edauros gostasse de Orion. Que fosse seu amigo.

— Não duvido que ele também acredite nisso — disse Nadia. — Posso não conhecê-lo, mas me parece o tipo que nem cogita estar errado. Realmente deve achar que deu bons conselhos ao seu amigo, depois da conversa com o rei Mitkov. Deve pensar que os Cavaleiros do Corvo não fariam falta. Acha que está fazendo um grande favor a todos, arrastando-os consigo em suas próprias loucuras.

Darien olhava-a intrigado. Ela parecia ter muita certeza, para alguém que não conhecia os envolvidos.

— Nadia é assim mesmo — disse Ingram. — Entende as pessoas.

— Os homens, principalmente.

Silêncio.

— Acho que Yadallina estava apaixonada por Orion — disse o anão.

— Por quê? — Nadia franziu o cenho.

— Fazia todo tipo de perguntas. Queria saber sobre seu passado. Lia sobre seus feitos heroicos.

— Parece o amor de uma adolescente.

— Mandei que se afastasse. E acho que a garota chegou a me dar ouvidos. Mas Edauros insistiu, e eles voltaram.

As histórias, o que acontecera desde que tinham se visto e os eventos com Orion e Edauros encaixavam-se, devagar. Ingram e Darien imersos na realidade do que ocorria.

— Orion foi *banido* — disse Ingram, meio para si mesmo.

Edauros deixara-se capturar em Sckharshantallas, e provocara o combate que causara um incidente diplomático entre Bielefeld e o Reino do Dragão. Edauros aconselhara que Orion aceitasse a ajuda de Yuden, com tudo que isso acarretara. Edauros tinha seus dragões, tinha um batalhão de cavaleiros. Segundo Darien, iria se encontrar com grandes heróis e arquimagos. Enquanto isso, Orion expulso e desterrado. Ingram em busca de Nadia sozinho. Darien correndo atrás dos outros. O elfo aproveitara-se de Orion e Darien, através dos Cavaleiros do Corvo. De Yadallina.

Edauros deixava um rastro de devastação, por onde passava.

— Um oráculo disse que *sir* Orion — Darien se corrigiu — que Orion está junto com sua esposa, indo enfrentar a Tormenta.

— Por isso estamos atrás dele — disse Ingram. — Preciso recuperar a espada de Khalmyr.

Darien deu um meio riso.

— Ele vai precisar de toda ajuda possível — disse o rapaz. — Dos Cavaleiros do Corvo.

— E de que o elfo esteja longe.

— Vocês já têm um senhor — disse Yadallina.

Os dragões vermelhos eram os maiores de todos. Traziam consigo o calor. A pedra em volta quente demais para ser tocada. Babavam pequenas gotas de lava, labaredas fugiam de suas narinas vez ou outra. Seus olhos eram de um âmbar profundo, os chifres e formações ósseas em suas cabeças eram coroas. As grandes presas surgiam, para cima e para baixo, nas bocarras imensas, e as garras destroçavam rocha sem tentar. Cerca de vinte ao todo, pousados em majestade ameaçadora sobre os picos e os vales.

— Nem todos os dragões vermelhos amam Sckhar — rosnou a fera que se destacara das outras, para falar com a elfa.

Edauros, mais atrás, tentava conter um sorriso.

— Você não teme Sckhar — continuou o dragão. — Invadiu seu reino com os outros clãs.

— Não! — ela protestou com um tapa na própria coxa, como se falasse com uma criança teimosa. — Eu *temo* Sckhar. Nunca o desafiei. Tudo aquilo foi para destruir o Dragão da Tormenta. E foi planejado por bípedes.

Os vermelhos rugiram. Dois expeliram suas baforadas de fogo para o céu.

— Você *usou* Sckhar, pequena senhora dos dragões? O Rei está acostumado com reverência. Pensa que seus irmãos de clã devem ser tão devotos quanto seus súditos bípedes.

— Sckhar é seu deus.

— Somos desgarrados de nosso clã — admitiu o vermelho. — Mas não reconhecemos Sckhar como deus. O Rei se cerca de bípedes, não permite que os dragões existam em seu reino. Os habitantes de Sckharshantallas recebem proteção, mas Sckhar nunca lutou ao nosso lado.

— Entendo a razão dos outros clãs terem me seguido, antes — ainda tentou a elfa. — Queriam fugir do culto ao Dragão da Tormenta. Mas isso não existe mais.

— Vermelhos não fazem nada por obrigação, ou para fugir. Viemos até você por escolha.

Edauros chegou mais perto, controlando o pavor.

— Sabe o que vai acontecer, irmã. Assim como foi com os outros. Vão grudar em você. Não há como mandá-los embora.

Não havia.

Os dragões vermelhos curvaram-se a Yadallina.

E os olhos da elfa ficaram brancos.

— Foi o que o oráculo disse — Darien continuou mastigando. — Encontrar você aqui na União Púrpura. Então, esperar nesta aldeia, até que ele chegasse.

Era um vilarejo morto. Ingram procurara durante horas, mas não existia o mero vestígio de qualquer simbionte. Só casebres apodrecidos, sinais de que famílias, um dia, haviam morado ali. Lanças e escudos no chão. O que era de metal enferrujando, o que era de madeira empenando. O exército que a União Púrpura reunira em nome de Crânio Negro ainda cobrava seu preço.

— Isso é loucura — disse o anão. — Esperar aqui, sentados? E Orion cai do céu em nossas cabeças?

O outro deu de ombros.

— Tem certeza de que o oráculo disse isso?

— Na verdade ele não *disse*. Eu mesmo tive uma revelação.

Ingram ficou estático, e então se voltou, devagar.

— *Você* teve uma revelação?

— Foi o mesmo que aconteceu com *sir* Orion. Merda, com *Orion*. Ele esteve no mesmo oráculo, e teve uma revelação.

— E você enxergou o futuro?

— O oráculo disse que isso é inútil. Segundo ele, eu tive contato com a mente de Orion, e de seus companheiros, sejam eles quem forem, porque o ritual deixa você limpo de todas as impurezas do pensamento racional, e ligado de novo à mente coletiva que habita todas as coisas vivas e não vivas. — Arrotou. — Ou algo assim.

Nadia foi até Ingram, que parecia à beira de um colapso. Veias em seu pescoço pulavam como demônios da Tormenta, e ele estava vermelho como um patriarca anão insultado.

— Será que isso é tão improvável, depois do que *você* fez? — disse a súcubo.

— Sempre que Orion está envolvido, as coisas deixam de ter nexo — bufou Ingram. — Sempre assim.

Então, um galope. Uma risada bombástica.

Um enorme humano saiu de trás de um casebre. Vestindo toga e tiara dourada, com um cajado nas mãos e os pés descalços.

Logo em seu rastro, Orion Drake, montado no mais magnífico de todos os cavalos.

Em duas semanas, Yadallina passara mesmo a uma vida de rainha.

Como se as Montanhas Sanguinárias fossem o embrião do reino quimérico de Edauros, ela existia entre os vales, enquanto os dragões vermelhos traziam caça, afastavam os monstros dos arredores, atendiam a suas esparsas ordens com servidão brutal.

Ela quisera, ao menos, ir em busca dos outros clãs. Mas Edauros rira daquilo, e os vermelhos não permitiram. Eles mesmos se encarregaram. Restava a Yadallina sentar-se no acampamento, que era como uma corte, e observar as cenas absurdas, todos os dias — as feras mais orgulhosas curvando-se de vontade própria.

Afundava em seus livros, lendo e relendo, tentando não decorar as frases para ter novidade. Maldizia-se por ter escolhido tomos sobre dragões. Não havia como tirar da mente as criaturas. O que o dragão significava, o que o dragão representava. O que os dragões haviam feito ao longo das eras.

— Acha que pode ser aqui? — disse Edauros.

Sem reação. Ela com um livro aberto no colo, mas os olhos perdidos em algum horizonte.

Cutucou-a.

— Acha que pode ser aqui?

Yadallina teve um sobressalto. Virou-se, raciocinou por um instante.

— Aqui? — ela disse.

— Nosso reino. Acha que pode ser aqui?

— Onde você quiser, Edauros.

Ele sentou ao seu lado.

— Andei pensando num lugar — insistiu.

Silêncio.

— Sckharshantallas.

Como se ela não tivesse escutado.

— Você ouviu o que os vermelhos disseram — Edauros permaneceu inabalável. — Nem todos gostam do grandalhão. E ele é uma pedra em nossa bota.

— Esse é seu novo sonho?

— Poderíamos tomar Sckharshantallas. Com tantos dragões, não é impossível.

— Não sei mais o que responder, Edauros.

— Pense. Você é "o maior dos dragões". Você disse a Sckhar que ele é seu servo.

— Não fui eu.

— Mesmo que fosse a entidade falando, o poder está aí. Podemos destruir Sckhar, assim como destruímos o Dragão da Tormenta.

— *Sckhar* destruiu o Dragão da Tormenta. E Lorde Vectorius.

— Vectorius é um comerciante com mania de grandeza. O que acha? Um território imenso. Grandes cidades. A população iria se curvar a você, vendo que esbofeteou o Dragão-Rei. O Reinado seria obrigado a nos reconhecer. Seria um refúgio para todos os dragões! O contrário do que é hoje em dia.

Ela ficou olhando-o.

— Já tem tudo planejado? — disse Yadallina. — Acha que *certamente* vamos conseguir matar um deus?

— Tudo sempre dá certo! — Edauros sorriu. — Era impossível fugir de Sckharshantallas, e fugimos. Era impossível conseguir a aliança dos dragões, e conseguimos. Era impossível falar com o Rei-Imperador, unir forças com os arquimagos, destruir o Dragão da Tormenta. Mas aí está.

Yadallina, mais do que tudo, sentia-se cansada. Exausta. Pensou em enfrentar o Dragão-Rei, só para pôr um fim.

Algo se mexeu dentro dela. Uma sensação bizarra, mas já conhecida.

— Vou ser dominada de novo, Edauros — Yadallina deu um sorriso triste. — Preste atenção ao que vou falar e fazer, porque não vou lembrar de nada.

— O que —

— Eles estão vindo. Prestar respeito a mim. Não consigo mais resistir. Essa devoção é absurda, não é?

Revirou os olhos.

Levantou-se, deixando o livro cair, e ergueu os braços. Abriu a boca e rugiu de triunfo.

Asas. Dezenas, centenas de asas no horizonte. Azuis, brancos, verdes, marinhos retornavam.

Liderados por seus senhores, os Dragões-Reis.

Nadia curvou-se a Irione. Embora fosse filha de Tenebra, prestava reverência ao Deus da Sedução, que governara boa parte de sua vida.

O Exército de Deuses deteve-se na União Púrpura, enquanto o general revia seus amigos. Laan, o Deus das Viagens, inquietava-se por estar parado. Os deuses anões resmungavam para Ingram, e o Deus Elfo dos Arqueiros achava graça. Garth, o Deus da Pólvora, dirigiu um esgar enviesado às armas do anão. O Deus dos Mercenários tomou-se de uma antipatia instantânea por Darien, que abandonara a batalha por lucro em nome de uma lealdade absoluta. O Deus do Medo descobriu que havia muito pouco que pudesse amedrontar um Cavaleiro do Corvo.

E os amigos estavam juntos, mais uma vez.

— O que aconteceu depois do Reino de Glórienn? — disse Orion.

Ingram reconheceu a voz possante e o sorriso que afloravam quando o general era um general, quando tinha uma responsabilidade inexorável que já aceitara.

Darien engoliu.

— Temos que falar sobre Edauros, *sir*.

Não se corrigiu. Orion talvez não fosse mais *sir*, para a Ordem da Luz. Com os Cavaleiros do Corvo, não fazia sentido descartar o título.

Orion franziu o cenho.

— Por que não está com Edauros e sua irmã? — disse. — Onde estão os Cavaleiros? Você deveria estar no comando.

— Estava atrás de você — disse Darien. — Suas ordens foram para que ficássemos com os elfos, mas —

— Ferrão — Orion cortou. — Os *Cavaleiros* pediram para combater o Dragão da Tormenta.

Pausa.

— Não, *sir*. Queríamos procurar você. Edauros disse que tínhamos ordens de caçar o Dragão.

— Não fale absurdos, Ferrão. Edauros não disse isso.

Darien comprimiu os lábios.

— É verdade. Edauros mentiu para nós dois.

— Roubou os Cavaleiros do Corvo para si mesmo — disse Ingram.

Orion virou-se, estonteado.

— Por que não disse nada quando falou com ele, Ingram?

O anão teve de rir.

— Não falo com Edauros desde o Reino de Glórienn.

"Não".

— Ele disse que você estava bem. Que estava em Fortuna, iria me procurar assim que pudesse.

Nem uma gota de verdade.

— Nunca estive em Fortuna, Orion. Não falei com o elfo. Estava atrás de Nadia, no Reino de Tenebra.

— Não pode ser — disse o general. — Edauros —

— Edauros mentiu para todos nós, o tempo todo — disse Ingram.

— Teríamos mandado o elfo para o inferno, se não fossem as ordens, *sir*.

Orion tocou o cabo da espada-deus, por instinto.

— Houve algum erro — ainda tentou. — Edauros conversou comigo sobre os Cavaleiros do Corvo, ainda em Trebuck. Aconselhou-me a aceitar a ajuda de Mitkov. Sabe como os Cavaleiros são importantes para mim.

— Exato, Orion — disse Ingram. — *Ele* o aconselhou a fazer essa asneira, e *você* foi banido. E agora *ele* os comanda.

De repente, Orion percebeu:

— Você precisava de minha ajuda, Ingram.

O anão ficou calado.

— Entrou no Reino de Tenebra sozinho?

Ainda.

Não existissem os Cavaleiros do Corvo, Orion não estaria banido. Eles poderiam contar com a ajuda da Ordem da Luz para resgatar Nadia. Mesmo com os Cavaleiros do Corvo, sem a Ordem, o batalhão teria sido útil, no Reino da Deusa das Trevas. E mesmo sem coisa alguma, Orion e Ingram juntos seriam mais fortes.

Mas Edauros mentira.

— Estivemos exatamente onde Edauros queria — disse Ingram. — Separados.

Súbito, Orion sentiu um novo enjoo. À luz daquilo, muitas coisas ganhavam outra perspectiva.

Edauros insistira para que ele abandonasse a busca por Vallen, para se juntar à caçada ao Dragão da Tormenta. Tentara fazê-lo desistir do filho. Dissera que as forças de Yuden tomariam conta. Talvez, se não fosse por Vanessa, Orion tivesse *aceitado*.

— Não entendo — disse Orion. — Ele quer ser um dragão. Acha que nada pode atingi-lo. Por que precisa de *mim?* Ou mesmo do batalhão? Como pode se importar tão pouco com você, Ingram? Ou com minha busca por Vallen?

Nadia se aproximou.

— Existem pessoas que não entendem emoções. Não compreendem que os outros são pessoas reais. O que é a vida de uma criança, ou de um companheiro de viagem, frente ao destino grandioso que aguarda um elfo prestes a se tornar um dragão?

Orion não soube o que responder.

— Muito prazer. Sou Nadia. Estou apaixonada por este anão que está apaixonado por você.

Silêncio. Ingram pôs os braços ao redor da súcubo. Ela confortou-o como pôde. Darien só conseguia pensar nos irmãos de armadura. Havia alguma segurança em receber ordens de Orion, mesmo que de longe. Manipulados pelo elfo, os Cavaleiros podiam estar todos mortos.

Orion tinha um vazio atrás do esterno.

— Agora as mentiras acabaram — disse o general.

Como se pressentisse um humor bélico, a espada-deus zumbiu na bainha.

— Vou recrutar um deus próximo daqui. Então, eu e Edauros vamos conversar.

Ingram e Darien foram atrás, meio incertos. Mal houvera tempo de maravilhar-se com o Exército de Deuses, ou de julgar loucura enfrentar a Tormenta. A enxurrada do que acontecera desde o Reino de Glórienn confundia notícias, reencontros e traições uns com os outros.

Tudo sumiu da mente de Darien, quando ele enxergou a velha ravina da emboscada.

Havia, ou parecia haver, ainda alguns sinais do massacre do Bando do Dente Quebrado. Alguns arbustos espinhosos que não haviam crescido de todo, algumas marcas que podiam ser cascos de cavalo. Ali, ele e Vincent haviam sido capturados. Ali começara a tempestade de esterco que culminava naquele retorno.

O deus saiu do meio das árvores, tímido.

Era uma divindade raquítica. Caminhava devagar, com alguns membros malformados. À sua presença, a traição de Edauros ganhou um peso ainda maior.

— Artaphan, Deus da Amizade — disse Orion. — Venho recrutá-lo ao exército.

Darien achou que fosse desmaiar.

— Esse deus não existe — disse o rapaz.

Orion e Ingram olharam-no.

— Vocês não entendem. Eu *inventei* Artaphan, o Deus da Amizade.

— Obrigado — disse Artaphan, com sua voz fanhosa.

Nenhum deles era tão imponente quanto Sckhar. E apresentavam formas menores. Mesmo assim, os Dragões-Reis eram colossos de majestade, exalando poder quase tangível. Todos os dragões curvados. Os Cavaleiros do Corvo, retornados nas costas dos azuis, apenas conseguiam olhar em assombro.

Edauros sentiu um engasgo de emoção pura. O sonho estava se concretizando. Mesmo que ele ainda existisse na forma bípede, ali estavam os *deuses* dos dragões, apresentando-se a sua irmã. Junto um desespero, que deixava-o com vontade de se encolher e fechar os olhos. Frente aos Dragões-

-Reis, ele era menos que nada. Entusiasmo e horror misturados. Com mais de cem feras, e quatro deuses, podiam vencer Sckhar.

— Sua força não pode mais ser ignorada — disse Hydora, o Dragão--Rei azul.

Uma criatura musculosa e marcial, uma exaltação de tudo que os azuis eram. Voava sem cessar, e diziam que nunca tocava o chão. Mas, ao contrário dos azuis menores, Hydora tinha reputação de fera inconstante. Era um espírito das tempestades, dos ventos, e oscilava como os furacões. Projetava sua voz elétrica do céu, no idioma dracônico.

— *Nenhum de vocês me desafiou* — disse Yadallina, como uma avalanche. Falava também na língua dos dragões, e ninguém esperava diferente. — *Receberão honra e prestígio por isso.*

— Serei seu general, bípede — continuou Hydora.

— *Não. Virrikiriel comandará meus exércitos.*

Relâmpagos.

— Sou Hydora, o rei dos dragões azuis. As tempestades me obedecem. Criei uma raça de bípedes alados, porque me agradava. Carrego em mim uma centelha que diz que você é um poder ancestral. Não serei usurpado por um de meus súditos.

— *Tudo isso é irrelevante, servo. Você é o vento, e o vento é inconstante. Una-se a mim, e lute sob Virrikiriel. Ou me enfrente.*

Relâmpagos.

Mas Hydora ficou calado.

Benthos, o Dragão-Rei marinho, rugiu para os outros. Curvou-se para Yadallina.

— Por astúcia ou poder, você triunfou onde fui derrotado, senhora dos dragões. O Dragão da Tormenta morreu por sua intervenção, e sou seu servo.

Yadallina flutuou para ele, abençoou-o com um toque.

Zadbblein, a rainha dos dragões verdes, ofereceu sua magia e sua esperteza. Sckhar não estava lá; continuava em seu reino, que Edauros pensava usurpar. Beluhga, a rainha dos dragões brancos, estava morta há anos, e não havia ainda quem tomasse seu lugar.

Mzzileyn, o rei dos dragões negros, aproximou-se chiando.

— *Você é o mais traiçoeiro de meus servos* — disse Yadallina. — *Tem pactos com divindades profanas. É covarde, indigno de confiança.*

Mzzileyn ouviu sem protestar.

— *Vem até mim porque seu clã o abandonou. Decidiram seguir o Dragão da Tormenta, e receberam o mesmo fim de todos que me desafiam.*

— É verdade, bípede.

Yadallina e o Dragão-Rei ficaram se encarando.

— Venho até aqui sem opções. Odeio os outros Reis, assim como odeio os bípedes. Mas olhe em meu espírito, e verá que não tenho para onde me voltar.

Os Dragões-Reis enxergavam algo estranho, desconhecido e poderoso na elfa. Algo esquecido e lembrado. Assim como Sckhar vira-a como desafio, quando com os olhos revirados. Nenhum deles podia explicar, mas era uma força real e inegável.

— *Aceito os Dragões-Reis como meus servos* — disse Yadallina. — *Nossa luta está prestes a começar. Em nome de* —

Hesitou.

Estremeceu.

"Em nome de Edauros", pensou.

Yadallina piscou, viu as enormes feras, e caiu na rocha escarpada.

Emergiram, mais uma vez, da estrada reta.

Para Ingram, Darien e Nadia, era algo novo. O anão sentiu-se enjoado, a súcubo já experimentara coisas mais estranhas, viajando de Arton para o Reino de Tenebra. Darien era um Cavaleiro do Corvo, e por isso tolerava qualquer coisa com estoicismo.

Laan conduziu-os até os últimos deuses, que seriam talvez os mais difíceis. Orion passara o último dia fechado em si mesmo. Montado em Hippion, olhando com raiva algo à frente. Acariciando o cabo da espada-deus.

E então, as Montanhas Sanguinárias.

Os dois exércitos se encontraram. O Exército de Deuses, com suas criaturas religiosas marchando de trás de um morro, e o séquito de dragões de Yadallina.

A aura de mais de cem feras assaltou-os como um maremoto. Os Reis, reunidos em montanhas próximas, deixavam tudo mais intenso. Orion Drake percebeu a majestade dos dragões, o poderio de seus deuses. Mas ignorou.

Tinha os olhos à frente.

Porque dois dragões brancos haviam relatado a sua chegada, e Edauros vinha correndo de braços abertos, um riso incontido.

Orion apeou.

O elfo deu um último salto, descendo de uma formação de rochas, e terminou de atravessar o vale sombreado. Sem dar importância a dragões e deuses, apenas para abraçar o amigo.

— *Orion Drake!* — gritou, com prazer estampado na voz.

Jogou-se sobre o humano, rindo, apertando-o nos braços.

Orion empurrou-o.

Um instante de hesitação.

— *Sir* Orion Drake! Rei de todos os cavaleiros mal-humorados. Abra um sorriso, *sir*, pois tenho muito a lhe contar.

— Não sou mais cavaleiro.

Edauros fez uma careta intrigada. Mas ainda sorria.

Yadallina vinha atrás. Era ela mesma; tímida, surpresa e com cor nos olhos.

— O que é tudo isso, Orion? — Edauros fez um gesto para o exército. — Não me diga que — deteve-se. — *Deuses? Deuses menores?*

Deu uma gargalhada.

— Orion, case comigo e me deixe parir seus filhos. Está acompanhado de *deuses?* Nós temos os Dragões-Reis! Juntos, somos invencíveis!

Deu-lhe um tapa sonoro e afetuoso no ombro.

Orion segurou-lhe o pulso.

— Não me toque.

Num cenário de maravilhas e horrores, o reencontro dos dois mortais tomava o centro. O Deus dos Unicórnios e o Deus das Cidades, o Deus dos Leões e o Deus das Armaduras. Os maiores dragões, que afetavam o clima com seus humores. Todos em segundo plano. Prestando atenção.

— Orion, o que está falando?

Yadallina ficou a dez passos. Olhando enquanto mordia o lábio. Tudo fora do controle.

— Vim recrutar os Dragões-Reis para meu exército, elfo. Os outros dragões serão acolhidos, se quiserem se juntar. Meus Cavaleiros virão comigo. Yadallina também é bem-vinda. Mas *você* — nojo. — Nunca mais quero vê-lo.

Edauros deu um passo para trás.

— O que está acontecendo, Orion? — Esticou os olhos e viu Darien e Ingram. — Vocês voltaram! O que há com ele?

— *Fale comigo, desgraçado* — Orion agarrou-o pela roupa.

Com um safanão, o elfo se desvencilhou. Já sem um traço de humor.

— O que houve, Orion? — Relanceou um olhar para Yadallina. — Acha que ele está possuído?

— *Fale comigo, já disse.*

Tomou-lhe o rosto na mão, virando-o para si mesmo. Edauros se libertou com um cotovelo.

— Estamos todos aqui, elfo. Eu, Ingram, Ferrão. Meus Cavaleiros, que você enganou. Não adianta mais fingir. Acabaram as mentiras.

De raiva, Edauros transformou-se em surpresa. Abriu um meio sorriso.

— Ah! Por um momento, fiquei assustado. Venha, vamos conversar. Vai entender —

— Já sei sobre suas mentiras!

— Que mentiras, seu cavaleiro lunático?

Orion, então, surpreso. Já não sabia se a ignorância do elfo era genuína ou algum teatro complexo.

— Você disse que Ingram estava bem. Que estava em Fortuna. Disse que os Cavaleiros do Corvo pediram para acompanhá-lo. Disse *para eles* que eu ordenei que fossem com você.

— Não acredito que está ressentido com isso.

Pausa incrédula.

— Você é um mentiroso, um manipulador e um traidor, Edauros.

— Só pode estar brincando! É claro que tranquilizei-o quando perguntou sobre o anão. Por que se preocupar com algo que não pode ser resolvido?

Orion pálido.

— E graças aos Cavaleiros do Corvo, o Dragão da Tormenta está morto. Não seja tão sensível, Orion. Tudo foi para o melhor.

— Você *realmente* acredita nisso?

— E tudo ficou bem. Seus amigos estão aqui. Todos estamos reunidos. Temos planos —

— Fui expulso da Ordem da Luz, Edauros.

O elfo se calou.

Yadallina, escutando, notou que *sir* Orion usava, mais uma vez, o nome do irmão.

— Não é tão ruim, certo? Afinal, você mesmo disse que a Ordem é um bando de nobres empolados.

— Fui banido. Perdi minhas terras. Minha família não tem mais onde viver.

— Família? — Edauros riu. — Por favor. A tal clériga abandonou-o. Se não conseguiu encontrar seu filho até agora, devia desistir. Temos um futuro —

Orion agarrou sua garganta.

Yadallina ergueu a mão, por instinto, e Orion foi jogado para trás. Ficou de pé, enquanto o elfo tossia.

— Certo, vamos fingir que isso não aconteceu — disse Edauros.

— Segui *seus* conselhos, maldito. Criei os Cavaleiros do Corvo, seguindo *suas* opiniões, para que você os roubasse.

Edauros mostrou as palmas das mãos.

— O que está falando? Nunca aconselhei nada.

— Não adianta mais mentir!

— Você está louco, Orion.

— Depois que saí da área de Tormenta, com os yudenianos. Conversei com você, e me convenceu a aceitar a oferta de Mitkov.

— Orion, eu *perguntei* se você não achava melhor aceitar ajuda de Yuden. Só perguntei. Não venha me culpar por seus problemas.

— É assim que consegue o que quer. Com uma justificativa para as mentiras. Com um impulso disfarçado de pergunta. Confiei em você, Edauros.

Yadallina, escutando, tentava refutar para si mesma.

Mas não conseguia.

— Está certo — disse o elfo. — Digamos, então, que menti. É bobagem, mas estou disposto a conversar. Mesmo assim, você sabe que pode confiar em mim, quando importa. Eu nunca deixaria de ajudá-lo quando precisasse.

— Depois do Reino de Glórienn, você se entregou a sua própria busca. Precisei de companheiros, e você não estava lá.

— Você *disse* que estava tudo bem!

— Mas —

Orion se calou.

Estava argumentando. Discutindo. Não podia haver discussão: o elfo sempre teria um porquê. Estava entrando em seu mundo, e mais cedo ou mais tarde seria enredado de novo.

— Vá embora, Edauros. Nunca mais quero ver sua cara. Leve quem quiser acompanhá-lo, mas os Dragões-Reis serão meus soldados.

— Orion —

— Não vou mais escutar. Pode se calar e ir embora, ou ficar e lutar.

— Está me *desafiando*? Esqueceu que sou um mago de combate?

— Não quero lutar com você. Mas, se não desaparecer *agora*, minha lâmina falará por mim.

A espada-deus zumbiu em resposta.

Edauros suspirou.

— Está bem — disse. — Tudo bem, Orion. Não guardo rancor de você.

"Ainda se sente com razão. Em posição de perdoar".

— *Vá embora, Edauros* — rosnou Orion.

Ele deu uns passos numa direção aleatória.

— Yadallina, diga a Virrikiriel para deixar os Cavaleiros do Corvo. Vamos seguir sem eles.

A elfa não respondeu.

— Vamos, sua boba. — Chegou perto, sorriso triste. — Não se preocupe comigo. Vamos ficar bem. Sempre ficamos.

Braços ao seu redor.

Yadallina empurrou-o.

— Eu não vou, Edauros.

Ele andou para trás. Boca entreaberta, piscando de incompreensão.

— Não é hora para estar apaixonada — sussurrou. — Não posso controlar os dragões sem você.

— Eu sei. Os dragões ficam comigo. E os Dragões-Reis. Só você vai embora.

Lágrimas brotavam sem controle dos olhos de Yadallina.

— Irmã, eu —

— *Vá embora, Edauros.* Estou sendo tomada por alguma entidade, por sua causa. Sou uma criminosa, por sua causa. Queria ter desistido de tudo, logo no começo, em Trebuck. Continuei por sua causa, e estou perdendo minha vida. *Chega, Edauros!*

Ele olhava em todas as direções. Mas, pela primeira vez, nenhum rosto com simpatia.

— Levei-a para conhecer Vectorius e Talude. Ajudei-a a ser rainha dos dragões, que é algo que você sempre quis.

— *Você* sempre quis! Conheci Talude, a Academia Arcana, conheci a vida que gostaria de ter, e perdi por sua causa. Está vendo que não consigo resistir a essa entidade, e não se importa! Vá embora. Não me faça transportá-lo para longe.

Ele começou a falar, mas a elfa tapou os ouvidos. Um gesto infantil, nascido de ser empurrada além do limite.

Edauros então ficou quieto.

Pensou em recolher suas coisas, mas achou-se meio ridículo, indo até a caverna e voltando.

Por isso, escolheu uma direção. Um vento soprou em suas costas, e ele voou para longe.

Virou-se para Yadallina.

— Isso é temporário. No final, tudo sempre fica bem. Você vai ver.

A elfa engoliu um soluço.

— Não desta vez, Edauros.

CAPÍTULO 27

A MULHER FATAL

— NÃO SOU MAIS BARDO — DISSE O HOMEM, ENGROlando a voz de álcool acumulado em anos.

Vanessa abriu uma janela. O quarto estava repleto do cheiro de fumaça estagnada, e bebida derramada até se entranhar na madeira. Uma alegre decadência. Tanto ele quanto a jovem desfalecida na palha protestaram como vampiros, quando o sol entrou. A outra garota continuava dormindo satisfeita num canto, uma poça de vômito ressequido como travesseiro. Vanessa puxou uma cadeira. Sacudiu-a da túnica suja e das cinzas de cachimbo, e sentou.

— Por quê? — disse a clériga.

Ele piscou várias vezes, ainda protegendo os olhos da luminosidade. Sentou na palha, deixando ver o peito nu e magro, as costelas dando saudações. Seus cabelos negros começavam a escassear, com a idade, mas sem chegar à calvície constrangedora. Seus pés de unhas compridas e amarelas projetavam-se do outro lado do lençol sujo, porque ele era muito alto. Além disso, ossudo, e desengonçado.

— Você me ouviu tocando em alguma corte? — disse. — Quer que eu escreva alguma balada sobre seu deus, ou coisa assim?

— Odeio música — disse Vanessa.

— Quem não gosta de música não tem bom caráter.

— Tenho péssimo caráter. Por que desistiu de ser bardo?

O homem tateou em busca de uma ânfora que ainda guardasse algum resto. Achou, deu uma golada, fez uma careta. A clériga continuava ali, esperando. Notou que ela não iria embora, e sacudiu a garota com quem dividia a palha.

Ela despertou de novo, com um sorriso absolutamente entorpecido. Ele beijou-a e mandou-a embora do quarto, junto com a outra. Ambas procuraram suas roupas como mariposas confusas, e cambalearam para fora.

— Por que desistiu de ser bardo? — repetiu Vanessa.

— Porque a única coisa boa em ser bardo é a música.

— E suas amigas?

— Certo, e as mulheres. Mas qualquer idiota com uma espada e uma missão consegue mulheres. Um bardo precisa tocar para nobres, e nobres são pederastas cheios de melindres. Ou então em tavernas. Tocar em tavernas é muito bom, quando você é jovem, mas chega um momento em que passar fome e ser ouvido por bêbados que não distinguem uma composição inovadora de uma fedorenta balada épica em decassílabos heroicos faz você ter vontade de chutar alguém.

— Então o que você fez, quando chegou esse momento?

— Chutei alguém. Mas é claro que só foi satisfatório por um tempo. Depois mordi alguém, enfiei uma adaga em alguém, esse tipo de coisas.

Vanessa riu.

— Alguns bardos viajam o mundo como aventureiros — disse a clériga.

Ele cuspiu no chão. A cusparada foi fazer companhia a outras, mais antigas.

— Viajar com bandos de mercenários ou aventureiros é a morte da alma. Claro, às vezes você encontra uma fagulha de inteligência ou bom gosto. Mas sempre vai existir um mago que apanhava dos outros garotos durante a infância, e que agora é um estudioso recalcado que reclama do barulho. Ou um clérigo que sofreu lavagem cerebral divina, e tenta convencê-lo a tocar hinos religiosos. E, o pior de tudo, aventureiros querem que você cante *sobre eles*, o que é a maior idiotice que já ouvi, ou então *toque para eles durante a batalha*, para que tenham mais entusiasmo e lutem melhor. — Apontou para si mesmo. — Pareço um orador motivacional?

— Agora, então, o que você faz? — disse Vanessa.

— Gasto o ouro que acumulei tocando nas cortes. Tenho tórridos casos de amor com essas damas que obviamente gostam de mim pelo que sou, e não pelas quantidades indecentes de bebida e alucinógenos que sempre tenho à disposição. Fico aqui no meu quarto nesta lindíssima taverna.

Outro gole de vinho rançoso.

— E escrevo música.

— Então ainda é bardo.

— Ninguém é digno de ouvir. Escrevo, e é tudo genial, e depois queimo. Saúde, sacerdotisa.

Terminou o resto de vinho.

— Por que uma clériga de Keenn veio me procurar?

— Por mais sedutor que você seja, não pretendo acordar no meu próprio vômito.

— O segredo é *afogar-se* no próprio vômito. A morte de um bardo.

— Encantador. Quero uma história.

Ele tapou os olhos com as mãos magras e repletas de veias. Jogou-se de volta à palha.

— *Histórias!*

Vanessa respondeu que sim, com um murmúrio.

— Bardos que contam histórias são os piores. Entendo que crianças gostem de sentar no chão e ouvir um imbecil narrando os feitos de algum herói. Mas qualquer adulto que escute por vontade própria uma lenda ou batalha ancestral pela quadragésima vez me faz cortar os pulsos. Bardos que contam histórias apanharam durante a infância, mas são burros demais para virar magos. Ficam exaltando heróis mortos, abrindo tumbas e fazendo felação em cadáveres.

Vanessa não respondeu.

Depois de um tempo, o homem levantou-se de novo, segurou o lençol sujo na cintura, para esconder parte da nudez. Revirou a bagunça épica do quarto, quebrou ânforas, tropeçou em bolsas de dinheiro esquecidas, até que encontrou uma ampulheta.

— Aqui está — exibiu o objeto como se fosse um tesouro.

— Quero ouvir uma história.

Ele virou a ampulheta. A areia correu em grande velocidade.

— Esta é a marca da genialidade. Ou pelo menos do que vale a pena escutar, e não faz você furar os ouvidos com pregos. Nenhuma música que dure mais do que a areia demora para cair nesta ampulheta merece ser ouvida.

Dois minutos e meio.

— Já ouvi seus protestos contra o mundo malvado — disse Vanessa. — Agora conte a história.

Ele desabou numa cadeira, sem se preocupar em limpar os fluidos de origem incerta e as folhas de plantas narcóticas.

— Por que contaria a você uma maldita história?

— Bem, eu poderia ameaçá-lo. Ou só quebrar sua cara preventivamente. Mas tenho a sensação de que você iria gostar. Talvez, pela primeira vez na vida, eu tenha encontrado uma situação que a violência não resolve.

Ele achou graça.

— Então, vou oferecer algo em troca — disse a clériga. — Porque começou a beber como um demônio, consumir tudo que lhe alterasse a mente?

— Por diversão.

Pausa.

— E porque era mais fácil compor — disse.

Vanessa sorriu.

— Você é um ingênuo. Vinho, achbuld e tudo o mais são brinquedos. Qualquer idiota toma vinho e narcóticos.

— Consegui um narcótico novo, fabricado em Salistick. É caro, mas vale a pena. Eles criaram um aparato que cospe o líquido nas suas veias!

— Um brinquedo. Vou lhe mostrar o que altera a consciência *de verdade*.

Levantou-se, foi até ele. Segurou sua cabeça com força, murmurou uma prece a Keenn.

O homem arregalou os olhos.

— É — mudo. — É —

— Um brinquedo, ainda. Seu pensamento acelerou. Só isso. Que tal se aumentarmos seus sentidos, sua vontade, sua percepção de si mesmo? — Rezou, e o Deus da Guerra atendeu. — Que tal se trouxermos à tona sua personalidade?

Ele saltou de pé. Procurou pena e tinteiro, como um maníaco. Deixou cair o lençol, sem constrangimento algum. Buscando em vão por pergaminhos não utilizados, começou a escrever no chão, nas paredes, no braço e na barriga.

— Aventureiros experimentam isso *o tempo todo* — disse Vanessa.

— Malditos ruminantes. Só usam para matar melhor, ou fazer magias melhores.

Foi até ela, rangendo os dentes.

— Preciso disso! Sempre! Case comigo!

Vanessa riu.

— Que tal algumas poções?

Apresentou-lhe um frasco de líquido esverdeado. Ele arrancou-o de sua mão, tirou a rolha, entornou num gole.

— Conte-me uma história.

— Ah, senhora clériga, vou lhe contar histórias até que seu clitóris gire e saia voando. Sou o primeiro bardo contador de histórias que *sabe* o que é um clitóris. Sou o primeiro bardo contador de histórias com um par de bolas, desde o início dos tempos!

— Muito prazer — ela estendeu a mão. — Sou Vanessa.

— Sou o rei das histórias! Meu nome é Senomar.

Senomar contou a história, assim como a conhecia. E depois inventou uma saga, passada em duas linhas de tempo paralelas, especulando sobre o futuro de um Arton imaginário, sem deuses, ao mesmo tempo narrando a vida do narrador. Pediu mais magia.

Vanessa deixou-o a seus devaneios abastecidos por milagres, e foi embora.

Laan foi com ela pela estrada reta, até as Montanhas Uivantes. Vanessa grunhiu por estar lá de novo, onde levara uma surra de Crânio Negro e do Cavaleiro Risonho. Bandido, agindo de forma normal para um cavalo, fingia ignorância, como se aquilo fosse enganar alguém. Chegando ao local indicado por Senomar, Vanessa despediu-se do Deus das Viagens. Iria chamá-lo com um milagre de Keenn, quando precisasse ser levada de volta.

— Posso entrar com você — ribombou a voz de Laan, sempre à beira de um sorriso.

— Você não resiste à chance de uma jornada nova — provocou a clériga.

Laan deu uma gargalhada, com as mãos enormes sobre o estômago musculoso. Vanessa achou que fosse ocorrer uma avalanche.

— Visite o lugar depois, se quiser. Tenho uma briga só minha pela frente.

Assim, Laan deixou-a. Vanessa deu ordens a Bandido, para que aguardasse no sopé da montanha. De novo, ele fingiu não compreender.

Então Vanessa escalou.

Empoleirada no topo da montanha, estava a Catedral de Gelo. Era uma fortaleza, construída de Gelo Eterno — material encantado, de origem incerta, que nunca derretia. Translúcida e sólida, a Catedral abrigava muitas salas, corredores, câmaras. Não se sabia quem poderia tê-la construído, e nem interessava. Vanessa queria apenas o que Senomar indicara, o mesmo caminho trilhado por um grupo de aventureiros, há mais de dez anos.

Houve um labirinto, com armadilhas e criaturas hostis. Vanessa atropelou-o, metade do pensamento longe, planejando o que faria quando chegasse.

Enfim, uma porta, feita de gelo. Seguindo a instrução de Senomar, ela esperou que derretesse, o que demorou um dia. Os blocos desfaziam-se em trilhas de água, e então em pequenos riachos. Iam empoçar-se no chão. O último pedaço sólido caiu com um estrondo, quebrando-se em estilhaços. Estava aberta.

Vanessa entrou.

A dimensão inteira era uma salinha apertada; paredes, teto e chão de pedra cinza enegrecida, manchada por fumaça ancestral. Um calor estonteante assim que pisou dentro. Iluminada apenas pelo incandescente de metal sendo trabalhado, a dimensão minúscula era uma forja, uma oficina operada por diabretes.

Seres esquálidos, ossudos, com sorrisos de dentes afiados, vestindo aventais de couro. Uma dúzia, mais ou menos, martelando armas, ferramentas, objetos farpados. Todos controlando o riso, estremecendo como crianças descobertas em alguma peraltice.

E o produto de seu trabalho cobria as paredes, cada centímetro. Placas de armadura, lâminas, correntes. Todo tipo de objeto de metal, construído naquele inferno privado.

— Vim negociar — disse Vanessa.

Os diabretes explodiram em riso.

Escorriam lágrimas de seus olhinhos maus, eles mordiam os lábios borrachentos até escorrer sangue. Esmurravam o metal quente com seus punhos deformados, esperneavam no lugar.

— Qual é a graça?

Mais risos.

Uma das criaturas tomou de um martelo, e golpeou-se na testa, em frenesi humorístico. Outra puxou os próprios mamilos, até que se ouvisse som de rasgar.

Vanessa deu um salto para a frente, arrancou das mãos de um dos demônios uma lâmina ainda laranja de calor. A criatura atacou-a com garras sujas, mas ela estourou a maça em sua têmpora, e o cérebro do diabrete ficou à mostra. Disse uma prece, e seu corpo brilhou, Keenn defendendo-a. Recuou rápido, e ouviu o metal chiar contra a pele frágil de sua palma. Sorriu com todos os dentes, suando calor e agonia, mas protegeu o objeto roubado com o corpo.

Fim das gargalhadas.

— Vocês, — disse a clériga — assim como toda uma série de mercenários atrevidos, bandoleiros inconsequentes, clérigos equivocados e servos da Tormenta, cometeram o erro de achar que estou despreparada.

Um dos diabretes tomou a frente. Mãozinhas cruzadas nas costas, como se estivesse envergonhado. Lábio tremendo de quase-riso.

— Somos negociantes — cantarolou.

Chegou mais perto.

Saltou com a mão estendida, na direção da lâmina roubada. Vanessa girou o corpo, pôs o objeto fora de seu alcance.

— Boa tentativa.

O diabrete deu um pequeno rosnado.

— Estudei um pouco, antes de vir. Alguém certa vez disse que, se não há condições de vitória, deve-se criar uma condição. Vocês são demônios, e é loucura achar que pensam de forma lógica. Não estão interessados em ganhar, certo? Estão interessados em fazer os outros perderem.

Todos agora voltados para ela. As narinas dilatando e contraindo.

— Por enquanto, estou ganhando. Posso sair daqui com uma lâmina, feita dos sonhos de infância de algum infeliz, ou coisa assim.

— O que quer? — chiou o porta-voz dos pequenos demônios.

— Coisas que vocês criaram há alguns anos. Uma adaga, feita de coragem. Uma manopla, feita de juventude. Um escudo, feito de amor.

Eram os artefatos feitos de Vallen Allond. O preço que os diabretes haviam cobrado para que o Esquadrão do Inferno passasse por ali.

— O homem que perdeu tudo isso não pôde nos enfrentar — disse o diabrete, de novo em sorriso largo.

— Não tentou. Não arriscou as vidas de seus companheiros. Porque achava que tudo ficaria bem.

Apontou a lâmina roubada, provocando.

— Tenho certeza de que nada ficará bem — disse Vanessa. — E não arrisco vida nenhuma, a não ser a minha própria. Se quiserem me atacar, não hesitem. É só mais uma batalha na Guerra.

Eles ficaram murmurando entre si, ou sozinhos. Coçando a pele grossa até sangrar, cutucando seus globos oculares.

— Certo — disse a criatura. — Vai ganhar os objetos. Em troca, sua força.

— Não.

O diabrete gemeu um guincho.

— Sei que vou perder — disse Vanessa. — Tente descobrir *o quanto* estou disposta a perder.

— Sua fé!

— Não me faça rir.

Eles gritaram. Os mortais que vinham à forja costumavam oferecer coisas tolas, como suas almas. Surpresos pelo que os demônios pediam, achavam poder levar vantagem, e faziam acordos idiotas. A clériga já soubera o que esperar. Já calculara sua perda.

— Por seu amor — sorriu o diabrete.

Vanessa sorriu também.

— Desgraçado. Um demônio pode enxergar isso, mas um mortal não consegue. Somos mesmo uma raça maldita.

— Aceita, então?

— Nem pensar.

— Suas memórias.

— Não.

— Sua inteligência.

— Para você me enganar, e me tirar todo o resto, logo depois? Não, obrigada.

Os demônios bateram as cabeças cheias de calombos na pedra, arrancaram as unhas com os dentes. Vanessa não era estranha àquele tipo de negociação. Muitas vezes oferecera a vida de prisioneiros, em troca de um augúrio. Oferecera um olho, em troca de uma informação.

— Ofereço-lhe um dedo — ela disse, estendendo o dedo médio.

— Seu futuro! — esganiçou o diabrete.

Vanessa comprimiu os lábios.

— Feito.

CAPÍTULO 28
A MÁ RELIGIÃO

DA MARGEM NORDESTE EXTREMA DO CONTINENTE, partiriam a Tamu-ra. Fileiras de deuses, enxame de dragões. Os Cavaleiros do Corvo de volta com seu líder.

E, no centro de tudo, Orion e Yadallina.

A elfa se escondia numa roda de súditos. Desaparecia de tempos em tempos, quando a adoração ficava insuportável, e a coisa dentro dela se manifestava, atraída pelo culto. Mesmo assim, chegava a perder dias, sem memória e sem controle, sob o domínio da entidade.

As últimas preparações da guerra.

Klangor, o Deus Anão das Armaduras, terminava as últimas peças. Os deuses guerreiros vestiam-se de metal, moldado na forja metafísica da divindade, mais leve que a seda, mais forte que o aço. As estratégias eram definidas. Orion reuniu seu batalhão, destacou-os para seguir na frente, reconhecer o terreno. Onde deuses não ousavam entrar sem informação, os Cavaleiros do Corvo desbravariam. Os navios de Marina, a Deusa dos Marinheiros, chegavam às praias rochosas. Naus gigantescas, velas brancas sempre com vento a favor, proas imponentes e vários andares de altura. Os timões navegavam sozinhos. E os acrostólios esculpidos por Granto, o Deus Anão dos Escultores, mostravam guerreiros quiméricos, de todas as raças artonianas, em postura orgulhosa. Também um à imagem de Vanessa. E o último, esculpido da pedra das Sanguinárias num surto de inspiração, apresentava Yadallina, a rainha dos dragões.

— Esculpiu uma elfa? — disse Cette, o Deus Elfo dos Arqueiros.

Granto resmungou.

— É o desafio do escultor, rapazote. Qualquer um pode deixar bela uma anã rechonchuda, ou inspirar com um guerreiro barbudo imponente. Arrancar beleza de uma elfa? Isso é para os bons.

Os dias transcorriam em expectativa e medo, camaradagem e desconfiança. Os Dragões-Reis seguiam Yadallina, mas a elfa pusera Orion no comando. E assim, o mais poderoso exército que Arton conhecera estava prestes a travar a maior das batalhas.

Yadallina quieta, livro esquecido no chão. Por rainha que fosse, sentada na relva esquálida, longe da fogueira, sozinha. As estrelas teimavam em não aparecer, e um ar lúgubre se fazia notar onde não havia brilho do fogo ou barulho de vozes alheias.

Orion chegou perto.

— Posso?

Ela piscou.

— Claro.

Ele se acomodou na relva, ao seu lado. Olhos nos mais barulhentos deuses, Laan e os anões e as divindades matreiras. Quase podia-se esquecer que não eram mortais.

— Não nos conhecemos — disse Orion.

Yadallina ficou calada.

— Não de verdade — ele continuou. — Viajamos juntos, um tempo, mas eu sempre falava com seu irmão. Conheço sua magia, conheço até sua coragem. Mas não conheço você.

Deu um meio sorriso. Ela demorou a responder.

— Acho que isso é bem comum, *sir*.

— Não me chame assim. Fui expulso de minha Ordem. Só meus cavaleiros usam essa palavra comigo.

Nada. Coisa errada a dizer.

— O que é bem comum?

— As pessoas conhecerem Edauros, e não eu.

Pausa.

— Gostaria de conhecê-la. Preciso conhecê-la, se vai continuar neste exército. Você corre um risco grande demais por um estranho.

— Acho que agora prefiro correr riscos por estranhos, ao invés de por Edauros.

Orion deu um suspiro.

— Não vou pedir desculpas, Yadallina. Seu irmão mentiu para nós, brincou com nossas vidas. Não consigo nem entender o porquê.

— Eu sei — ela disse. — Você foi o empurrão que faltava para me separar de Edauros. Amo meu irmão, mas ele destrói tudo em volta.

— Por que você está conosco?

Ela riu de leve.

— Por causa de Edauros. Ele tirou minhas últimas escolhas. Não tenho mais o que fazer, além de comandar dragões. Sua causa é boa, você vai enfrentar a Tormenta.

— Estou indo salvar meu filho. A Tormenta está apenas no caminho.

Ela se calou de novo.

— Nunca entendi por que vocês se juntaram a nós em primeiro lugar, Yadallina. Fugimos juntos de Sckharshantallas. Mas e depois?

— Edauros. Sempre Edauros. Ele adora você.

— Não gosto do que não consigo entender. Edauros vive como um furacão, fazendo o que parece melhor a cada instante, mas não entendo sua lealdade. — De repente, notou o que falava. — A lealdade que ele *achava* ter por mim.

Yadallina virou-se para ele. Tomou fôlego.

— Foi por minha causa, *sir*.

— Não sou mais —

— Por minha causa, Orion. Você salvou minha vida em Sckharshantallas. E eu quis segui-lo. Edauros nunca faria o que não quisesse, é claro, mas quem pediu para ir atrás, desde o começo, fui eu. Fui a causa de tudo, de termos nos reencontrado antes do Reino de Glórienn, de termos viajado juntos a Trebuck. E eu pedi que nos separássemos, depois. — Pausa. — Se soubesse o que estava desencadeando, teria ficado quieta.

Orion ficou um tempo ruminando aquilo.

Voltaram-lhe à mente as vezes que pensara em Yadallina, uma imagem inventada da mulher que não conhecia. Yadallina estava ali mesmo, sentada no escuro, com um livro esquecido. Vanessa em algum lugar insuspeito. Yadallina cheia de coisas a se descobrir. Yadallina que decidira segui-lo por um ato de heroísmo burro.

Vanessa que o havia abandonado.

— Se você tivesse ficado quieta, não estaríamos aqui — disse Orion.

Ela desviou os olhos, como uma menina.

— Estou cansada de mentiras — disse a elfa. — Meu irmão mente o tempo todo, e eu ficava calada ou mentia com ele. Chega. A verdade é que Ingram me aconselhou a ir embora, me afastar de você. Primeiro achei bobagem, mas depois decidi o contrário. Passei muito tempo só com Edauros, e não sabia mais o que pensar. Ainda não sei. Talvez fosse melhor ter ficado longe, porque você tem mulher e está indo buscar seu filho, mas não consegui resistir ao que Edauros falava.

Uma tempestade de vozes girava ao redor de Orion.

Ela não dissera, não em palavras explícitas. Mas lá estava uma intenção, um senti-mento inegável.

Ele não a conhecia, qualquer atração era ilusória. Não a conhecia, não havia nada a perder. Perdera Vanessa há muito tempo, não estaria arriscando nada. Estava prestes a lutar por Vallen, teria uma família de novo. Vanessa nunca aceitaria, lutaria com ele antes de entregar-lhe a criança. Não tinha mais terras, nem título, o passado não importava. Ali estava Yadallina, sem passado, poderia começar algo novo. Se começasse, nunca mais teria o sólido, o que construíra em décadas. Era velho demais para construir tudo de novo, precisava preservar o que já existia. Mas não existia de verdade.

Orion moveu o braço, para tocar o ombro da elfa.

E então deteve-se.

— O que isso importa, no meio da luta contra a Tormenta, no caos do Panteão? — disse Yadallina.

— Talvez muito.

— Ou talvez nada. Muitos elfos ficam se lamentando sobre o que aconteceu com nossa raça. Edauros é um deles, embora seu lamento seja um grito. Mas isso é ridículo, é mediocridade. Talvez eu nunca tenha chance de fazer o que quero, mas não importa. *Foda-se,* como diria meu irmão.

De repente, ela começou a rir.

— Peço só uma coisa, *sir.*

Ele não a corrigiu.

— Os dragões me seguem. Tenho essa entidade dentro de mim. Quando ela toma o controle, esqueço de tudo, não sou eu mesma. Nunca estive morta, mas já li sobre o assunto, e não parece tão ruim quanto isso. Eu *deixo de existir* quando a entidade toma conta, Orion. Por isso, só lhe peço uma coisa.

Silêncio.

— Ajude-me. Em troca dos dragões, só quero ajuda, para não deixar de ser eu mesma. Edauros não acreditava que fosse um risco, mas *é.* A cada vez, é mais difícil retomar o controle. Por favor, quero continuar existindo. Só isso.

Se ela deixasse de existir, não haveria mais dúvida. Ou opção.

— Vou ajudá-la — disse Orion.

Gregor Vahn de novo em Tamu-ra. Ellisa mais uma vez no trono da ilha, próxima ao Coração da Tormenta. Ashlen e Rufus, Nichaela e Masato presos. Ágata tecendo as memórias do Lorde, Andaluzia vagando em suas alucinações. Vallen Drake conhecendo o inferno lefeu. Impossível dizer se lembrava ainda de Arton.

Ellisa — Crânio Negro — reuniu o antigo grupo, o Esquadrão do Inferno, numa réplica vermelha da Taverna do Olho do Grifo, em Collen. Onde fizeram planos, uma vida atrás, sobre perseguir e capturar um fugitivo albino. Onde conversaram pela primeira vez com Masato Kodai, após quase enfrentá-lo numa ponte. Onde Andilla Dente-de-Ferro tomou sua última cerveja, antes de tudo desmoronar.

Cada mesa e cada freguês estava lá, assim como Ellisa se lembrava, tecidos por Ágata. Sentavam-se na mesa do canto, no eterno momento antes de uma velha entrar no salão comunal e predizer um futuro negro.

— Estamos às vésperas de uma guerra — disse Crânio Negro.

Rufus encolhido em sua cadeira. Uma percepção melhor do mundo, mas ainda inchava. Cobria-se de um pano de cor indefinida; a consciência ia e vinha. Ashlen sério, trêmulo. Vallen Drake no colo de Gregor, que observava o Lorde com um ar de confiança. Os outros do lado de fora.

— Você está escorregando, Ellisa — disse Gregor.

— Precisamos defender nosso lar — disse Crânio Negro. — Eles vêm nos roubar o que conquistamos.

— Você está perdendo o controle. O Dragão da Tormenta foi destruído. Mesmo antes disso, fez coisas que você nunca previra.

O elmo em forma de caveira disparou-lhe um olhar estático, tenebroso.

— Não podemos nos jogar como cegos nesta batalha — insistiu Gregor. — Você precisa entender o que está acontecendo. Os outros Lordes lhe devem algumas explicações.

Ashlen, mesmo depois de tudo, ainda arregalava os olhos. Nada podia abalar as certezas de Gregor Vahn.

— Você fará o que eu ordenar, Gregor — disse Crânio Negro.

— Claro, Ellisa. Você é a líder, agora. Mas não posso deixar que perca tudo. O que aconteceu ao Dragão? O que significa o exército que vem nos atacar?

— Vamos vencê-los. Lefeu é superior a Arton.

— Pode até ser. Mas precisamos de estratégia. Quer que *eu* fale com os outros Lordes?

Silêncio incrédulo.

— Seria ótimo lutar por um tempo, e poder descansar, quando a recompensa viesse — continuou Gregor. — Mas a vida não é assim. Descanso só existe na morte — riu. — Vamos lutar mais uma vez, vamos proteger tudo isso — fez um gesto que abrangia a taverna e a ilha, deu um tapa vigoroso nas costas de Ashlen.

Crânio Negro — Ellisa — ficou um momento fixando o guerreiro. Aquilo *era* a recompensa. Uma sensação vibrante e calorosa, com cheiro de família. Uma sensação que não era lefeu.

— Eu falo com os Lordes — disse Crânio Negro. — O cavaleiro não vai enfrentar apenas Tamu-ra. Tudo que é lefeu estará contra ele.

— E *tudo* é lefeu — sorriu Gregor. — Então, como podemos perder?

— Posso ser sincero? — disse Ingram.

Orion assentiu.

— Isto tudo é uma grandessíssima merda.

Debruçado em pergaminhos, descrições de áreas de Tormenta, anotações a partir dos delírios de sobreviventes ou documentos militares da Primeira Companhia de Yuden, não era o que ele esperava ouvir.

— O exército? A invasão?

— Só a *sua* parte.

Ingram bufou de impaciência, de intolerância com o que via como errado.

— Tudo isto já aconteceu.

— Ingram, não sei —

— Um exército em preparação, você tomando o controle. — Pausa. — Sendo traído.

Orion sentiu um tambor nas costelas. Indeciso entre ofendido ou grato, acabou entorpecido, obstinado.

— Orion, correndo o risco de parecer uma moçoila retardada, amo você como um irmão. Ao diabo com qualquer dívida que eu possa ter tido. Fico ao seu lado porque me importo. *O que está fazendo?*

Silêncio.

— A única coisa que sei.

— Acabou em tragédia uma vez, vai acabar de novo. Acabou com Vallen raptado, com Bielefeld pobre, nada resolvido. E você está repetindo tudo.

— O que acha que eu deveria fazer?

Ingram começou, mas desistiu. Não havia resposta.

— Pode ser que tudo seja mesmo culpa minha — disse Orion. — Procuro gente que vá me trair, mergulho em guerras que não posso vencer. Não existe escolha. Estou fazendo o melhor, cumprindo o único destino que tenho, da melhor forma que posso. Se deuses não forem suficientes, vou atacar com outra coisa mais poderosa, da próxima vez. Se sobreviver.

— Outros não sobrevivem. O mundo sofreu bastante, da última vez.

— *E o que acha que eu deveria fazer?* Pouco me importa o mundo, agora. Quero meu filho de volta, só isso. Vou sacrificar todos os deuses que forem necessários.

Ingram sentou-se em uma pedra, sacou uma pistola. Desmontou-a, pôs-se a limpar suas partes com um trapo. Gestos automáticos, um ritual.

— O que vai fazer com Yadallina?

Orion engoliu.

— Em Trebuck, aconselhei a garota a não segui-lo.

— Eu sei.

— Então deve saber que ela estava apaixonada por você, por alguma razão. Na verdade, sem razão nenhuma. Acho que ainda está.

— E eu acho que foi Edauros quem manteve essa ideia acesa.

— O que vai fazer a respeito?

Silêncio.

— Eu estava mentindo — disse Orion.

— Quando?

— Quando disse que não me importava com o mundo. O culto à Tormenta está crescendo, os lefeu vão tomar o lugar de Glórienn. Serão, cada vez mais, parte da nossa realidade.

— Andou estudando teologia?

— Tanna-Toh me explicou. E Vanessa.

— Confio mais em Vanessa.

— Eu também. De qualquer forma, tirar Vallen de Tamu-ra vai ser inútil, se a Tormenta for um deus maior. Mais uma vez, cabe a mim fazer algo, porque ninguém mais faz.

— O que isso tem a ver —

— Com Yadallina?

Ingram concentrou-se na pistola. De repente, ergueu as sobrancelhas.

— É a única coisa que faz sentido — disse Orion.

— Como?

— Isso ninguém me explicou. Mas ela é dominada por *algo,* que nem os grandes arquimagos conseguem entender, segundo o que ela mesma me contou. É seguida, *cultuada* pelos dragões. Pelos Dragões--Reis. Tinha algum poder sobre o Dragão da Tormenta. E os lefeu reconheciam-na como "o maior dos dragões". Seu poder teve mais força quando Glórienn caiu.

— E sua conclusão é que a garota seja um deus maior?

Orion assentiu.

— Não existe um deus dos dragões — disse Ingram. — Quer dizer, existe Megalokk, ou seja como for o nome do infeliz. Mas não imagino que o Deus dos Monstros seja uma elfa estudiosa.

— Megalokk não faz sentido. Tanna-Toh disse que eu deveria procurar a resposta mais simples. Tudo aponta para um deus. Não sabemos *como;* talvez seja impossível, para nós, entender como. Mas tudo indica que alguém mentiu para o mundo, durante muito tempo, e existe um Deus dos Dragões.

O anão largou a pistola. Pôs a mão na testa, limpando algum suor imaginário, sujando-se de graxa.

— E isso não é tudo — disse Orion. — Acho que o tal deus está envolvido na origem da Tormenta.

Ingram não respondeu. O turbilhão de deuses, segredos e estratagemas era demasiado para alguém apenas muito bom em construir e operar coisas que disparavam e explodiam.

— Temos então um Panteão incompleto, ameaçado pelo inimigo. Um deus esquecido, tentando ressurgir. E uma elfa, apaixonada por mim, querendo manter sua identidade.

— O que você vai fazer, Orion?

— Algo desprezível. Por Arton.

— Por que o segredo, *sir*? — disse Darien.

Orion franziu o cenho.

— Os Cavaleiros do Corvo agora questionam ordens, Ferrão?

Postura marcial, sem notar.

— Não, *sir*.

— O que fazem, então?

— Das trevas, trazemos a luz!

Apesar de si mesmo, Orion fechou os olhos. A missão era outra: extinguir luz, trazer trevas.

Darien repetiu as ordens, certificando o general de que entendia. E repetiu, mais uma vez, que sabia o quanto era importante a discrição. Apenas os dois, dentre todos, teriam conhecimento. Afastou-se cambaleando, quase sem acreditar. Lembrou a si mesmo de que seu dever não era acreditar, somente executar.

Sentou-se com Mefítico e Santo, que jogavam palavras fora, enquanto outros Cavaleiros treinavam, atrás.

— Sabe quando embarcamos, Ferrão? — disse Mefítico.

Darien deu de ombros.

— *Sir* Orion está acabando as últimas preparações.

— A esposa dele vai lutar conosco? — disse Santo.

— Pelas histórias, é uma guerreira sem igual — disse Mefítico. — Ou uma maníaca. Ou ambos.

Riram.

— Espero que *lady* Vanessa nos acompanhe — disse Darien. — Porque luta bem, e porque eu *preciso* enxergar um par de seios que não pertença a uma deusa.

— Acho que prefiro uma deusa — disse Santo.

— Acho que prefiro pôr uma venda e encarar a Deusa das Avós, antes de arriscar a fúria de *lady* Vanessa — Mefítico fingiu estremecer.

— E a elfa? — disse Santo.

— Está pensando em fazer uns meio-elfos? — disse Darien.

— Acho que prefiro me arriscar com os dragões.

Riram.

— Ela é bonita — disse Mefítico. — Mas não imagino que subitamente vá perceber como sou irresistível, e se atirar nos meus braços.

— Está cada vez mais esquisita, não é? — disse Darien. — Não imaginei que fosse ter tantos dragões na coleira.

— Dragões-Reis — completou Santo.

— Qual será o grande mistério? — disse Darien. — Acham que ela é mesmo um dragão, como Edauros falava?

Os outros pensaram um tempo.

— Deve ser algum tipo de reencarnação da rainha dos dragões, ou alguma bobagem do tipo — disse Mefítico.

— Eu acho — começou Darien, mas deteve-se.

Santo e Mefítico se entreolharam.

— O quê? — disse Santo.

— Esqueça. O que vocês acham?

— Vamos, donzelinha. O que ia dizer?

— *Rainha dos dragões?* Francamente.

Mefítico pareceu ofendido.

— Por quê? É uma teoria tão boa como qualquer outra.

— Ah, sim, ela fala como uma rainha, mesmo. Se fosse isso, os dragões poderiam até segui-la, mas não seriam fanáticos.

— É uma deusa — disse Santo, de repente.

Silêncio.

— O que anda fumando? — disse Darien.

— É o que faz sentido. Maior que os Dragões-Reis, cultuada... Tinha poder sobre o Dragão da Tormenta.

Darien sentiu um beliscão de culpa. Não imaginara que um dia iria usar o treinamento de golpista para enganar seus irmãos de armadura. Mefítico e Santo, astutos como fossem na batalha, atentos para se esgueirar em terreno hostil, eram ingênuos naquele jogo. Não conheciam as artes da empulhação. Achavam realmente que a ideia de Yadallina ser uma deusa vinha de Santo. O segredo era fazer a vítima pensar que ela mesma tomara a iniciativa.

— Grande coisa — disse Darien. — Caso não tenham notado, temos um exército cheio de deuses de todos os tipos e tamanhos.

— Os Dragões-Reis são deuses — ofereceu Mefítico.

— Mas curvam-se à elfa — disse Santo.

Darien fingiu surpresa perfeita.

— Os Dragões-Reis são deuses — pausa — *menores* — disse Mefítico.

— Yadallina é uma deusa maior! — Santo quase levantou a voz.

— Você a chama pelo primeiro nome? — zombou Darien.

— Ele precisa saber o que murmurar durante as noites solitárias, com sua mão e sua imaginação fértil.

Logo desandaram no tipo de bravatas e provocações bobas que surgiam espontaneamente nos batalhões de todo o mundo. Um ambiente onde Darien sentia-se confortável. Mas agora ressentido, porque uma parte era fingimento.

— Uma deusa maior entre nós — retomou o golpe, antes que fosse esquecido. — Ainda pensa em se deitar com ela, Santo?

O outro ficou sério.

— Isso muda algo? — disse. — Deveríamos *fazer* alguma coisa diferente?

— Cultuá-la? — disse Mefítico.

— Ouvi dizer que ela detesta ser cultuada — disse Darien, arrematando o golpe.

— Mesmo assim.

— O mais seguro é cultuá-la discretamente — concluiu Santo. — Não arriscamos a fúria de uma porcaria de deusa maior. Mas, se ela mudar de ideia, ainda vamos estar seguros.

— Melhor dividir isso com os outros — disse Darien.

— Luz, comandante — disse Mefítico, rindo.

Levantou-se e foi confabular com os outros Cavaleiros do Corvo. Cette, o Deus Elfo dos Arqueiros, observava o treinamento. Klangor, o Deus das Armaduras, fazia ajustes nas couraças. O Deus dos Mercenários e o Deus dos Vigias davam palpites, como todos os veteranos.

A hora não fora escolhida ao acaso, assim como as vítimas eram também as ideais. Um mestre golpista não deixava nada para a sorte e o azar.

Naquela noite, houve um nome a mais nas preces.

Yadallina acordou de um pesadelo, com os olhos brancos.

Laan viajou sozinho pela estrada reta.

Retornou com Vanessa.

Orion foi até ela. Vontade de dizer muita coisa, mas falou:

— Conseguiu?

Vontade de dizer muita coisa, mas ela respondeu:

— Sempre.

Não disseram mais nada, mas ele segurou sua mão.

E soltou.

Os navios de guerra de Marina ancorados junto à praia. Aguardavam só o embarque.

Orion montou em Hippion, sacou a espada-deus.

— Uma vez, no passado, fiz um discurso — disse o general, com o Deus dos Cavalos em trote, lado e outro, frente a deuses e dragões. — Depois, minhas tropas morreram.

Os deuses guerreiros escutavam com variações de cinismo e prazer. Os dragões toleravam as palavras do bípede, tentando dizer a si mesmos que a montaria e a arma não lhes inspiravam. Os Cavaleiros do Corvo não precisavam de fé ou motivação, e apenas aguardavam uma ordem. Os outros deuses trepidavam na beira de um mundo desconhecido.

Vanessa sorria.

Yadallina mordia o lábio.

— Não há discurso hoje. Embarcamos para a morte! — rugiu Orion.

Silêncio.

— Se precisam ouvir algo, vão embora. Meu exército existe para destruir o inimigo. Morte é insignificante. O inimigo não se importa com seu medo, não irá poupá-los se oferecerem rendição. Não irá poupá-los se desistirem agora. Um dia, uma deusa trouxe o inimigo para nosso mundo. Todos os deuses trouxeram! Desde então, não podemos mais desistir.

Estacou no meio das fileiras. Apontou a espada-deus num arco, abrangendo todos.

— Não estou levando-os para a guerra. A guerra foi trazida até aqui, sem que tivéssemos escolha. Isto é uma batalha entre Orion Drake e Crânio Negro, e vocês são minhas armas. Já lutei por Arton, e conheci a tragédia. Agora luto por algo diferente.

Urrou:

— *Por Vallen!*

Silêncio chocado.

— Lutem por uma causa, sacrifiquem-se pelo mundo, e conhecerão a derrota. Lutem por si mesmos! Lutem por quem amam! Lutem por quem odeiam! Os deuses nos condenaram; é impossível salvar Arton. Escolham seus fiéis, escolham seus filhos, seus maridos e esposas. Nossa morte é certa, mas para eles existe chance.

E repetiu, num rugido:

— *Por Vallen!*

Talvez fosse o fim do mundo. Mas era possível salvar *uma* pessoa.

Os dragões responderam num urro ancestral, dedicando a batalha a Yadallina. Os deuses lembraram-se de suas vidas mortais, de seus guerreiros sagrados ou de quem haviam amado.

— *Por Vallen!*

Yadallina foi a última a subir no navio.

Tocou o braço de Orion:

— Os dragões vão lutar por mim. Comecei a ouvir vozes, durante a noite. Não aguento mais, Orion.

Ele segurou seus dedos.

— Vou protegê-la.

CAPÍTULO 29

FIM DO MUNDO

A ESTRADA RETA DESEMBOCOU NO INFERNO.

O ar era difícil, áspero. Um cheiro indefinível permeava tudo. Um cansaço começou a tomar conta dos cavaleiros; a realidade lefeu mesclando-se a Arton cobrava seu preço.

Os Cavaleiros do Corvo espalharam-se, vasculhando o terreno à frente, fazendo sinais de segurança uns para os outros. Laan, o Deus das Viagens, engasgou de surpresa, com a chegada desconhecida. Darien virou para ele, olhos fundos no elmo, postura agachada de reconhecimento em terreno hostil.

— Volte — disse.

Laan quis seguir em frente, como sempre.

— Os hostis vão percebê-lo — disse Darien. — Venha fazer a extração no momento combinado. A partir daqui, não podemos mais proteger civis.

Ferrão, Mefítico, Santo, Formoso, Caolho, Manco e os outros deixaram o deus para trás. Era poderoso, mas era um amador. Na hora da luta, os deuses tomariam o centro. Para desbravar o território, vinham os Cavaleiros do Corvo.

Eles pisavam em areia grossa, pedras afiadas. Uma enorme planície pedregosa.

E vermelha.

A ilha de Tamu-ra era cercada de águas corruptas. O céu azul artoniano dava lugar ao rubro lefeu ainda sobre o mar, e a terra, lambida por ondas sangrentas, já era tingida pelo escarlate dos invasores.

Darien viu a primeira folha de grama corrompida.

— Segundo estágio! — anunciou um cavaleiro. Sinais foram trocados.

Se antes a ausência de vida era total, agora surgia a vida modificada. À primeira folha seguiram-se outras — não mais grama, mas pequenas navalhas que brotavam do chão. A Tormenta transformava Arton em paródias doentes, que causavam horror e loucura. Os Cavaleiros do Corvo não se deixavam abalar.

O cansaço aumentou; à medida que penetravam mais fundo na área de Tormenta, Darien sentiu-se mais e mais drenado, o ambiente sugando-lhe força e vontade de existir. O chão estalou sob seus pés; viu que pisava num extenso tapete de crânios, que se estendia aos horizontes. Arbustos feitos de arame e intestinos pontilhavam a vista, dando frutos em forma de olhos humanos, que moviam-se de vontade própria. O ar ficando mais grosso. Darien fazia força para respirar, como se tentasse engolir uma massa espessa e seca. Vontade de abrir o elmo, mas sabia ser pior. Mais à frente, e passaram por uma espécie de plantação. Nasciam tubos de carne e pele frouxa, que terminavam em bocas humanas, cheias de dentes quadrados. As bocas cuspiam fogo em intervalos intermitentes.

O vermelho quase total. Nuvens. Trovão.

Trovão.

— Primeiro efeito! — chamou um batedor.

Em um instante, a chuva de sangue ácido começou a cair. O solo chiou, derretendo-se, formando poças vermelhas que se solidificavam ou eram tragadas. As bocas berravam, como filhotes torturados. Armadura metálica sibilava e derretia em contato com as gotas.

— Em frente — disse Darien, e os Cavaleiros do Corvo voltaram à formação.

— Degenerados — disse Manco, que ia na vanguarda. Eles trocaram sinais de pausa.

Parados em meio à chuva ácida, receberam instruções de Darien.

A imagem descortinou-se, como se ficasse nua e clara de propósito. Campos alagados, meia dúzia de casas. Menos de quinze pessoas. Quatro crianças empaladas em postes altos de ferro e matéria vermelha, as pontas enferrujadas brotando do meio de seus rostos fofos. Tinham os braços e pernas muito abertos, os dedos de suas mãos e pés estendidos por vários metros, indo acabar em horrendos buquês de flores. As flores eram pele costurada, e os adultos colhiam-nas com pequenas foices, enquanto as crianças remexiam-se de dor. Os casebres eram feitos de bambu negro, com paredes de pele humana, imitando papel. As portas eram bocas animalescas, que mastigavam os habitantes. A casa defecava-os depois, reformulados — pernas surgindo do peito, a cabeça dividida entre ombros, joelhos e abdome, alguns órgãos pendendo da pele aberta.

A natureza da Tormenta era aberrante, provocava asco instintivo; diferente demais, incompreensível. Repugnância não era covardia, mas humanidade. Os Cavaleiros do Corvo não davam sinais disso. Como se anestesiados, olharam as pessoas corrompidas da mesma forma que olhariam qualquer coisa. Era um trabalho.

Darien deu as ordens: os humanos corrompidos foram chacinados.

Era um ato de misericórdia. Os Cavaleiros do Corvo executaram as vítimas da Tormenta, sem remorso e sem crueldade, sem júbilo e sem pena.

— Entrada — chamou um olheiro.

E a missão começou.

Os lefeu espreitavam sempre, em todo lugar, dentro de uma área de Tormenta. Mesmo não vistos, estavam lá — pior se não vistos. Faziam parte da área; tudo era semi vivo, tudo era lefeu. Sentiam o ar, o solo. Infiltrar-se era, portanto, impossível. Mas foi o que o batalhão fez.

Darien e dois cavaleiros consultaram um mapa, cercados por um perímetro de homens em prontidão. O terreno ficava mais e mais irregular, com colinas, depressões e vales de matéria vermelha, e formações de horrores. O que antes fora uma planície morta agora mostrava-se um purgatório criativo. Darien tomou sua decisão, dividiu os cavaleiros em dois grupos.

O primeiro grupo correu até uma série de colinas, escalou ligeiro a mais alta, e deitou sobre a pedra afiada, arrastando-se. Desceram, rolando colina abaixo sem fazer barulho, e estavam cobertos de escarlate cáustico, uma espécie de fuligem profana. Avançaram, e as colinas cresciam, e ficavam mais escarpadas, até que se transformaram em montanhas baixas. Puseram-se a escalar uma montanha, usando equipamento mínimo. Logo, descartaram mesmo esse, e usaram parte da paisagem para auxiliá-los. Longas tiras de intestino pendiam livres montanha abaixo. Foram usadas no lugar de cordas. Testavam e apalpavam a pedra vermelha, achando pontos mais quebradiços, que eram moldados em apoios. Logo, estavam no topo. Partiram galhos de árvores negras e retorcidas, feitas de arame. Alguns animais deformados arrastavam-se pelo cume, exibindo suas cristas feitas de dedos humanos, deixando rastros de excremento e matéria vermelha.

Foram mortos; suas peles usadas para cobrir os cavaleiros. Nada daquilo enganaria os lefeu. Mas os Cavaleiros do Corvo tinham limado a própria humanidade, durante o treinamento. Não eram percebidos como artonianos, nem como nada. Usando de meios rudimentares, estavam camuflados.

O segundo grupo, liderado por Darien, seguiu pela planície, rentes ao chão, sem ruído. Chegaram a uma depressão funda, com rubro líquido empoçado e criaturas cheias de pernas correndo de um lado a outro. Atravessaram a depressão pé ante pé, durante horas, para não perturbar o terreno. Os cavaleiros confundiam-se com o chão rubro. Por fim, uma escalada curta levou o grupo à beira da depressão, onde ficaram ocultos. Manco ergueu a cabeça, observou o arredor com um giro rápido. O outro grupo estava à vista. Darien deu instruções através de sinais. Foram repassadas.

Depois de um bosque de ossos e navalhas, erguia-se uma cidade quimérica. Torres esculpidas em detalhe sórdido com matéria vermelha rígida. Túneis e corredores que poderiam ser feitos de gelo, róseo e sanguinolento mas ainda translúcido. Árvores compactas, gerando sombra vermelha, abrigando uma coleção de estátuas humanoides. Estradas serpenteantes, levando a si mesmas, sempre em frente e para trás. Um casebre, que Darien reconheceu como o lugar onde encontrara o cadáver do Cavaleiro Risonho, em Portsmouth.

As memórias esculpidas de Ellisa Thorn. O lar de Crânio Negro.

Logo à frente, um pequeno templo lefeu. Feito de imensas costelas, com um tubo de matéria vermelha expelindo uma pasta de carne humana. Um grupo de hostis arrebanhava dez ou quinze pessoas em condição miserável, feridas, nuas e deformadas. Os invasores eram criaturas esquálidas, anatomia humanoide, carapaça de inseto, cobertos de espinhos e lâminas. Olhos multifacetados, quelíceras, antenas serrilhadas. Alguns tinham longas garras ou pinças no lugar das mãos, outros voejavam com asas de barata. Um lefeu diferente, com longos espinhos brotando das costas e uma coroa de navalhas adornando-lhe a fronte, parecia presidir uma espécie de culto, frente a uma estátua de lefeu, feita de órgãos genitais.

Os grupos fizeram formações imediatas, silenciosas.

Esgueiraram-se pelos dois lados do templo. Darien comandava com gestos, um cavaleiro sempre à retaguarda repassava as instruções para a outra equipe. Ocultos entre a formação escarpada e as construções, os Cavaleiros do Corvo arrastaram-se em silêncio, dentro de suas armaduras, ignorados pelos hostis. Memorizavam localizações, topografia corrupta, posição de inimigos. Passando pelo templo, uma curta corrida agachada, encontrando abrigo atrás de um muro meio derrubado, palco de alguma batalha antiga na memória do Lorde. Darien destacou vigias, e esboçou um mapa ligeiro dos arredores.

Seguiram.

Patrulhas de criaturas humanoides, com imensos olhos de mosca e três braços com garras e pinças cruzavam-se à vista dos cavaleiros. A visão doía cada vez mais, o rubro mais intenso. As horas de infiltração esticavam-se em dias, a corrupção lefeu alcançava o tempo artoniano.

Relâmpagos vermelhos anunciaram de novo a chuva de sangue ácido.

As nuvens cuspiram pedregulhos flamejantes, o ar explodiu num incêndio espontâneo. Darien levou-os para os pontos de relativa segurança, evitando o pior, enquanto trabalhava em seu mapa.

E, enfim, o centro de Tamu-ra. Os Cavaleiros do Corvo eram mortais, e por isso sentiram o repuxar da mente artoniana, querendo adorar o Lorde. Nenhum, no entanto, fraquejou. Darien examinou seus homens, pediu uma confirmação silenciosa a Mefítico, que observava a outra equipe. Todos firmes. A corrupção lefeu encontrava uma barreira na doutrinação que haviam sofrido. O dever era mais forte.

Banhados assim na presença de Crânio Negro, chegaram ao ponto culminante. Darien avistou uma colina, onde um guerreiro fantasmagórico estava amarrado por correntes. Uma meio-elfa, também espectral, ao seu lado, falando sem obter resposta. Um pequeno grupo de artonianos, todos mostrando os sinais da corrupção. E o turbilhão vermelho, o Coração da Tormenta. Uma mulher esfarrapada, pele lisa e calombos onde deveria haver seu rosto, caminhava pelas bordas do gigantesco fosso, de onde brotava o universo lefeu. Tinha uma criança nos braços.

— Missão cumprida — murmurou Darien.

Crânio Negro estava presente, pois notava-se a majestade. Mas os cavaleiros não podiam vê-lo.

Darien sinalizou retirada. Refazer o caminho, certificando-se da precisão do mapa e das memórias.

Preparavam-se para voltar quando uma onda de desespero lhes varreu, e só o treinamento impediu que gritassem. Uma impressão de maldade, corrupção extrema. Darien viu que Formoso estava parado, como inconsciente. Sacudiu-o para que despertasse, mas cada movimento era difícil. Uma palavra martelava na cabeça, trazia certeza de derrota do fundo do estômago, para a alma:

Aharadak.

— Os outros Lordes estão vindo — Darien sussurrou para outro cavaleiro. — Precisamos informar *sir* Orion.

Laan trouxe-os de volta. Darien entregou os mapas ao general, relatou o que vira.

Orion, do convés da nau capitânia, examinou os pergaminhos e respirou fundo. Marina, a Deusa dos Marinheiros, comandava ventos e ondas na proa. O exército estava pronto para o ataque. Um caminho por Tamu-ra fora reconhecido e mapeado.

— O que vamos fazer, *sir*? — disse Darien.

Orion olhou-o como se tivesse falado um absurdo.

— Nosso dever, Ferrão. Das trevas, traremos a luz.

— Mesmo com os outros Lordes, *sir*?

— Estamos ensinando o medo aos lefeu. Espero que todos os Lordes se juntem, para que todos possam ser derrotados.

Orion ordenou os Cavaleiros do Corvo de volta ao continente. O Deus das Viagens levou-os. Protestariam, se houvesse dentro deles insubordinação. Seu papel estava cumprido, e seria cumprido de novo, quando recebessem novas ordens.

Os navios de guerra cruzavam o mar em velocidade assombrosa. O vento zunia nos cabelos, nas roupas e nas armaduras. Constante espirro salgado, vindo dos lados, indo encharcar as amuradas. Laan formava um caminho à frente, enquanto Marina impulsionava as embarcações. Os dragões voavam sobre as cabeças, guiados por seus Reis. O oceano encurtava, as ondas curvavam-se ao Exército de Deuses.

O céu azul deu lugar ao rubro lefeu.

As ondas então mais altas, sua consistência oleosa e nauseabunda. O cheiro metálico de sangue assolou as narinas, e a maré fazia o som de gritos. A ilha de Tamu-ra surgiu coberta de nuvens trovejantes, iluminando-se de relâmpagos escarlates. Fiordes de rocha vermelha erguiam-se do mar, desafiando os navios atacantes.

Nuvens num redemoinho acima; *trovão!* Um raio atingiu o mastro principal do quarto navio. Como se regesse uma orquestra, a Deusa dos Marinheiros manobrava a frota pelos garfos rubros que despencavam do céu. Vento carregado de fedor soprou nos rostos, e foi curvar-se num ciclone. O mar se enrolou, formando uma tromba d'água, uma torre feita de ácido.

Formas corrompidas de peixes arremessadas pela fúria, seus corpos brotando farpas, anzóis, espinhos vermelhos. Um novo ciclone formou outra torre serpenteante, tentando engolir o navio de Orion. Marina lutou para domar ondas e vento, fez a nau corcovear, esquivando. O mar então incendiou, cada onda levando uma crista de fogo, procurando velas e cordames.

— Firmes! — gritou Orion. — Por Vallen!

Chuva ácida despencava sobre os dragões. As feras urravam às dezenas, impulsionando-se para a ilha. Os relâmpagos buscavam asas. Um dragão verde foi atingido, e tombou ao mar corrupto, guinchando.

— Por Yadallina! — urrou Virrikiriel.

Uma parede sólida de água ergueu-se frente aos navios; uma onda larga e alta como um castelo, fazendo sombra na luz rubra, pronta a esmagar. Laan focalizou sua estrada, e a paisagem corrupta embaralhou-se aos lados. As naus cruzaram o maremoto sem notá-lo, e um estrondo distante quando a onda quebrou sobre o ácido sanguinolento.

Os cascos dos navios chiavam. Marina suava para conduzir a viagem. Um relâmpago atingiu um mastro, e dessa vez não pôde ser evitado. As velas do terceiro navio incendiaram, com fogo alienígena que não apagava.

Mas, então, a praia rochosa.

As âncoras pularam ao mar, sob o comando da Deusa dos Marinheiros. O exército entrou em formação, com o general à frente. Tempestade sangrenta, a ilha rugia, prometendo morte ruim.

— *Ataque!* — gritou Orion.

Vanessa chegou ao seu lado. Segurou-lhe a mão.

— Por Vallen — disse.

Deuses e mortais saltaram nas praias de Tamu-ra, indo levar a destruição ao inimigo.

Darien espiou do porão da nau capitânia. Talvez ainda houvesse, dentro dele, alguma insubordinação. E muita sorte, que garantiu que fosse ignorado.

Exijo saber, Crânio Negro emitiu uma onda de vontade implacável, pensamentos, emoções e tato, que traduziam-se em certeza de poder.

O que fora o Dragão da Tormenta? O que fora o ritual? Por quê?

Os Lordes fizeram borbulhar os lagos de pus, racharam os planaltos cobertos de agulhas. Um ciclone fétido agitou as plantações de fetos e arame farpado.

Crânio Negro ainda é artoniano, era Raigheb. *Ainda possui vontades, deseja satisfa-ção individual.*

Tudo é lefeu, irradiou Crânio Negro. *Estão impedindo que Crânio Negro seja lefeu.*

Um terremoto vagaroso.

Os Lordes agora experimentam o maior êxtase, era Aharadak. *O desconhecido.*

Crânio Negro, em surpresa, teve um estalo de pensamento artoniano. Nem tudo era lefeu.

Os Lordes não sabem, exalou.

Viemos até este mundo porque, em nossa realidade, tudo foi conquistado e vencido, era Gatzvalith. *Existe mais em Arton do que pensamos.*

O desconhecido!, Aharadak transmitiu uma avalanche de entusiasmo e prazer. E, acima de tudo, alegria.

O que é lefeu lembrou do Monte do Dragão Adormecido. Do ritual. Do Dragão da Tormenta, era Gatzvalith.

No universo lefeu, não havia como lembrar. O tempo não tinha significado — passado, presente e futuro haviam sido conquistados, substituídos pela raça. Experimentados como um só. Não deveria haver uma *lembrança* nova entre os lefeu.

Este mundo está transformando o que é lefeu, emanou Igasehra.

Uma renda de eletricidade despencou de um céu de nuvens rubras.

Principalmente o Lorde Aharadak, a malícia escorreu de Igasehra.

Nossa salvação está em Arton, era Aharadak.

Aharadak oferece respostas a Crânio Negro, porque deseja corrompê-lo. Aharadak é, cada vez mais, um indivíduo.

Três vulcões surgiram, como flores de entropia.

Aharadak procura tornar-se um deus maior, como indivíduo, Igasehra irradiou fúria crescente.

Crânio Negro ainda não sucumbiu às promessas, era Gatzvalith.

Por um instante, foi Ellisa Thorn.

Terror.

Estamos frente a algo que não conhecemos, era Aharadak. *O maior objetivo lefeu. Existe algo a ser descoberto, compreendido e conquistado, por trás do Dragão da Tormenta.*

Lefeu conquista Arton, era Gatzvalith. *Arton não pode conquistar o que é lefeu.*

Havia discordância. Algo que não era lefeu. Havia conflito entre os Lordes.

Um ruído ensurdecedor, o céu rachando. Um jato de magma corrupto espirrou de uma fenda no chão pedregoso, e logo inflou-se numa onda gigantesca. Um maremoto de lava, deitando sombra e fogo lefeu sobre Aharadak.

Vá embora, Crânio Negro, era Gatzvalith.

Ellisa sozinha, no centro de Tamu-ra.

Gregor surgiu ao seu lado, com a espada de Khalmyr e um sorriso cheio de certeza.

Sem os outros Lordes.

Apenas o grupo.

— Quando precisamos de mais do que isso?

As hordas lefeu vieram recebê-los.

O céu vermelho tornou-se colorido de dragões, e os deuses correram com armas em punho, urrando seus gritos de guerra. Vanessa, montada em Bandido, soou uma trombeta que anunciava morte. Orion, cavalgando Hippion, sacou a espada-deus e liderou a investida.

As planícies corruptas fervilharam com o inimigo. As legiões chegavam em massa; centenas, milhares, em suas formas infindáveis, o horror mostrando-se de todo. Os soldados, em sua maioria, coisas humanoides, com braços e pernas, mas cobertos de carapaça insetoide, antenas e quelíceras afiadas. Pinças abrindo e fechando em estalos, prontas a decepar algo. Navalhas brotando do corpo, tubos escorrendo saliva ácida, tentáculos finos e peludos, olhos de mosca e asas de barata. Imensas monstruosidades lefeu pipocavam aqui e ali nas tropas, criaturas grandes como colinas, andando em terremoto com patas de besouro, a carapaça de muralha reluzindo. Também horrores quadrúpedes, torso ereto de humanoide sustentado por um corpo de inseto, galopando. Criaturas de duas cabeças, seis braços, anatomia letal terminando em lâminas, flagelos, garras. O horizonte encheu-se de lefeu, numa praga em direção ao exército de Orion.

A chuva sanguinolenta ameaçou, e então desabou sobre dragões, deuses, mortais e lefeu, carregando o fedor da transformação. O exército sentiu a loucura mordiscar-lhe as mentes, todas as hordas de coisas alienígenas, incompreensíveis, surgindo ao mesmo tempo. Não existia descrição para a aparência lefeu. O Deus das Charadas agarrou as têmporas, caiu de joelhos. Desatou numa gargalhada, enquanto os outros deuses passavam em corrida ao seu lado. O Deus dos Jogadores estremeceu no meio do ataque, olhou fixo para o inimigo, sentiu algo dentro de si fraquejando. Caiu morto, por enxergar.

— *Carga!* — gritou Orion, brandindo a espada-deus.

E os exércitos se encontraram.

Garth, o Deus da Pólvora, sacou suas pistolas. Com o mesmo esgar que guardava para os mortais, encarou os lefeu, e disparou. Fumaça surgiu numa nuvem súbita, os tiros evitaram os aliados, penetraram carapaça. Atravessaram as fileiras da vanguarda, explodindo os corpos alienígenas e destroçando outros mais atrás. Garth olhava, fazia mira displicente, atirava; braços, cabeças, pernas lefeu voavam ao chão, a imundície dentro de seus corpos espirrava, banhando os dois lados. Cette, o Deus dos Arqueiros, também estacou, e sua mão foi um relâmpago, pegando flechas na aljava, encaixando na corda do arco, disparando. Atirou para cima, em direção às nuvens e às tropas de dragões, mas cada seta cumpriu sua vontade, indo cair no meio das legiões inimigas, perfurando os colossos de carapaça grossa. Uma flecha atingiu o solo, fez um estrondo. Abriu uma cratera, que se alargou em rachaduras, engolindo os lefeu. E a munição nunca acabava, disparos sobre disparos matando o inimigo.

Hippion, o Deus dos Cavalos, saltou os últimos metros, e levou Orion de encontro às hordas. Os cascos trovejantes esmagaram duas cabeças lefeu. Orion ergueu a espada-deus e golpeou, de cima para baixo, dividindo um corpo inimigo numa linha enviesada. A arma zumbia de satisfação, enviava força e entusiasmo por seu braço. Orion cortava com velocidade inumana, decepando cabeças, amputando os tentáculos, garras e pinças que vinham em sua direção.

As fileiras lefeu se abriram, e quatro aberrações vieram em galope. As patas insetoides eram grossas, as coisas eram cavalaria pesada, e num instante estavam sobre o general e o Deus dos Cavalos, atacando com suas garras. Hippion empinou-se, evitando um dos inimigos. Orion, guiado pela espada, bloqueou as garras de outro, girando a lâmina e dilacerando a mão bizarra. O deus então desceu as patas dianteiras, acertando um tronco quadrúpede com dois cascos de marreta. A coisa quebrou-se, e sua carne esponjosa jorrou. Orion girou o corpo, cortando um dos inimigos ao meio. A espada sussurrou-lhe um aviso, e ele soube do lefeu atacando por trás. Segurou a arma como um furador de gelo, golpeou sem enxergar, sentiu a ponta esburacando carapaça, vencendo a resistência, saindo do outro lado.

Hippion projetou-se para o último atacante, mordeu sua cabeça, estourando os olhos de mosca.

Os dragões voaram em formação. Virrikiriel rugiu uma ordem aos azuis, que adernaram, ladeando as hordas inimigas. Então, cuspiram relâmpagos, como um só. Os lefeu explodiram às dezenas, mas muitos mais ignoraram o ataque. A eletricidade lambia-lhes os corpos, e sua existência antinatural negava as forças artonianas.

Virrikiriel urrou de desapontamento. Então, deu ordens a todos os clãs. Numa esquadra disciplinada e impressionante, azuis, brancos, verdes, marinhos e vermelhos descreveram um arco, e mergulharam com garras e mandíbulas sobre o inimigo. A matriarca sentiu corpos alienígenas despedaçando-se em suas patas traseiras, enquanto voava rasante, com os outros logo atrás. Hydora, o Dragão-Rei azul, voou fundo para o meio das hordas, deixou-se abaixar, recolheu centenas em sua bocarra. Os outros Reis espalharam-se e imitaram-no, destruindo os inimigos com força bruta.

Benthos rugiu — mesmo distante, o mar respondeu. Esmagou vinte ou trinta com uma pata colossal, enquanto varria atrás, com sua cauda. Outro urro, e de novo sentiu a vontade das ondas, de obedecer. O que restava de água salgada, sob a corrupção lefeu, reuniu-se, impulsionou-se num maremoto. Um pedaço de oceano atravessou os céus, e explodiu sobre as legiões inimigas. Zaddblein, a rainha dos dragões verdes, guinchou palavras arcanas. Magia ancestral emergiu das pontas de suas garras, do fundo de sua garganta. Energia multicolorida fulminou dezenas. Mzzileyn, o rei dos dragões negros, foi tomado de uma fúria insuspeita. Seu clã havia se corrompido; o Rei jogou-se com brutalidade que não lhe era comum, destroçando com mandíbulas.

Buracos nas fileiras, e os deuses avançavam. As legiões lefeu continuavam brotando, aos milhares incessantes, das profundezas da área de Tormenta.

Goharom, o Deus dos Machados, correu para alcançar Orion. A fúria compensava suas pernas atarracadas. Saltou, o poder divino carregando-lhe metros, e caiu afundando a lâmina num corpo cheio de braços e espinhos. As duas metades do lefeu caíram, e Goharom foi em frente, ocupando o espaço, golpeando de baixo para cima uma coisa agigantada, com membros curtos e tronco maciço de gorila. Granto, o Deus dos Escultores, bateu com seu martelo no chão. A superfície corrupta se abriu em fendas, devorando os lefeu.

Um rugido, e o Deus dos Leões saltou sobre todos. Cortou meia dúzia com suas garras, mordeu um gigantesco caranguejo corrupto, destroçou-lhe o flanco. Lupan, o Deus dos Caçadores, corria por entre as fileiras, disparando seu arco e cortando os lefeu com sua adaga. A Deusa da Canção entoou uma melodia terrível, que ressoou com os corpos aberrantes. O som fez carapaças racharem, carne corrupta ferver. O Deus dos Carvalhos avançou em marcha deliberada, usando seus galhos imensos para esmagar. O Deus dos Unicórnios galopou com o chifre preparado, e perfurou carapaça. Sua luz então anestesiou as dores de seus aliados, numa pureza artoniana que restaurava os corpos e acalentava as mentes.

Vanessa passou cavalgando Bandido, golpeando aos lados com a maça de guerra e um machado.

— Isso vai levar o dia todo, Orion! — rugiu a clériga.

Deuses e dragões matavam, estraçalhavam as hordas inimigas, mas a Tormenta vomitava sempre mais. Os lefeu entregavam-se sem hesitação e sem remorso.

Orion enfiou a espada-deus num colosso em forma de besouro, puxou a arma e evitou o jorro de imundície que saiu do ferimento.

— Traga o Deus das Viagens! — gritou o general.

O mapa dos Cavaleiros do Corvo memorizado. Orion sabia que precisava chegar ao centro da ilha, a Crânio Negro e seus companheiros. À bruxa maltrapilha, e a Vallen.

As nuvens rubras trovejaram de novo, e a chuva ácida aumentou. Os pingos impulsionados por raiva, martelando as armaduras feitas por um deus, mesmo assim feriam o metal. Relâmpagos vermelhos primeiro aqui, depois ali, e então por toda parte. O campo de batalha piscava incessante, num despejar de morte elétrica. Os primeiros atingidos foram os dragões. Um verde espiralou, fumegando, e foi despencar morto, em meio aos lefeu. Então, um branco, e dois vermelhos. Ainda mais difícil enxergar, no brilho e escuro da tempestade.

Um relâmpago acertou Betsumial, o Deus dos Vigias. Seu grande olho único piscou, cego pela descarga, e a chuva ácida entusiasmou-se sobre ele. O Deus das Montanhas interpôs-se à sua frente, girando seu enorme machado para afastar os inimigos, mas um súbito jorro de lava rubra engoliu-o por baixo, um vulcão imediato. Os lefeu atropelaram-no, banhando-se na lava sem sentir, e enxamearam sobre Betsumial. Ele ergueu uma espada forjada pelo Deus das Armas, e defendeu-se do primeiro. Um tentáculo enrolou sua garganta, e uma pinça segurou seu pulso. Sentiu o osso quebrando, e quelíceras afiadas rasgaram seu estômago. Betsumial gritou, e o sangue divino manchou o solo corrompido.

Em Arton, a realidade estremecia.

O Deus das Cidades avançava com seu corpo imenso, pisoteando e esmurrando os lefeu. O Deus dos Mercenários girava num frenesi, atacando com espada e machado.

Vanessa atravessou o campo de batalha através da estrada reta.

— Até Crânio Negro! — chamou a clériga.

Orion empinou o Deus dos Cavalos, e seguiu o Deus das Viagens. Ingram correu atrás, com Nadia. Yadallina ofegava, lutando contra os próprios olhos.

Eles cruzaram para o centro do inferno.

— Calma, Ellisa — disse Gregor.

Crânio Negro ignorou-o.

Tocou as duas espadas, e as nuvens rugiram acima. Segurou um arco rubro — lembranças. Atrás, o Coração da Tormenta borbulhava, trazendo mais soldados.

— Acha que podemos vencer? — disse Crânio Negro, de repente sendo Ellisa.

Gregor lhe sorriu.

— Nunca perdemos.

— Uma vez.

— Aquela batalha ainda não acabou.

Outra vez, então. Nas Montanhas Uivantes. Uma druida precisou nos salvar. Lembra?

— Estraga-prazeres.

E então, chegaram os agressores.

Orion berrou ao avistar Crânio Negro, impulsionou Hippion com mais força. Vanessa urrou uma prece a Keenn, fez Bandido emparelhar com o Deus dos Cavalos. Ingram balbuciou que tudo era loucura, e engatilhou o rifle. Nadia pôs-lhe a mão no braço. Yadallina disse uma palavra mágica.

Os lefeu atacaram, ficando entre eles e o Lorde.

— Pare de se esconder, Crânio Negro! — gritou Orion. — Chega de justiça! Vai conhecer a vingança!

A espada-deus cortou dois corpos aberrantes, Hippion avançou em galope. Vanessa afundou um tórax.

Trovão. A chuva ácida, mais uma vez.

Atrás, Laan trazia deuses e dragões. As hordas lefeu viravam-se, para proteger o Lorde.

Yadallina flutuou, enxergou os dragões acima. Fechou os punhos, fechou os olhos, e rugiu sílabas arcanas.

Um vendaval surgiu no ar rubro, engolfando as hordas que tentavam voltar, para atacar o Exército de Deuses. Um outro gesto, e uma luz cegante surgiu à frente. Explodiu em coluna luminosa, incinerando os inimigos. Seu fogo queimava mais, carbonizando os lefeu quando outras chamas não conseguiam. Cada movimento destruía uma centena; ela fazia o trabalho de açougueiro de dez exércitos. Yadallina seguia gesticulando, e pura energia mágica golpeou as hordas, na forma de milhares de projéteis metafísicos, muralhas arcanas, explosões.

Seus olhos estavam brancos.

— *Quis meu sangue, mortal* — disse Yadallina. — *Vai aprender respeito.*

Os dragões voavam em formação, sob ataque de relâmpagos e centenas de lefeu voadores. Alguns grandes como eles próprios, outros do tamanho de humanos. Virrikiriel chamou um rugido marcial, e todos responderam em sua língua áspera:

— *Yadallina!*

A elfa gargalhou, fez um gesto para cima, causando um terremoto na planície alienígena.

— Andaluzia! — gritou Crânio Negro.

A Bruxa sem Rosto depositou Vallen na beira do Coração da Tormenta. Sussurrou incoerências em tatibitate, flutuou até a elfa.

— *Os pais chegaram, não os que chamei, mas os que vieram. São os pais dos pais dos avós, ou pelo menos um.*

Guinchou, crispou as mãos. Do ar vermelho, surgiram tentáculos negros, entremeados de rubro lefeu. Esticaram-se num bote e atacaram Yadallina, enredando-a em pleno voo.

A elfa fez um gesto e sumiu, indo reaparecer atrás da bruxa. Jogou-lhe uma esfera de relâmpagos, chamas, gelo e ácido, todos espiralando num novelo mortal. Andaluzia recebeu aquilo nos trapos. Gritou, e cheiro de carne queimada projetou-se de seu corpo. Os cabelos prenderam fogo, mas ela continuou gesticulando.

— *Os avós me deram presentes, mas fecharam a porta. Os presentes ficaram, mas não fazem companhia. Pedem coisas em troca, eu não escolho. A mãe foi mais embora que os outros, e o pai dos pais dos avós está aqui.*

Abanou os braços, numa coreografia alucinada, e Yadallina foi engolida por uma nuvem rubra. Relâmpagos chamejavam lá dentro, e o corpo da elfa girou, jogado de um lado para outro.

Ela emitiu um rugido, e os dragões responderam.

Numa esquadra em ponta de lança, investiram contra Andaluzia. A bruxa deu safanões no ar, como se espantando moscas, e as nuvens acima responderam: formaram-se em cones ácidos, atingindo os dragões e derrubando-os. Cada corpanzil atingia o chão com um estrondo, e uma vida longa conhecia o fim.

A bruxa distraída, Yadallina conseguiu se desvencilhar da prisão.

Virrikiriel investiu, a bocarra aberta, dentes prontos contra a Bruxa sem Rosto. Andaluzia ganiu algo, abriu e fechou as mãos perto da cabeça, e um jorro de ácido rubro projetou-se do vazio, para a matriarca. O couro e as escamas derreteram, espirrando em líquido sanguinolento para trás. Virrikiriel deu um último rugido, e tombou.

Yadallina viu aquilo, e algo de si mesma apareceu em seu rosto. Tristeza. E pânico.

As pupilas surgiram. Ela caiu.

Milhares de lefeu despejavam-se para o exército. Os deuses corriam para Crânio Negro.

O Lorde subiu uma colina escarpada. Examinou as divindades investindo, agarrou mais firme o arco. Puxou uma flecha da aljava. Encaixou-a. Puxou a corda. Fez mira. Disparou.

A seta encontrou a testa de Lupan, o Deus dos Caçadores. Ele despencou para trás, a ponta rubra surgindo-lhe pela nuca. Crânio Negro pegou uma flecha, encaixou, puxou a corda, disparou. O Deus dos Leões rolou, atingido na garganta, espirrando sangue. Flecha, corda, tiro — Granto, o Deus dos Escultores, foi trespassado no estômago, enxergou o sangue e o fedor brotando, caiu. Os deuses se espalharam, correndo, tentando chegar na colina por todos os lados. Os lefeu atrás, fechando-se sobre as divindades. Crânio Negro girando, disparando flechas, matando deuses.

Orion começou a enxergar a derrota.

Sobre Hippion, brandindo a espada-deus, ao lado de Vanessa. Os dois golpeavam, cortavam, destruíam, mas não havia fim para as hordas. A chuva ácida martelava. As armaduras construídas pelo deus protegiam, e as bênçãos de Keenn e de todas as divindades menores defendiam a carne dos mortais, mas ainda cada pingo era dor. E os relâmpagos sempre perto, sempre quase. Os dragões caíam, os deuses caíam. Yadallina usara de magia poderosa, mas desaparecera.

Ingram, tentando manter-se vivo no meio do pandemônio, disparava seu rifle, matava um inimigo por vez, quase inútil.

— Precisamos da elfa! — gritou o anão.

Orion olhou por sobre os ombros, enquanto lutava. Não conseguia enxergá-la.

— Precisamos de magia! — disse Vanessa.

Sem a barragem arcana de Yadallina, os lefeu estavam livres para atacar os deuses, por trás. O exército flanqueado pelo Lorde e suas flechas, e pelas hordas. Os dragões atacavam em massa, mas Andaluzia concentrava-se agora neles.

— Yadallina! — gritou Orion, erguendo a espada-deus.

Sem resposta.

— Lutamos por Yadallina! — insistiu o general.

Os dragões responderam com rugidos.

— Morremos por Yadallina! Somos seus servos, até a eternidade!

— *Não!* — a voz da elfa se ergueu acima de todas. Ela mesma, e não um rugido.

Yadallina surgiu flutuando, segurando os olhos com as duas mãos.

"Não faça isso comigo, Orion", um pensamento na mente do general.

Orion hesitou, e então não pôde mais:

Gregor correu colina abaixo, brandindo Rhumnam, a espada de Khalmyr. Saltou, e Orion bloqueou seu golpe com a espada-deus. O impacto arrancou-o da montaria, e os dois guerreiros embolaram-se pelo chão rubro, espadanando ácido sanguinolento.

A espada do Deus da Justiça fez Orion engasgar. De relance, viu os deuses flechados, e agora mais um, morrendo por ele. Lembrou do que fizera, do que fazia com Yadallina. Da elfa implorando por si mesma.

Atacou.

Estocou com a espada-deus, procurando o ventre de Gregor. O outro saltou para trás, evitando o golpe. Segurou Rhumnam com as duas mãos e fez um arco diagonal, que Orion trancou com sua lâmina. Ficaram assim num teste de força, e Orion empurrou, fazendo o inimigo cambalear para trás. Saltou, de cima para baixo buscando o pescoço de Gregor, mas encontrou o ar, quando o outro rolou nas poças ácidas, ficando de pé ao seu lado. Gregor atacou-lhe o estômago, a armadura divina deteve o golpe.

— Você usa a espada de Khalmyr — rosnou Orion. — Pode escapar da corrupção.

— A espada está nos julgando — sorriu Gregor Vahn. — *Sir* Orion, não é mesmo? Por que acha que Rhumnam aceita ser erguida por mim, e atacar você?

Orion atacou, num semicírculo largo, mirando a têmpora do adversário. Gregor bloqueou com Rhumnam, usou o mesmo movimento para um corte rápido, cima para baixo, em direção ao ombro. Orion escapou recuando, cambaleou e caiu.

Gregor cumprimentou.

— Erga-se, *sir*.

— Quando você cair, não vou deixar que se levante.

— Não preciso de truques sujos.

Orion ficou de pé, e Gregor estocou. A espada de Khalmyr resvalou na armadura, talhou o metal, por um fio não tirou sangue. Orion golpeou as mãos do outro, buscando desarmar. Gregor abaixou a lâmina no último instante, frustrando o golpe, e segurou-lhe o pulso. Então, com um safanão, arrancou a espada-deus de Orion Drake.

— Renda-se.

— Mate-me — rosnou Orion.

— Eu nunca mato.

Gregor investiu, e foi atingido por uma miríade de projéteis esverdeados. Yadallina chegou voando, por trás, a pele branca lavada em suor, os cabelos grudando na testa. Os olhos querendo rolar para a brancura, ela tremendo de esforço.

Orion Drake olhou em volta. Hippion escoiceava os lefeu, tentando chegar até ele. Vanessa ainda procurava avançar, mas hordas e hordas jogavam-se em suas armas, fechando o caminho até Vallen. Os deuses lutavam e morriam. Os dragões caíam.

Precisava da elfa.

— Yadallina, por mim!

Ela disparou uma linha flamejante contra Gregor Vahn, mas era uma magia risível, comparada aos poderes em jogo ali.

Os deuses morrendo.

A Tormenta crescendo.

— Yadallina!

— Orion, me ajude! — ela gritou.

Gregor correu até ele, erguendo Rhumnam. Orion abriu a guarda, deixou que viesse, deu um bote. Abraçou-o, evitando a lâmina de Khalmyr por pouco, e segurou com a manopla única as mãos do inimigo, no punho da espada. Girou, fazendo com que o outro também girasse, de novo medindo força. Encarou Yadallina.

E impulsionou-se, puxando Gregor junto, com Rhumnam em riste.

A espada de Khalmyr penetrou no estômago da elfa.

Yadallina olhou Orion com horror e decepção.

— *Orion, me ajude* — voz fraca.

Orion Drake puxou as mãos de Gregor, levando a espada, rasgando o ventre.

Sangue em riacho.

Yadallina caiu de joelhos. Estremeceu. Espasmos.

E morreu.

Orion soltou Gregor.

— Você — começou o antigo paladino de Thyatis.

— *Nós* — rosnou Orion. — Matamos um deus.

O corpo da elfa estremeceu.

E de novo.

Um rugido baixo.

O cadáver impulsionou-se no ar.

Ficou ereto, mole, derramando sangue pelo corte no estômago. Ergueu a cabeça. Olhos brancos. Sorriso.

Vendo aquilo, Gregor disse:

— *Não há morte.*

Então, seu corpo explodiu em chamas.

Yadallina, que não mais era Yadallina, gesticulou para os dragões. Abriu a boca, e seus dentes eram afiados. As feras saudaram-na, por instinto, a lealdade mais forte do que nunca. Uma certeza flamejante de que aquele era seu deus.

— *Basta* — disse o Deus Maior dos Dragões.

E vomitou uma baforada de todos os elementos, de fúria draconiana, sobre os lefeu.

Crânio Negro retesou a corda, disparou uma flecha. Cette, o Deus dos Arqueiros, fez um movimento de raio, puxou a seta de sua própria aljava, atirou. As flechas encontraram-se no ar, as hastes se quebraram. O Lorde disparou mais uma vez, e Cette imitou-o. Acertou mais dois projéteis com os seus próprios. Então, parou e fez mira cuidadosa. Puxou a corda do arco divino. Crânio Negro fez voar mais duas, aproveitando o momento.

As setas do Lorde cravaram-se no peito do Deus dos Arqueiros. Cette cuspiu uma golfada de sangue. Mas, antes de morrer, disparou também — e cortou a corda do arco inimigo.

Goharom, o Deus dos Machados, correu gritando, passando pelo cadáver do deus élfico, e investiu contra o assassino. Crânio Negro sacou as duas espadas, encontrou o machado anão com sua lâmina corrompida, cortou-o. Cravou a segunda espada no topo da cabeça de Goharom, arrancou-a, e o deus tombou.

Ashlen encolhido, perto do Coração da Tormenta.

O mundo trovejava, Arton escorria sangue. Ele podia apenas observar. Rufus abraçava a si mesmo, tremia, sempre os olhos na armadura negra, que escondia seu amor. Ágata assistia com rosto mortiço, como um teatro distante. Nichaela vertia suas lágrimas de fantasma, ao lado de Masato Kodai.

Rufus balbuciou alguma coisa. Ashlen aproximou o ouvido.

— *Temos que ajudar Ellisa.*

Ashlen se afastou, horrorizado. Rufus ainda conseguia se mexer, com dificuldade. O inchaço aumentava a olhos vistos, mas seu corpo ainda lembrava o de uma pessoa.

— Abra os olhos, Rufus! Veja o que Ellisa está fazendo.

— Temos que ajudar Ellisa.

Vallen Drake, sentado na beira do Coração, olhava com ignorância abençoada.

— *Keenn!*

Vanessa instigou Bandido colina acima. Vira, de soslaio, o que Orion fizera. Achou que, enfim, chegavam a um ponto comum, inegável. Não havia condições de vitória, por isso Orion criara condições. O deus que habitava o corpo de Yadallina destroçava as legiões inimigas, chovia um poderio maciço e de todo artoniano, que só uma divindade maior era capaz de empregar.

Uma divindade maior, fosse qual fosse — o Panteão estava salvo.

— *Keenn!*

Bandido escoiceou um lefeu cheio de pinças, que voava para o ataque. Vanessa rezou por braço forte, esmagou o inimigo com sua maça. Enxergou Crânio Negro no topo da colina. Em frente.

Orion segurou a espada de Khalmyr, mas sentiu sua mão queimando. Soltou a arma, correu em busca da espada-deus.

Ingram notou que não havia mais meio-termo: o Deus da Justiça passava seu veredicto em relação a Orion Drake. Ele mesmo foi até Rhumnam, tomou-a nas mãos.

Orion agarrou a espada-deus, que zumbia para recomeçar a matança, em meio a um tapete de cadáveres — deuses, dragões e lefeu.

— *Vallen!* — gritou.

— *Vallen!* — respondeu Vanessa.

Colina acima, atrás da clériga montada, rumo ao Lorde.

Andaluzia viu a elfa flutuando, e soube que não era a elfa. Sem máscara — o corpo era um cadáver, um casco guardando algo muito maior.

— *O pai dos pais dos avós. O pai que era pai. Não os pais que achava, nem a mãe que era mãe e não foi mais. Estava visitando, ninguém lembrava direito.*

Voou incerta, para a presença que esmagava os lefeu com gestos, abria o chão e fazia despencar os céus. Então ouviu:

— Vamos falar de avós.

Quase um sussurro, uma vozinha muito mansa, mas Andaluzia escutou com clareza.

— *O pai dos avós.*

— Entendo tudo de avós, querida — disse Mauziell. — Venha até aqui, vamos conversar.

A bruxa virou a cabeça sem rosto, apontando a pele cheia de calombos para a velha que sorria, apoiando-se numa bengala.

Desceu.

— *Os avós?*

— Não são seus avós, meu bem. Acho que você está muito confusa. Sua avó sou eu.

— *Os avós que não são avós.*

— Não são, de fato. Venha, guardei algumas coisas suas.

Andaluzia foi.

Mauziell, a Deusa das Avós, meteu a mão no xale, e retirou-a bem fechada. Esperou que a bruxa estivesse perto, então mostrou.

— Alguns presentinhos para você, minha neta. Coisas suas, que eu guardei. — Sorriu. — Seus olhos. Sua boca. Seu lindo nariz.

Entregou-os.

Andaluzia abriu os olhos. Cheirou o ar fétido. Sentiu o gosto das próprias lágrimas.

— Quando Lenórienn caiu, tentei um pacto com demônios — ela disse. — Mas eles não podiam fazer nada. Fui mais longe então... Os demônios dos demônios. Os lefeu.

— Os avós — disse a Deusa das Avós.

Andaluzia abraçou-a, desatou em soluços.

— Calma, minha neta.

— *Vallen!* — gritou Orion.

— *Vallen!* — gritou Vanessa.

Bandido atacou com os cascos dianteiros, Crânio Negro saltou de costas, girou no ar. Orion correu para ele, desceu a espada-deus como um martelo. O Lorde cruzou suas lâminas sobre a cabeça, bloqueou o golpe. Chutou o estômago de Orion, arremessou-o longe, rolando. Vanessa, de cima do cavalo, urrou uma prece. Sua maça brilhou púrpura, ela fez um arco rumo ao elmo negro. O Lorde saltou, encolhendo as pernas, passou acima da arma. Aterrissou leve, estocou, perfurou o flanco da clériga.

Crânio Negro então correu para Orion. Saltou, caiu com as duas lâminas em riste, fez um corte cruzado no peito do inimigo. A armadura divina se partiu, a couraça despencou em pedaços no chão. Orion golpeou o pescoço do Lorde, mas Crânio Negro fez com que houvesse um terremoto, e a lâmina desviou-se.

O Lorde investiu de novo, visando o peito descoberto do general. Orion recuou, resvalando na podridão rubra da colina, equilíbrio precário. Aparou uma vez, duas, com a espada-deus. Crânio Negro golpeava num borrão, uma elegância de esgrimista, empurrando-o para trás.

Vanessa em galope, urrando para atacar. Crânio Negro virou-se no último instante, saltou por cima da cabeça da clériga, caiu deixando as lâminas esticadas atrás, abrindo dois talhos fundos no lombo de Bandido. O animal relinchou. Vanessa apeou e deu-lhe um tapa, ordenou que fosse embora.

Um instante, e Crânio Negro atacou de novo. Arremessou uma espada. Atingiu Orion no peito, a ponta cravando-se preciosos centímetros, errando por pouco o coração. O Lodre então correu, golpeou com a outra espada, contra Vanessa, que recuou e conseguiu bloquear com sua maça. A cabeça metálica da arma explodiu em estilhaços. Crânio Negro sobre Orion, agarrou o cabo da espada cravada, puxou, um jato de sangue.

— *Vão embora!* — berrou Crânio Negro. — Não entendem o quanto lutei por tudo isso?

— Vallen é meu! — urrou Orion.

— Vallen é nosso — disse Vanessa.

— *Vallen é meu!* — Orion tomado de fúria.

O general atacou selvagem, brandindo a espada-deus, cortando em cruz, e Crânio Negro teve de recuar.

— *Keenn, dê-me força!*

Vanessa adquiriu um brilho vermelho, raiva pura e poder divino. Sem a maça, largou também o machado, atirou-se sobre o inimigo de mãos nuas. Agarrou o elmo, deu um grito bestial, arrancou-o.

A caveira negra voou longe, os cabelos e o rosto de Ellisa Thorn surgiram cobertos de suor, olhos injetados de sangue e lefeu.

— Esta é minha casa — disse Crânio Negro. Disse Ellisa.

Orion atacou pelas costas, um corte transversal. Crânio Negro saltou, aterrissou atrás de Orion, girando o corpo no ar, por sobre ele. Enfiou as duas espadas nas costas do general. Orion virou-se num repelão, fazendo as lâminas cortarem armadura e carne. Golpeou com a espada-deus rumo à cabeça desprotegida.

Ellisa abaixou-se, ergueu a perna num chute súbito, e as costelas de Orion estalaram. De pé num bote, ela esmurrou o rosto do inimigo com o cabo de uma espada, Orion sentiu dentes frouxos, sangue farto fazendo tossir, e Crânio Negro enfiou-lhe outra espada, de cima para baixo através do buraco na armadura, rasgando pele e penetrando no estômago.

Vanessa atacou pelo flanco, com um soco. Ellisa esquivou facilmente, mas sentiu uma tontura estranha.

Um cheiro. Algo que quase não lembrava.

Vanessa usava uma manopla.

Crânio Negro virou-se para ela, procurou seu coração com a ponta da espada, mas Vanessa bloqueou com um escudo.

Ellisa cambaleou para trás.

Vanessa sacou uma adaga, atirou-se gritando sobre o Lorde. Bateu com a borda do escudo no nariz de Ellisa, arrancando uma golfada de sangue, cravou a adaga em seu peito. A lâmina ordinária perfurou a armadura negra. Perfurou lefeu.

Alcançou Ellisa Thorn.

Orion, mal aguentando as pernas, afogando-se no próprio sangue, golpeou por trás. A espada-deus mordeu o ombro de Ellisa, zumbiu de satisfação.

Vanessa esmurrou de novo, usando a manopla feita da juventude de Vallen Allond. Ellisa recebeu o soco no peito, impacto para trás, um passo em falso, rolou colina abaixo.

Vanessa correu em seguida. Crânio Negro tentava se erguer, e a clériga furou-lhe com a adaga, enterrando a ponta em suas costas. A adaga feita da coragem de Vallen Allond.

— *É você?* — disse Ellisa.

Em sua mão, coberto pela armadura, trabalhava o anel feito da felicidade de Vallen Allond. Costurava sua carne, tecia seus músculos. Ressoava com a manopla, a adaga e o escudo.

Orion investiu aos tropeços, mais morto que vivo, e atingiu Crânio Negro em cheio. Apoiada nos dois braços, Ellisa viu, mais que sentiu, o corte certeiro da espada-deus abaixo de seu cotovelo. Caiu, rosto na pedra corrupta. A mão com o anel rolou.

Vanessa socou-lhe a nuca, com a manopla, de novo e de novo. Cravou e puxou a adaga de suas costas, deixando uma trilha de sangue no ar.

Ellisa encontrou força: uma cabeçada para cima encheu a visão da clériga de sangue. Girou, costas para o chão. Saltou de pé. Com a mão que lhe restava, Crânio Negro tomou de uma espada e cortou o peito de Vanessa, abrindo um talho fundo.

Orion, sem força própria, colocou seu peso sobre um golpe, e enfiou a espada-deus nas costas de Crânio Negro.

— *É você?* — disse Ellisa.

Vanessa bateu com o escudo em seu rosto. Ellisa foi jogada para trás, e a clériga montou sobre ela. Enfiou a adaga onde devia estar seu coração, viu o olhar vago. Pressionou o escudo contra o rosto de Ellisa. O escudo feito do amor de Vallen Allond.

— *É você?*

— Claro que sou eu, Ellisa — disse Vallen. — Quem você esperava?

Riu.

— Estou bem ferida.

— Fracote.

Ela deu-lhe um soco cheio de carinho. Vallen pegou sua mão, puxou-a para si, abraçou-a.

— Senti sua falta — disse Ellisa. — Odeio você.

— Também te amo.

Ele era um pouco mais alto. Magro e forte, riso fácil, cabelos louros de palha.

— Não pode mais reclamar de mim — disse Vallen. — Dessa vez, quem arranjou problemas foi você.

— O que fazemos agora? — disse Ellisa.

Ele olhou em volta.

— Eu ia pedir você em casamento, em Valkaria.

— Por que em Valkaria?

— Bons bordéis. Boa despedida de solteiro.

Ela bufou, ele riu de novo, segurou-a mais apertado.

— O que fazemos agora, Vallen?

— Nosso tempo já acabou. Eu não morri, Ellisa. *Deixei de existir*.

Fez um gesto, juntando as pontas dos dedos e então separando-as de repente.

— Estou imaginando você?

— Pergunte a Nichaela. Eu sei que não confio em ninguém que não pode tomar um bom soco na cara. E eu, atualmente, não posso. Não existo mais.

— Quero morrer, então.

Ele beijou-a.

— Vai precisar de mais do que isso — disse Vallen.

— Como você?

— Como eu.

— Com você não deve ser tão ruim.

— Claro que não. Eu já errei alguma vez?

Beijaram-se. Abraçaram-se.

Vallen puxou uma espada, não importava seu nome. Enfiou-a nas costas de Ellisa, trespassando os dois, bem juntos.

— Precisamos ajudar Ellisa — disse Rufus.

Ashlen sentia-se fora de si mesmo. Mais que aterrorizado, além de qualquer alívio.

— Ellisa não existe mais — disse.

— Precisamos ajudar Ellisa. Tenho que confessar uma coisa, Ashlen. Acho que gosto dela.

Boca incrédula. Lágrimas soltas.

— Deixe acontecer, Rufus. Não é mais —

— *Precisamos ajudar.* Vamos, não vou conseguir sozinho.

Esforçava-se para erguer o corpo deformado. Nunca conseguiria.

— Não é Ellisa, Rufus. É lefeu.

— Eu não amo lefeu. Amo Ellisa.

Ambos tinham sido torturados por Crânio Negro. Rufus mantido prisioneiro, enlouquecido, transformado em algo que não era humano. Uma área de Tormenta em seu interior. E amava —

— Ellisa.

Ellisa.

Ashlen foi até ele.

Pôs o braço sob a imundície de sua axila, ajudou-o a se erguer. Rufus era pouco mais que um boneco grotesco, camadas e camadas de pele solta, costurada, aguardando ser inchado pelos simbiontes. O coração batendo fraco, o Coração forte.

— Tem certeza?

— É a mulher da minha vida, Ashlen. E não vou conseguir sem ajuda.

Foram os dois, Ashlen arrastando Rufus, até a beira do turbilhão. O Coração da Tormenta, de onde brotava o universo lefeu, para Tamu-ra.

— Vou sozinho, a partir daqui — disse Rufus.

— Em qualquer lugar novo, precisa de um ladrão.

— Amo Ellisa, sabia?

E Ashlen impulsionou-os para dentro do poço infernal.

A passagem entre os universos. Do Coração da Tormenta, brotava o universo lefeu. Rufus caiu lá dentro, enfiou os dedos nas costuras de seu peito. Não tinha força, e por isso Ashlen ajudou.

Dentro dele, um Coração da Tormenta, de onde brotava o universo lefeu.

Uma passagem dentro da outra, um portal dentro do outro. O turbilhão espiralou em descontrole. A Criação alienígena jorrou para dentro de si mesma, para o peito de Rufus Domat. Os dois portais anulando-se, um ralo, sugando a imundície.

Os deuses lutavam ainda, embora sobrassem poucos. Os dragões voavam em asas cansadas, os Reis feridos. O Deus dos Dragões mantinha sua supremacia.

Então, a Tormenta começou a recuar.

Primeiro, as nuvens. O céu correndo para trás, carregando consigo o vermelho. Numa espiral veloz, rumo ao Coração da Tormenta. A corrupção rubra que se entranhava nas pedras, na areia, na realidade. O cheiro, lefeu que estava no ar. Lefeu que estava nas águas, no mar ao redor da ilha.

Tudo sugado, para dentro do turbilhão.

As hordas lefeu, como se atingidas por um vendaval, tentavam continuar seguindo. Mas a força era irresistível, e os milhares eram tragados pelo Coração. E os relâmpagos, e o fogo. As ideias corruptas, os pensamentos que eram lefeu.

Surgiu um pedaço de céu azul.

Um pedaço de areia bege.

A Tormenta foi engolida.

Tamu-ra foi limpa.

Os órgãos rubros de Ágata.

As correntes espectrais de Masato Kodai.

A força sem nome que prendia Nichaela.

O samurai, livre, olhou para sua esposa. Dois sorrisos. As almas desapareceram, de mãos dadas, para alguma eternidade.

Crânio Negro estava morto, nada mais tentava arrastá-lo de volta.

Vanessa debruçou-se sobre Orion. Removeu-lhe o elmo, com dificuldade. Em volta deles, um pântano de sangue e coisas de dentro dos corpos. Orion com pupilas opacas. Um nada de respiração entre os lábios destroçados.

Vanessa rezou por um milagre. Suas mãos brilharam. De novo. De novo. A magia de Keenn não alcançava mais Orion Drake.

— Seu desgraçado — ela disse. — Troquei meu futuro por esta vitória. *Meu futuro*. Ia ser líder da igreja. Conselheira de guerra de Yuden. A favorita de Keenn. Troquei isso pela vitória. *Não morra, Orion.*

Ele forçou um ruído minúsculo:

— Sabia que ia conquistá-la de volta.

E morreu.

O céu era azul, mas a destruição estava em tudo. Sem nuvens. A próxima chuva em Tamu-ra não seria vermelha.

Darien andou evitando os cadáveres. Cadáveres de deuses. De dragões.

Em sentido contrário, caminhando devagar, um cavalo branco. Bandido arrastava os cascos, por causa dos cortes no lombo. Mas viveria.

Darien não enxergava mais nada que se movesse. Só ele e um cavalo, filho do Caos.

Começou a rir.

Tudo fazia sentido. Um clérigo de Khalmyr que roubava e enganava. Um líder bandoleiro tornado escudeiro, tornado golpista, tornado assassino. Um cavaleiro servo do Caos, dedicado a atormentar o próprio filho. Entregando o neto para um Lorde da Tormenta. Um resgate que dera à luz aqueles cadáveres.

O Caos que provocara vingança. A vingança que vencera a tempestade.

Darien ria.

Levava, ainda, o saco às costas. Talvez porque fosse um idiota. Ou talvez porque tudo sempre houvesse feito sentido. Botou-o no chão, abriu-o e tirou todas as peças da armadura espelhada. Despiu a sua própria. Trocou pela nova, e achou-se muito elegante.

Cobriu a cabeça com o elmo na forma de um riso humano grotesco, congelado em frenesi para sempre.

Montou em Bandido.

Confiou na sorte para tirá-lo da ilha.

DOIS CONTRA TODOS

A ÚNICA LUZ VINHA DA FORJA INCANDESCENTE.

Ingram segurou a espada com um alicate comprido, deixou-a sobre o fogo até brilhar. Não havia muito que pudesse derreter a espada de um deus. Mas Tenebra possuía gente e seres por toda parte, e até criaturas das chamas às vezes viam-se encantadas. Os espíritos de calor que viviam na forja entusiasmaram-se e arderam mais forte, deleitados no prazer da transgressão. Como filhos do Deus-Sol enredados pela Deusa das Trevas, tinham uma espécie de orgulho em burlar, uma rebeldia travessa.

O metal se tornou líquido. Ingram despejou-o no molde. Depositou a folha de aço macio na bigorna.

E martelou.

Martelou.

Martelou.

— Eu sabia que todos os anões eram bons ferreiros — disse Nadia, com um sorriso para um lado só.

Ingram limpou a cachoeira de suor da testa, estreitou-lhe as pálpebras.

— Tem certeza de que é hora para esse tipo de piada? — disse.

Nadia deixou o sorriso se alastrar, e o rosto adquiriu um traço inconfundível de afeição.

— Se eu não fizer as piadas, um certo anão vai resmungar e esbravejar e afundar na melancolia. Tudo está bem, Ingram Brassbones. Tudo acabou.

Ele deixou o martelo pender.

— Acha mesmo? Tenebra —

— Deixe minha mãe e o resto dos deuses com suas bobagens, meu amor. Só mais este serviço, e estamos livres.

— Sem Reino Divino.

— E sem Montanha de Ferro.

Os olhos dos dois descansaram, apoiados entre si. Ingram fez menção de ir até ela, mas Nadia apontou a forja.

— É a última tarefa.

Ela estava muito ansiosa para que ele acabasse. A última tarefa, para Tenebra. Por outro lado, a última tarefa, para que ficassem juntos.

Não havia resposta.

Ingram martelou.

Vendados, levados como prisioneiros. Honra alguma — os anões tratavam-nos como se prestassem o mais vil dos serviços. Ingram exigiu entregá-la aos sacripantas supremos, os chefes de todos os cafajestes barbudos.

Enfim, frente à caverna vazia, onde haviam feito o pedido.

Thogar Hammerhead Primeiro, o rei dos anões, soberano de Doherimm. Handhur Heavystep, o líder da Igreja da Khalmyr. Ghestoff Pohlbuck, mestre da Guilda dos Armeiros.

Ingram desdobrou o tecido escuro, revelou o baú trancado. Nadia, os braços cruzados sob os seios, controlava-se de ansiosa. Ingram retirou uma chave de um embornal, mostrou-a aos três anões. Abriu o baú.

A aura de santidade espalhou-se num instante. A certeza de justiça, a retribuição exata de benfeitorias e maldades que emanava de Rhumnam.

Ingram pegou-a. Apresentou-a.

Três queixos pendentes. Seis olhos arregalados. Handhur Heavystep oscilando à beira de um desmaio.

— Você — começou.

— Fiz umas melhorias — disse Ingram.

Ofereceu-a ao líder da igreja.

Rhumnam, modificada a pedido de Tenebra. Não uma mácula, ou acinte — apenas um detalhe. Não um símbolo da deusa — apenas algo permanente. No cabo de Rhumnam, havia um gatilho. Um longo cano corria em paralelo à lâmina. Espada e pistola, justiça e progresso. Em uma só.

Os anões para sempre lembrariam de Tenebra.

— Tenho também um presente para você, mestre Pohlbuck.

Tirou da sacola uma caixa de madeira, que abriu para revelar uma navalha e um pincel.

— Cuidado — disse Ingram. — Afinal, seu pai nunca lhe ensinou a se barbear.

Nadia não se conteve, e deu uma risada. Ingram foi até ela, beijou-a num arroubo que seria indecente para um anão de bem.

Abraçaram-se, e deram as costas a Doherimm.

— Eu sabia — disse Edauros.

O deus flutuou até ele. O rasgo no estômago estava seco, duro de sangue coagulado, e nenhum bicho ou verme ousava fazer lá qualquer coisa. O interior do corpo que pertencera à elfa mostrava-se vermelho escuro. Não tinha importância: o corpo real estava enterrado ali, na forma do Monte do Dragão Adormecido.

Os dragões faziam círculos longos, respeitosos, em volta da montanha.

— Espero que tenha gostado — continuou Edauros, com um gesto para a construção, atrás. — Foi um trabalho infernal.

Ajoelhou-se.

O Deus dos Dragões chegou perto, tocou-lhe a testa em bênção. Edauros sentiu algo germinando, uma sensação quase esquecida. Experimentada ainda no berço, quando o poder escondido em Yadallina havia-se derramado num contágio, despertando nele a feitiçaria. Agora, no topo do Monte do Dragão Adormecido, frente ao templo que construíra com suas próprias mãos, brotava um poder diferente.

Vindo da crença pura na coisa que dividira com sua irmã um corpo e uma alma. Da devoção voluntária.

— *Você me serviu bem, sacerdote* — disse Kallyadranoch, o Deus dos Dragões. — *O que deseja em troca?*

Edauros sorriu.

— Precisa mesmo perguntar?

A primeira escama nasceu em seu rosto.

O tribunal estava vazio.

O vento lá fora soprava, assim como soprara antes. As folhas de grama dobravam-se no mesmo ângulo calculado. As nuvens, em número par no céu visível e no infinito, viajavam numa trajetória exata.

Mas ninguém em volta. Orion Drake era o único réu no Tribunal de Khalmyr.

No centro exato do Reino. Sustentado por colunas imaculadas, centenas de metros de altura. O lugar onde todas as almas eram julgadas, onde todos os crimes eram punidos, as justiças recompensadas. A câmara principal tinha uma mesa, vinte lugares para os membros do Panteão. Um peso de eternidade pairava naquele lugar, o núcleo do certo e errado. Onde deuses haviam sido condenados à prisão, mortalidade ou esquecimento.

Dezenove cadeiras vazias, apenas Khalmyr sentado.

E Orion de pé.

Diferente estar na presença de um deus, depois de morto. Orion sentia as variações sutis da forma que habitava agora — quase física, muito mais próxima do âmago. Sem diferença entre pensamento e ação, interior e aparência. A alma, no Reino Divino, talvez fosse semelhante a um corpo. Mas só desprovido do invólucro ele percebia como as sensações mundanas eram rudimentares.

— Orion Drake — o Deus da Justiça interrompeu seu devaneio.

Incerto do que fazer, Orion curvou-se, como faria a um rei. Num estalo, percebeu que não recuperara o braço esquerdo.

Khalmyr fez gesto para que se erguesse.

— O que tem a dizer em sua defesa?

A voz da divindade era calma, serena, repleta de comando. Khalmyr, Deus da Justiça, talvez fosse mais ainda um deus de autoridade. Todo respeito por governantes, pais, superiores de todos os tipos surgia mesclado, trazido à tona por suas palavras.

O que tinha a dizer em sua defesa?

— Nada — respondeu Orion.

Khalmyr juntou as mãos.

— Você foi um cavaleiro da Luz, Orion Drake. Um homem de honra exemplar, que transcendeu os tormentos infligidos por seu pai, a decadência de sua própria Ordem. Gritou meu nome, investindo contra a Tormenta. Foi honesto até as últimas consequências, exerceu a justiça tão bem quanto pôde, quanto qualquer mortal poderia.

Os olhos de juiz vasculharam tudo que era e já fora.

— Mas.

Pausa.

— Deixou-se seduzir por um tirano. Ignorou as ordens de seus superiores. Treinou assassinos, arrancando cavaleiros das tradições. Dedicou-se à morte acima de todas as coisas, Orion Drake. Concordou com sacrifícios humanos. Pisoteou quem julgou precisar, por vingança. Levou deuses menores a um matadouro, mesmo sabendo que os mortais precisavam de divindades. Botou seu filho acima de seu mundo. Mentiu. Matou uma jovem que lhe pediu ajuda. — Khalmyr forçou os lábios, ira divina borbulhando. — Reverteu o julgamento que *eu* fiz. Trouxe de volta um deus banido.

Devagar, o Deus da Justiça pousou as mãos na mesa.

— Quebrou todas as leis dos homens e dos deuses, Orion Drake.

Orion quieto.

— O que devo fazer com você? O que acha que seria retribuição suficiente?

Fôlego.

— Depois de tudo que fiz, — disse Orion — não espero menos que ser devolvido a Arton. E viver em paz, com minha mulher e meu filho.

Vallen Drake ensaiou um pé depois do outro, maravilhado com a complexidade dos movimentos. Vanessa estendia os braços, recuava um pouco, provocando-o a continuar.

— Não desista. Vamos. Não desista!

Desequilibrou-se, foi despencar de rosto ao chão. Orion segurou-o antes, ergueu-o ao peito. Vanessa pôs os braços nos dois.

— Andar é para os fracos — disse Orion. — Aprenda a cavalgar, meu filho.

— Só quero que fique firme na parede de escudos — disse Vanessa.

Riram, e Vallen sentiu o humor, e riu também, porque podia.

Havia, e sempre haveria, mágoa e memória. Mas Orion gostava de conhecer a paz daquela forma. Crânio Negro só tivera paz com o esquecimento. A vida no castelo era paz. Não era um futuro. Mas era uma vida.

E Orion e Vanessa foram felizes na vida.

E Vallen e Ellisa foram felizes na morte.

Para acompanhar as novidades da Jambô e acessar conteúdos gratuitos de RPG, quadrinhos e literatura, visite nosso site e siga nossas redes sociais.

www.jamboeditora.com.br

facebook.com/jamboeditora

x.com/jamboeditora

bsky.app/profile/jamboeditora.com.br

instagram.com/jamboeditora

threads.net/@jamboeditora

youtube.com/jamboeditora

twitch.com/jamboeditora

Para ainda mais conteúdo, incluindo colunas, resenhas, quadrinhos, contos e material de jogo, faça parte da Dragão Brasil, a maior revista de cultura nerd do país.

Participe também de *Duelo de Dragões*, primeira grande campanhade RPG coletiva de *Tormenta 20*.
O Brasil todo está jogando!

www.dragaobrasil.com.br

www.catarse.me/revistatormenta20

Jambô

Rua Coronel Genuíno, 209 • Centro Histórico
Porto Alegre, RS • 90010-350
contato@jamboeditora.com.br